대방광불화엄경 2

대방광불화엄경 2

발행일	2025년 3월 14일
번역	일지 이건표
펴낸이	손형국
펴낸곳	(주)북랩
편집인	선일영
편집	김현아, 배진용, 김다빈, 김부경
디자인	이현수, 김민하, 임진형, 안유경
제작	박기성, 구성우, 이창영, 배상진
마케팅	김회란, 박진관
출판등록	2004. 12. 1(제2012-000051호)
주소	서울특별시 금천구 가산디지털 1로 168, 우림라이온스밸리 B동 B111호, B113~115호
홈페이지	www.book.co.kr
전화번호	(02)2026-5777 팩스 (02)3159-9637

ISBN 979-11-7224-527-6 04220 (종이책)   979-11-7224-528-3 05220 (전자책)
      979-11-7224-525-2 04220 (세트)

잘못된 책은 구입한 곳에서 교환해드립니다.
이 책은 저작권법에 따라 보호받는 저작물이므로 무단 전재와 복제를 금합니다.
이 책은 (주)북랩이 보유한 리코 장비로 인쇄되었습니다.

(주)북랩 성공출판의 파트너
북랩 홈페이지와 패밀리 사이트에서 다양한 출판 솔루션을 만나 보세요!
홈페이지 book.co.kr   •   **블로그** blog.naver.com/essaybook   •   **출판문의** text@book.co.kr

작가 연락처 문의 ▶ ask.book.co.kr
작가 연락처는 개인정보이므로 북랩에서 알려드릴 수 없습니다.

지혜의 정수이자 불교 경전의 꽃, 화엄경 탐구

대방광불화엄경 ②

일지 이건표 번역
一智 李健杓

"행하지 않는 지혜는 바람과 같고, 실천 없는 깨달음은 그림자와 같다."
번뇌와 집착을 넘어, 수행 속에서 완성되는 화엄경의 깊은 지혜.

북랩

차례

대방광불화엄경 제21권
22. 십무진장품十無盡藏品   10

    1) 다함이 없는 믿음의 장   10
    2) 다함이 없는 계율의 장   12
    3) 다함이 없는 부끄러움의 장   14
    4) 다함이 없는 책망의 장   15
    5) 다함이 없는 들음의 장   16
    6) 다함이 없는 보시의 장   18
    7) 다함이 없는 지혜의 장   25
    8) 다함이 없는 기억의 장   28
    9) 다함이 없는 지니어 지키는 장   30
    10) 다함이 없이 말하는 장   31

대방광불화엄경 제22권
23. 승도솔천궁품昇兜率天宮品   36

대방광불화엄경 제23권
24. 도솔궁중게찬품兜率天宮偈讚品   68
25. 십회향품十迴向品 (1)   90

    제1 회향   93

대방광불화엄경 제24권
25. 십회향품十迴向品 (2)   110

    제2 회향   110
    제3 회향   121
    제4 회향   132

대방광불화엄경 제25권
25. 십회향품十迴向品 (3)   144

    제5 회향   144
    제6 회향   158

대방광불화엄경 제26권
25. 십회향품+廻向品 (4)   174

대방광불화엄경 제27권
25. 십회향품+廻向品 (5)   202

대방광불화엄경 제28권
25. 십회향품+廻向品 (6)   234

대방광불화엄경 제29권
25. 십회향품+廻向品 (7)   272
    제7 회향   272

대방광불화엄경 제30권
25. 십회향품+廻向品 (8)   296
    제8 회향   296

대방광불화엄경 제31권
25. 십회향품+廻向品 (9)   322
    제9 회향   322

대방광불화엄경 제32권
25. 십회향품+廻向品 (10)   356
    제10 회향   356

대방광불화엄경 제33권
25. 십회향품+廻向品 (11)   378

대방광불화엄경 제34권
26. 십지품+地品 (1)   402
    제1 환희지歡喜地   417

대방광불화엄경 제35권

26. 십지품十地品 (2)   442
제2 이구지離垢地   442
제3 발광지發光地   456

대방광불화엄경 제36권

26. 십지품十地品 (3)   471
제4 염혜지焰慧地   472
제5 난승지難勝地   472

대방광불화엄경 제37권

26. 십지품十地品 (4)   498
제6 현전지現前地   498
제7 원행지遠行地   514

대방광불화엄경 제38권

26. 십지품十地品 (5)   534
제8 부동지不動地   534
제9 선혜지善慧地   553

대방광불화엄경 제39권

26. 십지품十地品 (6)   574
제10 법운지法雲地   574

대방광불화엄경 제40권

27. 십정품十定品 (1)   612
제1 두루 한 광명이 큰 삼매普光大三昧   623
제2 빼어난 광명의 큰 삼매妙光大三昧   627

대방광불화엄경 제21권

22. 십무진장품
十無盡藏品第二十二

이때 공덕림 보살이 차례를 따라 가르침을 주기 위해 모든 보살에게 말했다.

"불자들이여! 보살마하살에게 열 가지 장이 있으니 과거, 미래, 현재의 모든 부처님이 이미 설하셨고 장차 설하실 것이고 지금도 설하십니다."

"어떠한 것이 열 가지인가 하면, 이른바 믿음의 장, 계행의 장, 부끄러움의 장, 책망의 장, 들음의 장, 보시의 장, 지혜의 장, 기억의 장, 지니어 지키는 장, 말하는 장, 이 열 가지입니다."

爾時 功德林菩薩復告諸菩薩言 佛子 菩薩摩訶薩有十種藏 過去 未來 現在諸佛 已說 當說 今說 何等爲十 所謂 信藏 戒藏 慚藏 愧藏 聞藏 施藏 惠藏 念藏 持藏 辯藏 是爲十

1) 다함이 없는 믿음의 장

"불자들이여! 무엇을 보살마하살의 믿음의 장(信藏)이라 하는가. 이 보살은 모든 법이 공한 것을 믿으며, 모든 법이란 모양이나 상태가 없음을 믿으며, 모든 법은 원이 없음을 믿으며, 모든 법은 지어감이 없음을 믿으며, 모든 법이란 분별이 없음을 믿으며, 모든 법이란 의지할 것이 없음을 믿으며, 모든 법이란 헤아릴 수 없음을 믿으며, 모든 법이란 위가 없음을 믿으며, 모든 법은 초월하기 어려움을 믿으며, 모든 법이란 남음이 없음을 믿습니다."

"그와 같은 보살이 이와 같은 모든 법을 거스르지 않고 능히 따라서 청정한 믿음을 내고 모든 불법이란 헤아릴 수 없다는 것을 듣더라도 마음이 겁내거나 약해지지 않으며, 모든 부처님은 생각으로 미루어 헤아릴 수 없다는 말을 듣더라도 마음이 겁내거나 약해지지 않으며, 중생계란 미루어 헤아릴 수 없다는 말을 듣더라도 마음이 겁내거나 약해지지 않으며, 법계가 헤아릴 수 없다는 말을 듣더라도 마음이 겁내거나 약해지지 않으며, 허공계가 헤아릴 수 없다는 말을 듣더라도 마음이 겁내거나 약해지지 않으며, 열반계가 미루어 헤아릴 수 없다는 말을 듣더라도 마음이 겁내거나 약해지지 않으며, 지난 세상이란 헤아릴 수 없다는 말을 듣더라도 마음이 겁내거나 약해지지 않으며, 오는 세상이 헤아릴 수 없다는 말을 듣더라도 마음이 겁내거나 약해지지 않으며, 지금 세상이란 헤아릴 수 없다는 말을 듣더라도 마음이 겁내거나 약해지지 않으며, 일체 겁에 들어가는 것이란 헤아릴 수 없다는 말을 듣더라도 마음이 겁내거나 약해지지 않습니다."

"무슨 까닭인가 하면, 이 보살은 모든 부처님의 처소에서 한결같이 신심이 견고하고 부처님의 지혜는 끝이 없으며, 다함이 없음을 알기 때문입니다."

"시방의 헤아릴 수 없는 모든 세계 가운데 하나하나 각각 헤아릴 수 없이 많은 부처님이 계시기에 아뇩다라삼먁삼보리를 이미 얻었으며, 지금도 얻고 오는 세상에서도 얻을 것입니다."

"이미 세상에 나오셨으며, 지금도 세상에 나오시며, 장차 오는 세상에도 나오실 것이며, 이미 열반에 드셨고 지금도 열반에 드시고 오는 세상에도 열반에 드시지만, 저 언덕(彼.如來智方便世界) 모든 부처님의 지혜는 더하지도 덜하지도 않으며, 나지도 멸하지도 않으며, 나아가지도 물러나지도 않으며, 가깝지도 멀지도 않으며, 아는 일도 없고 버리는 것도 없습니다."

"이 보살이 부처님의 지혜에 들어가 끝없고 다함이 없는 신심을 성취하기에 이 믿음을 얻어 마음이 물러서지 않고 마음이 번거롭고 어지럽지 않기에 깨뜨리거나 물들일 수 없으며, 늘 근본이 있기에 성인을 거스르지 않고 따라 여래의 집에 머무르며, 모든 부처님의 종성을 보호해 지니기에 모든 보살이 믿음과 이해하는 것을 거듭 더하고 기르며, 모든 여래의 선근을 거스르지 않고 따르기에 모든 부처님의 방편을 내어놓습니다. 이 이름이 '보살마하살의 신장(信藏)'이라 합니다. 보살이 이 믿음의 장에 머물면 곧바로 능히 모든 불법을 듣고 지니며, 중생을 위해 설하여 모두 활짝 열고 깨닫게 합니다."

佛子 何等爲菩薩摩訶薩信藏 此菩薩信一切法空 信一切法無相 信一切法無願 信一切法無作 信一切法無分別 信一切法無所依 信一切法不可量 信一切法無有上 信一切法難超越 信一切法無生 若菩薩能如是隨順一切法 生淨信已 聞諸佛法不可思

議 心不怯弱 聞一切佛不可思議 心不怯弱 聞衆生界不可思議 心不怯弱 聞法界不可思議 心不怯弱 聞虛空界不可思議 心不怯弱 聞涅槃界不可思議 心不怯弱 聞過去世不可思議 心不怯弱 聞未來世不可思議 心不怯弱 聞現在世不可思議 心不怯弱 聞入一切劫不可思議 心不怯弱 何以故 此菩薩於諸佛所 一向堅信 知佛智慧無邊無盡 十方無量諸世界中 一一各有無量諸佛 於阿耨多羅三藐三菩提 已得 今得 當得 已出世 今出世 當出世 已入涅槃 今入涅槃 當入涅槃 彼諸佛智慧不增不減 不生不滅 不進不退 不近不遠 無知無捨 此菩薩入佛智慧 成就無量無盡信 得此信已 心不退轉 心不雜亂 不可破壞 無所染著 常有根本 隨順聖人 住如來家 護持一切諸佛種性 增長一切菩薩信解 隨順一切如來善根 出生一切諸佛方便 是名 菩薩摩訶薩信藏 菩薩住此信藏 則能聞持一切佛法 爲衆生說 皆令開悟

2) 다함이 없는 계율의 장

"불자들이여! 무엇을 두고 보살마하살의 계율의 장(戒藏)이라고 하는가."

"이 보살이 두루 이로움을 넉넉하게 하는 계, 받지 않은 계, 머물지 않은 계, 뉘우치고 한탄함이 없는 계, 어기고 다툼이 없는 계, 손해나 괴로움이 없는 계, 섞이거나 더러움이 없는 계, 탐내고 구함이 없는 계, 허물이나 잘못이 없는 계, 훼방을 놓거나 범함이 없는 계를 성취하는 것을 이릅니다."

"무엇을 두루 이롭게 하고 넉넉하게 하는 계(饒益戒)라 하는가. 이 보살이 청정한 계를 받아 지니는 것은 본래 모든 중생에게 이익을 주기 위함입니다."

"무엇을 받아들이지 않아야 할 계(不受戒)가 되는가. 이 보살이 외도가 행하는 모든 계를 받지 않고 단지 성품(善根)을 가지고 스스로 정진해서 삼세의 모든 부처님과 여래와 평등하고 청정한 계를 받들어 지니고 유지하는 것입니다."

"무엇을 머물지 않은 계(不住戒)라 하는가. 이 보살이 계를 받아 지닐 때 마음이 욕계에 머물지 않으며, 색계에도 머물지 않으며, 무색계에도 머물지 않습니다. 무슨 까닭인가 하면, 저 언덕에 이르고자(到彼岸) 또 태어남을 구하고자 계를 지니지 않기 때문입니다."

"무엇을 뉘우치고 한탄함이 없는 계(無悔恨戒)라 하는가. 이 보살이 뉘우치고 한탄함이 없는 마음에 편안하게 머무릅니다. 무슨 까닭인가 하면, 무거운 죄를 짓지 않고 속이거나 사기를 치지 않고 청정한 계를 깨트리지 않기 때문입니다."

"무엇을 두고 어기고 다툼이 없는 계(無違諍戒)라 하는가. 이 보살이 앞선 제도를 등지지 않고 다시 만들어 세우지 않고 마음은 늘 열반계를 향하고 온전하게 갖추어 지니고 헐거나 범하지 않고 계를 지님으로 다른 중생이 괴로움을 생하지 않도록 하며, 단지 모든 중생이 마음으로 항상 기쁘고 즐겁도록 계를 지닙니다."

"무엇을 두고 손해나 괴로움이 없는 계(不損惱戒)라 하는가. 이 보살이 계로 인하여 모든 주술을 배우고 갖은 약을 만들어 중생을 해롭게 하거나 괴롭지 않게 하고 단지 모든 중생을 구하고 보호하기 위해 계를 지닙니다."

"무엇이 섞이거나 더러움이 없는 계(無雜穢戒)라 하는가. 이 보살이 주변의 견해에 집착하지 않고 뒤섞인 계를 지니지 않으며, 단지 모든 현상이 생기 소멸함을 자세히 보고 이 세간을 벗어나기 위해 계를 지닙니다."

"무엇을 탐내고 구함이 없는 계(無貪求戒)라 하는가. 이 보살이 다른 모양이나 상태를 나타내어 이를 가지고 덕이 있음을 드러내지 않으며, 단지 이 세간을 벗어나는 법, 이 법을 만족하기 하기 위한 까닭으로 계를 지닙니다."

"무엇을 허물이나 잘못이 없는 계(無過失戒)라 하는가. 이 보살이 자신을 받들어 높이면서 내가 계를 지녔다는 말을 하지 않으며, 계를 깨트린 이를 보더라도 가볍게 여기거나 헐뜯어서 다른 이들로부터 부끄럽지 않게 하고 단지 그 마음에 한결같은 계를 지닙니다."

"무엇이 훼방을 놓거나 범함이 없는 계(無毀犯戒)라 하는가. 이 보살이 살생, 도둑질, 음행, 거짓말, 이간질하는 말, 악한 말, 이치에 맞지 않은 말, 탐욕, 성냄, 어리석음을 영원히 끊어버리고 열 가지 선한 업을 온전하게 갖추어 받아 지닙니다. 보살이 이 범함이 없는 계를 지닐 때 생각하기를 '모든 중생이 청정한 계를 훼손하고 범하는 것은 모두 거꾸로 뒤바뀜으로 인한 것이니, 오직 부처 세존만이 어찌 된 인연으로 거꾸로 뒤바뀌고 청정한 계를 훼손하고 범하는지 아신다. 내가 마땅히 위 없는 보리를 성취하고 중생들을 위하여 진실한 법을 설하여 거꾸로 뒤바뀐 것에서 벗어나게 할 것이다.'라고 합니다."

"이 이름이 보살마하살의 제2 계장(戒藏)이라고 합니다."

佛子 何等爲菩薩摩訶薩戒藏 此菩薩成就普饒益戒 不受戒 不住戒 無悔恨戒 無違諍戒 不損惱戒 無雜穢戒 無貪求戒 無過失戒 無毀犯戒 云何爲普饒益戒 此菩薩受持淨戒 本爲利益一切衆生 云何爲不受戒 此菩薩不受行外道諸所有戒 端性自精進

奉持三世諸佛如來平等淨戒 云何爲不住戒 此菩薩受持戒時 心不住欲界 不住色界 不住無色界 何以故 不求生彼 而持戒故 云何爲無悔恨戒 此菩薩恒得安住無悔恨心 何以故 不作重罪 不行諂詐 不破淨戒故 云何爲無違諍戒 此菩薩不非先制 不更造立 心常隨順 向涅槃戒 具足受持 無所毀犯 不以持戒 惱他衆生 令其生苦 但願一切心 常歡喜而持於戒 云何爲不惱害戒 此菩薩不因於戒 學諸呪術 造作方藥 惱害衆生 但 爲救護一切衆生而持於戒 云何爲不雜戒 此菩薩不著邊見 不持雜戒 但觀緣起持出 離戒 云何爲無貪求戒 此菩薩不現異相 彰己有德 但爲滿足出離法故而持於戒 云何 爲無過失戒 此菩薩不自貢高 言我持戒 見破戒人 亦不輕毀 令他愧恥 但一其心而持 於戒 云何爲無毀犯戒 此菩薩永斷殺 盜 邪婬 妄語 兩舌 惡口 及無義語 貪 瞋 邪見 具足受持十種善業 菩薩持此無犯戒時 作是念言 一切衆生毀犯淨戒 皆由顚倒 唯佛 世尊能知衆生以何因緣而生顚倒 毀犯淨戒 我當成就無上菩提 廣爲衆生說眞實法 令離顚倒 是名 菩薩摩訶薩第二戒藏

3) 다함이 없는 부끄러움의 장

"불자들이여! 무엇을 두고 보살마하살의 부끄러움의 장(慚藏)이라고 하는가."

"이 보살이 과거에 지은 모든 악한 일을 잊지 않고 기억해서 부끄러움을 냅니다. 이르자면 보살이 마음으로 생각하기를 '내가 시작점 없는 세상으로부터 오면서 모든 중생과 더불어 모두 다 서로가 부모, 형제, 자매, 남녀가 되었고 탐욕, 성냄, 어리석음과 교만과 아첨과 속임과 그리고 나머지 모든 번뇌를 갖춘 까닭에 서로 괴롭게 하고 해치며, 서로 능멸하고 빼앗으며, 간음하고 상하게 하고 죽이는 이러한 악을 지으며, 모든 중생도 모두 역시 이와 같아서 모든 번뇌를 갖추고 많은 악을 짓는다. 이러한 까닭으로 서로 공경하지 않고 서로 존중하지 않으며, 서로 받들고 순하게 따르지 않으며, 서로 자기를 겸손하게 낮추지 않으며, 서로 도를 열어 인도하지 않고 서로 보호하고 아끼지 않으며, 서로 죽이고 해쳐서 원수가 된다. 스스로 생각해보니, 내 몸과 그리고 모든 중생이 과거, 미래, 현재의 모든 행으로 부끄러움이 없는 법을 삼세 모든 부처님이 빠짐없이 알고 보시니, 지금 그와 같은 부끄러운 행을 끊어내지 않으면 이 또한 삼세 모든 부처님이 역시 보실 것이다. 내가 어찌 부끄러운 행을 끊어내지 않겠는가. 끊어내지 않는다면 매우 옳지 못한 일이다. 이러한 까닭으로 내가 응당 마음을 오로지 하나로 해서 끊어 없애버리고 아뇩다라삼먁삼보리를 증득하여 널리 중생을 위하여 진실한 법을 설할 것이다.'라고 합니다."

"이 이름이 보살마하살의 제3 참장(慚藏)이라 합니다."

佛子 何等爲菩薩摩訶薩慚藏 此菩薩憶念過去所作諸惡而生於慚 謂彼菩薩 心自念言 我無始世來 與諸衆生皆悉互作父母 兄弟 姊妹 男女 具貪 瞋 癡 憍慢 諂誑及餘 一切諸煩惱故 更相惱害 遞相陵奪 姦婬 傷殺 無惡不造 一切衆生 悉亦如是 以諸煩惱備造衆惡 是故各各不相恭敬 不相尊重 不相承順 不相謙下 不相啓導 不相護惜 更相殺害 互爲怨讎 自惟我身及諸衆生 去 來 現在 行無慚法 三世諸佛無不知見 今若不斷此無慚行 三世諸佛亦當見我 我當云何猶行不止 甚爲不可 是故我應專心斷除 證阿耨多羅三藐三菩提 廣爲衆生說眞實法 是名 菩薩摩訶薩第三慚藏

4) 다함이 없는 책망의 장

"불자들이여! 무엇을 두고 보살마하살의 스스로 책망하는 장(愧藏)이라 하는가."

"이 보살이 스스로 책망하면서 생각하기를 '오래전부터 지내오기를 오욕 가운데 가지가지로 탐내고 구하면서 싫어하거나 만족함이 없었다. 이로 인하여 탐욕과 성냄과 어리석음 등의 모든 번뇌를 거듭해서 더하고 늘렸으니, 내가 이제 그러한 일은 행하지 않을 것이다.'라고 합니다."

"또 생각하기를 '중생들은 지혜가 없기에 모든 번뇌를 일으키고 악한 법을 갖추어 행하면서 서로 존중하지 않으며, 그리고 점차로 서로 원수가 되어 이와 같은 악한 행을 갖추고 짓지 않은 일이 없으며, 악한 행을 짓고서는 기뻐하고 즐거워하며, 칭찬을 얻을 때까지 그 뒤를 좇아 구하고 도리에 어두워 지혜가 없기에 알고 보는 것이 없다. 어머니의 뱃속에서 태에 들어 세상에 태어나면 더럽고 누추한 몸을 이루고 마침내는 머리가 세고 얼굴에 주름이 집니다. 지혜 있는 이가 이를 보면 단지 음욕을 좇아 생하는 청정하지 못한 법이기에 삼세 모든 부처님이 모두 다 보고 아시니, 그와 같이 내가 지금 이 일을 행하면 오히려 삼세 모든 부처님을 속여 넘기는 일이다. 이러한 까닭으로 내가 마땅히 스스로 책망하고 수행해서 빨리 아뇩다라삼먁삼보리를 이루고 널리 중생을 위하여 진실한 법을 설할 것이다.'라고 합니다."

"이 이름이 보살마하살의 제4 괴장(愧藏)이라 합니다."

佛子 何等爲菩薩摩訶薩愧藏 此菩薩自愧昔來 於五欲中 種種貪求 無有厭足 因此增長 貪 恚 癡等一切煩惱 我今不應復行是事 又作是念 衆生無智 起諸煩惱 具行惡法 不相恭敬 不相尊重 乃至展轉互爲怨讎 如是等惡 無不備造 造已歡喜 追求稱歎 盲無慧眼 無所知見 於母人腹中 入胎受生 成垢穢身 畢竟至於髮白面皺 有智慧者 觀此但是從婬欲 生不淨之法 三世諸佛皆悉知見 若我於今猶行是事 則爲欺誑三世諸佛 是故我當修行於愧 速成阿耨多羅三藐三菩提 廣爲衆生說眞實法 是名 菩薩摩訶薩第四愧藏

5) 다함이 없는 들음의 장

"불자들이여! 무엇을 두고 보살마하살의 들음의 장(聞藏)이라고 하는가."

"이 보살이 이 일이 있는 까닭에 이 일이 있고 이 일이 없는 까닭에 이 일이 없으며, 이 일이 일어나는 까닭으로 이 일이 일어나며, 이 일이 없어지는 까닭으로 이 일이 없어지며, 이는 세간의 법이고 이는 출세간의 법이며, 이는 인위적인 법이고 이는 인위적이지 않은 법이며, 이는 기록할 수 있는 법이고 이는 기록할 수 없는 법임을 아는 것입니다."

"무슨 일을 두고 이 일이 있는 까닭에 이 일이 있다 하는가. 이르길 무명이 있는 까닭에 행이 있다는 것입니다. 무슨 일이 없는 까닭으로 이 일이 없다 하는가. 이르길 식(識)이 없는 까닭에 명색(名色)이 없다는 것입니다. 무슨 일이 일어나는 까닭에 이 일이 일어난다 하는가. 이르길 사랑이 일어나는 까닭에 고통이 일어난다는 것입니다. 무슨 일이 없어지는 까닭에 이 일이 없어진다 하는가. 이르길 있음이 없어지는 까닭에 생함이 없어진다는 것입니다."

"어떠한 것을 세간의 법이라 하는가. 이른바 색, 수, 상, 행, 식을 이릅니다."

"어떠한 것을 출세간의 법이라 하는가. 이른바 계, 정, 혜, 해탈, 해탈지견을 이릅니다."

"무엇이 인위적인 법이라 하는가. 이른바 욕계, 색계, 무색계, 중생계를 이릅니다."

"무엇이 인위적임이 없는 법이라 하는가. 이른바 허공, 열반, 수로 드러난 결과를 없앰과 수로 드러난 결과를 없애지 않는 것과 인(因)에 의한 결과(果)를 일으킴과 법의 성품에 머무는 것을 이릅니다."

"어떠한 것을 두고 기록할 수 있는 법이라 하는가. 이른바 사성제(四聖諦), 사사문과(四沙門果), 사변(四辯), 사무소외(四無所畏), 사념처(四念處), 사정근(四正勤), 사신족(四神足), 오근(五根), 오력(五力), 칠각분(七覺分), 팔성도분(八聖道分)을 이릅니다."

"어떠한 것을 두고 기록할 수 없는 법(無記法)이라 하는가. 이른바 세간은 끝이 있다. 세간은 끝이 없다. 세간은 또한 끝이 있기도 하고 또한 끝이 없기도 하다. 세간은 끝이 있는 것도 아니고 끝이 없는 것도 아니다. 세간은 항상 하다. 세간은 항상 함이 없다. 세간은 또한 항상 있기도 하고 또한 항상 없기도 하다. 세간은 항상 있는 것도 아니고 항상 없는 것도 아니다. 여래가 열반한 뒤에 있다. 여래가 열반한 뒤에 없다. 여래가 열반한 뒤에 역시 있기도 하고 역시 없기도 하다. 여래가 열반한 뒤에 있는 것도 아니고 없는 것도 아니다. 나와 중생이 있다. 나와 중생이 없다. 나와 중생이 역시 있기도 하고 역시 없기도 하다. 나와 중생이 있는 것도 아니고 없는 것도 아니다."

"과거에 몇 분의 여래가 반열반(般涅槃) 하시고 몇 분의 성문과 벽지불이 반열반 하시고 미래에 몇 분의 여래와 성문과 벽지불과 몇 명의 중생이 있으며, 현재 몇 분의 부처님이 머무시며, 몇 분의 성문과 벽지불이 머무시며, 몇 명의 중생이 머물러 있는가."

"어느 여래가 가장 먼저 나타나는 것이며, 어느 성문과 벽지불이 가장 먼저 나타나는 것이며, 어떤 중생이 가장 먼저 나타나며, 어느 여래가 가장 뒤에 나타나는 것이며, 어느 성문과 벽지불이 가장 먼저 뒤에 나타나는 것이며, 어떤 중생이 가장 뒤에 나오며, 무슨 법이 가장 처음에 있었고 무슨 법이 가장 뒤에 있는가."

"세간은 어느 곳을 좇아 왔으며, 어느 곳으로 가 이르는 것이며, 몇 세계가 이루어짐이 있는 것이며, 몇 세계가 무너짐이 있는 것이며, 세간은 어느 곳을 좇아 왔으며, 어느 곳으로 가는 것을 이르는 것인가."

"무엇이 생사의 가장 처음 경계가 되는 것이며, 무엇이 생사의 가장 나중 경계인가. 이 이름을 기록할 수 없는 법(無記法)이라 합니다."

"보살마하살이 이와 같이 생각하기를 '모든 중생이 생사 가운데 많이 들은 것이 없기에 능히 이 모든 법을 깨달아 알지 못하는 것이니, 내가 마땅히 마음을 일으켜서 많이 듣는 장을 지니고 아뇩다라삼먁삼보리를 증득하여 모든 중생을 위해서 진실한 법을 설할 것이다.'라고 합니다."

"이 이름이 보살마하살의 제5 다문장(多聞藏)이라 합니다."

佛子 何等爲菩薩摩訶薩聞藏 此菩薩知是事有故是事有 是事無故是事無 是事起故是事起 是事滅故是事滅 是世間法 是出世間法 是有爲法 是無爲法 是有記法 是無記法 何等爲是事有故是事有 謂 無明有故行有 何等爲是事無故是事無 謂 識無故名色無 何等爲是事起故是事起 謂 愛起故苦起 何等爲是事滅故是事滅 謂 有滅故生滅 何等爲世間法 所謂 色 受 想 行 識 何等爲出世間法 所謂 戒 定 慧 解脫 解脫知見 何等爲有爲法 所謂 欲界 色界 無色界 衆生界 何等爲無爲法 所謂 虛空 涅槃 數緣滅 非數緣滅 緣起法性住 何等爲有記法 謂 四聖諦 四沙門果 四辯 四無所畏 四念處 四正勤 四神足 五根 五力 七覺分 八聖道分 何等爲無記法 謂 世間有邊 世間無邊 世間亦有邊亦無邊 世間非有邊非無邊 世間有常 世間無常 世間亦有常亦無常 世間非有常非無常 如來滅後有 如來滅後無 如來滅後亦有亦無 如來滅後非有非無 我及衆生有 我及衆生無 我及衆生亦有亦無 我及衆生非有非無 過去 有幾如來般涅槃 幾聲聞 辟支佛般涅槃 未來 有幾如來 幾聲聞 辟支佛 幾衆生 現在 有幾佛住 幾聲聞 辟支佛住 幾衆生住 何等如來最先出 何等聲聞 辟支佛最先出 何等衆生最先出 何等如來最後出 何等聲聞 辟支佛最後出 何等衆生最後出 何法最在初 何法最在後 世間從何處來 去至何所 有幾世界成 有幾世界壞 世界從何處來 去至何所 何者爲生死最初際 何者爲生死最後際 是名無記法 菩薩摩訶薩作如是念 一切衆生於生死中 無有多聞 不能了知此一切法 我當發意 持多聞藏 證阿耨多羅三藐三菩提 爲諸衆生說眞實法 是名 菩薩摩訶薩第五多聞藏

6) 다함이 없는 보시의 장

"불자들이여! 무엇을 두고 보살마하살의 보시의 장(施藏)이라 하는가."

"이 보살이 열 가지 보시를 하니, 이른바 나누어 덜어주는 보시(分減施), 마르도록 다하는 보시(竭盡施), 속 보시(內施), 바깥 보시(外施), 안과 바깥 보시(內外施), 모든 보시(一切施), 과거 보시(過去施), 미래 보시(未來施), 현재 보시(現在施), 마지막까지 다하는 보시(究

竟施)를 이릅니다."

佛子 何等爲菩薩摩訶薩施藏 此菩薩行十種施 所謂 分減施 竭盡施 內施 外施 內外施 一切施 過去施 未來施 現在施 究竟施

"불자들이여! 어떠한 것을 보살이 나누어 덜어주는 보시(分減施)라 하는가."
"이 보살이 성품이 인자하고 은혜를 베풀어 보시하기를 좋아하고 행합니다. 맛난 음식을 얻으면 자신이 먼저 먹기보다는 중생에게 베푼 후에야 음식을 먹으며, 대체로 받은 물건도 모두 역시 이와 같이 합니다."
"그와 같이 스스로가 먹을 때 생각하기를 '내 몸 가운데 팔만의 호충(戶蟲)이 나를 의지해서 머물고 있으니, 내가 배가 가득 차서 즐거우면 호충들도 즐거울 것이며, 내가 주리고 괴로우면 호충도 역시 괴로울 것이다. 내가 지금 이 음식을 받아먹는 것은 중생을 배부르게 하려는 것이기에 저들에게 베풀기 위한 까닭으로 이 음식을 먹은 것이며, 맛을 탐하는 것은 아니다.'라고 합니다."
"차례를 따라(復) 생각하기를 '내가 오랜 세월 동안 내 몸을 사랑하고 집착하기에 충분하게 배를 불리려고 음식을 받았으니, 이제 이 음식을 중생에게 은혜를 베풀어 보시하고 내 몸을 사랑하고 집착함을 영원히 끊을 것이다.'라고 합니다."
"이 이름이 분감시(分減施)입니다."

佛子 云何爲菩薩分減施 此菩薩稟性仁慈 好行惠施 若得美味 不惠自受 要與衆生 然後方食 凡所受物 悉亦如是 若自食時 作是念言 我身中有八萬戶蟲依於我住 我身充樂 彼亦充樂 我身飢苦 彼亦飢苦 我今受此所有飮食 願令衆生普得充飽 爲施彼故 以自食之 不貪其味 復作是念 我於長夜愛著其身 欲令充飽而受飮食 今以此食惠施衆生 願我於身永斷貪著 是名 分減施

"무엇을 두고 보살이 마르도록 다하는 보시(竭盡施)라고 하는가."
"불자들이여! 보살이 가지가지로 뛰어난 맛의 음식과 향이나 꽃, 의복이나 삶에 필요한 도구들을 얻어서 그와 같이 스스로가 받아쓰면 편안하고 즐거우며, 수명이 늘어날 것이고 만일 내 것을 다른 사람에게 보시하면 곧 가난해지고 괴로워지며 수명이 줄어든다고 합시다. 때맞춰 어떤 사람이 와서 말하기를 '그대가 가지고 있는 것을 지금 나에게 달라.'고 하였습니다. 보살이 스스로 생각하기를 '내가 시작점 없는 옛적부터 굶주림으로 인하여 죽은 몸이 셀 수 없이 많았다. 일찍이 털끝만치도 중생에게 이익을 주어 선근의 이로움을 얻은 적이 없었으니, 지금 내가 역시 옛적과 마찬가지로 목숨을 버리면 될 것이 아닌가. 이러한 까닭으로 응당 중생의 넉넉한 이익을 위하여 가지고 있는 모든 것을 다 보시하고 목숨까지 다하여도 역시 아끼지 않을 것이다.'라고 합니다."

"이 이름이 갈진시(竭盡施)입니다."

云何爲菩薩竭盡施 佛子 此菩薩得種種上味飮食 香華 衣服 資生之具 若自以受用 則安樂延年 若輟己施人則窮故夭命 時 或有人來作是言 汝今所有 悉當與我 菩薩自念 我無始已來 以飢餓故喪身無數 未曾得有如毫末許饒益衆生而獲善利 今我亦當同於往石而捨其命 是故應爲饒益衆生 隨其所有 一切皆捨 乃至盡命 亦無所吝 是名竭盡施

"어떠함을 두고 보살의 속 보시(內施)라고 하는가."

"불자들이여! 이 보살의 나이가 한창 성장해서 단정하고 아름답고 좋아 보이며, 향과 꽃과 의복으로 몸을 꾸미고 비로소 관정을 받아 전륜왕의 자리에 앉아 칠보를 온전하게 갖추고 사천하의 왕이 되었을 때 어떤 사람이 와서 왕에게 말하길 '대왕이시여! 나는 이제 쇠하고 늙어서 몸은 마르고 병은 무겁고 외롭고 지쳐서 죽음이 멀지 않았습니다. 만일 왕의 몸에 있는 수족과 혈육과 머리와 눈과 골수를 얻는다면 내 목숨을 반드시 바라는 대로 살 수 있을 것입니다. 오직 원하건대 대왕이여! 앞뒤를 생각하시거나 아끼려 하지 마시고 단지 자비로운 생각으로 나에게 보시하소서.'라고 하면, 이때 이를 보고 보살이 생각하기를 '지금의 내 몸은 후에 반드시 죽을 것이다. 하나라도 이익이 없으니, 마땅한 때에 이 몸을 빨리 버려서 중생을 어려움에서 구제할 것이다.'라고 생각하고는 곧 보시하지만 후회하는 마음이 없습니다."

"이 이름이 속 보시(內施)입니다."

云何爲菩薩內施 佛子 此菩薩年方少盛 端正美好 香華 衣服以嚴其身 始受灌頂 轉輪王位 七寶具足 王四天下 時 或有人來白王言 大王當知 我今衰老 身嬰重疾 煢獨羸頓 死將不久 若得王身手足 血肉 頭目 骨髓 我之身命必冀存活 唯願大王莫更籌

量 有所顧惜 但見慈念 以是於我 爾時 菩薩作是念言 今我此身 後必當死 無一利益 宜是疾捨 以濟衆生 念已施之 心無所悔 是名 內施

"무엇을 두고 보살의 바깥 보시(外施)라고 하는가."

"불자들이여! 이 보살이 나이가 차고 모습이 아름답고 좋은 모양을 온전하게 갖추었으며, 이름난 화려한 상급의 옷으로 몸을 꾸미고 비로소 관정을 받아 전륜왕의 자리를 받아서 칠보를 온전하게 갖추고 사천하의 왕이 되었을 때, 어떤 사람이 와서 왕에게 말하기를 '내가 지금 가난하고 구차해서 많은 고통으로부터 핍박을 받으니, 오직 원하건대 인자하시고 특히 불쌍히 여기시는 생각으로 이 왕의 자리를 나에게 주시면, 내가 마땅히 모든 것을 거느리고 왕의 복과 즐거움을 받겠습니다.'라고 하면, 이때 보살이 생각하기를 '모든 영화는 반드시 쇠하고 다할 것이다. 쇠하고 다하게 되면 다시는 중생에게 넉넉한 이익을 줄 수 없으니, 내가 지금 마땅히 응하길 저들이 구하는 바를 따라 그 마음을 가득 차게 할 것이다.'라고 생각하고는 곧 보시하지만 후회하지 않습니다."

"이 이름이 바깥 보시(外施)입니다."

云何爲菩薩外施 佛子 此菩薩年盛色美 衆相具足 名華 上服而以嚴身 始受灌頂 轉輪王位 七寶具足 王四天下 時 或有人來白王言 我今貧窶 衆苦逼迫 唯願仁慈 特垂矜念 捨此王位以贍於我 我當統領 受王福樂 爾時 菩薩作是念言 一切榮盛必當衰歇 於衰歇時 不能得更饒益衆生 我今宜應隨彼所求 充滿其意 作是念已 卽便施之而無所悔 是名 外施

"무엇을 두고 보살의 안과 바깥 보시(內外施)라고 하는가."

"불자들이여! 이 보살이 위에서 설한 바와 같이 전륜왕의 자리에 있으면서 칠보를 온전하게 갖추고 사천하의 왕이 되었을 때, 어떤 사람이 와서 말하기를 '대왕은 오래전부터 전륜왕이었다. 나는 일찍이 한 번도 이 자리를 얻지 못했으니, 바라건대 대왕께서 그 자리를 나에게 주시고 아울러 왕께서는 나의 신하와 종복이 되어주십시오.'라고 합니다. 이때 보살이 생각하기를 '나의 몸이나 재물이나 왕의 자리에 이르기까지 모두 항상 함이 없는 것이라 깨지고 무너지는 것이다. 내가 지금 성장해서 부와 천하를 가졌다고는 하지만, 구하는 자가 앞에 나타났으니, 마땅히 견고하지 않은 것을 버리고 견고한 법을 구할 것이다.'라는 생각을 마치고 곧 보시하고 곧이어 몸으로 공손하게 섬기기를 다하고 후회하는 마음이 없습니다."

"이 이름이 안과 바깥 보시입니다."

云何爲菩薩內外施 佛子 此菩薩如上所說 處輪王位 七寶具足 王四天下 時 或有人 而來白言 此轉輪位 王處已久 我未曾得 唯願大王捨之與我 幷及王身 爲我臣僕 爾時 菩薩作是念言 我身財寶及以王位 悉是無常 敗壞之法 我今盛壯 富有天下 乞者現前 當以不堅而求堅法 作是念已 卽便施之 乃至以身恭勤作役 心無所悔 是名 內外施

"어떠한 것을 두고 보살의 모든 보시(一切施)라고 하는가."

"불자들이여! 이 보살도 또한 위에서 설한 바와 같이 전륜왕의 지위에 처하면서 칠보를 온전하게 갖추고 사천하의 왕이 되었을 때, 헤아릴 수 없이 많은 빈궁한 사람들이 왕 앞에 와서 말하기를 '대왕의 이름이 시방에서 두루 들리기에 우리가 흠모하는 까닭으로 이곳에 이르렀습니다. 저희가 지금 각각 구하고자 하는 것이 있으니, 바라건대 두루 자비를 베풀어 저희가 만족함을 얻게 해주십시오.'라고 하니, 때맞춰 가난한 사람들이 대왕을 쫓아 따르며, 때로는 국왕의 자리를 구하고자 하고 때로는 처자를 구하고자 하고 혹은 수족과 피와 살과 염통과 허파와 머리와 눈과 골수 등을 구하고자 합니다. 이때 보살이 생각하기를 '모든 은혜와 사랑은 모였다가 마땅히 떠나고야 마는 것이기에 중생에게 넉넉한 이익을 주지 못하는 것이다. 내가 이제 탐욕과 애정을 영원히 버리고 반드시 잃고 흐트러지는 이 모든 물건으로 중생의 소원을 만족하게 채워줄 것이다.'라는 생각을 마치고는 모든 것을 다 보시하고 마음에 후회하거나 한탄함이 없으며, 또한 중생들을 천하게 보거나 싫어하지 않습니다."

"이 이름이 일체시(一切施)입니다."

云何爲菩薩一切施 佛子 此菩薩亦如上說 處輪王位 七寶具足 王四天下 時 有無量貧窮之人來詣其前 而作是言 大王名稱周聞十方 我等欽風故來至此 吾曹今者各有所求 願普垂慈 令得滿足 時 諸貧人從彼大王 或乞國土 或乞妻子 或乞手足 血肉 心肺 頭目 髓腦 菩薩是時 心作是念 一切恩愛會當別離 而於衆生無所饒益 我今爲欲

永捨貪愛 以此一切必離散物滿衆生願 作是念已 悉皆施與 心無悔恨 亦不於衆生而生厭賤 是名 一切施

"어떠한 것을 보살의 과거 보시(過去施)라고 하는가."

"이 보살이 지난 세상의 모든 부처님과 보살이 가진 공덕을 들어도 그 들음에 집착하지 않고 있는 것이 아님을 분명하게 통해서 알기에 분별을 일으키지 않고 탐내지 않고 맛을 들이지도 않으며, 역시 구하려 하거나 취하지도 않으며, 의지할 것이 없는 인연이며, 법이란 꿈과 같기에 견고하지 못함을 보고 모든 선근으로 있는 마주한 모양이나 상태의 마음을 일으키지 않으며, 또한 의지하지도 않고 단지 취하고 집착하는 중생을 가르쳐 이끌고 불법을 성숙시키기 위해 법을 널리 펴서 설하는 것이며, 또 차례를 따라(復) 자세히 살펴보고 과거의 모든 법을 시방으로 옮겨 구하려 해도 얻을 수 없는 것이라 생각을 하고는 과거의 법을 마침내 모두 버립니다."

"이 이름이 과거시(過去施)입니다."

云何爲菩薩過去施 此菩薩聞過去諸佛菩薩所有功德 聞已不著 了達非有 不起分別 不貪不味 亦不求取 無所依倚 見法如夢 無有堅固 於諸善根 不起有想 亦無所倚 但爲敎化 取著衆生 成熟佛法 而爲演說 又復觀察 過去諸法 十方推求都不可得 作是念已 於過去法 畢竟皆捨 是名 過去施

"어떠한 것을 두고 보살의 미래 보시(未來施)라고 하는가."

"이 보살이 미래의 모든 부처님이 수행하신다는 것을 듣고 이는 있지 않음을 분명하게 통해서 알며, 마주한 모양이나 상태를 취하지 않으며, 따로 모든 부처님 국토에 와서 생하기를 좋아하지도 않으며, 맛보지도 않으며, 집착도 하지 않으며, 싫어하지도 않으며, 선근으로 저기에 회향하지 않으며, 또한 저기에서 선근을 물러서지 않게 하며, 항상 부지런히 수행해서 조금이라도 그만두려 하거나 버리지 않고 단지 저 경계로 인하여 중생을 거두어주며, 진실한 이치를 설하여 불법을 성숙시키려는 것입니다. 그러나 이 법은 의지할 처가 있지 않으며, 의지할 처가 없지도 않으며, 안도 아니고 밖도 아니며, 가깝지도 않고 멀지도 않습니다. 차례를 좇아(復) 생각해보지만, 그와 같은 법이 있는 것이 아니라면 버릴 것이 없습니다."

"이 이름이 미래시(未來施)입니다."

云何爲菩薩未來施 此菩薩聞未來諸佛之所修行 了達非有 不取於相 不別樂往生諸佛國土 不味不著 亦不生厭 不以善根迴向於彼 亦不於彼而退善根 常勤修行 未曾廢捨 但欲因彼境界攝取衆生 爲說眞實 令成熟佛法 然此法者非有處所 非無處所 非內非外 非近 非遠 復作是念 若法非有 不可不捨 是名 未來施

"무엇을 두고 보살의 현재 보시(現在施)라고 하는가."

"이 보살이 사천왕천, 삼십삼천, 야마천, 도솔타천, 화락천, 타화자재천, 범천, 범신천, 범보천, 범중천, 대범천, 광천, 소광천, 무량광천, 광음천, 정천, 소정천, 무량정천, 변정천, 광천, 소광천, 무량광천, 광과천, 무번천, 무열천, 선견천, 선현천, 색구경천을 듣거나 성문이나 연각까지 온전하게 갖춘 공덕을 듣더라도 그 마음이 헤매지 않고 가라앉지 않고 모으지 않고 흩어지지 않으며, 단지 모든 행이 꿈과 같을 뿐 실상의 본바탕 같지 않음을 자세하게 보고 탐내고 집착하지 않으면서 중생들이 악한 부류를 버리고 벗어나게 하며, 마음으로 분별함이 없게 해서 보살의 도를 닦게 하고 불법을 성취하게 하려고 법을 널리 펴서 엽니다."

"이 이름이 현재시(現在施)입니다."

云何爲菩薩現在施 此菩薩聞四天王衆天 三十三天 夜摩天 兜率陀天 化樂天 他化自在天 梵天 梵身天 梵輔天 梵衆天 大梵天 光天 少光天 無量光天 光音天 淨天 少淨天 無量淨天 徧淨天 廣天 少廣天 無量廣天 廣果天 無煩天 無熱天 善見天 善現天 色究竟天 乃至聞聲聞 緣覺具足功德 聞已 其心不迷不沒 不聚 不散 但觀諸行如夢不實 無有貪著 爲令衆生 捨離惡趣 心無分別 修菩薩道 成就佛法 而爲開演 是名 現在施

"어떠한 것을 두고 보살이 마지막까지 다하는 보시(究竟施)라고 하는가."

"불자들이여! 가령 헤아릴 수 없이 많은 중생이 있는 가운데 눈이 없거나 귀가 없거나 코가 없거나 혀가 없거나 손이나 발이 없는 중생에 이르기까지 이 보살에게 와서 말하기를 '우리는 복이 없어서 모든 근기가 이지러져 완전하지 못하니, 바라건대 어진 이는 선근 방편으로 당신에게 있는 것을 우리에게 보시해서 제가 근기를 온전하게 갖출 수 있도록 해 주십시오.'라고 하면, 보살이 이 말을 듣고 곧바로 보시해 주고 가령 이로부터 아승기겁이 다 지나도록 모든 근기를 갖추지 못해도 또한 단 한 생각이라도 후회하거나 아까워 하는 마음을 내지 않으며, 단지 스스로 몸을 자세히 살펴보고 '처음 태를 좇아 들어가 청정하지 못한 아주 작은 형상과 모든 근을 부분적으로 형성해서 나고 늙고 병들고 죽은 것이며, 또 이 몸을 자세히 살펴보고 진실하지 않고 부끄러움도 없으며, 현성(賢聖)의 물건도 아니며, 냄새나고 더럽기에 깨끗하지 못하며, 골절이 서로 유지하려 피와 살이 싸고 있으며, 아홉 구멍에서 항상 나쁜 것이 흐르기 때문에 사람들이 싫어하고 천하게 여기는 것이다.'라고 보고는 한 생각이라도 사랑하고 집착하는 마음을 내지 않으며, 차례를 따라 (復) 생각하기를 '이 몸은 위태롭고 견고한 것이 아니니, 내가 이제 어떻게 사랑하고 집착 하겠는가. 응당 저들에게 보시해서 그들의 소원을 채워주겠다. 내가 이렇게 함으로 모든 중생을 활짝 열어 인도하고 몸과 마음에 애착을 내지 않게 하고 청정한 지혜의 몸을 성취하게 할 것이다.'라고 합니다."

"이 이름이 구경시(究竟施)이며, 이것이 보살마하살의 제6 보시하는 장(施藏)이라 합니다."

云何爲菩薩究竟施 佛子 此菩薩 假使有無量衆生或有無眼 或有無耳 或無鼻舌及以手足 來至其所 告菩薩言 我身薄祐 諸根殘缺 唯願仁慈 以善方便 捨己所有 令我具足 菩薩聞之 卽便施與 假使由此 經阿僧祇劫 諸根不具 亦不心生一念悔惜 但自觀身 從初入胎 不淨微形 胞段諸根 生老病死 又觀此身 無有眞實 無有慙愧 非賢聖物 臭穢不潔 骨節相持 血肉所塗 九孔常流 人所惡賤 作是觀已 不生一念愛著之心 復作是念 此身危脆 無有堅固 我今云何而生戀著 應以施彼 充滿其願 如我所作 以此開導一切衆生 令於身心不生貪愛 悉得成就淸淨智身 是名 究竟施 是爲菩薩摩訶薩第六施藏

7) 다함이 없는 지혜의 장

"불자들이여! 무엇을 보살마하살의 지혜로운 장(慧藏)이라 하는가."

"이 보살이 색(色)을 실상의 본바탕대로 알고 색(色)이 모인 실상의 본바탕을 알고 색(色)이 없어지는 실상의 본바탕을 알고 색(色)이 없어지는 도를 실상의 본바탕대로 알고 수(受), 상(想), 행(行), 식(識)을 실상의 본바탕대로 알고 수, 상, 행, 식이 모인 실상의 본바탕을 알고 수, 상, 행, 식이 없어지는 것을 실상의 본바탕대로 알고 수, 상, 행, 식이 없어지는 도를 실상의 본바탕대로 알고 밝지 못해 이치에 어두운 것을 실상의 본바탕대로 알고 밝지 못해 이치에 어두움, 이 어두움이 모인 실상의 본바탕을 알고 밝지 못해 이치에 어두움이 없어지는 것을 실상의 본바탕대로 알고 밝지 못해 이치에 어두움이 없어지는 도를 실상의 본바탕대로 알고 사랑을 실상의 본바탕대로 알고 사랑이 모인 실상의 본바탕을 알고 사랑이 없어지는 것을 실상의 본바탕대로 알고 사랑이 없어지는 도를 실상의 본바탕대로 알고 성문을 실상의 본바탕대로 알고 성문의 법을 실상의 본바탕 그대로 알고 성문이 모인 실상의 본바탕을 알고 성문의 열반을 실상의 본바탕 그대로 알고 독각을 실상의 본바탕대로 알고 독각의 법을 실상의 본바탕 그대로 알고 독각이 모인 실상의 본바탕을 알고 독각의 열반을 실상의 본바탕대로 알고 보살을 실상의 본바탕대로 알고 보살의 법을 실상의 본바탕대로 알고 보살이 모인 실상의 본바탕대로 알고 보살의 열반을 실상의 본바탕대로 압니다."

"어떻게 아는가 하면, 업을 지어 과보를 받은 일이 행의 인연으로 지어가는 것임을 알며, 모든 것이 허망하고 거짓된 것이기에 공하여 실상의 본바탕이 없으며, 나도 아니고 견고한 것도 아니며, 아주 작은 법도 성립될 것이 없음을 압니다."

"중생들이 실상의 본바탕이 되는 성품을 알게 하고자 널리 베풀어 설하는 것이니, 무엇을 말하고 있는 것인가. 모든 법은 무너지지 않음을 설합니다. 어떠한 법이 무너지지 않는가. 색이 무너지지 않으며, 수, 상, 행, 식도 무너지지 않으며, 무명도 무너지지 않으며, 성문법, 연각법, 보살의 법도 무너지지 않음을 압니다."

"왜 그런가 하면, 모든 법이란 지은 것도 없고 지은 이도 없으며, 말도 없고 처할 것도 없으며, 생함도 아니고 일으킴도 아니며, 주지도 않고 취하지도 않으며, 움직여 구르는 일도 없고 작용도 없습니다."

"보살이 이와 같은 헤아릴 수 없는 지혜의 장을 성취해서 작은 방편으로 모든 법을 분명하게 깨달아 마치니, 자연히 밝게 통달하는 것이며, 다른 이로 말미암아 깨닫는 것이 아닙니다."

"이 지혜의 무진장(無盡藏)은 열 가지로 다 할 수 없기에 무진(無盡)이라 말하는 것이니, 무엇이 열 가지인가 하면, 이른바 많이 들어도 선근의 섬세하고 능숙함은 다할 수 없는 까닭이며, 선지식과 친근히 함은 다할 수 없는 까닭이며, 글귀와 뜻을 선근으로 분별하는 것은 다할 수 없는 까닭이며, 깊은 법계에 들어감은 다할 수 없는 까닭이며, 한결같은 지혜로 장엄하는 것은 다할 수 없는 까닭이며, 모든 복과 덕을 모으는 일에 고달픈 마음이 없음은 다할 수 없는 까닭이며, 모든 다라니 문에 들어감은 다할 수 없는 까닭이며, 모든 중생의 언어와 음성을 분별하는 것은 다할 수 없는 까닭이며, 모든 중생의 의혹을 끊음은 다할 수 없는 까닭이며, 모든 중생을 위하여 모든 부처님의 신력을 나타내어 교화하고 조복시키고 수행을 끊어지지 않게 함은 다할 수 없기 때문입니다. 이것이 열 가지입니다."

"이를 보살마하살의 제7 지혜로운 장(慧藏)이라 합니다. 이 장에 머무는 이는 다함이 없는 지혜를 얻어서 모든 중생이 능히 깨우침을 통하게 합니다."

佛子 何等爲菩薩摩訶薩慧藏 此菩薩於色如實知 色集如實知 色滅如實知 色滅道如實知 於受 想 行 識如實知 受 想 行 識集如實知 受 想 行 識滅如實知 受 想 行 識滅道如實知 於無明如實知 無明集如實知 無明滅如實知 無明滅道如實知 於愛如實知 愛集如實知 愛滅如實知 愛滅道如實知 於聲聞如實知 聲聞法如實知 聲聞集如實知 聲聞涅槃如實知 於獨覺如實知 獨覺法如實知 獨覺集如實知 獨覺涅槃如實知 於菩薩如實知 菩薩法如實知 菩薩集如實知 菩薩涅槃如實知 云何知 知從業報諸行因緣之所造作 一切虛假 空無有實 非我非堅固 無有少法可得成立 欲令衆生知其實性 廣爲宣說 爲說何等 說諸法不可壞 何等法不可壞 色不可壞 受 想 行 識不可壞 無明不可壞 聲聞法 獨覺法 菩薩法不可壞 何以故 一切法無作 無作者 無言說 無處所 不生 不起 不與 不取 無動轉 無作用 菩薩成就如是等無量慧藏 以少方便 了一切法 自然明達 不由他悟 此慧無盡藏有十種不可盡故 說爲無盡 何等爲十 所謂 多聞善巧不可盡故 親近善知識不可盡故 善分別句義不可盡故 入深法界不可盡故 以一味智莊嚴不可盡故 集一切福德心無疲倦不可盡故 入一切陀羅尼門不可盡故 能分別一切衆生語言音聲不可盡故 能斷一切衆生疑惑不可盡故 爲一切衆生現一切佛神力 敎化調伏令修行不斷不可盡故 是爲十 是爲菩薩摩訶薩第七慧藏 住此藏自 得無盡智慧 普能開悟一切衆生

8) 다함이 없는 기억의 장

"불자들이여! 어떠한 것을 두고 보살마하살이 지금 마음으로 생각하는 장(念藏)이라 하는가."

"이 보살이 어리석음을 버리고 멀리 벗어나 온전하게 갖추고 마음으로 생각하니, 과거의 한 생, 두 생뿐만 아니라 십 생, 백 생, 천생, 백 천생, 헤아릴 수 없는 백 천생을 단단하게 마음으로 생각해서 잊지 않으며, 이루어지는 겁과 무너지는 겁과 이루어지고 무너지는 겁과 한 번 이루어진 겁이 아닌 것과 한 번 무너진 겁이 아닌 것과 한 번 이루어지고 무너진 겁이 아닌 것과 백 겁과 천 겁과 백 천억 나유타 겁과 헤아릴 수 없고 수 없고 끝없고 같은 것이 없고 셀 수가 없고 일컬을 수 없고 생각할 수 없고 양을 헤아릴 수 없고 말할 수 없이 말로 이를 수 없는 겁까지를 단단하게 마음으로 생각해서 잊지 않으며, 한 부처님의 명호뿐만 아니라 말할 수 없고 말로는 이를 수 없는 부처님의 명호까지 마음으로 생각하며, 한 분의 부처님이 세상에 나오셔서 설하신 수기(授記.부처가 제자에게 내세에 부처가 될 것이라고 예언한 말씀의 기록)뿐만 아니라 말할 수 없고 말로는 이를 수 없는 부처님께서 세상에 나오셔서 수기하는 것을 단단하게 마음으로 생각해서 잊지 않으며, 한 분의 부처님이 세상에 나오셔서 설하신 수다라 뿐만 아니라 말할 수 없고 말로는 이를 수 없는 부처님께서 세상에 나오셔서 설하신 수다라까지 단단하게 마음으로 생각해서 잊지 않으며, 수다라(修多羅)와 같이 기야(祇夜), 수기(授記), 가타(伽他), 니다나(尼陀那), 우다나(優陁那), 본사(本事), 본생(本生), 방광(方廣), 미증유(未曾有), 비유(譬諭)와 논의(論議)도 또한 이와 같으며, 한 대중의 모임뿐만 아니라 말할 수 없고 말로는 이를 수 없는 대중의 모임을 단단하게 마음으로 생각해서 잊지 않으며, 한 법을 널리 펴는 것뿐만 아니라 말할 수 없고 말로는 이를 수 없는 법을 설하는 것까지 단단하게 마음으로 생각해서 잊지 않으며, 한 근기의 성품뿐만 아니라 말할 수 없고 말로는 이를 수 없는 가지가지의 성품을 단단하게 마음으로 생각해서 기억해서 잊지 않으며, 한 근기의 헤아릴 수 없이 많은 가지가지의 성품뿐만 아니라 말할 수 없고 말로는 이를 수 없는 헤아릴 수 없이 많은 가지가지의 성품을 단단하게 마음으로 생각해서 잊지 않으며, 한 번뇌의 가지가지 성품뿐만 아니라 말할 수 없고 말로는 이를 수 없는 번뇌의 가지가지 성품까지도 단단하게 마음으로 생각해서 잊지 않으며, 한 삼매의 가지가지 성품뿐만 아니라 말할 수 없고 말로는 이를 수 없는 삼매의 가지가지 성품까지도 단단하게 마음으로 생각해서 잊지 않는 것입니다."

"이렇듯 마음으로 생각해서 잊지 않은 생각이 열 가지가 있으니, 이른바 고요한 해탈 열반을 마음으로 생각하는 것(寂靜念)과 청정함을 마음으로 생각하는 것(淸淨念)과 탁하지 않음을 마음으로 생각하는 것(不濁念)과 밝고 분명함을 마음으로 생각하는 것(明徹念)과 티끌에서 벗어남을 마음으로 생각하는 것(離塵念)과 가지가지의 티끌에서 벗어남을 마음으로 생각하는 것(離種種塵念)과 허물이나 잘못에서 벗어남을 마음으로 생각하는 것(離垢念)과 광명이 빛남을 마음으로 생각하는 것(光耀念)과 사랑과 즐거움을 마음으로 생각하는 것(可愛樂念)과 막힘이나 걸림이 없음을 마음으로 생각하는 것(無障礙念)을 이릅니다."

"보살이 이러한 생각에 머물 때는 모든 세간이 괴롭힐 수 있거나 난리를 칠 수 없으며, 모든 외도의 이치로 변하게 할 수 있거나 움직이게 할 수 없으며, 지난 세상의 선근이 모두 청정해지고 모든 세상의 법에 물들지 않으며, 마군과 외도가 무너뜨리지 못하며, 다른 몸을 받아 태어나도 잊어버리거나 잃지 않으며, 과거, 현재, 미래의 법을 설함에 다함이 없으며, 모든 세계 가운데 중생과 더불어 머물지만, 허물이 없으며, 모든 부처님의 대중이 모인 도량에 들어가지만, 막힘이나 걸림이 없으며, 모든 부처님이 계신 곳에서 모두 친근함을 얻습니다."

"이 이름이 보살마하살의 제8 염장(念藏)입니다."

佛子 何等爲菩薩摩訶薩念藏 此菩薩捨離癡惑 得具足念 憶念過去一生 二生 乃至 十生 百生 千生 百千生 無量百千生 成劫 壞劫 成壞劫 非一成劫 非一壞劫 非一成壞劫 百劫 千劫 百千億那由他 乃至無數 無量 無邊 無等 不可數 不可稱 不可思 不可量 不可說 不可說不可說劫 念一佛名號 乃至不可說不可說佛名號 念一佛出世說授記 乃至不可說不可說佛出世說授記 念一佛出世說修多羅 乃至不可說不可說佛出世說修多羅 如修多羅 祇夜 授記 伽他 尼陀那 優陀那 本事 本生 方廣 未曾有 譬諭 論議 亦如是 念一衆會 乃至不可說不可說說衆會 念演一法 乃至演不可說不可說法 念一根種種性 乃至不可說不可說根種種性 念一根無量種種性 乃至不可說不可說根無量種種說 念一煩惱種種性 乃至不可說不可說煩惱種種性 念一三昧種種性 乃至不可說不可說三昧種種性 此念有十種 所謂 寂靜念 淸淨念 不濁念 明徹念 離塵念 離種種塵念 離垢念 光耀念 可愛樂念 無障礙念 菩薩住是念時 一切世間無能嬈亂 一切異論無能變動 往世善根悉得淸淨 於諸世法無所染著 衆魔外道所不能壞 轉身

受生無所忘失 過 現 未來 說法無盡 於一切世界中 與衆生同住 曾無過咎 入一切諸佛衆會道場無所障礙 一切佛所悉得親近 是名 菩薩摩訶薩第八念藏

9) 다함이 없는 지니어 지키는 장

"불자들이여! 어떠한 것을 보살마하살이 지니고 유지하는 장(持藏)이라 하는가."

"이 보살은 모든 부처님이 설하신 수다라의 구절과 뜻의 이치를 잊거나 잃지 않고 지니고서 일생을 유지할 뿐만 아니라 말할 수 없고 말로 이를 수 없는 생까지 지니고 유지하며, 한 분의 부처님 명호뿐만 아니라 말할 수 없고 말로 이를 수 없는 부처님의 명호까지 지니고 유지하며, 한 겁의 수만큼 뿐만 아니라 말할 수 없고 말로 이를 수 없는 겁의 수까지 지니고 유지하며, 한 분의 부처님 수기뿐만 아니라 말할 수 없고 말로 이를 수 없는 부처님의 수기까지 지니고 유지하며, 하나의 수다라뿐만 아니라 말할 수 없고 말로 이를 수 없는 수다라까지 지니고 유지하며, 하나의 법을 널리 펼 뿐만 아니라 말할 수 없고 말로 이를 수 없는 법을 널리 펴는 것까지 지니고 유지하며, 한 근기의 헤아릴 수 없이 많은 가지가지의 성품뿐만 아니라 말할 수 없고 말로 이를 수 없고 헤아릴 수 없이 많은 가지가지의 성품까지 지니고 유지하며, 한 번뇌의 가지가지 성품뿐만 아니라 말할 수 없고 말로 이를 수 없는 가지가지의 성품까지 지니고 유지하며, 한 삼매의 가지가지 성품뿐만 아니라 말할 수 없고 말로 이를 수 없는 가지가지의 성품까지 지니고 유지합니다."

"불자들이여! 이 지니고 유지하는 장(持藏)은 끝이 없기에 가득하게 채우기가 어려우며, 그 바닥에 이르기도 어려우며, 친근하기 어려우며, 제도해서 항복 받기 어려우며, 헤아릴 수 없고 다함이 없으며, 큰 위력을 갖추었으니, 부처님의 경계이며, 부처님만이 능히 깨달아 마칩니다."

"이 이름이 보살마하살의 제9 지장(持藏)입니다."

佛子 何等爲菩薩摩訶薩持藏 此菩薩持諸佛所說修多羅 文句義理 無有忘失 一生時 乃至不可說不可說生時 持一佛名號 乃至不可說不可說佛名號 持一劫數 乃至不可說不可說劫數 持一佛授記 乃至不可說不可說佛授記 持一修多羅 乃至不可說不可說修多羅 持一衆會 乃至不可說不可說衆會 持演一法 乃至演不可說不可說法 持

一根無量種種性 乃至不可說不可說根無量種種性 持一煩惱種種性 乃至不可說不可說煩惱種種性 持一三昧種種性 乃至不可說不可說三昧種種性 佛子 此持藏無邊難滿 難至其底 難得親近 無能制伏 無量無盡 具大威力 是佛境界 唯佛能了 是名 菩薩摩訶薩第九持藏

10) 다함이 없는 말의 장

"불자들이여! 어떠한 것을 두고 보살마하살의 변재의 장(辯藏)이라 하는가."

"이 보살이 깊은 지혜가 있어서 실제의 모양이나 상태를 분명하게 깨달아 알고 널리 중생을 위하여 모든 법을 널리 펴서 설하지만, 모든 부처님의 경전을 어기지 않고 하나의 품, 일부 경론의 법뿐만 아니라 말할 수 없고 말로 이를 수 없는 경론의 법까지 설하며, 한 분의 부처님 명호뿐만 아니라 말할 수 없고 말로 이를 수 없는 부처님의 명호까지 설하며, 이와 같은 한 분의 부처님 수기를 설하고 하나의 수다라를 설하고 한 대중의 모임을 설하고 한 법을 널리 펴서 설하고 한 근기의 헤아릴 수 없이 많은 가지가지의 성품을 설하고 한 번뇌의 헤아릴 수 없이 많은 가지가지 성품을 설하고 한 삼매의 헤아릴 수 없이 많은 가지가지 성품을 설할 뿐만 아니라 말할 수 없고 말로 이를 수 없는 삼매의 헤아릴 수 없이 많은 가지가지의 성품을 설하며, 또 하루를 설하고 또 보름이나 한 달을 설하고 또 백 년, 천 년, 백 천년을 설하고 또 일 겁, 백 겁, 천 겁, 백천 겁을 설하고 또 백 천억 나유타 겁을 설하고 또 수 없고 헤아릴 수 없이 많은 것뿐만 아니라 말할 수 없고 말로 이를 수 없는 겁을 설하지만, 겁의 수는 다 할 수 있더라도 하나의 글월과 하나의 구절에 대한 이치는 다하기가 어렵습니다. 왜 그런가 하면, 이 보살이 열 가지의 무진장을 성취한 까닭입니다."

"이 열 가지의 무진장을 성취하였기에 모든 법의 다라니 문을 거두어들여 백만 아승기 다라니를 권속으로 삼았으며, 이 다라니를 얻고는 법의 광명으로 중생들을 위해 법을 널리 펴서 설합니다. 그 법을 설할 때 광장설(廣長舌)로 빼어난 음성을 내어 시방세계에 가득 차게 하고 그 근기의 성품을 따라 만족하게 하여 마음을 기쁘게 하고 모든 번뇌에 얽매이는 것을 없애고 모든 음성과 말과 문자와 변재에 선근으로 들어가 중생들에게 부처님의 종자가 끊어지지 않게 하고 청정한 마음을 계속 이어받게 하고 또한 법의 광명으로 법을 널리 펴서 설하며, 다함이 없으면서도 힘들어하거나 게으른 마음을 내지 않습니다. 왜 그런가 하면, 이 보살이 허공을 다하고 법계에 두루 한 끝없는 몸을 성취한 까닭입니다."

"이것이 보살마하살의 제10 변장(辯藏)입니다."

"이 말하는 장은 다하여 없어짐이 없고 나누어지는 몸이 없고 틈이 없고 끊이지 않고 변함과 다름이 없고 막힘이나 걸림이 없고 물러섬이 없고 깊고 깊어서 바닥이 없기에 들어가기가 어려우며, 모든 불법의 문으로 두루 들어갑니다."

佛子 何等爲菩薩摩訶薩辯藏 此菩薩有深智慧 了知實相 廣爲衆生演說諸法 不違一切諸佛經典 說一品法 乃至不可說不可說品法 說一佛名號 乃至不可說不可說佛名號 如是 說一世界 說一佛授記 說一修多羅 說一衆會 說演一法 說一根無量種種性 說一煩惱無量種種性 說一三昧無量種種性 乃至不可說不可說三昧無量種種性 或一日說 或半月 一月說 或百年 千年 百千年說 或一劫 百劫 千劫 百千劫說 或百千億劫那由他說 或無數無量 乃至不可說不可說劫說 劫數可盡 一文一句 義理難盡 何以故 此菩薩成就十種無盡藏故 成就此藏 得攝一切法陀羅尼門現在前 百萬阿僧祇陀羅尼以爲眷屬 得此陀羅尼已 以法光明 廣爲衆生演說於法 其說法時 以廣長舌出妙音聲 充滿十方一切世界 隨其根性 悉令滿足 心得歡喜 滅除一切煩惱纏垢 善入一切音聲 言語 文字 辯才 令一切衆生佛種不斷 淨心相續 亦以法光明而演說法 無有窮盡 不生疲倦 何以故 此菩薩成就盡虛空徧法界無邊身故 是爲菩薩摩訶薩諸十辯藏 此藏無窮盡 無分段 無閒 無斷 無變異 無隔礙 無退轉 甚深無底 難可得入 普入一切佛法之門

"불자들이여! 이 열 가지의 무진장에는 열 가지의 다함이 없는 법이 있어서 모든 보살이 궁극적으로 위 없는 보리를 성취하게 합니다. 무엇이 열인가 하면, 모든 중생이 넉넉한 이익을 얻게 하는 까닭이며, 본래의 소원으로 선근 회향을 하는 까닭이며, 모든 겁에 단절이 없는 까닭이며, 다함이 없는 허공계를 모두 열어 깨우치지만 수, 양, 공간, 시간 따위에 제한이나 한계가 없는 까닭이며, 한 생각, 한순간의 경계에 모든 법이 다함이 없는 까닭이며, 크게 서원하는 마음이 변하거나 다름이 없는 까닭이며, 선근으로 모든 다라니를 거두어 취한 까닭이며, 일체 모든 부처님으로부터 보호를 받은 까닭이며, 모든 법이란 빠짐없이 허깨비와 같음을 분명하게 깨달아 아는 까닭입니다."

"이것이 열 가지 다함이 없는 법이니, 모든 세간이 지어가는 것들을 모두 능히 마지막까지 얻게 하고 다함이 없게 하는 큰 장입니다."

佛子 此十種無盡藏 有十種無盡 令諸菩薩究竟成就無上菩提 何等爲十 饒益一切衆生故 以本願善迴向故 一諦劫無斷絶故 盡虛空界悉開悟心無限故 迴向有爲而不著故 一念境界一切法無盡故 大願心無變異故 善攝取諸陀羅尼故 一切諸佛所護念故 了一切法皆如幻故 是爲十種無盡法 能令一切世間所作 悉得究竟無盡大藏

대방광불화엄경 제22권

23. 승도솔천궁품
昇兜率天宮品第二十三

　이때 부처님의 위신력으로 인하여 시방의 모든 세계에 있는 하나하나의 사천하 염부제 가운데 계신 여래가 보리수 아래 앉으심을 모두 보고는 각각의 보살들이 부처님의 신력을 받들어 법을 널리 펴서 설하고 스스로 말하기를 항상 부처님과 마주한다고 한다.
　爾時 佛神力故 十方一切世界 一一四天下閻浮提中 皆見如來坐於樹下 各有菩薩 承佛信力 而演說法 靡不自謂恒對於佛

　그때 세존께서는 차례를 따라(復) 신력으로 보리수 아래서부터 수미산 정상과 야마천궁을 벗어나지 않으시고 도솔타천으로 가서 모든 빼어난 보배로 장엄한 궁전으로 향하셨다.
　때맞춰 도솔천 왕이 부처님이 멀리서 오시는 것을 보고 곧바로 궁전 위에 마니장 사자좌를 놓았다. 그 사자좌는 천상에 빼어난 보배를 모아 이루어졌고 과거에 수행한 선근으로 얻은 것이고 모든 여래의 신력으로 나타났으며, 헤아릴 수 없는 백 천억 나유타 아승기 선근으로 생하였으며, 일체 여래의 청정한 법으로 일어났으며, 끝없는 복의 힘으로 밝게 장엄하였다. 청정한 업의 결과이기에 가로막거나 무너뜨릴 수 없고 보는 자들이 좋아해서 싫어하지 않고 만족해하며, 이는 세상에서 나아가는 법이라 세상에 물드는 것이 아니고 모든 중생이 모두 와서 자세하게 살펴보더라도 그 빼어나고 좋은 것을 다 얻을 수가 없었다.
　백만 억 층계가 두루두루 주위를 둘러싸고 있으며, 백만 억 금빛 그물과 백만 억 꽃 휘장과 백만 억 보배 휘장과 백만 억의 머리 장식 화관과 백만 억 향 휘장을 그 위에 넓게 펴고 머리 장식 꽃 모자를 드리웠으며, 향기가 널리 퍼지며, 백만 억 꽃 덮개와 백만 억 화관 꽃 덮개와 백만 억 보배 덮개를 모든 하늘이 잡아서 지니고 받들며, 사면으로 행렬을 이루었으며, 백만 억 보배 옷을 그 위에 널리 펴놓았다.

　백만 억 누각을 빛나는 비단으로 장엄하였으니, 백만 억 마니그물과 백만 억 보배 그물이 그 위를 가득히 덮고 백만 억 보배 영락 그물로 사면을 드리웠으며, 백만 억 장엄 기물 그물과 백만 억 덮개 그물과 백만 억 옥 그물과 백만 억 보배 휘장 그물을 그 위에 넓게 펴며, 백만 억 보배 연꽃 그물이 활짝 피어서 빛나고 백만 억 보배 향 그물은 그 향기가 아름답고 빼어나 대중의 마음을 기쁘게 하였다.

　백만 억 보배 방울 휘장에서는 그 방울들이 미미하게 움직이면서 우아하고 서로 응하는 소리를 내고 백만 억 전단 보배 휘장에서는 향기를 널리 피워내고 백만 억 보배 꽃 휘장에서는 꽃이 활짝 피어 빛나고 백만 억 빼어난 빛깔의 많은 옷 휘장은 세간에서 매우 드문 것이었고 백만 억 보살 휘장과 백만 억 잡색 휘장과 백만 억 진금 휘장과 백만 억 유리 휘장과 백만 억 가지가지의 보배 휘장을 모두 그 위에 넓게 펴고 백만 억 일체 보배 휘장을 대마니 보배로 장엄하였다.

　백만 억 빼어난 보배 꽃으로 두루두루 빛나게 꾸몄고 백만 억 화려하게 나부끼는 휘장(頻婆)이 매우 빼어나게 사이사이로 섞였고 백만 억 보배 머리 장식과 백만 억 향 머리 장식이 사면으로 드리워졌고 백만 억 하늘의 견고한 향은 그 향기를 널리 퍼트리고 백만 억 하늘 장엄 기물 영락과 백만 억 보배 꽃 영락과 백만 억 뛰어난 장엄 보배 영락과 백만 억 마니보배 영락과 백만 억 바다 마니보배 영락으로 앉은 자리를 장엄하고 백만 억 빼어난 보배 비단으로 띠를 드리웠다.

　백만 억 인타라 금강 보배와 백만 억 자재한 마니보배와 백만 억 빼어난 진금장으로 사이사이를 장식하였고 백만 억 비로자나 마니보배와 백만 억 인타라 마니보배는 광명으로 찬란하게 빛나고 백만 억 하늘의 견고한 마니보배로 창과 들창이 되고 백만 억 청정 공덕 마니보배는 빼어난 고운 색을 내고 백만 억 청정하고 빼어난 장으로는 문이 되고 백만 억 세상 가운데 가장 뛰어난 반달 보배와 백만 억 허물을 벗어난 장 마니보배와 백만 억 사자 얼굴 마니보배로 사이사이를 장엄하였고 백만 억 심왕 마니보배는 구하는 대로 내어주고 백만 억 염부단 마니보배와 백만 억 청정 장 마니보배와 백만 억 제당 마니보배는 모든 광명을 놓아 그 위를 가득하게 덮었고 백만 억 백은 장 마니보배와 백만 억 수미당 마니보배는 그 장을 장엄하였다.

　백만 억 진주 영락과 백만 억 유리 영락과 백만 억 붉은 보배 영락과 백만 억 마니영락과 백만 억 보배 광명 영락과 백만 억 가지가지의 장 마니영락과 백만 억 깊은 즐거움을 주는 붉은 진주 영락과 백만 억 끝없는 색깔의 모양이나 상태의 마니보배 영락과 백만 억 지극히 청정하고 비길 데 없는 보배 영락과 백만 억 뛰어난 광명 마니보배 영락이 두루두루 드리워지고 넓게 펴서 장엄하였고 백만 억 마니의 몸으로 특히 빼어나게 장엄해서 꾸미고 백만 억 인타라 빼어난 빛 보배가 가득했다.

　백만 억 검은 전단의 향과 백만 억 헤아릴 수 없는 경계의 향과 백만 억 시방의 빼어난 향과 백만 억 가장 뛰어난 향과 백만 억 매우 사랑스럽고 좋은 향들이 향기를 풍기며 시방에 퍼지고 백만 억 빈바라 향을 시방에 두루 흩뿌리고 백만 억 깨끗한 빛의 향이 중생에게 퍼지고 백만 억 끝없는 가지가지의 빛깔 향이 모든 부처님 국토에 풍기면서 영원히 없어지지 않고 백만 억 바르는 향과 백만 억 퍼지는 향과 백만 억 사루는 향의 매우 좋은 향기가 널리 모든 곳에 풍기고 백만 억 연꽃 침수 향은 큰 음성을 내고 백만 억 유희 향은 대중의 마음을 능히 움직이고 백만 억 아루나 향은 향기가 멀리 퍼지면서 그 맛이 감미롭고 능히 지혜를 얻고 깨닫는 백만 억 향은 모든 곳에 널리 두루 해서 맡은 이로 하여금 모든 근을 적정하게 하였다.

爾時 世尊復以神力 不離於此菩提樹下及須彌頂 夜摩天宮 而往詣於兜率陀天一切妙寶所莊嚴殿 時 兜率天王遙見如來 卽於殿上敷摩尼藏師子之座 其師子座 天諸妙寶之所集成 過去修行善根所得 一切如來神力所現 無量百千億那由他阿僧祇善根所生 一切如來淨法所起 無邊福力之所嚴瑩 淸淨業報 不可沮壞 觀者欣樂 無所厭足 是出世法 非世所染 一切衆生咸來觀察 無有能得究其妙好 有百萬億層級 周帀圍遶 百萬億金網 百萬億華帳 百萬億寶帳 百萬億鬘帳 百萬億香帳 張施其上 華鬘垂下 香氣普熏 百萬億華蓋 百萬億鬘蓋 百萬億寶蓋 諸天執持 四面行列 百萬億寶衣 而敷其上 百萬億樓閣 綺煥莊嚴 百萬億摩尼網 百萬億寶網 彌覆其上 百萬億寶瓔珞網 四面垂下 百萬億莊嚴具網 百萬億蓋網 百萬億衣網 百萬億寶帳網 以張其上 百萬億寶蓮華網 開敷光榮 百萬億寶香網 其香美妙 稱悅衆心 百萬億寶鈴帳 其鈴微動 出和雅音 百萬億栴檀寶帳 香氣普熏 百萬億寶華帳 其華敷榮 百萬億衆妙色衣帳 世所希有 百萬億菩薩帳 百萬億雜色帳 百萬億眞金帳 百萬億瑠璃帳 百萬億種種寶帳 悉張其上 百萬億一切寶帳 大摩尼寶以爲莊嚴 百萬億妙寶華 周帀瑩飾 百萬億頻婆帳 殊妙閒錯 百萬億寶鬘 百萬億香鬘 四面垂下 百萬億天堅固香 其香普熏 百萬億天莊嚴具瓔珞 百萬億寶華瓔珞 百萬億勝藏寶瓔珞 百萬億摩尼寶瓔珞 百萬億海摩尼寶瓔珞 莊嚴座身 百萬億妙寶繒綵 以爲垂帶 百萬億因陀羅金剛寶 百萬億自在摩尼寶

百萬億妙色眞金藏 以爲閒飾 百萬億毘盧遮那摩尼寶 百萬億因陀羅摩尼寶 光明照耀 百萬億天堅固摩尼寶 以爲窓牖 百萬億淸淨功德摩尼寶 彰施妙色 百萬億淸淨妙藏寶 以爲門閫 百萬億世中最勝半月寶 百萬億離垢藏摩尼寶 百萬億師子面摩尼寶 閒錯莊嚴 百萬億心王摩尼寶 所求如意 百萬億閻浮檀摩尼寶 百萬億淸淨藏摩尼寶 百萬億帝幢摩尼寶 咸放光明 彌覆其上 百萬億白銀藏摩尼寶 百萬億須彌幢摩尼寶 莊嚴其藏 百萬億眞珠瓔珞 百萬億瑠璃瓔珞 百萬億赤色寶瓔珞 百萬億摩尼瓔珞 百萬億寶光明瓔珞 百萬億種種藏摩尼瓔珞 百萬億甚可樂見赤眞珠瓔珞 百萬億無邊色相藏摩尼寶瓔珞 百萬億極淸淨無比寶瓔珞 百萬億勝光明摩尼寶瓔珞 周帀垂布 以爲莊嚴 百萬億摩尼身 殊妙嚴飾 百萬億因陀羅妙色寶 百萬億黑栴檀香 百萬億不思議境界香 百萬億十方妙香 百萬億最勝香 百萬億甚可愛樂香 咸發香氣 普熏十方 百萬億頻婆羅香 普散十方 百萬億淨光香 普熏衆生 百萬億無邊際種種色香 普熏一切諸佛國土 永不歇滅 百萬億塗香 百萬億熏香 百萬億燒香 香氣發越 普熏一切 百萬億蓮華藏沈水香 出大音聲 百萬億遊戲香 能轉衆心 百萬億阿樓那香 香氣普熏 其味甘美 百萬億能開悟香 普徧一切 令其聞者 諸根寂靜

차례를 따라(復) 백만 억 비교할 수 없는 향 왕의 향을 가지고 가지가지로 장엄하였다.

백만 억 하늘의 꽃구름을 내리고 백만 억 하늘의 향 구름을 내리고 백만 억 하늘의 가루 향 구름을 내리고 백만 억 하늘의 구소마(拘蘇摩) 꽃구름을 내리고 백만 억 하늘의 파두마 꽃구름을 내리고 백만 억 하늘의 우발라 꽃구름을 내리고 백만 억 하늘의 구물두 꽃구름을 내리고 백만 억 하늘의 분타리 꽃구름을 내리고 백만 억 하늘의 만다라 꽃구름을 내리고 백만 억 모든 하늘의 꽃구름을 내리고 백만 억 하늘의 옥 구름을 내리고 백만 억 마니보배 구름을 내리고 백만 억 하늘의 덮개 구름을 내리고 백만 억 하늘의 깃발 구름을 내리고 백만 억 하늘의 관 구름을 내리고 백만 억 하늘의 장엄 기물 구름을 내리고 백만 억 하늘의 보배 머리 장식 구름을 내리고 백만 억 하늘의 보배 영락 구름을 내리고 백만 억 하늘의 침수 향 구름을 내렸다.

백만 억 보배 휘장를 세우고 백만 억 보배 기를 달고 백만 억 보배 비단 띠를 드리우고 백만 억 향로에 향을 사르고 백만 억 보배 머리 장식을 펴고 백만 억 보배 부채를 가지고 백만 억 보배 털이 개를 잡고 백만 억 보배 풍경을 달아서 바람에 흔들려 빼어난 소리를 내고 백만 억 보배 난간이 두루 에워싸 둘렸고 백만 억 보배 다라수가 차례를 따라 줄지어 섰고 백만 억 보배 창호가 비단으로 화려하게 장엄 되었고 백만 억 보배 나무는 사면으로 두루두루 그늘을 드리웠고 백만 억 보배 누각은 연이어서 아름답게 꾸며졌고 백만 억 보배 문에는 영락을 펴서 드리웠고 백만 억 금 방울은 빼어난 소리를 내고 백만 억 길상 모양의 영락으로 청정하게 장엄하였고 또 드리워 내리니, 백만 억 보배가 낮게 드리워지면서 능히 많은 나쁜 것들을 없애고 백만 억 금장은 금실로 짜서 이루어진 것이고 백만 억 보배 덮개는 많은 보배로 손잡이가 되어 잡게 하고 줄지어 행렬을 만들고 백만 억 모든 보배 장엄 기물 그물이 사이사이를 장엄하였다.

　백만 억 광명 보배가 가지가지의 빛을 놓아 백만 억 광명이 두루두루 비추고 백만 억 일장(日藏)의 바퀴와 백만 억 월장(月藏)의 바퀴는 모두 헤아릴 수 없는 빛깔 보배를 모아 이루어지고 백만 억 향기 불꽃은 광명이 환하게 통하고 백만 억 연화장은 활짝 꽃을 피우고 백만 억 보배 그물과 백만 억 꽃 그물과 백만 억 향 그물이 그 위를 가득 덮었다.

　백만 억 하늘의 보배 옷과 백만 억 하늘의 청색 옷과 백만 억 하늘의 황색 옷과 백만 억 하늘의 적색 옷과 백만 억 하늘의 뛰어나고 빼어난 빛깔의 옷과 백만 억 하늘의 가지가지 보배의 뛰어나고 빼어난 옷과 백만 억 가지가지의 향기가 풍기는 옷과 백만 억 일체 보배로 만든 옷과 백만 억 흰옷들을 곱게 펴서 깔고 보는 이들을 즐거워하고 기쁘게 하였다.

　백만 억 하늘의 방울 당기와 백만 억 금 그물 당기는 섬세하고 빼어난 소리를 내고 백만 억 하늘의 비단 당기는 모든 색상을 온전하게 갖추고 백만 억 향 당기는 향 그물을 넓게 펴서 드리우고 백만 억 꽃 당기는 모든 꽃을 내리고 백만 억 하늘의 옷 당기는 기에 빼어난 옷을 달아 펼치고 백만 억 하늘의 마니보배 당기는 모든 보배로 장엄하고 백만 억 하늘의 장엄 기물 당기는 많은 것으로 꾸며서 갖추고 백만 억 하늘의 머리 장식 당기는 가지가지의 꽃 화관이 사면으로 줄을 지었고 백만 억 하늘의 덮개 당기는 보배 방울이 부드럽게 울려서 듣는 이들이 다 즐거워하고 기뻐했다.

　백만 억 하늘의 라(소라 모양 악기)는 빼어난 소리를 내고 북은 큰 소리를 내고 백만 억 하늘의 공후(가야금과 비슷한 악기)는 섬세하고 빼어난 소리를 내고 백만 억 하늘의 모다라는 크고 빼어난 소리를 내고 백만 억 하늘의 모든 악기가 동시에 함께 연주하고 백만 억 하늘의 자재한 음악은 빼어난 소리를 내어 그 소리가 모든 부처님 세계에 두루 하고 백만 억 하늘의 변화하는 음악은 그 소리가 메아리와 같기에 모든 것에 두루 응하고 백만 억 하늘의 북은 두드림으로 말미암아 빼어난 소리를 내고 백만 억 하늘의 마음과 같은 음악은 자연히 소리를 내어 음의 곡조가 서로 화합하고 백만 억 하늘의 모든 여러 음악은 빼어난 소리를 내어 번뇌를 없앴다.

백만 억 마음을 기쁘게 하는 음성으로 칭찬하고 기리면서 공양하고 백만 억 광대한 음성으로 칭찬하고 기리면서 받들어 섬기고 백만 억 깊고 깊은 음성으로 수행을 칭찬하고 기리며, 백만 억 많은 빼어난 음성으로 부처님의 업과를 칭찬하고 기리며, 백만 억 미세한 소리로 실상의 본바탕과 같은 이치를 칭찬하고 기리며, 백만 억 막힘이나 걸림이 없는 소리로 부처님의 본래 행을 칭찬하고 기리며, 백만 억 청정한 소리로 과거의 모든 부처님에게 공양함을 칭찬하고 기리며, 백만 억 법문의 소리로 모든 부처님의 가장 뛰어난 두려움 없음을 칭찬하고 기리며, 백만 억 헤아릴 수 없는 음성으로 모든 보살의 공덕이 다함이 없음을 칭찬하고 기리며, 백만 억 보살 지위의 음성으로 일체 보살의 지위와 서로 응하는 행을 열어 보이고 이를 칭찬하고 기리며, 백만 억 끊어내지 않은 음성으로 부처님의 공덕이 끊어지지 않음을 기리고 칭찬하였다.

백만 억 거스르지 않고 따르는 음성으로 부처님을 뵙는 행을 칭찬하고 기리며 거듭 칭찬하고 백만 억 깊고 깊은 법의 음성으로 모든 법이란 막힘이나 걸림이 없는 지혜와 서로 응하는 이치를 칭찬하고 기리며, 백만 억 광대한 음성 그 소리가 모든 부처님 세계에 가득하게 차며, 백만 억 막힘이나 걸림이 없는 청정한 음성이 마음의 즐거워함을 따라서 모두 즐겁고 기쁘게 하며, 백만 억 삼계에 머물지 않은 음성을 듣는 이들이 깊은 법의 성품에 들어가게 하며, 백만 억 환희의 음성을 듣는 이들이 마음에 막힘이나 걸림이 없이 깊이 믿고 공경하게 하며, 백만 억 부처님의 경계 음성을 내어 소리를 따라 모든 법과 뜻을 열어 보이며, 백만 억 다라니 음성이 모든 법과 글귀의 차별을 선근으로 펼쳐서 여래의 비밀스러운 장을 반드시 깨달아 마치게 하며, 백만 억 모든 법의 음성, 그 소리가 서로 응함이 많은 음악과 조화를 이루었다.

復有百萬億無比香王香 種種莊嚴 雨百萬億天華雲 雨百萬億天香雲 雨百萬億天末香雲 雨百萬億天拘蘇摩華雲 雨百萬億天波頭摩華雲 雨百萬億天優鉢羅華雲 雨百萬億天拘物頭華雲 雨百萬億天芬陀利華雲 雨百萬億天曼陀羅華雲 雨百萬億一切天華雲 雨百萬億天衣雲 雨百萬億摩尼寶雲 雨百萬億天蓋雲 雨百萬億天幡雲 雨百萬億天冠雲 雨百萬億天莊嚴具雲 雨百萬億天寶鬘雲 雨百萬億天寶瓔珞雲 雨百萬億天栴檀香雲 雨百萬億天沈水香雲 建百萬億寶幢 懸百萬億寶幡 垂百萬億寶繒帶 然

百萬億香爐 布百萬億寶髻 持百萬億寶扇 執百萬億寶拂 懸百萬億寶鈴網 微風吹動 出妙音聲 百萬億寶欄楯 周帀圍遶 百萬億寶多羅樹 次第行列 百萬億妙寶窓牖 綺麗莊嚴 百萬億寶樹 周帀垂陰 百萬億寶樓閣 延袤綺飾 百萬億寶門 垂布瓔珞 百萬億金鈴 出妙音聲 百萬億吉祥相瓔珞 嚴淨垂下 百萬億寶悉底迦 能除衆惡 百萬億金藏 金縷織成 百萬億寶蓋 衆寶爲竿 執持行列 百萬億一切寶莊嚴具網 閒錯莊嚴 百萬億光明寶 放種種光 百萬億光明 周徧照耀 百萬億日藏輪 百萬億月藏輪 竝無量色寶之所集成 百萬億香焰 光明映徹 百萬億蓮華藏 開敷鮮榮 百萬億寶網 百萬億華網 百萬億香網 彌覆其上 百萬億天寶衣 百萬億天靑色衣 百萬億天黃色衣 百萬億天赤色衣 百萬億天奇妙色衣 百萬億天種種寶奇妙衣 百萬億種種香熏衣 百萬億一切寶所成衣 百萬億鮮白衣 悉善敷布 見者歡喜 百萬億天鈴幢 百萬億金網幢 出微妙音 百萬億天繒幢 衆債具足 百萬億香幢 垂布香網 百萬億華幢 雨一切華 百萬億天衣幢 懸布妙衣 百萬億天摩尼寶幢 衆寶莊嚴 百萬億天莊嚴具幢 衆具校飾 百萬億天鬘幢 種種華鬘 四面行布 百萬億天蓋幢 寶鈴和鳴 聞皆歡喜 百萬億天螺 出妙音聲 百萬億天鼓 出大音聲 百萬億天箜篌 出微妙音 百萬億天牟陀羅 出大妙音 百萬億天諸雜樂 同時俱秦 百萬億天自在樂 出妙音聲 其聲普徧一切佛刹 百萬億天變化樂 其聲如響 普應一切 百萬億天鼓 因於撫擊 而出妙音 百萬億天如意樂 自然出聲 音節相和 百萬億天諸雜樂 出妙音聲 滅諸煩惱 百萬億悅意音 讚歎供養 百萬億廣大音 讚歎承事 百萬億甚深音 讚歎修行 百萬億衆妙音 歎佛業果 百萬億微細音 歎如實理 百萬億無障礙眞實音 歎佛本行 百萬億淸淨音 讚歎過去供養諸佛 百萬億法門音 讚歎諸佛最勝無畏 百萬億無量音 歎諸菩薩功德無盡 百萬億菩薩地音 讚歎開示一切菩薩地相應行 百萬億無斷絶音 歎佛功德無有斷絶 百萬億隨順音 讚歎稱揚見佛之行 百萬億甚深法音 讚歎一切法無礙智相應理 百萬億廣大音 其音充滿一切佛刹 百萬億無礙淸淨音 隨其心樂 悉令歡喜 百萬億不住三界音 令其聞者 深入法性 百萬億歡喜音 令其聞者 心無障礙 深信恭敬 百萬億佛境界音 隨所出聲 悉能開示一切法義 百萬億陀羅尼音 善宣一切法句差別 決了如來秘密之藏 百萬億一切法音 其音和暢 克諧中樂

백만 억 초발심(初發心) 보살은 겨우 이 자리를 보고 일체 지혜의 마음을 배로 거듭 더하고 길렀으며, 백만 억 치지(治地) 보살은 마음이 청정해지고 환희하며, 백만 억 수행(修行) 보살은 깨달아 알고 이해하는 것이 청정해지며, 백만 억 생귀(生貴) 보살은 본심이 뛰어난 즐거움에 머물며, 백만 억 방편구족(方便具足) 보살은 대승의 행을 일으키며, 백만 억 정심주(正心住) 보살은 모든 보살의 도를 부지런히 닦으며, 백만 억 불퇴(不退) 보살은 모든 보살의 지위를 청정하게 닦으며, 백만 억 동진 보살은 모든 보살의 삼매 광명을 얻으며, 백만 억 법왕자 보살은 생각으로 미루어 헤아릴 수 없는 모든 부처님의 경계에 들어가며, 백만 억 관정주 보살은 헤아릴 수 없이 많은 여래의 십력을 나타내었다.

백만 억 보살이 자재한 신통을 얻으며, 백만 억 보살이 청정한 이해를 내며, 백만 억 보살이 마음에 사랑하고 즐거워하는 마음을 내며, 백만 억 보살의 깊은 믿음이 무너지지 않으며, 백만 억 보살의 세력이 광대해지고 백만 억 보살을 칭하는 이름이 거듭 더해지고 길러지며, 백만 억 보살이 법의 뜻을 널리 펴고 설하여 지혜로 결정하게 하며, 백만 억 보살이 바른 생각으로 혼란스럽지 않으며, 백만 억 보살이 결정한 지혜를 내며, 백만 억 보살이 듣는 힘을 얻어서 일체 불법을 가지고 유지하며, 백만 억 보살이 헤아릴 수 없이 광대한 깨우침의 이해를 낳고 나아가며, 백만 억 보살이 믿음의 바탕이 되는 자리에 머물렀다.

백만 억 보살이 보시(檀)바라밀을 얻어 능히 모든 것을 보시하고 백만 억 보살이 지계(尸)바라밀을 얻어 많은 계율을 갖추어 지니고 백만 억 보살이 인(忍)욕바라밀을 얻어 마음이 망령되게 움직이지 않고 능히 모든 불법을 받아들이며, 백만 억 보살이 정진(精進)바라밀을 얻어 헤아릴 수 없이 세간을 벗어나 나아가는 정진하고 백만 억 보살이 선정(禪定)바라밀을 얻어 헤아릴 수 없이 많은 선정 광명을 온전하게 갖추며, 백만 억 보살이 반야(般若)바라밀을 얻어 지혜의 광명을 널리 비치며, 백만 억 보살이 큰 서원을 성취해서 모두 다 청정하게 하며, 백만 억 보살이 지혜의 등불을 얻어 법의 문을 밝게 비추며, 백만 억 보살이 시방 모든 부처님의 법 광명을 받으며, 백만 억 보살이 두루두루 해서 어리석음을 멀리 벗어나는 법을 널리 폈다.

백만 억 보살이 모든 부처님 사유의 세계에 두루 들어가고 백만 억 보살이 법신을 따라 모든 부처님 나라에 이르고 백만 억 보살이 부처님의 음성을 얻어 두루 깨우침을 깨닫고 백만 억 보살이 모든 지혜를 생하여 나아가는 방편을 얻고 백만 억 보살이 모든 법의 문을 얻어 성취하고 백만 억 보살이 법의 지혜를 성취하니, 비유하면 보배 당기와 같이 모든 불법을 널리 나타내 보이고 백만 억 보살이 능히 모든 여래의 경계를 나타내 보였다.

백만 억 모든 천 왕들이 공경하며, 예배하고 백만 억 용왕이 자세하게 살펴보는 일을 싫어하지 않고 백만 억 야차 왕이 정수리 위에서 합장하고 백만 억 건달바 왕이 청정하게 믿음의 마음을 일으키고 백만 억 아수라왕이 교만한 의지를 끊어버리고 백만 억 가루라 왕이 입에 비단 끈을 물고 백억 긴나라왕이 기쁘고 즐거움에 좋아서 뛰고 백만 억 마후라가 왕이 기쁘고 즐거운 마음으로 우러러보고 백만 억 세간의 주인들이 머리를 숙여 예를 올리고 백만 억 도리천 왕이 우러러보면서도 눈을 깜박거리지 않고 백만 억 야마천 왕이 기쁘고 즐거워하며 칭찬하고 기리며, 백만 억 도솔천 왕이 몸을 넓게 펴서 예를 올리고 백만 억 화락천 왕이 머리를 숙여 공경하게 합장하고 백만 억 타화자재천 왕이 공경하게 합장하고 백만 억 범천왕이 한마음으로 자세하게 살펴보고 백만 억 마혜수라천 왕이 공손히 섬기어 공양하고 백만 억 보살이 음성을 내어 칭찬하고 기렸다.

　백만 억 천녀가 오로지 마음으로 공양하고 백만 억 같은 소원을 가진 천인들은 좋아서 뛰고 즐거워하며 기뻐하고 백만 억 옛적에 함께 머물던 하늘이 빼어난 음성으로 칭찬하고 백만 억 범신천이 몸을 넓게 펼치며 공손하게 예를 올리고 백만 억 범보천이 정수리에 합장하고 백만 억 범중천이 주위를 둘러싸서 모시고 지키며, 백만 억 대범천이 헤아릴 수 없는 공덕을 찬탄하고 거듭 칭찬하며, 백만 억 광천이 오체를 투지하고 백만 억 소광천이 부처님은 세상에서 만나기 어려움을 널리 알리고 칭찬하며 기리고 백만 억 무량광천이 멀리 계신 부처님을 향해 예를 올리고 백만 억 광음천이 여래는 뵙기가 매우 어려움을 찬탄하고 백만 억 정천이 궁전으로 함께 와서 부처님 앞으로 나아가고 백만 억 소정천이 청정한 마음으로 머리를 숙여 예를 올리고 백만 억 무량정천이 소원으로 부처님을 뵙고자 몸을 던져 내려오고 백만 억 변정천이 공손히 섬기면서 존중하고 친근히 공양하였다.

　백만 억 광천이 옛적 선근을 생각하고 백만 억 소광천이 여래는 매우 드물게 계시는 분이라 생각하고 백만 억 무량광천이 이 몸을 떠나지 않고 깨달아 얻은 것을 존중해서 모든 선근의 업을 내고 백만 억 광과천이 허리를 굽혀 공손하게 섬기고 백만 억 무번천이 믿음을 견고하게 하고 공손히 섬기어 예를 올리고 백만 억 무열천이 합장하고 염불하는 일에 만족할 줄을 모르고 백만 억 선견천(선근을 본 이들)이 머리를 숙여 예를 올리고 백만 억 선현천(선근을 나타내는 이들)이 부처님께 공양하고 생각하는 일에 있어서 게으르거나 쉬지 않고 백만 억 아가니타천이 공경히 머리 숙여 예를 올리고 백만 억 가지가지의 하늘이 크게 기뻐하고 즐거워하면서 소리를 높여 찬탄하고 백만 억 모든 하늘이 각각 선근 사유로 장엄하였다.

　백만 억 보살 하늘이 부처님 자리를 보호해서 가지고 장엄을 끊어지지 않게 하며, 백만 억 화수 보살이 모든 꽃을 내리고 백만 억 향수 보살이 모든 향을 내리고 백만 억 만수 보살이 모든 머리 장식을 내리고 백만 억 말 향수 보살이 모든 가루 향을 내리고 백만 억 도향수 보살이 모든 바르는 향을 내리고 백만 억 의수 보살이 모든 옷을 내리고 백만 억 개수 보살이 모든 덮개를 내리고 백만 억 당수 보살이 모든 당기를 내리고 백만 억 번수 보살이 모든 깃발을 내리고 백만 억 보수 보살이 모든 보배를 내리고 백만 억 장엄수 보살이 모든 장엄할 수 있는 도구를 내렸다.

　백만 억 모든 천자가 천궁에서 좇아 나와 사자좌의 자리에 이르고 백만 억 모든 천자가 청정한 믿음의 마음으로써 궁전에 함께 하며, 백만 억 생귀 천자가 몸으로 사자좌를 지니며, 백만 억 관정 천자가 있는 힘을 다해 사자좌를 지니었다.

　백만 억 사유 보살이 공손히 섬기며 사유하고 백만 억 생귀 보살이 청정한 마음을 일으키고 백만 억 보살이 모든 근으로 기뻐하고 즐거워하며, 백만 억 보살의 깊은 마음이 청정해지고 백만 억 보살의 믿음과 이해가 청정해지며, 백만 억 보살의 모든 업이 청정해지며, 백만 억 보살이 생을 받음에 자재해지고 백만 억 보살이 법의 광명으로 비추며, 백만 억 보살이 저 언덕의 지위를 성취하며, 백만 억 보살이 선근으로 능히 모든 중생을 교화하였다.

　백만 억 선근으로 생했으며, 백만 억 모든 부처님이 보호해주고 지켜주시며, 백만 억 복덕이 원만해지며, 백만 억 특히 뛰어난 마음이 청정해지며, 백만 억 큰 소원으로 장엄하며, 백만 억 선근의 행으로 생하여 일어나며, 백만 억 선근의 법으로 견고해지며, 백만 억 신력으로 나타나며, 백만 억 공덕으로 성취하며, 백만 억 찬탄하는 법으로 찬탄하였다.

　有百萬億初發心菩薩 纔見此座 倍更增長一切智心 百萬億治地菩薩 心淨歡喜 百萬億修行菩薩 悟解淸淨 百萬億生貴菩薩 住勝志樂 百萬億方便具足菩薩 起大乘行 百萬億正心住菩薩 勤修一切菩薩道 百萬億不退菩薩 淨修一切菩薩地 百萬億童眞菩薩 得一切菩薩三昧光明 百萬億法王子菩薩 入不思議諸佛境界 百萬億灌頂菩薩 能現無量如來十方 百萬億菩薩 得自在神通 百萬億菩薩 生淸淨解 百萬億菩薩 心生愛樂 百萬億菩薩 深信不壞 百萬億菩薩 勢力廣大 百萬億菩薩 名稱增長 百萬億菩薩 演說法義 令智決定 百萬億菩薩 正念不亂 百萬億菩薩 生決定智 百萬億菩薩 得聞持力 持一切佛法 百萬億菩薩 出生無量廣大覺解 百萬億菩薩 安住信根 百萬億菩薩 得檀波羅蜜 能一切施 百萬億菩薩 得尸波羅蜜 具持衆戒 百萬億菩薩 得忍波羅蜜 心不妄動 悉能忍受一切佛法 百萬億菩薩 得精進波羅蜜 能行無量出離精進 百萬

億菩薩 得禪波羅蜜 具足無量禪定光明 百萬億菩薩 得般若波羅蜜 智慧光明能普照耀 百萬億菩薩 成就大願 悉皆淸淨 百萬億菩薩 得智慧燈 明照法門 百萬億菩薩 爲十方諸佛法光所照 百萬億菩薩 周篇什방 演離癡法 百萬億菩薩 普入一切諸佛刹土 百萬億菩薩 法身隨到一切佛國 百萬億菩薩 得佛音聲 能廣開悟 百萬億菩薩 得出生一切智方便 百萬億菩薩 得成就一切法門 百萬億菩薩 成就法智 猶如寶幢 能普顯示一切佛法 百萬億菩薩 能悉示現如來境界 百萬億諸天王 恭敬禮拜 百萬億龍王 諦觀無厭 百萬億夜叉王 頂上合掌 百萬億乾闥婆王 起淨信心 百萬億阿修羅王 斷憍慢意 百萬億迦樓羅王 口銜繒帶 百萬億緊那羅王 歡喜踊躍 百萬億摩睺羅伽王 歡喜瞻仰 百萬億世主 稽首作禮 百萬億忉利天王 瞻仰不瞬 百萬億夜摩天王 歡喜讚歎 百萬億兜率天王 布身作禮 百萬億化樂天王 頭頂禮敬 百萬億他化天王 恭敬合掌 百萬億梵天王 一心觀察 百萬億摩醯首羅天王 恭敬供養 百萬億菩薩 發聲讚歎 百萬億天女 專心供養 百萬億同願天 踊躍歡喜 百萬億往昔同住天 妙聲稱讚 百萬億梵身天 布身敬禮 百萬億梵輔天 合掌於頂 百萬億梵衆天 圍遶侍衛 百萬億大梵天 讚歎稱揚無量功德 百萬億光天 五體投地 百萬億少光天 宣揚讚歎佛世難値 百萬億無量光天 遙向佛禮 百萬億光音天 讚歎如來甚難得見 百萬億淨天 與宮殿俱 而來詣此 百萬億少淨天 以淸淨心 稽首作禮 百萬億無量淨天 願欲見佛 投身而下 百萬億徧淨天 恭敬尊重 親近供養 百萬億廣天 念昔善根 百萬億少廣天 於如來所 生希有想 百萬億無量廣天 決定尊重 生諸善業 百萬億廣果天 曲躬恭敬 百萬億無煩天 信根堅固 恭敬禮拜 百萬億無熱天 合掌念佛 情無厭足 百萬億善見天 頭面作禮 百萬億善現天 念供養佛 心無懈歇 百萬億阿迦尼吒天 恭敬頂禮 百萬億種種天 皆大歡喜 發聲讚歎 百萬億諸天 各善思惟 而爲莊嚴 百萬億菩薩天 護持佛座 莊嚴不絶 百萬億華手菩薩 雨一切華 百萬億香手菩薩 雨一切香 百萬億鬘手菩薩 雨一切鬘 百萬億末香手菩薩 雨一切末香 百萬億塗香手菩薩 雨一切塗香 百萬億衣手菩薩 雨一切衣 百萬億蓋手菩薩 雨一切蓋 百萬億幢手菩薩 雨一切幢 百萬億幡手菩薩 雨一切幡 百萬億寶手菩薩 雨一切寶 百萬億莊嚴手菩薩 雨一切莊嚴具 百萬億諸天子 從天宮出 至於座所 百萬億諸天子 以淨信心 幷宮殿俱 百萬億生貴天子 以身持座 百萬億灌頂天子 擧身持座 百萬億思惟菩薩 恭敬思惟 百萬億生貴菩薩 發淸淨心 百萬億菩薩 諸根悅樂 百萬億菩薩 深心淸淨 百萬億菩薩 信解淸淨 百萬億菩薩 諸業淸淨 百萬億菩薩 受生自在 百萬億菩薩 法光照耀 百萬億菩薩 成就於地 百萬億菩薩 善能敎化一切衆生

百萬億善根所生 百萬億諸佛護持 百萬億福德所圓滿 百萬億殊勝心所淸淨 百萬億大願所嚴潔 百萬億善行所生起 百萬億善法所堅固 百萬億神力所示現 百萬億功德所成就 百萬億讚歎法而以讚歎

　　이 세계의 도솔천 왕이 여래를 위하여 높은 사자좌 자리를 펴서 받드는 것과 같이 모든 세계의 도솔천 왕도 모두 부처님을 위하여 이와 같은 자리를 펴며, 이와 같음을 장엄하고 이와 같음의 의식과 궤칙을 가지고 이와 같음을 믿고 좋아하며, 이와 같은 마음을 청정히 하고 이와 같음을 즐거워하고 기뻐하며, 이와 같음에 기쁨에 들뜨고 이와 같음을 존중하며, 이와 같음을 희유하다는 생각을 내며, 이와 같음에 좋아서 뛰고 이와 같음을 목마르게 동경하고 사모함이 모두 다 동등하였다.
　　如此世界兜率天王 奉爲如來 敷置高座 一切世界兜率天王 悉爲於佛 如是敷座 如是莊嚴 如是儀則 如是信樂 如是心淨 如是欣樂 如是喜悅 如是尊重 如是而生希有之想 如是踊躍 如是渴仰 悉皆同等

　　그때 도솔천 왕이 여래를 위하여 자리를 편 후에 존중하는 마음을 내어 십만 억 아승기 도솔 천자들과 함께 여래를 우러러 받들어 모시고 청정한 마음으로 아승기 색 꽃구름을 내리고 생각으로 헤아릴 수 없는 색향(色香) 구름을 내리고 가지가지의 색 머리 장식 구름을 내리고 광대하고 청정한 전단 구름을 내리고 헤아릴 수 없이 많은 가지가지의 덮개 구름을 내리고 세세하고 빼어난 하늘의 옷구름을 내리고 끝없이 많은 빼어난 보배 구름을 내리고 하늘을 장엄하는 도구의 구름을 내리고 헤아릴 수 없이 많은 가지가지의 사르는 향 구름을 내리고 모든 전단 향, 침수 향, 견고 향, 가루 향 구름을 내려서 모든 천자 각각의 그 몸을 좇아 이 모든 구름을 내어놓으니, 때맞춰 백 천억 아승기 도솔 천자와 모임 중에 있던 다른 천자들도 마음으로 크게 환희하고 공손히 섬기며 예를 올리고 아승기 천녀들이 좋아서 뛰고 기쁜 마음으로 사모하며, 여래를 자세히 살펴보았다.
　　도솔궁 가운데 말로는 이를 수 없는 모든 보살 대중이 허공 가운데 머무르며 게으르거나 쉬지 않고 한마음으로 부지런히 힘쓰며, 모든 하늘보다 많은 공양 기물을 내어 부처님을 공양하고 공손히 섬기며 예를 올리면서 아승기 음악을 일시에 함께 연주하였다.

爾時 兜率天王爲如來敷置座已 心生尊重 與十萬億阿僧祇兜率天子奉迎如來 以淸淨心 雨阿僧祇色華雲 雨不思議色香雲 雨種種色鬘雲 雨廣大淸淨栴檀雲 雨無量種種蓋雲 雨細妙天衣雲 雨無邊衆妙寶雲 雨天莊嚴具雲 雨無量種種燒香雲 雨一切栴檀沈水堅固末香雲 諸天子衆各從其身出此諸雲時 百千億阿僧祇兜率天子 及餘在會諸天子 衆心大歡喜 恭敬頂禮 阿僧祇天女 勇躍欣慕 諦觀如來 兜率宮中不可說諸菩薩衆 住虛空中 精勤一心 以出過諸天諸供養具 供養於佛 恭敬作禮 阿僧祇音樂一時同奏

이때 여래의 위신력인 사유(事由)와 지난 세상의 선근이 흐르는 사유와 생각으로 미루어 헤아릴 수 없는 자재력의 사유로 도솔천궁 가운데 일체 모든 하늘과 모든 천녀에 이르기까지 멀리 계신 부처님을 뵙지만, 눈앞에 대하듯이 하며 생각하기를 "여래께서 세상에 나오심을 만나기가 어렵지만, 내가 지금 모든 지혜를 갖추시고 법에 막힘이나 걸림이 없는 바른 깨우침을 얻은 이를 보았다."라고 한다.

이와 같음으로 사유하며, 이와 같음으로 자세하게 살펴보고 모여 있는 많은 대중과 더불어 다 함께 여래를 동시에 받들어 모시고 제각기 하늘의 옷에 모든 꽃을 가득하게 채우고 모든 향을 가득히 채우고 모든 보배를 가득히 채우고 모든 장엄 기물을 가득히 채우고 모든 하늘의 가루 전단 향을 가득히 채우고 모든 하늘의 가루 침수 향을 가득히 채우고 모든 하늘의 빼어난 보배 가루 향을 가득히 채우고 모든 하늘의 향과 꽃을 가득히 채우고 모든 하늘의 만다라 꽃을 가득히 채워 남김없이 허공에 흩뿌리며 부처님께 공양하였다.

爾時 如來威神力故 往昔善根之所流故 不可思議自在力故 兜率宮中一切諸天及諸天女 皆遙見佛 如對目前 同興念言 如來出世難可値遇 我今得見具一切智於法無礙正等覺者 如是思惟 如是觀察 與諸衆會悉共同時奉迎如來 各以天衣 盛一切華 盛一切香 盛一切寶 盛一切莊嚴具 盛一切天栴檀末香 盛一切天沈水末香 盛一切天妙寶末香 盛一切天香華 盛一切天曼陀羅華 悉以奉散 供養於佛

백 천억 나유타 아승기 도솔천자가 허공 가운데 머물며, 모두 부처님 처소에서 지혜의 경계심(境界心)을 일으켜 모든 향을 사르니, 향기가 구름이 되어 허공을 장엄하였고 또 부처님 처소에서 환희심(歡喜心)을 일으켜 모든 하늘의 꽃구름을 내려 허공을 장엄하였고 또 부처님 처소에서 존중심(尊重心)을 일으켜 모든 하늘의 덮개 구름을 내려 허공을 장엄하였고 또 부처님 처소에서 공양심(供養心)을 일으켜 모든 하늘의 화관 구름을 흩뿌려서 허공을 장엄하였고 또 부처님 처소에서 신해심(信解心)을 내어 아승기 금 그물을 펴서 허공을 가득히 덮으니, 모든 보배 방울에서 늘 빼어난 소리를 내었다.

또 부처님 처소에서 가장 뛰어난 복전심(福田心.如來智方便海)을 생하여 아승기 휘장으로 허공을 장엄하였고 모든 영락 구름을 내려 끊어지지 않게 하고 또 부처님 처소에서 깊은 신심(信心)을 내어 아승기의 모든 하늘 궁전으로 허공을 장엄하였고 모든 하늘의 음악으로 섬세하고 빼어난 소리를 내며, 또 부처님 처소에서 가장 뛰어나고 만나기 어려운 마음을 내어 아승기의 가지가지 색 하늘 옷구름으로 허공을 장엄하며, 비교할 수 없는 가지가지의 빼어난 옷을 내리며, 또 부처님 처소에서 헤아릴 수 없이 환희하고 용약심(踊躍心)을 내어 아승기 모든 하늘의 보배 관을 내려 허공을 장엄하며, 헤아릴 수 없이 많은 하늘의 관을 내려 광대한 구름을 이루며, 또 부처님 처소에서 환희심을 일으켜서 아승기 가지가지의 색 보배로 허공을 장엄하며, 모든 영락 구름을 내려서 끊어지지 않았다.

백 천억 아승기 천자들이 모두 부처님 처소에서 청정한 믿음의 마음을 내어 수 없는 가지가지의 색 하늘 꽃을 흩뿌리고 수 없는 가지가지의 색 하늘 향을 태워 여래께 공양하고 또 부처님 처소에서 큰 장엄의 변화심을 일으켜 수 없는 가지가지 색 하늘의 전단 가루 향을 가지고 여래를 받들며 흩뿌리고 또 부처님 처소에서 환희용약심(歡喜踊躍心)을 일으켜 수 없는 가지가지의 색 우산을 가지고 여래를 좇아 따라 다니고 또 부처님 처소에서 증상심(增上心)을 일으켜 수 없는 가지가지 색의 하늘 보배 옷을 가지고 도로에 펴서 여래께 공양하고 또 부처님 처소에서 청정심(淸淨心)을 일으켜 수 없는 가지각색의 하늘 보배 당기를 가지고 여래를 받들어 맞이하고 또 부처님 처소에서 거듭 더하는 환희심을 일으켜 수 없는 가지각색의 하늘 장엄 기물을 가지고 여래께 공양하며, 또 부처님 처소에서 무너지지 않은 신심을 내어 수 없는 하늘의 보배 머리 장식을 여래께 공양하며, 또 부처님 처소에서 비교할 수 없는 환희심을 내어 수 없는 가지각색 하늘의 보배 깃발을 가지고 여래께 공양하며, 백 천억 나유타 아승기 천자가 거스르지 않고 조화롭게 따르며 적정하고 방일하지 않은 마음으로 수 없는 가지각색 하늘의 악기를 가지고 빼어난 소리를 내어 여래께 공양하였다.

百千億那由他阿僧祇兜率陀天子 住虛空中 咸於佛所起智慧境界心 燒一切香 香氣成雲莊嚴虛空 又於佛所起歡喜心 雨一切天華雲莊嚴虛空 又於佛所起尊重心 雨一切天蓋雲莊嚴虛空 又於佛所起供養心 散一切天鬘雲莊嚴虛空 又於佛所生信解心 布阿僧祇金網彌覆虛空 一切寶鈴常出妙音 又於佛所生最勝福田心 以阿僧祇帳莊嚴虛空 雨一切瓔珞雲 無有斷絶 又於佛所生深信心 以阿僧祇諸天宮殿莊嚴虛空 一切天樂出微妙音 又於佛所生最勝難遇心 以阿僧祇種種色天衣雲莊嚴虛空雨於無比種種妙衣 又於佛所生無量歡喜踊躍心 以阿僧祇諸天寶冠莊嚴虛空 雨無量天冠 廣大成雲 又於佛所起歡喜心 以阿僧祇種種色寶莊嚴虛空 雨一切瓔珞雲 無有斷絶 百千億那由他阿僧祇天子 咸於佛所生淨信心 散無數種種色天華 然無數種種色天香 供養如來 又於佛所起大莊嚴變化心 持無數種種色天栴檀末香 奉散如來 又於佛所起歡喜踊躍心 持無數種種色蓋 隨逐如來 又於佛所起增上心 持無數種種色天寶衣 敷布道路 供養如來 又於佛所起淸淨心 持無數種種色天寶幢 奉迎如來 又於佛所起增上歡喜心 持無數種種色天莊嚴具 供養如來 又於佛所生不壞信心 持無數天寶鬘 供養如來 又於佛所生無比歡喜心 持無數種種色天寶幢 供養如來 百千億那由他阿僧祇諸天子 以調順寂靜無放逸心 持無數種種色天樂 出妙音聲 供養如來

　백 천억 나유타 말로는 이를 수 없는 도솔천 궁에 먼저 머물고 있던 모든 보살 대중이 삼계를 초과한 법을 좇아 생(生)하고 모든 번뇌의 행을 벗어나 생하고 막힘이나 걸림이 없는 마음으로 두루 생하고 깊고 깊은 방편의 법으로 생하고 헤아릴 수 없이 광대한 지혜로 생하고 견고하고 청정한 믿음으로 거듭 더하고 생각으로 헤아릴 수 없는 선근으로 일으키고 아승기의 섬세하고 능숙한 선근의 변화를 성취하고 부처님께 공양하는 마음으로 나타내고 꾸밈이 없는 법문으로 인가받은 모든 하늘을 뛰어넘은 공양 기물로 부처님께 공양하였다.
　바라밀을 좇아 생하는 모든 보배 덮개와 모든 부처님의 경계를 청정하게 이해하므로 생하는 모든 꽃 휘장과 무생법인(無生法印)으로 생하는 모든 옷과 금강 법에 들어가 막힘이나 걸림 없이 마음으로 생하는 모든 휘장의 풍경 그물과 모든 법이 허깨비와 같음을 아는 마음으로 생하는 모든 견고한 향과 모든 부처님의 경계와 여래의 자리에 두루두루한 마음으로 생하는 모든 보배의 빼어난 자리와 부처님을 공양하는 일에 게으르지 않은 마음으로 생하는 모든 보배 당기와 모든 법이 꿈과 같음을 깨달아 아는 그 환희심으로 생하는 모든 보배 궁전으로서 부처님께서 머무시는 곳과 집착이 없는 선근과 생함이 없는 선근으로 생하는 모든 보배 연꽃 구름과 끝이 없는 모든 색의 꽃구름과 모든 가지가지 색의 빼어난 옷구름과 끝없이 청정한 모든 전단 향 구름과 빼어나게 장엄한 모든 보배 일산 구름과 사르는 모든 향 구름과 빼어난 모든 화관 구름과 청정한 모든 장엄 기물 구름이 빠짐없이 법계에 두루 해서 하늘을 뛰어넘은 장엄 기물로 부처님께 공양하였다.

그 모든 보살 하나하나의 몸에서 각각 말할 수 없는 백 천억 나유타 보살이 나오니, 모든 법계와 허공계에 가득히 차고 마음은 삼세 모든 부처님과 평등하며, 뒤바뀌지 않은 법을 좇아 일어난 것과 여래의 힘을 입어 중생들에게 편안한 도를 열어 보이며, 말할 수 없는 낱말과 구절의 뜻을 온전하게 갖추며, 헤아릴 수 없는 법으로서 모든 다라니 종 가운데 두루 들어가며, 다할 수 없는 변재의 장을 생하며, 두려움이 없는 큰 환희심을 내며, 말할 수 없고 헤아릴 수도 없고 다함이 없는 실상의 본바탕을 찬탄하는 법으로 여래를 찬탄하지만, 싫어하거나 만족하지 않았다.

百千億那由他不可說先住兜率宮諸菩薩衆 以從超過三界法所生 離諸煩惱行所生 周徧無礙心所生 甚深方便法所生 無量廣大智所生 堅固淸淨信所增長不思議善根所生 起阿僧祇善巧變化所成就 供養佛心之所現 無作法門之所印 出過天諸供養具 供養於佛 以從波羅蜜所生一切寶蓋 於一切佛境 淸淨解所生 一切華帳 無生法印所生一切衣 入金剛法無礙心所生一切鈴網 解一切法如幻心所生一切堅固香 住徧一切佛境界如來座心所生一切佛衆寶妙座 供養佛不懈心所生一切寶幢 解諸法如夢歡喜心所生佛所住一切寶宮殿 無著善根無生善根所生一切寶蓮華雲 一切堅固香雲 一切無邊色華雲 一切種種色妙衣雲 一切無邊淸淨栴檀香雲 一切妙莊嚴寶蓋雲 一切燒香雲 一切妙鬘雲 一切淸淨莊嚴具雲 皆徧法界 出過諸天供養之具 供養於佛 其諸菩薩一一身各出不可說百千億那由他菩薩 皆充滿法界 虛空界 其心等於三世諸佛 以從無顚倒法所起 無量如來力所加 開示衆生安隱之道 具足不可說名 味 句 普入無量法 一切陀羅尼種中生不可窮盡辯才之藏 心無所畏 生大歡喜 以不可說無量無盡如實讚歎法 讚歎如來 無有厭足

이때 일체 모든 하늘과 보살 대중이 여래와 응신과 정등각과 생각으로 미루어 알 수 없는 사람 가운데 뛰어난 자를 보았다.

그 몸이 헤아릴 수 없이 많기에 숫자로는 잴 수가 없으며, 생각으로 헤아릴 수 없는 가지가지의 신통 변화를 나타내어 수 없는 중생의 마음을 크게 기쁘고 즐겁게 하며, 모든 허공계와 모든 법계에 두루 해서 부처님의 장엄으로써 장엄하고 모든 중생을 선근에 편안히 머물게 하며, 헤아릴 수 없이 많은 부처님의 신력을 나타내 보여 일체 모든 언어의 길을 뛰어넘어 모든 보살이 한마음으로 몸을 굽혀 공손히 섬기었다.

응하고 생육하는 바를 따라서 모두 환희하고 모든 부처님의 광대한 몸에 머물면서 모든 공덕과 선근이 빠짐없이 이미 청정해지고 마주한 모양이나 상태가 제일이기에 그 그림자마저도 가릴 수가 없었다.

지혜의 경계란, 다할 수 있거나 없앨 수 없기에 비교할 수 없는 삼매로 생하는 것이며, 그 몸이 경계가 없기에 모든 중생의 몸 가운데 두루 머물며, 헤아릴 수 없이 많은 중생을 모두 환희하게 하며, 모든 지혜의 종성(種性.如來智性品)을 끊어지지 않게 하였다.

모든 부처님이 마지막 머무시는 곳에 머무시고 삼세 모든 부처님 집에 생하시고 셀 수 없는 중생이 믿고 이해하는 것을 청정하게 하며, 모든 보살이 지혜를 성취하여 모든 근기를 기쁘게 즐기도록 하며, 법의 구름이 허공과 법계를 두루 덮어서 교화하고 조복시키는 일이 남음이 없게 하며, 중생의 마음을 따라 모두 만족하게 하며, 그들에게 분별없는 지혜에 편안히 머물면서 모든 중생의 자리를 뛰어넘어 가게 하였다.

모든 지혜를 얻어 큰 광명을 놓고 전생의 선근을 모두 나타내 보이며, 모든 것이 광대한 마음을 두루 일으켜 모든 중생이 보현의 무너지지 않은 지혜에 머물게 하며, 모든 중생의 국토에 두루 머물며 물러남이 없는 바른 법 가운데를 좇아 생하면서 모든 것이 평등한 법계에 머물며, 중생들의 마음이 마땅함을 분명하게 깨달아 마치고 말할 수 없이 말로 이를 수 없는 가지가지로 차별한 여래의 몸을 나타내니, 세상의 말과 말씀으로는 찬탄해도 다할 수 없으며, 일체가 늘 부처님을 생각하고 사유하게 하여 법계를 가득 차게 하기에 널리 중생을 제도하며, 처음 마음을 일으킴으로 하고자 하는 바 이익을 따라 법으로 은혜를 베풀며, 그들이 조복시키고 믿고 이해함을 청정하게 하며, 색신을 나타내 보이는 일이 생각으로 미루어 헤아릴 수 없었다.

중생을 자세하게 살펴보아 평등하기에 마음에 집착이 없고 막힘이나 걸림 없이 머무는 데 머물렀으며, 부처님의 십력을 얻었기에 막힘이나 걸림이 없으며, 마음이 늘 적정하기에 흐트러지거나 혼란스럽지 않으며, 모든 지혜에 머물기에 가지가지의 글과 구절의 진실한 뜻을 선근으로 활짝 열어 널리 펴고 끝없는 지혜의 바다에 깊이 들어가 헤아릴 수 없는 공덕의 혜장(慧藏)을 내었다.

늘 부처님의 햇빛으로 법계를 두루 비치며, 본래 소원의 힘을 따라 항상 나타내고 없어지지 않기에 법계에 늘 머무르며, 부처님이 머무시는 곳에 머물기에 변하여 달라지는 것이 없으며, 나와 내 것에 집착이 없으며, 출세의 법에 머물며, 세법에 물들지 않았다.

모든 세간에 지혜의 깃발을 세우시니, 그 지혜가 광대해서 세간을 초월하며, 물들어 집착하는 바가 없으며, 모든 중생을 진흙탕 속에서 빼내어 가장 높은 지혜의 지위에 두며, 가진 복과 덕으로 중생들에게 이익이 되게 하면서도 다함이 없으며, 모든 보살의 지혜를 깨달아 알고 믿음으로 향함을 분명하게 깨달아 얻고 곧바로 바른 깨우침을 이루게 하며, 큰 자비로 말할 수 없이 헤아릴 수 없는 부처님의 몸을 나타내어 가지가지로 장엄하고 빼어난 음성으로 헤아릴 수 없이 많은 법을 널리 펴고 중생의 뜻을 따라 모두를 만족하게 하였다.

과거, 미래, 현재의 마음이 언제나 청정하기에 중생들을 경계에 집착하지 않게 하며, 모든 보살에게 늘 수기를 주어서 부처님의 종성에 들어가며, 부처님의 가문에 태어나서 부처님의 관정을 얻게 하였다.

시방으로 항상 다니면서 쉬지 않지만 모든 것에 즐거이 집착함이 없으며, 법계와 부처님 세계에 남김없이 두루 머물며, 중생들의 마음을 분명하게 깨달아 알고 있는 복과 덕으로 세상을 벗어나 청정하기에 생사에 머물지 않으면서도 모든 세간에 그림자와 같이 널리 나타났다.

지혜의 달로 법계를 두루 비추어 일체가 모두 얻을 것이 없음을 분명하게 통달해서 알고 항상 지혜로 모든 세간은 허깨비와 같고 그림자와 같으며, 꿈과 같고 생육과 같음을 알기에 일체가 다 마음을 자신의 성품으로 삼아 이와 같음에 머물렀다.

모든 중생의 업보가 같지 않음을 따라서 마음의 즐거움도 차별하고 모든 근기가 각각 다른 것을 따라 부처님이 몸을 나타내고 여래는 항상 수 없는 중생을 인연으로 삼기에 세간이 모두 인연을 좇아 생하고 일어난 것임을 설하며, 모든 법의 모양이나 상태는 빠짐없이 모두 모양이나 상태가 없으며, 오직 하나의 모양이나 상태가 지혜의 근본이며, 중생이 모양이나 상태에 집착함을 벗어나게 하고자 모든 세간의 성품과 모양이나 상태를 나타내 보이고 세상에 행하여 그들을 위해 위 없는 보리를 열어 보였다.

모든 중생을 구하고 보호하기 위해서 세상에 출현하고 부처님의 도를 활짝 열어 보이며, 그들이 여래의 몸을 보게 하고 단단히 기억해서 잊지 않는 생각을 따라 올라가 부지런히 닦고 익히게 하며, 세간의 번뇌로서 모양이나 상태를 없애버리고 보리의 행을 닦아 마음이 흐트러지거나 동하지 않게 하여 대승의 문을 모두 원만하게 얻어서 일체 모든 부처님의 바른 도리와 이익을 성취하게 하였다.

중생의 선근을 남김없이 자세하게 살펴보고 청정한 업보가 무너지거나 없어지지 않게 하며, 지혜가 분명하고 밝기에 삼세에 널리 들어가 모든 세간의 분별에서 영원히 벗어나고 광명의 그물을 놓아 시방의 모든 세계를 두루 비추어 가득 차게 하며, 색신이 빼어나게 좋아서 보는 이나 보는 이들이 싫어하지 않고 큰 공덕과 지혜와 신통으로 가지가지 보살의 모든 행을 생하여 내놓기는 하지만, 모든 근과 경계가 자재하고 원만하며, 모든 불사를 짓고는 잠시 문득 사라지며, 선근으로 능히 과거, 현재, 미래 모든 지혜의 도를 열어 보이며, 모든 보살을 위하여 헤아릴 수 없이 많은 다라니 비를 내려서 그들이 광대한 욕망의 즐거움을 일으켜 받아 지니고 닦아 익히게 하였다.

일체 모든 부처님의 공덕을 성취하였기에 원만하고 불길 같이 성하게 일어나며, 끝없는 빼어난 색으로 몸을 장엄하시니, 모든 세간에 나타나 못 보는 이가 없으며, 막힘이나 걸림이 되는 모든 법에서 영원히 벗어나 모든 법의 진실한 도리로 이미 청정함을 얻고 공덕의 법을 자재하게 얻었으며, 큰 법왕이 되어 해와 같이 두루 비치며, 세간의 복 밭이 되어 큰 위덕을 갖추시며, 모든 세간에 두루 화신을 나타내며, 지혜의 광명을 놓아 모든 이가 활짝 열고 깨닫게 하며, 중생들이 부처님이 온전하게 갖추신 끝없는 공덕을 알게 하며, 막힘이나 걸림 없는 비단을 정수리에 매다는 지위를 받으며, 세간을 따라서 방편을 열어 인도하며, 지혜의 손으로 중생을 위로하며, 큰 의왕이 되어 선근과 같이 병을 치료하며, 모든 세간의 헤아릴 수 없는 국토에 두루두루 능히 들어가 쉬지 않으며, 청정한 지혜의 눈으로 막힘이나 걸림이 되는 모든 것에서 벗어나 밝게 보며, 나쁜 업을 짓는 중생들을 가지가지로 조복시켜서 그들이 선근을 취하고 마땅한 시기를 잃지 않게 하고 쉬는 일이 없게 하며, 그와 같은 모든 중생이 평등한 마음을 일으키면 곧 평등한 업보를 나타내어 생육하며, 그 마음이 즐거워함을 따르고 그 업과를 따라서 부처님의 몸을 나타내어 가지가지 신통 변화로 법을 설하고 그들이 깨우침을 깨달아 알게 하여 법의 지혜를 얻게 하며, 마음으로 크게 환희하고 모든 근이 기쁨에 뛰며, 헤아릴 수 없이 많은 부처님을 보며, 깊고 무거운 믿음을 일으키고 모든 선근을 내어 영원히 물러서지 않게 하였다.

모든 중생이 업에 얽매여 생사를 따라 긴 잠을 자고 있기에 여래가 세상에 출현하시고 능히 이들을 깨워 그 마음을 위로하고 근심과 두려움이 없게 하며, 그와 같음을 행여 보는 이라도 있으면 그들을 의지할 것이 없는 지혜의 이치를 증득해서 들어가게 하며, 섬세하고 능숙한 선근의 지혜로 경계를 분명하게 통달하고 장엄이 빼어나게 좋기에 가릴 것이 없으며, 지혜의 산과 법의 새싹이 모두 청정하기에 때로는 보살을 나타내며, 그와 같은 부처님의 몸을 나타내어 모든 중생을 근심 걱정이 없는 지위에 오르게 하며, 무수한 공덕으로 장엄한 것과 업의 행으로 이룬 것들을 세간에 나타내니, 일체 모든 부처님의 장엄한 청정을 빠짐없이 모든 지혜의 업으로 성취하였다.

항상 본래의 소원을 지켜서 세간을 버리지 않으며, 중생들의 견고한 선근의 벗이 되며, 청정하기가 제일이기에 허물을 벗어난 광명을 모든 중생이 다 보게 하며, 육취의 중생이 헤아릴 수 없고 끝이 없지만, 부처님의 신력으로 항상 따르고 버리지 않으며, 그와 같이 지난 세상에 선근을 함께 심었다면 모두가 청정하게 하며, 육취의 모든 중생이 본래의 원을 버리지 않게 하고 속이지 않게 하며, 남김없이 선근의 법으로 방편으로 거두어들여 그들이 청정한 업을 닦고 익히게 하며, 모든 마군과의 투쟁에서 꺾고 깨트리게 하였다.

막힘이나 걸림이 없는 경계를 좇아 광대한 힘을 나오게 하고 가장 뛰어난 태양이 막힘이나 걸림이 없는 것과 같이 청정한 마음의 세계에 영상을 나타내어 모든 세간이 보게 하며, 가지가지의 법으로 널리 중생에게 베푸시니, 부처님의 끝없는 광명의 장이기에 모든 힘과 지혜가 원만하며, 항상 큰 광명으로 중생을 두루 비추며, 그들의 원을 따라서 만족하게 하고 모든 원수와 큰 적에서 벗어나게 하며, 최상의 복 밭이 되어 모든 중생이 함께 의지하는 바가 되며, 무릇 베푸는 모든 것을 청정하게 하고 아주 적은 선근의 행을 닦아도 헤아릴 수 없는 복을 받아서 다함이 없는 지혜의 지위에 들어가게 하며, 모든 중생을 위해 선근의 종자를 심은 청정한 마음의 주인이 되고 모든 중생을 위해 복덕을 생하고 일으키는 최상의 좋은 복 밭이 되며, 지혜가 깊고 깊은 선근의 섬세하고 능숙함으로 모든 삼악도의 고통으로부터 능히 구하였다.

이와 같음을 믿고 이해하며, 이와 같음으로 자세하게 살펴보며, 이와 같은 지혜의 연못에 들어가며, 이와 같은 공덕의 바다에 노닐며, 이와 같은 허공과 같은 지혜에 이르며, 이와 같은 중생의 복 밭을 알며, 이와 같은 바른 생각으로 눈앞을 자세히 살펴보며, 이와 같은 부처님의 모든 업과 좋아하는 모양이나 상태를 자세히 보며, 이와 같은 부처님이 세간에 두루 나타남을 자세히 보며, 이와 같은 부처님의 신통이 자재함을 자세히 살펴보았다.

爾時 一切諸天及諸菩薩衆 見於如來 應 正等覺不可思議人中之雄 其身無量 不可

稱數 現不思議種種神變 令無數衆生心大歡喜 普徧一切虛空界 一切法界 以佛莊嚴而爲莊嚴 令一切衆生安住善根 示現無量諸佛神力 超過一切諸語言道 諸大菩薩所共欽敬 隨所應化 皆令歡喜 住於諸佛廣大之身 功德善根悉已淸淨 色相第一 無能映奪 智慧境界 不可窮盡 無比三昧之所出生 其身無際 徧住一切衆生身中 令無量衆生皆大歡喜 令一切智種性不斷 住於諸佛究竟所住 生於三世諸佛之家 令不可數衆生信解淸淨 令一切菩薩智慧成就 諸根悅豫 法雲普覆虛空法界 敎化調伏無有遺餘 隨衆生心 悉令滿足 令其安住無分別智 出過一切衆生之上 獲一切智 放大光明 宿世善根皆令顯現 普使一切發廣大心 令一切衆生 安住普現不可壞智 徧住一切衆生國土 從於不退正法中生 住於一切平等法界 明了衆生心之所宜 現不可說不可說種種差別如來之身 非世言辭而歎可盡 能令一切常思念佛 充滿法界廣度群生 隨初發心所欲利益 以法惠施 令其調伏 信解淸淨 示現色身不可思議 等觀衆生 心無所著 住無礙住 得佛十力 無所障礙 心常寂定 未曾散亂 住一切智 善能開演種種文句眞實之義能悉深入無邊智海 出生無量功德慧藏 恒以佛日普照法界 隨本願力常現不沒 恒住法界 住佛所住 無有變異 於我 我所俱無所著 住出世法 世法無染 於一切世間建智慧幢 其智廣大 超過世間 無所染著 拔諸衆生令出淤泥 置於最上智慧之地 所有福德饒益衆生而無有盡 了知一切菩薩智慧 信向決定 當成正覺 以大慈悲 現不可說無量佛身 種種莊嚴 以妙音聲 演無量法 隨衆生意 悉令滿足 於去 來 今 心常淸淨 令諸衆生不著境界 恒與一切諸菩薩記 令其皆入佛之種性 生在佛家 得佛灌頂 常遊十方未曾休息 而於一切無所樂著 法界佛刹悉能徧往 諸衆生心靡不了知 所有福德 離世淸淨 不住生死 而於世間 如影普現 以智慧月普照法界 了達一切悉無所得 恒以智慧知諸世間如幻 如影 如夢 如化 一切皆以心爲自性 如是而住 隨諸衆生業報不同 心樂差別 諸根各異 而現佛身 如來恒以無數衆生而爲所緣 爲 說世間皆從緣起 知諸法相皆悉無相 唯是一相智慧之本 欲令衆生離諸相著 示現一切世間性相而行於世 爲其開示無上菩提 爲欲救護一切衆生 出現世間開示佛道 令其得見如來身相 攀緣憶念 勤加修習 除滅世間煩惱之相 修菩提行 心不散動 於大乘門皆得圓滿 成就一切諸佛義利 悉能觀察衆生善根而不壞滅 淸淨業報 智慧明了 普入三世 永離一切世間分別 放光明網普照十方 一切世界無不充滿 色身妙好 見者無厭 以大功德智慧神通 出生種種菩薩諸行 諸根境界 自在圓滿 作諸佛事 作已便沒 善能開示過 現 未來一切智道 爲諸菩薩普雨無量陀羅尼雨 令其發起廣大欲樂 受持修習 成就一切諸佛功德

圓滿熾盛 無邊妙色莊嚴其身 一切世間靡不現睹 永離一切障礙之法 於一切法眞實之義已得淸淨 於功德法而得自在 爲大法王 如日普照 爲世福田 具大威德 於一切世間普現化身 放智慧光 悉令開悟 欲令衆生知佛具足無邊功德 以無礙繒繫頂受位 隨順世間方便開導 以智慧手安慰衆生 爲大醫王善療衆病 一切世間無量國土悉能徧往 未曾休息 淸淨慧眼離諸障翳 悉能明見 於作不善惡業衆生 種種調伏 令其入道 善取時宜 無有休息 若諸衆生起平等心 卽爲化現平等業報 隨其心樂 隨其業果 爲現佛身 種種神變 而爲說法 令其悟解 得法智慧 心大歡喜 諸根踊躍 見無量佛 起深重信 生諸善根 永不退轉 一切衆生隨業所繫長眠生死 如來出世能覺悟之 安慰其心 使無憂怖 若得見者 悉令證入無依義智 智慧善巧 了達境界莊嚴妙好 無能映奪 智山法芽 悉已淸淨 或現菩薩 或現佛身 令諸衆生至無患地 無數功德之所莊嚴 業行所成 現於世間 一切諸佛莊嚴淸淨 莫不皆以一切智業之所成就 常守本願 不捨世間 作諸衆生堅固善友 淸淨第一 離垢光明 令一切衆生皆得現見 六趣衆生無量無邊 佛以神力常隨不捨 若有往昔同種善根 皆令淸淨 而於六趣一切衆生不捨本願 無所欺誑 悉以善法方便攝取 令其修習淸淨之業 摧破一切諸魔鬪諍 從無礙際出廣大力 最勝日藏無有障礙 於淨心界而現影像 一切世間無不睹見 以種種法廣施衆生 佛是無邊光明之藏 諸力智慧皆悉圓滿 恒以大光普照衆生 隨其所願 皆令滿足 離諸怨敵 爲上福田 一切衆生共所依怙 凡有所施 悉令淸淨 修少善行 受無量福 悉令得入無盡智地 爲一切衆生種植善根淨心之主 爲一切衆生發生福德最上良田 智慧甚深 方便善巧 能救一切三惡道故 如是信解 如是觀察 如是入於智慧之淵 如是游於功德之解 如是普至虛空智慧 如是而知衆生福田 如是正念現前觀察 如是觀佛諸業相好 如是觀佛普現世間 如是觀佛神通自在

때맞춰 저 언덕에 이른(到彼岸.如來地.二乘地) 대중이 여래의 몸을 보니, 하나하나의 털구멍에서 백 천억 나유타 아승기 광명이 나오고 하나하나의 광명이 아승기 색과 아승기 청정함과 아승기 광명으로 밝게 비추어 아승기 대중들이 자세히 살펴보게 하고 아승기 대중들을 환희하게 하고 아승기 대중들을 즐기게 하고 아승기 대중의 깊은 믿음을 거듭 더하고 기르게 하며, 아승기 대중의 지락(志樂.본심의 즐거움)을 청정하게 하고 아승기 대중의 모든 근을 청량하게 하고 아승기 대중들이 공손하게 섬기고 존중하게 하였다.

그때 대중이 부처님의 몸에서 백 천억 나유타의 헤아릴 수 없는 큰 광명을 놓음을 보았다. 하나하나의 광명이 빠짐없이 헤아릴 수 없는 색과 헤아려 알 수 없는 광명이 있고 헤아릴 수 없는 법계를 끝없이 비추었으며, 부처님의 신력으로 크고 빼어난 음성을 내고 그 음성이 백 천억 나유타의 헤아릴 수 없는 게송을 널리 펴서 세간에 있는 모든 말을 초월하니, 출세간의 선근으로 성취한 것이며, 차례를 따라(復) 백 천억 나유타의 헤아릴 수 없는 섬세하고 빼어난 장엄과 백 천억 나유타의 헤아릴 수 없는 겁 동안 칭찬한다 해도, 다할 수 없음을 나타내었다. 이는 모두 여래의 다함이 없는 자재로 생하여 나오는 것이며, 또 말로 이를 수 없는 모든 부처님 여래께서 저 세계에 즐겁게 나오심을 나타내어 중생이 지혜의 문에 들어가 깊고도 깊은 이치를 알게 하며, 또 말로서 이를 수 없는 모든 부처님 여래께서 가지고 있는 변화를 나타내어 다함이 없는 법계와 허공계로 모든 세간을 평등하고 청정하게 하니, 이와 같음은 모두 여래께서 막힘이나 걸림 없이 머무시는 일체 지혜를 좇아 생하는 것이며, 또한 여래께서 수행한 헤아릴 수 없는 뛰어난 덕에서 생하는 것이며, 차례를 따라(復) 백 천억 나유타의 헤아릴 수 없는 빼어난 보배 광명 불꽃을 나타내니, 지난 세상에서 큰 소원과 선근을 좇아 일으킨 것이며, 일찍이 헤아릴 수 없이 많은 여래에게 공양하면서 청정한 행을 닦고 방일하지 않은 까닭이며, 살바야심(薩婆若心)으로 막힘이나 걸림 없이 선근을 생하는 까닭이었다.

여래의 힘이 광대하고 두루두루 함을 드러내기 위한 것이며, 모든 중생의 의심을 끊어내기 위한 것이며, 모든 것이 여래를 보기 위한 것이며, 헤아릴 수 없이 많은 중생을 선근에 머물게 하기 위한 것이며, 여래의 신통력이란 그 그림자마저 빼앗을 수 없음을 나타내 보이기 위한 것이며, 중생들이 마지막까지 바다에 들어가게 하고자 한 것이며, 일체 모든 부처님 국토의 보살 대중이 다 와서 모이도록 한 것이며, 헤아릴 수 없는 부처님의 법문을 활짝 열어 보이기 위한 까닭이었다.

時 彼大衆見如來身 一一毛孔出百千億那由他阿僧祇光明 一一光明有阿僧祇色 阿僧祇淸淨 阿僧祇照明 令阿僧祇衆觀察 阿僧祇衆歡喜 阿僧祇衆快樂 阿僧祇衆深信增長 阿僧祇衆志樂淸淨 阿僧祇衆諸根淸涼 阿僧祇衆恭敬尊重 爾時 大衆咸見佛身放百千億那由他不思議大光明 一一光明 皆有不思議色 不思議光 照不思議無邊法界 以佛神力 出大妙音 其音演暢百千億那由他不思議讚頌 超諸世間所有言辭 出世善根之所成就 復現百千億那由他不思議微妙莊嚴 於百千億那由他不思議劫歎不可盡 皆是如來無盡自在之所出生 又現不可說諸佛如來出興于世 令諸中生入智慧門

解甚深義 又現不可說諸佛如來所有變化 盡法界 虛空界 令一切世間平等清淨 如是皆從如來所住無障礙一切智生 亦從如來所修行不思議勝德生 復現百千億那由他不思議妙寶光焰 從昔大願善根所起 以曾供養無量如來 修清淨行無放逸故 薩婆若心無有障礙生善根故 爲現如來力廣徧故 爲斷一切衆生疑故 爲令咸得見如來故 令無量衆生住善根故 顯示如來神通之力無映奪故 欲令衆生普得入於究竟海故 爲令一切諸佛國土菩薩大衆皆來集故 爲欲開示不可思議佛法門故

　이때 여래께서 대비(大悲.가엾게 여기는 큰마음)로 두루 뒤집어서 모든 지혜로 가지고 있는 장엄을 보이시니, 말할 수 없는 백 천억 나유타 아승기 세계에 있는 중생들 가운데 믿지 못하는 자는 믿게 하고, 이미 믿은 자는 거듭 더해서 키우게 하고 이미 거듭 더해서 늘린 자는 그것을 청정하게 하고 이미 청정한 자는 그것을 성숙하게 하고 이미 성숙한 자는 마음을 조복시키게 하고 깊고도 깊은 법을 자세히 보고 헤아릴 수 없이 많은 지혜의 광명을 온전하게 갖추고 헤아릴 수 없으며 광대한 마음을 일으켜 살바야심에서 물러서지 않고 법의 성품을 어기지 않고 실상의 본바탕이 되는 경계를 두려워하지 않고 진실한 이치를 증득하게 하며, 모든 바라밀 행을 만족하게 하고 출세간의 선근이 모두 청정해서 마치 보현보살이 부처님의 자재함을 얻은 듯이 하며, 마의 경계를 벗어나 모두 부처님의 경계에 들어가고 깊은 법을 깨달아 알고 헤아릴 수 없는 지혜를 얻어서 대승의 서원에서 영원히 물러서지 않게 하며, 늘 부처님을 보면서 잠깐이라도 버리거나 벗어나지 않으며, 증득한 지혜를 성취해서 헤아릴 수 없는 법을 증득하며, 끝없는 복덕 장의 힘을 온전하게 갖추며, 환희심을 일으켜 의심이 없는 지위에 들어가며, 악에서 벗어나 청정하고 모든 지혜를 의지해서 법을 보아도 움직이지 않으며, 모든 보살이 모인 대중으로 들어가서 항상 삼세 모든 여래의 집안에 태어나셨다.

　爾時 如來大悲普覆 示一切智所有莊嚴 欲令不可說百千億那由他阿僧祇世界中衆生 未信者信 已信者增長 已增長者令其淸淨 已淸淨者令其成熟 已成熟者令心調伏 觀甚深法 具足無量智慧光明 發生無量廣大之心 薩婆若心無有退轉 不違法性 不怖實際 證眞實理 滿足一切波羅蜜行 出世善根皆悉淸淨 猶如普賢 得佛自在 離魔境界 入諸佛境 了知深法 獲難思智 大乘誓願永不退轉 常見諸佛 未曾捨離 成就證智 證無量法 具足無邊福德藏力 發歡喜心入無疑地 離惡淸淨 依一切智 見法不動 得入一

切菩薩衆會 常生三世諸如來家

　　세존이 나타내시는 이와 같은 장엄은 모든 것이 다 과거에 모아서 쌓은 선근으로 이룬 것이며, 모든 중생을 조복시키기 위한 까닭이었으며, 여래의 큰 위엄과 덕을 열어 보이기 위한 까닭이었으며, 걸림이나 막힘없는 지혜의 장을 비추어 밝게 하기 위한 까닭이었으며, 여래의 끝없는 뛰어난 덕이 불타오르는 것과 같음을 나타내 보이려는 까닭이었으며, 생각으로는 미루어 헤아릴 수 없는 여래의 큰 신통 변화를 드러내 보이려는 까닭이었으며, 신통력으로 모든 육취에 부처님의 몸을 나타내려는 까닭이었으며, 여래의 신통 변화가 끝닿은 경계가 없음을 나타내 보이려는 까닭이었으며, 본래 마음으로 소원하는 것을 모두 원만하게 이루려는 까닭이었으며, 여래의 용맹한 지혜로 두루 앞서 나가는 것을 드러내 보이려는 까닭이었으며, 법에 자재해서 법왕을 이루려는 까닭이었으며, 모든 지혜의 문을 생하려는 까닭이며, 여래의 몸이 청정한 것을 나타내 보이려는 까닭이었으며, 또한 그 몸이 가장 특수하고 빼어남을 나타내려는 까닭이었으며, 삼세 모든 부처님이 증득한 평등한 법을 드러내 보이려는 까닭이었으며, 선근의 청정한 장을 열어 보이려는 까닭이었으며, 세간에서는 비유할 수도 없는 가장 빼어난 색을 드러내 보이려는 까닭이었으며, 십력을 온전하게 갖춘 모양이나 상태를 드러내어 보이고 보는 이들이 싫어하거나 만족함이 없게 하려는 까닭이었으며, 세간의 태양이 되어 삼세를 비추려는 까닭이었으며, 자재한 법왕의 모든 공덕이란 모두 지난 세상의 선근을 좇아 나타나는 것이기에 모든 보살이 모든 겁을 두고 찬탄해도 다할 수 있는 것이 아니었다.

　　世尊所現如是莊嚴 皆是過去先所積集善根所成 爲欲調伏諸衆生故 開示如來大威德故 照明無礙智慧藏故 示現如來無邊勝德極熾然故 顯示如來不可思議大神變故 以神通力於一切趣現佛身故 示現如來神通變化無邊際故 本所志願 悉成滿故 顯示如來勇猛智慧能徧往故 於法自在成法王故 出生一切智慧門故 示現如來身淸淨故 又現其身最殊妙故 顯示證得三世諸佛平等法故 開示善根淸淨藏故 顯示世間無能爲諭上妙色故 顯示具足十力之相令其見者無厭足故 爲世間日照三世故 自在法王 一切功德 皆從往昔善根所現 一切菩薩 於一切法 稱揚讚說 不可窮盡

이때 도솔타 천왕이 여래를 받들고 이와 같은 공양 기물을 미리 마련해서 백 천억 나유타 아승기 도솔타 천자들과 더불어 부처님을 향해 합장하고 말하기를 "선근으로 오신 세존이시여! 선근으로 오시었다 선근으로 가신이여! 선근으로 오신 여래, 응, 정등각이시여! 오로지 가엾게 보시고 이 궁전에 머물러 주십시오."라고 하였다.

爾時 兜率陀天王奉爲如來嚴辨如是諸供具已 與百千億那由他阿僧祇兜率陀天子 向佛合掌 白佛言 善來世尊 善來善逝 善來如來 應 正等覺 唯見哀愍 處此宮殿

그때 세존이 부처의 장엄으로 스스로 장엄하시고 큰 위덕을 갖추시니, 이는 모든 중생이 크게 환희심을 생하게 하려는 까닭이며, 이는 모든 보살이 깊은 깨우침을 깨닫게 하려는 까닭이며, 이는 모든 도솔타 천자의 욕락을 더하고 늘게 하려는 까닭이며, 이는 도솔타 천왕이 공양하고 섬기는 일에 싫어하거나 만족함이 없게 하려는 까닭이며, 이는 헤아릴 수 없이 많은 중생이 부처님을 생각하는 인연으로 마음을 일으키게 하려는 까닭이며, 이는 헤아릴 수 없이 많은 중생이 부처님을 보는 선근을 심어 복덕이 다함이 없게 하려는 까닭이며, 이는 늘 청정한 믿음의 마음을 일으키게 하려는 까닭이며, 이는 부처님을 뵙고 공양을 올리지만 구하는 것이 없게 하려는 까닭이며, 이는 가지고 있는 뜻과 소원을 모두 청정하게 하려는 까닭이며, 이는 부지런히 선근을 모으는 일에 게으르거나 쉼이 없게 하려는 까닭이며, 이는 큰 서원을 일으켜 모든 지혜를 구하게 하려는 까닭으로 천왕의 청을 받고 일체보장엄전(一切寶莊嚴殿)에 들어가시니, 이 세계와 같이 시방에 있는 모든 세계도 남김없이 또한 이와 같았다.

爾時 世尊以佛莊嚴而自莊嚴 具大威德 爲令一切衆生生大歡喜故 一切菩薩發深悟解故 一切兜率陀天子增益欲樂故 兜率陀天王供養承事無厭足故 無量衆生緣念於佛而發心故 無量衆生種見佛善根福德無盡故 常能發起淸淨信故 見佛供養無所求故 所有志願皆淸淨故 勤集善根無懈息故 發大誓願求一切智故 受天王請 入一切寶莊嚴殿 如此世界 十方所有一切世界 悉亦如是

이때 일체보장엄전에 자연스럽게 빼어나고 보기에 좋은 장엄이 있었으니, 모든 하늘의 최고인 장엄을 초월해서 모든 보배 그물로 두루 덮였으며, 가장 빼어난 모든 보배 구름이 두루 내리고 모든 보배 옷구름을 두루 내리고 모든 전단 향 구름을 두루 내리고 모든 견고한 향 구름을 두루 내리고 모든 보배로 장엄한 우산 구름을 두루 내리고 생각으로 미루어 알 수 없는 꽃 덩어리 구름을 두루 내리고 헤아릴 수 없는 악기의 소리를 두루 내어서 여래의 모든 지혜가 모두 빼어난 법과 더불어 서로 응하는 것을 칭찬하고 널리 드러내어 밝히니, 이와 같은 모든 공양 기물이 다 모든 하늘 공양을 과하게 뛰어넘었다.

때맞춰 도솔궁전 가운데 악기와 노래로 칭찬함이 불타오르듯 성하고 멈추지 않으며, 부처님의 신력으로 도솔타 천왕의 마음을 움직이거나 혼란스럽지 않게 하고 지난 세상의 선근을 모두 원만하게 얻게 하고 헤아릴 수 없는 선근의 법을 더욱 견고하게 하고 청정한 믿음을 거듭 더하고 늘려서 크게 정진함을 일으키고 크게 환희하는 마음을 내었으며, 깊은 마음의 즐거움을 청정하게 하고 보리심을 일으켜 생각하는 법을 끊어짐이 없게 하고 모두 지니고 잊지 않았다.

爾時 一切寶莊嚴殿 自然而有妙好莊嚴 出過諸天莊嚴之上 一切寶網周帀彌覆 普雨一切上妙寶雲 普雨一切莊嚴具雲 普雨一切寶衣雲 普雨一切栴檀香雲 普雨一切堅固香雲 普雨一切寶莊嚴蓋雲 普雨不可思議華聚雲 普出不可思議妓樂音聲 讚揚如來一切種智 悉與妙法而共相應 如是一切諸供養具 悉過諸天供養之上 時 兜率宮中 妓樂歌讚 熾然不息 以佛神力 令兜率王心無動亂 往昔善根皆得圓滿 無量善法益加堅固 增長淨信 起大精進 生大歡喜 淨深志樂 發菩提心 念法無斷 摠持不忘

그때 도솔타 천왕이 부처님의 위신력을 받들어 곧바로 스스로 지난 세상 부처님 처소에서 심은 선근을 잊지 않고 기억하고는 게송으로 말했다.

爾時 兜率陀天王承佛威力 卽自憶念過去佛所所種善根而說頌言

昔有如來無礙月 옛적에 '무애월' 여래가 계셨으니
諸吉祥中最殊勝 모든 길상 중에 가장 뛰어났으며
彼曾入此莊嚴殿 일찍이 이 장엄전에 드셨으니
是故此處最吉祥 이러한 까닭으로 이곳이 최고의 길상입니다.

昔有如來名廣智 옛적에 여래가 계셨으니 이름이 '광지'이며

諸吉祥中最殊勝 모든 길상 중에 가장 뛰어났으며
彼曾入此金色殿 일찍이 이 금색전에 드셨으니
是故此處最吉祥 이러한 까닭으로 이곳이 최고의 길상입니다.

昔有如來名普眼 옛적에 이름이 '보안'인 여래가 계셨으니
諸吉祥中最殊勝 모든 길상 중에 가장 뛰어났으며
彼曾入此蓮華殿 일찍이 이 연화전에 드셨으니
是故此處最吉祥 이러한 까닭으로 이곳이 최고의 길상입니다.

昔有如來號珊瑚 옛적에 산호라 부르는 여래가 계셨으니
諸吉祥中最殊勝 모든 길상 중에 가장 뛰어났으며
彼曾入此寶藏殿 일찍이 이 보장전에 드셨으니
是故此處最吉祥 이러한 까닭으로 이곳이 가장 길상입니다.

昔有如來論師子 옛적에 '논사자' 여래가 계셨으니
諸吉祥中最殊勝 모든 길상 중에 가장 뛰어났으며
彼曾入此山王殿 일찍이 이 산왕전에 드셨으니
是故此處最吉祥 이러한 까닭으로 이곳이 최고의 길상입니다.

昔有如來名日照 옛적에 이름이 '일조'인 여래가 계셨으니
諸吉祥中最殊勝 모든 길상 중에 가장 뛰어났으며
彼曾入此衆華殿 일찍이 이 중화전에 드셨으니
是故此處最吉祥 이러한 까닭으로 이곳이 최고의 길상입니다.

昔有佛號無邊光 옛적에 '무변광'이라 부르는 부처님이 계셨으니
諸吉祥中最殊勝 모든 길상 중에 가장 뛰어났으며
彼曾入此樹嚴殿 일찍이 이 수엄전에 드셨으니
是故此處最吉祥 이러한 까닭으로 이곳이 최고의 길상입니다.

昔有如來名法幢 옛적에 이름이 '법당'인 여래가 계셨으니
諸吉祥中最殊勝 모든 길상 중에 가장 뛰어났으며
彼曾入此寶宮殿 일찍이 이 보궁전에 드셨으니
是故此處最吉祥 이러한 까닭으로 이곳이 최고의 길상입니다.

昔有如來名智燈 옛적에 이름이 '지혜의 등'인 여래가 계셨으니
諸吉祥中最殊勝 모든 길상 중에 가장 뛰어났으며
彼曾入此香山殿 일찍이 이 향산전에 드셨으니
是故此處最吉祥 이러한 까닭으로 이곳이 최고의 길상입니다.

昔有佛號功德光 옛적에 '공덕광'이라 부르는 부처님이 계셨으니
諸吉祥中最殊勝 모든 길상 중에 가장 뛰어났으며
彼曾入此摩尼殿 일찍이 이 마니전에 드셨으니
是故此處最吉祥 이러한 까닭으로 이곳이 최고의 길상입니다.

　이 세계의 도솔타 천왕이 부처님의 위신력을 받들고 게송으로 과거 모든 부처님을 찬탄한 것과 같이 시방 일체 모든 세계의 도솔타 천왕도 모두 이와 같은 부처님의 공덕을 찬탄하였다.
　如此世界兜率天王 勝佛神力以頌讚歎過去諸佛 十方一切諸世界中兜率天王 悉亦如是歎佛功德

　그때 세존이 일체보장엄전의 마니보장 사자좌 위에 결가부좌 하시니, 법신이 청정하고 빼어난 작용이 자재하시기에 삼세 부처님들과 더불어 경계가 서로 같으며, 일체 지혜에 머무시기에 일체 부처님과 더불어 서로 같이 한 성품에 들어갔으며, 부처님의 눈이 깨우침에 밝으시기에 일체 법을 보시지만, 막힘이나 걸림이 없으며, 큰 위력이 있으시기에 법계에 노니시면서 쉬지 않으며, 큰 신통을 갖추셨기에 교화할 중생이 있는 곳을 따라 남김없이 두루 나아가시며, 일체 모든 부처님의 막힘이나 걸림이 없는 장엄으로 그 몸을 장엄

하시고 선근의 시절을 아시기에 대중을 위해 법을 설하셨다.

말할 수 없는 보살 대중이 각각 다른 방향의 가지가지 국토로부터 좇아 와서 함께 모이니, 모인 대중이 청정하고 법신이 둘이 없고 의지할 것은 없지만, 능히 자재하게 부처님의 몸으로 행함을 일으켰다.

그리고 자리에 앉기를 마치니, 그 궁전 가운데 자연히 헤아릴 수 없고 수 없는 특별하고 특히나 빼어나며 매우 좋은 공양 기물이 있으니, 모든 하늘의 공양보다 뛰어났으며, 헤아릴 수 없고 수없이 많았다. 이른바 꽃 머리 장식, 의복, 바르는 향, 가루 향, 보배 우산, 당기, 깃발, 악기와 칭찬하는 노래였다. 이와 같은 기물과 일 등이 하나하나 셀 수 없을 만큼 있고 부처님을 광대한 마음으로 공손히 섬기며, 존중하고 공양하였다. 시방의 모든 도솔타 천에서도 남김없이 또한 이와 같았다.

爾時 世尊於一切寶莊嚴殿摩尼寶藏師子座上 結跏趺坐 法身淸淨 妙用自在 與三世佛 同一境界 住一切智 與一切佛同入一性 佛眼明了 見一切法皆無障礙 有大威力 普遊法界未嘗休息 具大神通 隨有可化衆生之處 悉能徧往 以一切諸佛無礙莊嚴而嚴其身 善知其時 爲衆說法 不可說諸菩薩衆 各從他方種種國土而共來集 衆會淸淨 法身無二 無所依止 而能自在 起佛身行 坐此座已 於其殿中自然而有無量無數殊特妙好出過諸天供養之具 所謂 華鬘 衣服 塗香 末香 寶蓋 幢幡 妓樂 歌讚 如是等事 一一皆悉不可稱數 以廣大心恭敬尊重 供養於佛 十方一切兜率陀天 悉亦如是

대방광불화엄경 제23권

24. 도솔궁중게찬품
制譯兜率宮中偈讚品第二十四

그때 부처님의 신력으로 시방에 각각 한 분의 대보살이 있으니, 한 분 한 분이 각각 일만 부처 세계의 티끌 수와 같은 모든 보살과 더불어 일만 부처 세계의 티끌 수와 같은 국토 밖의 모든 세계에서 와서 부처님 처소로 나아갔다.
爾時 佛神力故 十方各有一大菩薩 一一各與萬佛刹微塵數諸菩薩俱 從萬佛刹微塵數國土外諸世界中 來詣佛所

그 이름을 말하자면 금강당 보살, 견고당 보살, 용맹당 보살, 광명당 보살, 지당 보살, 보당 보살, 정진당 보살, 이구당 보살, 성숙당 보살, 법당 보살이다.

이분들이 떠나 온 국토를 이르자면 묘보 세계, 묘락 세계, 묘은 세계, 묘금 세계, 묘마니 세계, 묘금강 세계, 묘파두마 세계, 묘우발라 세계, 묘전단 세계, 묘향 세계이며, 각각 부처님 계신 곳에서 청정한 범행을 닦았으니, 이른바 무진당불, 풍당불, 해탈당불, 위의당불, 명상당불, 상당불, 최승당불, 자재당불, 범당불, 관찰당불이다.

그 모든 보살이 부처님 계신 곳에 이르러 부처님 발에 머리를 숙여 예를 올리고 부처님의 신력으로 곧 빼어난 보배 장 사자좌를 만들었으며, 보배 그물을 덮어서 사면이 가득하였고 모든 보살 대중이 온 방향을 따라 각각 사자좌 위에 결가부좌 하였다.

그 몸에서 백 천억 나유타 아승기의 청정한 모든 광명을 놓으니, 이 헤아릴 수 없는 광명은 보살의 청정한 마음의 보배와 많은 잘못과 추한 일들을 모두 벗어난 큰 원으로 일으킨 것이며, 일체 모든 부처님의 자재하고 청정한 법을 나타내 보이고 모든 보살의 평등한 원력으로 모든 중생을 널리 구하고 보호하시니, 모든 세간이 좋게 보고 보는 자가 헛되지 않기에 남김없이 조복(調伏)시켰다.

그 보살 대중이 모두 헤아릴 수 없는 공덕을 이미 성취하였으니, 이른바 모든 부처님의 국토에 두루 노닐어도 막힘이나 걸림이 없으며, 의지함이 없는 청정한 법신을 보았으며, 지혜의 몸으로 헤아릴 수 없는 몸을 나타내어 시방에 두루두루 가서 모든 부처님을 받들어 섬기며, 모든 부처님의 헤아릴 수 없고 끝없으며, 생각으로 미루어 헤아릴 수 없는 자재한 법에 들어갔으며, 헤아릴 수 없이 많은 지혜의 문에 머물면서 지혜의 광명으로 모든 법을 선근으로 분명하게 깨달으며, 모든 법 가운데서 두려움 없음을 얻고 널리 펴서 설하는 바를 따라 미래의 경계가 끝날 때까지 변재가 다함이 없으며, 큰 지혜로 총지문(如來智方便門.陀羅尼門)을 열었으며, 지혜의 눈이 청정하기에 깊은 법계에 들었고 지혜의 경계가 끝이 없으며, 마지막까지 이른 청정함을 비유하면 허공과 같았다. (五蘊淸淨을 降伏 받음)

도솔천 궁의 세계에 모든 보살 대중이 이와 같음에 와서 모이듯이, 시방의 모든 도솔천궁에도 이와 같은 명호의 모든 보살이 모이니, 그들이 떠나온 모든 국토와 모든 부처님의 명호도 또한 이와 같아서 차별이 없었다.

其名曰 金剛幢菩薩 堅固幢菩薩 勇猛幢菩薩 光明幢菩薩 智幢菩薩 寶幢菩薩 精進幢菩薩 離垢幢菩薩 星宿幢菩薩 法幢菩薩 所從來國 謂 妙寶世界 妙樂世界 妙銀世界 妙金世界 妙摩尼世界 妙金剛世界 妙波頭世界 妙優鉢羅世界 妙栴檀世界 妙香世界 各於佛所 淨修梵行 所謂 無盡幢佛 風幢佛 解脫幢佛 威儀幢佛 明相幢佛 常幢佛 最勝幢佛 自在幢佛 梵幢佛 觀察幢佛 其諸菩薩 至佛所已 頂禮佛足 以佛神力 卽化作妙寶藏師子之座 寶網彌覆 周帀徧滿 諸菩薩衆 隨所來方 各於其上 結跏趺坐 其身悉放百千億那由他阿僧祇淸淨光明 此無量光皆從菩薩淸淨心寶 離衆過惡大願所起 顯示一切諸佛自在淸淨之法 以諸菩薩平等願力 能普救護一切衆生 一切世間之所樂見 見者不虛 悉得調伏 其菩薩衆 悉已成就無量功德 所謂 徧遊一切諸佛國土 無所障礙 見無依止淸淨法身 以智慧身 現無量身 徧往十方承事諸佛 入於諸佛無量無邊不可思議 自在之法 住於無量一切智門 以智光明善了諸法 於諸法中得無所畏 隨所演說 窮未來際 辯才無盡 以大智慧皆摠持門 慧明淸淨入深法界 智慧境界無有邊際 究竟淸淨猶若虛空 如此世界兜率天宮 諸菩薩衆如是來集 十方一切兜率天宮 悉有如是名號菩薩而來集會 所從來國 諸佛名號 亦皆同等 無有差別

그때 세존의 두 무릎에서 백 천억 나유타 광명을 놓아 시방의 법계와 허공계를 다하는 모든 세계를 두루 비치니, 저 모든 보살이 부처님의 모양이나 상태가 신통하게 변함을 다보고 이 모든 보살도 또한 저 모든 여래의 모양이나 상태가 신통하게 변함을 보았다.

이와 같은 보살들은 지난 옛적에 비로자나 여래와 함께 선근을 심으면서 모두 보살행을 닦았으며, 모두 다 이미 모든 부처님의 자재하신 깊고 깊은 해탈문을 깨우쳐 들어가서 차별이 없는 법계의 몸을 얻었으며, 모든 국토에 들어가지만 머무는 바가 없이 헤아릴 수 없이 많은 부처님을 보고 남김없이 받들어 섬기며, 한 생각 중에 법계를 두루 행하지만, 막힘이나 걸림이 없이 자재하며, 마음으로 가진 뜻이 청정하고 값으로는 따질 수 없는 보배와 같았다.

헤아릴 수 없이 많고 수 없는 모든 부처님과 여래가 항상 보호해주려는 생각을 더 하시고 또 그 힘을 주어서 마지막 제일의 피안에 이르게 하며, 늘 청정한 생각으로 위 없는 깨달음(無上覺)에 머물며, 생각마다 늘 모든 지혜의 처에 들어가고 작은 것으로 큰 것에 들어가고 큰 것으로 작은 것에 들어가지만, 모든 자재함을 통달해서 얻었기에 막힘이나 걸림이 없고 이미 부처님의 몸을 얻었기에 부처님과 함께 머물며, 모든 지혜를 얻었기에 모든 지혜를 좇아 그 몸을 생하며, 모든 여래가 행하시는 곳을 능히 다 따라 들어가서 헤아릴 수 없는 지혜의 법문을 열었고 금강당 큰 지혜의 피안에 이르러 금강 삼매를 얻었기에 모든 의혹을 끊었으며, 이미 모든 부처님의 자재한 신통을 얻었기에 일체 시방 국토 백천 만억 수 없는 중생을 가르쳐 생육하고 조복시키면서 그 모든 수에 비록 집착하는 일은 없으나 능히 선근으로 닦고 배우며, 마지막(究竟覺.五蘊淸淨妙覺)까지 성취해서 방편으로 모든 법을 가지런히 하여 바로잡고 세웠다.

이와 같은 백 천억 나유타 말할 수 없고 다함이 없는 청정한 삼세 일체의 헤아릴 수 없는 공덕 장 보살 대중이 모두 모여서 부처님 처소에 있으니, 광명으로 말미암아 보이는 모든 부처님 처소에도 남김없이 역시 이와 같았다.

爾時 世尊從兩膝輪 放百千億那由他光明 普照十方盡法界 虛空界 一切世界 彼諸菩薩 皆見於此佛神變相 此諸菩薩 亦見於彼一切如來神變之相 如是菩薩皆與毘盧遮那如來 於往昔時 同種善根 修菩薩行 悉已悟入諸佛自在甚深解脫 得無差別法界之身 入一切土而無所住 見無量佛 悉往承事 於一念中 周行法界 自在無礙 心意淸淨 如無價寶 無量無數諸佛如來 常加護念 共與其力 到於究竟第一彼岸 恒以淨念住無上覺 念念恒入一切智處 以小入大 以大入小 皆得自在 通達無礙 已得佛身 與佛同住 獲一切智 從一切智而生其身 一切如來所行之處 悉能隨入 皆闡無量智慧法門

到金剛幢大智彼岸 獲金剛定 斷諸疑惑 已得諸佛自在神通 普於一切十方國土 敎化調伏百千萬億無數衆生 於一切數 雖無所著 善能修學 成就究竟方便 安立一切諸法 如是等百千億那由他不可說無盡淸淨三世一切無量功德藏諸菩薩衆 皆來集會 在於佛所 因光所見 一切佛所 悉亦如是

그때 금강당 보살이 부처님의 신력을 받들어 시방을 두루 살펴보고 게송으로 말했다.
(東方)
爾時 金剛幢菩薩承佛神力 普觀十方而說頌言

如來不出世 여래는 세상에 나지도 않고
亦無有涅槃 열반 또한 있지도 않지만
以本大願力 본래의 큰 원력으로서
示現自在法 자재한 법을 나타내어 보이신다네.

是法難思議 이 법은 생각으로 헤아려 알기 어렵고
非心所行處 마음으로 행하여 처할 곳이 아니니
智慧到彼岸 지혜로 저 언덕에 이르러야만
乃見諸佛境 모든 부처님의 경계를 볼 것이라네.

色身非是佛 육신은 부처님이 아니며
音聲亦復然 음성 역시 차례를 좇아 그러한 것이지만
亦不離色聲 또한 육신과 음성을 벗어나
見佛神通力 부처님의 신통력을 볼 수 있는 것이 아니라네.

少智不能知 적은 지혜로는
諸佛實境界 모든 부처님의 참된 경계를 알지 못하니
久修淸淨業 청정한 업을 오랜 세월을 닦아야만
於此乃能了 이것을 능히 깨달아 알 것이라네.

正覺無來處 바른 깨우침은 오는 곳이 없으며
去亦無所從 가는 곳 또한 없지만
淸淨妙色身 청정하고 빼어난 육신은
神力故顯現 신력으로 말미암아 드러내어 나타내는 것이라네.

無量世界中 헤아릴 수 없이 많은 세계 가운데
示現如來身 여래의 몸을 나타내 보이고
廣說微妙法 섬세하고 빼어난 법을 광대하게 설하지만
其心無所著 그 마음에 집착하는 일이 없다네.

智慧無邊際 지혜는 끝닿은 경계가 없으며
了達一切法 모든 법을 분명하게 깨달아 통하고
普入於法界 법계에 두루 들어가
示現自在力 자재한 힘을 나타내어 보인다네.

衆生及諸法 중생과 모든 법이란
了達皆無礙 깨달아 알고 통하면 모두 막힘이나 걸림이 없고
普現衆色像 널리 많은 색상을 나타내어
徧於一切刹 모든 세계에 두루두루 한 것이라네.

慾求一切智 모든 지혜를 구해서
速成無上覺 빠르게 위 없는 깨우침을 이루고자 한다면
應以淨妙心 당연히 청정하고 빼어난 마음으로
修習菩提行 보리 행을 닦고 익혀야 한다네.

若有見如來 그와 같이 여래의
如是威神力 이와 같은 위신력을 볼 수 있다면
當於最勝尊 마땅히 최승존에게
供養勿生疑 공양하고 의심은 내지 말아야 할 것이라네.

그때 견고당 보살이 부처님의 신력을 받들어 시방을 두루 살펴보고 게송으로 말했다.
(南方)
爾時 堅固幢菩薩承佛神力 普觀十方而說頌言

如來勝無比 여래는 아주 뛰어나서 비할 데가 없으며
甚深不可說 깊고 깊어서 말로 이를 수 없고
出過言語道 말과 문자의 길을 뛰어넘었기에
淸淨如虛空 청정하기가 허공과 같다네.

汝觀人師子 그대는 인사자의
自在神通力 자재한 신통력을 보라!
已離於分別 이미 분별을 벗어났지만
而令分別見 분별하는 것으로 보게 하는 것이라네.

導師爲開演 도사가
甚深微妙法 깊고 깊은 섬세하고도 빼어난 법을 열어 널리 펴니
以是因緣故 이러한 인연으로 말미암아
現此無比身 아주 뛰어나 비할 데 없는 몸을 나타낸다네.

此是大智慧 이것은 큰 지혜이기에
諸佛所行處 모든 부처님이 행하시던 곳이며
若欲了知者 그와 같은 이것을 깨달아 알고자 하는 이는
常應親近佛 늘 부처님을 친근히 해야만 한다네.

意業常淸淨 뜻이라는 모든 업은 늘 청정하기에
供養諸如來 모든 여래께 공양하고
終無疲厭心 끝까지 고달프거나 싫어하는 마음이 없어야만
能入於佛道 능히 부처님의 도에 들어갈 것이라네.

具無盡功德 다함이 없는 공덕을 갖추고
堅住菩提心 보리심에 견고하게 머무르면서
以是疑網除 의심의 그물망을 없애버리면
觀佛無厭足 부처님을 보는 일에 만족함이 없을 것이라네.

通達一切法 모든 법을 통달해야만
是乃眞佛子 이러한 이가 참 불자이니
此人能了知 이 사람은
諸佛自在力 모든 부처님의 자재한 힘을 깨달아 알 것이라네.

廣大智所說 광대한 지혜의 말씀은
欲爲諸法本 모든 법의 근본을 위한 것이니
應起勝希望 당연히 뛰어난 희망을 일으켜서
志求無上覺 위 없는 깨우침에 뜻을 두고 구해야 한다네.

若有尊敬佛 그와 같이 부처님을 존경하고
念報於佛恩 부처님의 은혜를 갚으려는 생각을 하면
彼人終不離 저 사람은 마침내
一切諸佛住 모든 부처님이 머무는 곳을 벗어나지 않을 것이라네.

何有智慧人 지혜 있는 사람으로
於佛得見聞 부처님을 듣고 보면서
不修淸淨願 청정한 원을 닦지 않고
履佛所行道 부처님이 행한 도를 어찌 밝힐 수 있겠는가.

그때 용맹당 보살이 부처님의 신력을 받들어 두루 시방을 살펴보고 게송으로 말했다.
(西方)
爾時 勇猛幢菩薩承佛神力 普觀十方而說頌言

譬如明淨眼 비유하자면 밝고 깨끗한 눈은
因日睹衆色 해로 인하여 많은 색을 보는 것과 같은 것이니
淨心亦復然 청정한 마음도 역시 차례를 좇아 그와 같아서
佛力見如來 부처님의 힘으로 여래를 본다네.

如以精進力 정진의 힘으로
能盡海源底 능히 바다의 밑바닥을 다할 수 있는 것과 같이
智力亦如是 지혜의 힘 역시 이와 같기에
得見無量佛 헤아릴 수 없는 부처님을 보는 것이라네.

譬如良沃田 비유하자면 기름진 밭에
所種必滋長 뿌려진 씨앗이 잘 자라는 것과 같기에
如是淨心地 이와 같은 청정한 마음의 밭에
出生諸佛法 모든 불법이 생하여 나는 것이라네.

如人獲寶藏 사람(有立五蘊)이 보배의 장을 얻으면
永離貧窮苦 영원히 가난하고 어려움에서 벗어나는 것과 같이
菩薩得佛法 보살이 불법을 얻으면
離垢心淸淨 허물을 벗어나 마음이 청정해진다네.

譬如伽陀藥 비유하면 아가타 약이
能消一切毒 능히 모든 독을 녹여내는 것과 같아서
佛法亦如是 불법 역시 이와 같기에
滅諸煩惱患 모든 번뇌와 근심을 없애준다네.

眞實善知識 진실한 선지식은
如來所稱讚 여래께서 칭찬하시고
以彼威神故 저 언덕의 위신력을 쓰는 까닭으로
得聞諸佛法 모든 부처님의 법을 듣게 된다네.

設於無數劫 가령 수 없는 겁 동안
財寶施於佛 부처님께 재보를 보시하더라도
不知佛實相 부처님의 실질적인 모양이나 상태를 알지 못하면
此亦不名施 이 역시 보시라 이름할 수 없다네.

無量衆色相 헤아릴 수 없이 많은 색의 모양이나 상태로
莊嚴於佛身 부처님의 몸을 장엄하지만
非於色相中 색의 모양이나 상태 가운데서
而能見於佛 부처님을 볼 수 있는 것은 아니라네.

如來等正覺 여래와 등각과 정각이
寂然恒不動 고요해서 항상 움직이지 않지만
而能普現身 능히 널리 몸을 나타내어
徧滿十方界 시방세계에 두루 하신다네.

譬如虛空界 비유하면 허공계가
不生亦不滅 생함도 아니고 또한 멸함도 아닌 것과 같이
諸佛法如是 모든 불법 역시 이와 같기에
畢竟無生滅 마지막까지 생멸이 없다네.

그때 광명당 보살이 부처님의 신력을 받들어 시방을 두루 살펴보고 게송으로 말했다.
(北方)
爾時 光明幢菩薩承佛神力 普觀十方而說頌言

人間及天上 인간과 천상의
一切諸世界 일체 모든 세계에서
普見於如來 여래의

淸淨妙色身 청정하고 빼어난 육신을 두루 본다네.

譬如一心力 비유하면 마음 하나의 힘이
能生種種心 능히 가지가지의 마음을 생하는 것과 같기에
如是一佛身 이와 같은 한 부처님의 몸으로
普現一切佛 모든 부처님을 두루 나타낸다네.

菩提無二法 보리는 두 법이 없으며
亦復無諸相 역시 차례를 좇아 모든 모양이나 상태가 없지만
而於二法中 두 가지 법 가운데
現相莊嚴身 모양이나 상태를 나타내어 몸을 장엄한다네.

了法性空寂 법의 성품은 공적하고
如幻而生起 허깨비와 같이 생하고 일어남을 분명하게 알기에
所行無有盡 행하는 일이란 다함이 없으며
導師如是現 도사는 이와 같이 나타나신다네.

三世一切佛 삼세 모든 부처님의
法身悉淸淨 법신은 모두 청정하지만
隨其所應化 응하여 생육함을 따라
普現妙色身 빼어난 육신을 두루 나타내신다네.

如來不念言 여래가
我作如是身 나는 이와 같은 몸을 짓은 다고 생각하거나 말하지 않지만
自然而示現 자연히 나타내 보이시면서
未嘗起分別 일찍이 분별을 일으키지 않으신다네.

法界無差別 법계는 차별이 없으며
亦無所依止 또한 의지할 곳도 없지만

而於世間中 이 세간 가운데
示現無量身 헤아릴 수 없이 많은 몸을 나타내 보인다네.

佛身非變化 부처님의 몸은 생육하여 변하는 것이 아니며
亦復非非化 역시 차례를 따라 생육하지 않은 것도 아니지만
於無化法中 생육함이 없는 법 가운데
示有變化形 생육해서 변하는 모양을 보인다네.

正覺不可量 바른 깨우침은 헤아릴 수 없기에
法界虛空等 법계와 허공과 평등하고
深廣無涯底 깊고 광대해서 끝닿은 바닥이 없으며
言語道悉絕 말과 문자의 도가 남김없이 끊긴 것이라네.

如來善通達 여래의 선근을 통달하였기에
一切處行道 일체 처에 도를 행하시니
法界衆國土 법계의 많은 국토에
所往皆無礙 막힘이나 걸림이 없이 모두 다니신다네.

그때 지당 보살이 부처님의 신력을 받들어 시방을 두루 살펴보고 게송으로 말했다. (東北方)
爾時 智幢菩薩承佛神力 普觀十方而說頌言

若人能信受 사람이 그와 같이
一切智無礙 모든 지혜가 막힘이나 걸림이 없음을 믿고 받아들여서
修習菩提行 보리의 행을 닦고 익힌다면
其心不可量 그 마음은 헤아릴 수 없을 것이라네.

一切國土中 모든 국토 가운데

普現無量身 헤아릴 수 없이 많은 몸을 나타내시지만
而身不在處 몸은 어떤 곳에도 있지 않고
亦不住於法 또한 법에도 머물지 않는다네.

一一諸如來 한 분 한 분의 모든 여래가
神力示現身 신력으로 나타내는 몸이란
不可思議劫 생각으로 미루어 헤아릴 수 없는 겁 동안
筭數莫能盡 숫자로 계산해보아도 다할 수 없는 것이라네.

三世諸衆生 삼세의 모든 중생은
悉可知其數 빠짐없이 그 수를 알 수 있지만
如來所示現 여래가 나타내 보이는 몸은
其數不可得 그 수를 알 수가 없다네.

或時示一二 어떤 때는 하나거나 둘이거나
乃至無量身 뿐만 아니라 헤아릴 수 없이 많은 몸을 보이면서
普現十方刹 시방세계에 두루 나타나지만
佛體亦無二 부처님의 체는 또한 둘이 없다네.

譬如淨滿月 비유하면 깨끗한 보름달이
普現一切水 모든 물속에 두루 나타나는 나는 것과 같이
影像雖無量 그림자는 비록 헤아릴 수 없지만
本月未曾二 본래의 달은 둘이 없는 것과 같다네.

如是無礙智 이와 같은 막힘이나 걸림이 없는 지혜로
成就等正覺 등정각을 성취하고
普現一切刹 일체 세계에 두루 나타나지만
佛體亦無二 부처님의 체는 역시 둘이 없다네.

非一亦非二 하나가 아니고 또한 둘도 아니고
亦復非無量 역시 차례를 따라 헤아릴 수 없는 것도 아니지만
隨其所應化 응하여 생육함을 따라
示現無量身 헤아릴 수 없는 몸을 나타내어 보이신다네.

佛身非過去 부처님의 몸은 과거가 아니며
亦復非未來 또 차례를 따라 미래도 아니지만
一念現出生 한 생각에 출생하여 나타나고
成道及涅槃 도를 이루고 또 열반을 보인다네.

如幻所作色 허깨비로 만들어 내는 색이
無生亦無起 생함도 없고 또한 일으킴도 없는 것과 같기에
佛身亦如是 부처님의 몸 또한 이와 같음을
示現無有生 나타내 보이지만 생함이 없다네.

그때 보당 보살이 부처님의 신력을 받들어 시방을 두루 살펴보고 게송으로 말했다. (東南方)

爾時 寶幢菩薩承佛神力 普觀十方而說頌言

佛身無有量 부처님의 몸은 수량이 없지만
能示有量身 수량이 있는 몸을
隨其所應睹 그 응하는 바를 따라 보게 하시니
導師如是現 도사도 이와 같음을 나타내신다네.

佛身無處所 부처님의 몸은 처소가 없지만
充滿一切處 모든 곳에 가득 차 있으며
如空無邊際 허공과 같이 끝닿은 경계가 없으시니
如是難思議 이와 같음을 생각으로는 헤아려 알 수 없다네.

非心所行處 마음으로 행한 곳이 아니며
心不於中起 그 가운데서 일으킨 마음도 아니니
諸佛境界中 부처님의 경계 중에서는
畢竟無生滅 마지막까지 생멸이 없다네.

如翳眼所睹 병에 걸린 눈으로 보는 것이
非內亦非外 안도 아니고 또한 바깥도 아닌 것과 같기에
世間見諸佛 세간에서 부처님을 보는 것도
應知亦如是 또한 이와 같음을 당연히 알아야 한다네.

饒益衆生故 중생에게 이익이 되려는 까닭으로
如來出世間 여래가 세간에 나오시니
衆生見有出 중생이 보면 나오신 것 같지만
而實無興世 실상은 세간에 나오신 일이 없다네.

不可以國土 국토에서
晝夜而見佛 낮이나 밤으로 부처님을 볼 수 없으니
歲月一刹那 세월이 일 찰나라 하는 것도
當知悉如是 모두 이와 같음을 당연히 알아야 한다네.

衆生如是說 중생들이 이와 같음을
某日佛成道 어느 날 부처님이 도를 이루셨다고 말하지만
如來得菩提 여래가 보리를 얻은 것은
實不繫於日 사실 날짜에 얽매이지 않는다네.

如來離分別 여래는 분별을 벗어나
非世超諸數 세월이나 모든 수를 초월한 것이니
三世諸導師 삼세의 모든 도사가
出現皆如是 출현함도 다 이와 같다네.

譬如淨日輪 비유하면 깨끗한 해가
不與昏夜合 어두운 밤과 합하지 않지만
而說某日夜 어떤 날 밤이라고 말하는 것과 같기에
諸佛法如是 모든 부처님의 법도 이와 같다네.

三世一切劫 삼세의 모든 겁이
不與如來合 여래와 합하지는 않지만
而說三世佛 삼세의 부처님이라고 말하니
導師法如是 도사의 법도 이와 같다네.

그때 정진당 보살이 부처님의 신력을 받들어 시방을 두루 살펴보고 게송으로 말했다.
(西南方)
爾時 精進幢菩薩承佛神力 普觀十方而說頌言

一切諸導師 일체 모든 도사는
身同義亦然 몸도 같고 이치 또한 그러하기에
普於十方刹 시방세계에 두루 하고
隨應種種現 응함을 따라 가지가지로 나타난다네.

汝觀牟尼尊 그대는 모니 세존을 보라
所作甚奇特 행하시는 일이 매우 뛰어나고 특별하기에
充滿於法界 법계를 가득히 채우고
一切悉無餘 일체 모든 곳을 남음이 없게 하신다네.

佛身不在內 부처님의 몸은 안에도 없으며
亦復不在外 역시 차례를 좇아 밖에 있지도 않지만
神力故顯現 신력으로 드러내어 나타내시니
導師法如是 도사의 법도 이와 같다네.

隨諸衆生類 모든 중생의 무리가
先世所集業 지난 세상의 모은 업을 따라
如是種種身 이와 같음으로 가지가지의 몸을
示現各不同 나타내 보임이 각각 다르다네.

諸佛身如是 모든 부처님의 몸도 이와 같음으로
無量不可數 헤아릴 수 없이 많고 수로 셀 수 없으니
唯除大覺尊 오직 대각존 외에는
無有能思議 헤아릴 수가 없는 일이라네.

如以我難思 내가 사유하기 어려운 것을
心業莫能取 마음의 업으로도 취할 수 없는 것과 같이
佛難思亦爾 부처님을 사유하기 어려움도 역시 그와 같기에
非心業所現 마음의 업으로 나타낼 것이 아니라네.

如刹不可思 세계를 생각으로 헤아릴 수 없지만
而見淨莊嚴 청정하게 장엄한 것을 보는 것과 같이
佛難思亦爾 부처님을 생각하기 어려움도 그와 같기에
妙相無不現 빼어난 모양이나 상태를 모두 나타낸다네.

譬如一切法 비유하면 모든 법이란
衆緣故生起 많은 인연으로 말미암아 생하고 일어나듯이
見佛亦復然 부처님을 보는 일 역시 차례를 좇아 그러하기에
必假衆善業 반드시 많은 선근의 업을 빌려야 한다네.

譬如隨意珠 비유하면 마음의 구슬을 따라
能滿衆生心 중생의 마음을 만족하게 하는 것과 같이
諸佛法如是 모든 부처님의 법도 이와 같기에
悉滿一切願 모든 소원을 남김없이 채워준다네.

無量國土中 헤아릴 수 없는 국토 가운데
導師興於世 도사가 세상에 나오시는 것은
隨其願力故 그 원력을 따르는 까닭이기에
普應於十方 시방에 두루 응한다네.

그때 이구당 보살이 부처님의 신력을 받들어 시방을 두루 살펴보고 게송으로 말했다.
(西北方)
爾時 離垢幢菩薩承佛神力 普觀十方而說頌言

如來大智光 여래의 큰 지혜의 광명이
普淨諸世間 모든 세간을 두루 청정하게 하고
世間旣淨已 세간이 이미 청정하기에
開示諸佛法 모든 부처님의 법을 열어 보인다네.

設有人欲見 말하자면 어떤 사람이
衆生數等佛 중생 수와 같은 부처님을 보고자 한다면
靡不應其心 그들의 마음에 모두 응해야 하지만
而實無來處 실제로는 오는 곳이 없다네.

以佛爲境界 부처님을 경계로 삼아서
專念而不息 오로지 한 생각으로 쉬지 않으면
此人得見佛 이 사람은 부처님을 보기도 하지만
其數與心等 그 수도 마음과 같을 것이라네.

成就白淨法 하얗고 깨끗한 법을 성취하며
具足諸功德 모든 공덕을 온전하게 갖추면
彼於一切智 저 언덕(如來智方便行)의 모든 지혜만을
專念心不捨 오로지 생각하고 마음을 버리지 말아야 한다네.

導師爲衆生 도사가 중생을 위하여
如應演說法 응하는 것과 같이 법을 널리 펴서 설하니
隨於可化處 교화할 곳을 따라
普現最勝身 가장 뛰어난 몸을 두루 나타낸다네.

佛身及世間 부처님의 몸이나 세간이나
一切皆無我 일체 모든 것은 나라고 할 것이 없으니
悟此成正覺 이것을 깨달아 정각을 이루고
復爲衆生說 차례(50位)를 좇아 중생에게 설한다네.

一切人師子 모든 인사자가
無量自在力 헤아릴 수 없이 많은 자재한 힘으로
示現念等身 생각과 같은 몸을 나타내어 보이니
其身各不同 그 몸이 각각 같지 않다네.

世間如是身 세간의 이와 같은 몸과
諸佛身亦然 모든 부처님의 몸 또한 그러하기에
了知其自性 그 스스로 성품을 깨달아 알면
是則說名佛 이것이 곧 이름하여 '부처님'이라 말한다네.

如來普知見 여래가 두루 알고 보는 일로
明了一切法 일체 법을 밝고 환하게 깨달아 마쳤기에
佛法及菩提 불법과 보리
二俱不可得 둘 다 얻을 수 없다네.

導師無來去 도사는 오고 감이 없으며
亦復無所住 역시 차례(50位)를 좇아 머무는 곳도 없으니
遠離諸顚倒 거꾸로 뒤바뀐 모든 것에서 영원히 벗어나면
是名等正覺 이 이름이 등정각이라네.

그때 성수당 보살이 부처님의 위신력을 받들어 시방을 두루 살펴보고 게송으로 말했다. (上方)
爾時 星宿幢菩薩承佛神力 普觀十方而說頌言

如來無所住 여래는 머무는 곳이 없지만
普住一切刹 일체 세계에 두루 머물고
一切土皆往 모든 국토에 빠짐없이 가며
一切處咸見 모든 곳에서 다 보신다네.

佛隨衆生心 부처님이 중생의 마음을 따라
普現一切身 모든 몸을 두루 나타내시기에
成道轉法輪 도를 이루고 법의 바퀴를 굴리며
及以般涅槃 반열반에 들어간다네.

諸佛不思議 모든 부처님은 사유로는 헤아릴 수 없으니
誰能思議佛 누가 능히 부처님을 생각으로 헤아릴 것이며
誰能見正覺 누가 능히 정각을 볼 것이며
誰能現最勝 누가 능히 가장 뛰어남을 나타낼 것인가.

一切法皆如 모든 법은 다 여시여시하며
諸佛境亦然 모든 부처님의 경계 역시 그러한 것이기에
乃至無一法 모든 법과 하나의 법에 이르기까지
如中有生滅 여시여시 가운데 생멸은 없다네.

衆生妄分別 중생들이 망령되게 분별해서
是佛是世界 부처라 하고 세계라 하지만
了達法性者 법의 성품을 분명하게 깨달아 통한 자는
無佛無世界 부처도 없고 세계도 없다네.

如來普現前 여래가 눈앞에 두루 나타나시어
令衆生信喜 중생들이 믿고 기뻐하지만
佛體不可得 부처님의 몸은 얻을 수 없고
彼亦無所見 저 언덕 또한 볼 수 없다네.

若能於世間 그와 같이 세간에 대한
遠離一切著 모든 집착을 영원히 벗어나
無礙心歡喜 막힘이나 걸림이 없이 마음으로 즐거워하고 기뻐하면
於法得開悟 법을 활짝 열어 깨달을 것이라네.

神力之所現 신력으로 나타내는 것이기에
卽此說名佛 곧바로 이름을 '부처'라 말하지만
三世一切時 삼세 모든 시기를 두고
求悉無所有 모두 구해도 있는 것이 없다네.

若能如是知 그와 같이
心意及諸法 마음과 뜻과 모든 법이 이와 같음을 안다면
一切悉知見 일체 모든 것을 알고 보는 것이기에
疾得成如來 여래를 빨리 이룰 것이라네.

言語中顯示 문자와 말씀 가운데
一切佛自在 모든 부처님이 자재하심을 드러내어 보이고
正覺超語言 바른 깨우침은 말과 문자를 초월했지만
假以語言說 문자와 말을 빌려 설하신다네.

그때 법당 보살이 부처님의 위신력을 받들어 시방을 두루 살펴보고 게송으로 말했다.
(下方)
爾時 法幢菩薩承佛神力 普觀十方而說頌言

寧可恒具受 차라리 늘
一切世間苦 모든 세간의 고통을 달게 받을지언정
終不遠如來 마지막까지 여래를 멀리하지 않고
不睹自在力 자재한 힘을 볼 것이라네.

若有諸衆生 그와 같은 모든 중생이
未發菩提心 보리심을 일으키지 못하더라도
一得聞佛名 부처님의 이름을 한 번 들으면
決定成菩提 반드시 보리를 이루게 할 것이라네.

若有智慧人 그와 같은 지혜 있는 사람이
一念發道心 한 생각에 도에 대한 마음을 일으키면
必成無上尊 반드시 위 없는 존귀함을 이룰 것이니
愼莫生疑惑 의혹을 내지 않길 바란다네.

如來自在力 여래의 자재하신 힘은
無量劫難遇 헤아릴 수 없는 겁에라도 만나기 어렵지만
若生一念信 그와 같이 한순간 믿음을 내면
速登無上道 빠르게 위 없는 도에 오를 것이라네.

設於念念中 가령 생각과 생각 가운데
供養無量佛 헤아릴 수 없는 부처님을 공양하더라도
未知眞實法 진실한 법을 알지 못하면
不名爲供養 공양이라고 이름할 수 없다네.

若聞如是法 그와 같이 이와 같은 법을 들으면
諸佛從此生 모든 부처님이 이것을 좇아서 생함이니
雖經無量苦 비록 헤아리기 어려운 고통을 겪더라도
不捨菩提行 보리의 행은 버리지 말아야 한다네.

一聞大智慧 큰 지혜와
諸佛所入法 부처님이 들어간 법의 문을 한 번 들으면
普於法界中 법계 가운데 두루두루
成三世導師 삼세의 도사를 이룰 것이라네.

雖盡未來際 비록 미래의 경계가 다 하도록
徧遊諸佛刹 모든 부처님의 세계(二乘地.如來地)에 두루 노닐더라고
不求此妙法 이 빼어난 법(初發心)을 구하지 못하면
終不成菩提 끝내는 보리를 이룰 수 없다네.

衆生無始來 중생들이 시작점 없음으로부터
生死久流轉 오래도록 생사에 헤매 돌고
不了眞實法 진실한 법을 깨우치지 못하는
諸佛故興世 까닭으로 모든 부처님이 세상에 나오시는 것이라네.

諸法不可壞 모든 법이란 무너지지 않으며
亦無能壞者 또한 능히 무너뜨릴 자도 없기에
自在大光明 자재한 큰 광명이
普示於世間 세간에 두루 보이는 것이라네.

25. 십회향품(1)
大方廣佛華嚴經十迴向品第二十五之一

그때 금강당 보살이 부처님의 신력을 받들어 보살지광(菩薩智光) 삼매에 들어갔다.

이 삼매에 들어가 시방에 각각 십만 부처 세계의 티끌 수와 같은 세계 밖을 지나서 십만 부처 세계의 티끌 수와 같은 부처님이 계시니, 명호가 모두 다 '금강당(金剛幢)'이며, 그 앞에 나타나시어 다 함께 칭찬의 말을 하셨다.

"선근이로다. 선근이로다. 선남자여! 그대가 능히 이 보살지광 삼매에 들었다. 선남자여! 이는 시방에 각각 십만 부처 세계의 티끌 수와 같은 모든 부처님이 그대를 가피(加被.부처나 보살이 사람들에게 힘을 주어 돕고 지켜주는 일)하려는 것이며, 또한 비로자나 여래의 지난 옛적 원력과 위신의 힘이며, 그리고 그대의 지혜가 청정한 까닭이며, 모든 보살의 선근이 거듭 더하여 뛰어난 까닭이며, 그대가 이 삼매에 들어가서 법을 널리 펴고 설하게 하려는 것이다."

"보살들이 청정하고 두려움 없음을 얻게 하려는 까닭이며, 막힘이나 걸림이 없는 변재를 갖추게 하려는 까닭이며, 걸림이나 막힘없는 지혜의 지위에 들어가게 하려는 까닭이며, 모든 지혜의 큰마음에 머물게 하려는 까닭이며, 다함이 없는 선근을 성취하게 하려는 까닭이며, 걸림이나 막힘없는 선근의 법을 만족하게 하려는 까닭이며, 보문(如來智門) 법계에 들게 하려는 까닭이며, 모든 부처님의 신력을 나타내기 위한 까닭이며, 이전의 경계를 생각하면서도 지혜가 끊어지지 않게 하려는 까닭이며, 모든 부처님의 모든 근을 보호해 지님을 얻게 하려는 까닭이다."

"헤아릴 수 없는 문으로 널리 많은 법을 설하게 하려는 까닭이며, 듣고는 다 알아서 받아 지니고 잊지 않게 하려는 까닭이며, 모든 보살의 일체 선근을 거두어들이게 하려는 까닭이며, 세상을 나서는 법을 보조해서 도를 이루게 하려는 까닭이며, 모든 지혜와 지혜를 끊지 않게 하려는 까닭이며, 큰 서원을 활짝 열어서 일으키게 하려는 까닭이며, 진실한 이치를 깨닫게 하려는 까닭이며, 법계를 깨달아 알게 하려는 까닭이며, 모든 보살을 빠짐없이 다 환희하게 하려는 까닭이며, 모든 부처님의 선근을 닦게 하려는 까닭이며, 모든 여래의 종성을 보호해서 지니게 하려는 까닭이니, 이른바 보살의 열 가지 회향을 널리 펴서 설하려는 것이다."

"불자들이여! 그대는 마땅히 부처님의 위신력을 받들어 이 법을 널리 펴야 할 것이니, 부처님이 보호하려는 생각을 얻은 까닭이며, 부처님의 가문에 편안하게 머무는 까닭이며, 출세간의 공덕을 거듭 더하고 이익이 되게 한 까닭이며, 다라니의 광명을 얻은 까닭이며, 큰 광명으로 법계를 널리 비추는 까닭이며, 허물과 잘못이 없는 청정한 법을 모은 까닭이며, 광대한 지혜의 경계에 머문 까닭이며, 걸림이나 막힘없는 법의 광명을 얻은 까닭이다."

이때 모든 부처님이 곧바로 금강당 보살에게 헤아릴 수 없는 지혜를 주시고 머물거나 걸림이나 막힘이 없는 변재를 주고 글귀와 뜻을 분별할 수 있는 좋은 방편을 주고 걸림이나 막힘없는 법의 광명을 주고 여래와 평등한 몸을 주고 헤아릴 수 없고 차별된 청정한 음성을 주고 보살의 헤아릴 수 없는 선근으로 관찰하는 삼매를 주고 무너지지 않은 선근으로 회향하는 지혜를 주고 자세히 살펴보고 모두 성취하는 섬세하면서 성숙한 방편을 주고 모든 곳에서 일체 법을 설하는 끊이지 않은 변재를 주었다. 왜 그런가 하면, 이 삼매에 들어간 선근이기 때문이다.

爾時 金剛幢菩薩承佛神力 入菩薩智光三昧 入是三昧已 十方各過十萬佛剎微塵數世界外 有十萬佛剎微塵數諸佛 皆同一號 號 金剛幢 而現其前 咸稱讚言 善哉 善哉 善男子 乃能入此菩薩智光三昧 善男子 此是十方各十萬佛剎微塵數諸佛神力共加於汝 亦是毘盧遮那如來往昔願力 威神之力 及由汝智慧淸淨故 諸菩薩善根增勝故 令汝入是三昧而演說法 爲令諸菩薩得淸淨無畏故 具無礙辯才故 入無礙智地故 住一切智大心故 成就無盡善根故 滿足無礙白法故 入於普門法界故 現一切佛神力故 前際念智不斷故 得一切佛護持諸根故 以無量門廣說衆法故 聞悉解了受持不忘故 攝諸菩薩一切善根故 成辦出世助道故 不斷一切智智故 開發大願故 解釋實義故 了知法界故 令諸菩薩皆悉歡喜故 修一切佛平等善根故 護持一切如來種性故 所謂 演說諸菩薩十迴向 佛子 汝當承佛威神之力而演此法 得佛護念故 安住佛家故 增益出世功德故 得陀羅尼光明故 入無障礙佛法故 大光普照法界故 集無過失淨法故 住廣大智境界故 得無障礙法光故 爾時 諸佛卽與金剛幢菩薩無量智慧 與無留礙辯 與分別句義善方便 與無礙法光明 與如來平等身 與無量差別淨音聲 與菩薩不思議善觀察

三昧 與不可沮壞一切善根迴向智 與觀察一切法成就巧方便 與一切處說一切法無斷辯 何以故 入此三昧善根力故

그때 모든 부처님이 각각 오른손으로 금강당 보살의 정수리를 만졌다. 금강당 보살이 정수리 만짐을 받고는 곧바로 선정으로부터 일어나 모든 보살에게 깨우침을 주고자 말했다.

爾時 諸佛各以右手摩金剛幢菩薩頂 金剛幢菩薩得摩頂已 卽從定起 告諸菩薩言

"불자여! 보살마하살의 헤아릴 수 없는 큰 서원이 법계에 충만하기에 능히 모든 중생을 구하고 보호하는 것이니, 이른바 과거, 미래, 현재 모든 부처님의 회향을 닦아서 배우는 것입니다.

불자여! 보살마하살의 회향이 몇 가지가 있는가 하면, 불자여! 보살마하살의 회향이 열 가지가 있음이니, 삼세의 모든 부처님께서 다 함께 널리 펴서 설하십니다."

"어떠한 것이 열 가지인가 하면, 1은 모든 중생을 구하고 보호하면서도 중생이라는 모양이나 상태를 벗어나는 회향이며, 2는 무너지지 않은 회향이며, 3은 모든 부처님과 평등함에 이르는 회향이며, 4는 모든 곳에 이르는 회향이며, 5는 다함이 없는 공덕 장 회향이며, 6은 일체 평등한 선근에 들어가는 회향이며, 7은 모든 중생을 평등하게 따라주는 회향이며, 8은 진여의 모양이나 상태인 회향이며, 9는 속박이나 집착이 없는 해탈 회향이며, 10은 헤아릴 수 없는 법계에 들어가는 회향입니다."

"불자여! 이것을 보살마하살의 열 가지 회향이라 하고 과거, 미래, 현재의 모든 부처님이 이미 설하셨고 장차 설하실 것이며, 지금 설하시는 것입니다."

佛子 菩薩摩訶薩有不可思議大願充滿法界 普能救護一切衆生 所謂 修學去 來 現在一切佛迴向 佛子 菩薩摩訶薩迴向有幾種 佛子 菩薩摩訶薩迴向有十種 三世諸佛 咸共演說 何等爲十 一者救護一切衆生 離衆生相迴向 二者不壞迴向 三者等一切諸佛迴向 四者至一切處迴向 五者無盡功德藏迴向 六者入一切平等善根迴向 七者等隨順一切衆生迴向 八者眞如相迴向 九者無縛無著解脫迴向 十者入法界無量迴向 佛子 是爲菩薩摩訶薩十種迴向 過去 未來 現在諸佛 已說 當說 今說

제1 회향

"불자여! 무엇을 두고 보살마하살이 모든 중생을 구하고 보호하면서도 중생이라는 모양이나 상태를 벗어난 회향이라 하는가?"
佛子 云何爲菩薩摩訶薩救護一切衆生離衆生相迴向

"불자여! 이 보살마하살이 단(檀.보시)바라밀을 행하고 시(尸.지계)바라밀을 청정히 하고 찬제(羼提.인욕)바라밀을 닦고 정진 바라밀을 일으키고 선 바라밀에 들어가고 반야 바라밀에 머물고는 대자, 대비, 대희, 대사로 이와 같음의 헤아릴 수 없는 선근을 닦습니다. 선근을 닦으면서 생각하기를 '바라건대 이 선근으로 모든 중생에게 두루 이익이 되게 하고 모두가 청정해지고 마지막에 이르러서는 지옥, 아귀, 축생, 염라왕 등의 헤아릴 수 없는 고뇌에서 영원히 벗어나게 할 것이다.'라고 합니다."

"보살마하살이 선근을 심을 때 자신의 선근으로 이와 같은 회향을 합니다."

"내가 마땅히 모든 중생을 위하여 머물 곳을 짓는 것이니, 이는 선근으로 모든 괴로운 일을 면하게 하려는 까닭이며, 모든 중생을 구하고 보호할 것이니, 이는 선근으로 남김없이 모든 번뇌에서 해탈하게 하려는 까닭이며, 모든 중생을 위해 귀의할 곳을 지을 것이니, 이는 선근으로 모든 두려움에서 벗어나게 하려는 까닭이며, 모든 중생을 위해 나아가 이를 곳을 지을 것이니, 이는 선근으로 모든 지혜에 이르게 하려는 까닭이며, 모든 중생을 위해 편안한 곳을 지을 것이니, 이는 선근으로 마지막에는 편안하게 쉴 곳을 얻게 하려는 까닭이며, 모든 중생을 위해 광명이 될 것이니, 이는 선근으로 지혜의 빛을 얻어 어리석은 어둠을 없애게 하려는 까닭이며, 모든 중생을 위해 횃불이 될 것이니, 이는 선근으로 무명의 어둠을 깨뜨리게 하려는 까닭이며, 모든 중생의 등불이 될 것이니, 이는 선근으로 끝까지 청정한 곳에 머물게 하려는 까닭이며, 모든 중생을 위해 길을 인도하는 스승이 될 것이니, 이는 선근으로 그들을 진실한 법에 들게 하려는 까닭이며, 모든 중생을 위해 대도사가 될 것이니, 이는 선근으로 걸림이나 막힘없는 지혜를 얻게 하려는 까닭이다."

"불자여! 보살마하살은 모든 선근으로 이와 같음에 회향하여 모든 중생에게 넉넉한 이익을 더해주고 평등하게 하며, 끝까지 모든 지혜를 다 얻게 합니다."

佛子 此菩薩摩訶薩行檀波羅蜜 淨尸波羅蜜 修羼提波羅蜜 起精進波羅蜜 入禪波羅蜜 住般若波羅蜜 大慈 大悲 大喜 大捨 修如是等無量善根 修善根時 作是念言 願此善根普能饒益一切衆生 皆使淸淨 至於究竟 永離地獄 餓鬼 畜生 閻邏王等無量苦惱 菩薩摩訶薩善根時 以己善根如是迴向 我當爲一切衆生作舍 令免一切諸苦事故 爲一切衆生作護 悉令解脫諸煩惱故 爲一切衆生作歸 皆令得離諸怖畏故 爲一切衆生作趣 令得至於一切智故 爲一切衆生作安 令得究竟安隱處故 爲一切衆生作明 令得智光滅癡暗故 爲一切衆生作炬 破彼一切無明闇故 爲一切衆生 作燈 令住究竟淸淨處故 爲一切衆生作導師 引其令入眞實法故 爲一切衆生作大導師 與其無礙大智慧故 佛子 菩薩摩訶薩以諸善根如是迴向 平等饒益一切衆生 究竟皆令得一切智

"불자여! 보살마하살은 친하지 않은 자도 지키고 보호해서 회향하지만 친한 친구와 같이 평등하게 대하고 차별이 없으니, 무슨 까닭인가 하면, 보살마하살이 모든 법의 평등한 성품에 들어간 까닭으로 한순간도 중생을 친하지 않은 친구라는 생각을 일으키지 않고 설사 중생이 보살을 두고 해치려는 마음을 일으키더라도 보살은 역시 자비한 눈으로 보면서 끝까지 성내거나 노함이 없고 중생들을 위해 선지식이 되어 바른 법을 널리 펴서 설하고 그들이 닦고 익히게 하기 때문입니다."

"비유하면 큰 바다는 그 모든 어떠한 독으로도 변하게 하거나 무너트릴 수 없는 것과 같이 보살도 또한 그러하기에, 모든 어리석고 몽매함으로 지혜가 없고 은혜와 덕을 모르고 성난 이리와 같이 완고하고 무디면서 교만하고 자신을 크다 하고 마음이 눈먼 소경 같아서 선근의 법을 알지 못하는 이와 같은 종류의 나쁜 중생들이 갖가지로 위협하고 괴롭게 하더라도 움직이거나 혼란스러워하지 않습니다."

"비유하면 일천자(日天子)가 세간에 나타날 때 눈이 먼 장님은 못 본다 하더라도 나타나지 않고 숨지 않으며, 또 차례를 좇아 건달바 성과 아수라의 손이나 염부제의 나무와 높은 바위나 깊은 골짜기나 티끌이나 안개나 연기나 구름 등 이와 같은 것들이 덮어서 가린다 해도 나타나지 않거나 숨지 않고 또 차례를 좇아(復) 계절이 바뀌어 변한다 하더라도 나타나지 않거나 숨어버리지 않은 것과 같습니다."

"보살마하살도 역시 차례를 좇아(復) 이와 같기에 큰 복과 덕이 있고 마음이 깊고 넓으며, 바른 생각으로 자세히 살펴보고 굽히거나 물러서지 않으며, 공덕과 지혜를 끝까지 이르고자 하고 가장 높고 뛰어난 법에 뜻을 두어 이루고자 함을 생하고 법의 광명으로 두루 비치어 모든 도리를 보고 모든 법의 문에 지혜가 자재하기에 항상 모든 중생에게 이익을 주려고 선근의 법을 닦으며, 일찍이 잠시라도 중생을 버리겠다는 마음을 일으키지 않습니다."

"중생의 성품이 남에게 악을 끼치고 삿된 견해로 화를 내고 조복(調伏)시키기 어렵다 해서 갑자기 버리고 회향을 닦지 않은 것이 아니다. 단지 보살은 큰 원력의 갑옷과 투구로 자신을 장엄해서 중생을 구하고 보호하며, 항상 물러서지 않고 중생들이 은혜를 갚을 줄 모른다고 해서 보살의 행에서 물러나거나 보살의 도를 버리지 않고 어리석은 범부들과 함께 한곳에 있다 하더라도 모든 진실한 선근에서 벗어나거나 버리지 않고 중생들이 잘못이나 실수를 자주 일으켜서 참고 받아들이기가 어렵다 하더라도 저 언덕에 대한 싫어하거나 피곤한 마음을 내지 않습니다."

"왜 그러한가 하면? 비유하면 일천자가 단지 한 가지 일만 하기 위한 까닭으로 세간에 나타나지 않은 것과 같이 보살마하살도 역시 차례를 좇아(復) 이와 같아서 한 명의 중생만을 위한 까닭으로 선근을 닦아 아뇩다라삼먁삼보리로 회향하는 것이 아니며, 모든 중생을 구하고 보호하기 위한 까닭으로 선근을 닦아 아뇩다라삼먁삼보리로 회향하는 것입니다. 이와 같음은 단지 한 부처님 세계만을 청정하게 하기 위한 까닭이 아니며, 한 부처님만을 믿게 하기 위한 까닭이 아니며, 한 부처님만을 보게 하기 위한 까닭이 아니며, 한 법만을 분명히 알게 하기 위한 까닭으로 큰 지혜와 원력을 일으켜 아뇩다라삼먁삼보리에 회향하는 것이 아니고 모든 부처님 세계를 두루 청정하게 하려는 까닭이며, 모든 부처님을 두루 믿게 하려는 까닭이며, 모든 부처님을 섬기어 모시면서 공양하려는 까닭이며, 모든 부처님 법을 두루 깨우치게 하려는 까닭으로 큰 원을 일으켜 세우고 모든 선근을 닦아서 아뇩다라삼먁삼보리에 회향하는 것입니다."

佛子 菩薩摩訶薩於非親友守護迴向 與其親友等無差別 何以故 菩薩摩訶薩入一切法平等性故 不於衆生而起一念非親友想 設有衆生 於菩薩所起怨害心 菩薩亦以慈眠視之 終無患怒 普爲衆生作善知識 演說正法 令其修習 譬如大海 一切衆毒不能變壞 菩薩亦爾 一切愚蒙 無有智慧 不知恩德 瞋很頑毒 憍慢自大 其心盲瞽 不識善法 如是等類諸惡衆生 種種逼惱 無能動亂 譬如日天子出現世間 不以生盲不見故 隱而不現 又復不以乾闥婆城 阿脩羅手 閻浮提樹 崇巖 邃谷 塵霧 煙雲 如是等物之所覆障故 隱而不現 亦復不以時節變改故 隱而不現 菩薩摩訶薩亦復如是 有大福德 其心

深廣 正念觀察 無有退屈 爲欲究竟功德智慧 於上勝法心生志欲 法光普照 見一切義 於諸法門 智慧自在 常爲利益一切衆生而修善法 曾不誤起捨衆生心 不以衆生其性弊惡 邪見 瞋濁 難可調伏 便卽棄捨 不修迴向 但以菩薩大願甲冑而自莊嚴 救護衆生 恒無退轉 不以衆生不知報恩 退菩薩行 捨菩提道 不以凡愚共同一處 捨離一切如實善根 不以衆生數起過惡 難可忍受 而於彼所生疲厭心 何以故 譬如日天子 不但爲一事故出現世間 菩薩摩訶薩亦復如是 不但爲一衆生故 修諸善根 迴向阿耨多羅三藐三菩提 普爲救護一切衆生故而修善根 迴向阿耨多羅三藐三菩提 如是 不但爲淨一佛刹故 不但爲信一佛故 不但爲見一佛故 不但爲了一法故 起大智願 迴向阿耨多羅三藐三菩提 爲普淨一切佛刹故 普信一切諸佛故 普承事供養一切諸佛故 普解一切佛法故 發起大願 修諸善根 迴向阿耨多羅三藐三菩提

"불자여! 보살마하살이 모든 부처님의 법을 속된 인연에 끌리는 경계로 삼고 광대한 마음을 일으켜서 물러서지 않은 마음을 생하고 헤아릴 수 없는 겁 동안 희유해서 얻기 어려운 마음의 보배를 닦고 익혀 일체 모든 부처님과 더불어 남김없이 다 평등하게 하니, 보살은 이와 같은 모든 선근을 자세히 살펴보고 믿음의 마음을 청정하게 하며, 대비를 견고하게 해서 깊고도 깊은 마음과 환희의 마음과 청정한 마음과 가장 뛰어난 마음과 부드러운 마음과 자비한 마음과 가엾이 여기는 마음과 거두어주고 보호하는 마음과 이익이 되는 마음과 편안하고 즐거운 마음으로 중생을 두루 위하면서 진실로 회향하고 부질없이 입으로 말만 하는 것은 아닙니다."

"불자여! 보살마하살이 모든 선근으로 회향할 때 생각하기를 '나는 선근으로 원하건대 육취로 생하는 모든 것과 모든 중생에게 다 청정함을 얻어서 공덕이 원만하며, 가로막거나 무너뜨릴 수 없으며, 마지막까지라도 다함이 없으며, 항상 존중함을 얻으며, 바른 생각을 잊지 않으며, 온전한 지혜를 얻으며, 헤아릴 수 없는 지혜를 갖추며, 몸과 입과 뜻의 업으로 모든 공덕을 원만하게 장엄할 것이다.'라고 합니다."

"또 생각하기를 '선근으로 모든 중생이 일체 모든 부처님을 섬기어 모시고 공양하며, 헛되게 지내지 않으며, 모든 부처님이 계신 곳에서 청정한 믿음의 마음을 무너지지 않게 하며, 바른 법을 청하여 듣고 모든 의혹을 끊어내며, 기억해 지니어 잊지 않으며, 말과 같이 닦고 행하며, 여래에 대한 공경하는 마음을 일으키며, 몸의 업을 청정히 하여 헤아릴 수 없는 광대한 선근에 편안히 머물며, 빈궁함을 영원히 벗어나 일곱 가지 재물을 만족하게 갖추며, 모든 부처님이 계신 곳을 항상 따르고 배우면서 헤아릴 수 없이 뛰어나고 빼어난 선근을 성취하며, 평등한 깨우침을 깨달아 알아서 모든 지혜에 머물며, 걸림이나 막힘없는 눈으로 중생을 평등하게 보며, 많은 그리고 좋은 모습으로 몸을 장엄해서 이지러지거나 결함이 없게 하며, 말과 음성이 청정하고 빼어나서 공덕을 원만히 하며, 모든 근을 조복시켜서 십력을 성취하며, 선근의 마음이 만족해서 의지할 것 없는 곳에 머물며, 헤아릴 수 없는 머무름을 얻어서 부처님이 머무시는 곳에 머물게 할 것이다.'라고 합니다."

　佛子 菩薩摩訶薩以諸佛法而爲所緣 起廣大心 不退轉心 無量劫中修集希有難得心寶 與一切諸佛悉皆平等 菩薩如是觀諸善根 信心淸淨 大悲堅固 以甚深心 歡喜心 淸淨心 最勝心 柔軟心 慈悲心 憐愍心 攝護心 利益心 安樂心 普爲衆生眞實迴向 非但口言 佛子 菩薩摩訶薩以諸善根迴向之時 作是念言 以我善根 願一切趣生 一切衆生 皆得淸淨 功德圓滿 不可沮壞 無有窮盡 常得尊重 正念不忘 獲決定慧 具無量智 身 口 意業 一切功德 圓滿莊嚴 又作是念 以此善根 令一切衆生承事供養一切諸佛 無空過者 於諸佛所 淨信不壞 聽聞正法 斷諸疑惑 憶持不忘 如說修行 於如來所 起恭敬心 身業淸淨 安住無量廣大善根 永離貧窮 七財滿足 於諸佛所 常隨修學 成就無量勝妙善根 平等悟解 住一切智 以無礙眼等視衆生 衆相嚴身 無有玷缺 言音淨妙 功德圓滿 諸根調伏 十力成就 善心滿足 無所依住 令一切衆生普得佛樂 得無量住 住佛所住

"불자여! 보살마하살은 모든 중생이 악한 업을 짓고 만들어서 모든 많은 고통을 받는 걸 보고 이러한 걸림이나 막힘으로 인하여 부처님을 보지 못하며, 법을 듣지 못하며, 승을 알지 못함을 보고는 생각하기를 '내가 저 모든 악도 가운데서 중생을 대신하여 가지가지의 고통을 받고 그들을 해탈하게 할 것이다.'라고 합니다. 보살이 이와 같은 고통스러운 해악을 받을 때 더욱더 부지런히 힘쓰고 버리지도 않고 피하지도 않고 놀라지도 않고 두려워하지도 않고 물러서지도 않고 겁내지도 않고 피곤해하거나 싫어하지도 않습니다. 무슨 까닭인가 하면, 보살이 원하는 바와 같이 모든 중생을 짊어지고 해탈하려는 까닭입니다."

"보살이 이때 생각하기를 '모든 중생이 나고 늙고 병들고 죽은 모든 고통스럽고 어려운 곳에서 업을 따라 헤매 돌고 삿된 견해에 지혜가 없기에 모든 선근의 법을 잃어버렸으니,

내가 마땅히 구원해서 벗어나게 할 것이다.'라고 합니다."

"또 '모든 중생이 애욕의 그물에 얽매이고 어리석음의 덮개에 거꾸로 뒤바뀌어 모든 있음에 물들어 따르고 쫓으면서 버리지 못하고 고통이라는 틀 안에 들어가 마군의 업을 행하여 복과 지혜를 모두 다 하고 항상 의혹을 품으면서 편안한 곳을 보지 못하고 벗어나 나아가는 길을 알지 못하고 생사에 있으면서 채 바퀴 돌 듯 쉬지 못하면서 고통의 수렁에 늘 빠져있기에 보살이 이를 보고 가엾이 여기는 큰마음과 크게 이익을 주려는 마음을 일으키고 중생들이 해탈을 얻게 하고자 모든 선근으로 회향하고 광대한 마음으로 회향하고 삼세 보살들이 닦은 바와 같이 회향하고 [대회향경]에서 설한 바와 같이 회향해서 모든 중생이 모두 청정함을 얻고 마지막에는 일체 종지를 성취하게 할 것이다.'라고 합니다."

"또 차례를 쫓아(復) 생각하기를 '내가 닦은 행으로 모든 중생이 위 없는 지혜의 왕을 이루게 하려는 것이며, 나 자신을 위해 해탈을 구함이 아니고 단지 모든 중생을 구하고 제도해서 그들이 모든 지혜의 마음을 얻고 생사의 흐름에서 벗어나 모든 고통으로부터 해탈하게 하려는 것이다.'라고 합니다."

"차례를 쫓아(復) 또 생각하기를 '내가 마땅히 모든 중생을 위하여 모든 고통을 갖추어 받으면서 그들이 헤아릴 수 없이 나고 죽은 고통의 큰 구덩이에서 뛰어나오게 할 것이며, 내가 널리 모든 중생을 위해서 모든 세계의 모든 악한 부류 가운데서 미래의 겁이 다하도록 모든 고통을 받으면서도 늘 중생을 위해 부지런히 선근을 닦을 것이다. 왜냐하면, 내가 차라리 홀로 이와 같은 많은 고통을 받을지언정 중생들이 지옥에 떨어지지 않게 할 것이며, 내가 마땅히 지옥, 축생, 염라 왕 등의 험난한 곳에 이 몸을 잡히고 모든 나쁜 부류의 중생들을 구해서 나를 대신하여 해탈을 얻게 할 것이다.'라고 합니다."

"차례를 쫓아(復) 또 생각하기를 '내가 바라건대 모든 중생을 보호하고 끝끝내 버리지 않을 것이니, 말한 바가 성실해서 허망함이 없을 것이다. 왜냐 그런가 하면, 나는 모든 중생을 구해서 보호하고 제도하기 위해서 보리심을 일으킨 것이며, 나 자신을 위해 위 없는 도를 구하는 것이 아니고 또한 오욕의 경계와 삼유 가운데 가지가지의 즐거움을 구하기 위한 까닭으로 보리의 행을 닦은 것이 아니다. 왜 그런가 하면, 세간의 즐거움이란 모든 것이 고통이며, 마의 경계이기에 어리석은 사람은 탐하는 것이며, 부처님들이 꾸짖는 일들이니, 모든 괴로움과 근심은 이로 인하여 일어나며, 지옥, 아귀, 및 축생과 염라 왕 처에서 원망하고 성내고 다투고 서로 훼방하고 능욕하는 이와 같은 모든 악이란 다 오욕을 탐하고 집착함으로 인하여 이르게 되는 것이다. 오욕을 탐하면 부처님으로부터 멀리 벗어나게 되고 천상에 태어나는 일에 걸림이나 막힘이 되거늘, 하물며 어찌 아뇩다라삼먁삼보리를 얻을 수 있겠는가.'라고 합니다."

"보살이 이와 같은 모든 세간을 자세히 살펴보니, 작은 욕심을 내고 탐하다 헤아릴 수 없는 고통을 받는 것을 자세히 살펴보고는 오욕의 즐거움을 위한 까닭으로 위 없는 보리를 구하거나 보살의 행을 닦지 않고 단지 중생들을 편안하고 즐겁게 하려고 마음을 일으켜 닦고 행하여 큰 서원을 만족하게 하고 중생들이 단단한 고통의 오랏줄을 끊어버리고 해탈을 얻게 하려고 합니다."

佛子 菩薩摩訶薩見諸衆生 造作惡業 受諸重苦 以是障故 不見佛 不聞法 不識僧 便作是念 我當於彼諸惡道中 代諸衆生受種種苦 令其解脫 菩薩如是受苦毒時 轉更精勤 不捨 不避 不驚 不怖 不退 不怯 無有疲厭 何以故 如其所願 決欲荷負一切衆生 令解脫故 菩薩爾時作是念言 一切衆生在生老病死諸苦難處 隨業流轉 邪見無智 喪諸善法 我應救之 令得出離 又諸衆生愛網所纏 癡蓋所覆 染著諸有 隨逐不捨 入苦籠檻 作魔業行 福智都盡 常懷疑惑 不見安隱處 不知出離道 在於生死輪轉不息 諸苦淤泥恒所沒溺 菩薩見已 起大悲心 大饒益心 欲令衆生悉得解脫 以一切善根迴向 以廣大心迴向 如三世菩薩所修迴向 如大迴向經所說迴向 願諸衆生普得淸淨 究竟成就一切種智 復作是念 我所修行欲令衆生皆悉得成無上智王 不爲自身而求解脫 但爲救濟一切衆生 令其咸得一切智心 度生死流 解脫衆苦 復作是念 我當普爲一切衆生備受衆苦 令其得出無量生死衆苦大壑 我當普爲一切衆生 於一切世界一切惡趣中 盡未來劫 受一切苦 然常爲衆生勤修善根 何以故 我寧獨受如是衆苦 不令衆生墮於地獄 我當於彼地獄 畜生 閻邏王等險難之處 以身爲質 救贖一切惡道衆生 令得解脫 復作是念 我願保護一切衆生終不棄捨 所言誠實 無有虛妄 何以故 我爲救度一切衆生發菩提心 不爲自身求無上道 亦不爲求五欲境界及三有中種種樂故修菩提行 何以故 世間之樂無非是苦 衆魔境界 愚人所貪 諸佛所訶 一切苦患因之而起 地獄 餓鬼及以畜生 閻邏王處 忿患鬪訟 更相毀辱 如是諸惡 皆因貪著五欲所致 耽著五欲 遠離諸佛 障礙生天 何況得於阿耨多羅三藐三菩提 菩薩如是觀諸世間 貪少欲味受無量苦 終不爲彼五欲樂故 求無上菩提 修菩提行 但爲安樂一切衆生 發心修習 成滿大願 但截衆生諸苦羂索 令得解脫

"불자여! 보살마하살이 차례를 좇아(復) 생각하기를 '내가 마땅히 이와 같은 선근으로 회향하고 모든 중생이 끝까지 즐거움에 이르게 하고 이익이 되는 즐거움과 이익을 받지 않은 즐거움과 해탈의 즐거움과 의지하지 않은 즐거움과 움직임 없는 즐거움과 헤아릴 수 없이 많은 즐거움과 버리지도 않고 물러서지도 않은 즐거움과 없어지지 않은 즐거움과 모든 지혜의 즐거움을 얻게 할 것이다.'라고 합니다."

"차례를 좇아(復) 생각하기를 '내가 마땅히 모든 중생과 더불어 조복하고 다스리는 스승이 되고 병사와 신하의 주인이 되어 큰 지혜의 횃불을 잡고 편안한 길을 보여 험하고 어려움을 벗어나 선근의 방편으로 진실한 뜻을 알게 할 것이며, 또 나고 죽은 바다에서 모든 지혜의 섬세하고 능숙한 선근의 뱃사공이 되어 중생들을 저 언덕으로 건너게 하여 이르게 할 것이다.'라고 합니다."

"불자여! 보살마하살이 모든 선근으로 이와 같음에 회향하는 것이니, 이른바 마땅히 모든 중생을 구하고 보호함을 따라 생사에서 뛰쳐나오게 하고 일체 모든 부처님을 공손히 섬기어 공양하게 하고 걸림이나 막힘없는 모든 지혜와 지혜를 얻게 하며, 많은 마를 버리고 벗어나 나쁜 지식을 멀리하게 하고 모든 보살과 선지식과 친근하게 하고 모든 허물과 잘못을 없애고 청정한 업을 성취하게 하고 보살의 광대한 행과 원과 헤아릴 수 없는 선근을 온전하게 갖추도록 하려는 것입니다."

佛子 菩薩摩訶薩復作是念 我當以善根如是迴向 令一切衆生得究竟樂 利益樂 不受樂 寂靜樂 無依樂 無動樂 無量樂 不捨不退樂 不滅樂 一切智樂 復作是念 我當與一切衆生作調御師 作主兵臣 執大智炬 示安隱道 令離險難 以善方便俾知實義 又於生死海 作一切智善巧船師 度諸衆生 使到彼岸 佛子 菩薩摩訶薩以諸善根如是迴向 所謂 隨宜救護一切衆生 令出生死 承事供養一切諸佛 得無障礙一切智智 捨離衆魔 遠惡知識 親近一切菩薩善友 滅諸過罪 成就淨業 具足菩薩廣大行願 無量善根

"불자여! 보살마하살이 선근으로 바르게 회향하고 모두 이와 같은 생각을 합니다. '사천하의 중생이 많은 까닭으로 많은 해가 뜨는 것이 아니며, 단지 하나의 해가 떠서 모든 중생을 남김없이 두루 비추는 것이다. 또 모든 중생이 자신의 광명으로 인하여 낮과 밤을 알고 다니며 자세히 살펴서 모든 업을 짓고 일으키는 것이 아니라 모든 것이 저 해가 뜨므로 말미암아 이 같은 일을 이루고 분별하는 것이다.'라고 합니다.

"그러나 저 해는 하나뿐이고 둘은 아니니, 보살마하살도 역시 차례를 좇아(復) 이와 같기에 선근으로 회향을 닦고 익힐 때 생각하기를 '저 모든 중생은 자신을 구하지 못하거늘 어떻게 남을 구할 수 있겠는가. 오직 나 한 사람만이 짝이 없어 마음이 외롭다.'라고 하고는 선근을 닦고 익혀서 회향하는 것이니, 이른바 모든 중생을 광대하게 제도하려는 까닭이며, 모든 중생을 널리 비추고자 하는 까닭이며, 모든 중생을 가르쳐서 인도하려는 까닭이며, 모든 중생이 지혜를 얻어 진리를 깨닫게 하려는 까닭이며, 모든 중생이 차례를 좇아(復) 돌아보게 하려는 까닭이며, 모든 중생을 거두어들이고자 하는 까닭이며, 모든 중생을 성취하게 하려는 까닭이며, 모든 중생이 환희하게 하려는 까닭이며, 모든 중생을 즐겁고 기쁘게 하려는 까닭이며, 모든 중생이 의심을 끊게 하려는 까닭입니다."

"불자여! 보살마하살이 차례를 좇아(復) 또 생각하기를 '해가 모든 곳을 두루 비치면서도 은혜 갚음을 구하지 않는 것과 같이 나는 또한 마땅히 해와 같이 중생들의 나쁜 일을 남김없이 받아들여도 이 일로 말미암아 서원을 끝까지 버리지 않을 것이고 한 명의 중생이 악하다 해서 모든 중생을 버리지 않고 단지 선근 회향을 부지런히 닦고 익혀서 널리 모든 중생이 편안함과 즐거움을 얻게 할 것이다.'라고 합니다. 선근이 비록 적으나 중생을 두루 거두어 환희하는 마음으로 광대하게 회향하는 것이니, 그와 같은 선근이 있으면서도 모든 중생에게 이익이 되지 않으면 회향이라 이름 붙일 수 없으며, 하나의 선근이라도 중생과 두루 인연 할 뜻으로 삼아야 이름이 회향입니다."

"중생을 집착할 것이 없는 법의 성품에 편안히 두려는 회향과 중생의 성품이 동하지 않고 변함을 보이지 않는, 이것을 보는 회향과 회향에 의지할 것도 취할 것도 없는 회향과 선근의 모양이나 상태를 취하지 않는 회향과 업보와 과보의 체와 성품을 분별하지 않는 회향과 오온의 모양이나 상태에 집착하지 않는 회향과 오온의 모양이나 상태를 무너뜨리지 않는 회향과 업을 취하지 않는 회향과 과보를 구하지 않는 회향과 인연에 물들거나 집착하지 않는 회향과 인연으로 일으킨 것을 분별하지 않는 회향과 명칭에 집착하지 않는 회향과 처소에 집착하지 않는 회향과 허망한 법에 집착하지 않는 회향과 중생의 모양이나 상태, 세계의 모양이나 상태, 마음의 모양이나 상태에 집착하지 않는 회향과 마음이 거꾸로 뒤바뀜, 생각이 거꾸로 뒤바뀜, 소견이 거꾸로 뒤바뀜을 일으키지 않는 회향과 언어의 도(辯才)에 집착하지 않는 회향과 모든 법의 진실한 성품을 들여다보는 회향과 모든 중생의 평등한 모양이나 상태를 들여다보는 회향과 법계의 인(印)으로 모든 선근을 인(印)하는 회향과 모든 법이 탐욕을 벗어남, 이 벗어난 자리를 들여다보는 회향이니, 모든 법이 없음을 깨달아서 선근의 종자를 심는다는 일 또한 이와 같으며, 모든 법이란 둘이 없음을 들여다보고 생함도 없고 멸함도 없는 회향도 또한 이와 같습니다."

"이와 같은 선근으로 회향함으로 청정하게 마주 대하여 다스리고 바로 잡아가는 법을 수행하고 이렇듯 가지게 된 선근은 남김없이 모두 출세간의 법을 거스르지 않고 따라가는 것이므로 두 가지의 모양이나 상태를 짓지 않으니, 업으로 모든 지혜를 닦고 익히는 것이 아니며, 업을 벗어나 모든 지혜로 회향하는 것도 아니고 모든 지혜가 곧 업은 아니지만 업을 벗어나 모든 지혜를 얻는 것도 아닙니다. 업이 빛의 그림자와 같이 청정한 까닭으로 과보도 빛의 그림자와 같이 청정하고 과보가 빛의 그림자와 같이 청정한 까닭으로 모든 지혜와 지혜도 역시 빛의 그림자와 같이 청정하기에 나와 나의 것이라는 모든 혼란스러운 움직임과 사유의 분별을 벗어납니다. 이와 같음을 깨달아 알고 모든 선근 방편으로 회향합니다."

佛子 菩薩摩訶薩以諸善根正迴向已 作如是念 不以四天下衆生多故 多日出現 但一日出 悉能普照一切衆生 又諸衆生不以自身光明故 知有晝夜 遊行觀察 興造諸業 皆由日天子出 成辦斯事 然彼日輪但一無二 菩薩摩訶薩亦復如是 修集善根迴向之時 作是念言 彼諸衆生不能自救 何能救他 唯我一人 志獨無侶 修集善根 如是迴向 所謂 爲欲廣度一切衆生故 普照一切衆生故 示導一切衆生故 開悟一切衆生故 顧復一切衆生故 攝受一切衆生故 成就一切衆生故 令一切衆生歡喜故 令一切衆生悅樂故 令一切衆生斷疑故 佛子 菩薩摩訶薩復作是念 我應如日 普照一切 不求恩報 衆生有惡 悉能容受 終不以此而捨誓願 不以一衆生惡故 捨一切衆生 但勤修習善根迴向 普令衆生皆得安樂 善根雖少 普攝衆生 以歡喜心廣大迴向 若有善根 不欲饒益一切衆生 不名迴向 隨一善根 普以衆生而爲所緣 乃名迴向 安置衆生於無所著法性迴向 見衆生自性不動不轉迴向 於迴向無所依 無所取迴向 不取善根相迴向 不分別業報體性迴向 不著五蘊相迴向 不取業迴向 不求報迴向 不染著因緣迴向 不分別因緣所起迴向 不著名稱迴向 不著處所迴向 不著虛妄法迴向 不著衆生相 世界相 心意相迴向 不起心顚倒 想顚倒 見顚倒迴向 不著語言道迴向 觀一切法眞實性迴向 觀一切衆生平等相迴向 以法界印印諸善根迴向 觀諸法離貪欲迴向 解一切法無 種植善根亦如是 觀諸法無二 無生 無滅 迴向亦如是 以如是等善根迴向 修行淸淨對治之法 所有善根皆悉隨順出世間法 不作二相 非卽業修習一切智 非離業迴向一切智 一切智非卽是業 然不離業得一切智 以業如光影淸淨故 報亦如光影淸淨 報如光影淸淨故 一切智智亦如

光影淸淨 離我 我所一切動亂思惟分別 如是了知 以諸善根方便迴向

"보살이 이와 같음에 회향할 때 중생을 제도하는 일에 늘 쉼이 없고 법이라는 모양이나 상태에 머물지 않고 비록 모든 법이란 업도 없고 과보도 없음을 알지만 모든 업과 과보를 선근으로 내어서 어기거나 다툼이 없기에 이와 같은 방편, 곧 선근 방편으로 회향을 닦습니다. 보살마하살이 이와 같음으로 회향할 때 모든 허물을 벗어나기에 모든 부처님이 찬탄하십니다."

"불자여! 이것이 보살마하살의 제1 모든 중생을 구하고 보호하지만, 중생의 모양이나 상태를 벗어난 회향입니다."

菩薩如是迴向之時 度脫衆生 常無休息 不住法相 雖知諸法無業無報 善能出生一切業報 而無違諍如是方便善修迴向 菩薩摩訶薩如是迴向時 離一切過 諸佛所讚 佛子 是爲菩薩摩訶薩第一救護一切衆生離衆生相迴向

이때 금강당 보살이 시방의 모든 대중 모임을 자세히 살펴보면서 법계에 이르고 글귀의 깊은 뜻에 들어가 헤아릴 수 없는 마음으로 뛰어난 행을 닦고 익히며, 가엾이 여기는 큰 마음으로 중생을 두루 덮어서 삼세 모든 여래의 씨앗이 끊어지지 않게 하고 모든 부처님의 공덕 법장에 들어가 일체 모든 부처님의 법신을 내며, 선근으로 중생의 마음을 분별하고 그들의 선근 씨앗이 성숙함을 알게 하고 법신에 머물면서 청정한 색신(色身)을 나타내어 보이고 부처님의 신력을 받들어 게송으로 말했다.

爾時 金剛幢菩薩 觀察十方一切衆會暨于法界 入深句義 以無量心修習勝行 大悲普覆一切衆生 不斷三世諸如來種 入一切佛功德法藏 出生一切諸佛法身 善能分別諸衆生心 知其所種善根成熟 住於法身而爲示現淸淨色身 承佛神力 卽說頌言

不思議劫修行道 헤아릴 수 없는 겁을 두고 도를 닦고 행하여
精進堅固心無礙 정진하는 견고한 마음이 걸림이나 막힘이 없으며
爲欲饒益群生類 군생의 무리에게 넉넉한 이익이 되게 하고자
常求諸佛功德法 모든 부처님의 공덕이라는 법을 늘 구한다네.

調御世間無等人 세간을 조복시키고 다스리는 일에 그 이상 더할 수 없는 사람이
修治其意心明潔 그 뜻을 닦고 다스려서 마음이 밝고 깨끗하기에
發心普救諸含識 모든 함식을 두루 구원하기 위해 마음을 일으키니
彼能善入迴向藏 저 언덕 선근 회향의 장에 든다네.

勇猛精進力具足 용맹하게 정진하는 힘을 온전하게 갖추고
智慧聰達意淸淨 지혜에 통달하여 총명하고 마음에 지닌 뜻 또한 청정하기에
普救一切諸群生 일체 모든 군생을 두루 구원하니
其心堪忍不傾動 그 마음이 하늘의 도를 인가하고 위태롭게 움직이지 않는다네.

心善安住無與等 마음이 선근에 편안히 머물기에 더불어 할 자가 없고
意常淸淨大歡悅 지닌 뜻이 항상 청정하기에 크게 기뻐하며
如是爲物勤修行 이와 같음으로 중생을 위해서 부지런히 닦고 행하니
譬如大地普容受 비유하면 대지가 두루 받아들여 담은 것과 같다네.

不爲自身求快樂 자신만을 위해 쾌락을 구하지 않고
但欲救護諸衆生 단지 모든 중생을 구원하고 보호하고자
如是發起大悲心 이와 같은 대비심을 일으키기에
疾得入於無礙地 걸림이나 막힘없는 지위에 빨리 들어선다네.

十方一切諸世界 시방의 일체 모든 세계에
所有衆生皆攝受 있는 중생을 모두 거두고 받아들이는 것은
爲救彼故善住心 그들을 구원하기 위한 까닭이며 선근의 마음에 머무르면서
如是修學諸迴向 이와 같은 모든 회향을 닦고 배우는 것이라네.

修行布施大欣悅 보시를 닦고 행하기에 크게 기뻐하고
護持淨戒無所犯 청정한 계율을 보호해 지니기에 범하는 일이 없으며
勇猛精進心不動 용맹하게 정진하는 마음이기에 움직이지 않고
迴向如來一切智 여래의 모든 지혜로 회향한다네.

其心廣大無邊際 그 마음이 광대하고 끝닿은 경계가 없으며
忍力安住不傾動 인가한 힘으로 편안히 머물기에 위태롭게 움직이지 않고
禪定甚深恒照了 깊고 깊은 선정으로 늘 비추어 분명하게 아니
智慧微妙難思議 지혜가 섬세하고 빼어나 생각으로는 헤아릴 수 없다네.

十方一切世界中 시방의 모든 세계 가운데서
具足修治淸淨行 청정한 행을 닦고 다스려서 온전하게 갖추고
如是功德皆迴向 이와 같은 공덕으로 빠짐없이 회향해서
爲欲安樂諸含識 모든 중생을 편안하고 즐겁게 하고자 하는 것이라네.

大士勤修諸善業 대사가 부지런히 모든 선근의 업(如來智方便行)을 닦은 일이란
無量無邊不可數 헤아릴 수 없고 끝이 없기에 수를 셈하지 못하는 것이니
如是悉以益衆生 이와 같음은 중생들에게 이익이 되게 하고
令住難思無上智 생각하기 어려운 위 없는 지혜에 머물게 한다네.

普爲一切衆生故 모든 중생을 두루두루 위하는 까닭으로
不思議劫處地獄 생각으로 헤아려 알 수 없는 겁 동안 지옥에 처하지만
如是曾無厭退心 이와 같음에서 일찍이 싫어하거나 물러서는 마음이 없이
勇猛決定常迴向 용맹하게 결정한 선근의 마음으로 늘 회향한다네.

不求色聲香與味 색, 성, 향과 더불어 미를 구하지 않으며
亦不希求諸妙觸 역시 모든 빼어난 촉도 바라거나 구하지 않고
但爲救度諸群生 단지 모든 중생을 구원하고 이끌기 위해
常求無上最勝智 늘 위 없는 가장 뛰어난 지혜를 구한다네.

智慧淸淨如虛空 청정한 지혜가 허공과 같기에
修習無邊大士行 끝없는 대사의 행을 닦고 익히며
如佛所行諸行法 부처님이 행하시던 모든 행하는 법을
彼人如是常修學 저 언덕의 사람은 이와 같음을 늘 닦고 배운다네.

大士遊行諸世界 대사가 모든 세계에 두루 행하며
悉能安隱諸群生 모든 중생을 남김없이 편안하게 하고
普使一切皆歡喜 일체 모든 이를 두루 즐겁고 기쁘게 하니
修菩薩行無厭足 보살행을 닦음에 싫어함이 없다네.

除滅一切諸心毒 일체 모든 마음의 독을 없애버리고
思惟修習最上智 최상의 지혜를 닦고 익혀서 사유하는 것은
不爲自己求安樂 자신의 편안함과 즐거움을 위한 것이 아니라
但願衆生得離故 단지 원하기를 중생들이 어려움에서 벗어나게 하려는 까닭이라네.

此人迴向得究竟 이 사람이 회향으로 마지막에 얻은 것은
心常淸淨離衆毒 마음이 항상 청정하고 많은 독에서 벗어나며
三世如來所付囑 삼세 여래께서 부탁해서 맡긴
住於無上大法城 위 없는 큰 법의 성에 머문다네.

未曾染著於諸色 모든 모양이나 상태(六根.六塵.六識.十八界)에 조금이라도 물들지 않고
受想行識亦如是 수, 상, 행, 식 역시 이와 같아서
其心永出於三有 그 마음이 삼유에서 영원히 나오며
所有功德盡迴向 있는 공덕을 남김없이 회향한다네.

佛所知見諸衆生 부처님이 알고 보는 모든 중생을
盡皆攝取無有餘 모두 다 거두어서 취하고 남음이 없게 하며
誓願皆令得解脫 서원으로 모두 해탈을 얻게 하고
爲彼修行大歡喜 그들을 위해 닦고 행하며 크게 즐거워하고 기뻐한다네.

其心念念恒安住 그 마음이 생각마다 늘 편안하게 머물고
智慧廣大無餘等 지혜가 광대하고 그보다 더할 수 없기에
離癡正念常寂然 어리석음을 벗어난 바른 생각이 늘 고요하니
一切諸業皆淸淨 일체 모든 업이 다 청정하다네.

彼諸菩薩處於世 저 언덕의 모든 보살이 세간에 처하지만
不著內外一切法 안과 밖의 모든 법에 집착하지 않고
如風無礙行於空 걸림이나 막힘없이 허공에 행하는 바람과 같이
大士用心亦復然 대사의 마음 씀씀이 역시 차례를 좇아 그러하다네.

所有身業皆清淨 모든 몸(毘盧遮那 法身)의 업(十方無量佛刹微塵數)을 빠짐없이 청정히 하고
一切語言無過失 모든 말과 말씀에 허물이나 잘못이 없으며
心常歸向於如來 마음이 늘 여래에게로 향하기에
能令諸佛悉歡喜 모든 부처님이 다 즐거워하시고 기뻐하신다네.

十方無量諸國土 시방의 헤아릴 수 없는 모든 국토에
所有佛處皆往詣 있는 부처님의 처소로 빠짐없이 다 나아가
於中睹見大悲尊 그 가운데 대비존을 뵙고
靡不恭敬而瞻奉 공손히 섬기어 우러러 받든다네.

心常清淨離諸失 마음이 늘 청정하기에 모든 잘못에서 벗어나고
普入世間無所畏 세간에 두루 들어가도 두려움이 없으며
已住如來無上道 이미 여래의 위 없는 도에 머물면서도
復爲三有大法池 차례를 좇아 삼유의 큰 법이 되는 못이 된다네.

精勤觀察一切法 모든 법을 부지런히 자세히 살펴서 들여다보고
隨順思惟有非有 있음과 있음이 아님을 거스르지 않는 사유를 따라
如是趣於眞實理 이와 같음의 참된 이치에 이르고
得入甚深無諍處 다툼이 없는 깊고 깊은 곳에 들어간다네.

以此修成堅固道 이처럼 견고한 도를 닦아 이루면
一切衆生莫能壞 모든 중생이 무너뜨릴 수 없으며
善能了達諸法性 선근으로 능히 모든 법의 성품을 분명하게 통달해서
普於三世無所著 삼세 어디든 집착함이 없다네.

如是迴向到彼岸 이와 같음으로 회향해서 저 언덕에 이르러
普使群生離衆垢 중생들이 많은 허물에서 멀리 벗어나게 하며
永離一切諸所依 일체 모든 의지할 바에서 영원히 벗어나
得入究竟無依處 의지 처 없는 마지막까지 들어가게 한다네.

一切衆生語言道 모든 중생이 말하는 도가
隨其種類各差別 그 무리의 종류를 따라 각각 다 다르지만
菩薩悉能分別說 보살이 능히 모두 분별해서 설하니
而心無著無所礙 마음에 집착도 없고 걸림이나 막힘도 없기 때문이라네.

菩薩如是修迴向 보살이 이와 같은 회향을 닦기에
功德方便不可說 공덕과 방편은 말로 이를 수 없으며
能令十方世界中 시방세계 가운데의
一切諸佛皆稱歎 일체 모든 부처님이 칭찬하신다네.

대방광불화엄경 제24권

25. 십회향품(2)
　　十迴向品第二十五之二

제2 회향

"불자여! 무엇을 보살마하살의 무너지지 않는 회향이라고 하는가."
佛子 云何爲菩薩摩訶薩不壞迴向

"불자여! 이 보살마하살이 과거, 미래, 현재 모든 여래의 처소에서 무너지지 않는 믿음을 얻으니, 모든 부처님을 능히 받들어 섬기는 까닭이며, 모든 보살뿐만 아니라 비로소 처음 일으킨 마음으로 일체 지혜를 구하기에 무너지지 않는 믿음을 얻으며, 모든 보살의 선근을 서원하고 닦으면서 싫어하거나 피로해 하지 않는 까닭이며, 모든 부처님 법이란 무너지지 않는다는 믿음을 얻었기에 깊이 좋아하는 뜻을 일으키는 까닭이며, 모든 부처님의 가르침이란 무너지지 않는다는 믿음을 얻었기에 보호해 지키고 지니어 머무는 까닭이며, 모든 중생이 무너지지 않는 믿음을 얻기에 자비한 눈으로 평등하게 보고 선근으로 회향해서 두루 이익이 되게 하는 까닭이며, 모든 희고 청정한 법에서 무너지지 않는 믿음을 얻기에 끝없는 모든 선근을 두루 모으는 까닭이며, 모든 보살이 회향하는 도에서 무너지지 않는 믿음을 얻기에 뛰어난 모든 욕망과 빼어난 한 소식을 만족하게 하는 까닭이며, 모든 보살의 법 스승으로부터 무너지지 않는 믿음을 얻기에 모든 보살이 부처님 생각을 일으킨 까닭이며, 모든 부처님의 자재한 신통으로 무너지지 않는 믿음을 얻기에 모든 부처님의 헤아릴 수 없는 어려움을 깊이 믿는 까닭이며, 모든 보살의 섬세하고 능숙한 선근의 방편 행으로 무너지지 않는 믿음을 얻기에 가지가지 헤아릴 수 없고 셀 수 없는 행의 경계를 거두고 취하는 까닭입니다."
　佛子 此菩薩摩訶薩於去 來 今諸如來所得不壞信 悉能承事一切佛故 於諸菩薩 乃

至初發一念之心求一切智 得不壞信 誓修一切菩薩善根無疲厭故 於一切佛法得不壞信 發深志樂故 於一切佛教得不壞信 守護住持故 於一切衆生 得不壞信 慈眠等觀善根迴向 普利益故 於一切白淨法得不壞信 普集無邊諸善根故 於一切菩薩迴向道得不壞信 滿足殊勝諸欲解故 於一切菩薩法師得不壞信 於諸菩薩起佛想故 於一切佛自在神通得不壞信 深信諸佛難思議故 於一切菩薩善巧方便行得不壞信 攝取種種無量無數行境界故

"불자여! 보살마하살이 이와 같은 무너지지 않는 믿음으로 머물 때 부처님, 보살, 성문, 독각, 부처님의 모든 가르침과 모든 중생의 이와 같은 등등의 가지가지 경계 가운데 헤아릴 수 없고 끝없는 선근 종자를 심고 보리심을 점점 더 거듭 더하고 늘리며, 자비심이 광대하기에 평등하게 자세히 살펴보며, 모든 부처님이 지으신 일을 거스르지 않고 따라 닦고 익히며, 모든 청정한 선근을 거두어들여 취하며, 진실한 이치에 들어가 복덕의 행을 모으며, 큰 보시를 하고 모든 공덕을 닦으며, 삼세를 평등하게 자세히 살펴봅니다."

"보살마하살이 이와 같은 등등의 선근 공덕으로 모든 지혜로 회향하지만 원하는 것은 언제나 부처님을 뵙고 선지식을 친근히 하고 모든 보살과 더불어 같이 머물고 모든 지혜를 생각하면서 마음에 잠시라도 버리지 않고 부처님의 가르침을 받아 지니어 부지런히 지키고 보호하길 더하고 모든 중생을 가르치고 생육해서 성숙하게 하고 마음으로 항상 출세간의 도로 회향하고 모든 법의 스승을 공손히 섬기어 공양하고 모든 법을 분명하게 이해하여 기억해 지니고 잊지 않으며, 큰 원을 닦고 행하여 모두가 만족하게 얻길 원합니다."

"보살이 이와 같은 선근을 모아 쌓으며, 선근을 성취하고 선근을 거듭 더하고 늘리며, 선근으로 사유하고 선근으로 생각을 매어 두고 선근으로 분별하고 선근을 좋아하고 선근을 닦아 익히며, 선근에 편안히 머뭅니다."

佛子 菩薩摩訶薩如是安住不壞信時 於佛 菩薩 聲聞 獨覺 若諸佛教 若諸衆生 如是等種種境界中 種諸善根無量無邊 令菩提心轉更增長 慈悲廣大 平等觀察 隨順修學諸佛所作 攝取一切清淨善根 入眞實義 集福德行 行大惠施 修諸功德 等觀三世 菩薩摩訶薩以如是等善根功德 迴向一切智 願常見諸佛 親近善友 與諸菩薩同共止住 念一切智 心無暫捨 受持佛教 勤加守護 教化成熟一切衆生 心常迴向出世之道 供養瞻待一切法師 解了諸法 憶持不忘 修行大願 悉使滿足 菩薩如是積集善根 成就

善根 增長善根 思惟善根 繫念善根 分別善根 愛樂善根 修習善根 安住善根

"보살마하살이 이와 같은 모든 선근을 이미 쌓아 모으고 이 선근으로 얻은 과에 의지함으로 보살행을 닦으며, 생각마다 헤아릴 수 없는 부처님을 뵙고 응하는 바를 따라 공손히 섬기어 공양합니다."

"아승기 보배와 아승기 꽃과 아승기 화만과 아승기 의복과 아승기 덮개와 아승기 당과 아승기 깃발과 아승기 장엄 기물과 아승기 시종과 아승기 꾸민 땅과 아승기 바르는 향과 아승기 가루향과 아승기 화합하는 향과 아승기 사르는 향과 아승기 깊은 믿음과 아승기 사랑과 즐거움과 아승기 청정한 마음과 아승기 존중과 아승기 칭찬과 아승기 공손히 예를 올림과 아승기 보배 자리와 아승기 꽃자리와 아승기 향 자리와 아승기 화만 자리와 아승기 전단 자리와 아승기 옷 자리와 아승기 금강 자리와 아승기 마니자리와 아승기 보배 비단 자리와 아승기 보배 빛 자리와 아승기 보배 경행 처와 아승기 꽃 경행 처와 아승기 향 경행 처와 아승기 화만 경행 처와 아승기 옷 경행 처와 아승기 보배가 사이사이 섞인 경행 처와 아승기 일체 보배 난간으로 된 경행 처와 아승기 일체 보배 다라 나무로 된 경행 처와 아승기 보배로 난간을 두른 경행 처와 아승기 보배의 방울 그물이 덮인 경행 처와 아승기 일체 보배 궁전과 아승기 일체 꽃 궁전과 아승기 일체 향 궁전과 아승기 일체 화만 궁전과 아승기 일체 전단 궁전과 아승기 일체견고묘향장 궁전과 아승기 일체 금강 궁전과 아승기 일체 마니궁전이 모두 다 특별히 빼어나고 모든 하늘을 뛰어넘습니다."

"아승기 모든 보배 나무와 아승기 가지가지 향나무와 아승기 보배 옷 나무와 아승기 음악 나무와 아승기 보배 장엄 기물 나무와 아승기 빼어난 음성 나무와 아승기 싫어함이 없는 보배 나무와 아승기 보배 비단 나무와 아승기 보배 귀고리 나무와 아승기 일체 꽃, 향기, 당기, 깃발, 화만, 덮개로 장엄하여 꾸민 나무들이 무성하고 그늘을 만들어 궁전을 장엄하였습니다. 그 모든 궁전에 차례를 좇아(復) 아승기 난간 장엄과 아승기 창호 장엄과 아승기 문 장엄과 아승기 누각 장엄과 아승기 반월 장엄과 아승기 휘장 장엄이 있으며, 아승기 금속 그물이 위를 두루 덮었으며, 아승기 향이 두루두루 풍기고 아승기 옷을 펴서 그 땅을 덮었습니다."

菩薩摩訶薩如是積集諸善根已 以此善根所得依果修菩薩行 於念念中見無量佛 如其所凝 承事供養 以阿僧祇寶 阿僧祇華 阿僧祇鬘 阿僧祇衣 阿僧祇蓋 阿僧祇幢 阿

僧祇幡 阿僧祇莊嚴具 阿僧祇給侍 阿僧祇塗飾地 阿僧祇塗香 阿僧祇末香 阿僧祇和香 阿僧祇燒香 阿僧祇深信 阿僧祇愛樂 阿僧祇淨心 阿僧祇尊重 阿僧祇讚歎 阿僧祇禮敬 阿僧祇寶座 阿僧祇華座 阿僧祇香座 阿僧祇鬘座 阿僧祇栴檀座 阿僧祇衣座 阿僧祇金剛座 阿僧祇摩尼座 阿僧祇寶繒座 阿僧祇寶色座 阿僧祇寶經行處 阿僧祇華經行處 阿僧祇香經行處 阿僧祇鬘經行處 阿僧祇衣經行處 阿僧祇寶閒錯經行處 阿僧祇一切寶繒綵經行處 阿僧祇一切寶多羅樹經行處 阿僧祇一切寶欄楯經行處 阿僧祇一切寶鈴網彌覆寶經行處 阿僧祇一切寶宮殿 阿僧祇一切華宮殿 阿僧祇一切香宮殿 阿僧祇一切鬘宮殿 阿僧祇一切栴檀宮殿 阿僧祇一切堅固妙香藏宮殿 阿僧祇一切金剛宮殿 阿僧祇一切摩尼宮殿 皆悉殊妙出過諸天 阿僧祇諸雜寶樹 阿僧種種香樹 阿僧祇諸寶衣樹 阿僧祇諸音樂樹 阿僧祇寶莊嚴具樹 阿僧祇妙音聲樹 阿僧祇無厭寶樹 阿僧祇寶繒綵樹 阿僧祇寶璫樹 阿僧祇一切華香 幢幡 鬘蓋所嚴飾樹 如是等樹 枝疏蔭映 莊嚴宮殿 其諸宮殿復有阿僧祇軒檻莊嚴 阿僧祇窓牖莊嚴 阿僧祇門闥莊嚴 阿僧祇樓閣莊嚴 阿僧祇半月莊嚴 阿僧祇帳莊嚴 阿僧祇金網 彌覆其上 阿僧祇香周帀普熏 阿僧祇衣 敷布其地

"불자여! 보살마하살이 이와 같은 등등의 모든 공양 기물로 헤아릴 수 없고 셀 수 없고 말할 수 없이 말로 이를 수 없는 겁 동안 청정하고 존중하는 마음으로 일체 모든 부처님을 공손히 섬기어 공양하면서 퇴전(믿음이 움직여 약해짐)하지 않고 쉬지도 않고 한 분 한 분의 여래가 열반하신 후에 남기신 사리도 남김없이 또한 이와 같은 공손함으로 섬기어 공경하였습니다. 이는 모든 중생이 청정한 믿음을 생하게 하려는 까닭이며, 모든 중생이 선근을 굳건히 지키게 하려는 까닭이며, 일체중생이 모든 고통에서 벗어나게 하려는 까닭이며, 모든 중생이 광대하게 이해할 수 있도록 하려는 까닭이며, 모든 중생이 큰 장엄으로 장엄하게 하려는 까닭이며, 헤아릴 수 없는 장엄으로 장엄하게 하려는 까닭이며, 일으킨 모든 일을 마지막까지 이르게 하려는 까닭이며, 모든 부처님이 출현하지만 만나기 어려움을 알게 하려는 까닭이며, 여래의 헤아릴 수 없는 힘으로 만족하게 하려는 까닭이며, 부처님의 탑을 장엄하고 공양하려는 까닭이며, 일체 모든 부처님의 법으로 머물고 지니게 하려는 까닭입니다."

"이와 같음으로 지금 계신 부처님과 또한 열반하신 후에 있게 된 사리도 공양하니, 그 모든 공양을 아승기 겁 동안 설하여도 다할 수 없습니다."

"이와 같은 헤아릴 수 없는 공덕을 닦고 익히는 것은 모두 중생을 성숙하게 하고자 하려는 것이기에 믿음이 움직이거나 약해지지 않고 쉬는 일도 없고 피곤하거나 싫어함도 없고 집착이 없어서 모든 마음속의 생각에서 벗어났으며, 머물 대상이 없어서 의지할 바를 영원히 끊어버리고 나와 나의 것에서 멀리 벗어나 실체와 같은 법인(法印)으로 모든 업의 문을 도장 찍고 법이란 생하지 않음을 얻어 부처님이 머무시는 곳에 머물고 생함이 없는 성품을 자세히 살펴보고 모든 경계를 도장 찍습니다."

"모든 부처님이 선근을 닦은 중생을 늘 잊지 않고 보살펴 주는 일로 마음을 일으켜서 회향하니, 모든 법의 성품과 더불어 서로 응하는 회향과 지음이 없는 법에 들어가 지어가는 일을 성취하는 방편 회향과 일체 모든 일이나 생각에 집착함을 벗어나 버리게 하는 방편 회향과 헤아릴 수 없는 섬세하고 성숙한 선근에 머무는 회향과 일체 모든 있음에서 영원히 벗어나 나가는 회향과 모든 행을 닦고 행하지만, 모양이나 상태에 머물지 않은 섬세하고 성숙한 선근 회향과 모든 선근을 두루 거두는 회향과 일체 보살의 모든 행을 두루 청정하게 하는 광대한 회향과 위 없는 보리심을 일으키는 회향과 모든 선근과 함께 머무는 회향과 최상의 믿음과 한 소식하는 마음을 만족하게 하는 회향입니다."

佛子 菩薩摩訶薩以如是等諸供養具 於無量無數不可說不可說劫 淨心尊重 恭敬供養一切諸佛 恒不退轉 無有休息 ――如來滅度之後所有舍利 悉亦如是恭敬供養 爲令一切衆生生淨信故 一切衆生攝善根故 一切衆生離諸苦故 一切衆生廣大解故 一切衆生以大莊嚴而莊嚴故 無量莊嚴而莊嚴故 諸有所作得究竟故 知諸佛興難可值故 滿足如來無量力故 莊嚴供養佛塔廟故 住持一切諸佛法故 如是供養現在諸佛 及滅度後所有舍利 其諸供養 於阿僧祇劫說不可盡 如是修集無量功德 皆爲成熟一切衆生 無有退轉 無有休息 無有疲厭 無有執著 離諸心想 無有依止 永絶所依 遠離於我 及以我所 如實法印 印諸業門 得法無生 住佛所住 觀無生性 印諸境界 諸佛護念發心迴向 與諸法性相應迴向 入無作法成就所作方便迴向 捨離一切諸事想著方便迴向 住於無量善巧迴向 永出一切諸有迴向 修行諸行不住於相善巧迴向 普攝一切善根迴向 普淨一切菩薩諸行廣大迴向 發無上菩提心迴向 與一切善根同住迴向 滿足最上信解心迴向

"불자여! 보살마하살이 모든 선근으로 이와 같음에 회향할 때 비록 생사를 따르지만 바뀌거나 변하지 않으며, 모든 지혜를 구하지만 믿음이 움직이거나 약해지지 않으며, 모든 있음에 있기는 하지만 마음이 움직이거나 혼란스럽지 않으며, 모든 중생을 남김없이 제도해서 해탈하게 하고 인위적으로 꾸민 유위법에 물들지 않으며, 걸림이나 막힘이 없는 지혜를 잃지 않으며, 보살행의 지위에 인연이 다하지 않으며, 세간의 모든 법으로는 움직이거나 변하지 않고 모든 바라밀을 온전하게 하면서 청정하게 갖추고 모든 지혜의 힘을 남김없이 성취합니다. 보살이 이와 같기에 어리석은 어둠에서 모두 벗어나 보리심을 이루고 광명을 열어 보이며, 청정한 법을 거듭 더하여 늘리고 뛰어난 도로 회향해서 많은 행을 온전하게 갖춥니다."

"청정한 생각의 선근으로 분별해서 모든 법이란 남김없이 마음을 따라 나타나는 것임을 분명하게 알며, 업이란 허깨비와 같음을 알고 업을 지어 과보를 받은 것은 본뜬 형상과 같으며, 모든 행이란 생육의 작용과 같으며, 인연으로 생하는 법이란 메아리와 같으며, 보살의 모든 행이란 다 그림자와 같음을 알아서 집착이 없는 청정한 눈을 내어 지음이 없는 광대한 경계를 보며, 적멸의 성품을 증득한 법이란 두 가지가 없음을 분명하게 알아 법의 실상을 얻고 보살의 행을 갖추고 모든 본뜬 형상에 집착함이 없으며, 선근으로 닦고 행해서 모든 업을 함께 다스리며, 희고 청정한 법을 항상 그만두거나 버리지 않고 모든 집착을 벗어나 집착이 없는 행에 머무릅니다."

"보살이 이와 같은 섬세하고 능숙한 선근으로 사유해서 미혹함이 없기에 법을 어기지 않으며, 업의 인을 무너뜨리지 않고 밝고 명확하게 진실을 보고서는 섬세하고 능숙한 선근으로 회향하며, 법의 자성을 알고 방편의 힘으로 업보를 성취해서 저 언덕에 이르고 지혜로 일체 모든 법을 자세히 살펴보고 신통한 지혜와 모든 선근의 업을 얻고 지음이 없이 행하며 마음을 따라 자재합니다."

"보살마하살이 모든 선근으로 이와 같음에 회향하는 것은 모든 중생을 가르치고 이끌어서 부처님의 종자가 끊어지지 않게 하며, 마군의 업으로부터 영원히 벗어나게 하며, 모든 지혜가 끝닿는 경계가 없음을 보게 하며, 이를 믿고 좋아해서 버리지 않고 세간의 경계를 벗어나 모든 물드는 일을 끊으며, 또한 원하건대 중생들이 청정한 지혜를 얻어서 깊은 방편에 들어가고 생사의 법에서 나와 부처님의 선근을 얻어 일체 모든 마군의 일을 영원히 끊어내며, 평등한 도장 찍기로 모든 업을 도장 찍고 마음을 일으켜 모든 지혜의 종지에 이르러 들어가며, 모든 출세간의 법을 성취하게 하고자 함입니다."

佛子 菩薩摩訶薩以諸善根如是迴向時 雖隨生死而不改變 求一切智未曾退轉 在於諸有心無動亂 悉能度脫一切衆生 不染有爲法 不失無礙智 菩薩行位 因緣無盡 世間諸法 無能變動 具足淸淨諸波羅蜜 悉能成就一切智力 菩薩如是離諸癡暗 成菩提心 開示光明 增長淨法 迴向勝道 具足衆行

以淸淨意 善能分別 了一切法 悉隨心現 知業如幻 業報如像 諸行如化 因緣生法 悉皆如響 菩薩諸行 一切如影 出生無著淸淨法眼 見於無作廣大境界 症寂滅性 了法無二 得法實相 具菩薩行 於一切相 皆無所著 善能修行同事諸業 於白淨法恒無廢捨 離一切著 住無著行 菩薩如是善巧思惟 無有迷惑 不違諸法 不壞業因 明見眞實 善巧迴向 知法自性 以方便力 成就業報 到於彼岸 智慧觀察一切諸法 獲神通智諸業善根 無作而行 隨心自在 菩薩摩訶薩以諸善根如是迴向 爲欲度脫一切衆生 不斷佛種 永離魔業 見一切智無有邊際 信樂不捨離世境界 斷諸雜染 亦願衆生得淸淨智 入深方便 出生死法 獲佛善根 永斷一切諸魔事業 以平等印普印諸業 發心趣入一切種智 成就一切出世間法

"불자여! 이것이 보살마하살의 무너지지 않는 제2 회향입니다. 보살마하살이 이 회향에 머물 때는 셀 수 없는 일체 모든 부처님을 뵙고 헤아릴 수 없이 청정하며, 빼어난 법을 성취하고 중생들이 평등한 마음을 두루 얻게 하며, 모든 법에 의혹이 없으며, 모든 부처님의 신력으로 보호를 받게 되어 마군을 항복 받고 영원히 마군의 업에서 벗어나며, 귀한 문중에 태어남을 성취해서 보리심을 원만하게 하고 걸림이나 막힘없는 지혜를 얻지만, 타인의 가르침으로 말미암지 않고 능히 선근으로 일체 법의 뜻을 열어 넓게 펴고 능히 사유의 힘을 따라 모든 세계에 들어가서 중생을 두루 비추고 남김없이 청정하게 하니, 보살마하살이 이 무너지지 않는 회향의 힘으로 모든 선근을 거두어 이와 같음에 회향합니다."

佛子 是爲菩薩摩訶薩第二不壞迴向 菩薩摩訶薩住此迴向時 得見一切無數諸佛 成就無量淸淨妙法 普於衆生得平等心 於一切法無有疑惑 一切諸佛神力所加 降伏衆魔 永離其業 成就生貴 滿菩提心 得無礙智不由他解 善能開闡一切法義 能隨想力入一切刹 普照衆生 悉使淸淨 菩薩摩訶薩以此不壞迴向之力 攝諸善根 如是迴向

그때 금강당 보살이 시방을 자세하게 살펴보고 부처님의 신력을 받들어 게송으로 말했다.

爾時 金剛幢菩薩觀察十方 承佛神力 卽說頌言

菩薩已得不壞意 보살이 이미 무너지지 않는 뜻을 얻어
修行一切諸善業 일체 모든 선근의 업을 닦고 행하니
是故能令佛歡喜 이러한 까닭으로 모든 부처님을 즐겁고 기쁘게 하며
智者以此而迴向 지혜로운 자들이 이로써 회향한다네.

供養無量無邊佛 헤아릴 수 없고 끝없는 부처님께 공양하며
布施持戒伏諸根 보시와 계를 지니어 모든 근을 조복시키고
爲欲利益諸衆生 모든 중생에게 이익이 되게 하고자
普使一切皆淸淨 모든 것을 빠짐없이 두루 청정하게 한다네.

一切上妙諸香華 모든 것에서 가장 빼어난 모든 향과 꽃과
無量差別勝衣服 헤아릴 수 없이 차별된 뛰어난 의복과
寶蓋及以莊嚴具 보배 덮개 및 장엄 기물로
供養一切諸如來 일체 모든 여래께 공양합니다.

如是供養於諸佛 이와 같음으로 모든 부처님께 공양하기를
無量無數難思劫 헤아릴 수 없고 셀 수 없고 생각으로도 어려운 겁 동안
恭敬尊重常歡喜 공경하고 존중하고 언제나 기뻐하고 즐거워하며
未曾一念生疲厭 일찍이 한순간이라도 피곤해하거나 싫어하지 않았습니다.

專心想念於諸佛 오로지 모든 부처님을 마음에 품고 생각하니
一切世間大明燈 일체 세간의 큰 등불이신
十方所有諸如來 시방에 계신 모든 여래를
靡不現前如目睹 눈앞에 두고 뵙는 듯이 한다네.

不可思議無量劫 생각으로 미루어 알 수가 없고 헤아릴 수 없는 겁 동안
種種布施心無厭 가지가지로 보시하지만, 마음에 싫어함이 없고
百千萬億衆劫中 백천만 억 많은 겁 중에
修諸善法悉如是 모든 선근의 법을 닦음도 다 이와 같다네.

彼諸如來滅度已 저 모든 여래께서 열반하신 뒤에
供養舍利無厭足 사리에 공양하지만 싫어하거나 만족함이 없고
悉以種種妙莊嚴 남김없이 가지가지의 빼어난 장엄으로
建立難思衆塔廟 생각하기 어려운 많은 탑묘를 세운다네.

造立無等最勝形 그 이상 더할 수 없는 가장 뛰어난 형상을 만들어 세우고
寶藏淨金爲莊嚴 보배 장의 청정한 금으로 장엄하니
巍巍高大如山王 높고 높아서 큰 산 왕과 같고
其數無量百千億 그 수가 헤아릴 수 없는 백 천억이라네.

淨心尊重供養已 청정한 마음으로 존중하고 공양한 후에
復生歡喜利益意 차례를 좇아 환희를 내어 마음에 이익이 되도록 하고
不思議劫處世間 생각으로 헤아릴 수 없는 겁 동안 세간에 처하여
救護衆生令解脫 중생을 구원해 보호하고 해탈하게 한다네.

了知衆生皆妄想 중생이란 다 망령된 생각인 것을 깨달아 알고
於彼一切無分別 저 언덕의 모든 것에는 분별이 없지만
而能善別衆生根 능히 선근으로 중생의 근기를 분별해서
普爲群生作饒益 중생을 위해 넉넉한 이익을 두루 짓는다네.

菩薩修集諸功德 보살이 닦고 모은 모든 공덕이란
廣大最勝無與比 광대하고 가장 뛰어나기에 비할 것이 없고
了達體性悉非有 체와 성은 있는 것이 아님을 남김없이 깨달아 통달하며
如是決定皆廻向 이와 같음을 결정해서 다 회향한다네.

以最勝智觀諸法 가장 뛰어난 지혜로 모든 법을 살펴보니
其中無有一法生 그 가운데 하나의 법도 나지 않는다네.
如是方便修迴向 이와 같은 방편으로 회향을 닦으니
功德無量不可盡 공덕이 헤아릴 수 없고 다할 수 없다네.

以是方便令心淨 이 방편(般若智 方便)으로 마음을 청정하게 하며
悉與一切如來等 모든 일체 여래와 더불어 평등하고
此方便力不可盡 이러한 방편(如來智 方便)의 힘이 다하지 않으니
是故福報無盡極 이러한 까닭으로 복과 과보가 마지막까지 다함이 없다네.

發起無上菩提心 위 없는 보리심을 일으켜서
一切世間無所依 일체 세간에 의지할 것이 없으며
普至十方諸世界 시방의 모든 세계에 두루 이르지만
而於一切無所礙 모든 것에 걸림이나 막힘이 없다네.

一切如來出世間 모든 여래가 세간으로 나오심은
爲欲啓導衆生心 중생의 마음을 열어서 가르치고 이끌고자 하는 것이지만
如其心性而觀察 그 마음의 성품을 자세히 살펴보는 것과 같기에
畢竟推求不可得 끝까지 구해도 결국에는 얻을 것이 없다네.

一切諸法無有餘 일체 모든 법이란 남은 것이 없기에
悉入於如無體性 모두 들어가지만 체성이란 없는 것과 같다네.
以是淨眼而迴向 청정한 이 눈으로 회향해서
開彼世間生死獄 저 세간의 생사 지옥을 연다네.

雖令諸有悉淸淨 비록 모든 있음을 남김없이 청정하게 하지만
亦不分別於諸有 역시 모든 있음을 분별하지 않으며
知諸有性無所有 모든 있음의 성품이 없음을 알고
而令歡喜意淸淨 마음으로 환희하고 청정하게 한다네.

於一佛土無所依 한 부처님 국토에라도 의지할 것이 없고
一切佛土悉如是 모든 부처님 세계도 남김없이 이와 같으며
亦不染著有爲法 또한 유위법에 물들지 않기에
知彼法性無依處 저 언덕의 법이란 성품은 의지할 처가 없음을 안다네.

以是修成一切智 이것(般若智)으로 모든 지혜를 닦아 이루며
以是無上智莊嚴 이것(般若智)으로 위 없는 지혜를 장엄하고
以是諸佛皆歡喜 이것(般若智)으로 모든 부처님이 다 환희하시니
是爲菩薩迴向業 이(般若智)는 보살이 회향하는 업이 된다네.

菩薩專心念諸佛 보살이 오로지 한 마음으로 모든 부처님의
無上智慧巧方便 위 없는 지혜와 능숙한 방편을 생각하지만
如佛一切無所依 부처님이 일체에 의지할 것이 없는 것과 같이
願我修成此功德 원하건대 내가 이 공덕을 닦아 이룰 것이라네.

專心救護於一切 마음으로 오로지 일체를 구원하고 보호해서
令其遠離衆惡業 그들이 많은 악업으로부터 멀리 벗어나게 하니
如是饒益諸群生 이와 같음으로 모든 중생에게 넉넉한 이익을 주기 위해
繫念思惟未曾捨 사유의 생각을 묶어서 버리지 않는다네.

住於智地守護法 지혜의 자리에 머무르며 법을 지키고 보호하며
不以餘乘取涅槃 남아있는 승으로 열반을 취하지 않고
唯願得佛無上道 오직 부처님의 위 없는 도를 얻길 소원하니
菩薩如是善迴向 보살은 이와 같음의 선근으로 회향한다네.

不取衆生所言說 중생이 하는 말과
一切有爲虛妄事 모든 유위법의 허망한 일들을 취하지 않고
雖復不依言語道 비록 차례를 좇아 언어의 도를 의지하지 않지만
亦復不著無言說 역시 차례를 좇아 말이 없음에도 집착하지 않는다네.

十方所有諸如來 시방에 계신 모든 여래께서는
了達諸法無有餘 모든 법이 남음이 없음을 분명하게 통달하고
雖知一切皆空寂 비록 모든 지혜가 공적함을 알지만
而不於空起心念 공적한 마음이라는 생각을 일으키지 않는다네.

以一莊嚴嚴一切 하나를 장엄함으로 모든 것을 장엄하지만
亦不於法生分別 역시 법에 대한 분별을 내지 않는다네.
如是開悟諸群生 이와 같음으로 모든 중생이 깨우침을 깨달아 얻게 하지만
一切無性無所觀 모든 것은 성품도 없고 자세히 들여다볼 것도 없다네.

제3 회향

"불자여! 무엇을 보살마하살의 모든 부처님과 평등한 회향이라 하는가."
佛子 云何爲菩薩摩訶薩等一切佛迴向

"불자여! 이 보살마하살이 과거, 미래, 현재의 모든 부처님과 세존이 회향하는 도를 거스르지 않고 따르며 배우고 행하니, 이와 같음에 회향하는 도를 배우고 닦을 때, 모든 색과 뿐만 아니라 촉법에 이르기까지 아름답거나 추악함을 보더라도 사랑과 미움을 생하지 않으며, 마음이 자재하기에 모든 허물이나 잘못 없이 광대하고 청정하며, 기뻐하고 즐거워하기에 모든 근심과 괴로움에서 벗어나며, 마음이 부드럽기에 모든 근이 청량합니다."
"불자여! 보살마하살이 이와 같음에 편안하고 즐거움을 얻었을 때, 차례를 좇아(復) 마음을 일으켜 부처님께 회향하면서 이와 같은 생각을 하길 '원하건대 내가 지금 가진 선근의 종자로 모든 부처님께서 즐거움이 더해지고 더욱 뛰어나게 해주십시오.'라고 합니다. 이른바 생각으로 헤아릴 수 없는 부처님이 머무는 즐거움과 비교할 수 없는 부처님 삼매의 즐거움과 헤아릴 수 없는 큰 자비의 즐거움과 일체 모든 부처님이 해탈하는 즐거움과 끝닿은 경계가 없는 큰 신통의 즐거움과 지극한 존중으로서의 크게 자재한 즐거움과 광

대하고 끝까지 이르게 하는 헤아릴 수 없는 힘의 즐거움과 깨달아 아는 모든 것을 벗어난 적정의 즐거움과 걸림이나 막힘이 없이 머무는 바른 선정의 즐거움과 둘이 없는 행을 행하지만 변하여 다르게 되지 않는 즐거움입니다."

佛子 此菩薩摩訶薩隨順修學去 來 現在諸佛世尊迴向之道 如是修學迴向道時 見 一切色乃至觸法若美 若惡 不生愛憎 心得自在 無諸過失 廣大淸淨 歡喜悅樂 離諸 憂惱 心意柔軟 諸根淸涼 佛子 菩薩摩訶薩獲得如是安樂之時 復更發心迴向諸佛 作 如是念 願以我今所種善根 令諸佛樂轉更增勝 所謂 不可思議佛所住樂 無有等比佛 三昧樂 不可限量大慈悲樂 一切諸佛解脫之樂 無有邊際大神通樂 最極尊重大自在 樂 廣大究竟無量力樂 離諸知覺寂靜之樂 住無礙住 恒正定樂 行無二行不變異樂

"불자여! 보살마하살이 모든 선근으로 부처님께 회향한 후에 차례를 좇아(復) 이러한 선근으로 보살에게 회향합니다. 이른바 소원이 원만하지 못한 자는 원만하게 하며, 마음이 청정하지 못한 자는 청정함을 얻게 하며, 모든 바라밀에 만족하지 못한 자는 만족하게 하고 금강 같은 보리심에 편안히 머물며, 모든 지혜에 대한 믿음이 약해지지 않음을 얻게 하며, 크게 정진함을 버리지 않게 해서 보리의 문인 모든 선근을 지키고 보호하게 하며, 중생들이 '나'라는 교만함을 벗어나 이를 버리고 보리심을 일으키게 하며, 원하는 바를 원만하게 이루어서 모든 보살이 머무는 곳에 편안하게 머물게 하며, 보살의 밝고 영리한 모든 근을 얻어서 확실하게 잡게 하며, 선근을 닦고 익혀서 살바야(如來智)를 증득하게 합니다."

佛子 菩薩摩訶薩以諸善根迴向佛已 復以此善迴向菩薩 所謂 願未滿者令得圓滿 心未淨者令得淸淨 諸波羅蜜未滿足者令得滿足 安住金剛菩提之心 於一切智得不退 轉 不捨大精進 守護菩提門一切善根 能令衆生捨離我慢 發菩提心 安住一切菩薩所 住 獲得菩薩明利諸根 修習善根 證薩婆若

"불자여! 보살마하살이 모든 선근으로 이와 같은 보살로 회향한 후에는 차례를 좇아(復) 모든 중생에게 회향합니다. 원하기를 모든 중생이 가진 선근과 지극히 작은 것에 이르기까지 손가락 한 번 튕기는 순간에 부처님을 뵙고 법을 듣고 스님들을 공경하면서 저 언덕의 모든 선근이 걸림이나 막힘에서 빠짐없이 벗어나고 부처님의 원만함을 생각하고 스님들의 존중함을 생각하고 부처님 보는 일을 벗어나지 않고 마음의 청정함을 얻고 모든 부처님의 법을 얻어서 헤아릴 수 없는 덕을 모으고 모든 신통을 청정히 해서 법을 의심하는 생각을 버리고 가르침에 의지해서 머무르게 합니다."

"중생을 위하여 이와 같음으로 회향하듯이 성문과 벽지불을 위한 회향도 역시 차례를 좇아(復) 이와 같습니다. 또 원하기를 모든 중생이 지옥, 아귀, 축생, 염라 왕 등등의 모든 악한 곳으로부터 영원히 벗어나 위 없는 보리심을 거듭 더하고 늘리며, 오로지 한 마음으로 부지런히 모든 지혜를 구하고 부처님의 바른 법을 영원히 훼방하지 않으며, 부처님의 편안함과 즐거움을 얻고 몸과 마음을 청정히 하여 모든 지혜를 증득하게 합니다."

佛子 菩薩摩訶薩以諸善根如是迴向菩薩已 復以迴向一切衆生 願一切衆生所有善根 乃至極少一彈指頃 見佛聞法 恭敬聖僧 彼諸善根皆離障礙 念佛圓滿 念法方便 念僧尊重 不離見佛 心得淸淨 獲諸佛法 集無量德 淨諸神通 捨法疑念 依敎而住 如爲衆生如是迴向 爲聲聞 辟支佛迴向亦復如是 又願一切衆生永離地獄 餓鬼 畜生 閻邏王等一切惡處 增長無上菩提之心 專意勤求一切種智 永不毁謗諸佛正法 得佛安樂 身心淸淨 證一切智

"불자여! 보살마하살이 가지고 있는 모든 선근은 남김없이 다 큰 서원으로 일으키고 바르게 일으켰으며, 모으고 쌓음에 바르게 모으고 쌓았으며, 거듭 더하고 늘림에 바르게 거듭 더하고 늘려서 광대하게 하고 온전하게 갖추어 가득히 채웠습니다."

佛子 菩薩摩訶薩所有善根 皆以大願 發起 正發起 積集 正積集 增長 正增長 悉令廣大具足充滿

"불자여! 보살마하살이 처자들과 함께 집에서 살지만 잠시라도 보리심을 버리지 않고 바른 생각으로 살바야(一切智)의 경계를 사유해서 자신을 제도할 뿐만 아니라 가족도 제도하여 끝까지 이르게 하고 선근 방편으로 자신의 권속을 가르치고 이끌어서 보살의 지혜에 들어가 성숙하고 해탈하게 하며, 비록 함께 머물고는 있지만 집착하지 않고 본래 청정의 대비로 처할 것으로 삼아 살아가며, 자비로운 마음으로 처자를 순하게 따르지만, 보살의 청정한 도에는 걸림이나 막힘이 없습니다."

"보살마하살이 비록 집에 살면서 모든 일을 끊이지 않고 만들어 가지만, 모든 지혜의 마음을 잠시라도 버리지 않습니다. 이른바 옷을 입거나, 맛있는 음식을 먹거나, 탕약을 먹거나, 씻고 양치하고 바르고 만지거나, 몸을 돌려 돌아보거나 가고 서고 앉고 눕거나 몸과 말과 생각의 업과 자거나 깨어 있거나 이와 같음으로 일체 모든 일을 할 때도 마음은 늘 살바야의 길로 회향해서 생각을 놓지 않고 사유하며, 버리거나 벗어나지 않습니다."

"모든 중생에게 이익이 되게 하고자 보리의 헤아릴 수 없는 큰 소원에 즐거이 머물고 셀 수 없이 광대한 선근을 거두어 의지하고 모든 선근을 부지런히 닦아 일체를 두루 구원하고 모든 교만함과 방일함에서 영원히 벗어나고 도장을 찍고 모든 지혜(一切智.薩婆若)의 자리에 이르고 마침내 사유의 본체를 일으켜 그 외의 도를 구하지 않고 늘 일체 모든 부처님의 보리를 들여다보면서 일체 모든 잡스럽고 물든 법을 영원히 버리고 모든 보살이 배운 것을 닦고 행하여 모든 지혜의 도에 걸림이나 막힘이 되지 않으며, 지혜의 지위에 머물면서 즐거이 외우고 익히며, 헤아릴 수 없는 지혜로 모든 선근을 모으고 마음으로 모든 세간을 그리워하거나 즐기지도 않고 또한 행하는 일에 물들거나 집착하지 않으며, 오로지 한 마음으로 모든 부처님의 가르침 법을 받아 지니고 보살이 이와 같은 집에 있으면서 처할 바 선근을 두루 거두어 거듭 더하고 늘려서 모든 부처님의 위 없는 보리로 회향합니다."

佛子 菩薩摩訶薩在家宅中與妻子俱 未曾暫社菩提之心 正念思惟薩婆若境 自度度彼 令得究竟 以善方便化己眷屬 令入菩薩智 令成熟解脫 雖與同止 心無所著 以本大悲處於居家 以慈心故隨順妻子 於菩薩清淨道無所障礙 菩薩摩訶薩雖在居家作諸事業 未曾暫捨一切智心 所謂 若著衣裳 若嚐滋味 若服湯藥 澡漱塗摩 迴旋顧視 行住坐臥 身語意業 若睡若寤 如是一切諸有所作 心常迴向薩婆若道 繫念思惟 無時捨離 爲欲饒益一切衆生 安住菩提無量大願 攝取無數廣大善根 勤修諸善 普救一切 永離一切憍慢放逸 決定趣於一切智地 終不發意向於餘道 常觀一切諸佛菩提 永捨一切諸雜染法 修行一切菩薩所學 於一切智道無所障礙 住於智地愛樂誦習 以無量智集諸善根 心不戀樂一切世間 亦不染著所行之行 專心受持諸佛教法 菩薩如是處在居家 普攝善根 令其增長 迴向諸佛無上菩提

"불자여! 보살이 이때 축생에 이르기까지 한 술의 밥과 한 알의 곡식을 주더라도 거듭 이러한 소원을 합니다. 이들이 항상 축생의 길을 버리고 끝내는 해탈해서 득이 되고 편안하게 되며, 괴로움의 바다를 영원히 건너서 고통받음을 영원히 없애며, 오온을 영원히 없애서 괴로운 느낌을 영원히 끊으며, 괴로움이 뭉친 것과 괴로운 행과 괴로움의 인이 됨과 괴로움의 근본과 괴로움에 처하는 모든 것들을 원하건대 저 중생들이 빠짐없이 버리고 벗어나기를 바랍니다. 보살도 이와 같음에 오로지 한 마음으로 모든 중생을 생각하면서 사유하고 저 언덕의 선근을 우두머리로 삼아 일체 종지로 회향합니다."

"보살이 처음 보리심을 일으키면서부터 두루 중생들을 거두고 닦은 모든 선근을 남김없이 회향하는 것은 중생들이 생사의 광야에서 영원히 벗어나게 하려는 것이며, 모든 여래의 걸림이나 막힘없는 시원한 즐거움을 얻게 하려는 것이며, 번뇌의 바다에서 나와 부처님의 법과 도를 닦게 하려는 것이며, 자비로운 마음을 가득 채우고 가엾이 여기는 광대한 힘으로 일체가 청정한 즐거움을 두루 얻게 하려는 것이며, 선근을 지키고 보호해서 부처님의 법을 친근하게 하려는 것이며, 마의 경계에서 나와 부처님의 경계로 들어가게 하려는 것이며, 세간의 종자를 끊어버리고 여래의 종자를 심으려는 것이며, 삼세의 평등한 법에 머물게 하고자 함이니, 보살마하살은 이와 같음을 이미 모았고 장차 모을 것이고 현재 모은 선근을 남김없이 회향합니다."

"차례를 좇아(復) 생각하기를 '과거 모든 부처님과 보살이 행한 일과 같이 일체 모든 부처님을 공손히 섬기어 공경하며, 모든 중생을 제도해서 영원히 벗어나게 하고 더욱 부지런히 닦아 익힌 모든 선근을 남김없이 회향하고 집착하는 것이 없다. 이른바 색(色)에 의지하지 않고 수(受)에 집착하지 않으며, 거꾸로 된 상(想)도 없고 행(行)을 짓지도 않고 식(識)을 취하지도 않으며, 육처(六處)를 버리고 벗어나 세간의 법에 머물지 않고 출세간의 법을 좋아하고 모든 법이란 허공과 같기에 좇아 온 곳이 없고 나지도 않고 없어짐도 없으며, 진실한 것이 없고 물들 것이 없음을 알기에 일체 분별하는 모든 소견에서 영원히 벗어나 움직이지 않고 헤매지도 않으며, 잃지 않고 무너지지 않기에 실지(實智·根本智)의 경계에 머물고 마주할 모양이나 상태가 없고 마주할 모양이나 상태를 벗어나 오직 하나의 마주할 모양이나 상태이다.'라고 합니다."

"이와 같은 모든 법의 성품에 깊이 들어가 두루두루 하나의 문인 선근을 항상 즐겁게 닦고 행하여 일체 모든 부처님의 모임을 남김없이 봅니다."

"지난 과거 모든 여래의 선근 회향과 같기에 나도 이와 같음으로 회향하니, 이와 같은 법을 깨우쳐 이해하고 이와 같은 법을 증득하고 이와 같은 법을 의지해서 마음을 일으키며, 또 닦고 익히며, 법의 모양이나 상태를 어기지 않고 수행하는 일이란 허깨비와 같고 그림자 같음을 알고 물 가운데의 달과 같고 거울 가운데의 본뜬 형상과 같으며, 인과 연의 화합으로 나타나는 것임을 압니다. 이러하기에 여래의 마지막 자리에 이르는 것입니다."

佛子 菩薩爾時 乃至施與畜生之食一搏 一粒 咸作是願 當令此等捨出生道 利益安樂 究竟解脫 永度苦海 永滅苦受 永除苦蘊 永斷苦覺 苦聚 苦行 苦因 苦本及諸苦處 願彼衆生皆得捨離 菩薩如是專心繫念一切衆生 以彼善根而爲上首 爲其迴向一切種智 菩薩初發菩提之心普攝衆生 修諸善根悉以迴向 欲令永離生死曠野 得諸如來無礙快樂 出煩惱海 修佛法道 慈心徧滿 悲力廣大 普使一切得淸淨樂 守護善根 親近佛法 出魔境界 入佛境界 斷世間種 植如來種 住於三世平等法中 菩薩摩訶薩如是所有已集 當集 現集善根 悉以迴向 復作是念 如過去諸佛菩薩所行 恭敬供養一切諸佛 度諸衆生令永出離 勤加修習一切善根 悉以迴向而無所著 所謂 不依色 不著受 無倒想 不作行 不取識 捨離六處 不住世法 樂出世間 知一切法皆如虛空 無所從來 不生不滅 無有眞實 無所染著 遠離一切諸分別見 不動不轉 不失不壞 住於寶際 無相離相 唯是一相 如是深入一切法性 常樂習行普門善根 悉見一切諸佛衆會 如彼過去一切如來善根迴向 我亦如是而爲迴向 解如是法 證如是法 依如是法 發心修習 不違法相 知所修行 如幻如影 如水中月 如鏡中像 因緣和合之所顯現 乃至如來究竟之地

"불자여! 보살마하살이 차례를 좇아(復) 생각하기를 '과거 모든 부처님이 보살행을 닦을 때 모든 선근으로 이와 같음에 회향하는 것처럼 미래와 현재도 또한 남김없이 이와 같을 것이다. 나 또한 이제 저 언덕의 모든 부처님처럼 당연히 이와 같은 마음을 일으켜 모든 선근으로 회향할 것이니, 첫째가는 회향이며, 뛰어난 회향이며, 가장 뛰어난 회향이며, 위가 되는 회향이며, 위 없는 회향이며, 그 이상 더할 수 없는 회향이며, 그 이상 더할 수 없으면서 차별 없는 회향이며, 본뜰 수 없는 회향이며, 마주할 상대가 없는 회향이며, 우러러보는 회향이며, 빼어난 회향이며, 평등한 회향이며, 정직한 회향이며, 큰 공덕의 회향이며, 광대한 회향이며, 선근 회향이며, 청정한 회향이며, 악을 벗어난 회향이며, 악을 따르지 않는 회향이다.'라고 합니다."

"보살이 이와 같은 선근으로 바르게 회향한 후에 몸과 말과 뜻의 업을 청정하게 성취해서 보살의 자리에 머물고 모든 허물이나 잘못이 없기에 선근의 업을 닦고 익히며, 몸과 말의 악에서 벗어나 마음에 티끌과 같은 더러움이 없으며, 모든 지혜를 닦아서 광대한 마음에 머물며, 모든 법이란 지어짐이 없음을 알고 출세간의 법에 머물기에 세간의 법에 물들지 않고 헤아릴 수 없는 모든 업을 분별해서 깨달아 알고 섬세하고 능숙한 선근 회향의 방편을 성취해서 집착하고 모든 걸 취하려는 근본을 영원히 뽑아버립니다."

佛子 菩薩摩訶薩復作是念 如過去諸佛修菩薩行時 以諸善根如是迴向 未來 現在 悉亦如是 我今亦應如彼諸佛 如是發心 以諸善根而爲迴向 第一迴向 勝迴向 最勝迴向 上迴向 無上迴向 無等迴向 無等等迴向 無比迴向 無對迴向 尊迴向 妙迴向 平等迴向 正直迴向 大功德迴向 廣大迴向 善迴向 淸淨迴向 離惡迴向 不隨惡迴向 菩薩如是以諸善根正迴向已 成就淸淨身 語 意業 住菩薩住 無諸過失 修習善業 離身 語惡 心無瑕穢 修一切智 住廣大心 知一切法無有所作 住出世法 世法不染 分別了知無量諸業 成就迴向善巧方便 永拔一切取著根本

"불자여! 이것이 보살마하살의 제3 모든 부처님과 평등한 회향입니다. 보살마하살이 이 회향에 머무르면서 일체 모든 여래의 업에 깊이 들어가며, 여래의 뛰어나고 빼어난 공덕을 향해 나아가며, 깊고 청정한 지혜의 경계에 들어가며, 일체 모든 보살의 업에서 벗어나지 않으며, 선근으로 섬세하고 능숙한 방편을 능히 분별하며, 깊은 법계에 들어가 선근으로 보살이 닦고 행하는 차례를 알며, 부처님의 종성에 들어가 섬세하고 능숙한 방편으로 헤아릴 수 없이 끝없는 일체 모든 법을 분별해서 깨달아 알고 비록 차례를 좇아(復) 몸을 나타내어 이 세상 가운데 태어나도 세상 법에 마음으로 집착함이 없습니다."

佛子 是爲菩薩摩訶薩第三等一切佛迴向 菩薩摩訶薩住此迴向 深入一切諸如來業 趣向如來勝妙功德 入深淸淨智慧境界 不離一切諸菩薩業 善能分別巧妙方便 入深法界 善知菩薩修行次第 入佛種性 以巧方便分別了知無量無邊一切諸法 雖復現身 於世中生 而於世法心無所著

그때 금강당 보살이 부처님의 신력을 받들어 시방을 들여다보고 게송으로 말했다.
爾時 金剛幢菩薩承佛神力 普觀十方 卽說頌言

彼諸菩薩摩訶薩 저 모든 보살마하살이
修過去佛迴向法 지난 과거 부처님의 회향하는 법을 닦고
亦學未來現在世 미래와 현재 세상의
一切導師之所行 모든 도사 또한 지난 세상 부처님이 행한 바를 배운다네.

於諸境界得安樂 모든 경계에서 편안함과 즐거움을 얻으니
諸佛如來所稱讚 모든 부처님과 여래들로부터 칭찬을 받고
廣大光明淸淨眼 광대한 광명과 청정한 눈으로
悉以迴向大聰哲 남김없이 대 총철(如來智)에 회향한다네.

菩薩身根種種樂 보살의 신근이 가지가지로 즐거우며
眼耳鼻舌亦復然 눈과 귀와 코와 혀 역시 차례를 좇아 그러하고
如是無量上妙樂 이와 같음에 헤아릴 수 없는 높고 빼어난 즐거움으로
悉以迴向諸最勝 가장 뛰어난 모든 곳에 남김없이 회향한다네.

一切世間衆善法 모든 세간의 많은 선근 법과
及諸如來所成就 모든 여래가 성취한 것에 이르기까지
於彼悉攝無有餘 저곳에서 남김없이 거두어 남음이 없게 하니
盡以隨喜益衆生 따라서 기뻐하고 중생에게 이익이 되도록 다한다네.

世間隨喜無量種 세간을 따라 기뻐하는 일이란 헤아릴 수 없이 많은 종류이지만
今此迴向爲衆生 지금 이 회향으로 중생을 위하니
人中師子所有樂 인간 가운데 사자의 이러한 즐거움을
願使群萌悉圓滿 원하건대 싹이 있는 중생들을 남김없이 원만하게 한다네.

一切國土諸如來 일체 국토의 모든 여래는
凡所知見種種樂 모든 분이 가지가지의 즐거움을 보고 아시니
願令衆生皆悉得 원하건대 모든 중생이 남김없이 얻어서
而爲照世大明燈 세상을 비추는 크고 밝은 등불이 되게 하소서.

菩薩所得勝妙樂 보살이 얻으신 뛰어나고 빼어난 즐거움을
悉以迴向諸群生 남김없이 모든 중생으로 회향한다네.
雖爲群生故迴向 비록 중생을 위한 까닭으로 회향하지만
而於迴向無所著 이 회향에 집착하는 일이 없다네.

菩薩修行此迴向 보살이 이 회향을 닦고 행하여
興起無量大悲心 헤아릴 수 없는 대비의 마음을 일으키고
如佛所修迴向德 부처님이 닦으신 바와 같은 회향의 공덕을
願我修行悉成滿 원하건대 나도 닦고 행하여 남김없이 원만하게 이룰 것이라네.

如諸最勝所成就 가장 뛰어난 바를 모두 성취함과 같이
一切智乘微妙樂 일체 지혜에 올라선 섬세하고 빼어난 즐거움과
及我在世之所行 또 내가 이 세상에 있으면서 행한 바와
諸菩薩行無量樂 모든 보살행의 헤아릴 수 없는 즐거움과
示入衆趣安隱樂 행하여 이르는 많은 곳의 편안함과 고요한 즐거움을 보이고
恒守諸根寂靜樂 항상 모든 근을 지키고 적정의 즐거움을
悉以迴向諸群生 남김없이 모든 중생에게로 회향해서
普使修成無上智 위 없는 지혜를 두루 닦고 이루게 한다네.

非身語意卽是業 몸과 말고 마음은 곧 업이 아니며
亦不離此而別有 또한 이러한 것을 벗어나 달리 있는 것이 아니지만
但以方便滅癡冥 단지 방편으로 어리석은 어둠을 없애버리고
如是修成無上智 이와 같음으로 위 없는 지혜를 닦아 이룬다네.

菩薩所修諸行業 보살이 닦은 모든 행의 업으로
積集無量勝功德 헤아릴 수 없이 뛰어난 공덕을 모아 쌓고
隨順如來生佛家 여래를 거스르지 않고 따라서 부처님 가문에 생하니
寂然不亂正迴向 고요하고 어지럽지 않아서 바른 회향이라네.

十方一切諸世界 시방의 일체 모든 세계에
所有衆生咸攝受 있는 중생들을 모두 거두어들이고
悉以善根迴向彼 선근으로 남김없이 저 언덕에 회향해서
願令具足安隱樂 원하건대 편안함과 즐거움을 온전하게 갖춘다네.

不爲自身求利益 자신을 위한 이익을 구하지 않으며
欲令一切悉安樂 일체 모든 이들의 편안함과 즐거움을 위해
未曾暫起戲論心 일찍이 잠시 잠깐이라도 말장난 같은 마음을 일으키지 않고
但觀諸法空無我 단지 모든 법이 공하고 내가 없음을 들여다본다네.

十方無量諸最勝 시방의 헤아릴 수 없는 가장 뛰어난 모든 이들 중에
所見一切眞佛子 보는 바가 모두 진실한 불자는
悉以善根迴向彼 선근을 남김없이 저 언덕으로 회향해서
願使速成無上覺 위 없는 깨우침을 하루속히 이루길 원한다네.

一切世間含識類 모든 세간에 있는 중생의 무리를
等心攝取無有餘 평등한 마음으로 거두어들여 남음이 없게 하고
以我所行諸善業 내가 닦고 행한 모든 선근의 업으로
令彼衆生速成佛 저 중생들이 속히 부처님을 이루게 한다네.

無量無邊諸大願 헤아릴 수 없고 끝없는 모든 큰 원은
無上導師所演說 위 없는 도사가 널리 펴서 설한 것이니
願諸佛子皆淸淨 원하건대 모든 불자가 다 청정해지고
隨其心樂悉成滿 그 마음이 좋아함을 따라 남김없이 원만하게 이루도록 한다네.

普觀十方諸世界 시방의 모든 세계를 두루 들여다보고
悉以功德施於彼 모든 공덕을 저에게 베풀어
願令皆具妙莊嚴 원하건대 빼어난 장엄을 모두 갖추며
菩薩如是學迴向 보살이 이와 같은 배움으로 회향한다네.

心不稱量諸二法 마음으로 두 가지의 법을 모두 칭하지 않고
但恒了達法無二 단지 늘 법이란 둘이 아님을 분명하게 통달해서
諸法若二若不二 모든 법이 둘이거나 둘이 아니거나
於中畢竟無所著 그 가운데 마지막까지라도 집착하지 않는다네.

十方一切諸世間 시방의 일체 모든 세간은
悉是衆生想分別 모든 것이 중생의 생각으로 분별하는 것이기에
於想非想無所得 생각과 생각 아닌 것도 얻을 것이 없으니
如是了達於諸想 이와 같은 모든 생각을 분명하게 통달해 안다네.

彼諸菩薩身淨已 저 모든 보살의 몸이 이미 청정해지면
則意淸淨無瑕穢 곧 뜻이나 생각이 청정해서 티끌 같은 더러움이 없으며
語業已淨無諸過 말의 업이 이미 청정해서 모든 허물이 없으면
當知意淨無所著 당연히 뜻이나 생각이 청정해서 집착이 없음을 안다네.

一心正念過去佛 한마음으로 과거의 부처님을 바르게 생각하고
亦憶未來諸導師 또한 미래의 모든 도사와
及以現在天人尊 현재의 천인존에 이르기까지 단단히 기억해서
悉學於其所說法 그들이 설한 법을 남김없이 배울 것이라네.

三世一切諸如來 삼세 일체 모든 여래께서
智慧明達心無礙 지혜를 밝게 통달해서 걸림이나 막힘이 없고
爲欲利益衆生故 중생들에게 이익을 얻게 하려는 까닭으로
迴向菩提集衆業 보리에 회향해서 많은 업을 모은다네.

彼第一慧廣大慧 저 언덕은 제일의 지혜와 광대한 지혜와
不虛妄慧無倒慧 허망하지 않은 지혜와 거꾸로 뒤바뀌지 않은 지혜와
平等實慧淸淨慧 평등하고 진실한 지혜와 청정한 지혜이니
最勝慧者如是說 가장 뛰어난 지혜를 지닌 자는 이와 같음을 설한다네.

제4 회향

"불자여! 무엇을 두고 보살마하살이 모든 처에 이르는 회향이라 하는가."
佛子 云何爲菩薩摩訶薩至一切處迴向

"불자여! 이 보살마하살이 일체 모든 선근을 닦고 익힐 때 생각하기를 '원하건대 이 선근 공덕의 힘으로 모든 곳에 이를 것이다. 비유하면 진실한 경계에 이르지 못하는 곳이 없듯이, 일체 만물에 이르고 모든 세간에 이르고 모든 중생에게 이르고 모든 국토에 이르고 모든 법에 이르고 모든 허공에 이르고 모든 삼세에 이르고 모든 인위적인 유위법과 인위적이지 않은 있는 그대로의 무위법에 이르고 모든 말과 음성에 이르는 것처럼, 바라건대 이 선근도 역시 차례를 좇아(復) 이와 같아서 일체 모든 여래가 계신 곳에 두루 이르러 삼세 일체 모든 부처님께 공양하지만, 과거 모든 부처님이 원하는 바를 남김없이 다 원만히 하고 미래의 모든 부처님의 장엄을 온전하게 갖추고 현재의 모든 부처님과 그 국토와 도량에 모인 대중에 이르기까지 일체 허공 법계에 두루 가득하게 할 것입니다. 원하건대 믿고 이해하는 큰 위덕의 힘을 쓰는 까닭과 광대한 지혜가 걸림이나 막힘이 없는 까닭과 모든 선근을 남김없이 회향한 까닭으로 모든 하늘의 모든 공양 기물로 공양하여 헤아릴 수 없고 끝없는 세계를 가득 채울 것입니다.'라고 합니다."

"불자여! 보살마하살이 차례를 좇아(復) 생각하기를 '모든 부처님 세존이 모든 허공과 법계에 두루두루 하시고 가지가지 업으로 일어난 시방의 모든 세계종의 세계와 말할 수 없는 부처님의 국토와 부처님의 경계와 가지가지의 세계와 헤아릴 수 없이 많은 세계와 나누어서 다르거나 같은 것이 없는 세계와 굴러가는 세계와 기울어진 세계와 우러르는 세계와 뒤집힌 세계가 있다. 이와 같은 일체 모든 세계 가운데 수명으로 현재에 머무시면서 가지가지의 신통 변화를 나타내어 보이시고 저 보살은 깨우침을 이해하는 뛰어난 힘으로 생육의 가르침을 받을만한 중생들을 위하여 저 일체 모든 세계 가운데 여래로 나타나 이 세간에 출현하시고 일체 처에 이르는 지혜로 여래의 헤아릴 수 없는 자재한 신력을 두루두루 열어 보이시고 법신이 두루두루 나아가기에 차별이 없고 모든 법계에 두루 평등하게 들어가고 장엄한 여래의 몸은 나지도 않고 없어지지도 않지만, 섬세하고 능숙한 선근 방편으로 세간에 두루 나타나니, 법의 진실한 성품을 증득해서 일체를 초월한 까닭이며, 물러서거나 헤매지 않고 걸림이나 막힘없는 힘을 얻은 까닭이며, 여래의 막힘이나 걸림 없는 지견과 광대한 위덕의 종성 가운데 생하는 까닭이다.'라고 합니다."

佛子 此菩薩摩訶薩修習一切諸善根時 作是念言 願此善根功德之力至一切處 譬如實際 無處不至 至一切物 至一切世間 至一切衆生 至一切國土 至一切法 至一切虛空 至一切三世 至一切有爲 無爲 至一切語言 音聲 願此善根亦復如是 徧至一切諸如來所 供養三世一切諸佛 過去諸佛所願悉滿 未來諸佛具足莊嚴 現在諸佛及其國土 道場 衆會徧滿一切虛空法界 願以信解大威力故 廣大智慧無障礙故 一切善根悉迴向故 以如諸天諸供養具而爲供養 充滿無量無邊世界 佛子 菩薩摩訶薩復作是念 諸佛世尊普徧一切虛空法界 種種業所起 十方不可說一切世界種世界 不可說佛國土 佛境界種種世界 無量世界 無分齊世界 轉世界 側世界 仰世界 覆世界 如是一切諸世界中 現住於壽 示現種種神通變化 彼有菩薩以勝解力 爲諸衆生堪受化者 於彼一切諸世界中 現爲如來 出興於世 以至一切處智 普徧開示如來無量自在神力 法身徧往無有差別 平等普入一切法界 如來藏身不生不滅 善巧方便普現世間 證法實性超一切故 得不退轉無礙力故 生於如來無障礙見 廣大威德種性中故

"불자여! 보살마하살은 그가 가진 모든 선근으로 소원하기를 이와 같은 모든 여래의 처소에 빼어난 많은 꽃과 빼어난 많은 향과 화관, 양산, 당기, 깃발, 의복, 등촉과 나머지 일체 모든 장엄 기물로 공양하기를 소원하고 부처님의 형상과 부처님의 탑과 묘에도 모두 또한 이와 같음을 소원합니다."

"이러한 선근으로 이와 같음에 회향하니, 이른바 어지럽지 않은 회향과 한마음으로 하는 회향과 제 뜻으로 하는 회향과 존경하는 회향과 움직이지 않은 회향과 머무름이 없는 회향과 의지함이 없는 회향과 중생의 마음이 없는 회향과 조급한 마음이 없는 회향과 고요한 마음으로 하는 회향입니다."

"차례를 좇아(復) 생각하기를 '법계와 허공계를 다하는 과거, 미래, 현재의 모든 겁 가운데 모든 부처님 세존께서 일체 지혜를 얻어 보리를 이루셨다. 헤아릴 수 없이 이루신 많은 이름을 각각 차별하고 가지가지를 때마다 바른 깨우침으로 이루어 나타내고 모두 다 수명으로 머무시지만, 미래의 경계가 다 하도록 하나하나 각각 법계를 장엄함으로 그 몸을 장엄하시고 도량에 모인 대중이 법계에 두루두루 해서 모든 국토에 때를 따라 나아가 불사를 하신다. 이와 같은 일체 모든 부처님과 여래에게 내가 선근으로 빠짐없이 두루 회향할 것이다. 원하건대 수 없는 향 일산과 수 없는 향 당기와 수 없는 향 깃발과 수 없는 향 휘장과 수 없는 향 그물과 수 없는 향 형상과 수 없는 향 광명과 수 없는 향 불꽃과 수 없는 향 구름과 수 없는 향 평상과 수 없는 향이 가볍게 행하는 곳과 수 없는 향이 머무는 곳과 수 없는 향의 세계와 수 없는 향의 산과 수 없는 향의 바다와 수 없는 향의 강과 수 없는 향나무와 수 없는 향 의복과 수 없는 향 연꽃과 수 없는 향의 궁전과 헤아릴 수 없이 많은 꽃 일산에서 넓게 설하자면 헤아릴 수 없는 꽃 궁전에 이르기까지 회향할 것이다. 끝이 없는 머리 장식 일산에서 넓게 설하자면 끝이 없는 머리 장식 궁전에 이르기까지와 짝할 수 없는 바르는 향 일산에서 넓게 설하자면 짝할 수 없는 바르는 향 궁전에 이르기까지와 셀 수 없는 가루 향 일산에서 넓게 설하자면 셀 수 없는 가루 향 궁전에 이르기까지와 칭할 수 없는 옷 일산에서 넓게 설하자면 칭할 수 없는 옷 궁전에 이르기까지와 생각으로 헤아릴 수 없는 보배 일산에서 넓게 설하면 생각으로 헤아릴 수 없는 보배 궁전에 이르기까지와 헤아릴 수 없이 많은 등불의 광명 일산에서 넓게 설하면 헤아릴 수 없이 많은 등불 광명 궁전에 이르기까지와 말로 이를 수 없는 장엄 기물 일산에서 넓게 설하면 말로 이를 수 없는 장엄 기물 궁전에 이르기까지와 말할 수 없이 말로 이를 수 없는 마니보배 일산과 말할 수 없이 말로 이를 수 없는 마니보배 당기와 이와 같은 마니보배 깃발과 마니보배 휘장과 마니보배 그물과 마니보배 형상과 마니보배 광명과 마니보배 불꽃과 마니보배 구름과 마니보배 자리와 마니보배 경서로 행하는 지위와 마니보배가 머무는 곳과 마니보배 세계와 마니보배 산과 마니보배 바다와 마니보배 강과 마니보배 나무와 마니보배 의복과 마니보배 연꽃과 마니보배 궁전이 말할 수 없고 말로 이를 수 없다. 이와 같은 하나하나의 경계 가운데 각각 셀 수 없는 난간과 수 없는 궁전과 수 없는 누각과 수 없는 문과 수 없는 반달과 수 없는 망루와 수 없는 창호와 수 없는 청정한 보배와 수 없는 장엄 기물이 있으니, 이와 같은 공양 기물을 위에서 말한 바와 같이 모든 부처님 세존께 공손히 섬기어 공양할 것이다. 원하건대 모든 세간이 다 청정해지고 모든 중생이 다 벗어나 십력의 지위에 머무르며 모든 법 가운데 걸림이나 막힘없는 법의 밝음을 얻고 모든 중생이 선근을 온전하게 갖추고 남김없이 조복시키게 하고 그 마음이 헤아릴 수 없는 허공계와 같고 모든 세계로 가지만, 이르는 바가 없고 모든 국토에 들어가서는 모든 선근의 법을 베풀고 늘 부처님을 보면서 모든 선근을 심고 대승을 성취해서 모든 법에 집착하지 않고 많은 선근을 온전하게 갖추어 헤아릴 수 없는 행을 세우고 끝없는 모든 법계에 두루 들어가고 모든 부처님의 신통한 힘을 성취하고 여래의 모든 지혜와 지혜를 얻을 것이다. 비유하면 내가 없으므로 모든 법을 거두어 굳건히 지키는 것과 같이 나의 모든 선근도 역시 차례를 좇아(復) 이와 같음으로 일체 모든 부처님 여래를 거두어 굳건히 지킬 것이니, 이는 모두 다 공양하고 남음이 없는 까닭이며, 헤아릴 수 없는 모든 법을 거두어 굳건히 지킬 것이니, 이는 능히 깨달아서 걸림이나 막힘이 없는 까닭이며, 모든 보살과 대중을 두루 거두어 굳건히 지킬 것이니, 이는 마지막에는 다 선근이 같은 까닭이며, 일체 모든 보살의 행을 거두어 굳건히 지킬 것이니, 이는 본래의 원력으로 빠짐없이 두루 원만한 까닭이며, 모든 보살의 밝은 법을 거두어 굳건히 지킬 것이니, 이는 모든 법을 분명하게 통달해서 걸림이나 막힘이 없는 까닭이며, 모든 부처님의 큰 신통력을 두루 거두어 굳건히 지킬 것이니, 이는 헤아릴 수 없는 모든 선근을 성취한 까닭이며, 모든 부처님의 힘과 두려움 없음을 거두어 굳건히 지킬 것이니, 이는 헤아릴 수 없는 마음을 일으켜 일체를 원만히 하는 까닭이며, 보살의 삼매와 변재와 다라니의 문을 두루 거두어 굳건히 지킬 것이니, 이는 선근으로 둘 없는 법을 분명하게 비추어 깨우친 까닭이며, 모든 부처님의 섬세하고 능숙한 선근 방편을 거두어 굳건히 지킬 것이니, 이는 여래의 큰 신력을 나타내어 보이는 까닭이며, 삼세의 일체 모든 부처님의 강생, 성도하고 바른 법 수레를 굴려서 중생을 조복시키고 반 열반에 들어감을 거두어 굳건히 지킬 것이니, 이는 공손히 섬기어 공경함이 빠짐없이 두루두루 한 까닭이며, 시방의 모든 세계를 두루 거두어 굳건히 지킬 것이니, 이는 부처님 세계를 끝까지 청정하게 장엄하는 까닭이며, 일체 모든 광대한 겁을 두루 거두어 굳건히 지킬 것이니, 이는 겁 가운데 출현해서 보살행을 닦아 끊어짐이 없게 하려는 까닭이다."

"있는 모든 부류와 갈래에 태어남을 두루 거두어 굳건히 지킬 것이니, 이는 그 가운데 생을 받고 나타내는 까닭이며, 일체 모든 중생계를 두루 거두어 굳건히 지킬 것이니, 이는 보현보살의 행을 온전하게 갖춘 까닭이며, 일체 모든 의혹과 습기를 두루 거두어 굳건히 지킬 것이니, 이는 방편으로 빠짐없이 청정하게 하는 까닭이며, 일체중생의 모든 근을 두루 거두어 굳건히 지킬 것이니, 이는 헤아릴 수 없는 차별을 모두 깨달아 아는 까닭이며, 모든 중생의 이해에 대한 욕망을 두루 거두어 굳건히 지킬 것이니, 이는 잡스러움에 물이 드는 일을 벗어나 청정함을 얻은 까닭이며, 모든 중생을 가르쳐 생육하는 행을 두루 거두어 굳건히 지킬 것이니, 이는 중생이 응하는 바를 따라 그들을 위해 몸을 나타내는 까닭이며, 모든 중생에게 응하는 도를 두루 거두어 굳건히 지킬 것이니, 이는 남김없이 모든 중생계에 들어가는 까닭이며, 모든 여래의 지혜와 성품을 두루 거두어 굳건히 지킬 것이니, 이는 일체 모든 부처님의 가르침을 보호해 지니는 까닭이기 때문입니다.'라고 합니다."

佛子 菩薩摩訶薩以其所種一切善根 願於如是諸如來所 以衆妙華 及衆妙香 鬘蓋幢幡 衣服 燈燭 及餘一切諸莊嚴具以爲供養 若佛形像 若佛塔廟 悉亦如是 以此善根如是迴向 所謂 不亂迴向 一心迴向 自意迴向 尊敬迴向 不動迴向 無住迴向 無依迴向 無衆生心迴向 無躁競心迴向 寂靜心迴向 復作是念 盡法界 虛空界 去 來 現在一切劫中 諸佛世尊得一切智 成菩提道 無量名字各各差別 於種種時現成正覺 悉皆住壽盡未來際 一一各以法界莊嚴而嚴其身 道場衆會周徧法界 一切國土隨時出興而作佛事 如是一切諸佛如來 我以善根普皆迴向 願以無數香蓋 無數香幢 無數香幡 無數香帳 無數香網 無數香像 無數香光 無數香焰 無數香雲 無數香座 無數香經行地 無數香所住處 無數香世界 無數香山 無數香海 無數香河 無數香樹 無數香衣服 無數香蓮華 無數香宮殿 無量華蓋 廣說乃至無量華宮殿 無邊鬘蓋 廣說乃至無邊鬘蓋宮殿 無等塗香蓋 廣說乃至無等塗香宮殿 不可數末香蓋 廣說乃至不可數末香宮殿 不可稱衣蓋 廣說乃至不可稱衣宮殿 不可思寶蓋 廣說乃至不可思寶宮殿 不可量燈光明蓋 廣說乃至不可量燈光明宮殿 不可說莊嚴具蓋 廣說乃至不可說莊嚴具宮殿 不可說不可說摩尼寶蓋 不可說不可說摩尼寶幢 如是摩尼寶幡 摩尼寶帳 摩尼寶網 摩尼寶像 摩尼寶光 摩尼寶焰 摩尼寶雲 摩尼寶座 摩尼寶經行地 摩尼寶所住處 摩尼寶刹 摩尼寶山 摩尼寶海 摩尼寶河 摩尼寶樹 摩尼寶衣服 摩尼寶蓮華 摩尼寶宮殿 皆不可說不可說 如是一一諸境界中 各有無數欄楯 無數宮殿 無數樓閣 無數門闥 無數半月 無數卻敵 無數窓牖 無數淸淨寶 無數莊嚴具 以如是等諸供養物 恭敬供養如上所說諸佛世尊 願令一切世間皆得淸淨 一切衆生咸得出離 住十力地 於一切法中得無礙法明 令一切衆生具足善根 悉得調伏 其心無量 等虛空界 往一切刹而無所至 入一切土施諸善法 常得見佛 植諸善根 成就大乘 不著諸法 具足衆善 立無量行 普入無邊一切世界 成就諸佛神通之力 得於如來一切智智 譬如無我 普攝諸法 我諸善根亦復如是 普攝一切諸佛如來 咸悉供養無有餘故 普攝一切無量諸法 悉能悟入無障礙故 普攝一切諸菩薩衆 究竟皆與同善根故 普攝一切諸菩薩行 以本願力皆圓滿故 普攝一切菩薩法明 了達諸法皆無礙故 普攝諸佛大神通力 成就無量諸善根故 普攝諸佛力 無所畏 發無量心滿一切故 普攝菩薩三昧辯才陀羅尼門 善能照了無二

法故 普攝諸佛善巧方便 示現如來大神力故 普攝三世一切諸佛降生成道 轉正法輪 調伏衆生 入般涅槃 恭敬供養悉周徧故 普攝十方一切世界 嚴淨佛剎咸究竟故 普攝一切諸廣大劫 於中出現修菩薩行無斷絶故 普攝一切所有趣生 悉於其中現受生故 普攝一切諸衆生界 具足普賢菩薩行故 普攝一切諸惑習氣 悉以方便令淸淨故 普攝一切衆生諸根 無量差別咸了知故 普攝一切衆生解欲 令離雜染得淸淨故 普攝一切化衆生行 隨其所應爲現身故 普攝一切應衆生道 悉入一切衆生界故 普攝一切如來智性 護持一切諸佛敎故

"불자여! 보살마하살이 모든 선근으로 이와 같음에 회향할 때 얻을 것이 없는 것을 써서 방편으로 삼으니, 업 가운데서 과보를 분별하지 않고 과보 가운데서 업을 분별하지 않으며, 비록 분별하지는 않으나 법계에 두루 들어가고 비록 지어가는 일은 없으나 늘 선근에 머물고 비록 일으킴은 없으나 부지런히 뛰어난 법을 닦고 모든 법을 믿지 않으나 능히 깊이 들어가고 법이 있다고 하지 않으나 모든 것을 알고 보며, 지어가거나 지어가지 않거나 다 얻을 수 있는 것이 아님을 알고 모든 법의 성품을 알지만, 항상 자재하지 못함을 알고 비록 모든 법을 남김없이 보지만 보는 바가 없고 일체를 두루 알지만, 아는 바가 없습니다."

"보살이 이와 같은 경계를 분명하게 깨달아 알고 모든 법이란 인연을 근본으로 삼음을 알며, 일체 모든 부처님의 법신을 보고 모든 법에 물드는 일을 벗어나 실제의 경계에 이르며, 세간이 다 생육의 변화와 같음을 분명하게 깨우쳐 알고 중생이 오직 이 하나의 법임을 알아 두 성품이 없는 것을 밝게 통달하고 업의 경계와 섬세하고 능숙한 선근 방편을 버리지 않으며, 인위적인 경계인 유위법에서 있는 그대로의 법을 보이면서 인위적인 유위의 모양이나 상태를 무너뜨리거나 없애지 않고 있는 그대로의 경계인 무위에서 인위적인 유위를 법을 보이면서 있는 그대로의 무위법의 모양이나 상태를 분별하지 않습니다."

"보살이 이와 같은 모든 법이 마침내 적멸임을 들여다보고 청정한 모든 선근을 성취해서 중생을 구원하고 보호하려는 마음을 일으키며, 지혜로 모든 법의 바다를 분명하게 통달해서 늘 즐겁게 닦고 행하며, 매우 어리석은 법을 벗어나고 중생을 위해 세간으로 나서는 공덕을 성취하고 갖추며, 다시 세간의 법을 닦거나 배우지 않고 청정한 지혜의 눈을 얻어 어리석은 눈가림을 벗어나 선근 방편으로 회향의 도를 닦습니다."

佛子 菩薩摩訶薩以諸善根如是迴向時 用無所得而爲方便 不於業中分別報 不於報中分別業 雖無分別而普入法界 雖無所作而恒住善根 雖無所起而勤修勝法 不信諸法而能深入 不有於法而悉知見 若作 不作皆不可得 知諸法性恒不自在 雖悉見諸法而無所見 普知一切而無所知 菩薩如是了達境界 知一切法因緣爲本 見於一切諸佛法身 至一切法離染實際 解了世間皆如變化 明達衆生唯是一法 無有二性 不捨業境 善巧方便 於有爲界示無爲法 而不滅壞有爲之相 於無爲界示有爲法 而不分別無爲之相 菩薩如是觀一切法畢竟寂滅 成就一切淸淨善根 而起救護衆生之心 智慧明達一切法海 常樂修行離愚癡法 已具成就出世功德 不更修學世間之法 得淨智眼離諸癡翳 以善方便修迴向道

"불자여! 보살마하살이 모든 선근으로 이와 같음에 회향하면 일체 모든 부처님의 마음을 흡족하게 하며, 일체 모든 부처님의 국토를 깨끗이 장엄하며, 모든 중생을 가르치고 이끌어서 성취하게 하며, 모든 장사꾼의 지혜로운 길잡이가 되며, 모든 세간의 청정한 태양이 되며, 하나하나의 선근이 법계에 가득하며, 모든 중생을 구원하고 보호하며, 그들이 청정한 공덕을 온전하게 갖추도록 합니다."

佛子 菩薩摩訶薩以諸善根如是迴向 稱可一切諸佛之心 嚴淨一切諸佛國土 敎化成熟一切衆生 具足受持一切佛法 作一切衆生最上福田 爲一切商人智慧島史 作一切世間淸淨日輪 一一善根充徧法界 悉能救護一切衆生 皆令淸淨具足功德

"불자여! 보살마하살이 이와 같음에 회향할 때 부처님의 종자를 능히 보호해서 지니며, 모든 중생을 능히 성숙하게 하며, 모든 국토를 능히 청정하게 하며, 모든 업을 능히 무너뜨리지 않으며, 일체 모든 법을 능히 깨달아 알며, 모든 법이 둘이 없음을 능히 평등하게 들여다보며, 시방세계를 두루 다니며, 탐욕을 벗어난 실상의 본바탕이 되는 경계를 분명하게 통달하며, 청정한 믿음과 이해를 능히 성취하며, 밝고 영리한 모든 근을 온전하게 갖춥니다."

佛子 菩薩摩訶薩如是迴向時 能護持一切佛種 能成熟一切衆生 能嚴淨一切國土 能不壞一切諸業 能了知一切諸法 能等觀諸法無二 能徧往十方世界 能了達離欲實

際 能成就淸淨信解 能具足明利諸根

"불자여! 이것이 보살마하살의 제4 일체 처에 이르는 회향입니다."

"보살마하살이 이 회향에 머물 때 모든 곳에 이르는 몸의 업을 얻으니, 이는 모든 세계에 두루 응하여 나타나는 까닭이며, 모든 곳에 이르는 말의 업을 얻으니, 이는 일체 세계에서 법을 널리 펴고 설하는 까닭이며, 모든 곳에 이르는 뜻의 업을 얻으니, 이는 모든 부처님께서 설하신 법을 받아 지니는 까닭이며, 모든 곳에 이르는 신족통을 얻으니, 이는 중생들의 마음을 따라가 남김없이 응하는 까닭이며, 이르는 모든 곳을 따라 지혜를 증득하니, 이는 모든 법을 분명하게 통달해서 두루 아는 까닭이며, 모든 곳에 이르는 총지의 변재를 얻으니, 이는 중생들의 마음을 환희하게 하는 까닭이며, 모든 곳에 이르는 법계, 이 법계에 들어감을 얻으니, 이는 한 털구멍 가운데 일체 세계를 두루 넣은 까닭이며, 모든 곳에 이르는 들어가는 몸을 두루 얻으니, 이는 한 중생의 몸에 모든 중생의 몸이 두루 들어가는 까닭이며, 모든 곳에 이르는 겁을 보는 일을 두루 얻으니, 하나하나의 겁에서 항상 모든 여래를 보는 까닭이며, 모든 곳을 두루 보고 겁에 이르는 것을 얻으니, 이는 하나하나의 생각 가운데 일체 모든 부처님이 다 앞에 나타나는 까닭입니다."

"불자여! 보살마하살이 모든 곳에 이르는 회향을 얻으면 능히 선근으로 이와 같음에 회향합니다."

佛子 是爲菩薩摩訶薩第四至一切處迴向 菩薩摩訶薩住此迴向時 得至一切處身業 普能應現一切世界故 得至一切處語業 於一切世界中演說法故 得至一切處意業 受持一切佛所說法故 得至一切處神足通 隨衆生心悉往應故 得至一切處隨證智 普能了達一切法故 得至一切處總持辯才 隨衆生心令歡喜故 得至一切處入法界 於一毛孔中普入一切世界故 得至一切處徧入身 於一衆生身普入一切衆生身故 得至一切處普見劫 一一劫中常見一切諸如來故 得至一切處普見念 一一念中一切諸佛悉現前故 佛子 菩薩摩訶薩得至一切處迴向 能以善根如是迴向

그때 금강당 보살이 부처님의 위신력을 받들어 시방을 들여다보고 게송으로 말했다.

爾時 金剛幢菩薩承佛威力 普觀十方 而說頌言

內外一切諸世間 일체 모든 세간의 안이거나 밖이거나
菩薩悉皆無所著 보살은 어느 곳이든 집착이 없으며
不捨饒益衆生業 중생에게 넉넉한 이익을 주는 업, 이 업을 버리지 않으니
大士修行如是智 대사가 이와 같은 지혜를 닦고 행한다네.

十方所有諸國土 시방에 있는 모든 국토 어디든
一切無依無所住 일체 의지할 곳도 없으며 머물 곳도 없고
不取活命等衆法 살아가는 등등의 많은 법을 취하지 않으며
亦不妄起諸分別 또한 망령되게 모든 분별을 일으키지 않는다네.

普攝十方世界中 시방세계 가운데의
一切衆生無有餘 모든 중생을 두루 거두어 남음이 없게 하며
觀其體性無所有 그 체성이 없는 것을 들여다보고
至一切處善迴向 모든 곳에 이르러 선근으로 회향한다네.

普攝有爲無爲法 인위적인 유위법이 있는 그대로의 무위법을 거두지만
不於其中起妄念 그 가운데 망령된 생각을 일으키지 않고
如於世間法亦然 세간의 법도 또한 그와 같기에
照世燈明如是覺 세상을 비추는 밝은 등불로 이와 같음을 깨닫는다네.

菩薩所修諸業行 보살이 닦은 모든 업과 행은
上中下品各差別 상, 중, 하품이 각각 다르지만
悉以善根迴向彼 모두 다 선근으로
十方一切諸如來 시방 일체 모든 여래께 회향한다네.

菩薩迴向到彼岸 보살이 회향으로 피안에 이르지만
隨如來學悉成就 여래의 가르침을 따라 남김없이 성취하고
恒以妙智善思惟 늘 빼어난 지혜의 선근 사유로
具足人中最勝法 사람 가운데 가장 뛰어난 법을 온전하게 갖춘다네.

淸淨善根普迴向 청정한 선근으로 두루 회향하기에
利益群迷恒不捨 헤매는 무리에게 이익이 되도록 하고 늘 버리지 않으며
悉令一切諸衆生 일체 모든 중생이
得成無上照世燈 세상을 비추는 등불로 위 없음을 이루게 한다네.

未曾分別取衆生 일찍이 분별해서 중생을 취하지 않으며
亦不妄想念諸法 또한 모든 법을 망령된 생각으로 생각하지 않고
雖於世間無染著 비록 세간에 물이 들거나 집착하는 것은 없지만
亦復不捨諸含識 역시 차례를 좇아 모든 중생을 버리지 않는다네.

菩薩常樂寂滅法 보살이 늘 적멸법을 즐거이 하며
隨順得至涅槃境 거스르지 않고 따라 열반의 경계에 이르기도 하지만
亦不捨離衆生道 또한 중생의 도를 벗어나거나 버리지 않고
獲如是等微妙智 이와 같은 등등의 빼어난 지혜를 얻는다네.

菩薩未曾分別業 보살이 일찍이 업을 분별하지 않으며
亦不取著諸果報 또한 모든 과보에 집착하거나 취하지 않지만
一切世間從緣生 모든 세간의 인연을 좇아 나는 것이기에
不離因緣見諸法 인연을 벗어나지 않고 모든 법을 본다네.

深入如是諸境界 이와 같은 모든 경계에 깊이 들어갔지만
不於其中起分別 그 가운데서 분별을 일으키지 않으니
一切衆生調御師 모든 중생의 조어사가
於此明了善迴向 이를 밝게 깨달아 알고 선근으로 회향한다네.

대방광불화엄경 제25권

25. 십회향품(3)
　　十廻向品第二十五之三

제5 회향

"불자여! 무엇을 두고 보살마하살의 다함이 없는 공덕의 장 회향이라고 하는가."

"불자여! 이 보살마하살이 일체 모든 업의 무거운 걸림이나 막힘을 참회하고 없애서 일으킨 선근과 삼세 일체 모든 부처님께 공손하게 예를 갖추고 일으킨 선근과 일체 모든 부처님께 법문을 말씀하길 청하여 일으킨 선근과 부처님이 설하시는 법을 듣고 부지런히 닦고 익혀서 생각으로 헤아릴 수 없는 광대한 경계를 깨달아 일으킨 선근과 과거, 미래, 현재의 모든 부처님과 모든 중생에게 있는 선근을 따라 기뻐하고 일으킨 선근과 과거, 미래, 현재의 모든 부처님의 선근이 다함이 없으면서 모든 보살 대중이 부지런히 닦고 익혀서 얻은 선근과 삼세 모든 부처님이 등정각을 이루고 법의 바퀴를 굴려서 중생들을 조복시키고 이를 보살들이 다 알고 따르면서 환희심을 일으켜 생한 선근과 삼세 부처님이 처음으로 마음 일으킴을 좇아 보살의 행을 닦고 최고의 정각을 이루시고 반 열반에 드심을 나타내어 보이고 반 열반에 드신 후에는 바른 법으로 세상에 머물며, 또는 법이을 멸해서 없애는 이와 같은 등등의 일을 따라 기뻐하는 마음을 좇아 생하는 선근이 있습니다."

"보살이 이와 같은 말할 수 없는 부처님의 경계와 자신의 경계와 또 보리의 걸림이나 막힘이 없는 경계를 생각하니, 이와 같은 광대하면서 헤아릴 수 없이 차별한 모든 선근을 쌓아 모은 것이나 믿고 이해한 것이나 따라서 기뻐한 것이나 원만한 것이나 성취한 것이나 닦아서 행한 것이나 얻어서 잡은 것이나 알고 깨달은 것이나 거두어 지닌 것이나 거듭 더하고 늘린 것이나 모든 것을 남김없이 회향해서 일체 모든 부처님의 국토를 장엄합니다."

"지난 세상 끝닿은 경계 없는 겁 동안의 일체 세계란 모든 여래께서 행하신 곳과 같으니, 이른바 헤아릴 수 없으며, 수 없는 부처님의 세계종이란 부처님의 지혜로 아는 것이며, 보살이 아는 것이며, 큰마음으로 받아들인 장엄한 부처님 세계입니다. 청정한 업과 행으로 흐르고 이끌어온 것이며, 중생을 따라 응하여 일으킨 것이고 여래의 신력으로 나타내어 보인 것이고 모든 부처님이 세간에 나아간 청정한 업으로 이룬 것이며, 보현보살의 빼어난 행으로 일으킨 것이니, 일체 모든 부처님이 이 가운데서 도를 이루시고 가지가지의 자재한 신력을 나타내어 보이십니다."

"미래의 경계가 다 하도록 여래, 응공, 정등각께서 법계에 두루 머무시면서 오는 세상에 마땅히 부처님이 되실 것이며, 당연히 일체 청정한 장엄 국토를 얻을 것이니, 법계와 허공계가 다 하도록 끝도 없고 경계도 없고 끊이지 않고 다함이 없을 것이며, 빠짐없이 여래의 지혜로 태어나고 헤아릴 수 없는 빼어난 보배로 장엄하는 것이니, 이른바 모든 향으로 장엄하고 모든 꽃으로 장엄하고 모든 옷으로 장엄하고 모든 공덕의 장으로 장엄하고 일체 모든 부처님의 힘으로 장엄하고 모든 부처님의 국토를 장엄합니다."

"여래가 우두머리고 헤아릴 수 없는 지난 겁 동안 함께 한 옛적 인연의 청정한 대중이 그 가운데 머무르고 오는 세상 가운데 마땅히 정각을 이룰 것이니, 이는 일체 모든 부처님이 성취하신 것이며, 세상에서는 볼 수 있는 것이 아니며, 보살의 청정한 눈이어야 능히 비추어 볼 수 있습니다. 이 모든 보살이 큰 위신과 덕을 갖추고 옛적에 미리부터 선근을 심었기에 모든 법이 허깨비와 같고 생육의 변화와 같음을 알고 보살의 청정한 업을 두루 행하고 생각으로 헤아릴 수 없는 자재 삼매에 들어가고 섬세하고 성숙한 선근 방편으로 불사를 지어가며, 부처님이 광명을 놓아 세간을 두루 비추면서 그 끝이 없습니다."

"현재 계신 모든 부처님 세존도 다 이와 같은 세계를 장엄하시니, 헤아릴 수 없이 많은 형상과 헤아릴 수 없이 많은 광명의 색이 모두 다 이 공덕으로 성취한 것이며, 헤아릴 수 없이 많은 향과 헤아릴 수 없이 많은 보배와 헤아릴 수 없이 많은 나무와 수 없는 장엄과 수 없는 궁전과 수 없는 음성 등입니다. 옛적 인연을 따르는 선지식들이 모든 공덕 장엄을 끝없이 나타내어 보인 것이니, 이른바 모든 향 장엄과 모든 머리 장식 장엄과 모든 가루 향 장엄과 모든 보배 장엄과 모든 깃발 장엄과 모든 보배 비단 장엄과 모든 보배 난간 장엄과 아승기 금 그물로 된 장엄과 아승기 구름과 비로 장엄하고 아승기 음악으로 섬세하고 빼어난 음을 연주하는 장엄입니다."

"이와 같은 등등의 헤아릴 수 없고 수 없는 장엄 기물로 모든 법계와 허공계에 가득한 모든 세계를 장엄하였으니, 이는 시방의 헤아릴 수 없는 가지가지의 업으로 일어났으며, 부처님이 깨달아 아시고 부처님이 말씀하신 모든 세계였습니다. 그 가운데 있는 모든 부처님의 국토는 이른바 장엄한 부처님 국토와 청정한 부처님 국토와 평등한 부처님 국토와 빼어나게 좋은 부처님 국토와 위덕의 부처님 국토와 광대한 부처님 국토와 편안하고 즐거운 부처님 국토와 무너지지 않은 부처님 국토와 다함이 없는 부처님 국토와 헤아릴 수 없는 부처님 국토와 움직임이 없는 부처님 국토와 두려움이 없는 부처님 국토와 광명의 부처님 국토와 어기거나 거스르지 않은 부처님 국토와 사랑하고 즐기는 부처님 국토와 두루 밝게 비추는 부처님 국토와 좋은 부처님 국토와 화려한 부처님 국토와 빼어나고 능숙한 부처님 국토와 제일의 부처님 국토와 뛰어난 부처님 국토와 특별히 뛰어난 부처님 국토와 최고로 뛰어난 부처님 국토와 극히 뛰어난 부처님 국토와 상품의 부처님 국토와 위 없는 부처님 국토와 동등함이 없는 부처님 국토와 비교할 수 없는 부처님 국토와 비유할 수 없는 부처님 국토입니다."

"이와 같은 과거, 미래, 현재의 모든 부처님 국토에 있는 장엄을 보살마하살이 자신의 선근으로 마음을 일으키고 회향하면서, 원하건대 이와 같은 과거, 미래, 현재의 모든 부처님께서 가지신 국토의 청정한 장엄으로 남김없이 한 세계를 장엄하되, 저 언덕의 일체 모든 부처님 국토에 있는 장엄을 다 성취하고 남김없이 다 청정하게 하고 남김없이 다 모으고 남김없이 다 나타내고 남김없이 다 좋게 장엄하고 남김없이 다 머물러 지닐 것이고 한 세계와 같이 모든 법계와 허공계의 모든 세계도 이와 같음으로 하여 삼세 일체 모든 부처님 국토의 가지가지 장엄을 빠짐없이 다 온전하게 갖춥니다."

佛子 云何爲菩薩摩訶薩無盡功德藏迴向 佛子 此菩薩摩訶薩以懺除一切諸業重障所起善根 禮敬三世一切諸佛所起善根 勤請一切諸佛說法所起善根 聞佛說法精勤修習 悟不思議廣大境界所起善根 於去 來 今 一切諸佛 一切衆生所有善根 皆生隨喜所起善根 去 來 今世一切諸佛善根無盡 諸菩薩衆精勤修習所得善根 三世諸佛成等正覺 轉正法輪 調伏衆生 菩薩悉知 發隨喜心所生善根 三世諸佛從初發心 修菩薩行成最正覺乃至示現入般涅槃 般涅槃已正法住世乃至滅盡 於如是等皆生隨喜所有善根 菩薩如是念不可說諸佛境界及自境界 乃至菩提無障礙境 如是廣大無量差別一切善根 凡所積集 凡所信解 凡所隨喜 凡所圓滿 凡所成就 凡所修行 凡所獲得 凡所知覺 凡所攝持 凡所增長 悉以迴向莊嚴一切諸佛國土如過去世無邊際劫 一切世界 一切如來所行之處 所謂 無量無數佛世界種 佛智所知 菩薩所識 大心所受 莊嚴佛刹 淸淨業行 所流所引 應衆生起 如來神力之所示現 諸佛出世淨業所成 普賢菩薩妙行所興 一切諸佛於中成道 示現種種自在神力 盡未來際 所有如來 應 正等覺 徧法界

住 當成佛道 當得一切淸淨莊嚴功德佛土 盡法界 虛空界 無邊無際 無斷無盡 皆從如來智慧所生 無量妙寶之所莊嚴 所謂 一切香莊嚴 一切華莊嚴 一切衣莊嚴 一切功德藏莊嚴 一切諸佛力莊嚴 一切佛國土莊嚴 如來所都 不可思議 同行宿緣諸淸淨衆 於中止住 未來世中當成正覺 一切諸佛之所成就 非世所睹 菩薩淨眼乃能照見 此諸菩薩具大威德 宿植善根 知一切法如幻如化 普行菩薩諸淸淨業 入不思議自在三昧 善巧方便能作佛事 放ówn光明普照世間 無有限極 現在一切諸佛世尊 悉亦如是 莊嚴世界無量形相 無量光色 悉是功德之所成就無量香 無量寶 無量樹 無數莊嚴 無數宮殿 無數音聲 隨順宿緣諸善知識 示現一切功德莊嚴 無有窮盡 所謂 一切香莊嚴 一切鬘莊嚴 一切末香莊嚴 一切寶莊嚴 一切幡莊嚴 一切寶繒綵莊嚴 一切寶欄楯莊嚴 阿僧祇金網莊嚴 阿僧祇河莊嚴 阿僧祇雲雨莊嚴 阿僧祇音樂奏微妙音 如是等無量無數莊嚴之具 莊嚴一切盡法界 虛空界 十方無量種種業起 佛所了知 佛所宣說一切世界其中所有一切佛土 所謂 莊嚴佛土 淸淨佛土 平等佛土 妙好佛土 威德佛土 廣大佛土 安樂佛土 不可壞佛土 無盡佛土 無量佛土 無動佛土 無畏佛土 光明佛土 無違逆佛土 可愛樂佛土 普照明佛土 嚴好佛土 精麗佛土 妙巧佛土 第一佛土 勝佛土 殊勝佛土 最勝佛土 極勝佛土 上佛土 無上佛土 無等佛土 無比佛土 無譬諭佛土 如是過去 未來 現在一切佛土所有莊嚴 菩薩摩訶薩以己善根發心迴向 願以如是去 來 現在一切諸佛所有國土淸淨莊嚴 悉以莊嚴於一世界 如彼一切諸佛國土所有莊嚴 皆悉成就 皆悉淸淨 皆悉聚集 皆悉顯現 皆悉嚴好 皆悉住持 如一世界 如是 盡法界 虛空界 一切世界悉亦如是 三世一切諸佛國土種種莊嚴皆悉具足

"불자여! 보살마하살이 차례를 좇아(復) 선근으로 이와 같음에 회향하면서 소원하기를, 내가 닦은 바가 모든 부처님 국토에 빠짐없이 다하고 큰 보살들이 충만하고 그 모든 보살의 체성이 진실하고 지혜를 통달하고 모든 세계 및 중생계를 선근으로 능히 분별하고 법계 및 허공계에 깊이 들어가고 어리석은 마음에서 벗어나 버리고 염불을 성취하고 법이란 진실하기에 생각으로 헤아릴 수 없음을 생각하고 승(僧)이 헤아릴 수 없이 많고 모든 곳에 빠짐없이 두루두루 하고 또한 버리는 것을 생각하고 법이라는 태양이 원만하고 지혜의 광명으로 두루 비추어 보기는 하나 걸림이나 막힘이 없고 생함이 없는 것으로부터 모든 부처님 법을 생하고 뛰어나고 많은 상품 선근의 주인이 되고 위 없는 보리심의 마음을 생하여 일으키고 여래의 힘에 머물고 살바야(一切智)로 나아가고 모든 마군의 업을 깨트리고 중생계를 청정히 하고 법의 성품에 깊이 들어가 위치나 차례가 거꾸로 뒤바뀐 것에서 영원히 벗어나고 선근과 큰 소원이 빠짐없이 다 헛되지 않고 이와 같은 보살들이 그 국토에 충만해서 이와 같은 곳에 태어나고 이와 같은 덕으로 있기에 늘 불사를 지어서 부처님 보리의 청정한 광명을 얻고 법계의 지혜를 갖추고 신통력을 나타내어 하나의 몸으로 일체 법계에 충만하고 큰 지혜를 얻어서 모든 지혜로 행한 바 경계에 들어가고 헤아릴 수 없이 많고 끝이 없는 법계의 글귀와 뜻을 선근으로 분별하고 모든 세계에 집착함이 없지만, 모든 부처님 세계를 능히 두루 나타내고 마음이 허공과 같아 의지할 처가 없지만 모든 법계를 능히 분별하고 생각으로 헤아릴 수 없는 깊고 깊은 삼매에 선근으로 능히 들어가고 나오며, 살바야로 향해 나아가 모든 부처님 세계에 머물고 모든 부처님의 힘을 얻어서 아승기 법을 활짝 열고 널리 펴서 설하지만 두려움이 없습니다."

"삼세 모든 부처님의 선근을 거스르지 않고 따라서 일체 여래 법계를 두루 비추고 모든 부처님의 법을 능히 받아 지니고 아승기 모든 언어의 법을 알아 생각으로 헤아릴 수 없는 차별된 음성을 선근으로 능히 널리 펴고 위 없는 부처님의 자재한 지위에 들어가고 시방의 모든 세계에 두루 다니지만, 막힘이나 걸림이 되지 않고 다툼이 없고 의지할 것 없는 법을 행하지만 분별하는 것이 없으며, 닦고 익혀서 보리심을 거듭 더하고 늘려서 섬세하고 능숙한 선근 지혜를 얻고 글귀와 뜻을 선근으로 알고 능히 차례를 따라(復.50位) 활짝 열고 널리 펴서 설합니다."

"원하건대 이와 같은 모든 큰 보살들이 그 국토를 장엄해서 충만함이 두루두루 하고 순하게 따르고 편안하게 머물면서 연기가 스며들 듯 닦고 지극하게 스며들 듯 닦으며, 순수하고 청정하고 지극히 순수하고 청정하며, 시원하게 터져서 편안하고 고요하지만, 한 부처님 세계에 한 방향을 방위를 따라 빠짐없이 다 이와 같음으로 수 없고 헤아릴 수 없이 많고 끝없고 같음이 없고 셀 수 없고 일컬어 드러낼 수 없고 사유할 수 없고 양을 가늠할 수 없고 말할 수 없고 말할 수 없이 말로 이를 수 없는 모든 큰 보살들이 두루 충만하며, 한 방위에서 한 것과 같이 모든 방위에서도 역시 차례를 좇아(復) 이와 같고 한 부처님 세계와 같이 모든 허공과 법계의 일체 부처님 세계도 남김없이 역시 이와 같습니다."

佛子 菩薩摩訶薩復以善根如是迴向 願我所修一切佛刹 諸大菩薩皆悉充滿 其諸菩薩 體性眞實 智慧通達 善能分別一切世界及衆生界 心入法界及虛空界 捨離愚癡 成就念佛 念法眞實不可思議 念僧無量普皆周徧 亦念於捨 法日圓滿 智光普照 見無所

礙 從無得生生諸佛法 爲衆勝上善根之主 發生無上菩提之心 住如來力 趣薩婆若 破諸魔業 淨衆生界 深入法性 永離顚倒 善根大願皆悉不空 如是菩薩充滿其土 生如是處 有如是德 常作佛事 得佛菩提淸淨光明 具法界智 現神通力 一身充滿一切法界 得大智慧 入一切智所行之境 善能分別無量無邊法界句義 於一切刹皆無所著 而能普現一切佛土 心如虛空 無有所依 而能分別一切法界 善能入出不可思議甚深三昧 趣薩婆若 住諸佛刹 得諸佛力 開示演說阿僧祇法而無所畏 隨順三世諸佛善根 普照一切如來法界 悉能受持一切佛法 知阿僧祇諸語言法 善能演出不可思議差別音聲 入於無上佛自在地 普遊十方一切世界而無障礙 行於無諍 無所依法 無所分別 修習增廣菩提之心 得善巧智 善知句義 能隨次第開示演說 願令如是諸大菩薩莊嚴其國 充滿分布 隨順安住 熏修 極熏修 純淨 極純淨 恬然宴寂 於一佛刹 隨一方所 皆有如是無數無量 無邊 無等 不可數 不可稱 不可思 不可量 不可說 不可說不可說諸大菩薩周徧充滿 如一方所 一切方所亦復如是 如一佛刹 盡虛空徧法界一切佛刹 悉亦如是

"불자여! 보살마하살이 모든 선근으로 일체 부처님 세계에 방편으로 회향하고 모든 보살이 선근 방편으로 회향하고 모든 여래에게 선근 방편으로 회향하고 모든 부처님 보리에 선근 방편으로 회향하고 모든 광대한 소원에 선근 방편으로 회향하고 모든 뛰어나고 요긴한 길에 선근 방편으로 회향하고 선근 방편으로 회향해서 모든 중생계를 청정히 하고 선근 방편으로 일체 세계에 늘 모든 부처님이 나오심을 보는 것으로 회향하고 선근 방편으로 회향해서 여래의 수명이 헤아릴 수 없음을 늘 보고 선근 방편으로 회향해서 부처님들이 법계에 두루 하시고 가득하여 걸림이나 막힘이 없기에 법륜에서 물러나지 않음을 항상 봅니다."

"불자들이여! 보살마하살이 선근으로 이와 같음으로 회향할 때 모든 부처님의 국토에 두루 들어가는 까닭으로 모든 부처님의 세계가 빠짐없이 다 청정하고 모든 중생계에 두루 이르는 까닭으로 모든 보살이 빠짐없이 다 청정하고 일체 모든 부처님 국토에 부처님께서 출현하기를 원하는 까닭으로 모든 법계와 모든 부처님의 국토에 모든 여래의 몸이 그렇듯 초월해서 출현합니다."

"불자여! 보살마하살이 이와 같은 등등의 비교할 수 없는 회향으로 살바야로 나아가면 마음이 허공과 같이 헤아려 알 수가 없기에 생각으로는 알 수 없는 곳에 들어가며, 모든 업이나 과보가 빠짐없이 다 적멸한 것임을 알고 마음이 항상 평등하고 끝닿은 경계가 없기에 모든 법계에 능히 두루두루 들어갑니다."

"불자여! 보살마하살이 이와 같음으로 회향할 때 나와 나의 것을 분별하지 않고 부처님과 부처님 법을 분별하지 않고 세계와 청정하게 장엄한 세계를 분별하지 않고 중생과 조복시킨 중생을 분별하지 않고 업과 업의 과보를 분별하지 않고 생각과 생각으로 일으킨 것을 분별하지 않고 원인을 무너뜨리지 않고 결과를 무너뜨리지 않고 일을 취하지 않고 법을 취하지 않고 생사에 분별이 있다고 이르지 않고 열반이 항상 적정하다 이르지 않고 여래가 부처님의 경계를 증득했다고 이르지 않으니, 이는 적은 법이라도 함께 머물지 않기 때문입니다."

"불자여! 보살마하살이 이와 같음으로 회향할 때 모든 선근으로 중생에게 두루 보시하지만 견고한 믿음으로 성숙하게 하고 평등하게 가르쳐 생육하고 모양이나 상태도 없고 원인을 도와 결과를 낳게 하는 작용도 없고 헤아려 이를 수 없고 허망함이 없기에 모든 분별과 취함과 집착에서 영원히 벗어납니다."

"보살마하살이 이와 같음에 회향한 후에는 다함이 없는 선근을 얻으니, 이른바 삼세의 모든 부처님을 생각하는 까닭으로 다함이 없는 선근을 얻으며, 모든 보살을 생각하는 까닭으로 다함이 없는 선근을 얻으며, 모든 부처님 세계를 청정하게 하는 까닭으로 다함이 없는 선근을 얻으며, 모든 중생계를 청정하게 하는 까닭으로 다함이 없는 선근을 얻으며, 법계에 깊이 들어가는 까닭으로 다함이 없는 선근을 얻으며, 헤아릴 수 없는 마음을 닦아서 허공계와 평등하게 하는 까닭으로 다함이 없는 선근을 얻으며, 모든 부처님의 경계를 깊이 깨달아 이해하는 까닭으로 다함이 없는 선근을 얻으며, 보살의 업을 부지런히 닦고 익히는 까닭으로 다함이 없는 선근을 얻으며, 삼세를 분명하게 깨달아 아는 까닭으로 다함이 없는 선근을 얻습니다."

"불자여! 모든 선근으로 이와 같음에 회향할 때 일체 중생계에 중생이 없음을 분명하게 알며, 모든 법이란 수명이 없음을 깨달으며, 모든 법이란 지은 자가 없음을 알며, 모든 법에는 보특가라(衆生)가 없음을 깨우쳐 알며, 모든 법이란 분쟁이 없음을 분명하게 깨우쳐 알며, 모든 법이란 빠짐없이 인연을 따라 일으킨 것이기에 머무를 곳이 없음을 들여다보며, 모든 물건이 다 의지할 것이 없음을 알며, 모든 세계란 머무를 데가 없음을 분명하게 알며, 모든 보살의 행도 또한 처소가 없음을 들여다보며, 모든 경계란 다 없는 것임을 봅니다."

"불자여! 보살마하살이 이와 같음에 회향할 때 눈으로 부정한 부처님 세계를 보지 않고 역시 차례를 좇아(復) 다른 모양이나 상태의 중생도 보지 않고 적은 법으로 지혜에 들어갈 일이 없으며, 역시 적은 지혜로 법에 들어갈 일이 없다. 이는 여래의 몸이 허공과 같지 않음을 이해하는 것이니, 모든 공덕과 헤아릴 수 없는 빼어난 법이 원만한 까닭이며, 모든 곳에서 모든 중생이 선근을 쌓고 모아서 남김없이 충만하게 하는 까닭입니다."

佛子 菩薩摩訶薩以諸善根 方便迴向一切佛刹 方便迴向一切菩薩 方便迴向一切如來 方便迴向一切佛菩提 方便迴向一切廣大願 方便迴向一切出要道 方便迴向淨一切衆生界 方便迴向於一切世界常見諸佛出興於世 方便迴向常見如來壽命無量 方便迴向常見諸佛徧周法界轉無障礙不退法輪 佛子 菩薩摩訶薩以諸善根如是迴向時 普入一切佛國土故 一切佛刹皆悉淸淨 普至一切衆生界故 一切菩薩皆悉淸淨 普願一切諸佛國土佛出興故 一切法界 一切佛土諸如來身超然出現 佛子 菩薩摩訶薩 以如是等無比迴向趣薩婆若 其心廣大 猶如虛空 無有限量 入不思議 知一切業及以果報皆悉寂滅 心常平等 無有邊際 普能徧入一切法界 佛子 菩薩摩訶薩如是迴向時 不分別我及以我所 不分別佛及以佛法 不分別刹及以嚴淨 不分別衆生及以調伏 不分別業及業果報 不著於思及思所起 不傀因 不壞果 不取事 不取法 不謂生死有分別 不謂涅槃恒寂靜 不謂如來證佛境界 無有少法 與法同止 佛子 菩薩摩訶薩如是迴向時 以諸善根普施衆生 決定成熟 平等敎化 無相 無緣 無稱量 無虛妄 遠離一切分別取著 菩薩摩訶薩如是迴向已 得無盡善根 所謂 念三世一切諸佛故 得無盡善根 念一切菩薩故 得無盡善根 淨諸佛刹故 得無盡善根 淨一切衆生界故 得無盡善根 深入法界故 得無盡善根 修無量心等虛空界故 得無盡善根 深解一切佛境界故 得無盡善根 於菩薩業勤修習故 得無盡善根 了達三世故 得無盡善根 佛子 菩薩摩訶薩以一切善根如是迴向時 了一切衆生界無有衆生 解一切法無有壽命 知一切法無有作者 悟一切法無補伽羅 了一切法無有忿諍 觀一切法皆從緣起 無有住處 知一切物皆無所依 了一切刹悉無所住 觀一切菩薩行亦無處所 見一切境界悉無所有 佛子 菩薩摩訶薩如是迴向時 眼終不見不淨佛刹 亦復不見異相衆生 無有少法爲智所入 亦無少智而入於法 解如來身非如虛空 一切功德 無量妙法所圓滿故 於一切處令諸衆生積集善根悉充足故

"불자여! 보살마하살이 생각과 생각 가운데 말할 수 없이 말로 이를 수 없는 십력의 지위를 얻으며, 모든 복과 덕을 온전하게 갖추고 청정한 선근을 성취해서 모든 중생의 복 밭이 되며, 이 보살마하살이 여의마니 공덕의 장을 성취하니, 이는 곧 필요한 대로 있음을 따라 모든 즐거운 기물을 남김없이 다 얻게 되는 까닭이며, 다니는 곳 방위를 따라 능히 모든 국토를 깨끗이 장엄하니, 이는 행하는 곳을 따라 말할 수 없고 말로 이를 수 없는 중생을 빠짐없이 모두 청정하게 하여 복덕을 거두어 취하고 모든 행을 닦고 다스리게 한 까닭입니다."

"불자여! 보살마하살이 이와 같음에 회향할 때 모든 보살이 행을 닦기에 복덕이 특히나 뛰어나고 모양이나 상태가 비교할 것이 없고 위엄과 광명이 모든 세간을 뛰어넘고 마와 마민(魔民)이 마주 대하여 넘볼 수 없고 선근을 온전하게 갖추고 큰 원을 성취하며, 그 마음이 더욱 광대해져서 모든 지혜와 평등하고 한 생각 잠깐 사이에 헤아릴 수 없는 부처님 세계에 남김없이 두루 하고 지혜의 힘이 헤아릴 수 없는 부처님 세계에 두루 가득하고 일체 모든 부처님의 경계를 분명하게 깨달아 통달하고 모든 부처님에 대한 깊은 믿음과 이해를 얻어 끝없는 지혜에 머물고 보리심의 힘이 광대해서 법계와 같고 마지막까지 허공과 같습니다."

"불자여! 이 이름이 보살마하살의 다함이 없는 공덕의 장으로서 제5 회향입니다."

佛子 此菩薩摩訶薩於念念中得不可說不可說十力地 具足一切福德 成就淸淨善根 爲一切衆生福田 此菩薩摩訶薩 成就如意摩尼功德藏 隨有所須 一切樂具悉皆得故 隨所遊方悉能嚴淨一切國土 隨所行處令不可說不可說衆生皆悉淸淨 攝取福德修治諸行故 佛子 菩薩摩訶薩如是迴向時 修一切菩薩行 福德殊勝 色相無比 威力光明超諸世間 魔及魔民莫能瞻對 善根具足 大願成就 其心彌廣 等一切智 於一念中 悉能周徧無量佛刹 智力無量 了達一切諸佛境界 於一切佛得深信解 住無邊智菩提心力 廣大如法界 究竟如虛空 佛子 是名菩薩摩訶薩第五無盡功德藏迴向

"보살마하살이 이 회향에 머물면 열 가지의 다함이 없는 장을 얻으니, 무엇이 열인가 하면, 이른바 부처님을 뵙게 되는 다함이 없는 장을 얻으니, 이는 하나의 털구멍에서 아승기 부처님들이 세상에 출현하심을 보는 까닭이며, 법에 들어가는 다함이 없는 장을 얻으니, 이는 부처님 지혜의 힘으로 모든 법이 남김없이 하나의 법으로 들어감을 들여다보는 까닭이며, 단단히 기억해서 지니는 다함이 없는 장을 얻으니, 이는 모든 부처님이 설한 법을 받아 지니고 잊지 않은 까닭이며, 도장 받은 지혜의 다함이 없는 장을 얻으니, 이는 모든 부처님이 설하신 선근의 법과 선근의 비밀스러운 방편을 아는 까닭이며, 뜻을 깨우치는 곳으로 나아가 다함이 없는 장을 얻으니, 이는 모든 법의 이치를 나누고 가지런하게 하는 선근을 아는 까닭이며, 끝없이 깨우침을 깨달아 아는 다함이 없는 장을 얻으니, 이는 허공과 같은 지혜로 삼세 일체 모든 법을 통달하는 까닭이며, 복덕이 다함이 없는 장을 얻으니, 이는 모든 중생의 뜻을 충만하게 하여 다함이 없는 까닭이며, 용맹한 지혜의 깨우침으로 다함이 없는 장을 얻으니, 이는 모든 중생의 어리석음과 번뇌를 남김없이 없애버리는 까닭이며, 도장 받은 변재의 다함이 없는 장을 얻으니, 이는 모든 부처님의 평등한 법을 널리 펴고 설하여 모든 중생을 남김없이 분명하게 깨닫도록 하는 까닭이며, 십력과 두려움 없는 무진장을 얻으니, 이는 모든 보살의 행을 온전하게 갖추고 더러움을 벗어나 비단을 이마에 싸매고 걸림이나 막힘이 없는 모든 지혜에 이르는 까닭입니다. 이것이 열 가지니, 보살마하살이 모든 선근(如來智根)으로 회향할 때 이 열 가지 다함이 없는 장을 얻습니다."

菩薩摩訶薩住此迴向 得十種無盡藏 何等爲十 所謂 得見佛無盡藏 於一毛孔見阿僧祇諸佛出興世故 得入法無盡藏 以佛智力觀一切法悉入一法故 得憶持無盡藏 受持一切佛所說法無忘失故 得決定慧無盡藏 善知一切不所說珐秘密方便故 得解義趣無盡藏 善知識法理趣分齊故 得無邊悟解無盡藏 以如虛空智通達三世一切法故 得福德無盡藏 充滿一切諦衆生意不可盡故 得勇猛智覺無盡藏 悉能除滅一切衆生愚癡翳故 得決定辯才無盡藏 演說一切佛平等法令諸衆生悉解了故 得十方無畏無盡藏 具足一切菩薩所行 以離垢繒而繫其頂 至無障礙一切智故 是爲十 佛子 菩薩摩訶薩 以一切善根迴向時 得此十種無盡藏

그때 금강당 보살이 시방을 두루 들여다보고 게송으로 말했다.
爾時 金剛幢菩薩 普觀十方 而說頌言

菩薩成就深心力 보살이 깊은 마음의 힘을 성취하고
普於諸法得自在 모든 법에 자재함을 두루 얻고서

以其勸請隨喜福 청하여 권하고 기쁘게 따르는 복으로
無礙方便善迴向 막힘이나 걸림 없는 선근의 방편으로 회향한다네.

三世所有諸如來 삼세에 계신 모든 여래가
嚴淨佛刹徧世間 부처님 세계를 청정히 장엄하고 세간에 두루 하며
所有功德靡不具 있는 공덕을 다 갖추시니
迴向淨刹亦如是 청정한 세계에 회향함도 역시 이와 같다네.

三世所有諸佛法 삼세에 있는 모든 부처님의 법을
菩薩皆悉諦思惟 보살이 빠짐없이 다 사유해서 자세히 알고
以心攝取無有餘 마음으로 거두어 취하고 남음이 없으니
如是莊嚴諸佛刹 이와 같은 모든 부처님 세계를 장엄하네.

盡於三世所有劫 삼세에 있는 겁이 다하도록
讚一佛刹諸功德 한 부처님 세계의 공덕을 칭찬하니
三世諸劫猶可盡 삼세의 모든 겁이 끝나더라도 오히려
佛刹功德無窮盡 부처님 세계의 공덕은 다할 수 없다네.

如是一切諸佛刹 이와 같은 일체 모든 부처님 세계를
菩薩悉見無有餘 보살이 남김없이 보고 남음이 없기에
摠以莊嚴一佛土 이것으로 한 부처님의 국토를 장엄하고
一切佛土悉如是 모든 부처님의 국토도 남김없이 이와 같다네.

有諸佛子心淸淨 모든 불자의 마음이 청정한 것은
悉從如來法化生 모든 것이 여래의 법으로 낳고 길러서 난 것이니
一切功德莊嚴心 모든 공덕으로 장엄하는 마음이
一切佛刹皆充滿 일체 부처님 세계에 빠짐없이 충만하다네.

彼諸菩薩悉具足 저 언덕의 모든 보살이 좋아하는

無量相好莊嚴身 헤아릴 수 없는 모양이나 상태를 온전하게 갖추어 몸을 장엄하였고
辯才演說徧世間 변재로 널리 펴서 세간에 두루 설함이
譬如大海無窮盡 비유하면 큰 바닷물이 다함이 없는 것과 같다네.

菩薩安住諸三昧 보살이 모든 삼매에 편안히 머무르며
一切所行皆具足 행하는 모든 것을 빠짐없이 갖추고
其心淸淨無與等 그 마음이 청정하기에 비교할만한 것이 없으며
光明普照十方界 광명으로 시방세계를 두루 비춘다네.

如是無餘諸佛刹 이와 같은 남음이 없는 모든 부처님 세계에
此諸菩薩皆充滿 이러한 모든 보살이 빠짐없이 충만하고
未曾憶念聲聞乘 일찍이 성문승을 기억해서 생각하지 않으며
亦復不求緣覺道 역시 차례를 좇아 연각의 도를 구하지 않는다네.

菩薩如是心淸淨 보살이 이와 같은 청정한 마음으로
善根迴向諸群生 모든 중생에게 선근으로 회향하면서
普欲令其成正道 그들이 바른 도를 두루 이루게 하며
具足了知諸佛法 온전하게 갖추고 모든 부처님 법을 깨달아 알게 하려는 것이라네.

十方所有衆魔怨 시방에 있는 많은 마에 대한 원한을
菩薩威力悉摧破 보살의 위력으로 남김없이 꺾어서 부수어버리니
勇猛智慧無能勝 이길 수 없는 용맹한 지혜로
決定修行究竟法 도장 받은 마지막 법을 닦아 행할 것이라네.

菩薩以此大願力 보살이 이 같은 큰 원력으로
所有迴向無有礙 회향하는 일에 있어 걸림이나 막힘이 없고
入於無盡功德藏 다함이 없는 공덕의 장에 들어가니
去來現在常無盡 과거, 미래, 현재에 항상 하기에 다함이 없다네.

菩薩善觀諸行法 보살이 선근으로 모든 행하는 법을 들여다보고
了達其性不自在 그 성품이 자재하지 못함을 분명하게 통달해서 아니
旣知諸法性如是 이미 모든 법의 성품이 이와 같은 것임을 알고
不妄取業及果報 망령되게 업과 과보를 취하지 않는다네.

無有色法無色法 색법도 무색법도 없는 것이고
亦無有想無無想 또한 생각이 있다는 것도 없고 생각이 없다는 것도 없으며
有法無法皆悉無 법이 있는 것도 법이 없는 것도 모두 없는 것이니
了知一切無所得 일체란 얻을 것이 없음을 깨달아 안다네.

一切諸法因緣生 일체 모든 법이란 인연으로 생한 것이며
體性非有亦非無 체성은 있지도 않고 또한 없지도 않기에
而於因緣及所起 인연으로 일어나기는 하지만
畢竟於中無取著 마지막까지 그 가운데를 취하거나 집착하지 않는다네.

一切衆生語言處 모든 중생이 말하는 곳(是甚麽)이란
於中畢竟無所得 그 가운데를 끝까지 얻을 수 없다네.
了知名相皆分別 이름과 모양이나 상태는 다 분별일 뿐임을 깨달아 알고
明解諸法悉無我 모든 법이란 다 내가 없음을 밝고 확실하게 깨우쳐야 하는 일이라네.

如衆生性本寂滅 중생의 성품이란 본래 적멸과 같기에
如是了知一切法 이와 같은 모든 법을 깨달아 알고
三世所攝無有餘 삼세를 거두어 남음이 없으니
刹及諸業皆平等 세계와 모든 업은 다 평등하다네.

以如是智而迴向 이와 같은 지혜로 회향하기에
隨其悟解福業生 그 깨우침을 깨달아 아는 것을 따라 복과 업이 생하고
此諸福相亦如解 이 모든 복의 모양이나 상태도 또한 깨우침과 같으니
豈復於中有可得 어찌 차례를 좇아 그 가운데서 얻을 것이 있겠는가.

如是迴向心無垢 이와 같음으로 회향하는 마음은 허물이나 잘못이 없기에
永不稱量諸法性 모든 법의 성품을 영원히 헤아려 칭하지 않고
了達其性皆非性 그 성품이 다 성품이 아님을 분명하게 깨우쳐 알아서
不住世間亦不出 세간에 머물지 않고 또한 나아가지도 않는다네.

一切所行衆善業 모든 것을 닦아 행한 많은 선근의 업을
悉以迴向諸群生 남김없이 다 모든 중생에게 회향하고
莫不了達其眞性 참 성품을 분명하게 통달해서
所有分別皆除遣 가지고 있는 분별을 다 없애버린다네.

所有一切虛妄見 가지고 있는 허망한 모든 견해를
悉皆棄捨無有餘 남김없이 다 버리고 버려서 남은 것이 없고
離諸熱惱恒淸涼 모든 뜨거운 번뇌를 벗어나 늘 청량하기에
住於解脫無礙地 막힘이나 걸림이 없는 해탈의 지위에 머무른다네.

菩薩不壞一切法 보살은 모든 법을 무너뜨리지 않으며
亦不滅壞諸法性 모든 법의 성품 또한 무너뜨리거나 없애지 않고
解了諸法猶如響 모든 법이란 오로지 메아리와 같음을 분명하게 깨우쳐 알고
悉於一切無所著 일체 모든 법에 집착이 없다네.

了知三世諸衆生 삼세의 모든 중생이
悉從因緣和合起 모든 것이란 인과 연의 화합을 좇아 일어남을 깨달아 알게 하고
亦知心樂及習氣 또한 마음으로 즐거워함과 습기를 알아
未曾滅壞一切法 일찍이 일체 법을 무너뜨리거나 없애지 않는다네.

了達業性非是業 업의 성품이 업이 아닌 것을 분명하게 깨우쳐 통달하고
而亦不違諸法相 또한 모든 법의 모양이나 상태를 어기지 않으며
又亦不壞業果報 또 업과 과보를 무너뜨리지 않으면서
說諸法性從緣起 모든 법의 성품이 인연을 좇아 일어남을 설한다네.

了知衆生無有生 중생이란 생함이 없음과
亦無衆生可流轉 헤매는 중생들 또한 없는 것을 깨달아 알고
無實衆生而可說 중생이라 말할 수 있는 것이 참으로 없지만
但依世俗假宣示 단지 세속을 의지해 임시로 빌려서 펴 보이는 것이라네.

제6 회향

"불자여! 무엇을 두고 보살마하살의 견고한 모든 선근을 따르는 회향이라 하는가."
佛子 云何爲菩薩摩訶薩隨順堅固一切善根迴向

"불자여! 이 보살마하살이 때로는 제왕이 되어 큰 나라를 다스리면 위덕이 널리 퍼지고 이름이 천하를 울립니다. 그러므로 모든 원수와 적이 귀순하고 명령을 내릴 때는 모두 바른 법을 의지하고 하나의 일산을 잡아서 만방을 덮어버리고 천하를 두루 돌아다녀도 막힘이나 걸림이 없고 깨끗한 비단 천을 이마에 매달고 법에 자재하기에 보는 자들이 다 굴복하고 잘못으로 벌을 주지 않지만, 덕으로 마음을 움직여 가르침을 좇게 하고 사섭법으로 모든 중생을 거두고 전륜왕이 되어 일체에 두루 도움을 더 합니다."
"보살마하살이 이와 같은 자재한 공덕에 편안히 머물기에 큰 권속이 가로막거나 무너뜨릴 수 없고 많은 허물이나 잘못을 벗어났으며, 보는 이가 싫어하지 않고 복과 덕으로 장엄해서 마주한 모양이나 상태가 아름답고 원만하며, 형체와 가지와 마디를 온전하게 갖추고 고르게 조화를 이루었고 나라연의 견고한 몸을 얻고 큰 힘을 성취해서 굴복시킬 수 없고 청정한 업을 얻었기에 모든 업의 막힘이나 걸림에서 벗어납니다."
"닦고 행함을 온전하게 갖추고 모든 것을 보시하니, 때로는 음식과 가장 맛있는 것을 보시하고 때로는 수레를 보시하고 때로는 의복을 보시하고 때로는 꽃 머리 장식과 여러 가지 향과 바르는 향과 평상과 집과 또한 머무는 처소와 좋은 등촉과 병에 쓰는 탕약과 보배 그릇과 보배 수레와 말을 잘 듣는 코끼리와 말을 훌륭하게 꾸며서 즐겁고 기쁜 마음으로 보시하고 때로는 어떤 사람이 와서 왕이 처하는 자리와 덮개, 우산, 당기, 깃발,

보물과 모든 장엄 기물과 머리에 쓴 보배 관이나 상투에 꽂은 명주와 왕의 지위를 구걸하더라도 조금도 아끼지 않습니다."

"그와 같은 중생이 감옥에 있음을 보면 모든 재물이나 보배나 처자나 권속이나 몸을 버리면서까지도 그들을 구원해서 보호하고 벗어나게 하며, 만일 옥에 있는 죄수가 사형당하게 됨을 보면 몸을 버려서 목숨을 대신하고 혹은 머리 장식을 구걸하면 기쁘고 즐겁게 내어주면서 또한 아끼지 않고 눈, 귀, 코, 혀와 치아와 머리, 손발과 피, 살, 뼈, 골수와 심장, 신장, 간, 폐와 대장, 소장과 두꺼운 피부, 얇은 피부와 손발의 모든 손가락, 발가락, 손톱, 발톱까지라도 기쁘고 즐거운 마음으로 보시하고 때로는 일찍이 있지 않은 법을 구하기 위해 청하고 몸을 던져 깊은 불 구덩이에 들어가며, 때로는 부처님의 바른 법을 보호하기 위해 모든 고통을 달게 받아내고 때로는 법을 구하기 위해서일 뿐만 아니라 단 한 글자를 위해서라도 사해(四海) 안에 가지고 있는 모든 것을 버리고 늘 바른 법으로 중생을 가르치고 이끌어서 선행을 닦고 모든 악에서 벗어나 버리게 하고 중생이 다른 사람의 신체를 훼손하는 것을 보면 자비로운 마음으로 구원해서 죄업을 버리게 합니다."

"그와 같이 여래가 최고의 정각 이룸을 보면 칭찬하고 찬탄해서 두루 듣고 알게 하며, 때로는 땅을 보시해서 절이나 집, 전당을 지어 머무는 처로 삼게 하며, 또 시중을 들 아이를 보내 받들고 섬기게 하고 때로는 자신의 몸으로 구걸하는 자에게 베풀고 때로는 부처님께 보시하되 법을 구하기 위한 까닭으로 기뻐서 뛰고 중생을 위한 까닭으로 받들어 섬기고 공양하고 때로는 임금의 지위와 성읍, 취락과 궁전이나 정원의 숲이나 처자 권속까지 버려서 구걸하는 것을 따라 남김없이 그 원을 만족하게 하고 때로는 모든 살림살이에 필요한 물건들을 버려서까지 보시하여 두루 무차대회를 베풉니다."

"그 가운데 중생의 가지가지 복 밭이 먼 곳에서 왔거나 가까운 곳에서 왔거나 어질거나 어리석거나 아름답거나 추하거나 남자이거나 여자이거나 사람이거나 사람이 아니거나 마음과 행동이 같지 않고 각각 다르더라도 평등하게 모든 것을 베풀어 모두가 만족하게 합니다."

"불자여! 보살마하살이 이와 같음을 보시할 때 선근으로 거두는 마음을 일으켜 남김없이 회향하니, 이른바 색을 선근으로 거두어서 견고한 모든 선근을 거스르지 않고 따르며, 선근으로 수, 상, 행, 식을 거두어서 견고한 모든 선근을 거스르지 않고 따르며, 국왕의 지위를 선근으로 거두어서 견고한 모든 선근을 거스르지 않고 따르며, 권속을 선근으로 거두어서 견고한 모든 선근을 거스르지 않고 따르며, 은혜롭게 베푸는 일을 선근으로 거두어서 견고한 모든 선근을 거스르지 않고 따르는 것입니다."

佛子 此菩薩摩訶薩或爲帝王臨御大國 威德廣被 名震天下 凡諸怨敵靡不歸順 發號施令悉依定法 執持一蓋溥蔭萬方 周行率土所向無礙 以離垢繒而繫其頂 於法自在 見者咸伏 不刑不罰 感德從化 以四攝法攝諸衆生 爲轉輪王 一切周給 菩薩摩訶薩安住如是自在功德 有大眷屬 不可沮壞 離衆過失 見者無厭 福德莊嚴 相好圓滿 形體肢分均調具足 獲那羅延堅固之身 大力成就 無能屈伏 得淸淨業 離諸業障 具足修行一切布施 或施飮食及諸上味 或施車乘 或施衣服 或施華鬘 雜香 塗香 牀座 房舍及所住處 上妙燈燭 病緣湯藥 寶器 寶車 調良象馬 悉皆嚴飾 歡喜布施 或有來乞 王所住處 若蓋 若傘 幢幡寶物 諸莊嚴具 頂上寶冠 髻中明珠 乃至王位 皆無所吝 若見衆生在牢獄中 捨諸財寶 妻子 眷屬 乃至以身救彼令脫 若見獄囚將欲被戮 卽捨其身以代彼命 或見來乞連膚頂髮 歡喜施與亦無所吝 眼 耳 鼻 舌 及以牙齒 頭頂 手足 血肉 骨髓 心腎 肝肺 大腸 小腸 厚皮 薄皮 手足諸指 連肉爪甲 以歡喜心盡皆施與 或爲求請未曾有法 投身而下深大火阬 惑爲護持如來正法 以身忍受一切苦毒 或爲求法乃至一字 悉能徧捨四海之內一切所有 恒以正法化導群生 令修善行 捨離諸岳 若見衆生損敗他形 慈心救之 令捨罪業 若見如來成最正覺 稱揚讚歎 普使聞知 或施於地 造立僧坊 房舍 殿堂 以爲住處 及施僮僕 供承作役 或以自身施來乞者 或施於佛 爲求法故 歡喜踊躍 爲衆生故 承事供養 或捨王位 城邑 聚落 宮殿 園林 妻子 眷屬 隨所乞求 悉滿其願 或捨一切資生之物 普設無遮大施之會 其中衆生種種福田 或從遠來 或從近來 或賢或愚 或好或醜 若男若女 人與非人 心行不同 所求各異 等皆施與 悉令滿足 佛子 菩薩摩訶薩如是布施 發善攝心 悉以迴向 所謂 善攝色 隨順堅固一切衆生 善攝受 想 行 識 隨順堅固一切善根 善攝王位 隨順堅固一切善根 善攝眷屬 隨順堅固一切善根 善攝資具 隨順堅固一切善根 善攝惠施 隨順堅固一切善根

"불자여! 보살마하살이 보시하는 물건이 헤아릴 수 없이 많고 끝이 없음을 따라 저 선근으로 이와 같음에 회향하니, 이른바 '가장 좋은 음식으로 중생에게 보시할 때 그 마음이 청정해서 보시하는 물건을 탐냄이 없고 집착도 없으며, 돌아보거나 아끼지도 않으며, 온전하게 갖추고 보시하면서 모든 중생이 지혜의 음식을 얻어서 마음에 막힘이나 걸림이 없길 원하며, 음식의 성품이 탐내거나 집착이 없음을 깨달아 알고 단지 법에 대한 즐거움으로 벗어나 나아가는 음식을 즐기며, 지혜가 충만해서 법으로 견고하게 머물며, 선근으로 거두고 취해서 법신과 지혜의 몸이 청정하여 마음 가는 대로 다니며, 중생을 가엾이 여겨서 이들을 위해 복전을 지어서 주먹밥을 받아내어 나타내기를 소원합니다.'라고 합니다. 이것이 보살마하살이 음식을 보시할 때 선근으로 회향하는 것입니다."

佛子 菩薩摩訶薩隨所施物無量無邊 以彼善根如是迴向 所謂 以上妙食施衆生時 其心淸淨 於所施物無貪 無著 無所顧吝 具足行施 願一切衆生得智慧食 心無障礙 了知食性 無所貪著 但樂法喜出離之食 智慧充滿 以法堅住 攝取善根 法身 智身淸淨遊行 哀愍衆生 爲作福田 現受搏食 是爲菩薩摩訶薩布施食時善根迴向

"불자여! 보살마하살이 그와 같이 마실 것을 보시할 때 이 선근으로 이와 같음에 회향하니, 이른바 '모든 중생이 법 맛의 물을 마시고 부지런히 닦고 익혀서 보살의 도를 온전하게 갖추길 원하며, 세간의 애욕에 대한 목마름을 끊고 늘 부처님의 지혜를 구하며, 욕심의 경계를 벗어나 법에 대한 기쁨과 즐거움을 얻으며, 청정한 법을 좇아 그 몸이 생하고 늘 삼매로 그 마음을 고르게 거두며, 지혜의 바다에 들어가 법 구름을 크게 일으켜서 큰 법 비를 때맞추어 내리길 소원합니다.'라고 합니다. 이것이 보살마하살이 마실 것을 보시할 때 선근으로 회향하는 것입니다."

佛子 菩薩摩訶薩若施飮時 以此善根如是迴向 所謂 願一切衆生飮法味水 精勤修習 具菩薩道 斷世渴愛 常求佛智 離欲境界 得法喜樂 從淸淨法而生其身 常以三昧調攝其心 入智慧海 興大法雲 霔大法雨 是爲菩薩摩訶薩布施飮時善根迴向

"불자여! 보살마하살이 가지가지의 청정하고 가장 훌륭한 맛을 보시합니다. 이른바 맵고 시고 짜고 싱겁고 또 달고 쓴 가지가지의 모든 맛을 윤택하고 온전하게 갖추었기에 능히 사대를 편안하고 조화롭게 만들어 몸이 충실하고 기운을 강하게 또 씩씩하게 하며, 그 마음을 청정하게 하여 늘 기쁨과 즐거움을 얻으며, 씹거나 삼킬 때 기침이 나거나 구역질하지 않으며, 모든 근이 밝고 예리하고 내장이 충실하며, 독이 침입하지 않으며, 병에 상하게 하지 않으며, 처음부터 마지막까지 근심 없이 영원히 편안함과 즐거움을 얻게 하고자 합니다. 이 선근으로 이와 같음에 회향하니, 이른바 '모든 중생이 가장 좋은 맛을 얻어서 감로가 충만하기를 원하며, 모든 중생이 법과 지혜의 맛을 얻어 일체 모든 맛의 업과 쓰임새를 깨달아 알길 원하며, 모든 중생이 헤아릴 수 없는 법의 맛을 얻어서 법계를 분명하게 통달해 알고 실질적 경계인 큰 법의 성 가운데 편안히 머물길 원하며, 모든 중생이 큰 법 구름이 되어 법계에 두루두루 하고 법 비를 내려 모든 중생을 가르쳐 낳고 기르며 조복시키기를 원하며, 모든 중생이 뛰어난 지혜의 맛을 얻어 위가 없는 법에 대한 즐거움으로 몸과 마음이 충만하기를 원하며, 모든 중생이 탐하거나 집착이 없는 모든 최고의 맛들을 얻어 세간의 일체 모든 맛에 물들지 않고 항상 그리고 모든 불법을 항상 부지런하게 닦고 익히기를 원하며, 모든 중생이 한가지 법 맛을 얻어 모든 불법이란 차별이 없음을 분명하게 깨달아 알길 원하며, 모든 중생이 가장 뛰어난 맛을 얻어 모든 지혜에 올라 마침내는 물러서거나 헤매는 일이 없기를 원하며, 모든 중생이 모든 부처님과 다름이 없는 법 맛을 얻어 일체 모든 근을 남김없이 능히 분별하기를 원하며, 모든 중생의 법 맛이 거듭 더해지고 늘어서 막힘이나 걸림이 없는 불법에 항상 만족하기를 소원합니다.' 라고 합니다. 이것이 보살마하살이 맛을 보시할 때 선근으로 회향하는 것이며, 모든 중생이 복과 덕을 부지런히 닦아서 남김없이 막힘이나 걸림이 없는 지혜의 몸을 온전하게 갖출 수 있도록 하려는 까닭입니다."

佛子 菩薩摩訶薩布施種種清淨上味 所謂 辛 酸 鹹 淡 及以甘 苦 種種諸味潤澤具足 能令四大安隱調和 肌體盈滿 氣力强壯 其心清淨常得歡喜 嚥咀之時 不欬不逆 諸根明利 內藏充實 毒不能侵 病不能傷 始終無患 永得安樂 以此善根如是迴向 所爲 願一切衆生得最上味 甘露充滿 願一切衆生得法智味 了知一切諸味業用 願一切衆生得無量法味 了達法界 安住實際大法城中 願一切衆生作大法雲 周徧法界普雨法雨 敎化調伏一切衆生 願一切衆生得勝智味 無上法喜充滿身心 願一切衆生得無貪著一切上味 不染世間一切諸味 常勤修習一切佛法 願一切衆生得一法味 了諸佛法悉無差別 願一切衆生得最勝味 乘一切智終無退轉 願一切衆生得入諸佛無異法味 悉能分別一切諸根 願一切衆生法味增益 常得滿足無礙佛法 是爲菩薩摩訶薩布施味時善根迴向 爲令一切衆生勤修福德 皆悉具足無礙智身故

"불자여! 보살마하살이 수레 등등의 탈것으로 보시할 때, 모든 선근으로 이와 같음으로 회향하니, 이른바 '모든 중생이 일체 지혜에 올라 온전하게 갖추고 대승에 올라타는 법과 무너트릴 수 없음에 올라타는 법과 가장 뛰어남에 올라타는 법과 가장 위가 되는 것에 올라타는 법과 가장 빠른 것에 올라타는 법과 큰 힘에 올라타는 법과 복덕을 온전하게 갖춘 것에 올라타는 법과 출세간에 올라타는 법과 헤아릴 수 없는 모든 중생을 출생하는 법에 올라타기를 소원합니다.'라고 합니다. 이것이 보살마하살이 수레 등등의 탈것을 보시할 때 선근으로 회향하는 것입니다."

佛子 菩薩摩訶薩施車乘時 以諸善根如是迴向 所謂 願一切眾生得具足一切智乘 乘於大乘 不可壞乘 最勝乘 最上乘 速疾乘 大力乘 福德具足乘 出世間乘 出生無量諸菩薩乘 是爲菩薩摩訶薩施車乘時善根迴向

"불자여! 보살마하살이 옷을 보시할 때 모든 선근으로 이와 같음에 회향하니, 이른바 '모든 중생이 수치심과 부끄러움에 옷으로 그 몸을 덮어 가리며, 바르지 않은 도를 벗어나 형상으로 드러난 악한 법을 버리게 하며, 안색이 윤택하고 피부가 섬세하고 부드러워 모든 부처님의 제일가는 즐거움을 성취하며, 최고로 청정한 일체 종지를 얻길 소원합니다.'라고 합니다. 이것이 보살마하살이 옷을 보시할 때 선근으로 회향하는 것입니다."

佛子 菩薩摩訶薩布施衣時 以諸善根如是迴向 所謂 願一切眾生得慚愧衣以覆其身 捨離邪道露形惡法 顔色潤澤 皮膚細軟 成就諸佛第一之樂 得最淸淨一切種智 是爲菩薩摩訶薩布施衣時善根迴向

"불자여! 보살마하살이 항상 가지가지의 이름난 꽃으로 보시하니, 이른바 섬세하고 빼어난 향기로운 꽃과 가지가지 빛깔의 꽃과 헤아릴 수 없이 기이하고 빼어난 꽃과 보기에 좋은 꽃과 기쁘고 즐거움을 주는 꽃과 모든 시절에 따른 꽃과 하늘의 꽃과 인간의 꽃과 세상의 보배와 같은 꽃과 매우 향기롭고 뜻에 따라 기쁨을 주는 꽃입니다. 이와 같은 등등의 헤아릴 수 없는 꽃으로 현재의 모든 부처님과 또 부처님이 열반하신 뒤에 탑묘에 공양하고 때로는 법을 설하는 사람에게 공양하고 비구 승보와 모든 보살과 모든 선지식과 성문, 독각과 부모, 친척과 아래로는 자신과 또한 모든 가난하고 외로운 사람들에게 보시할 때 이 모든 선근으로 이와 같음에 회향합니다. 이른바 '일체중생이 빠짐없이 모든 부처님의 삼매 꽃을 얻어 모든 법을 활짝 피게 하며, 일체중생이 모든 부처님과 같음을 얻어 보는 이들이 환희하고 마음으로 싫어하거나 만족함이 없게 하며, 모든 중생이 보는 바의 생각이 도리를 따르기에 마음이 움직이거나 혼란스럽지 않기를 원하며, 모든 중생이 광대하고 청정한 업을 갖추고 행하길 원하며, 모든 중생이 항상 선근의 벗을 생각해서 마음이 다르게 변하지 않기를 원하며, 모든 중생이 아가다 약과 같이 모든 번뇌의 많은 독을 없애주기를 원하며, 모든 중생이 큰 원을 원만하게 이루어서 빠짐없이 다 위 없는 지혜의 왕 자리를 얻길 원하며, 모든 중생이 지혜의 햇빛 광명으로 어리석은 어둠을 깨트리길 원하며, 모든 중생이 보리의 청정한 달이 거듭 더해지고 늘어서 만족해하기를 원하며, 모든 중생이 큰 보물섬에 들어가 선지식을 보고 모든 선근을 온전하게 성취하기를 원합니다.'라고 합니다. 이것이 보살마하살이 꽃을 보시할 때 선근으로 회향하는 것이니, 중생들이 청정하고 걸림이나 막힘 없는 지혜를 얻게 하려는 까닭입니다."

佛子 菩薩摩訶薩常以種種名華布施 所謂 微妙香華 種種色華 無量奇妙華 善見華 可喜樂華 一切時華 天華 人華 世所珍愛華 甚芬馥悅意華 以如是等無量妙華 供養一切現在諸佛 及佛滅後所有塔廟 或以供養說法之人 或以供養比丘僧寶 一切菩薩 諸善知識 聲聞 獨覺 父母 宗親 下至自身及餘一切貧窮 孤露 布施之時 以諸善根如是迴向 所謂 願一切衆生皆得諸佛三昧之華 悉能開敷一切諸法 願一切衆生皆得如佛 見者歡喜 心無厭足 願一切衆生所見順愜 心無動亂 願一切衆生具行廣大淸淨之業 願一切衆生常念善友 心無變異 願一切衆生如阿伽陀藥 能除一切煩惱衆毒 願一切衆生成滿大願 皆悉得爲無上智王 願一切衆生智慧日光破愚癡暗 願一切衆生菩提淨月增長滿足 願一切衆生入大寶洲見善知識 具足成就一切善根 是爲菩薩摩訶薩布施華時善根迴向 爲令衆生皆得淸淨無礙智故

"불자여! 보살마하살이 머리 장식을 보시할 때 모든 선근으로 이와 같음에 회향하니, 이른바 '모든 중생을 사람들이 보기 좋아하며 보는 이들이 우러러 칭찬하고 보는 이들이 선근으로 친하고 보는 이들이 좋아하고 즐거워하며, 보는 이들이 목마르게 동경하고 사모하며, 보는 이들이 근심을 없애고 보는 이들이 기쁨을 내며, 보는 이들이 악에서 벗어나고 보는 이들이 항상 부처님과 친근함을 얻으며, 보는 이들이 청정해서 모든 지혜를 얻길 원합니다.'라고 합니다. 이것이 보살마하살이 머리 장식을 보시할 때 선근으로 회향하는 것입니다."

佛子 菩薩摩訶薩布施鬘時 以諸善根如是迴向 所謂 願一切衆生人所樂見 見者欽歎 見者親善 見者愛樂 見者渴仰 見者除憂 見者生喜 見者離惡 見者常得親近於佛 見者淸淨獲一切智 是爲菩薩摩訶薩布施鬘時善根迴向

"불자여! 보살마하살이 향을 보시할 때 모든 선근으로 이와 같음에 회향하니, 이른바 '모든 중생이 계향을 온전하게 갖추고 부족함이 없는 계와 섞임이 없는 계와 더러움이 없는 계와 후회함이 없는 계와 얽매임을 벗어난 계와 뜨거움이 없는 계와 범함이 없는 계와 경계가 없는 계와 끝이 없는 계와 출세간의 계와 보살의 바라밀 계를 온전하게 갖추게 하며, 모든 중생이 이 계로 말미암아 부처님 계의 몸을 성취하길 원합니다.'라고 합니다. 이것이 보살마하살이 향을 보시할 때 선근으로 회향하는 것이며, 중생들이 막힘이나 걸림 없는 계를 갖춘 오온을 얻게 하려는 까닭입니다."

佛子 菩薩摩訶薩布施香時 以諸善根如是迴向 所謂 願一切衆生具足戒香 得不缺戒 不雜戒 不汚戒 無悔戒 離纏戒 無熱戒 無犯戒 無邊戒 出世戒 菩薩波羅蜜戒 願一切衆生以是戒故 皆得成就諸佛戒身 是爲菩薩摩訶薩布施香時善根迴向 爲令衆生悉得圓滿無礙戒蘊故

"불자여! 보살마하살이 바르는 향을 보시할 때 모든 선근으로 이와 같음에 회향하니, 이른바 '모든 중생이 보시하는 향이 두루 널리 스며들어 가지고 있는 모든 것을 남김없이 사랑으로 베풀기를 원하며, 모든 중생이 계향으로 두루 스며들어 여래의 지극히 청정한 계를 얻길 원하며, 모든 중생이 인욕의 향으로 두루 스며들어 모든 험하고 해로운 마음에서 벗어나길 원하며, 모든 중생이 정진의 향으로 두루 스며들어 대승 정진의 갑옷을 항상 입기를 원하며, 모든 중생이 선정의 향으로 두루 스며들어 모든 부처님이 눈앞에 나타나는 삼매에 편안히 머물길 원하며, 모든 중생이 지혜의 향으로 두루 스며들어 한 생각에 위 없는 지혜의 왕을 이루길 원하며, 모든 중생이 법의 향으로 두루 스며들어 위 없는 법에 두려움이 없어지길 원하며, 모든 중생이 덕의 향으로 두루 스며들어 모든 큰 공덕의 지혜를 성취하길 원하며, 모든 중생이 보리의 향으로 두루 스며들어 부처의 십력을 얻고 저 피안에 이르길 원하며, 모든 중생이 청정한 백 법의 빼어난 향으로 두루 스며들어 선근의 법이 아닌 모든 것을 영원히 없애길 원합니다.'라고 합니다. 이것이 보살마하살이 바르는 향을 보시할 때 선근으로 회향하는 것입니다."

佛子 菩薩摩訶薩施塗香時 以諸善根如是迴向 所謂 願一切衆生施香普熏 悉能專捨一切所有 願一切衆生戒香普熏 得於如來究竟淨戒 願一切衆生忍香普熏 離於一切險害之心 願一切衆生精進香普熏 常服大乘精進甲冑 願一切衆生定香普熏 安住諸佛現前三昧 願一切衆生慧香普熏 一念得成無上智王 願一切衆生法香普熏 於無上法得無所畏 願一切衆生德香普熏 成就一切大功德智 願一切衆生菩提香普熏 得佛十力到於彼岸 願一切衆生淸淨白法妙香普熏 永滅一切不善之法 是爲菩薩摩訶薩施塗香時善根迴向

"불자여! 보살마하살이 평상과 자리를 보시할 때 모든 선근으로 이와 같음에 회향하니, 이른바 '모든 중생이 모든 하늘의 평상과 자리를 얻어 큰 지혜를 증득하길 원하며, 모든 중생이 현인과 성인의 평상과 자리를 얻어 범부의 뜻을 버리고 보리심에 머물길 원하며, 모든 중생이 편안하고 좋은 평상과 자리를 얻어 생사의 모든 괴로움과 번뇌에서 영원히 벗어나길 원하며, 모든 중생이 지극한 경계에 이르는 평상과 자리를 얻어 모든 부처님의 자재한 신통을 보길 원하며, 모든 중생이 평등한 평상과 자리를 얻어 항상 모든 선근의 법을 닦음에 두루 스며들길 원하며, 모든 중생이 가장 뛰어난 평상과 자리를 얻어 청정한 업을 갖추고 세상에서는 비교할 수 없는 이가 되길 원하며, 모든 중생이 편안하고 은은한 평상과 자리를 얻어 진실한 법을 증득하고 이를 끝까지 온전하게 갖추길 원하며, 모든 중생이 청정한 평상과 자리를 얻어 여래의 청정한 지혜 경계를 닦아 익히길 원하며, 모든 중생이 편안하게 머무는 평상과 자리를 얻어 선지식이 항상 따르면서 보호해주길 원하며, 모든 중생이 사자의 평상과 자리를 얻어 여래와 같이 항상 오른쪽 옆구리로 눕게 하길 원합니다.'라고 합니다. 이것이 보살마하살이 평상과 자리를 보시할 때 선근으로 회향하는 것이며, 중생들이 바른 생각을 닦고 익혀서 모든 근을 선근으로 보호하기 위한 까닭입니다."

佛子 菩薩摩訶薩施牀座時 以諸善根如是迴向 所謂 願一切衆生得諸天牀座 證大智慧 願一切衆生得賢聖牀座 捨凡夫意 住菩提心 願一切衆生得安樂牀座 永離一切生死苦惱 願一切衆生得究竟牀座 得見諸佛自在神通 願一切衆生得平等牀座 恒普

熏修一切善法 願一切衆生得最勝牀座 具淸淨業 世無與等 願一切衆生得安隱牀座 證眞實法 具足究竟 願一切衆生得淸淨牀座 修習如來淨智境界 願一切衆生得安住牀座 得善知識常隨覆護 願一切衆生得師子牀座 常如如來右脅而臥 是爲菩薩摩訶薩施牀座時善根迴向 爲令衆生修習正念 善護諸根故

"불자여! 보살마하살이 머무는 집을 보시할 때 모든 선근으로 이와 같음에 회향하니, 이른바 '모든 중생이 다 청정한 부처님 세계에 편안히 머무름을 얻어 모든 공덕을 자세하고 부지런하게 닦고 익히며, 깊고 깊은 삼매에 편안히 머물면서도 머무는 모든 처소에 대한 집착에서 벗어나고 버리길 원하며, 머무는 모든 처소란 없는 것임을 분명하게 알고 모든 세간을 벗어나 모든 지혜에 머물길 원하며, 일체 모든 부처님이 머물고 계신 곳을 거두어들여 지극한 도로서 편안하고 즐거운 곳에 머물면서 제일 청정한 선근에 항상 머물길 원하며, 마침내 부처님이 머무시는 위 없는 곳을 벗어나거나 버리지 않길 원합니다.'라고 합니다. 이것이 보살마하살이 머무는 집을 보시할 때 선근으로 회향하는 것이며, 모든 중생에게 이익을 주기 위해 그들이 응하는 바를 따라 사유하고 구원해서 보호하려는 까닭입니다."

佛子 菩薩摩訶薩施房舍時 以諸善根如是迴向 所謂 願一切衆生皆得安住淸淨佛刹 精勤修習一切功德 安住甚深三昧境界 捨離一切住處執著 了諸住處皆無所有 離諸世間住一切智 攝取一切諸佛所住 住究竟道安樂住處 恒住第一淸淨善根 終不捨離佛無上住 是爲菩薩摩訶薩施房舍時善根迴向 爲欲利益一切衆生 隨其所應 思惟救護故

"불자여! 보살마하살이 머물 곳을 보시할 때 모든 선근으로 이와 같음에 회향하니, 이른바 '모든 중생이 항상 선근의 이익을 얻어 그 마음이 편안하고 즐겁길 원하며, 모든 중생이 여래를 의지해 머물고 큰 지혜를 의지해 머물고 선지식을 의지해 머물고 존승을 의지해 머물고 선근의 행을 의지해 머물고 대자를 의지해 머물고 대비를 의지해 머물고 육바라밀을 의지해 머물고 큰 보리심을 의지해 머물고 모든 보살의 도에 의지해 머물길 원합니다.'라고 합니다. 이것이 보살마하살이 머물 곳을 보시할 때 선근으로 회향하는 것이며, 모든 복덕을 청정하게 하려는 까닭이며, 지극한 경계를 청정하게 하려는 까닭이며, 지혜를 청정하게 하려는 까닭이며, 도를 청정하게 하려는 까닭이며, 법을 청정하게 하려는 까닭이며, 계행을 청정하게 하려는 까닭이며, 사사로운 마음을 청정하게 하려는 까닭이며, 믿음과 이해를 청정하게 하려는 까닭이며, 소원을 청정하게 하려는 까닭이며, 모든 신통한 공덕을 청정하게 하려는 까닭입니다."

佛子 菩薩摩訶薩施住處時 以諸善根如是迴向 所謂 願一切衆生常獲善利 其心安樂 願一切衆生依如來住 依大智住 依善知識住 依尊勝住 依善行住 依大慈住 依大悲住 依六波羅蜜住 依大菩提心住 依一切菩薩道住 是爲菩薩摩訶薩施住處時善根迴向 爲令一切福德淸淨故 究竟淸淨故 智淸淨故 道淸淨故 法淸淨故 戒淸淨故 志樂淸淨故 信解淸淨故 願淸淨故 一切神通功德淸淨故

"불자여! 보살마하살이 모든 밝은 등으로 보시하니, 이른바 연유 등과 기름 등과 보배 등과 마니 등과 옻칠한 등과 태우는 등과 침수 향 등과 전단 향 등과 모든 향 등과 헤아릴 수 없이 많은 색 광명의 등입니다. 이와 같은 헤아릴 수 없이 많은 등으로 보시할 때 모든 중생에게 이익이 되게 하려는 것이며, 모든 중생을 거두어들이기 위함이니, 이 선근으로 이와 같음에 회향합니다. 이른바 '모든 중생이 헤아릴 수 없는 광명을 얻어 일체 모든 부처님의 바른 법을 두루 비추길 원하며, 모든 중생이 청정한 빛을 얻어 극히 미세한 세간의 모양이나 상태를 비추어 보길 원하며, 모든 중생이 빛을 가리는 것에서 벗어난 광명을 얻어 중생계가 공하고 있는 것이 없음을 분명하게 알길 원하며, 모든 중생이 끝이 없는 빛을 얻어 몸으로 빼어난 빛을 낳아 모든 것을 두루 비추길 원하며, 모든 중생이 두루 비추는 광명을 얻어 모든 부처님의 법으로부터 물러서거나 헤매는 일이 없길 원하며, 모든 중생이 부처님의 청정한 빛을 얻어 모든 세계 가운데 남김없이 다 명백하게 나타나길 원하며, 모든 중생이 걸림이나 막힘없는 빛을 얻어 하나의 빛으로 모든 법계를 두루 비추길 원하며, 모든 중생이 끊어짐이 없는 빛을 얻어 모든 부처님 세계를 비추어 광명이 끊어지지 않게 하길 원하며, 모든 중생이 지혜 깃발의 빛을 얻어 세간을 두루 비추길 원하며, 모든 중생이 헤아릴 수 없는 모양이나 상태의 빛을 얻어 모든 세계를 비추어 신통한 힘을 나타내어 보이길 원합니다.'라고 합니다. 보살이 이와 같은 밝은 등으로 보시할 때, 모든 중생이 이익을 얻게 하고자 한 것이며, 모든 중생을 편안하고 즐겁게 하려는 까

닦으로 이 선근으로 중생을 좇아 따르고 이 선근으로 중생을 거두어들이며, 이 선근으로 중생을 분별해서 보시하며, 이 선근으로 중생을 가엾이 여기고 사랑하며, 이 선근으로 중생을 덮어주고 자라게 하며, 이 선근으로 중생을 구원하고 보호하며, 이 선근으로 중생을 충만하게 하며, 이 선근으로 중생을 인연의 결과로 생각하며, 이 선근으로 중생을 평등하게 이익이 되도록 하며, 이 선근으로 중생을 관찰합니다. 이것이 보살마하살이 밝은 등으로 보시할 때 선근으로 회향하는 것이며, 이와 같음으로 회향하는 일에 막힘이나 걸림이 없기에 중생들을 선근 가운데 머물게 합니다."

佛子 菩薩摩訶薩施諸燈明 所謂 酥燈 油燈 寶燈 摩尼燈 漆燈 火燈 沈水燈 栴檀燈 一切香燈 無量色光燈 施如是等無量燈時 爲欲利益一切衆生 爲欲攝受一切衆生 以此善根如是迴向 所謂 願一切衆生得無量光 普照一切諸佛正法 願一切衆生得淸淨光 照見世間極微細色 願一切衆生得離翳光 了衆生界空無所有 願一切衆生得無邊光 身出妙光普照一切 願一切衆生得普照光 於諸佛法心無退轉 願一切衆生得佛淨光 一切刹中悉皆顯現 願一切衆生得無礙光 一光徧照一切法界 願一切衆生得無斷光 照諸佛刹光明不斷 願一切衆生得智幢光 普照世間 願一切衆生得無量色光 照一切刹示現神力 菩薩如是施燈明時 爲欲利益一切衆生 安樂一切衆生故 以此善根隨逐衆生 以此善根攝受衆生 以此善根分布衆生 以此善根慈愍衆生 以此善根覆育衆生 以此善根救護衆生 以此善根充滿衆生 以此善根緣念衆生 以此善根等益衆生 以此善根觀察衆生 是爲菩薩摩訶薩施燈明時善根迴向 如是迴向無有障礙 普令衆生住善根中

"불자여! 보살마하살이 탕약을 보시할 때 모든 선근으로 이와 같음에 회향하니, 이른바 '모든 중생이 덮어져 있고 얽혀있는 번뇌에서 끝내는 나오기를 원하며, 모든 중생이 병든 몸을 영원히 벗어나 여래의 몸을 얻길 원하며, 모든 중생이 아가다 약을 이루어 물러서거나 헤매지 않은 보살의 자리에 편안히 머물길 원하며, 모든 중생이 여래의 약을 이루어 모든 번뇌의 독화살을 빼어버리길 원하며, 모든 중생이 현인과 성인을 친근히 하고 모든 번뇌를 없애버리고 청정한 행을 닦길 원하며, 모든 중생이 큰 약 왕이 되어 많은 병을 영원히 없애버리고 거듭 병들지 않길 원하며, 모든 중생이 무너지지 않은 약 나무가 되어 일체중생을 남김없이 다 치료해서 구원하길 원하며, 모든 중생이 일체 지혜의 빛을 얻어 많은 병의 화살에서 나오길 원하며, 모든 중생이 세간의 약과 방문을 많이 알아서 있는 질병으로부터 구하고 보호하기를 원합니다.'라고 합니다."

"보살마하살이 탕약을 보시할 때 모든 중생이 많은 병에서 벗어나게 하려는 까닭이며, 끝내는 편안하게 하려는 까닭이며, 끝내는 청정하게 하려는 까닭이며, 부처님과 같이 병이 없게 하려는 까닭이며, 모든 병의 화살을 빼내어 없애려는 까닭이며, 다함이 없는 견고한 몸을 얻게 하려는 까닭이며, 금강위산으로도 무너뜨릴 수 없는 몸을 얻게 하려는 까닭이며, 견고하고 만족한 힘을 얻게 하려는 까닭이며, 원만하고 뺏을 수 없는 부처님의 즐거움을 얻게 하려는 까닭이며, 일체 부처님의 자재하고 견고한 몸을 얻게 하려는 까닭에 모든 선근으로 이와 같음에 회향합니다."

佛子 菩薩摩訶薩施湯藥時 以諸善根如是迴向 所謂 願一切衆生於諸蓋纏 究竟得出 願一切衆生永離病身 得如來身 願一切衆生作大良藥 滅除一切不善之病 願一切衆生阿伽陀藥 安住菩薩不退轉地 願一切衆生成如來藥 能拔一切煩惱毒箭 願一切衆生親近賢聖 滅諸煩惱 修淸淨行 願一切衆生作大藥王 永除衆病 不令重發 願一切衆生作不壞藥樹 悉能救療一切衆生 願一切衆生得一切智光 出衆病箭 願一切衆生善解世間方藥之法 所有疾病爲其救療 菩薩摩訶薩施湯藥時 爲令一切衆生永離衆病故 究竟安隱故 究竟淸淨故 如佛無病故 拔除一切病箭故 得無盡堅固身故 得金剛圍山所不壞身故 得堅固滿足力故 得圓滿不可奪佛藥故 得一切佛自在堅固身故 以諸善根如是迴向

"불자여! 보살마하살이 모든 기물을 은혜로 능히 보시하니, 이른바 황금 그릇에는 여러 가지 섞인 보배를 가득히 채우고 백은 그릇에는 빼어난 많은 보배를 채우고 유리그릇에는 가지가지의 보배를 채우고 파려 그릇에는 헤아릴 수 없이 많은 보배 장엄 기물을 가득 채우고 옥돌 조개 그릇에는 적 진주를 채우고 마노 그릇에는 산호와 마니주 보배를 채우고 백옥 그릇에는 많은 음식을 채우고 전단 그릇에는 하늘의 의복을 채우고 금강 그릇에는 빼어나 많은 향을 채우고 헤아릴 수 없고 끝없는 가지가지의 보배 그릇에는 헤아릴 수 없이 많고 끝없는 가지가지의 보배를 채워서 그와 같이 모든 부처님께 보시하니, 이는 부처님의 복 밭이 생각으로 헤아릴 수 없음을 믿는 까닭이며, 그와 같이 보살에게 보시하니, 이는 선지식은 만나기 어려움을 아는 까닭이며, 그와 같이 더할 수 없는 뛰어난 스님에게 보시하니, 이는 불법이 오래도록 세상에 머물게 하려는 까닭이며, 성문과 벽지불에 보시하니, 이는 모든 성인에게 청정한 믿음을 생하게 하려는 까닭이며, 부모에게 보시하니, 이는 존중하는 까닭이며, 그와 같이 스승에게 보시하니, 이는 항상 인도하고 가르쳐서 성인의 가르침을 의지하게 하고 공덕을 닦게 하는 까닭이며, 때로는 용렬하고 빈궁하고 외로운 이에게 보시하니, 이는 대자대비한 사랑의 눈으로 중생을 평등하게 보는 까닭이며, 과거, 미래, 현재 모든 보살의 단바라밀을 만족하게 하려는 까닭이며, 모든 물건으로 일체에 두루 보시하지만, 끝까지 중생을 버리지 않는 까닭이니, 이와 같음으로 보시할 때 그 보시하는 물건과 받은 이에게 집착하지 않습니다."

"보살마하살이 이와 같은 등등의 가지가지 보배 그릇에 헤아릴 수 없이 많은 보배를 채워서 보시할 때 모든 선근을 이와 같음에 회향하니, 이른바 '모든 중생이 허공과 평등하게 끝없이 담는 그릇을 이루어 생각하는 힘이 광대하고 세간과 출세간의 모든 경서를 받아 지니고 망령되게 잃은 것이 없기를 원하며, 모든 중생이 청정한 그릇을 이루어 모든 부처님의 깊고 깊은 바른 법을 깨닫기를 원하며, 모든 중생이 위 없는 보배 그릇을 이루어 삼세 부처님의 법을 남김없이 받아 지니길 원하며, 모든 중생이 여래의 광대한 법 그릇을 성취해서 무너지지 않은 믿음의 마음으로 삼세 부처님의 보리법(菩提法)을 거두어들이길 원하며, 모든 중생이 최고로 뛰어난 보배 장엄의 그릇을 성취해서 대위덕의 보리심에 머물길 원하며, 모든 중생의 공덕이 의지할 바 처의 근기를 성취해서 모든 여래의 헤아릴 수 없는 지혜로 청정한 믿음과 이해가 생하길 원하며, 일체중생이 모든 지혜의 그릇에 들어가는 그릇을 성취해서 여래의 막힘이나 걸림이 없는 해탈을 마지막까지 이루길 원하며, 모든 중생이 오는 세월을 다하는 보살행의 그릇을 얻어 중생들이 남김없이 다 모든 지혜의 힘에 편안히 머물길 원하며, 모든 중생이 삼세 모든 부처님의 종성, 이 종성의 뛰어난 공덕 그릇을 성취해서 일체 모든 부처님의 빼어난 음성으로 설하신 법문을 남김없이 받아 지니길 원하며, 모든 중생이 모든 법계, 허공계의 모든 세계와 모든 여래의 대중이 모인 그릇을 성취하고 대장부로서 설법을 찬탄하는 우두머리가 되어 모든 부처님에게 청하여 바른 법륜을 전하게 할 것이다.'라고 합니다. 이것이 보살마하살이 그릇을 보시할 때 선근으로 회향하는 것이며, 모든 중생이 보현보살의 행과 소원의 그릇을 원만하게 얻게 하려는 까닭입니다."

佛子 菩薩摩訶薩悉能惠施一切器物 所謂 黃金器盛滿雜寶 白銀器盛衆妙寶 瑠璃器盛種種寶 玻瓈器盛滿無量寶莊嚴具 硨磲器盛赤眞珠 碼碯器盛滿珊瑚摩尼珠寶

白玉器盛衆美食 栴檀器盛天衣服 金剛器盛衆妙香 無量無數種種寶器 盛無量無數種種衆寶 或施諸佛 信佛福田不思議故 或施菩薩 知善知識難值遇故 或施聖僧 爲令佛法久住世故 或施聲聞及辟支佛 於諸聖人生淨信故 或施父母 爲尊重故 或施師長 爲恒誘誨 令依聖敎修功德故 或施下劣 貧窮 孤露 大慈 大悲愛眼等視諸衆生故 惠意滿足去 來 今世一切菩薩檀波羅蜜故 以一切物普施一切 終不厭捨諸衆生故 如是施時 於其施物及以受者 皆無所著 菩薩摩訶薩以如是等種種寶器盛無量寶而布施時 以諸善根如是迴向 所謂 願一切衆生成等虛空無邊藏器 念力廣大 悉能受持稅 出世間一切經書 無有忘失 願一切衆生成淸淨器 能悟諸佛甚深正法 願一切衆生成無上寶器 悉能受持三世佛法 願一切衆生成就如來廣大法器 以不壞信攝受三世佛菩提法 願一切衆生成就最勝寶莊嚴器 住大威德菩提之心 願一切衆生成就功德所依處器 於諸如來無量智慧生淨信解 願一切衆生成就趣入一切智器 究竟如來無礙解脫 願一切衆生得盡未來劫菩薩行器 能令衆生普皆安住一切智力 願一切衆生成就三世諸佛種性勝功德器 一切諸佛妙音所說悉能受持 願一切衆生成就容納盡法界 虛空界 一切世界一切如來衆會道場器 爲大丈夫讚說之首 勸請諸佛轉正法輪 是爲菩薩摩訶薩布施器時善根迴向 爲欲普令一切衆生皆得圓滿普賢菩薩行願器故

대방광불화엄경 제26권

25. 십회향품(4)
　　十廻向品第二十五之四

"불자여! 보살마하살이 가지가지의 수레를 많은 보배로 장엄해서 꾸미고 모든 부처님과 모든 보살과 스승과 선지식과 성문과 연각 등, 이와 같은 가지가지의 헤아릴 수 없는 복밭뿐만 아니라 가난하고 어렵고 외로운 사람들에게까지 보시합니다. 이 모든 사람이 때로는 멀리서 오고 때로는 가까운 곳에서 오고 때로는 보살의 이름을 들은 까닭에 오고 때로는 보살의 인연으로 인한 까닭에 오고 때로는 보살이 옛적에 일으킨 보시의 원을 들은 까닭에 오고 때로는 보살이 마음의 원으로 청하기에 오는 것입니다."

"보살이 이때 그와 같이 보배 수레를 보시하고 그와 같이 황금 수레를 보시하니, 남김없이 빼어나게 장엄해서 방울 그물로 위를 덮고 보배 띠를 드리웠고 그와 같이 가장 빼어난 유리 수레를 보시하니, 헤아릴 수 없이 많은 진귀한 보배로 장엄해서 꾸몄고 그와 같이 백은 수레를 보시하니, 황금 그물로 덮은 준마에 올라탔으며, 그와 같이 차례를 따라 헤아릴 수 없이 많은 보배로 장엄한 수레를 보시하니, 보배 그물로 덮고 향기가 나는 코끼리에 올라탔으며, 그와 같이 전단 수레를 보시하니, 빼어난 보배로 바퀴가 되고 뒤섞인 보배로 우산이 되고 보배 사자좌를 장엄해서 보기 좋게 놓았고 그와 같이 차례를 따라 파려 보배 수레를 보시하니, 많은 것이 섞인 빼어난 보배로 장엄해서 꾸미고 단정한 여인이 그 가운데 충만하며, 보배 휘장을 위에 덮고 당기와 깃발을 곁에 세웠습니다."

"그와 같이 차례를 좇아 마노 수레를 보시하니, 많은 보배로 꾸미고 모든 것이 섞인 향을 풍기며, 가지가지의 빼어난 꽃을 흩뿌려서 장엄하고 백천의 채녀가 보배 영락을 가지고 말에 올라타서 조화롭게 몰아가기에 험한 길을 돌아다녀도 편안하고 그와 같이 견고한 향 수레를 보시하니, 많은 보배가 바퀴가 되고 큰 비단으로 장엄하고 보배 휘장으로 위를 덮고 보배 그물을 드리웠으며, 보배 옷을 그 안에 펴니, 청정하고 좋은 향이 밖으로 흘러넘치면서 빼어나고 좋은 그 향기가 사람들의 마음을 기쁘게 하며, 헤아릴 수 없이 많은 모든 하늘이 이익이 되는 행을 쫓아다니면서 많은 보배를 때에 따라 보시해 주고 그와 같이 차례를 좇아 광명 보배 수레를 보시하니, 가지가지의 모든 보배가 빼어난 색으로 밝고 환하게 비치며, 빼어나고 많은 보배 그물을 그 위에 펴서 덮었으며, 뒤섞인 보배 영락을 두루 내려뜨리고 가루 향을 흩뿌려서 안과 밖이 향기롭고 사랑하는 남녀가 그 위에 타고 있습니다."

佛子 菩薩摩訶薩以種種車 衆寶嚴飾 奉施諸佛及諸菩薩 師長 善友 聲聞 緣覺 如是無量種種福田 乃至貧窮 孤露之者 此諸人衆 或從遠來 或從近來 或承菩薩名聞故來 或是菩薩因緣故來 或聞菩薩往昔所發施願故來 或是菩薩心願請來 菩薩是時 或是寶車 或是金車 悉妙莊嚴 鈴網覆上 寶帶垂下 或施上妙瑠璃之車 無量珍奇以爲嚴飾 或復施與白銀之車 覆以金網 駕以駿馬 或復施與無量雜寶所莊嚴車 覆以寶網 駕以香象 或復施與栴檀之車 妙寶爲輪 雜寶爲蓋 寶師子座敷置嚴好 百千釆女列坐其上 十萬丈夫牽御而行 或復施與玻瓈寶車 衆雜妙寶以爲嚴飾 端正女人充滿其中 寶帳覆上 幢幡侍側 或復施與碼碯藏車 飾以衆寶 熏諸雜香 種種妙華刪布莊嚴 百千釆女持寶瓔珞 駕馭均調 涉險能安 或復施與堅固香車 衆寶爲輪 莊嚴巨麗 寶帳覆上 寶網垂下 種種寶衣敷布其中 淸淨好香流芬外徹 其香美妙稱悅人心 無量諸天翼從而行 載以衆寶隨時給施 或復施與光明寶車 種種諸寶妙色映徹 衆妙寶網羅覆其上 雜寶瓔珞周帀垂下 散以末香內外芬潔 所愛男女悉載其上

"불자여! 보살마하살이 이와 같은 등등의 많고 빼어난 보배 수레를 부처님께 보시할 때, 이 선근으로 이와 같음에 회향하니, 이른바 모든 중생이 다 공양이란 최상의 복 밭임을 알고 깊이 믿고 부처님께 보시해서 헤아릴 수 없이 많은 과보를 얻길 원하며, 모든 중생이 일심으로 부처님께 향하고 항상 헤아릴 수 없는 청정한 복 밭을 만나길 원하며, 일체중생이 모든 여래가 아끼는 바가 없는 것과 같이 크게 버리는 마음을 온전하게 갖추고 성취하길 원하며, 일체중생이 모든 부처님의 처소에서 보시행을 닦고 행하여 이승(二乘)의 원을 벗어나 곧바로 여래의 막힘이나 걸림 없는 해탈과 모든 지혜의 지혜를 얻길 원하며, 일체중생이 모든 부처님의 처소에서 다함이 없는 보시를 하고 부처님의 헤아릴 수 없는 공덕과 지혜에 들어가길 원하며, 모든 중생이 부처님의 뛰어난 지혜에 들어가서 청정하고 위 없는 지혜의 왕을 이루길 원합니다."

"모든 중생이 막힘이나 걸림이 없는 부처님의 두루두루 한 신통에 이르러 가고 싶은 곳을 갈 수 있는 자재함을 얻길 원하며, 모든 중생이 대승에 깊이 들어가 헤아릴 수 없는 지혜를 얻어 편안히 머물면서 동하지 않길 원하며, 일체중생이 모든 지혜의 법을 능히 내어서 하늘과 사람의 가장 높은 복 밭이 되기를 원하며, 일체중생이 부처님이 계신 모든 곳에 미워하는 마음이 없이 부지런히 선근의 씨앗을 심어 부처님의 지혜를 얻길 원하며, 모든 중생이 임의대로 모든 부처님 세계로 가서 한 찰나에 법계에 두루 하고 게으르지 않기를 원하며, 모든 중생이 하루빨리 보살의 자재한 신통을 얻고 몸을 나누어 두루 가득하며, 허공계와 동등하고 모든 부처님을 친근히 하고 공양하기를 원하며, 모든 중생이 비교할 수 없는 몸을 얻어 시방에 두루 움직여도 싫어하거나 게으르지 않길 원합니다."

"모든 중생이 광대한 몸을 얻고 빠르게 날아서 뜻을 따라가 마침내 게으르거나 물러남이 없기를 원하며, 모든 중생이 끝까지 부처님의 자재한 위력을 얻고 한 찰나에 허공계를 다하여 모든 부처님의 신통 변화를 남김없이 나타내기를 원하며, 모든 중생이 편안하고 즐거운 행을 닦아서 일체 모든 보살의 도를 순하게 따르길 원하며, 모든 중생이 빠르게 행함을 얻어 십력과 지혜와 신통을 끝까지 이루길 원하며, 모든 중생이 시방 국토에 두루 들어가서 남김없이 다하고 끝없는 경계에 평등하고 차별이 없기를 원하며, 모든 중생이 보현의 행을 행하여 물러서거나 헤매지 말고 저 언덕에 이르러 모든 지혜를 이루길 원하며, 모든 중생이 비교할 수 없는 지혜의 법 자리에 올라 법의 성품을 거스르지 않고 따라 실상과 같은 이치를 보길 원합니다. 이것이 보살마하살이 많은 보배 수레로 현재 일체 모든 부처님과 또 부처님이 멸한 후에 있는 탑과 묘를 받들고 보시해서 선근(不立五蘊)으로 회향하는 것이며, 중생이 마지막에서 벗어나 막힘이나 걸림이 없는 부처님의 법에 올라섬을 얻게 하려는 까닭입니다."

佛子 菩薩摩訶薩以如是等衆妙寶車奉施佛時 以此善根如是迴向 所謂 願一切衆生 悉解供養最上福田 深信施佛 得無量報 願一切衆生一心香佛 常遇無量清淨福田 願一切衆生於諸如來無所吝惜 具足成就大捨之心 願一切衆生於諸佛所修行施行 離二乘願 逮得如來無礙解脫一切智智 願一切衆生於諸佛所行無盡施 入佛無量功德智慧 願一切衆生入佛勝智 得成清淨無上智王 願一切衆生得佛徧至無礙神通 隨所欲王靡不自在 願一切衆生深入大乘 獲無量智 安州不動 願一切衆生皆能出生一切智法 爲諸天人最上福田 願一切衆生於諸佛所無嫌恨心 勤種善根 樂求佛智 願一切衆生任運能往一切佛刹 一刹那中普周法界而無懈倦 願一切衆生逮得菩薩自在神通 分身徧滿等虛空界一切佛所親近供養 願一切衆生得無比身 徧往十方而無厭倦 願一切衆

生得廣大身 飛行迅疾 隨意所往 終無懈退 願一切衆生得佛究竟自在威力 一刹那中 盡虛空界 悉現諸佛神通變化 願一切衆生修安樂行 隨順一切諸菩薩道 願一切衆生 得速疾行 究竟十力智慧神通 願一切衆生普入法界十方國土 悉盡邊際等無差別 願一切衆生行普賢行無有退轉 到於彼岸成一切智 願一切衆生昇於無比智慧之乘 隨順法性見如實理 是爲菩薩摩訶薩以衆寶車奉施現在一切諸佛及佛滅後所有塔廟善根迴向 爲令衆生得於如來 究竟出離無礙乘故

"불자여! 보살마하살이 많은 보배 수레로 보살과 선지식에게 보시할 때 모든 선근으로 이와 같음에 회향하니, 이른바 모든 중생이 선지식의 가르침을 항상 마음으로 기억해 지니고 오로지 부지런히 지키고 보호해서 망령되게 잃지 않기를 원하며, 모든 중생이 선지식과 더불어 같은 이치와 이로움을 모두 거두어 선근을 함께 하길 원하며, 모든 중생이 선지식을 친근히 하고 존중하고 공양하면서 가지고 있는 것을 남김없이 버리고 그 마음을 거스르지 않고 따르길 원하며, 모든 중생이 선근의 뜻을 얻어서 선근의 벗을 따라다니고 벗어나거나 버리지 않기를 원하며, 모든 중생이 항상 선지식과 만남을 얻어 오로지 마음을 다해 섬기고 가르침을 어기지 않길 원하며, 모든 중생이 선지식을 좋아하면서 늘 벗어나거나 버리지 않고 틈도 없고 섞이지도 않고 또한 잘못이나 실수가 없길 원합니다."

"모든 중생이 몸으로 선지식에게 보시하고 그 가르침을 따르며 어기지 않기를 원하며, 모든 중생이 선지식의 거두어주심을 받아 대자를 닦아 익히고 모든 악에서 멀리 벗어나기를 원하며, 모든 중생이 선지식을 따르면서 모든 부처님이 설하신 바른 법을 듣길 원하며, 모든 중생이 선지식과 더불어 선근이 같아 업과 과보가 청정하고 보살들과 더불어 행과 원이 같아서 십력을 마지막까지 얻길 원하며, 모든 중생이 선지식의 모든 법을 받아 지니고 모든 삼매의 경계와 지혜와 신통을 곧바로 얻길 원하며, 모든 중생이 남김없이 바른 법을 받아 지니고 모든 행을 닦고 익혀서 저 언덕에 이르길 원하며, 모든 중생이 대승의 법을 타고도 막힘이나 걸림이 없으며, 마지막까지 지혜의 도를 성취하길 원합니다."

"모든 중생이 일체 지혜의 법 수레에 올라 편안한 곳에 이르러 물러서거나 헤매지 않기를 원하며, 모든 중생이 실상의 본바탕을 알고 모든 불법을 들은 그대로 빠짐없이 마지막까지 이르러 영원히 잊지 않길 원하며, 일체중생이 모든 부처님의 거두어주심을 받아 걸림이나 막힘이 없는 지혜를 얻어 모든 법을 마지막까지 얻길 원하며, 모든 중생이 물러서거나 잘못이 없는 자재한 신통을 얻어 가고자 하는 바를 한 생각에 빠짐없이 이르길 원하며, 모든 중생이 오고 가는 일에 자재하여 넓게 가르치고 이끌어 대승에 머물기를 원하며, 모든 중생이 하는 일이 헛되지 않아서 지혜의 수레를 타고 마지막 자리에 이르길 원하며, 모든 중생이 막힘이나 걸림 없는 법 수레를 얻고 막힘이나 걸림 없는 지혜로 일체처에 이르길 원합니다. 이것이 보살마하살이 선지식에게 가지가지의 수레를 보시할 때 선근(不立五蘊)으로 회향하는 것이며, 중생들이 공덕을 온전하게 갖추고 부처님이나 보살과 더불어 평등하고 다름이 없게 하려는 까닭입니다."

佛子 菩薩摩訶薩以衆寶車施菩薩等善知識時 以諸善根如是迴向 所謂 願一切衆生心常憶持善知識敎 專勤守護 令不忘失 願一切衆生與善知識同一義利 普攝一切與共善根 願一切衆生近善知識 尊重供養 悉捨所有 順可其心 願一切衆生得善志欲 隨逐善友 未嘗捨離 願一切衆生常得値遇諸善知識 專意承奉 不違其敎 願一切衆生樂善知識 常不捨離 無閒無雜 亦無誤失 願一切衆生能以其身施善知識 隨其敎命靡有違逆 願一切衆生爲善知識之所攝受 修習大慈 遠離諸惡 願一切衆生隨善知識聽聞諸佛所說正法 願一切衆生與善知識同一善根淸淨業果 與諸菩薩同一行願究竟十力 願一切衆生悉能受持善知識法 逮得一切三昧境界智慧神通 願一切衆生悉能受持一切正法 修習諸行到於彼岸 願一切衆生乘於大乘無所障礙 究竟成就一切智道 願一切衆生悉得上於一切智乘 至安隱處無有退轉 願一切衆生知如實行 隨其所聞一切佛法 皆得究竟 永無忘失 願一切衆生普爲諸佛之所攝受 得無礙智 究竟諸法 願一切衆生得無退失自在神通 所欲往詣 一念皆到 願一切衆生往來自在 廣行化導 令住大乘 願一切衆生所行不空 載以智乘到究竟位 願一切衆生得無礙乘 以無礙智至一切處 是爲菩薩摩訶薩施善知識種種車時善根迴向 爲令衆生功德具足與佛菩薩等無異故

"불자여! 보살마하살이 많은 보배 수레로 출가 사문에게 보시할 때 모든 보시를 배우려 일으킨 마음과 지혜로 선근을 분명하게 깨달아 알려는 마음과 깨끗한 공덕의 마음과 버리는 것을 거스르지 않고 따르는 마음과 승보는 만나기 어렵다는 마음과 승보를 깊이 믿은 마음과 바른 가르침을 거두어 지니는 마음과 뛰어난 생각에 즐거이 머물며 지금까지 한 번도 있어 본 적이 없음을 얻고 크게 보시하는 모임을 만들어 헤아릴 수 없이 광대한 공덕을 내고 부처님의 가르침을 깊이 믿어 무너뜨릴 수 없습니다. 모든 선근으로 이와 같음에 회향하니, 이른바 모든 중생이 부처님의 법에 두루 들어가 기억해 지니고 잊지 않길 원하며, 모든 중생이 범부의 법을 벗어나 현인과 성인의 처소에 들어가길 원하며, 모든 중생이 빨리 성인의 지위에 들어가서 불법을 차례를 따라(復) 깨우쳐 인도하길 원하며, 모든 중생이 세상을 들어내어 높고 중하게 말하면 반드시 믿어 의심하지 않길 원하며, 모든 중생이 선근으로 모든 법의 평등함에 들어가서 법계 스스로 성품이 둘이 없음을 깨달아 알기를 원하며, 모든 중생이 여래의 지혜 경계를 좇아 생하여 지키고 보호하는 모든 사람이 함께 둘러싸기를 원하며, 모든 중생이 물이 드는 법에서 벗어나 모든 번뇌의 티끌과 허물을 없애버리길 원하며, 모든 중생이 다 위 없는 승보를 성취해서 범부의 자리를 벗어나 현인과 성인의 무리에 들기를 원하며, 모든 중생이 선근의 법을 부지런히 닦아 걸림이나 막힘없는 지혜를 얻고 성인의 공덕을 갖추길 원합니다."

"모든 중생이 지혜의 마음을 얻어 삼세에 집착하지 않고 모든 대중 가운데서 왕과 같이 자재하기를 원하며, 모든 중생이 지혜의 법 수레를 타고 바른 법 바퀴를 굴리길 원하며, 모든 중생이 신통을 온전하게 갖추고 잠깐 사이에 말할 수 없이 말로 이를 수 없는 세계에 능히 갈 수 있기를 원하며, 모든 중생이 허공 신의 법을 타고 모든 세간에서 지혜가 막힘이나 걸림이 없길 원하며, 모든 중생이 일체 허공과 법계의 모든 부처님의 대중 모임에 두루 들어가 제일바라밀행(第一波羅蜜行)을 성취하길 원하며, 모든 중생이 몸을 가볍게 들 수 있음과 특히 뛰어난 지혜를 얻어 모든 부처님 세계에 들어가길 원하며, 모든 중생이 끝없고 섬세하며 능숙한 선근의 신통함을 얻어 모든 세계에 그 몸을 두루 나타내길 원하며, 일체중생이 모든 의지할 것이 없는 몸을 얻어 신통한 힘으로 그림자와 같이 두루 나타내길 원하며, 모든 중생이 생각으로는 헤아릴 수 없이 자재한 신력을 얻어 응함을 따라 생육할 수 있다면 곧바로 그 앞에 나타나 교화하고 조복시키기를 원하며, 모든 중생이 법계에 들어가는 막힘이나 걸림 없는 방편을 얻어 잠깐 사이에 시방 국토에 두루 노닐기를 원합니다. 이것이 보살마하살이 사문에게 보배 수레를 보시하면서 선근(不立五蘊)으로 회향하는 것이며, 중생이 청정하고 위 없는 법 수레에 두루 타고 모든 세간에 막힘이나 걸림 없는 지혜의 바퀴를 굴리게 하려는 까닭입니다."

佛子 菩薩摩訶薩以衆寶車布施僧時 起學一切施心 智善了心 淨功德心 隨順捨心 僧寶難遇心 深信僧寶心 攝持正敎心 住勝志樂 得未曾有 爲大施會 出生無量廣大功德 深信佛敎不可沮壞 以諸善根如是迴向 所謂 願一切衆生普入佛法 憶持不忘 願一切衆生離凡愚法 入賢聖處 願一切衆生速入聖位 能以佛法次第開誘 願一切衆生學

世宗重 言必信用 願一切衆生善入一切諸法平等 了知法界自性無二 願一切衆生從於如來智境而生 諸調順人所共圍遶 願一切衆生住離染法 滅除一切煩惱塵垢 願一切衆生皆得成就無上僧寶 離凡夫地 入賢聖衆 願一切衆生勤修善法 得無礙智 具聖功德 願一切衆生得智慧心 不著三世 於諸衆中自在如王 願一切衆生乘智慧乘 轉正法輪 願一切衆生具足神通 一念能往不可說不可說世界 願一切衆生乘虛空身 於諸世間智慧無礙 願一切衆生普入一切虛空法界諸佛衆會 成就第一波羅蜜行 願一切衆生得輕擧身殊勝智慧 悉能徧入一切佛刹 願一切衆生獲無邊際善巧神足 於一切刹普現其身 願一切衆生得於一切無所依身 以神通力如影普現 願一切衆生得不思議自在神力 隨應可化 卽現其前 敎化調伏 願一切衆生得入法界無礙方便 一念徧遊十方國土 是爲菩薩摩訶薩施僧寶車善根迴向 爲令衆生普乘淸淨無上智乘 於一切世間無礙法智慧輪故

"불자여! 보살마하살이 많은 보배 수레로 성문과 독각에게 보시할 때 이와 같은 마음을 일으키니, 이른바 복 밭이라는 마음과 존경하는 마음과 공덕의 바다라는 마음과 공덕과 지혜를 능히 내는 마음과 여래의 공덕을 좇아 생기는 마음과 백 천억 나유타 겁을 두고 닦고 익히는 마음과 말할 수 없는 겁을 두고 능히 보살의 행을 닦은 마음과 모든 마군의 얽힘에서 해탈하는 마음과 모든 마군의 무리를 꺾어서 없애버리려는 마음과 지혜의 빛으로 위 없는 법을 분명하게 비추려는 마음들입니다. 이 수레를 보시한 선근으로 이와 같음에 회향하니, 이른바 모든 중생이 세상에서 믿을 만한 제일의 복 밭이 되어 위 없는 보시바라밀(檀波羅蜜)을 온전하게 갖추길 원하며, 모든 중생이 이익이 없는 말을 벗어나 늘 혼자 있기를 좋아하고 마음에 두 가지 생각이 없길 원하며, 모든 중생이 가장 제일의 청정한 복 밭을 이루고 모든 중생을 거두어 복된 업을 닦길 원하며, 모든 중생이 지혜의 연못을 이루고 중생들에게 헤아릴 수 없고 수 없는 선근의 과보를 주길 원하며, 모든 중생이 막힘이나 걸림이 없는 행에 머물면서 청정한 제일의 복 밭에 만족하길 원하며, 모든 중생이 다툼이 없는 법에 머물며, 모든 법이란 다 지은 바가 없으며, 성품이 없는 것으로 성품으로 삼았음을 분명하게 깨달아 알길 원하며, 모든 중생이 늘 최상의 복 밭을 친근히 해서 헤아릴 수 없는 복덕을 이루어 온전하게 갖추길 원합니다."

"모든 중생이 헤아릴 수 없는 자재한 신통을 나타내어 깨끗한 복 밭으로 모든 중생을 거두길 원하며, 모든 중생이 다 함이 없는 공덕의 복 밭을 온전하게 갖추고 능히 중생에게 여래의 십력과 제일승(第一乘)의 과를 주길 원하며, 모든 중생이 열매를 맺을 수 있는 진실한 복 밭이 되어 일체 지혜와 다함이 없는 복 더미를 이루길 원하며, 모든 중생이 죄를 없애는 법을 얻어 일찍이 듣지 못한 불법의 글귀와 뜻을 받아 지니길 원하며, 모든 중생이 늘 모든 부처님의 법을 부지런히 듣고 받아들여 들은 모든 것을 확실하게 깨달아 알고 헛되게 보내는 이가 없길 원하며, 모든 중생이 불법을 청하여 듣고 마지막까지 통달해서 들은 그대로 거스르지 않고 따라 널리 펴서 설하길 원합니다."

"모든 중생이 여래의 가르침을 믿고 이해하고 수행해서 96종의 모든 외도의 삿된 견해를 벗어나 버리길 원하며, 모든 중생이 늘 현인과 성인을 보고 가장 뛰어난 모든 선근으로 거듭 더하고 늘리길 원하며, 모든 중생이 마음으로 늘 지혜가 있고 수행하는 사람을 믿고 좋아하며, 모든 성인과 함께 머물고 함께 환희하길 원하며, 모든 중생이 부처님의 명호를 듣고는 헛되이 버리지 않고 들은 바를 따라 눈으로 보기를 원하며, 모든 중생이 부처님의 바른 가르침과 법을 선근으로 분별해서 알며, 불법을 받아 지니고 지키고 보호하기를 원하며, 모든 중생이 늘 즐겁게 부처님 법 듣기를 좋아하며, 받아 지니고 읽고 외우면서 분명하게 깨달아 알고 활짝 열어 비추어 보이길 원하며, 모든 중생이 부처님이 가르친 진실한 공덕을 믿고 이해하며 가지고 있는 모든 것을 버려서 공손하게 섬기어 공양하기를 원합니다. 이것이 보살마하살이 성문과 독각에게 가지가지의 수레를 보시할 때 선근(不立五蘊)으로 회향하는 것이며, 중생들이 청정한 제일의 지혜와 신통을 성취하고 부지런히 수행하면서 게으르지 않고 모든 지혜와 힘과 두려울 것이 없음을 얻게 하려는 까닭입니다."

佛子 菩薩摩訶薩以衆寶車布施聲聞 獨覺之時 起如是心 所謂 福田心 尊敬心 功德海心 能出生功德智慧心 從如來功德勢力所生心 百千億那由他劫修習心 能於不可說劫修菩薩行心 解脫一切魔繫縛心 摧滅一切魔軍衆心 慧光照了無上法心 以此施車所有善根如是迴向 所謂 願一切衆生爲世所信第一福田 具足無上檀波羅蜜 願一切衆生離無益語 常樂獨處 心無二念 願一切衆生成最第一淸淨福田 攝諸衆生令修福業 願一切衆生成智慧淵 能與衆生無量無數善根果報 願一切衆生住無礙行 滿足淸淨第一福田 願一切衆生住無諍法 了一切法皆無所作 無性爲性 願一切衆生常得親近最上福田 具足修成無量福德 願一切衆生能現無量自在神通 以淨福田攝諸含識 願一切衆生具足無盡功德福田 能與衆生如來十力第一乘果 願一切衆生爲能辨果眞

實福田 成一切智 無盡福聚 願一切衆生得滅罪法 悉能受持所未曾聞佛法句義 願一切衆生常勤聽受一切佛法 聞悉解悟 無空過者 願一切衆生聽聞佛法通達究竟 如其所聞 隨順演說 願一切衆生於如來敎信解修行 捨離一切九十六種外道邪見 願一切衆生常見賢聖 增長一切最勝善根 願一切衆生心常信樂智行之土 與諸聖哲同止共歡 願一切衆生聽聞佛名悉不唐損 隨其所聞 咸得目見 願一切衆生善分別知諸佛正敎 悉能守護持佛法者 願一切衆生常樂聽聞一切佛法 受持讀誦 開示照了 願一切衆生信解佛敎如實功德 悉捨所有 恭敬供養 是爲菩薩摩訶薩施聲聞 獨覺種種車時善根迴向 爲令衆生皆得成就淸淨第一智慧神通 精進修行無有懈怠 獲一切智力無畏故

"불자여! 보살마하살이 많은 보배 수레로 모든 복 밭뿐만 아니라 빈궁하고 외로운 이에게 이르기까지 보배 수레를 보시할 때 그들이 구하는 바를 따라 일체 모든 것을 버리고 주지만 기뻐하고 즐거워하는 마음이며, 싫어하거나 게으르지 않고 스스로가 뉘우치고 저 사람을 향해 말하기를 '내가 응당 가서 공양하고 필요에 따라 이바지해야 할 일인데, 당신이 힘들게도 멀리서 오셨습니까.'라고 하면서 무릎을 굽혀 절하고 일어나 필요한 모든 것을 보시합니다."

"그와 같이 때를 맞춰 마니 보배 수레를 보시하니, 염부제에서 제일가는 여자 보배가 그 위에 가득하고 그와 같이 차례를 좇아 금으로 장엄한 수레를 보시하니, 인간의 여자 보배가 그 위에 충만하고 그와 같이 차례를 좇아 빼어난 유리 수레를 보시하니, 내궁의 기녀가 그 위에 가득하고 그와 같이 가지가지의 특별하고 빼어난 보배 수레를 보시하니, 동녀가 가득해서 하늘의 채녀와 같고 그와 같이 수 없는 보배로 장엄한 수레를 보시하니, 보배와 같은 여자들 가운데 부드럽고 밝으면서 변재와 지혜에 뛰어납니다."

"그와 같이 타고 있던 전단 수레를 보시하거나 파려 보배 수레를 보시하니, 남김없이 보배 여인을 태워서 그 위를 가득히 채웠으며, 용모가 단정하고 마주 대하여 드러난 모양이나 상태가 비교할 수가 없으며, 좋은 옷으로 장엄하였기에 보는 이들이 기뻐하며, 그와 같이 마노 보배 수레를 보시하니, 관정식을 행한 왕자들이 그 위에 타고 있으며, 그와 같이 견고한 향 수레를 보시하니, 있는 남녀를 모두 그 위에 실었고 그와 같은 일체 보배로 장엄한 수레를 보시하니, 버리기 어려운 친한 선근의 권속이 타고 있습니다."

佛子 菩薩摩訶薩以衆寶車施諸福田乃至貧窮 孤獨者時 隨其所求 一切悉捨 心生

歡喜 無有厭倦 仍向彼人自悔責言 我應往就供養供給 不應勞汝遠來疲頓 言已拜跪 問訊起居 凡有所須 一切施與 或時施彼摩尼寶車 以閻浮提第一女寶充滿其上 或復施與金莊嚴車 人間女寶充滿其上 或復施與妙瑠璃車 內宮妓女充滿其上 或施種種奇妙寶車 童女充滿 如天采女 或施無數寶莊嚴車 寶女滿中 柔明辯慧 或施所乘妙栴檀車 或復施與玻瓈寶車 悉載寶女 充滿其上 顏容端正 色相無比 袨服莊嚴 見者欣悅 或復施與碼碯寶車 灌頂王子身載其上 或時施與堅固香車 所有男女悉載其中 或施一切寶莊嚴車 載以難捨親善眷屬

"불자여! 보살마하살이 이와 같은 헤아릴 수 없는 보배 수레로 그들이 구하는 바를 따라 공손히 섬기어 보시하니, 모두가 원을 따라 기뻐하고 즐거워하며 만족하고 이러한 선근에 회향하니, 이른바 모든 중생이 물러서거나 헤매지 않으며, 막힘이나 걸림이 없는 광대한 법 수레를 타고 생각으로는 이를 수 없는 보리수 아래에 이르길 원하며, 모든 중생이 청정한 인으로 큰 법 지혜의 수레를 타고 미래의 겁이 다하도록 보살행을 닦으면서 영원히 물러서거나 헤매지 않기를 원하며, 일체중생이 모든 법 없는 수레를 타고 모든 분별과 집착에서 영원히 벗어나 항상 일체 지혜의 도를 닦고 익히길 원하며, 모든 중생이 아첨과 속임이 없는 정직한 법 수레를 타고 모든 부처님 세계를 자재하게 다니길 원하며, 모든 중생이 일체 지혜의 법 수레에 거스르지 않고 따라서 올라가 편안히 머물며, 모든 부처님의 법으로 함께 좋아하고 즐기길 원하며, 모든 중생과 보살이 청정하게 수행하는 수레를 타고 보살이 열 가지에서 벗어나는 도와 삼매의 즐거움을 온전하게 갖추길 원하며, 모든 중생이 사륜의 법 수레를 타도록 하는 것이니, 이른바 좋은 국토에 머물고 선근을 지닌 사람에게 의지하고 뛰어난 복과 덕을 모으고 큰 서원을 일으키길 원하며, 이로써 모든 보살의 청정한 범행을 원만히 이루게 합니다."

"모든 중생이 시방을 두루 비추는 법 광명 수레를 타고 모든 여래의 지혜로운 힘을 닦고 배우길 원하며, 모든 중생이 부처님의 법 수레를 타고 일체 법의 마지막 경계인 피안에 이르길 원하며, 모든 중생이 많은 복과 선근의 생각하기 어려운 법의 수레를 타고 시방의 편안한 바른 도를 두루 보이길 원하며, 모든 중생이 큰 보시의 법 수레를 타고 끝없는 욕심과 인색함과 더러움을 버리길 원하며, 모든 중생이 깨끗한 계율의 법 수레를 타고 법계와 평등한 끝없는 청정한 계행을 지니길 원하며, 모든 중생이 인욕의 법 수레를 타고 항상 중생에 대해 성내는 마음에서 벗어나길 원하며, 모든 중생이 크게 정진하고 물러서거나 헤매지 않은 법 수레를 타고 견고하게 뛰어난 행을 닦아 보리의 도에 나아가길 원하며, 모든 중생이 선정의 수레를 타고 속히 도량에 이르러 보리의 지혜를 증득하길 원하며, 모든 중생이 섬세하고 능숙한 지혜의 방편 수레를 타고 화신이 일체 법계 모든 부처님의 경계에 충만하길 원하며, 모든 중생이 법왕의 수레를 타고 두려움 없음을 성취하고 항상 일체 지혜의 법을 은혜롭게 두루 보시하길 원하며, 모든 중생이 집착이 없는 지혜의 법 수레를 타고 능히 모든 시방에 남김없이 두루 들어가 진실한 법의 성품에 동함이 없길 원하며, 모든 중생이 일체 모든 부처님의 법 수레를 타고 생함을 받아들여 나타내어 보이고 시방세계에 두루두루 하지만 대승의 도를 무너뜨리거나 잃지 않기를 원하며, 모든 중생이 모든 지혜의 가장 높은 법 보배 수레를 타고 보현보살의 행과 원을 만족하게 하고 싫어하거나 게으름이 없기를 원합니다. 이것이 보살마하살이 많은 보배 수레로 모든 복 밭뿐만 아니라 외롭고 빈궁한 사람에게까지 보시하면서 선근(不立五蘊)으로 회향하는 것이며, 중생들이 헤아릴 수 없는 지혜를 갖추고 기쁘고 즐거워서 뛰놀고 마침내는 모든 지혜의 수레를 빠짐없이 얻게 하려는 까닭입니다."

佛子 菩薩摩訶薩以如是等無量寶車 隨其所求 恭敬施與 皆令遂願 歡喜滿足 以此善根如是迴向 所謂 願一切衆生乘不退轉無障礙輪廣大之乘 詣不可議菩提樹下 願一切衆生乘清淨因大法智乘 盡未來劫 修菩薩行永不退轉 願一切衆生乘一切法無所有乘 永離一切分別執著 而常修習一切智道 願一切衆生乘無諂誑正直之乘 往諸佛刹 自在無礙 願一切衆生隨順安住一切智乘 以諸佛法共相娛樂 願一切衆生皆乘菩薩清淨行乘 具足菩薩十出離道及三昧樂 願一切衆生乘四輪乘 所謂住好國土 依止善入 集勝福德 發大誓願 以此成滿一切菩薩清淨梵行 願一切衆生得普照十方法光明乘 修學一切如來智力 願一切衆生乘佛法乘 到一切法究竟彼岸 願一切衆生載中福善難思法乘 普示十方安隱正道 願一切衆生乘大施乘 捨慳吝垢 願一切衆生乘淨戒乘 持等法界無邊淨戒 願一切衆生乘忍辱乘 常於衆生離瞋濁心 願一切衆生乘大精進不退轉乘 堅修勝行 趣菩提道 願一切衆生乘禪定乘 速至道場 證菩提智 願一切衆生乘於智慧善巧方便乘 化身充滿一切法界 諸佛境界 願一切衆生乘法王乘 成就無畏 恒普惠施一切智法 願一切衆生乘無所著智慧之乘 悉能徧入一切十方 於眞法性而無所動 願一切衆生乘於一切諸佛法乘 示現受生徧十方刹 而不失壞大乘之道 願一切衆生乘一切智最上寶乘 滿足普賢菩薩行願而無厭倦 是爲菩薩摩訶薩以衆寶

車施諸福田乃至貧窮 孤露之人善根迴向 爲令衆生具無量智 歡喜踊躍 究竟皆得一切智乘故

"불자여! 보살마하살이 보배 같은 코끼리를 보시하니, 그 성품이 유순하고 칠지를 온전하게 갖추었으며, 젊은 나이에 어금니 여섯 개가 청정하고 입술이 붉고 비유하면 연꽃과 같으며, 몸의 빛이 희어서 마치 설산과 같으며, 금 당기로 꾸미고 보배 그물을 펴서 덮었으며, 가지가지의 빼어난 보배로 그 코를 장엄해서 보는 이가 즐거워하고 싫어하지 않으며, 만 리를 뛰어도 피곤해하거나 게으르지 않고 그와 같이 차례를 좇아 훈련이 제대로 된 말 보배를 보시하니, 모든 모양이나 상태를 온전하게 갖추어 마치 하늘의 말과 같으며, 빼어난 보배의 월륜 빛을 장식으로 삼고 진금의 방울 그물을 펴서 그 위를 덮었으며, 이리저리 움직여도 탄 사람이 편안하고 마음을 따라가는 빠르기가 바람과 같고 동서남북으로 다니지만, 자재하기에 막힘이나 걸림이 없습니다."

"보살이 코끼리와 말로 그와 같이 부모와 선지식을 받들어 모시고 그와 같이 가난하고 고통을 받는 중생에게 보시하지만, 그 마음이 넓고 넓어 후회하거나 인색함을 내지 않으며, 오히려 거듭 기뻐하고 더욱 가엾이 여기면서 보살의 덕을 닦으며, 보살심을 청정히 해서 이 선근으로 이와 같음에 회향하니, 이른바, 모든 중생이 거스름 없이 순하게 따르는 법 수레에 머물면서 모든 보살의 공덕을 거듭 더하고 늘리길 원하며, 모든 중생이 섬세하고 능숙한 선근의 법 수레를 얻어 일체 불법이 출생함을 따르길 원하며, 모든 중생이 믿고 이해하는 법 수레를 얻어 여래의 막힘이나 걸림이 없는 지혜의 힘을 두루 비치길 원하며, 모든 중생이 일으켜 향하는 법 수레를 얻어 모든 큰 원을 두루 내길 원하며, 모든 중생이 평등한 바라밀의 법 수레를 온전하게 갖추고 일체 평등한 선근을 원만하게 이루길 원합니다."

"모든 중생이 보배의 법 수레를 성취하고 모든 불법의 위 없는 지혜의 보배를 생하길 원하며, 모든 중생이 보살행으로 장엄하는 법 수레를 성취해서 보살의 모든 삼매 꽃을 활짝 피우길 원하며, 모든 중생이 끝없는 빠른 법 수레를 얻어 수 없는 겁을 두고 보살심을 청정히 하며, 부지런히 사유해서 모든 법을 분명하게 통달하기를 원하며, 모든 중생이 거스름 없는 가장 뛰어난 대승을 성취하고 선근의 방편으로 보살의 지위를 갖추길 원하며, 모든 중생이 가장 높고 넓으며 견고한 대승의 법 수레를 타고 모든 중생을 실어서 일체 지혜의 자리에 이르고 또 얻기를 원합니다. 이것이 보살마하살이 코끼리나 말을 보시할 때 선근(不立五蘊)으로 회향하는 것이며, 중생들이 다 막힘이나 걸림 없는 지혜의 법 수레를 타고 마지막까지 원만하게 부처님의 법 수레에 이르게 하려는 까닭입니다."

佛子 菩薩摩訶薩布施象寶 其性調順 七支具足 年齒盛壯 六牙淸淨 口色紅赤猶如蓮華 形體鮮白譬如雪山 金幢爲飾 寶網羅覆 種種妙寶莊嚴其鼻 見者欣玩無有厭足 超步萬里曾不疲倦 或復施與調良馬寶 諸相具足猶如天馬 妙寶月輪以爲光飾 眞金鈴網羅覆其上 行步平正 乘者安隱 隨意所往迅疾如風 遊歷四洲自在無礙 菩薩以此象寶 馬寶 或奉養父母及善知識 或給施貧乏 苦惱衆生 其心曠然 不生悔吝 但倍增欣慶 益加悲愍 修菩薩德 淨菩薩心 以此善根如是迴向 所謂 願一切衆生住調順乘 增長一切菩薩功德 願一切衆生得善巧乘 能隨出生一切佛法 願一切衆生得信解乘 普照如來無礙智力 願一切衆生得發趣乘 能普發興一切大願 願一切衆生具足平等波羅蜜乘 成滿一切平等善根 願一切衆生成就寶乘 生諸佛法無上智寶 願一切衆生成就菩薩行莊嚴乘 開敷菩薩諸三昧華 願一切衆生得無邊速疾乘 於無數劫淨菩薩心 精勤思惟 了達諸法 願一切衆生成就最勝調順大乘 以善方便具菩薩地 願一切衆生成最高廣堅固大乘 普能運載一切衆生 皆得至於一切智位 是爲菩薩摩訶薩施象 馬時善根迴向 爲令衆生皆得乘於無礙智乘 圓滿究竟至佛乘故

"불자여! 보살마하살이 자리를 보시할 때 그와 같이 거처하던 사자좌를 보시합니다. 그 사자좌는 높고 넓으며, 특별하게 빼어나고 좋으며, 다리는 유리로 되어있고 금실로 짠 부드러운 의복으로 그 위를 덮었으며, 보배 당기를 세우고 모든 빼어난 향을 스며들게 하며, 헤아릴 수 없이 많은 뒤섞인 보배의 장엄 기물로 장엄해서 금 그물로 그 위를 덮고 보배 방울이 바람에 흔들리며, 빼어난 소리를 내고 진귀한 모든 보배로 주위를 두루두루 꾸미니, 모든 백성이 함께 우러러 사모합니다."

"관정 대왕이 그 위에 홀로 있으며, 가르침을 세상에 널리 알리기에 만방이 받들고 따르며, 왕이 차례를 좇아(復) 빼어난 보배로 몸을 장엄하니, 이른바 보광명 보배와 제청 보배와 대제청 보배와 승장 마니보배입니다. 밝고 청정함은 해와 같으며, 청량하기는 달과 같고 두루두루 뒤섞여 퍼진 것을 비유하면, 많은 별과 같이 널렸으며, 빼어난 장엄은 상품이라 제일이어서 비교할 것이 없습니다. 바다의 가장 빼어난 보배와 바다의 견고한 휘장

보배가 신기한 무늬와 독특한 모양으로 가지가지 장엄해서 대중 가운데 가장 존귀하고 가장 뛰어나며, 염부단금과 더러움을 벗어난 보배 비단으로 만든 관을 머리에 얹었고 관정하는 지위로서 염부제의 왕이 되었으며, 헤아릴 수 없는 큰 위덕을 온전하게 갖추고 자비를 주로 삼아 모든 원한이 있는 적을 항복 받으니, 가르침을 행하여 따름에 거스름이 없습니다."

"때맞추어 전륜왕이 이와 같은 등등의 백천 만억 헤아릴 수 없고 수 없는 보배로 장엄한 자리로 제일의 복 밭인 여래와 보살과 참 선지식과 현인과 성인과 법을 설하는 스승과 부모와 종친과 성문과 독각과 또 보살승을 일으켜 향하는 이에게 보시할 뿐만 아니라 그와 같은 여래의 탑이나 가난하고 외로운 모든 이들에게 이르기까지 보시하며, 그들이 필요한 바를 따라 남김없이 보시해 주고 이 선근으로 이와 같음에 회향합니다. 이른바 모든 중생이 보리 좌에 앉아서 능히 모든 부처님의 바른 법을 남김없이 깨달아 얻길 원하며, 모든 중생이 자재한 자리에 앉아 법의 자재함을 얻으니, 모든 금강산이 무너트리지 못하길 원하며, 모든 마군을 남김없이 꺾어서 항복 받길 원하며, 모든 중생이 부처님의 자재한 사자좌를 얻어 일체중생이 우러러 사모하길 원하며, 모든 중생이 말할 수 없이 말로 이를 수 없는 가지가지의 특이하고 빼어난 보배로 장엄한 자리를 얻어 법에 자재하고 중생을 가르쳐 이끌길 원하며, 모든 중생이 세 가지 세간의 가장 특별하고 뛰어난 자리를 얻어 광대한 선근으로 장엄해서 꾸며지길 원하며, 모든 중생이 말할 수 없이 말로 이를 수 없는 세계의 자리를 두루 얻어 아승기의 겁을 두고 찬탄해도 다할 수 없길 원하며, 모든 중생이 크고 깊으며 촘촘한 복덕이 있는 자리를 얻어 그 몸이 모든 법계에 충만하기를 원합니다."

"모든 중생이 생각으로 헤아려 알 수 없는 가지가지의 보배 자리를 얻고 그 본원을 따라 생각하는 중생에게 법 보시를 광대하게 열길 원하며, 모든 중생이 선근으로 빼어난 자리를 얻어 말할 수 없는 모든 부처님의 신통을 나타내길 원하며, 모든 중생이 일체 보배 자리와 일체 향 자리와 일체 꽃 자리와 일체 옷 자리와 일체 머리 장식 자리와 일체 마니 자리와 일체 유리 등등의 생각으로 헤아려 알 수 없는 가지가지의 보배 자리와 헤아릴 수 없이 많은 세계 자리와 일체 세간을 장엄한 청정한 자리와 일체 금강 자리를 얻어 여래의 자재한 위덕을 나타내어 최정각(最正覺)을 이루길 원합니다. 이것이 보살마하살이 보배 자리를 보시할 때 선근(不立五蘊)으로 회향하는 것이며, 중생들이 세간을 벗어나 큰 보리의 자리를 얻어 자연히 모든 부처님의 법을 깨우쳐 알게 하려는 까닭입니다."

佛子 菩薩摩訶薩布施座時 或施所處師子之座 其座高廣殊特妙好 瑠璃爲足 金鏤小成 柔軟衣服以敷其上 建以寶幢 熏諸妙香 無量雜寶莊嚴之具以爲莊校 金網覆上 寶鐸風搖 出妙音聲 奇珍萬計周帀塡飾 一切臣民所共瞻仰 灌頂大王獨居其上 宣布法化 萬邦尊奉 其王復以妙寶嚴身 所謂 普光明寶 帝靑寶 大帝靑寶 勝藏摩尼寶 明淨如日 淸涼猶月 周帀繁布譬如衆星 上妙莊嚴第一無比 海殊妙寶 海堅固幢寶 奇文異表 種種莊嚴 於大衆中最尊最勝 閻浮檀金離垢寶繒以冠其首 享灌頂位 王閻浮提 具足無量大威德力 以慈爲主 伏除怨敵 敎令所行 靡不承順 時 轉輪王以如是等百千萬億無量無數寶莊嚴座 施於如來第一福田 及諸菩薩 眞善知識 賢聖僧寶 說法之師 父母 宗親 聲聞 獨覺 及以發趣菩薩乘者 或如來塔 乃至一切貧窮 孤露 隨其所須 悉皆施與 以此善根如是迴向 所謂 願一切衆生坐菩提座 悉能覺悟諸佛正法 願一切衆生處自在座 得法自在 諸金剛山所不能壞 能悉摧伏一切魔軍 願一切衆生得佛自在師子之座 一切衆生之所瞻仰 願一切衆生得不可說不可說種種殊妙寶莊嚴座 於法自在 化導衆生 願一切衆生得三鐘世間最殊勝座 廣大善根之所嚴飾 願一切衆生得周徧不可說不可說世界座 阿僧祇劫歎之無盡 願一切衆生得大深密福德之座 其身充滿一切法界 願一切衆生得不思議種種寶座 隨其本願所念衆生 廣開法施 願一切衆生得善苗座 現不可說諸佛神通 願一切衆生得一切寶座 一切香座 一切華座 一切衣座 一切鬘座 一切摩尼座 一切瑠璃等不思議種種寶座 無量不可說世界座 一切世間莊嚴淸淨座 一切金剛座 示現如來威德自在 成最正覺 是爲菩薩摩訶薩施寶座時善根迴向 爲令衆生獲離世間大菩提座 自然覺悟一切佛法故

"불자여! 보살마하살이 모든 보배 덮개를 보시하니, 이 덮개는 특별한 것이기에 존귀하게 쓰이는 것이며, 가지가지의 큰 보배로 장엄해서 백 천억 나유타의 가장 빼어난 덮개 중에 가장 제일이고 많은 보배로 장대가 되고 빼어난 그물이 위를 덮었고 보배 끈과 금방울로 두루 드리웠고 마니영락이 차례를 따라 매달려 있어서 미세한 바람만 불어도 빼어난 소리를 조화롭게 들려주고 주옥과 보배가 가지가지로 충만하고 헤아릴 수 없이 많은 뛰어나고 좋은 보배로 장엄하여 꾸몄고 전단과 침수의 빼어난 향기가 두루 스며들고 염부단금의 광명이 청정합니다." "이와 같음에 헤아릴 수 없이 많은 백 천억 나유타 아승기의 모든 빼어난 보물로 온전하게 갖추고 장엄한 것을 청정한 마음으로 부처님과 또 부처님이 멸한 후 탑묘에 받들어 보시하고 그와 같이 법을 위하는 까닭으로 모든 보살과 선지식과 이름난 법의 스승에게 보시하며, 그와 같이 부모에게 보시하며, 그와 같이 승보에게 보시하며, 그와 같이 차례를 좇아(復) 일체 불법을 받들어 보시하며, 그와 같이 가지가지 중생의 복 밭에 보시하며, 그와 같이 사승과 모든 존숙에게 보시하며, 그와 같이 처음 보리심을 일으킨 사람뿐만 아니라 모든 빈궁하고 외로운 사람에게까지 보시합니다. 이러한 선근으로 이와 같음에 보시하니, 이른바 모든 중생이 선근을 부지런히 닦아서 그 몸에 덮어쓰고 항상 부처님 음덕을 받길 원하며, 모든 중생이 공덕과 지혜를 덮개로 삼아 세간의 모든 번뇌에서 영원히 벗어나길 원하며, 모든 중생이 선근을 덮고 세간의 티끌과 허물과 번뇌를 없애버리길 원하며, 모든 중생이 지혜의 장을 얻어 대중이 기쁘게 보고 마음에 싫어하는 생각이 없어지길 원하며, 모든 중생이 적정의 선근 법으로 스스로 덮어서 마지막까지 무너지지 않은 부처님의 법을 빠짐없이 얻길 원하며, 모든 중생이 선근으로 그 몸을 덮어서 여래의 청정한 법신을 끝내는 얻길 원하며, 모든 중생이 두루두루 한 덮개를 지어서 십력과 지혜로 세간을 두루두루 덮기를 원하며, 모든 중생이 빼어난 지혜를 얻어서 삼세를 뛰어넘어 물들거나 집착함이 없길 원하며, 모든 중생이 공양을 받을만한 덮개를 얻어서 뛰어난 복 밭을 이루고 모든 이의 공양을 받길 원하며, 모든 중생이 최상의 덮개를 얻어서 위 없는 지혜를 획득하고 자연히 깨닫기를 원합니다."

"이것이 보살마하살이 일산, 곧 지혜의 덮개를 보시할 때 선근에 회향하는 것입니다."

"모든 중생이 자재한 덮개를 얻게 하니, 이는 일체 모든 선근으로 법을 가지게 하려는 까닭이며, 모든 중생이 하나의 덮개로 일체 허공 법계와 일체 세계의 국토를 덮으니, 이는 모든 부처님의 자재한 신통을 나타내 보여서 물러서거나 헤매지 않게 하려는 까닭이며, 모든 중생이 하나의 덮개로 시방 일체 세계를 장엄하니, 이는 부처님께 공양하려는 까닭이며, 모든 중생이 빼어난 당기와 깃발과 또 보배 덮개로 장엄하니, 이는 일체 모든 여래께 공양하려는 까닭이며, 모든 중생이 두루 장엄하는 덮개를 얻게 하니, 이는 일체 모든 부처님 국토를 덮어 다하고 남음이 없게 하려는 까닭이며, 모든 중생이 광대한 덮개를 얻게 하니, 이는 중생을 두루 덮어서 부처님에 대한 믿음의 마음과 이해를 생하게 하려는 까닭입니다."

"모든 중생이 말할 수 없는 빼어난 많은 보배 덮개로 한 분의 부처님께 공양하니, 이는 말로 이를 수 없는 한 분 한 분의 부처님이 계신 곳에도 이와 같게 하려는 까닭이며, 모든 중생이 부처님의 높고 광대한 덮개인 보리를 얻게 하니, 이는 일체 여래를 두루 덮으려는 까닭이며, 모든 중생이 일체 마니보배 장 덮개와 견고한 일체 향 장엄 덮개와 가지가지의 보배 청정 장엄 덮개와 헤아릴 수 없는 보배 청정 장엄 덮개와 광대한 보배 청정 장엄 덮개를 얻게 하니, 이는 보배 그물로 가득히 덮고 보배 방울을 드리워서 바람이 부는 대로 생하는 섬세하고 빼어난 소리로 법계, 허공계, 일체 세계의 모든 부처님의 몸을 두루 덮으려는 까닭이며, 모든 중생이 막힘이나 걸림이 없는 지혜로 장엄한 덮개를 얻게 하니, 이는 일체 모든 여래를 두루 덮으려는 까닭입니다."

"모든 중생이 제일의 지혜를 얻게 하려는 까닭이며, 또 모든 중생이 부처님의 공덕 장엄을 얻게 하려는 까닭이며, 또 모든 중생이 부처님의 공덕으로 청정한 욕심과 마음을 생하게 하려는 까닭이며, 또 모든 중생이 헤아릴 수 없고 끝없는 자재한 마음의 보배를 얻게 하려는 까닭이며, 또 모든 중생이 모든 법에 자재한 지혜를 만족하게 하려는 까닭이며, 또 모든 중생이 모든 선근을 가지고 일체를 두루 덮게 하려는 까닭이며, 또 모든 중생이 가장 뛰어난 지혜의 덮개를 성취하게 하려는 까닭이며, 또 모든 중생이 십력으로 두루두루 한 덮개를 성취하게 하려는 까닭이며, 또 모든 중생이 능히 하나의 덮개로 법계의 모든 부처님 세계를 덮게 하려는 까닭이며, 또 모든 중생이 법에 자재하게 되어 법왕이 되게 하려는 까닭입니다."

"또 모든 중생이 큰 위덕과 자재한 마음을 얻게 하려는 까닭이며, 또 모든 중생이 광대한 지혜를 얻어 항상 끊어짐이 없게 하려는 까닭이며, 또 모든 중생이 헤아릴 수 없는 공덕을 얻어 일체를 두루 덮어 빠짐없이 마지막까지 이르게 하려는 까닭이며, 또 모든 중생이 모든 공덕으로 그 마음을 덮게 하려는 까닭이며, 또 모든 중생이 평등한 마음으로 중생을 덮게 하려는 까닭이며, 또 모든 중생이 큰 지혜의 평등한 덮개를 얻게 하려는 까닭이며, 또 모든 중생이 크게 회향하는 섬세하고 능숙한 방편을 갖추게 하려는 까닭이며, 또 모든 중생이 빼어난 욕심의 즐거움과 청정한 마음을 얻게 하려는 까닭이며, 또 모든 중생이 선근으로 욕심과 즐거움, 그리고 청정한 생각을 얻게 하려는 까닭이며, 또 모든 중생이 큰 회향을 얻어 일체 모든 중생을 두루 덮게 하려는 까닭입니다."

佛子 菩薩摩訶薩施諸寶蓋 此蓋殊特 尊貴所用 種種大寶而爲莊嚴 百千億那由他上妙蓋中最爲第一 衆寶爲竿 妙網覆上 寶繩金鈴周帀垂下 摩尼瓔珞次第懸布 微風吹動 妙音克諧 珠玉寶藏種種充滿 無量奇珍悉以嚴飾 栴檀 沈水妙香普熏 閻浮檀金光明淸淨 如是無量百千億那由他阿僧祇衆妙寶物具足莊嚴 以淸淨心奉施於佛 及佛滅後所有塔廟 或爲法故施諸菩薩及善知識 名聞法師 或施父母 或施僧寶 或復奉施

一切佛法 或施種種衆生福田 或施師僧及諸尊宿 或施初發菩提之心乃至一切貧窮孤露 隨有求者 悉皆施與 以此善根如是迴向 所謂 願一切衆生勤修善根以覆其身 常爲諸佛之所庇廕 願一切衆生功德智慧以爲其蓋 永離世間一切煩惱 願一切衆生覆以善法 除滅世間塵垢熱惱 願一切衆生得智慧藏 令衆樂見 心無厭足 願一切衆生以寂靜白法而自覆蔭 皆得究竟不壞佛法 願一切衆生善覆其身 究竟如來清淨法身 願一切衆生作周徧蓋 十力智慧徧覆世間 願一切衆生得妙智慧 出過三世無所染著 願一切衆生得應供蓋 成勝福田 受一切供 願一切衆生得最上蓋 獲無上智 自然覺悟 是爲菩薩摩訶薩布施蓋時善根迴向 爲令一切衆生得自在蓋 能持一切諸善法故 爲令一切衆生能以一蓋 普覆一切虛空法界一切刹土 示現諸佛自在神通無退轉故 爲令一切衆生能以一蓋 莊嚴十方一切世界供養佛故 爲令一切衆生以妙幢幡及諸寶蓋 供養一切諸如來故 爲令一切衆生得普莊嚴蓋 徧覆一切諸佛國土盡無餘故 爲令一切衆生得廣大蓋 普蓋衆生 皆令於佛生信解故 爲令一切衆生以不可說衆妙寶蓋 供養一佛 於不可說一一佛所皆如是故 爲令一切衆生得佛菩提高廣之蓋 普覆一切諸如來故 爲令一切衆生得一切摩尼寶莊嚴蓋 一切寶瓔珞莊嚴蓋 一切堅固香莊嚴蓋 種種寶淸淨莊嚴蓋 無量寶淸淨莊嚴蓋 廣大寶淸淨莊嚴蓋 寶網彌覆 寶鈴垂下 隨風搖動 出微妙音 普覆法界 虛空界 一切世界諸佛身故 爲令一切衆生得無障無礙智莊嚴蓋 普覆一切諸如來故 又欲令一切衆生得第一智慧故 又欲令一切衆生得佛功德莊嚴故 又欲令一切衆生於佛功德生淸淨欲願心故 又欲令一切衆生得無量無邊自在心寶故 又欲令一切衆生滿足諸法自在智故 又欲令一切衆生以諸善根普覆一切故 又欲令一切衆生成就最勝智慧蓋故 又欲令一切衆生成就十力普徧蓋故 又欲令一切衆生能以一蓋彌覆法界諸佛刹故 又欲令一切衆生於法自在爲法王故 又欲令一切衆生得大威德自在心故 又欲令一切衆生得廣大智恒無絕故 又欲令一切衆生得無量功德普覆一切皆究竟故 又欲令一切衆生以諸功德蓋其心故 又欲令一切衆生以平等心覆衆生故 又欲令一切衆生得大智慧平等蓋故 又欲令一切衆生具大迴向巧方便故 又欲令一切衆生獲勝欲樂淸淨心故 又欲令一切衆生得善欲樂淸淨意故 又欲令一切衆生得大迴向普覆一切諸衆生故

"불자여! 보살마하살이 그와 같은 가지가지의 가장 좋은 당기와 번으로 보시하니, 많은 보배가 장대가 되고 보배 비단으로 법이 되고 가지가지의 색으로 짠 비단을 그 당기로 삼습니다."

"보배 그물로 덮어서 드리웠고 밝은 빛이 두루 가득하고 보배 풍경이 흔들려 소리와 소리가 서로 응하고 합하며, 기이하고 특별하면서 빼어난 보배의 형상이 반달과 같고 해보다 밝은 염부단금을 남김없이 당기 위에 두었으며, 모든 세계의 업과 과보를 따라 나타나는 가지가지의 빼어난 물건으로 장엄해서 꾸몄습니다. 이와 같음으로 수 없는 천 만억 나유타의 빼어난 모든 당기와 번이 그림자로 접하고 이어서 빛나며, 서로 번갈아 가면서 일어나고 광명이 밝게 빛나 대지에 두루두루 하고 시방의 허공과 법계의 모든 부처님 국토에 충만합니다."

"보살마하살이 청정한 마음으로 믿고 이해하기에 이와 같은 등등의 헤아릴 수 없는 당기와 번으로 그와 같은 현재 일체 모든 부처님과 부처님이 열반하신 후 탑묘에 보시하고 그와 같은 법보에 보시하고 그와 같은 승보에 보시하고 그와 같은 보살과 모든 선지식에게 보시하고 그와 같은 성문과 벽지불에 보시하고 그와 같은 대중에게 보시하고 그와 같은 다른 사람과 와서 구하는 모든 이에게 보시하고 빠짐없이 두루 보시해 주며, 이러한 선근으로 이와 같음에 회향하니, 이른바 모든 중생이 모든 선근의 복덕 당기와 번을 빠짐없이 세우고 훼손하거나 무너뜨릴 수 없게 하길 원하며, 모든 중생이 모든 법에 자재한 당기와 번을 세워 존중하고 좋아하며, 즐기면서 지키고 보호하기를 원하며, 모든 중생이 늘 보배 비단으로 바른 법을 글로 옮겨서서 모든 부처님과 보살의 법장을 지니고 보호하길 원하며, 모든 중생이 높은 당기를 세우고 지혜의 등불을 켜고 두루 세간을 비추길 원하며, 모든 중생이 견고한 당기를 세우고 일체 마업을 남김없이 꺾어서 모조리 끊기를 원하며, 모든 중생이 지혜의 힘인 당기를 세우고 일체 마군이 무너뜨리지 못하게 하길 원하며, 모든 중생이 큰 지혜의 나라연 당기를 얻어 일체 세간의 교만한 당기를 꺾어 없애길 원하며, 모든 중생이 지혜의 햇빛 광명 당기를 얻어 지혜의 햇빛으로 법계를 두루 비추길 원하며, 모든 중생이 헤아릴 수 없는 보배로 장엄한 당기를 온전하게 갖추고 시방 일체 세계를 충만하게 해서 모든 부처님께 공양하길 원하며, 모든 중생이 여래 당기를 얻어 일체 96종 외도의 삿된 견해를 꺾어 없애버리길 원합니다."

"이것이 보살마하살이 당기와 번으로 보시할 때 선근(不立五蘊)으로 회향하는 것이며, 모든 중생이 깊고 깊으며, 높고 광대한 보살행의 당기와 모든 보살의 신통한 행의 당기, 이 당기의 청정한 도를 얻게 하려는 까닭입니다."

佛子 菩薩摩訶薩或施種種上妙幢幡 衆寶爲竿 寶繒爲幡 種種雜綵以爲其幢 寶網垂覆 光色徧滿 寶鐸微搖 音節相和 奇特妙寶形如半月 閻浮檀金光逾曒日 悉置幢上 隨諸世界業果所現 種種妙物以爲嚴飾 如是無數千萬億那由他諸妙幢幡 接影連輝遞相間發 光明嚴潔周徧大地 充滿十方虛空法界一切佛刹 菩薩摩訶薩淨心信解 以如是等無量幢幡 或施現在一切諸佛及佛滅後所有塔廟 或施法寶 或施僧寶 或施菩薩諸善知識 或施聲聞及辟支佛 或施大衆 或施別人 諸來求者 普皆施與 以此善根如是迴向 所謂 願一切衆生皆能建立一切善根福德幢幡 不可毀壞 願一切衆生建一切法自在幢幡 尊重愛樂 勤加守護 願一切衆生常以寶繒書寫正法 護持諸佛菩薩法藏 願一切衆生建高顯幢 然智慧燈普照世間 願一切衆生立堅固幢 悉能摧殄一切魔業 願一切衆生建智力幢 一切諸魔所不能壞 願一切衆生得大智慧那羅延幢 摧滅一切世間幢幡 願一切衆生得智慧日大光明幢 以智日光普照法界 願一切衆生具足無量寶莊嚴幢 充滿十方一切世界 供養諸佛 願一切衆生得如來幢 摧滅一切九十六種外道邪見 是爲菩薩摩訶薩施幢幡時善根迴向 爲令一切衆生得甚深高廣菩薩行幢及諸菩薩神通行幢淸淨道故

"불자여! 보살마하살이 많은 보배 창고를 열어 백 천억 나유타의 빼어난 모든 보배를 모든 중생에게 수없이 보시할 때 바라는 대로 보시하면서 인색하거나 아끼는 마음이 없습니다. 이러한 선근으로 이와 같음에 회향하니, 이른바 모든 중생이 늘 불보(佛寶)를 보고 어리석음을 벗어나 버리고 바른 생각으로 닦고 행하길 원하며, 모든 중생이 빠짐없이 법보(法寶)의 광명을 온전하게 갖추고 일체 모든 부처님의 법장(法藏)을 지니어 보호하길 원하며, 모든 중생이 모든 승보(僧寶)를 남김없이 거두어들여 넉넉하게 두루 공양하고 늘 싫어하지 않고 만족해함이 없길 원하며, 모든 중생이 일체 지혜의 위 없는 마음의 보배를 얻어 보리심을 청정하게 하고 물러서거나 헤매는 일이 없기를 원하며, 모든 중생이 지혜의 보배를 얻고 모든 법에 두루 들어가 마음에 의혹이 없길 원하며, 모든 중생이 보살의 공덕 보배를 온전하게 갖추고 헤아릴 수 없는 지혜를 열어 보이고 널리 펴서 설하길 원합니다."

"모든 중생이 헤아릴 수 없는 빼어난 공덕 보배를 얻어 정각의 십력과 지혜를 닦아 이루길 원하며, 모든 중생이 빼어난 삼매의 16 지혜의 보배를 얻어 마지막에는 광대한 지혜를 이루어 원만하길 원하며, 모든 중생이 제일가는 복 밭의 보배를 성취하고 여래의 위 없는 지혜에 깨달아 들어가기를 원하며, 모든 중생이 제일의 위 없는 보배 왕을 이루어 얻고 다함이 없는 변재로 모든 법을 널리 펴서 열어 보이길 원합니다."

"이것이 보살마하살이 많은 보배로 보시할 때 선근(不立五蘊)으로 회향하는 것이며, 모든 중생이 제일의 지혜 보배와 여래의 막힘이나 걸림이 없는 청정한 눈을 성취하게 하려는 까닭입니다."

佛子 菩薩摩訶薩開衆寶藏 以百千億那由他諸妙珍寶 給施無數一切衆生 隨意與之 心無吝惜 以諸善根如是迴向 所謂 願一切衆生常見佛寶 捨離愚癡 修行正念 願一切衆生皆得具足法寶光明 護持一切諸佛法藏 願一切衆生能悉攝受一切僧寶 周給供養 恒無厭足 願一切衆生得一切智無上心寶 淨菩提心 無有退轉 願一切衆生得智慧寶 普入諸法 心無疑惑 願一切衆生具足菩薩諸功德寶 開示演說無量智慧 願一切衆生得於無量妙功德寶 修成正覺十力智慧 願一切衆生得妙三昧十六智寶 究竟成滿廣大智慧 願一切衆生成就第一福田之寶 悟入如來無上智慧 願一切衆生得成第一無上寶主 以無盡辯開演諸法 是爲菩薩摩訶薩 施衆寶時善根迴向 爲令一切衆生皆得成滿第一智寶 如來無礙淨眼寶故

"불자여! 보살마하살이 그와 같은 가지가지의 빼어난 장엄 기물로 보시하니, 이른바 온 몸을 장엄하는 기물이며, 몸을 빼어나고 청정하게 하며, 마음에 흡족하게 하고 보살마하살이 일체 세간의 중생들과 동등하게 살펴봅니다. 마치 외아들을 살펴보는 것과 같이 몸을 청정하게 하는 장엄을 빠짐없이 얻어 세간의 가장 좋은 편안함과 부처님 지혜의 즐거움을 성취하고 부처님 법에 편안히 머물면서 중생에게 이익이 되게 하며, 이와 같은 등등의 백 천억 나유타 가지가지의 다함이 없고 빼어난 장엄 기물로 부지런히 보시합니다."

"보시할 때 모든 선근으로 이와 같음에 회향하니, 이른바 모든 중생이 위 없는 빼어난 장엄 기물을 성취하고 모든 청정한 공덕과 지혜로 사람과 하늘을 장엄하길 원하며, 모든 중생이 청정한 장엄의 모양이나 상태를 얻어 청정한 복덕으로 그 몸을 장엄하길 원하며, 모든 중생이 가장 빼어난 장엄의 모양이나 상태와 백 가지의 복된 모양이나 상태를 얻어 그 몸을 장엄하길 원하며, 모든 중생이 뒤섞이거나 어지럽지 않은 장엄의 모양이나 상태를 얻어 모든 모양이나 상태로 몸을 장엄하길 원합니다."

"모든 중생이 선근을 가지고 청정한 언어로 장엄한 모양이나 상태를 얻어 가지가지의 다함이 없는 변재를 온전하게 갖추길 원하며, 모든 중생이 일체 공덕으로 장엄한 소리의 모양이나 상태를 얻어 그 음성이 청정해서 듣는 이들이 기뻐하기를 원하며, 모든 중생이 사랑하고 좋아하는 모든 부처님의 언어로 장엄한 모양이나 상태를 얻어 모든 중생이 법을 듣고 기뻐하고 청정한 행을 닦길 원하며, 모든 중생이 마음으로 장엄하는 모양이나 상태를 얻어 깊은 선정에 들어가 모든 부처님을 두루 보길 원하며, 모든 중생이 모든 것을 지니는 장엄한 모양이나 상태를 얻어 일체 모든 부처님의 바른 법을 밝게 비추길 원하며, 모든 중생이 지혜로 장엄한 모양이나 상태를 얻어 부처님의 지혜로 그 마음을 장엄하길 원합니다."

"이것이 보살마하살이 모든 장엄 기물로 보시할 때 선근(不立五蘊)으로 회향하는 것이며, 중생들이 헤아릴 수 없는 모든 불법을 온전하게 갖추고 공덕과 지혜로 원만하게 장엄하고 모든 교만함과 제멋대로 하는 마음에서 영원히 벗어나게 하려는 까닭입니다."

佛子 菩薩摩訶薩或以種種妙莊嚴具而爲布施 所謂 一切身莊嚴具 令身淨妙 靡不稱可 菩薩摩訶薩等觀一切世間衆生 猶如一子 欲令皆得身淨莊嚴 成就世間最上安樂 佛智慧樂 安住佛法 利益衆生 以如是等百千億那由他種種殊妙寶莊嚴具 勤行布施 行布施時 以諸善根如是迴向 所謂 願一切衆生成就無上妙莊嚴具 以諸淸淨功德智慧莊嚴人天 願一切衆生得淸淨莊嚴相 以淨福德莊嚴其身 願一切衆生得上妙莊嚴相 以百福相莊嚴其身 願一切衆生得不雜亂莊嚴相 以一切相莊嚴其身 願一切衆生得善淨語言莊嚴相 具足種種無盡辯才 願一切衆生得一切功德聲莊嚴相 其音淸淨 聞者喜悅 願一切衆生得加愛樂諸佛語言莊嚴相 令諸衆生聞法歡喜修淸淨行 願一切衆生得心莊嚴相 入深禪定 普見諸佛 願一切衆生得總持莊嚴相 照明一切諸佛正法 願一切衆生得智慧莊嚴相 以佛智慧莊嚴其心 是爲菩薩摩訶薩惠施一切莊嚴具時善根迴向 爲令衆生具足一切無量佛法 功德智慧圓滿莊嚴 永離一切憍慢放逸故

"불자여! 보살마하살이 관정을 받은 자재 왕의 지위와 마니보배의 관과 상투 가운데의 진주 구슬을 중생들에게 두루 보시하면서도 달리 욕심을 내거나 아까워하는 마음이 없고 늘 부지런히 닦고 익혀서 큰 시주가 되며, 보시하는 지혜를 닦고 배워서 오온을 버리는 근과 섬세하고 능숙한 선근으로 지혜를 거듭 더하고 늘리며, 그 마음이 광대해지면서 모든 것에 넉넉하게 보시하고 그 선근으로 이와 같음에 회향하니, 이른바 일체중생이 모든 부처님의 법으로부터 관정함을 얻어 모든 지혜를 이루길 원하며, 모든 중생이 정수리 위의 상투, 이 상투를 온전하게 갖추고 제일의 지혜를 얻어 저 언덕에 이르길 원하며, 모든 중생이 빼어난 지혜의 보배로 중생을 두루 거두어 빠짐없이 공덕의 정수리를 마지막까지 얻기를 원하며, 모든 중생이 지혜의 보배 정수리를 성취하고 다 얻어서 세간의 경의와 공경을 받길 원하며, 모든 중생이 지혜의 관으로 그 머리를 장엄하고 모든 법에 자재한 왕이 되길 원합니다."

"모든 중생이 지혜의 밝은 구슬을 그 정수리 위에 매어놔도 세간에서는 볼 수 있는 자가 없기를 원하며, 모든 중생이 세간의 모든 정례를 남김없이 받아들이고 지혜의 정수리를 성취해서 부처님 법을 밝게 비추길 원하며, 모든 중생이 십력으로 장엄한 관을 쓰고 지혜의 보배 바다를 청정하게 하고 온전하게 갖추길 원하며, 모든 중생이 대지의 정수리에 이르러 일체 지혜를 얻고 십력을 마지막까지 하여 욕계의 꼭대기 모든 마의 권속을 깨트리길 원하며, 모든 중생이 제일의 위 없는 우두머리의 왕이 되고 모든 지혜 광명의 정수리를 얻어 무엇으로도 가릴 수 없기를 원합니다."

"이것이 보살마하살이 보배 관을 보시할 때 선근(不立五蘊)으로 회향하는 것이며, 중생들이 제일의 지혜로 가장 청정한 자리에서 지혜 마니보배의 빼어난 관을 얻게 하려는 까닭입니다."

佛子 菩薩摩訶薩以受灌頂自在王位摩尼寶冠及髻中珠 普施眾生 心無吝惜 常勤修習 爲大施主 修學施慧 增長捨根 智慧善巧 其心廣大 給施一切 以彼善根如是迴向 所謂 願一切眾生得諸佛法之所灌頂 成一切智 願一切眾生具足頂髻 得第一智 到於彼岸 願一切眾生以妙智寶普攝眾生 皆令究竟功德之頂 願一切眾生皆得成就智慧寶頂 堪受世間之所禮敬 願一切眾生以智慧冠莊嚴其首 爲一切法自在之王 願一切眾生智慧明珠繫其頂上 一切世間無能見者 願一切眾生皆悉堪受世間頂禮 成就慧頂 照明佛法 願一切眾生首冠十力莊嚴之冠 智慧寶海 清淨具足 願一切眾生至大地頂 得一切智 究竟十力 破欲界頂諸魔眷屬 願諸眾生得成第一無上頂王 獲一切智光明之頂 無能映奪 是爲菩薩摩訶薩施寶冠時善根迴向 爲令眾生得第一智最清淨處智慧摩尼妙寶冠故

"불자여! 보살마하살은 중생이 캄캄한 뇌옥에 들어가 쇠고랑, 차꼬, 칼, 쇠사슬로 몸이 묶여 일어나고 앉음에 편하지 않고 많은 고통에 휩싸이고 친척과 아는 사람도 없고 돌아가 의지할 곳도 구해줄 사람도 없으며, 헐벗고 굶주리면서 고통이 심하여 참지 못하는 것을 보고 보살이 가지고 있던 모든 재보와 처자와 권속과 자기의 몸에 이르기까지 버리고 뇌옥에 들어가 그 중생을 구원하길 대비보살과 묘안 왕 보살처럼 하며, 구해주고는 그가 바라는 대로 넉넉하게 모두 보시해서 고통과 근심을 없애고 편안함을 얻게 하며, 그런 후에 위 없는 법의 보배를 보시해서 제멋대로인 마음을 버리고 선근으로 편안히 머물며, 부처님 법 가운데서 물러서거나 헤매지 않게 합니다."

"불자여! 보살마하살이 뇌옥에서 중생을 구원할 때 모든 선근으로 이와 같음에 회향하니, 이른바 모든 중생이 탐욕의 얽매임에서 마지막까지 해탈하기를 원하며, 모든 중생이 생사의 흐름을 끊고 지혜의 언덕에 오르길 원하며, 모든 중생이 어리석음을 없애버리고 지혜를 생장하게 하며, 모든 번뇌의 속박에서 해탈하기를 원하며, 모든 중생이 삼계의 얽힘을 없애고 모든 지혜를 얻어 마지막까지 벗어나길 원하며, 모든 중생이 모든 번뇌의 결박을 영원히 끊어내고 번뇌도 없고 막힘이나 걸림도 없는 지혜의 저 언덕에 이르길 원합니다."

"모든 중생이 흔들리는 모든 생각과 사유와 분별을 벗어나고 평등하면서 동요하지 않은 지위에 들어가길 원하며, 모든 중생이 욕심의 모든 묶임에서 벗어나고 세간의 모든 탐욕에서 영원히 벗어나 삼계에 물들거나 집착함이 없기를 원하며, 모든 중생이 뛰어난 마음의 즐거움을 얻어 늘 모든 부처님이 설하는 법문의 힘을 얻길 원하며, 모든 중생이 집착도 없고 얽매임도 없는 해탈의 마음을 얻어 법계와 같이 광대하고 마지막이 허공과 같기를 원하며, 모든 중생이 보살의 신통을 얻어 모든 세계의 중생을 조복시키고 세간을 벗어나 대승에 머물기를 원합니다."

"이것이 보살마하살이 옥중에서 고통받는 중생을 구원할 때 선근(不立五蘊)으로 회향하는 것이며, 중생들이 여래의 지혜에 들어가게 하려는 까닭입니다."

佛子 菩薩摩訶薩見有衆生處在牢獄黑闇之處 杻械 枷鎖檢繫其身 起坐不安 衆苦競集 無有親識 無歸無救 裸露 飢羸 酸劇難忍 菩薩見已 捨其所有一切財寶 妻子 眷屬及以自身 於牢獄中救彼衆生 如大悲菩薩 妙眼王菩薩 旣救度已 隨其所須 普皆給施 除其苦患 令得安隱 然後施以無上法寶 令捨放逸 安住善根 於佛敎中 心無退轉 佛子 菩薩摩訶薩於牢獄中救衆生時 以諸善根如是迴向 所謂 願一切衆生究竟解脫

貪愛纏縛 願一切衆生斷生死流 昇智慧岸 願一切衆生除滅愚癡 生長智慧 解脫一切煩惱纏縛 願一切衆生滅三界縛 得一切智 究竟出離 願一切衆生永斷一切煩惱結縛 到無煩惱 無障礙地智慧彼岸 願一切衆生離諸動念 思惟 分別 入於平等不動智地 願一切衆生脫諸欲縛 永離世間一切貪欲 於三界中無所染著 願一切衆生得勝志樂 常蒙諸佛爲說法門 願一切衆生得無著 無縛解脫 心廣大如法界 究竟如虛空 願一切衆生得菩薩神通 一切世界調伏衆生 令離世間 住於大乘 是爲菩薩摩訶薩救度牢獄苦衆生時善根迴向 爲令衆生普入如來智慧地故

"불자여! 보살마하살이 옥에 갇힌 죄수가 몸의 다섯 군데를 묶어서 모든 고통을 받고 사형장으로 끌려나가 목숨이 끊어지려고 할 때, 염부제의 모든 즐거운 기물을 버리고 친척과 친한 벗들과 영원히 이별하고 다듬잇돌 위에 놓여 칼에 잘리고 어떤 경우에는 나무창에 그 몸이 꿰뚫리고 옷을 두른 그 위에 기름을 부어 불에 태워지는 등등의 고통에 가지가지로 핍박당하는 것을 보살이 보고 스스로 몸을 버려서 대신 사형을 받으려 하는 것이 마치 아일다 보살과 특히 뛰어난 행의 보살과 모든 대보살과 같이 중생을 위해 목숨을 버리고 모든 고통을 대신 받은 듯합니다."

"그때 보살이 옥졸에게 말하기를 '내가 몸을 버려서 저 사람의 명을 대신하길 원하니, 이러한 등등의 고통을 나에게 주고 저 사람에게 처벌하는 것을 나에게 하라. 설령 저 사람이 받을 고통보다 아승기의 배가 되더라도 내가 당연히 받고 저 사람을 죄에서 벗어나게 할 것이다. 만일 내가 저 사람이 장차 사형을 받은 것을 보고도 생명을 버려서 그 고통을 구해서 대신하지 않으면, 보살심에 머무는 이라 할 수 없다. 왜 그런가 하면, 나는 일체중생을 구하고 보호하기 위해 모든 지혜의 보리심을 일으키기 때문이다.'라고 합니다."

"불자여! 보살마하살이 스스로 목숨을 버려서 중생을 구원할 때 모든 선근으로 이와 같음에 회향하니, 이른바 모든 중생이 끊어지지 않고 마지막까지 다함이 없는 태어남의 인연을 얻어 모든 재앙과 핍박과 번뇌에서 영원히 벗어나길 원하며, 모든 중생이 모든 부처님을 의지해서 머물고 모든 지혜를 받아서 십력과 보리의 수기를 온전하게 갖추길 원하며, 모든 중생을 두루 구원하여 공포심과 두려움이 없게 하고 악한 길에서 영원히 나오기를 원하며, 모든 중생이 모든 생명을 얻고 죽지 않은 그 경계에 들어가길 원하며, 모든 중생이 원한이 있는 적에게서 영원히 벗어나 모든 액난이 없게 하여 늘 모든 부처님과 선근의 벗이 서로 굳게 지켜주기를 원하며, 모든 중생이 모든 칼과 검과 병장기와 고통스러운 기구를 벗어나 버리고 가지가지 선근의 업을 수행하길 원하며, 모든 중생이 모든 두려움을 벗어나 위 없는 법에 두려움 없이 마음이 청정하여 능히 최상의 대 사자후를 하길 원하며, 모든 중생이 막힘이나 걸림이 없는 사자의 지혜를 얻어 모든 세간에 걸쳐 바른 업을 수행하길 원하며, 모든 중생이 두려움이 없는 처에 이르러 항상 괴로운 모든 중생을 구원하고 보호하는 생각을 하길 원합니다."

"이것이 보살마하살이 자기의 목숨을 버려서 사형장에 이른 죄수를 구원하고 보호할 때 선근(不立五蘊)으로 회향하는 것이며, 중생들이 생사의 고통을 벗어나고 여래의 가장 빼어난 즐거움을 얻게 하려는 까닭입니다."

佛子 菩薩摩訶薩見有獄囚五處被縛 受諸苦毒 防衛驅逼 將之死地 欲斷其命 捨閻浮提一切樂具 親戚 朋友悉將永訣 置高磴上以刀屠割 或用木槍豎貫其體 衣纏油沃 以火焚燒 如是等苦 種種逼迫 菩薩見已 自捨其身而代受之 如阿逸多菩薩 殊勝行王菩薩及餘無量諸大菩薩 爲衆生故 自捨身命 受諸苦毒 菩薩爾時語主者言 我願捨身以代彼命 如此等苦可以與我 如治彼人 隨意皆作 設過彼苦阿僧祇倍 我亦當受 令其解脫 我若見彼將被殺害 不捨身命救贖其苦 則不名爲住菩薩心 何以故 我爲救護一切衆生 發一切智菩提心故 佛子 菩薩摩訶薩自捨身命救衆生時 以諸善根如是迴向 所謂 願一切衆生得無斷盡究竟身命 永離一切災橫逼惱 願一切衆生依諸佛住 受一切智 具足十力 菩提記別 願一切衆生普救含識 令無怖畏 永出惡道 願一切衆生得一切命 入於不死智慧境界 願一切衆生永離怨敵 無諸厄難 常爲諸佛 善友所攝 願一切衆生捨離一切刀劍兵仗 諸惡苦具 修行種種清淨善業 願一切衆生離諸怖畏 菩提樹下摧伏魔軍 願一切衆生離大衆怖 於無上法心淨無畏 能爲最上大師子吼 願一切衆生得無障礙師子智慧 於諸世間修行正業 願一切衆生到無畏處 常念救護諸苦衆生 是爲菩薩摩訶薩自捨身命 救彼臨刑諸獄囚時善根迴向 爲令衆生離生死苦 得於如來上妙樂故

대방광불화엄경 제27권

25. 십회향품(5)
   十迴向品第二十五之五

"불자여! 보살마하살이 구걸하는 자에게 정수리의 살갗과 상투를 보시하니, 보계왕 보살과 뛰어나면서 빼어난 몸의 보살과 나머지 헤아릴 수 없는 보살 등과 함께 합니다."

"보살이 그때 구걸하는 이가 오는 것을 보고 마음으로 기뻐하면서 마음속으로 말하길 '그대가 만일 정수리의 살갗과 상투를 지금 원한다면 내게로 와서 가져가라. 내 정수리의 살갗과 상투가 염부제에서 제일이다.'라고 합니다. 이 같은 말을 할 때 마음이 움직이거나 혼란스럽지 않고 다른 일은 생각지도 않으며, 세간을 벗어나 버리고 본심으로 적정을 구하며, 마지막까지 청정하고 게으름을 피우지 않고 부지런히 하며, 바르게 해서 일체 지혜로 향하는 것이며, 문득 날카로운 칼을 잡고 정수리에서 살갗과 상투를 베어 오른 무릎을 땅에 대고 열 손가락을 합하여 합장하고 일심으로 보시하며, 삼세 일체 모든 부처님과 보살의 행한 바를 바르게 생각하여 대 환희의 즐거움을 거듭 더하고 일으키며, 모든 법 가운데 선근의 뜻을 이해하고 열어서 괴로움을 취하지 않고 고통받은 것이란 모양이나 상태도 없고 생함도 없음을 깨달아 알고 모든 받은 것이, 곧 육근, 육진, 육식, 이 18계를 받음이 서로 일으키고 항상 머무름이 없습니다. 이러한 까닭으로 나 또한 과거, 미래, 현재의 모든 보살이 크게 버리는 일을 닦은 것과 같이 닦아서 깊은 믿음과 즐거움을 일으키고 일체 지혜를 구하여 물러서거나 헤매는 일이 없으며, 다른 이의 가르침이나 선지식의 힘으로 말미암지 않을 것입니다. 보살마하살이 이처럼 보시할 때 모든 선근으로 이와 같음에 회향하니, 이른바 모든 중생이 볼 수 없는 정수리(위 없는 깨우침의 자리)를 얻어 보살의 탑과 같은 상투를 성취하길 원하며, 모든 중생이 감청색 머리털과 금강 같은 머리털과 부드러운 머리털을 얻어 능히 중생의 모든 번뇌를 없애길 원하며, 모든 중생이 윤택한 머리털과 빽빽한 머리털과 귀밑과 이마에 침범하지 않은 머리털을 얻길 원하며, 모든 중생이 유연한 머리털과 귀밑과 이마를 피해서 나는 머리털을 얻길 원하며, 모든 중생이 만자와 같은 머리털과 소라의 문양처럼 오른쪽으로 도는 머리털을 얻길 원하며, 모든 중생이 부처님의 머리털과 같은 머리털을 얻어 모든 번뇌와 맺힌 버릇에서 영원히 벗어나길 원하며, 모든 중생이 밝게 빛나는 머리털을 얻어 그 빛이 시방세계에 두루 비치길 원하며, 모든 중생이 혼란스러움이 없는 머리털을 얻어 여래의 머리털이 청정하고 빼어나서 섞이지 않는 것과 같이 되길 원하며, 모든 중생이 공양받은 정수리의 탑과 같은 머리털을 얻어서 이루고 보는 이들이 부처님의 머리털을 보는 것과 같이 되길 원하며, 모든 중생이 여래의 물들지 않은 머리털을 가지고 어둠으로 가려진 모든 티끌과 허물에서 영원히 벗어나길 원합니다."

"이것이 보살마하살이 정수리의 살갗과 상투를 보시할 때 선근(不立五蘊)으로 회향하는 것이며, 중생들이 그 마음을 적정히 하여 모든 다라니를 원만하게 얻고 여래의 일체 종지의 마지막과 열 가지의 힘을 빠짐없이 얻게 하려는 까닭입니다."

佛子 菩薩摩訶薩布施乞者連膚頂髻 如寶髻王菩薩 勝妙身菩薩 及餘無量諸菩薩等 菩薩是時見乞者來 心生歡喜而語之言 汝今若須連膚頂髻 可就我取 我此頂髻 閻浮提中最爲第一 作是語時 心無動亂 不念餘業 捨離世間 志求寂靜 究竟淸淨 精勤質直 向一切智 便執利刀割其頭上連膚頂髻 右膝著地 合十指掌 一心施與 正念三世一切諸佛菩薩所行 發大歡喜 增上志樂 於諸法中意善開解 不取於苦 了知若受無相無生 諸受互起 無有常住 是雇我應同去 來 今一切菩薩修行大捨 發深信樂 求一切智 無有退轉 不由他敎善知識力 菩薩摩訶薩作是施時 以諸善根如是迴向 所謂 願一切衆生得無見頂 成就菩薩如塔之髻 願一切衆生得紺靑髮 金剛髮 細軟髮 能滅衆生一切煩惱 願一切衆生得潤澤髮 密緻髮 不侵鬢額髮 願一切衆生得柔軟髮 盡於鬢額而生髮 願一切衆生得如卍字髮 螺文右旋髮 願一切衆生得佛相髮 永離一切煩惱結習 願一切衆生得光明髮 其光普照十方世界 願一切衆生得無亂髮 如如來髮 淨妙無雜 願一切衆生得成應供頂塔之髮 令其見者如見佛髮 願一切衆生皆得如來無染著髮 永離一切闇翳塵垢 是爲菩薩摩訶薩施連膚髻時善根迴向 爲令衆生其心寂靜 皆得圓滿 諸陀羅尼 究竟如來一切種智 十種力故

"불자여! 보살마하살이 좇아 와서 구걸하는 모든 이에게 눈을 보시할 적에 환희행 보살과 월광왕 보살과 나머지 헤아릴 수 없이 많은 보살이 행한 보시와 같게 합니다. 보살마하살이 눈을 보시할 때 보시하는 눈을 청정하게 하려는 마음을 일으키며, 지혜의 눈을 청정하게 하려는 마음을 일으키며, 법의 광명에 의지하는 마음을 일으키며, 위 없는 부처님의 도를 보려고 마음을 나타내어 일으키며, 광대한 지혜로 향하는 마음을 일으키며, 삼세의 보살과 더불어 평등하게 보시하려는 마음을 집착함 없이 일으키며, 막힘이나 걸림이 없는 눈을 일으켜 청정한 마음을 무너뜨리지 않은 마음을 일으키며, 구걸하는 자에게 기쁨과 즐거움을 거두어주려는 마음을 일으키니, 이는 모든 신통을 마지막까지 얻기 위한 까닭이며, 부처님의 눈을 생하기 위한 까닭이며, 큰 보리심을 거듭 더하기 위한 까닭이며, 큰 자비심을 닦고 익히기 위한 까닭이며, 육근을 다스려 조복시키기 위한 까닭으로 이와 같은 법의 마음을 냅니다."

"불자들이여! 보살마하살이 눈을 보시할 때 구걸하는 자에게 좋아하고 즐거워하는 마음을 내며, 보시하는 모임을 베풀어 법의 힘을 거듭 더해서 늘리고 세간이 사랑하는 견해와 제멋대로인 마음을 벗어나 버리고 욕망으로 얽히는 일을 끊어서 없애고 보리를 닦고 익히게 하며, 그들이 구하는 바를 따르는 마음에 동요하지 않고 그들의 뜻을 거스르지 않으며, 빠짐없이 만족하게 하고 둘이 없는 버리는 행을 항상 따릅니다. 이러한 선근으로 이와 같음에 회향하니, 이른바 모든 중생이 최고로 빼어난 눈을 얻어 모든 이를 인도하길 원하며, 모든 중생이 막힘이나 걸림이 없는 눈을 얻어 광대한 지혜의 장을 열길 원하며, 모든 중생이 청정한 육신의 눈을 얻어 광명으로 비추고 비추어서 능히 가로막을 자가 없기를 원하며, 모든 중생이 청정한 하늘의 눈을 얻어 중생이 나고 죽은 업과 과보를 빠짐없이 보기를 원하며, 모든 중생이 청정한 법의 눈을 얻어 여래의 경계를 거스르지 않고 따라 들어가기를 원하며, 모든 중생이 지혜의 눈을 얻어 모든 분별과 집착을 벗어나 버리길 원하며, 모든 중생이 부처님의 눈을 온전하게 갖추고 모든 법을 깨달아 얻길 원합니다."

"모든 중생이 두루 보는 눈을 성취해서 모든 경계를 다 하고 막힘이나 걸림이 되는 것이 없길 원하며, 모든 중생이 청정하고 가려지는 것이 없는 눈을 성취해서 중생계가 공하고 없는 것임을 분명하게 깨달아 알기를 원하며, 모든 중생이 청정하고 막힘이나 걸림이 없는 눈을 온전하게 갖추고 마지막까지 여래의 십력을 얻길 원합니다."

"이것이 보살마하살이 눈을 보시할 때 선근(不立五蘊)으로 회향하는 것이며, 모든 중생이 지혜롭고 청정한 눈을 얻게 하려는 까닭입니다."

佛子 菩薩摩訶薩以眼布施諸來乞者 如歡喜行菩薩 月光王菩薩 及餘無量諸菩薩等 所行惠施 菩薩摩訶薩布施眼時 起淸淨施眼心 起淸淨智眼心 起依止法光明心 起現

觀無上佛道心 發迴向廣大智慧心 發與三世菩薩平等捨施心 發於無礙眼起不壞淨信心 於其乞者起歡喜攝受心 爲究竟一切神通故 爲生佛眼故 爲增廣大菩提心故 爲修習大慈悲故 爲制伏六根故 於如是法而生其心 佛子 菩薩摩訶薩布施眼時 於其乞者心生愛樂 爲設施會 增長法力 捨離世間愛見放逸 除斷欲縛 修習菩提 隨彼所求 心安不動 不違其意 皆令滿足 而常隨順無二捨行 以此善根如是迴向 所謂 願一切衆生得最勝眼 示導一切 願一切衆生得無礙眼 開廣智藏 願一切衆生得淨肉眼 光明鑑徹 無能蔽者 願一切衆生得淨天眼 悉見衆生 生死業果 願一切衆生得淨法眼 能隨順入如來境界 願一切衆生得智慧眼 捨離一切分別取著 願一切衆生具足佛眼 悉能覺悟一切諸法 願一切衆生成就普眼 盡諸境界無所障礙 願一切衆生成就淸淨離癡瞖眼 了衆生界空無所有 願一切衆生具足淸淨無障礙眼 皆得究竟如來十力 是爲菩薩摩訶薩布施眼時善根迴向 爲令衆生得一切智淸淨眼故

"불자여! 보살마하살이 귀와 코를 구걸하는 모든 이에게 보시하기를 마치 승혜왕 보살과 무원승 보살과 나머지 헤아릴 수 없이 많은 보살과 똑같이 해서 보시할 때 구걸하는 자에게 친근히 하고 마음을 다해 모든 보살의 행을 닦고 익히게 하며, 부처님의 종성을 갖추고 여래의 집안에 태어나게 하며, 보살들이 닦고 보시하던 행을 생각하게 하며, 항상 부처님의 보리를 부지런히 일으키게 하고 청정한 선근의 공덕과 지혜로 삼유가 하나도 견고하지 않음을 자세히 들여다보게 합니다. 항상 모든 부처님과 보살을 보면서 모든 불법을 잊지 않고 기억해서 거스르지 않고 따르길 원하며, 몸은 허망하고 있는 것이 없기에 공한 것임을 알고 탐하거나 아끼지 않습니다."

"보살이 이와 같음으로 귀와 코를 보시할 때 마음이 항상 적정하고 모든 근을 조복시키고 힘을 써서 중생의 험악한 모든 어려움을 구제하고 일체 지혜의 공덕을 낳고 길러서 큰 보시의 바다에 들어가 법과 뜻을 분명하게 통달해서 알고 또 갖추어서 모든 도를 닦으며, 지혜의 행을 의지해서 법의 자재함을 얻고 견고하지 못한 몸을 견고한 몸으로 바꿉니다."

"불자여! 보살마하살이 귀를 보시할 때 모든 선근으로 이와 같음에 회향하니, 이른바 모든 중생이 막힘이나 걸림이 없는 귀를 얻어 설하는 모든 법을 두루 듣길 원하며, 모든 중생이 막힘이나 걸림이 없는 귀를 얻어 모든 음성을 남김없이 이해하고 분명하게 깨달아 알길 원하며, 모든 중생이 여래의 귀를 얻어 모든 것을 꿰뚫어서 막히는 것이 없길 원하며, 모든 중생이 청정한 귀를 얻어 귀가 처한 것에 말미암지 않고 분별심을 내길 원하며, 모든 중생이 어둡지 않은 귀를 얻어 어리석고 사리에 어두움이 끝까지 생기지 않기를 원하며, 모든 중생이 법계에 두루 한 귀를 얻어 일체 모든 부처님의 법문 소리를 남김없이 알길 원하며, 모든 중생이 걸림이나 막힘 없는 귀를 얻어 일체 장애가 없는 법을 열어 깨닫기를 원하며, 모든 중생이 무너짐 없는 귀를 얻어 모든 논할 것을 선근으로 알아서 무너뜨릴 자가 없길 원하며, 모든 중생이 두루 듣는 귀를 얻어 광대하고 청정해서 모든 귀의 왕이 되길 원하며, 모든 중생이 하늘의 귀뿐만 아니라 부처님의 귀까지 온전하게 갖추길 원합니다."

"이것이 보살마하살이 귀를 보시할 때 선근에 회향하는 것이며, 중생이 빠짐없이 다 청정한 귀를 얻게 하려는 까닭입니다."

"불자여! 보살마하살이 코를 보시할 때 이와 같음에 회향하니, 이른바 모든 중생이 높고 곧은 코를 얻고 좋은 것을 따른 코를 얻고 착하고 어진 모양이나 상태의 코를 얻고 사랑하고 좋아하는 코를 얻고 청정하고 빼어난 코를 얻고 거스르지 않고 따르는 코를 얻고 높고 밝은 코를 얻고 원수를 조복시키는 코를 얻고 선근으로 보는 코를 얻고 여래의 코를 얻길 원하며, 모든 중생이 성냄을 벗어난 얼굴을 얻으며, 일체 법의 얼굴을 얻으며, 막힘이나 걸림이 없는 얼굴을 얻으며, 선근으로 보는 얼굴을 얻으며, 거스르지 않고 따르는 얼굴을 얻으며, 청정한 얼굴을 얻으며, 허물과 잘못을 벗어난 얼굴을 얻으며, 여래의 원만한 얼굴을 얻으며, 일체 처에 두루 한 얼굴과 헤아릴 수 없는 아름답고 좋은 얼굴을 얻길 원합니다."

"이것이 보살마하살이 코를 보시할 때 선근에 회향하는 것이며, 중생들이 부처님 법에 마지막까지 들어가게 하려는 까닭이며, 중생들이 부처님의 법을 끝까지 거두어들이게 하려는 까닭이며, 중생들이 부처님의 법을 마지막까지 깨달아 알게 하려는 까닭이며, 중생들이 부처님의 법에 마지막까지 머물고 지니게 하려는 까닭이며, 중생들이 모든 여래를 마지막까지 항상 보게 하려는 까닭이며, 중생들이 부처님의 법문을 증득하게 하려는 까닭이며, 중생들이 무너뜨릴 수 없는 마음을 마지막까지 성취하게 하려는 까닭이며, 중생들이 모든 부처님의 바른 법을 비추어 분명하게 깨우쳐 알게 하려는 까닭이며, 중생들이 모든 부처님의 국토를 빠짐없이 두루 장엄해서 청정하게 하려는 까닭이며, 중생들이 여래의 큰 위력이 있는 몸을 얻게 하려는 까닭입니다."

"이것이 보살마하살이 귀와 코를 보시할 때 선근(不立五蘊)으로 회향하는 것입니다."

佛子 菩薩摩訶薩能以耳 鼻施諸乞者 如勝行王菩薩 無怨勝菩薩 及餘無量諸菩薩等 布施之時 親附乞者 專心修習諸菩薩行 具佛種性 生如來家 念諸菩薩所修施行 常勤發起諸佛菩提 淸淨諸根功德智慧 觀察三有 無一堅固 願常得見諸佛菩薩 隨順憶念一切佛法 知身虛妄空無所有 無所貪惜 菩薩如是施耳 鼻時 心常寂靜 調伏諸根 免濟衆生險惡諸難 生長一切智慧功德 入大施解 了達法義 具修諸道 依智慧行 得法自在 以不堅身易堅固身 佛子 菩薩摩訶薩布施耳時 以諸善根如是迴向 所謂 願一切衆生得無礙耳 普聞一切說法之音 願一切衆生得無障耳 悉能解了一切音聲 願一切衆生得如來耳 一切聰達無所壅滯 願一切衆生得淸淨耳 不因耳處生分別心 願一切衆生得無聾瞶耳 令蒙昧識畢竟不生 願一切衆生得徧法界耳 悉知一切諸佛法音 願一切衆生得無礙耳 覺悟一切無障礙法 願一切衆生得無壞耳 善知諸論 無能壞者 願一切衆生得普聞耳 廣大淸淨 爲諸耳王 願一切衆生具足天耳及以佛耳 是爲菩薩摩訶薩布施耳時善根迴向 爲令衆生皆悉獲得淸淨耳故 佛子 菩薩摩訶薩布施鼻時 如是迴向 所謂 願一切衆生得隆直鼻 得隨好鼻 得善相鼻 得加愛樂鼻 得淨妙鼻 得隨順鼻 得高顯鼻 得伏怨鼻 得善見鼻 得如來鼻 願一切衆生得離恚怒面 得一切法面 得無障礙面 得善見面 得隨順面 得淸淨面 得離過失面 得如來圓滿面 得徧一切處面 得無量美好面 是爲菩薩摩訶薩布施鼻時善根迴向 爲令衆生究竟得入諸佛法故 爲令衆生究竟攝受諸佛法故 爲令衆生究竟了知諸佛法故 爲令衆生究竟住持諸佛法故 爲令衆生究竟常見諸如來故 爲令衆生皆悉證得佛法門故 爲令衆生究竟成就無能壞心故 爲令衆生皆能照了諸佛正法故 爲令衆生普悉嚴淨諸佛國土故 爲令衆生皆得如來大威力身故 是爲菩薩摩訶薩施耳 鼻時善根迴向

"불자여! 보살마하살이 견고하고 자재한 지위 가운데 편안히 머물면서 치아를 모든 중생에게 보시하기를 마치 옛적에 화치왕 보살과 육아상왕 보살과 나머지 헤아릴 수 없는 모든 보살 등과 함께 합니다."

"보살마하살이 치아를 보시할 때 그 마음이 청정하고 희유해서 만나기 어려움이 우담화 같으니, 이른바 다함이 없는 마음으로 보시하고 큰 믿음의 마음으로 보시하고 한 걸음 한 걸음 성취하면서 집착 없이 언제나 평온한 마음으로 보시하고 모든 근을 조복시키는 마음으로 보시하고 일체 모든 것을 늘 평온하고 집착 없는 마음으로 보시하고 모든 지혜와 성원의 마음으로 보시하고 중생을 편안하고 즐겁게 하려는 마음으로 보시하고 크게 보시하고 지극히 보시하고 뛰어나게 보시하고 가장 뛰어나게 보시하고 몸에 중요한 쓰임새로서 그만두게 하더라도 싫어하거나 억울함이 없는 마음으로 보시합니다."

"보살이 이때 모든 선근으로 이와 같음에 회향하니, 이른바 모든 중생이 가래와 같은 흰 치아를 얻어 가장 뛰어난 탑을 이루고 천상과 인간의 공양을 받길 원하며, 모든 중생이 가지런하고 평평한 치아를 얻어 부처님의 좋은 모양이나 상태와 같이 성기거나 이지러짐이 없기를 원하며, 모든 중생이 조복시키는 마음을 얻어 선근으로 보살의 바라밀 행에 이르길 원하며, 모든 중생이 선근으로 입이 청정하고 치아가 희고 선명하며, 분명하고 명백하게 나타내길 원하며, 모든 중생이 잊지 않고 기억해서 장엄하는 치아를 얻어 그 입이 청정해서 악한 모양이나 상태가 없길 원하며, 모든 중생이 치아를 성취해서 40개를 원만하게 갖추고 늘 가지가지의 희유하고 빼어난 향을 내보내길 원하며, 모든 중생이 뜻이나 생각을 선근으로 조복시키고 치아가 곱고 청정한 것이 흰 연꽃과 같고 글의 뜻을 깨달아 아는 힘이 돌고 돌아 만(卍)자를 성취하길 원하며, 모든 중생의 입술이 선명하고 청정하며, 치아가 깨끗하고 흰빛이기에 헤아릴 수 없는 광명을 놓아 찬란하게 두루 비추길 원하며, 모든 중생의 치아가 견고하고 예리해서 먹을 때 온전한 알갱이가 없어도 맛에 집착함이 없어서 가장 좋은 복 밭이 되길 원하며, 모든 중생이 치아 사이에서 늘 광명을 놓고 모든 보살의 제일이 되는 수기를 받길 원합니다."

"이것이 보살마하살이 치아를 보시할 때 선근(不立五蘊)으로 회향하는 것이며, 중생들이 모든 지혜를 갖추고 모든 법 가운데서 지혜를 청정하게 하려는 까닭입니다."

佛子 菩薩摩訶薩安住堅固自在地中 能以牙齒施諸衆生 猶如往昔華齒王菩薩 六牙象王菩薩 及餘無量諸菩薩等 菩薩摩訶薩施牙齒時 其心淸淨 希有難得如優曇華 所謂 無盡心施 大信心施 步步成就無量捨心施 調伏諸根心施 一切悉捨心施 一切智願心施 安樂衆生心施 大施 極施 勝施 最勝施 輟身要用無所嫌恨心施 菩薩爾時 以諸善根如是迴向 所謂 願一切衆生得銛白牙齒 成最勝塔 受天人供 願一切衆生得齊平牙齒 如佛相好 無有疏缺 願一切衆生得調伏心 善趣菩薩波羅蜜行 願一切衆生口善淸淨 牙齒鮮白 分明顯現 願一切衆生得可憶念莊嚴牙齒 其口淸淨 無可惡相 願一切衆生牙齒成就具滿四十 常出種種希有妙香 願一切衆生意善調伏 牙齒鮮潔如白蓮華 文理迴旋卍字成就 願一切衆生口脣鮮淨 牙齒潔白 放無量光周徧照耀 願一切衆生

牙齒堅利 食無完粒 無所味著 爲上福田 願一切衆生於牙齒間常放光明 授諸菩薩第一記別 是爲菩薩摩訶薩施牙齒時善根迴向 爲令衆生具一切智 於諸法中智慧淸淨故

"불자여! 보살마하살에게 어떤 사람이 와서 혀를 구걸할 때, 보살이 구걸하는 이에게 자비한 마음으로 부드럽게 말하고 정답게 말하니, 마치 옛적에 단정면왕 보살과 불퇴전 보살과 더불어 헤아릴 수 없이 많은 보살과 가지런하게 합니다."

"불자여! 보살마하살이 모든 육취(六趣) 가운데서 태어남을 받을 때 헤아릴 수 없는 백천억 나유타 중생들이 와서 혀를 구걸해도 보살은 그 사람을 사자좌에 편안히 앉게 하고 성냄이 없는 마음과 해롭게 할 생각이 없는 마음과 원망하지 않은 마음과 큰 위덕의 마음과 부처님의 종성을 좇아 나는 마음과 보살이 머무는 곳에 머무는 마음과 늘 탁하고 혼란스럽지 않은 마음과 큰 세력에 머무는 마음과 몸에 집착이 없는 마음과 말에 집착이 없는 마음으로 두 무릎을 땅에 붙이고 입을 벌리고 혀를 내밀어 구걸하는 자에게 보이고 자비로운 마음과 부드럽게 말하기를 '내 몸은 이제 모두 그대의 것이니, 내 혀를 가지고 가서 뜻에 따라 써라. 그대가 원하는 대로 빠짐없이 만족함을 얻을 것이다.'라고 합니다. 보살이 이때 모든 선근으로 이와 같음에 회향하니, 이른바 모든 중생이 두루두루 한 혀를 얻어 모든 언어의 법을 남김없이 펼쳐 보이길 원하며, 모든 중생이 얼굴을 덮는 혀를 얻어 둘이 없는 말로 모든 것이 진실하기를 원하며, 모든 중생이 모든 부처님의 국토를 두루 덮는 혀를 얻어 모든 부처님의 자재한 신통을 나타내 보이길 원하며, 모든 중생이 부드럽고 얇은 혀를 얻어 항상 빼어나고 청정한 가장 좋은 맛을 받길 원하며, 모든 중생이 변재의 혀를 얻어 모든 세간의 의심 그물을 끊어내길 원하며, 모든 중생이 밝은 빛의 혀를 얻어 수 없는 만억의 광명을 놓길 원하며, 모든 중생이 도장 찍은 혀를 얻어 법을 분별해서 말하는 것이 다함이 없기를 원하며, 모든 중생이 두루 조복시키는 혀를 얻어 선근의 비밀스럽고 요긴함을 모두 열어 보이고 가지고 있는 변재를 다 믿고 받아들이길 원하며, 모든 중생이 두루 통달하는 혀를 얻어 선근으로 일체 언어의 큰 바다에 들어가길 원하며, 모든 중생이 선근으로 모든 법문을 설하는 혀를 얻어 언어의 지혜로 피안에 이르길 원합니다."

"이것이 보살마하살이 혀를 보시할 때 선근(不立五蘊)으로 회향하는 것이며, 중생들이 막힘이나 걸림이 없는 지혜를 원만하게 하고 얻게 하려는 까닭입니다."

佛子 菩薩摩訶薩若有人來從乞舌時 於乞者所 以慈悲心軟語 愛語 猶如往昔端正面王菩薩 不退轉菩薩 及餘無量諸菩薩等 佛子 菩薩摩訶薩於諸趣中而受生時 有無量百千億那由他衆生而來乞舌 菩薩爾時 安置其人在師子座 而無恚心 無害心 無恨心 大威德心 從佛種性所生心 住於菩薩所住心 常不濁亂心 住大勢力心 於身無著心 於語無著心 兩膝著地 開口出舌 以示乞者 慈心軟語而告之言 我今此身 普皆屬汝 可取我舌 隨意所用 令汝所願 皆得滿足 菩薩爾時 以諸善根如是迴向 所謂 願一切衆生得周普舌 悉能宣示諸語言法 願一切衆生得覆面舌 所言無二 皆悉眞實 願一切衆生得普覆一切佛國土舌 示現諸佛自在神通 願一切衆生得軟薄舌 恒受美妙淸淨上味 願一切衆生得辯才舌 能斷一切世間疑網 願一切衆生得光明舌 能放無數萬億光明 願一切衆生得決定舌 辯說諸法無有窮盡 願一切衆生得普調伏舌 善能開示一切秘要 所有言說皆令信受 願一切衆生得普通達舌 善入一切語言大海 願一切衆生得善說一切諸法門舌 於言語智悉到彼岸 是爲菩薩摩訶薩布施舌時善根迴向 爲令衆生皆得圓滿無礙智故

"불자여! 보살마하살에게 와서 머리를 구걸하는 이들에게 머리를 보시할 때 최승지 보살이나 대장부 가시국왕 등 모든 대보살이 행한 것과 같이 보시하니, 이는 보살이 일체 법에 들어가 가장 뛰어난 지혜의 머리를 성취하려는 것이며, 대 보리를 증득하여 중생을 구원하는 머리를 성취하려는 것이며, 일체 법을 보는 가장 제일의 머리를 온전하게 갖추려는 것이며, 바르게 보는 일과 청정한 지혜의 머리를 얻으려는 것이며, 막힘이나 걸림이 없는 머리를 성취하려는 것이며, 제일지(第一地)의 머리를 증득하려는 것이며, 세간의 가장 뛰어난 지혜의 머리를 구하려는 것이며, 삼계에서 정수리를 볼 수 없는 청정한 지혜의 머리를 이루려고 하는 것이며, 두루 시방에 이르는 지혜 왕의 머리를 나타내 보임을 얻으려는 것이며, 일체 모든 법으로 깨트리고 무너뜨릴 수 없는 자재한 머리를 만족하게 하려는 것입니다."

"불자여! 보살마하살이 이 법에 편안히 머물면서 게으름을 피우지 않고 부지런히 닦고 익히면 곧바로 모든 부처님의 종성에 들어가게 되고 모든 부처님의 처소에서 청정한 믿음을 내고 선근을 거듭 더하고 늘리며, 구걸하는 모든 이들이 기쁨과 만족을 얻게 하고 그 마음이 청정하기에 헤아릴 수 없이 기뻐하게 하고 마음의 청정한 믿음과 이해가 불법을 비추어 밝히고 보리의 뜻을 일으켜 집착이 없는 마음에 편안히 머물고 모든 근이 기뻐하고 즐거워하기에 공덕이 거듭 더해지고 늘어나며, 선근의 즐거운 욕심을 내어 항상 광대한 보시의 행을 즐겁게 수행합니다. 보살이 이때 모든 선근으로 이와 같음에 회향하니, 이른바 모든 중생이 여래의 머리를 얻어서 볼 수 없는 정수리를 얻고 일체 처로 가로막을 수 없으며, 모든 부처님 세계에서 가장 상수가 되고 그 머리털이 오른쪽으로 돌아서 빛이 청정하고 윤택하며, 만자로 장엄해서 꾸며지고 세상에서 희유하며, 부처님의 머리를 온전하게 갖추고 지혜의 머리와 모든 세간에서 제일인 머리와 온전하게 갖춘 머리와 청정한 머리와 도량에 앉은 원만한 지혜의 머리가 되길 원하는 것입니다."

"이것이 보살마하살이 머리를 보시할 때 선근(不立五蘊)으로 회향하는 것이며, 중생들이 최고로 뛰어난 법을 얻어 위 없는 큰 지혜를 이루게 하려는 까닭입니다."

佛子 菩薩摩訶薩以頭布施諸來乞者 如最勝智菩薩 及大丈夫迦尸國王等諸大菩薩 所行布施 爲欲成就入一切法最勝智首 爲欲成就證大菩提救衆生首 爲欲具足一切法最第一首 爲得正見淸淨智首 爲欲成就無障礙首 爲欲證得第一地首 爲求世間最勝智首 欲成三界無能見頂淨智慧首 爲得示現普到十方智慧王首 爲欲滿足一切諸法無能破壞自在之首 佛子 菩薩摩訶薩安住是法 精勤修習 則爲已入諸佛種性 學佛行施 於諸佛所 生淸淨信 增長善根 令諸乞者 皆得喜足 其心淸淨 慶悅無量 心淨信解 照明佛法 發菩提意 安住捨心 諸根悅豫 功德增長 生善樂欲 相好修行廣大施行 菩薩爾時 以諸善根如是迴向 所謂 願一切衆生得如來頭 得無見頂 於一切處無能映蔽 於諸佛刹最爲上首 其髮右旋 光淨潤澤 卍字嚴飾 世所希有 具足佛首 成就智首 一切世間最第一首 爲具足首 爲淸淨首 爲坐道場圓滿智首 是爲菩薩摩訶薩布施頭時善根迴向 爲令衆生得最勝法 成就無上大智慧故

"불자여! 보살마하살이 손과 발로 중생에게 보시하기를 마치 상정진 보살이나 무왕 보살이나 나머지 헤아릴 수 없는 모든 보살 등과 같이 모든 육취 가운데 가지가지로 나는 곳에 손과 발을 보시하니, 믿음의 마음이 손이 되어 이익이 되는 행을 일으키고 가거나 오거나 두루 돌며 부지런히 바른 법을 닦고 보배 손을 얻어 이 손으로 보시하고 다니는 곳마다 헛되지 않고 보살의 도를 갖추고 항상 손을 펴서 광대한 은혜를 헤아리고 편안히 다니면서 용맹하고 겁이 없으며, 청정한 믿음의 힘으로 게으름을 피우지 않고 나아가는 행을 갖추어 악도를 없애버리고 보리를 성취하길 원합니다."

"불자들이여! 보살마하살이 이와 같음으로 보시할 때 헤아릴 수 없고 끝없는 광대한 마음으로 청정한 법문을 열고 모든 부처님 바다에 들어가 보시하는 손을 성취해서 시방에 두루 보탬이 되며, 원력으로 일체 지혜의 도를 지니고 마지막까지 허물을 벗어난 마음에 머물며, 법신과 지혜의 몸이 끊어짐도 없고 무너트릴 수도 없어서 일체 마군의 법으로는 흔들 수도 없으며, 선지식을 의지하면서 마음이 견고해지고 보살들과 함께 보시바라밀을 수행합니다."

"불자여! 보살마하살이 모든 중생을 위해 일체 지혜를 구하고 손과 발을 보시할 때 모든 선근으로 이와 같음에 회향하니, 이른바 모든 중생이 신통한 힘을 갖추고 빠짐없이 보배 손을 얻으며, 보배 손을 얻은 다음에는 각각 서로를 존경해서 복 밭이라는 생각을 낳고 가지가지의 보배로 서로를 공양하며, 또 많은 보배로 모든 부처님께 공양하고 보배구름을 일으켜서 모든 부처님의 국토에 두루두루 하고 모든 중생이 서로 자비심을 일으켜 괴롭게 하거나 해롭게 하지 않고 모든 부처님의 세계에 노닐어도 두려움 없음에 편안히 머물고 자연히 마지막까지 신통을 온전하게 갖추길 원하며, 또 중생들이 빠짐없이 보배 손과 꽃 손과 향 손과 옷 손과 덮개 손과 꽃 머리 장식 손과 가루 향 손과 장엄을 갖춘 손과 끝없는 손과 헤아릴 수 없는 손과 두루 넓은 손을 얻게 합니다. 이 손을 얻은 후에 신통력으로 부지런히 모든 부처님 국토에 항상 나아가서 한 손으로 일체 모든 부처님 세계를 두루 만지고 자재한 손으로 중생을 지키며, 빼어난 모양이나 상태의 손을 얻어 헤아릴 수 없는 빛을 놓고 능히 한 손으로 두루 중생을 덮으며, 여래의 손가락 사이의 그물 무늬 막과 붉은 구리빛 손톱을 이루길 원합니다."

"보살이 이때 큰 원의 손으로 중생을 두루 덮고 모든 중생이 항상 위 없는 보리에 뜻을 두어 구하고 모든 공덕의 바다를 내어놓길 원합니다. 구걸하는 이들을 보면 기뻐할지언정 싫어하지 않고 불법의 바다에 들어가 부처님의 선근과 같게 하니, 이것이 보살마하살이 손과 발을 보시할 때 선근(不立五蘊)으로 회향하는 것입니다."

佛子 菩薩摩訶薩以其手 足施諸衆生 如常精進菩薩 無憂王菩薩 及餘無量諸菩薩等 於諸趣中種種生處布施手 足 以信爲手 起饒益行 往返周旋 勤修正法 願得寶手 以手爲施 所行不空 具菩薩道 常舒其手擬將廣惠 安步遊行 勇猛無怯 以淨信力具精進行 除滅惡道 成就菩提 佛子 菩薩摩訶薩如是施時 以無量無邊廣大之心 開淨法門 入諸佛海 成就施手 周給十方 願力任持一切智道 住於究竟離垢之心 法身 智身無斷

無壞 一切魔業不能傾動 依善知識堅固其心 同諸菩薩修行施度佛子 菩薩摩訶薩爲 諸衆生求一切智 施手 足時 以諸善根如是迴向 所謂 願一切衆生具神通力 皆得寶手 得寶手已 各相尊敬 生福田想 以種種寶更相供養 又以衆寶供養諸佛 興妙寶雲徧諸 佛土 令諸衆生互起慈心 不相惱害 遊諸佛刹 安住無畏 自然具足究竟神通 又令皆得 寶手 華手 香手 衣手 蓋手 華鬘手 末香手 莊嚴具手 無邊手 無量手 普手 得是手已 以神通力常勤往詣一切佛土 能以一手徧摩一切諸佛世界 以自在手持諸衆生 得妙相 手放無量光 能以一手普覆衆生 成於如來手指網縵赤銅爪相 菩薩爾時 以大願手普 覆衆生 願一切衆生志常樂求無上菩提 出生一切功德大海 見來乞者歡喜無厭 入佛 法海同佛善根 是爲菩薩摩訶薩施手 足時善根迴向

"불자여! 보살마하살이 몸을 무너뜨리고 피를 내서 중생에게 보시하기를 마치 법업 보살과 선의왕 보살과 또 나머지 헤아릴 수 없는 모든 보살 등과 똑같이 합니다. 모든 육취 가운데서 피를 보시할 때 모든 지혜를 성취하려는 마음을 내고 큰 보리를 우러러 사모하는 마음을 내고 보살행 닦은 마음을 일으키고 고통을 취하지 않은 마음을 일으키고 구걸하는 이를 즐거이 보는 마음을 일으키고 와서 구걸하는 이를 싫어하지 않은 마음을 일으키고 모든 보살의 도로 향해 나아가려는 마음을 내고 모든 보살의 집착이 없음을 지키고 보호하려는 마음을 일으키고 보살의 선근 보시를 광대하고 더하는 마음을 일으키고 물러섬이 없는 마음과 쉬지 않은 마음과 스스로 그리워하지 않은 마음을 일으키고 모든 선근으로 이와 같음에 회향하니, 이른바 모든 중생이 다 법신과 지혜의 몸을 성취하길 원하며, 모든 중생이 피곤함을 모르는 몸을 얻어 마치 금강과 같이 되길 원하며, 모든 중생이 무너지지 않은 몸을 얻어 상해를 입지 않길 원하며, 모든 중생이 생육의 몸으로 변하는 것과 같음을 얻어 세간에 두루 나타내고 다함이 없길 원하며, 모든 중생이 사랑스럽고 좋아하는 몸을 얻어 깨끗하고 빼어나며 견고하기를 원하며, 모든 중생이 법계에 생하는 몸을 얻어 여래와 같이 의지할 곳이 없기를 원하며, 모든 중생이 빼어난 보배의 밝은 빛과 같은 몸을 얻어 세상 사람이 그 빛을 가릴 수 없기를 원하며, 모든 중생이 지혜의 장과 같은 몸을 얻어 죽지 않는 세계에서 자재하기를 원하며, 모든 중생이 보배 바다와 같은 몸을 얻어 보는 이마다 이익을 얻고 헛되이 지나는 이가 없기를 원하며, 모든 중생이 허공과 같은 몸을 얻어 세간의 번뇌와 근심으로 물들지 않기를 원합니다."

"이것이 보살마하살이 몸의 피를 보시할 때 대승의 마음과 청정한 마음과 광대한 마음과 기쁨에 들뜬 마음과 경사스러워하는 마음과 환희심과 더욱 더해지는 마음과 편안하고 즐거운 마음과 탁함이 없는 마음인 선근(不立五蘊)으로 회향하는 것입니다."

佛子 菩薩摩訶薩壞身出血布施衆生 如法業菩薩 善意王菩薩 及餘無量諸菩薩等 於諸趣中施身血時 起成就一切智心 起欣仰大菩提心 起樂隨菩薩行心 起不取苦受心 起樂見乞者心 起不嫌來乞心 起趣向一切菩薩道心 起守護一切菩薩捨心 起增廣菩薩善施心 起不退轉心 不休息心 無戀己心 以諸善根如是迴向 所謂 願一切衆生皆得成就法身 智身 願一切衆生得無勞倦身 猶如金剛 願一切衆生得不可壞身 無能傷害 願一切衆生得如變化身 普現世間無有盡極 願一切衆生得加愛樂身 淨妙堅固 願一切衆生得法界生身 同於如來無所依止 願一切衆生得如妙寶光明之身 一切世人無能映蔽 願一切衆生得智藏身 於不死界而得自在 願一切衆生得寶海身 見皆獲益 無空過者 願一切衆生得虛空身 世間惱患無能染著 是爲菩薩摩訶薩施身血時 以大乘心 淸淨心 廣大心 欣悅心 慶幸心 歡喜心 增上心 安樂心 無濁心善根迴向

"불자여! 보살마하살이 몸의 골수와 살을 구걸하는 이를 보고 환희하며 부드러운 음성으로 말하기를 '내 몸의 골수와 살을 뜻에 따라 취해서 써라.'라고 하니, 요익 보살과 일체시왕 보살과 나머지 헤아릴 수 없는 모든 보살 등과 똑같이 합니다."

"모든 취(六趣) 가운데 가지가지로 생하는 곳에서 그 골수와 살을 구걸하는 자에게 보시할 때 광대하게 기뻐하고 좋아하기에 보시하는 마음이 거듭 더해지고 자라며, 모든 보살과 같이 선근을 닦고 익히며, 모든 티끌과 허물을 벗어나 깊은 마음의 뜻에 즐거움을 얻고 몸으로 두루 보시함이 마음에 다함이 없으며, 헤아릴 수 없이 광대한 선근을 온전하게 갖추고 모든 빼어난 공덕 보배를 거두어들이며, 보살의 법과 같이 행을 받아도 가득 채워짐이 없으며, 마음이 항상 보시 공덕을 사랑하고 좋아하며, 모든 것을 두루 넉넉하게 보태주지만, 마음으로 후회함이 없으며, 모든 법이 인연을 좇고 체가 없음을 살펴보고 자세히 알며, 보시하는 업이나 이 업으로 받을 과보를 탐하지 않으며, 만날 때마다 평등하게 베풀어 줍니다."

"불자여! 보살마하살이 이와 같음으로 보시할 때 일체 모든 부처님이 눈앞에 모두 나타나시니, 이는 생각을 아버지와 같이해서 늘 잊지 않고 보살펴 주는 일을 얻는 까닭이며,

모든 중생이 눈앞에 남김없이 다 나타나니, 이는 청정한 법에 편안히 머무는 까닭이며, 모든 세계가 눈앞에 빠짐없이 다 나타나니, 이는 모든 부처님의 국토를 청정하게 장엄하는 까닭이며, 모든 중생이 눈앞에 빠짐없이 모두 나타나니, 이는 대비심으로 두루 구원하고 보호하는 까닭이며, 모든 부처님의 도가 눈앞에 남김없이 다 나타나니, 이는 여래의 열 가지 힘을 즐겁게 보는 까닭이며, 과거, 미래, 현재의 모든 보살이 눈앞에 모두 나타나니, 이는 모든 선근이 한가지로 다 원만해진 까닭입니다."

"모든 두려움 없음이 눈앞에 나타나니, 이는 최상의 사자후(獅子吼)를 짓은 까닭이며, 모든 삼세가 눈앞에 나타나니, 이는 평등한 지혜를 얻어 두루 관찰하는 까닭이며, 모든 세간이 눈앞에 나타나니, 이는 광대한 원을 일으켜 미래의 겁이 다하도록 보리를 닦은 까닭이며, 모든 보살이 피곤하고 싫어함이 없는 행을 남김없이 다 눈앞에 나타나니, 이는 헤아릴 수 없는 광대한 마음을 일으키는 까닭입니다."

"불자여! 보살마하살이 골수와 살을 보시할 때 이러한 선근으로 이와 같음을 보시하니, 이른바 모든 중생이 금강의 몸을 얻어 가로막거나 무너트릴 수 없기를 원하며, 모든 중생이 견고하고 치밀한 몸을 얻어 항상 빠져서 줄거나 상하지 않기를 원하며, 모든 중생이 뜻과 생각대로 생하는 몸을 얻어 마치 부처님의 몸을 장엄하고 청정하게 하는 것과 같이 되기를 원하며, 모든 중생이 백 가지 복스러운 모양이나 상태의 몸을 얻어 삼십이상이 스스로 장엄 되기를 원하며, 모든 중생이 팔십종호로 장엄한 몸을 얻고 십력을 온전하게 갖추어 무너트릴 수 없고 끊어낼 수 없기를 원합니다."

"모든 중생이 여래의 몸을 얻어 마지막까지 청정해서 한정된 분량이 없기를 원하며, 모든 중생이 견고한 몸을 얻어 모든 마의 원한으로 무너트릴 수 없기를 원하며, 모든 중생이 한가지 모양이나 상태의 몸을 얻어 삼세의 부처님과 더불어 동일한 몸의 모양이나 상태가 되기를 원하며, 모든 중생이 막힘이나 걸림 없는 몸을 얻어 청정한 법신이 허공계에 두루 하길 원하며, 모든 중생이 보리의 장신(藏身)을 얻어 모든 세간을 너그러운 마음으로 두루 받아들이기를 원합니다."

"이것이 보살마하살이 모든 지혜를 구해서 골수와 살을 보시할 때 선근(不立五蘊)으로 회향하는 것이며, 중생들이 여래의 청정하고 헤아릴 수 없는 몸을 마지막까지 얻게 하려는 까닭입니다."

佛子 菩薩摩訶薩見有乞求其身髓肉 歡喜軟語 謂乞者言 我身髓肉 隨意取用 如饒益菩薩 一切施王菩薩 及餘無量諸菩薩等 於諸趣中種種生處 以其髓肉施乞者時 歡

喜廣大 施心增長 同諸菩薩修習善根 離世塵垢 得深志樂 以身普施 心無有盡 具足無量廣大善根 攝受一切妙功德寶 如菩薩法修行無厭 心常愛樂布施功德 一切周給 心無有悔 審觀諸法從緣無體 不貪施業及業果報 隨所會遇 平等施與 佛子 菩薩摩訶薩如是施時 一切諸佛皆悉現前 想之如父得護念故 一切衆生皆悉現前 普令安住清淨法故 一切世界皆悉現前 嚴淨一切佛國土故 一切衆生皆悉現前 以大悲心普救護故 一切佛道皆悉現前 樂觀如來十種力故 去 來 現在一切菩薩皆悉現前 同共圓滿諸善根故 一切無畏皆悉現前 能作最上師子吼故 一切三世皆悉現前 得平等智 普觀察故 一切世間皆悉現前 發廣大願 盡未來劫修菩提故 一切菩薩無疲厭行皆悉現前 發無數量廣大心故 佛子 菩薩摩訶薩施髓肉時 以此善根如是迴向 所謂 願一切衆生得金剛身 不可沮壞 願一切衆生得堅密身 恒無缺減 願一切衆生得意生身 猶如佛身 莊嚴清淨 願一切衆生得百福相身 三十二相而自莊嚴 願一切衆生得八十種好妙莊嚴身 具足十力 不可斷壞 願一切衆生得如來身 究竟清淨 不可限量 願一切衆生得堅固身 一切魔怨所不能壞 願一切衆生得一相身 與三世佛同一身相 願一切衆生得無礙身 以淨法身徧虛空界 願一切衆生得菩提藏身 普能容納一切世間 是爲菩薩摩訶薩求一切智施髓肉時善根迴向 爲令衆生皆得如來究竟清淨無量身故

"불자여! 보살마하살이 심장을 구걸하는 자에게 보시하기를 무회염 보살과 무애왕 보살과 나머지 헤아릴 수 없는 큰 보살들과 똑같이 하니, 자신의 심장을 구걸하는 자에게 보시할 때 자재하게 보시하는 마음을 배우고 모든 보시함을 닦은 마음과 보시바라밀을 익혀 행하는 마음과 보시바라밀을 성취하는 마음과 모든 보살의 보시를 배우는 마음과 모든 것을 남김없이 버리면서 다함이 없으려는 마음과 모든 것을 다 보시하는 관습의 마음과 모든 보살이 보시하던 행을 짊어지는 마음과 일체 모든 부처님이 눈앞에 나타나는 바른 생각의 마음과 일체 모든 구걸하는 이들을 공양하길 끊어짐이 없는 마음으로 합니다."

"보살마하살이 이와 같음으로 보시할 때 그 마음이 청정하니, 이는 일체 모든 중생을 제도하기 위한 까닭이며, 십력의 보리 처를 얻기 위한 까닭이며, 큰 원에 의지해서 수행하기 위한 까닭이며, 보살의 도에 편안히 머물기 위한 까닭이며, 모든 지혜를 성취하기 위한 까닭이며, 본 서원을 벗어나거나 버리지 않기 위한 까닭입니다."

"모든 선근으로 이와 같음에 회향하니, 이른바 모든 중생이 금강장의 마음을 얻어 모든 금강위산 등이 무너트릴 수 없길 원하며, 모든 중생이 만(卍)자의 모양이나 상태로 장엄한 금강계의 마음을 얻길 원하며, 동요함이 없는 마음을 얻으며, 두려워함이 없는 마음을 얻으며, 세상이 이익을 얻도록 하는 일에, 다함이 없는 마음을 얻으며, 크게 용맹한 당기와 같은 지혜 장의 마음을 얻으며, 나라연과 같은 견고한 당기 같은 마음을 얻으며, 중생의 바다와 같이 다할 수 없는 마음을 얻으며, 모든 마업의 마군 중을 없애는 마음을 얻으며, 두려울 것 없는 마음을 얻으며, 큰 위덕의 마음을 얻으며, 늘 게으르지 않고 부지런히 나아가는 마음을 얻으며, 크게 용맹한 마음을 얻으며, 놀라거나 두려워하지 않은 마음을 얻으며, 금강 같은 갑주를 입는 마음을 얻으며, 모든 보살이 지닌 최상의 마음을 얻으며, 불법을 성취하는 보리의 광명한 마음을 얻으며, 보리수 아래 앉아 일체 모든 부처님의 바른 법에 편안히 머물며, 모든 미혹함을 벗어나 일체 지혜를 이루는 마음을 얻으며, 십력을 성취하는 마음을 얻길 원합니다."

"이것이 보살마하살이 심장을 보시할 때 선근(不立五蘊)으로 회향하는 것이며, 중생들이 세간에 물들지 않고 여래의 십력, 이 십력을 온전히 갖추게 하려는 까닭입니다."

佛子 菩薩摩訶薩以心布施諸來乞者 如無悔厭菩薩 無礙王菩薩 及餘無量諸大菩薩以其自心施乞者時 學自在施心 修一切施心 習行檀波羅蜜心 成就檀波羅蜜心 學一切菩薩布施心 一切悉捨無盡心 一切悉施慣習心 荷負一切菩薩施行心 正念一切諸佛現前心 供養一切諸來乞者無斷絕心 菩薩摩訶薩如是施時 其心淸淨 爲度一切諸衆生故 爲得十力菩提處故 爲依大願而修行故 爲欲安住菩薩道故 爲欲成就一切智故 爲不捨離本誓願故 以諸善根如是迴向 所謂 願一切衆生得金剛藏心 一切金剛圍山等所不能壞 願一切衆生得卍相莊嚴金剛界心 得無能動搖心 得不可恐怖心 得利益世間常無盡心 得大勇猛幢智慧藏心 得如那羅延堅固幢心 得如衆生海不可盡心 得那羅延藏無能壞心 得滅諸魔業 魔軍衆心 得無所畏心 得大威德心 得常精進心 得大勇猛心 得不驚懼心 得被金剛甲冑心 得諸菩薩最上心 得成就佛法菩提光明心 得菩提樹下坐安住一切諸佛正法離諸迷惑成一切智心 得成就十力心 是爲菩薩摩訶薩布施心時善根迴向 爲令衆生不染世間 具足如來十力心故

"불자여! 보살마하살이 구걸하는 이에게 장과 신장과 간과 폐를 남김없이 보시하기를 선시 보살과 항마자재왕과 나머지 헤아릴 수 없는 보살과 똑같이 합니다."

"이처럼 보시할 때 구걸하는 이가 오는 것을 보고는 그 마음으로 환희하고 사랑하는 눈으로 보며, 보리를 구하기 위해 달라는 것을 남김없이 다 보시하고 후회하는 마음이 없으며, 저들의 몸이 견고하지 않음을 자세히 살펴보고 내가 당연히 저들에게 보시하고 그들이 견고한 몸을 취하게 할 것이라며, 차례를 좇아 생각하길 '이 몸은 곧바로 손상되고 무너져서 보는 자가 싫어하고 여우나 이리, 굶주린 개가 먹을 것이며, 이 몸은 항상 함이 없기에 마지막에는 당연히 버리게 될 것이며, 다른 것들이 먹을 것이고 알 수가 없을 것이다.'라고 합니다."

"불자여! 보살마하살이 이렇게 볼 때 몸이란 항상 함이 없고 더러우며, 거칠게 뒤섞인 것임을 알고 법을 깨달아 크게 기뻐하고 즐거워하며, 구걸하는 이가 오는 것을 보면 공손히 섬기는 마음으로 선지식이 와서 구원하고 보호하듯이 생각하고 구걸하는 대로 은혜롭게 보시하고 견고하지 못한 몸을 견고한 몸으로 바꾸어줍니다."

"불자여! 보살마하살이 이와 같음으로 보시할 때 가지고 있는 선근으로 남김없이 회향하니, 모든 중생이 지혜의 장인 몸을 얻어 안과 밖이 청정하길 원하며, 모든 중생이 복의 장인 몸을 얻어 모든 지혜의 원을 두루 지니고 맡길 원하며, 모든 중생이 가장 빼어난 몸을 얻어 안으로는 빼어난 향을 쌓고 밖으로는 광명을 일으키길 원하며, 모든 중생이 똥배가 드러나지 않은 몸을 얻어 아래위가 단정하고 팔과 다리가 서로 어우러지길 원하며, 모든 중생이 지혜의 몸을 얻어 불법의 맛으로 기쁨이 가득하고 더하고 보태서 늘어나길 원하며, 모든 중생이 다 함 없는 마음을 얻어 닦고 익혀서 깊고 깊은 법의 성품에 편안히 머물길 원하며, 모든 중생이 다라니의 청정한 장인 몸을 얻어 빼어난 변재로 모든 법을 명백하게 나타내어 보이길 원하며, 모든 중생이 청정한 몸을 얻어 몸과 마음이 안팎으로 함께 청정하기를 원하며, 모든 중생이 여래의 지혜로 깊이 살펴보고 행하는 몸을 얻어 지혜가 충만해서 큰 법 비를 내리길 원하며, 모든 중생이 안으로는 고요한 몸을 얻고 밖으로는 중생을 위하여 지혜의 당기 왕이 되어 큰 광명을 놓아 두루 비추길 원합니다."

"이것이 보살마하살이 장과 신장과 간과 폐를 보시하면서 선근(不立五蘊)으로 회향하는 것이며, 중생들이 안팎으로 청정해지고 막힘이나 걸림이 없는 지혜에 편안히 머물게 하려는 까닭입니다."

佛子 菩薩摩訶薩若有乞求腸 腎 肝 肺 悉皆施與 如善施菩薩 降魔自在王菩薩 及餘無量諸大菩薩 行此施時 見乞者來 其心歡喜 以愛眼觀 爲求菩提 隨其所須 悉皆

施與 心不中悔 觀察此身無有堅固 我應施彼 取堅固身 復念此身尋卽敗壞 見者生厭 狐 狼 餓狗之所噉食 此身無常 會當棄捨 爲他所食 無所覺知 佛子 菩薩摩訶薩作是觀時 知身無常 穢汚之極 於法解悟生大歡喜 敬心諦視彼來乞者 如善知識而來護想 隨所乞求無不惠施 以不堅身易堅固身 佛子 菩薩摩訶薩如是施時 所有善根悉以迴向 願一切衆生得智藏身 內外淸淨 願一切衆生得福藏身 能普任持一切智願 願一切衆生得上妙身 內蘊妙香 外發光明 願一切衆生得腹不現身 上下端直 肢節相稱 願一切衆生得智慧身 以佛法味充悅滋長 願一切衆生得無盡身 修習安住甚深法性 願一切衆生得陀羅尼淸淨藏身 以苗辯才顯示諸法 願一切衆生得淸淨身 若身若心內外俱淨 願一切衆生得如來智深觀行身 智慧充滿 雨大法雨 願一切衆生得內寂身 外爲衆生作智幢王 放大光明普照一切 是爲菩薩摩訶薩施腸 腎 肝 肺善根迴向 爲令衆生內外淸淨 皆得安住無礙智故

"불자여! 보살마하살이 팔다리와 모든 뼈를 구걸하는 이에게 보시하길 법장보살과 광명왕 보살과 나머지 헤아릴 수 없는 모든 대보살이 똑같이 합니다. 그 몸의 일부분으로서 팔다리의 뼈를 보시할 때 구걸하는 이가 오는 것을 보면 사랑하고 좋아하는 마음과 환희하는 마음과 청정하게 믿은 마음과 편안하게 즐기는 마음과 용맹한 마음과 자비한 마음과 막힘이나 걸림 없는 마음으로 구걸하는 그 모든 것을 따라 보시하려는 마음을 냅니다."

"보살마하살이 몸과 뼈를 보시할 때 모든 선근으로 이와 같음에 회향하니, 이른바 모든 중생이 나고 자라는 몸(化身)과 같은 몸을 얻고 차례를 좇아 뼈와 살과 피로 된 몸을 받지 않길 원하고 모든 중생이 금강 같은 몸을 얻어 깨트리고 무너트릴 수 없으며, 이길 수 있는 자가 없기를 원하고 모든 중생이 모든 지혜로 원만한 법신을 얻어 묶임도 없고 집착도 없고 얽매임 없는 세계에 나기를 원하며, 모든 중생이 지혜의 힘으로 된 몸을 얻어 모든 근이 원만해져서 끊어지지 않고 무너지지 않기를 원하며, 모든 중생이 법의 힘으로 된 몸을 얻어 지혜의 힘이 자재해져서 저 언덕에 이르길 원하며, 모든 중생이 견고한 몸을 얻어 그 몸이 진실하여 늘 헐리고 무너짐이 없기를 원하며, 모든 중생이 응하고 따르는 몸을 얻어 모든 중생을 가르쳐 생육하고 조복시키길 원하며, 모든 중생이 지혜로 스며드는 몸을 얻어 나라연의 팔다리의 큰 힘을 갖추길 원합니다."

"모든 중생이 견고하면서 서로 계속 이어지고 끊어지지 않은 몸을 얻어 모든 피곤함과 게으름을 영원히 벗어나길 원하며, 모든 중생이 큰 힘에 편안히 머무는 몸을 얻어 게으름 피우지 않고 부지런히 나아가는 큰 힘을 온전하게 갖추길 원하며, 모든 중생이 세간에 두루두루 평등한 법신을 얻어 헤아릴 수 없는 최상의 지혜의 처에 머물기를 원하며, 모든 중생이 복덕의 힘으로 된 몸을 얻어 보는 이들이 이익을 얻고 많은 악으로부터 멀리 벗어나길 원하며, 모든 중생이 의지할 곳 없는 몸을 얻어 의지하거나 집착이 없는 지혜를 온전하게 빠짐없이 갖추길 원하며, 모든 중생이 부처님이 거두어주시는 몸을 얻어 늘 일체 모든 부처님의 보호를 받길 원하며, 모든 중생을 이익이 되게 하는 몸을 얻어 일체 모든 도에 남김없이 두루 들어가길 원하며, 모든 중생이 두루 나타내는 몸을 얻어 모든 불법을 두루 비추어 나타내길 원합니다."

"모든 중생이 온전하게 갖추고 게으름 피우지 않고 부지런히 나아가는 몸을 얻어 오로지 대승의 지혜와 행을 닦길 원하며, 모든 중생이 스스로 교만함과 잘난 체함을 벗어난 청정한 몸을 얻어 지혜로 늘 편안히 머물고 움직이거나 혼란함이 없기를 원하며, 모든 중생이 견고하게 행하는 몸을 얻어 대승의 모든 지혜의 업을 성취하길 원하며, 모든 중생이 부처님 가문의 몸을 얻어 세간의 모든 생사에서 영원히 벗어나길 원합니다."

"이것이 보살마하살이 몸과 뼈를 보시할 때 선근(不立五蘊)으로 회향하는 것이며, 중생들이 모든 지혜를 얻어서 청정함을 영원히 얻게 하려는 까닭입니다."

佛子 菩薩摩訶薩布施乞者肢節諸骨 如法藏菩薩 光明王菩薩 及餘無量諸大菩薩 施其身分肢節骨時 見乞者來 生愛樂心 歡喜心 淨信心 安樂心 勇猛心 慈心 無礙心 淸淨心 隨所乞求皆施與心 菩薩摩訶薩施身骨時 以諸善根如是迴向 所謂 願一切衆生得如化身 不復更受骨肉血身 願一切衆生得金剛身 不可破壞 無能勝者 願一切衆生得一切智圓滿法身 放無縛 無著 無繫界生 願一切衆生得智力身 諸根圓滿 不斷不壞 願一切衆生得法力身 智力自在 到於彼岸 願一切衆生得堅固身 其身貞實 常無散壞 願一切衆生得隨應身 敎化調伏一切衆生 願一切衆生得智熏身 具那羅延肢節大力 願一切衆生得堅固相續不斷絶身 永離一切疲極勞倦 願一切衆生得大力安住身 悉能具足精進大力 願一切衆生得徧世間平等法身 住於無量最上智處 願一切衆生得福德力身 見者蒙益 遠離衆惡 願一切衆生得無依處身 皆得具足無依著智 願一切衆生得佛攝受身 常爲一切諸佛加護 願一切衆生得普饒益諸衆生身 悉能編入一切諸道 願一切衆生得普現身 普能照現一切佛法 願一切衆生得具足精進身 專念勤修大乘智

行 願一切衆生得離我慢貢高淸淨身 智常安住 無所動亂 願一切衆生得堅固行身 成就大乘一切智業 願一切衆生得佛家身 永離世間一切生死 是爲菩薩摩訶薩施身骨時善根迴向 爲令衆生得一切智永淸淨故

"불자여! 보살마하살이 칼을 든 사람이 와서 자신의 살가죽을 구걸하는 것을 보면 마음으로 환희하고 모든 근으로 미리 앞서 기뻐하는 일이 마치 은혜를 준 이에게 은혜를 갚듯이 맞아들이고 자리를 펴서 앉게 하고 허리를 굽혀 공손히 섬기며 생각하기를 '이렇게 구걸하는 이가 오는 것은 매우 만나기 어려운 일이다. 모든 지혜에 대한 나의 소원을 만족하게 하려는 까닭으로 이렇듯 와서 선택하니, 나에게 이익이 되는 일이다.'라고 하며, 기뻐하고 좋아하는 얼굴로 말하길 '내가 지금 이 몸을 모두 버릴 것이니, 살가죽이 필요한 이는 뜻에 따라 가져다 써라.' 하니, 마치 옛적 청정장 보살과 금협녹왕 보살과 그리고 나머지 헤아릴 수 없는 모든 대보살과 똑같이 해서 다름이 없게 합니다."

"보살이 이때 모든 선근으로 이와 같음에 회향하니, 이른바 모든 중생이 작고 부드러운 피부를 얻어 마치 여래의 드러난 모양이나 상태가 청정한 것과 같아서 보는 이들이 싫어함이 없길 원하며, 모든 중생이 무너지지 않은 피부를 얻어 마치 금강과 같아서 무너트릴 수 있는 자가 없길 원하며, 모든 중생이 금빛 피부를 얻어 마치 빼어난 진금으로 된 상품의 염부단 같이 청정하고 밝고 깨끗하길 원하며, 모든 중생이 헤아릴 수 없는 색상의 피부를 얻어 마음으로 좋아함을 따라 청정한 색상을 나타내길 원하며, 모든 중생이 청정하고 빼어난 색의 피부를 얻어 사문의 선근으로 부드럽고 청정한 여래의 드러난 모양이나 상태를 온전하게 갖추길 원하며, 모든 중생이 제일 좋은 피부를 얻어 스스로 성품이 청정하고 드러난 모양이나 상태가 비할 데가 없길 원하며, 모든 중생이 여래의 청정한 빛을 가진 피부를 얻어 모든 좋아하는 모양이나 상태로 스스로 장엄하길 원하며, 모든 중생이 빼어난 빛의 피부를 얻어 큰 광명을 놓아 모든 것을 두루 비추길 원하며, 모든 중생이 밝은 그물 무늬의 피부를 얻어 세상의 높은 당기와 같이 말할 수 없는 원만한 광명을 놓길 원하며, 모든 중생이 윤택한 색의 피부를 얻어 모든 드러난 색의 모양이나 상태가 남김없이 다 청정하길 원합니다."

"이것이 보살마하살이 몸의 피부로 보시할 때 선근(不立五蘊)으로 회향하는 것이며, 중생들이 청정하게 장엄 된 모든 부처님 세계를 모두 얻어 여래의 큰 공덕을 온전히 갖추게 하려는 까닭입니다."

佛子 菩薩摩訶薩見有人來 手執利刀 乞其身皮 心生歡喜 諸根悅豫 譬如有人惠以重恩 逢迎引納 敷座令坐 曲躬恭敬而作是念 此來乞者甚爲難遇 斯欲滿我一切智願 故來求索饒益於我 歡喜和顏而語之言 我今此身一切皆捨 所須皮者 隨意取用 猶如往昔清淨藏菩薩 金脅鹿王菩薩 及餘無量諸大菩薩 等無有異 菩薩爾時 以諸善根如是迴向 所謂 願一切衆生得微細皮 猶如如來色相清淨 見者無厭 願一切衆生得不壞皮 猶如金剛 無能壞者 願一切衆生得金色皮 如閻浮檀上妙眞金 淸淨明潔 願一切衆生得無量色皮 隨其心樂 現淸淨色 願一切衆生得淨妙色皮 具足沙門善軟淸淨如來色相 願一切衆生得第一色皮 自性淸淨 色相無比 願一切衆生成就如來淸淨色皮 以諸相好而自莊嚴 願一切衆生得妙色皮 放大光明普照一切 願一切衆生得明網皮 如世高幢 放不可說圓滿光明 願一切衆生得潤澤色皮 一切色相悉皆淸淨 是爲菩薩摩訶薩施身皮時善根迴向 爲令衆生皆得一切嚴淨佛刹 具足如來大功德故

"불자여! 보살마하살이 손가락과 발가락을 구걸하는 모든 이에게 보시하기를 견정진 보살과 염부제자재왕과 그리고 나머지 헤아릴 수 없는 대보살과 똑같이 합니다. 보살이 그때 기뻐하는 얼굴에 그 마음이 편안하고 좋으며, 뒤바뀌는 일이 없고 대승에 올라 아름다운 욕심을 구하지 않으며, 세상에 널리 알려진 평판이나 명성을 바라지 않고 단지 보살의 광대한 본심을 일으켜 아끼고 시기하는 일체 모든 허물에서 영원히 벗어나 오로지 여래의 위 없는 빼어난 법으로 향합니다."

"불자여! 보살마하살이 이와 같음으로 보시할 때 모든 선근을 거두어 남김없이 회향하니, 이른바 모든 중생이 가늘고 긴 손가락, 발가락을 얻어 부처님과 더불어 다름이 없길 원하며, 모든 중생이 거칠지만 원만한 손가락, 발가락을 얻어 위아래가 서로 칭찬하기를 원하며, 모든 중생이 붉은 구리색 손발톱을 얻어 손발톱이 풍성하게 올라와 청정하고 밝게 통하기를 원하며, 모든 중생이 모든 지혜에 뛰어난 장부의 손가락, 발가락을 얻어 일체 모든 법을 남김없이 거두어 지니길 원하며, 모든 중생이 좋은 손가락, 발가락을 얻어 십력을 온전하게 갖추길 원하며, 모든 중생이 대인의 손가락, 발가락을 얻어 곱고 거친 것으로 가지런히 하기를 원합니다."

"모든 중생이 수레바퀴 살 지문의 손가락, 발가락을 얻어 마디 마디가 원만하고 지문이 오른쪽으로 돌아지길 원하며, 모든 중생이 연꽃과 같은 만(卍)자로 돌아가는 손가락, 발가락을 얻어 십력의 업보로 좋아하는 모양이나 상태로 장엄하길 원하며, 모든 중생이 광염의 장인 손가락, 발가락을 얻어 큰 광명을 놓고 말로는 이를 수 없는 모든 부처의 세계를 비추길 원하며, 모든 중생이 선근으로 편안히 펴지는 손가락, 발가락을 얻어 섬세하고 능숙한 선근으로 널리 펴서 비단 그물을 온전하게 갖추길 원합니다."

"이것이 보살마하살이 손가락, 발가락을 보시할 때 선근(不立五蘊)으로 회향하는 것이며, 중생들이 빠짐없이 다 청정한 마음을 얻게 하려는 까닭입니다."

佛子 菩薩摩訶薩以手足指施諸乞者 如堅精進菩薩 閻浮提自在王菩薩 及餘無量諸大菩薩 菩薩爾時 顏貌和悅 其心安善 無有顚倒 乘於大乘 不求美欲 不尙名聞 但發菩薩廣大之意 遠離慳嫉一切諸垢 專向如來無上妙法 佛子 菩薩摩訶薩如是施時 攝諸善根 悉而迴向 願一切眾生得纖長指 與佛無異 願一切眾生得傭圓指 上下相稱 願一切眾生得赤銅甲指 其甲隆起 淸淨鑑徹 願一切眾生得一切智勝丈夫指 悉能攝持一切諸法 願一切眾生得隨好指 具足十力 願一切眾生得大人指 纖傭齊等 願一切眾生得輪相指 指節圓滿 文相右旋 願一切眾生得如蓮華卍字旋指 十力業報相好莊嚴 願一切眾生得光藏指 放大光明照不可說諸佛世界 願一切眾生得善安布指 善巧分布網縵具足 是爲菩薩摩訶薩布施指時善根迴向 爲令眾生一切皆得心淸淨故

"불자여! 보살마하살이 법을 청해서 구할 때 어떤 사람이 말하기를 '그대가 살이 붙어있는 손톱을 나에게 보시한다면 당연히 그대에게 법을 주겠다.'라고 하니, 보살이 대답하기를 '다만 나에게 단지 법만 주고 살이 붙어있는 손톱은 마음대로 써라.'하는 것이, 마치 구법자재왕 보살과 무진 보살과 그리고 나머지 헤아릴 수 없는 모든 대보살과 똑같이 합니다. 법을 구하기 위한 까닭이며, 바른 법을 열어 널리 펴 보이고 설하여 중생에게 넉넉한 이익을 주며, 모두 만족함을 얻게 하려는 까닭으로 살이 붙어있는 손톱을 구걸하는 모든 이에게 집착하지 않고 보시합니다."

"보살이 이때 이러한 선근으로 이와 같음에 회향하니, 이른바 모든 중생이 빠짐없이 모든 부처님의 붉은 구리색 모양이나 상태의 손톱을 얻길 원하며, 모든 중생이 윤택한 손톱을 얻어 좋은 모습으로 장엄하길 원하며, 모든 중생이 청정하게 빛나는 손톱을 얻어 거울처럼 투명하기가 제일이 되길 원하며, 모든 중생이 모든 지혜의 손톱을 얻어 대인의 모양이나 상태를 갖추길 원하며, 모든 중생이 비할 데 없는 손톱을 얻어 모든 세간에 물이 드는 일이 없길 원하며, 모든 중생이 빼어나게 장엄한 손톱을 얻어 광명으로 모든 세간을 두루 비추길 원하며, 모든 중생이 무너트릴 수 없는 손톱을 얻어 청정하고 결함이 없길 원하며, 모든 중생이 모든 불법에 들어가는 방편의 손톱을 얻어 광대한 지혜로 남김없이 다 청정해지길 원하며, 모든 중생이 선근으로 생하는 손톱을 얻어 보살의 업과 과가 청정해지고 빼어나기를 원하며, 모든 중생이 모든 지혜를 가진 대 도사의 손톱을 얻어 헤아릴 수 없이 많은 색으로 된 빼어난 광명의 장을 놓길 원합니다."

"이것이 보살마하살이 법을 구하기 위한 까닭으로 살이 붙어있는 손톱을 보시할 때 선근(不立五蘊)으로 회향하는 것이며, 중생들이 모든 부처님의 모든 지혜의 손톱, 이 손톱의 막힘이나 걸림이 없는 힘을 온전히 갖추게 하려는 까닭입니다."

佛子 菩薩摩訶薩請求法時 若有人言 汝能施我連肉爪甲 當與汝法 菩薩答言 但與我法 連肉爪甲 隨意取用 如求法自在王菩薩 無盡菩薩 及餘無量諸大菩薩 爲求法故 欲以正法 開示演說 饒益衆生 一切皆令得滿足故 捨連肉爪甲與諸乞者 菩薩爾時 以此善根如是迴向 所謂 願一切衆生皆得諸佛赤銅相爪 願一切衆生得潤澤爪 隨好莊嚴 願一切衆生得光淨爪 鑑徹第一 願一切衆生得一切智爪 具大人相 願一切衆生得無比爪 於諸世間無所染著 願一切衆生得妙莊嚴爪 光明普照一切世間 願一切衆生得不壞爪 淸淨無缺 願一切衆生得入一切佛法方便相爪 廣大智慧皆悉淸淨 願一切衆生得善生爪 菩薩業果無不淨妙 願一切衆生得一切智大導師爪放 無量色妙光明藏 是爲菩薩摩訶薩爲求法故施連肉爪甲時善根迴向 爲令衆生具足諸佛一切智爪無礙力故

"불자여! 보살마하살이 부처님의 법장을 구하기 위해 공손히 섬기고 존중하면서도 만나기가 어렵다는 생각을 할 때 어떤 이가 와서 말하기를 '만일 일곱 길 불구덩이에 몸을 던진다면 그대에게 법을 보시하겠다.'라고 하면, 보살이 이 말을 듣고 기쁨에 뛰면서 생각하기를 '내가 법을 위해서라면 아비지옥 등 모든 악의 부류에 오랫동안 머물면서 헤아릴 수 없는 고통도 받는다. 하물며 겨우 인간의 불구덩이에 들어가서 곧바로 법을 들을 수 있다니, 바른 법을 매우 쉽게 얻음이 신기하다. 지옥의 헤아릴 수 없는 고통을 받지 않고도 단지 불구덩이에 들어가면 곧바로 들을 수 있고 단지 나만을 위해 설하니, 내가 불구덩이에 들어갈 것이다.'라고 하며, 구선법왕 보살과 금강사유 보살과 같이 법을 구하기 위해 불구덩이에 들어갑니다."

"보살이 이때 이러한 선근으로 이와 같음에 회향하니, 이른바 모든 중생이 부처님께서 머무시는 모든 지혜의 법에 머물며, 영원히 위 없는 보리에서 물러서지 않기를 원하며, 모든 중생이 모든 험난한 곳을 벗어나 부처님의 편안함과 즐거움을 받길 원하며, 모든 중생이 두려움 없는 마음을 얻어 모든 공포에서 벗어나길 원하며, 모든 중생이 늘 즐거이 법을 구하고 많은 법의 장엄을 즐겁고 기쁜 마음으로 온전하게 갖추길 원하며, 모든 중생이 모든 악의 부류를 벗어나 거세게 타오르는 삼독의 불을 없애 버리길 원합니다."

"모든 중생이 늘 편안함과 즐거움을 얻어 여래의 뛰어나고 빼어난 즐거움을 온전하게 갖추길 원하며, 모든 중생이 보살의 마음을 얻어 탐하고 성내고 어리석음의 모든 불길에서 영원히 벗어나길 원하며, 모든 중생이 보살이 가진 모든 삼매의 즐거움을 남김없이 얻어 모든 부처님을 두루 뵙고 마음으로 크게 환희하길 원하며, 모든 중생이 바른 법을 선근으로 설하고 마지막까지 법을 잃거나 잊지 않기를 항상 원하며, 모든 중생이 보살의 신통과 빼어난 즐거움을 온전하게 갖추고 마지막까지 모든 지혜에 편안히 머물길 원합니다."

"이것이 보살마하살이 바른 법을 구하기 위해 불구덩이에 몸을 던질 때 선근(不立五蘊)으로 회향하는 것이며, 중생들이 막힘이나 걸림이 되는 업을 벗어나 빠짐없이 지혜의 불을 온전히 갖추게 하려는 까닭입니다."

佛子 菩薩摩訶薩求佛法藏 恭敬尊重 生難得想 有能說者來語之言 若能投身七仞火阬 當施汝法 菩薩聞已 歡喜踊躍 作是思惟 我爲法故 尙應久住阿鼻獄等一切惡趣 受無量苦 何況纔入人間火阬卽得聞法 奇哉 正法甚爲易得 不受地獄無量楚毒 但入火阬卽便得聞 但爲我說 我入火阬 如求善法王菩薩 金剛思惟菩薩 爲求法故 入火阬中 菩薩爾時 以此善根如是迴向 所謂 願一切衆生住佛所住一切智法 永不退轉無上菩提 願一切衆生離諸險難 受佛安樂 願一切衆生得無畏心 離諸恐怖 願一切衆生常樂求法 具足喜樂 衆法莊嚴 願一切衆生離諸惡趣 滅除一切三毒熾火 願一切衆生常得安樂 具足如來勝妙樂事 願一切衆生得菩薩心 永離一切貪恚癡心 願一切衆生悉得菩薩諸三昧樂 普見諸佛 心大歡喜 願一切衆生善說正法 於法究竟 常無忘失 願一切衆生具足菩薩神通妙樂 究竟安住一切種智 是爲菩薩摩訶薩爲求正法投火阬時善根迴向 爲令衆生離障礙業 皆得具足智慧火故

"불자여! 보살마하살이 바른 법을 구하기 위해 널리 분별해서 설하고 보살의 도를 열어 보리의 길을 보이며, 위 없는 지혜에 나아가 부지런히 십력을 닦아 모든 지혜의 마음을 광대하게 보이고 막힘이나 걸림 없는 지혜를 얻게 하며, 중생들을 청정하게 해서 보살의 경계에 머물게 하고 큰 지혜를 부지런히 닦아 보리를 보호하려 할 때 몸으로 헤아릴 수 없는 고뇌를 갖추어 받기를 구선법 보살과 용맹왕 보살과 그리고 나머지 헤아릴 수 없이 많은 모든 대보살과 똑같이 법을 구하기 위한 까닭으로 헤아릴 수 없는 고통을 받았을 뿐만 아니라 바른 법을 비방하고 악한 업을 덮어쓴 마의 업을 지닌 큰 악인을 거두어주어 그들이 받을 당연한 모든 고뇌를 법을 구하기 위한 까닭으로 남김없이 다 받습니다."

"이러한 선근으로 이와 같음에 회향하니, 이른바 모든 중생이 모든 고뇌의 핍박으로부터 영원히 벗어나 편안하고 즐거운 자재와 신통을 성취하길 원하며, 모든 중생이 모든 고통으로부터 영원히 벗어나 모든 즐거움을 얻길 원하며, 모든 중생이 고통스러운 오온에서 영원히 벗어나 빛을 나타내는 몸을 얻어 항상 편안하고 즐거움을 받길 원하며, 모든 중생이 고통의 감옥으로부터 크게 벗어나 지혜의 행을 성취하길 원하며, 모든 중생이 편안한 도를 얻어 모든 악한 부류에서 벗어나길 원합니다."

"모든 중생이 법의 기쁨과 즐거움을 얻어 많은 고통을 영원히 끊어내길 원하며, 모든 중생이 많은 고통을 영원히 뽑아내고 서로를 사랑하고 해치려는 마음이 없길 원하며, 모든 중생이 모든 부처님의 즐거움을 얻어 생사의 고통을 벗어나길 원하며, 모든 중생이 청정하고 비할 데 없는 편안함과 즐거움을 성취해서 모든 고뇌가 해치지 못하길 원하며, 모든 중생이 뛰어난 모든 즐거움을 얻어 부처님의 막힘이나 걸림 없는 즐거움을 마지막까지 온전하게 갖추길 원합니다."

"이것이 보살마하살이 법을 구하기 위해 많은 고통을 받을 때 선근(不立五蘊)으로 회향하는 것이며, 모든 중생을 구원하고 보호해서 험난한 길을 벗어나 모든 지혜로 막힘이나 걸림 없이 해탈한 곳에 머물게 하려는 까닭이다."

佛子 菩薩摩訶薩爲求正法 分別演說 開菩薩道 示菩提路 趣無上智 勤修十力 廣一切智心 獲無礙智法 令衆生淸淨住菩薩境界 勤修大智護佛菩提時 以身具受無量苦惱 如求善法菩薩 勇猛王菩薩 及餘無量諸大菩薩 爲求法故 受無量苦 乃至攝取誹謗正法 惡業所覆 魔業所持極大惡人 彼所應受一切苦惱 以求法故 悉皆爲受 以此善根如是迴向 所謂 願一切衆生永離一切苦惱逼迫 成就安樂自在神通 願一切衆生永離諸苦 得一切樂 願一切衆生永滅苦蘊 得照現身 恒受安樂 願一切衆生超出苦獄 成娶

智行 願一切衆生見安隱道 離諸惡趣 願一切衆生得法喜樂 永斷衆苦 願一切衆生永拔衆苦 互相慈愛 無損害心 願一切衆生得諸佛樂 離生死苦 願一切衆生成就淸淨無比安樂 一切苦惱無能損害 願一切衆生得一切勝樂 究竟具足佛無礙樂 是爲菩薩摩訶薩爲求法故受衆苦時善根迴向 爲欲救護一切衆生 令離險難 住一切智無所障礙解脫處故

"불자여! 보살마하살이 왕의 지위에 있으면서 바른 법을 구할 때뿐만 아니라 단지 한 문장과 한 글자와 한 구절과 한 가지의 뜻에 이르기까지 만나기 어렵다는 생각을 하고 바다 안에 가지고 있는 가깝고 먼 국토와 성읍과 백성과 창고와 동산과 연못과 가옥과 숲과 꽃과 과일뿐만 아니라 모든 보배 같고 빼어난 물건이나 궁전과 누각이나 처자 권속이나 국왕의 지위까지도 남김없이 버리고 견고하지 못한 것에서 견고한 법을 구하고 모든 중생에게 이익을 주기 위해 모든 부처님의 막힘이나 걸림 없는 해탈과 끝까지 청정한 모든 지혜의 도를 부지런히 구하니, 마치 대세덕 보살과 승덕왕 보살과 그리고 나머지 헤아릴 수 없는 모든 대보살과 똑같이 부지런히 바른 법을 구할 뿐만 아니라 극히 적은 한 글자를 위해 오체를 투지하고 삼세의 모든 부처님 법을 바르게 생각하며, 좋아하고 즐겁게 닦고 익혀서 이름을 높이거나 이로움을 탐내거나 집착함이 없고 세간의 자재한 모든 왕의 자리를 버리고 부처님의 자재한 법왕의 지위를 구하며, 세간의 즐거움에 집착하는 마음이 없고 출세간(不立五蘊)의 법으로 마음을 기르고 키우며, 세간의 일체 말장난 같은 논리에서 영원히 벗어나 말장난이 없는 모든 부처님의 법에 머뭅니다."

"보살이 이때 선근으로 이와 같음에 회향하니, 이른바 모든 중생이 은혜롭게 보시하기를 항상 좋아하고 모든 것을 남김없이 버리길 원하며, 모든 중생이 가지고 있는 것을 버리지만 마음 가운데 후회함이 없길 원하며, 모든 중생이 늘 바른 법을 구하고 몸이든 생명이든 살림살이 도구까지도 아끼지 않길 원하며, 모든 중생이 법에 대한 이익을 남김없이 얻어 일체중생의 의혹을 끊길 원하며, 모든 중생이 선근 법에 대한 욕심을 얻어 마음으로 항상 모든 부처님의 바른 법을 즐기고 기뻐하길 원합니다."

"모든 중생이 부처님 법을 구하기 위해 목숨과 왕위까지 버리고 큰마음으로 위 없는 보리를 닦고 익히길 원하며, 모든 중생이 바른 법을 존중하고 항상 깊이 좋아하고 즐기면서 신명을 아끼지 않길 원하며, 모든 중생이 얻기 어려운 모든 부처님의 법을 보호해 지니며 부지런히 닦고 익히길 원하며, 모든 중생이 모든 부처님의 보리 광명을 얻어 보리 행을 이룸에 있어서 다른 이의 깨우침으로 인하지 않길 원하며, 모든 중생이 항상 모든 불법을 자세히 살펴보고 의심의 화살을 뽑아버려 마음의 편안함을 얻길 원합니다."

"이것이 보살마하살이 바른 법을 구하기 위해 나라와 성을 버릴 때 선근(不立五蘊)으로 회향하는 것이며, 중생들이 보고 아는 일이 원만해지고 편안한 도에 항상 머물게 하려는 까닭입니다."

佛子 菩薩摩訶薩處於王位求正法時 乃至但爲一文 一字 一句 一義生難得想 能悉罄捨海內所有若近若遠國土 城邑 人民 庫藏 園池 屋宅 樹林 華果 乃至一切珍奇妙物 宮殿樓閣 妻子眷屬 及以王位 悉能捨之 於不堅中求堅固法 爲欲利益一切衆生 勤求諸佛無礙解脫究竟淸淨一切智道 如大勢德菩薩 勝德王菩薩 及餘無量諸大菩薩 勤求正法 乃至極少 爲於一字 五體投地 正念三世一切佛法 愛樂修習 永不貪著名聞利養 捨諸世間自在王位 求佛自在法王之位 於世間樂心無所著 以出世法長養其心 永離世間一切戲論 住於諸佛無戲論法 菩薩爾時 以諸善根如是迴向 所謂 願一切衆生常樂惠施 一切悉捨 願一切衆生能捨所有 心無中悔 願一切衆生常求正法 不惜身命 資生之具 願一切衆生悉得法利 能斷一切衆生疑惑 願一切衆生得善法欲 心常喜樂諸佛正法 願一切衆生爲求佛法 能捨身命及以王位 大心修習無上菩提 願一切衆生尊重正法 常深愛樂 不惜身命 願一切衆生護持諸佛甚難得法 常勤修習 願一切衆生皆得諸佛菩提光明 成菩提行 不由他悟 願一切衆生常能觀察一切佛法 拔除疑箭 心得安隱 是爲菩薩摩訶薩爲求正法捨國城時善根迴向 爲令衆生知見圓滿 常得住於安隱道故

"불자여! 보살마하살이 큰 나라의 왕이 되어 법에 자재하여 명을 두루 내려 염부제 내 성읍과 취락에서 모든 살생의 업을 없애고 발이 없는 것과 두 발을 가진 것과 네 발을 가진 것과 가지가지의 생하는 종류에 대한 두려움 없음을 두루 보시하고 속여서 빼앗을 마음을 없게 하며, 일체 보살의 모든 행을 넓게 닦아 인자함이 사물에 이르러 고통스럽게 행하지 않고 빼어난 보배 마음을 일으켜 중생들을 편안하게 하고 모든 부처님의 처소에 깊은 뜻을 즐거이 세워 항상 삼종의 청정한 계(섭선법계, 섭율의계, 섭중생계)에 머물며, 역시 중생들이 이와 같음에 편안히 머물게 하며, 보살마하살은 모든 중생이 오계에 머물러 죽이는 것에 대한 업을 영원히 끊게 합니다."

"이러한 선근으로 이와 같음에 회향하니, 이른바 모든 중생이 보살의 마음을 일으켜 지혜를 온전하게 갖추고 목숨을 영원히 보전해서 다함이 없길 원하며, 모든 중생이 헤아릴 수 없는 겁에 머물면서 모든 부처님께 공양하고 부지런히 닦아 수명을 거듭 더하길 원하며, 모든 중생이 온전하게 갖추고 수행해서 늙고 죽은 법을 벗어나 모든 재난의 독이 목숨을 해치지 못하길 원하며, 모든 중생이 병이나 고통이 없는 몸을 온전하게 갖추고 성취하여 수명이 자재하며, 본심을 따라 머물기를 원합니다."

"모든 중생이 끝남이 없는 생명을 얻어 미래의 겁이 다하도록 보살행에 머물며, 일체중생을 가르쳐 양육하고 조복시키길 원하며, 모든 중생이 수명의 문을 위해 십력과 선근이 그 가운데서 거듭 더해지고 늘어나길 원하며, 모든 중생이 선근을 온전하게 갖추고 다함이 없는 목숨을 얻어 큰 원을 만족하길 원하며, 모든 중생이 모든 부처님을 남김없이 다 보고 공양하고 받들어 섬기며, 다함이 없는 수명에 머물면서 선근을 닦고 익히길 원하며, 모든 중생이 여래가 계신 곳에서 배울 것을 선근으로 배우면서 성스러운 법의 기쁨을 얻어 다함이 없는 수명을 얻길 원하며, 모든 중생이 늙지도 않고 병들지도 않으면서 항상 머무는 생명을 얻어 용맹하게 정진해서 부처님의 지혜에 들어가길 원합니다."

"이것이 보살마하살이 삼취의 청정한 계에 머물며 살생의 업을 영원히 끊어버리고 선근(不立五蘊)에 회향하는 것이며, 중생들이 부처님의 십력과 원만한 지혜를 얻게 하려는 까닭입니다."

佛子 菩薩摩訶薩作大國王 於法自在 普行敎命 令除殺業 閻浮提內城邑聚落一切屠殺 皆令禁斷 無足 二足 四足 多足 種種生類 普施無畏無欺奪心 廣修一切菩薩諸行 仁慈苊物 不行侵惱 發妙寶心 安隱衆生 於諸佛所立深志樂 常自安住三種淨戒 亦令衆生如是安住 菩薩摩訶薩令諸衆生住於五戒 永斷殺業 以此善根如是迴向 所謂 願一切衆生發菩薩心 具足智慧 永保壽命 無有終盡 願一切衆生住無量劫 供一切佛 恭敬勤修 更增壽命 願一切衆生具足修行 離老死法 一切災毒不害其命 願一切衆生具足成就無病惱身 壽命自在 能隨意住 願一切衆生得無盡命 窮未來劫住菩薩行 敎化調伏一切衆生 願一切衆生爲壽命門 十力善根於中增長 願一切衆生善根具足 得無盡命 成滿大願 願一切衆生悉見諸佛供養承事 住無盡壽 修集善根 願一切衆生於如來處善學所學 得聖法喜無盡壽命 願一切衆生得不老不病 常住命根 勇猛精進 入佛智慧 是爲菩薩摩訶薩住三聚淨戒永斷殺業善根迴向 爲令衆生得佛十力圓滿智故

"불자여! 보살마하살은 중생이 그와 같은 잔인한 마음을 품고 모든 사람이나 축생이 가지고 있는 남자의 형체를 잘라서 결함의 몸, 불구의 몸이 되어 큰 고통을 받게 하려는 것을 보면, 크게 자비한 마음을 일으키고 가엾이 여기는 마음으로 구원하며, 염부제 모든 인민이 이 업을 다 버리게 합니다. 보살이 이때 그 사람에게 말하기를 '그대는 어찌해서 이러한 악업을 짓는가. 내 창고에 백천만 억의 즐거운 도구가 가득하게 있으며, 그대가 바라는 대로 다 줄 것이다. 그대가 하는 모든 일이란 죄를 짓는 것이니, 내가 지금 그대에게 권하여 일을 만들지 않길 바란다. 그대가 지어가는 업은 도리에 맞지 않으며, 설사 얻은 것이 있다고 한들 무엇에 쓰겠는가. 다른 것을 해쳐서 나에게 이익이 되게 하는 이러한 이치는 없으며, 이 같은 악한 행으로 선근의 법이 아닌 모든 것은 모든 여래가 칭찬하지 않은 것이다.'라고 말하고는 자신이 가지고 있던 모든 즐거운 도구를 남김없이 다 보시해 주고 차례를 좇아(復) 선근의 말로 빼어난 법을 설하여 즐겁고 기쁘게 하니, 이른바 적정의 법을 보여 그들이 믿고 받게 하며, 선근이 아닌 것을 없애며, 청정한 업을 닦고 행하며, 서로가 서로에게 인자한 마음을 일으켜 서로 해치지 않게 하면 그 사람이 듣고 영원히 죄악을 버립니다."

"보살이 이때 이러한 선근으로 이와 같음에 회향하니, 이른바 모든 중생이 장부의 형체를 갖추고 여래의 마음 장, 이 장의 모양이나 상태를 성취하길 원하며, 모든 중생이 남자의 형상을 갖추고 용맹한 마음을 일으켜 모든 범행(淸淨行)을 닦길 원하며, 모든 중생이 용맹한 힘을 갖추고 항상 이끄는 주인이 되어 막힘이나 걸림 없는 지혜에 머물면서 물러서지 않길 원하며, 모든 중생이 다 온전하게 갖춘 대장부의 몸을 얻어 욕심으로부터 영원히 벗어나 물들지 않길 원하며, 모든 중생이 남김없이 선남자의 법을 성취하고 얻어 지혜가 거듭 더해지고 늘어나 모든 부처님의 칭찬을 받길 원하며, 모든 중생이 대인의 힘을 두루 갖추고 얻어 항상 십력의 선근을 닦아 익히길 원합니다."

"모든 중생이 남자의 형체를 잃거나 무너트리지 않고 한 번도 있어 본 적이 없는 복과 지혜를 항상 닦길 원하며, 모든 중생이 오욕에 집착하지 않고 속박이 되지 않아 마음의 해탈을 얻어 삼유를 싫어하고 벗어나 보살의 행에 머물길 원하며, 모든 중생이 지혜의 제일 장부를 성취하고 모두가 믿고 따르며, 가르침을 좇아가길 원하며, 모든 중생이 보살의 장부다운 지혜를 온전하게 갖추고 오래지 않아 위 없는 큰 영웅이 되길 원합니다."

"이것이 보살마하살이 모든 남자의 형체를 끊어내는 것을 금하면서 선근(不立五蘊)으로 회향하는 것이며, 중생들이 장부의 형상을 갖추고 모든 선근의 장부를 보호하고 지키며, 현성의 집에 생하여 지혜를 온전하게 갖추고 부지런히 장부의 뛰어난 행을 항상 닦고 익히며, 장부의 행을 씀에 있어서 일곱 번째 장부의 도(如來智.二乘地)를 능숙하게 나타내 보이고 모든 부처님의 선근 장부의 씨앗을 온전하게 갖추며, 장부의 바른 가르침과 장부의 용맹과 장부의 정진과 장부의 지혜와 장부의 청정을 모든 중생이 마지막까지 얻게 하려는 것입니다."

佛子 菩薩摩訶薩見有衆生心懷殘忍 損諸人畜所有男形 令身缺減 受諸楚毒 見是事已 起大慈悲而哀救之 令閻浮提一切人民皆捨此業 菩薩爾時 語其人言 汝何所爲 作是惡業 我有庫藏百千萬億 一切樂具悉皆充滿 隨汝所須盡當相給 汝之所作 衆罪由生 我今勸汝莫作是事 汝所作業不如道理 設有所獲 於何可用 損他益己 終無是處 如此惡行 諸不善法 一切如來所不稱歎 作是語已 卽以所有一切樂具盡皆施與 復以善語爲說妙法 令其歡悅 所謂 示寂靜法 令其信受 滅除不善 修行淨業 互起慈心 不相損害 彼人聞已 永捨罪惡 菩薩爾時 以此善根如是迴向 所謂 願一切衆生具丈夫形 成就如來馬陰藏相 願一切衆生具男子形 發勇猛心修諸梵行 願一切衆生具勇猛力 恒爲主導 住無礙智 永不退轉 願一切衆生皆得具足大丈夫身 永離欲心 無所染著 願一切衆生悉得成就善男子法 智慧增長 諸佛所歎 願一切衆生普得具於大人之力 常能修習十力善根 願一切衆生永不失壞男子之形 常修福智未曾有法 願一切衆生於五欲中無著無縛 心得解脫 厭離三有 住菩薩行 願一切衆生成就第一智慧丈夫 一切宗信 伏從其化 願一切衆生具足菩薩丈夫智慧 不久當成無上大雄 是爲菩薩摩訶薩禁絶一切毀敗男形善根迴向 爲令衆生具丈夫形 皆能守護諸善丈夫 生賢聖家 智慧具足 常勤修習丈夫勝行 有丈夫用 巧能顯示七丈夫道 具足諸佛善丈夫種 丈夫正敎 丈夫勇猛 丈夫精進 丈夫智慧 丈夫淸淨 普令衆生究竟皆得

대방광불화엄경 제28권

25. 십회향품(6)
十廻向品第二十五之六

"불자여! 보살마하살은 여래가 세상에 출현해서 바른 법을 열어 널리 펴는 것을 보면 큰 음성으로 모두에게 두루 말하기를 '여래께서 세상에 출현하셨다. 여래께서 세상에 출현하셨다.'라고 하며, 모든 중생이 부처님의 이름을 듣게 하고 스스로 높여서 잘난 체하고 남을 업신여기는 모든 마음과 말장난에서 벗어나 버리게 하며, 차례를 좇아(復) 다시 권하여 이끌어서 속히 부처님을 보게 하고 부처님을 기억해서 잊지 않게 하고 부처님께 돌아와 향하게 하고 부처님을 의지해서 나아가게 하고 부처님을 자세히 들여다보게 하고 부처님을 찬탄하게 하며, 차례를 좇아(復) 광대하게 설하기를 '부처님은 만나기 어려우니, 천만 억겁을 두고 때맞춰 한 번 출현하신다.'라고 합니다. 중생이 이 말로 말미암아 부처님을 뵙고 청정한 믿음을 내며, 뛸 듯이 기뻐하고 존중하고 차례를 좇아(復) 부처님 처소에서 모든 부처님의 명호를 듣고 더욱더 수 없는 모든 부처님을 만나서 모든 선근의 본바탕을 심고 닦고 익혀서 거듭 더하고 늘립니다."

"이때 수 없는 백천만 억 나유타 중생들이 부처님을 본 까닭으로 인하여 빠짐없이 청정함을 얻고 끝까지 조복시키며, 그 모든 중생이 보살의 처소에서 모두 최상의 선지식이라는 생각을 내며, 보살로 인하여 불법을 성취한 까닭으로 수 없는 겁 동안의 선근으로 세간에서 불사를 널리 보시합니다."

"불자여! 보살마하살이 중생에게 열어 보여 부처님을 볼 때 모든 선근으로 이와 같음에 회향하니, 이른바 모든 중생이 일 등등을 하도록 권하기를 기다리지 않고 스스로 가서 부처님을 보고 받들어 섬기며, 공양하고 환희하길 원하며, 모든 중생이 항상 부처님 보기를 좋아해서 그만두거나 버리지 않길 원하며, 모든 중생이 광대한 지혜를 항상 부지런히 닦고 익혀서 일체 모든 부처님의 법장을 받아 지니길 원하며, 모든 중생이 소리를 듣는 대로 빠짐없이 불법을 깨닫고 헤아릴 수 없는 겁 동안에 보살행을 닦길 원하며, 모든 중생이 바른 생각에 편안히 머물며, 항상 지혜의 눈으로 부처님의 출현함을 보길 원합니다."

"모든 중생이 다른 업을 생각하지 않고 늘 부처님 뵙기를 생각하면서 십력을 부지런히 닦길 원하며, 모든 중생이 모든 곳에서 모든 부처님을 항상 보면서 여래가 허공계에 두루 함을 분명하게 깨달아 통달하길 원하며, 모든 중생이 부처님의 자재한 몸을 온전하게 모두 갖추어 시방에서 도를 이루고 법을 설하길 원하며, 모든 중생이 선지식을 만나서 항상 불법을 듣고 모든 여래에게 무너지지 않은 믿음을 얻길 원하며, 모든 중생이 모든 부처님의 출현을 찬탄해서 보는 자들이 남김없이 청정함을 두루 얻길 원합니다."

"이것이 보살마하살이 부처가 세상에 출현함을 찬탄하는 선근에 회향하는 것이며, 중생들이 모든 부처님을 뵙고 공양하고 섬기면서 위 없는 법을 끝까지 청정하게 하려는 까닭입니다."

佛子 菩薩摩訶薩若見如來出興於世開演正法 以大音聲普告一切 如來出世 如來出世 令諸衆生得聞佛名 捨離一切我慢 戱論 復更勸導 令速見佛 令憶念佛 令歸向佛 令攀緣佛 令觀察佛 令讚歎佛 復爲廣說佛難値遇 千萬億劫時乃一出 衆生由此得見於佛 生淸淨信 踊躍歡喜 尊重供養 復於佛所聞諸佛名 轉更値遇無數諸佛 植諸善本 修習增長 爾時 無數百千萬億那由他衆生 因見佛故 皆得淸淨究竟調伏 彼諸衆生於菩薩所 皆生最上善知識想 因菩薩故 成就佛法 以無數劫所種善根 普於世間施作佛事 佛子 菩薩摩訶薩開示衆生令見佛時 以諸善根如是迴向 所謂 願一切衆生不待勸誘 自往見佛 承事供養 皆令歡喜 願一切衆生常樂見佛 心無廢捨 願一切衆生常勤修習廣大智慧 受持一切諸佛法藏 願一切衆生隨所聞聲皆悟佛法 於無量劫修菩薩行 願一切衆生安住正念 恒以智眼見佛出興 願一切衆生不念異業 常憶見佛 勤修十力 願一切衆生於一切處常見諸佛 了達如來徧虛空界 願一切衆生皆得具足佛自在身 普於十方成道說法 願一切衆生遇善知識 常聞佛法 於諸如來得不壞信 願一切衆生悉能稱歎諸佛出興 令其見者普得淸淨 是爲菩薩摩訶薩歎佛出世善根迴向 爲令衆生見一切佛供養承事 於無上法究竟淸淨故

"불자여! 보살마하살이 큰 땅을 기꺼이 내놓을 때 그와 같이 모든 부처님에게 보시해서 절을 지으며, 그와 같이 보살이나 선지식에게 보시해서 뜻에 따라 쓰게 하며, 그와 같이 많은 스님에게 보시해서 머무는 처로 삼게 하며, 그와 같이 부모에게 보시하고 그와 같이 다른 사람에게 보시하며, 성문과 독각의 가지가지 복 밭과 뿐만 아니라 모든 빈궁하고 고

독한 이들과 또한 사부대중에게 이르기까지 뜻을 따라 남김없이 주어 모자람이 없게 하고 그와 같이 여래의 탑묘를 세워 보시하니, 이와 같은 모든 곳에서 필요로 하는 생활필수품을 마련해서 뜻에 따라 쓰게 하고 두려워할 것이 없게 합니다."

"보살마하살이 언제 어디서든 땅을 보시할 때 모든 선근으로 이와 같음에 회향하니, 이른바 모든 중생이 모든 지혜의 땅을 온전하게 갖추고 청정하게 하며, 보현의 많은 행과 소원인 저 언덕에 남김없이 이르길 원하며, 모든 중생이 빠짐없이 방편의 땅을 얻어 바른 생각으로 모든 부처님 법을 받아 지니길 원하며, 모든 중생이 머물러 지니는 힘을 얻어 항상 모든 부처님의 가르침을 지키어 보호하길 원하며, 모든 중생이 땅과 같은 마음을 얻어 모든 중생에게 항상 본심이 청정하고 나쁜 생각이 없길 원합니다."

"모든 중생이 모든 부처님의 씨앗을 지니고 보살의 모든 땅을 차례를 따라(復) 성취하며, 끊어짐이 없기를 원하며, 일체중생이 모든 이들을 위해 편안히 있을 곳을 만들고 남김없이 조복시켜서 청정한 도에 머물길 원하며, 모든 중생이 모든 여래와 같이 세간에 이익이 되도록 하고 이들이 부지런히 두루 닦아서 부처님의 힘으로 편안히 머물길 원하며, 모든 중생이 세간을 사랑하고 좋아하는 바가 되어 위 없는 부처님의 즐거움에 남김없이 편안히 머물길 원하며, 모든 중생이 좋은 방편을 얻어 부처님의 모든 힘과 두려움이 없는 법 가운데 머물길 원하며, 모든 중생이 땅과 같은 지혜를 얻어 모든 불법을 자재하게 닦고 행하길 원합니다."

"이것이 보살마하살이 땅을 보시할 때 선근(善根)으로 회향하는 것이며, 중생들이 모든 여래의 청정한 땅을 마지막까지 얻게 하려는 까닭입니다."

佛子 菩薩摩訶薩捨於大地 或施諸佛 造立精舍 或施菩薩及善知識 隨意所用 或施衆僧 以爲住處 或施父母 或施別人 聲聞 獨覺種種福田 乃至一切貧窮 孤露及餘四衆 隨意悉與 令無所乏 或施造立如來塔廟 於如是等諸處之中 悉爲辨具資生什物 令隨意用 無所恐懼 菩薩摩訶薩何方所布施地時 以諸善根如是迴向 所謂 願一切衆生具足淸淨一切智地 悉到普賢衆行彼岸 願一切衆生得摠持地 正念受持一切佛法 願一切衆生得住持力 常能守護一切佛法 願一切衆生得如地心 於諸衆生 意常淸淨 無有惡念 願一切衆生持諸佛種 成就菩薩諸地次第 無有斷絶 願一切衆生普爲一切作安隱處 悉令調伏 住淸淨道 願一切衆生同諸如來利益世間 普使勤修安住佛力 願一切衆生普爲世間之所愛樂 悉令安住無上佛樂 願一切衆生獲善方便 住佛諸力 無畏法中 願一切衆生得如地智 自在修行一切佛法 是爲菩薩摩訶薩施大地時善根迴向

爲令衆生皆得究竟一切如來淸淨地故

"불자여! 보살마하살이 하인들을 보시해서 그와 같은 모든 부처님과 참 선지식을 공양하고 그와 같은 스님들에게 보시하고 그와 같은 부모와 높고 뛰어난 복 밭을 받들고 그와 같은 차례를 좇아(復) 병들어 고통을 받은 중생에게 보시해서 부족함이 없게 하며, 목숨을 이어가게 하고 그와 같은 차례를 좇아 가난하고 외로운 이들뿐만 아니라 나머지 시중할 사람이 없는 이들에게 보시해 주며, 그와 같은 여래의 탑묘를 지키고 보호하며, 그와 같은 모든 부처님의 바른 법을 쓰고 지니게 합니다."

"백 천억 나유타 하인들을 때에 따라 보시해서 시중을 들게 하며, 그 하인들이 모두 총명하고 지혜롭고 섬세하고 능숙한 선근에 성품이 조화롭고 거스르지 않으며, 항상 정진하면서 게으르지 않으며, 꾸미지 않은 바른 마음과 편안하고 즐거운 마음과 이익이 되는 마음과 인자한 마음과 공손히 삼가는 마음과 원한이 없는 마음과 원수와 적이 없는 마음을 갖추고 받은 이의 마땅한 풍속을 따라 그 가운데서 모든 이익을 짓게 합니다. 또 모든 보살의 청정한 업으로부터 느낀 재능과 기술과 섬세함과 능숙함과 산수를 모두 통달하고 능히 받들어 모시기에 그 마음을 기쁘게 합니다."

"보살이 이때 모든 선근으로 이와 같음에 회향하니, 이른바 모든 중생이 거스르지 않은 고른 마음을 얻어 모든 부처님이 계신 곳에서 선근을 닦고 익히길 원하며, 모든 중생이 일체 모든 부처님을 거스르지 않고 따라 공양하며, 부처님이 설하신 것을 남김없이 듣고 받기를 원하며, 모든 중생이 부처님의 거두어주심을 얻어 항상 여래를 자세히 보고 다시는 나머지 생각이 없기를 원하며, 모든 중생이 부처님의 종성을 무너뜨리지 않고 모든 것을 부지런히 닦아서 부처님의 선근을 거스르지 않고 따르길 원합니다."

"모든 중생이 일체 모든 부처님을 항상 부지런히 공양하고 헛되이 보내는 시절이 없기를 원하며, 모든 중생이 일체 모든 부처님의 빼어난 뜻을 거두어 지니고 언사를 청정히 하며, 다니는 일에 있어 두려움이 없길 원하며, 모든 중생이 부처님 뵙기를 항상 좋아하고 마음에 만족스럽거나 싫어함이 없으며, 모든 부처님의 처소에서 신명을 아끼지 않길 원하며, 모든 중생이 모든 부처님을 보고 얻어서 마음이 물들지 않고 집착하지 않으며, 세간에 의지함을 벗어나길 원하며, 모든 중생이 다만 부처님에게 귀의하고 일체 삿된 의지 처를 영원히 벗어나길 원하며, 모든 중생이 불도를 거스르지 않고 따라서 마음으로 늘 즐거이 위 없는 불법을 자세히 살펴보기를 원합니다."

"이것이 보살마하살이 하인들을 보시할 때 선근(善根)으로 회향하는 것이며, 중생들이 티끌과 더러움에서 멀리 벗어나 부처님의 지위를 청정하게 다스려서 여래의 자재한 몸을 나타내게 하려는 까닭입니다."

佛子 菩薩摩訶薩布施僮僕 供養一切諸佛 菩薩 眞善知識 或施僧寶 或奉父母尊勝福田 或復給施病苦衆生 令無闕乏 以存其命 或復施與貧窮 孤露 及餘一切無贍侍者 或爲守護如來塔廟 或爲書持諸佛正法 以百千億那由他僕使 隨時給施 其諸僕使皆聰慧善巧 性自調順 常勤精進 無有懈惰 具質直心 安樂心 利益心 仁慈心 恭恪心 無怨恨心 無讎敵心 能隨受者方俗所宜 於彼彼中作諸利益 又皆從菩薩淨業所感 才能技藝 工巧 筭數靡不通達 善能供侍悅可其心 菩薩爾時 以諸善根如是迴向 所謂 願一切衆生得調順心 一切佛所修習善根 願一切衆生隨順供養一切諸佛 於佛所說悉能聽受 願一切衆生得佛攝受 常觀如來 更無餘念 願一切衆生不壞佛種 勤修一切順佛善根 願一切衆生常勤供養一切諸佛 無空過時 願一切衆生攝持一切諸佛妙義 言辭淸淨 遊行無畏 願一切衆生常樂見佛 心無厭足 於諸佛所不惜身命 願一切衆生得見諸佛 心無染著 離世所依 願一切衆生但歸於佛 永離一切邪歸依處 願一切衆生隨順佛道 心常樂觀無上佛法 是爲菩薩摩訶薩施僕使時善根迴向 爲令衆生遠離塵垢 淨治佛地 能現如來自在身故

"불자여! 보살마하살이 구걸하는 모든 이에게 몸을 보시하지만, 보시할 때 겸손한 마음을 내고 땅과 같은 마음을 내고 많은 괴로움을 참아내면서 변하거나 움직이지 않은 마음을 내고 중생들을 이바지하지만 피곤해하거나 싫어하지 않는 마음을 내고 모든 중생을 마치 자비로운 어머니와 같이 생각하며, 가지고 있는 많은 선근을 남김없이 돌려주려는 마음을 내고 모든 어리석고 험한 극히 나쁜 중생이 가지가지로 침입해서 잘난 체하더라도 모두 너그러운 마음을 내어 선근에 편안히 머물며, 부지런히 받들어 섬깁니다."

"보살이 이때 모든 선근으로 이와 같음에 회향하니, 이른바 모든 중생이 필요한 것을 따라 항상 부족함이 없게 하며, 보살행을 닦는 일 사이사이가 항상 끊어짐이 없게 하며, 모든 보살의 의리를 버리지 않고 선근으로 보살이 행하는 도에 머물며, 보살의 평등한 법의 성품을 분명하게 깨우쳐 통달하고 여래의 종족 수 가운데 있음을 얻게 하고 진실한 말에 머물고 보살의 행을 가지게 하며, 모든 세간이 청정한 불법을 얻게 하고 깊은 마음으로 믿고 이해해서 법을 증득하고 원만하게 성취하며, 모든 중생이 청정한 생각을 내어 선근을 거듭 더하고 큰 공덕에 머무르면서 일체 지혜를 갖추길 원합니다."

"또 이러한 선근으로 모든 중생이 항상 일체 모든 부처님께 공양하면서 모든 부처님의 법을 이해하고 받아 지녀서 읽고 외우며, 잊지 않고 잃지도 않고 무너트리지 않고 흩어지지 않게 하며, 마음을 선근으로 조복시켜서 조복시키지 않은 이를 조복시키고 적정의 법으로 조복시켜서 그 중생들이 모든 부처님의 처소에서 이와 같은 일에 머물길 원합니다."

"또 이러한 선근으로 모든 중생이 제일의 탑을 지어 응당 세간의 가지가지 공양을 받으며, 모든 중생이 최상의 복 밭을 이루고 부처님의 지혜를 얻어 일체를 열어 깨우치며, 모든 중생이 최상의 높임을 받는 이가 되어 능히 모든 중생에게 두루 이익이 되도록 하고 모든 중생이 최상의 복과 이익을 이루어 능히 모든 선근을 온전하게 갖추게 하며, 모든 중생이 제일로 좋아하는 보시할 곳이 되어 능히 헤아릴 수 없는 복덕의 과보를 얻게 하며, 모든 중생이 삼계에서 빠짐없이 벗어남을 얻게 하고 모든 중생이 제일로 인도하는 스승이 되어 세간을 위해 실상의 본바탕을 보여주고 모든 중생이 빼어난 총지를 얻어 일체 모든 부처님의 바른 법을 갖추어 지니게 하며, 모든 중생이 헤아릴 수 없고 제일의 법계를 증득해서 허공과 같이 막힘이나 걸림 없는 바른 도를 온전하게 갖추길 원합니다."

"이것이 보살마하살이 자기의 몸을 보시하면서 선근(善根)으로 회향하는 것이며, 중생들이 공양을 받을 수 있는 헤아릴 수 없이 많은 지혜의 몸을 얻게 하려는 까닭입니다."

佛子 菩薩摩訶薩以身布施諸來乞者 布施之時 生謙下心 生如地心 生忍受衆苦無變動心 生給侍衆生不疲厭心 生於諸衆生猶如慈母 所有衆善悉迴與心 生於諸愚險極惡衆生種種 侵陵皆寬宥心 安住善根 精勤給事 菩薩爾時 悉以善根如是迴向 所謂 願一切衆生隨其所須常無闕乏 修菩薩行恒不閒斷 不捨一切菩薩義利 善住菩薩所行之道 了達菩薩平等法性 得在如來種族之數 住眞實語 持菩薩行 令諸世間得淨佛法 深心信解 證法究竟 令諸衆生出生淸淨增上善根 住大功德 具一切智 又以此善根 令一切衆生常得供養一切諸佛 解一切法 受持讀誦不忘 不失 不壞 不散 心善調伏 不調令調 以寂靜法而調習之 令彼衆生於諸佛所住如是事 又以此善根 令一切衆生作第一塔 應受世間種種供養 令一切衆生成最上福田 得佛智慧 開悟一切 令一切衆生作最上受者 普能饒益一切衆生 令一切衆生成最上福利 能使具足一切善根 令一切衆生成第一好施處 能使獲得無量福報 令一切衆生於三界中皆得出離 令一切衆生作

第一導師 能爲世間示如實道 令一切衆生得妙摠持 具持一切諸佛正法 令一切衆生 證得無量第一法界 具足虛空無礙正道 是爲菩薩摩訶薩施自己身善根迴向 爲令衆生 皆得應供無量智身故

"불자여! 보살마하살이 법을 듣고 기뻐하며, 청정한 믿음의 마음을 내고 능히 몸으로 모든 부처님께 공양하며, 위 없는 법보를 믿고 이해하며, 기쁜 마음으로 받들고 좋아하며, 모든 부처님 처소에서 부모님 생각을 내고 막힘이나 걸림 없는 도의 법을 읽고 외우고 받아 지니고 수 없고 두루 한 나유타의 법과 큰 지혜의 보배인 모든 선근의 문에 들어가고 헤아릴 수 없는 모든 부처님을 기억하고 잊지 않으며, 부처님 경계의 깊고도 먼 이치에 들어가고 여래의 섬세하고 비밀스러운 범음으로 불법의 구름을 일으켜서 불법의 비를 내리게 하고 용맹하고 자재하여 능히 모든 지혜를 가진 사람의 제일 높은 지위를 분별해서 설하고 살바야의 법 수레를 온전하게 성취하고 헤아릴 수 없는 백 천억 나유타의 큰 법으로 모든 근(지혜의 방편 근)을 원만하게 이룹니다."

"불자여! 보살마하살이 모든 부처님의 처소에서 이와 같은 법을 듣고 헤아릴 수 없이 환희하고 바른 법에 편안히 있으면서 스스로 의혹을 끊고 또한 다른 이도 끊게 하고 마음이 항상 기쁨으로 차 있어서 공덕이 원만하고 선근을 온전하게 갖추며, 마음으로 항상 끊이지 않고 이어져 중생에게 이익을 주고 마음으로 항상 다함 없이 가장 뛰어난 지혜를 얻으며, 금강의 장을 이루고 모든 부처님과 친근히 해서 모든 부처님 세계를 청정히 하고 모든 여래께 부지런히 공양합니다."

"보살이 이때 모든 선근으로 이와 같음에 회향하니, 이른바 모든 중생이 원만하고 가장 뛰어난 몸을 빠짐없이 얻어 모든 부처님이 거두어주시길 원하며, 모든 중생이 늘 모든 부처님을 친근히 해서 모든 부처님을 의지하고 머물며, 항상 부지런히 믿고 따르며, 잠깐이라도 벗어나지 않길 원하며, 모든 중생이 다 청정하고 무너지지 않는 몸을 얻어 모든 공덕과 지혜를 온전하게 갖추길 원하며, 모든 중생이 항상 부지런하게 모든 부처님을 공양하고 얻을 것 없는 마지막까지 범행(梵行.淸淨行)을 행하길 원하며, 모든 중생이 내가 없는 몸을 얻어 나와 내 것에서 벗어나길 원합니다."

"모든 중생이 남김없이 몸을 나누어서 시방세계에 두루 하기를 마치 그림자가 나타내는 것과 같이 오고 가는 일이 없게 하길 원하며, 모든 중생이 자재한 몸을 얻어 시방에 두루 가서 나도 없고 받을 것도 없기를 원하며, 모든 중생이 부처님의 몸으로부터 나서 위 없는 몸으로 여래의 집에 처해 있기를 원하며, 모든 중생이 법력의 몸을 얻어 인욕의 큰 힘을 능히 무너뜨릴 자가 없기를 원하며, 모든 중생이 비할 데 없는 몸을 얻어 여래의 청정한 법신을 성취하길 원하며, 모든 중생이 출세간(不立五蘊)의 공덕, 이 공덕의 몸을 성취(不離證得)하여 얻을 것이 없는 청정한 법계에 생하기를 원합니다."

"이것이 보살마하살이 몸으로 부처님께 공양하고 선근(善根)으로 회향하는 것이며, 중생들이 삼세 부처님의 가문에 영원히 머물게 하려는 까닭입니다."

佛子 菩薩摩訶薩聞法喜悅 生淨信心 能以其身供養諸佛 欣樂信解無上法寶 於諸佛所生父母想 讀誦受持無礙道法 普入無數那由他法 大智慧寶 諸善根門 心常憶念無量諸佛 入佛境界 深達義理 能以如來微密梵音 興佛法雲 雨佛法雨 勇猛自在 能分別說一切智人第一之地 具足成就薩婆若乘 以無量百千億那由他大法成滿諸根 佛子 菩薩摩訶薩於諸佛所聞如是法 歡喜無量 安住正法 自斷疑惑 亦令他斷 心恒怡暢 功德成滿 善根具足 意恒相續 利益衆生 心常不匱 獲最勝智 成金剛藏 親近諸佛 淨諸佛刹 常勤供養一切如來 菩薩爾時 以諸善根如是迴向 所謂 願一切衆生皆得圓滿最勝之身 一切諸佛之所攝受 願一切衆生常近諸佛 依諸佛住 恒得瞻仰 未曾遠離 願一切衆生皆得清淨不壞之身 具足一切功德智慧 願一切衆生常勤供養一切諸佛 行無所得究竟梵行 願一切衆生得無我身 離我 我所 願一切衆生悉能分身徧十方刹 猶如影現而無來往 願一切衆生得自在身 普往十方 無我無受 願一切衆生從佛身生 處在如來無上身家 願一切衆生得法力身 忍辱大力無能壞者 願一切衆生得無比身 成就如來清淨法身 願一切衆生成就出世功德之身 生無所得清淨法界 是爲菩薩摩訶薩以身供佛善根迴向 爲令衆生永住三世諸佛家故

"불자여! 보살마하살은 몸으로 모든 중생에게 보시해서 선근을 두루 성취하게 하고 선근을 잊지 않고 기억하고자 합니다."

"보살마하살이 스스로 원하기를 그 몸이 크고 밝은 등불이 되어 모든 중생을 두루 비추어주며, 즐거운 많은 기구가 되어 모든 중생을 두루 거두어 지니고 빼어난 법장이 되어 능히 모든 중생을 맡아 지키고 청정한 광명이 되어 능히 모든 중생을 두루 열어 환히 알게 하고 세상의 빛과 그림자가 되어 중생들이 항상 두루 보게 하고 선근과 인연이 되어 중생과 항상 만남을 얻게 하고 선지식이 되어 중생들이 모두 가르침을 받도록 하고 평탄한 길이 되어 중생들 다 밝고 가게 하고 위 없는 가장 편안하고 좋은 것을 온전하게 갖추어 중생들이 고통을 벗어나 청정하게 하고 밝고 청정한 해가 되어 세간의 평등한 이익을 두루 짓게 합니다."

"보살이 이때 모든 선근으로 이와 같음에 회향하니, 이른바 모든 중생이 부처님과 항상 친근히 하여 부처님 지혜의 지위에 들어가길 원하며, 모든 중생이 거스르지 않고 따라서 지혜를 얻어 위 없는 깨달음에 머물길 원하며, 모든 중생이 항상 부처님의 모임에 처해 마음을 선근으로 조복시키길 원하며, 모든 중생이 행동하는 일에 본받을 법칙이 있어서 부처님의 위의를 갖추길 원하며, 모든 중생이 남김없이 열반을 얻어 법의 뜻을 깊이 깨우쳐 알기를 원하며, 모든 중생이 만족하는 행을 갖추어 여래의 가문에 태어나길 원하며, 모든 중생이 이치에 어두운 탐욕을 버리고 부처님 마음의 즐거움에 머물길 원하며, 모든 중생이 뛰어난 선근을 생하여 보리수에 앉길 원하며, 모든 중생이 번뇌라는 도적을 죽이고 원망스럽고 해치려는 마음을 벗어나길 원하며, 모든 중생이 모든 불법을 온전하게 갖추고 보호해 지니길 원합니다."

"이것이 보살마하살이 몸으로 모든 중생에게 보시하면서 선근(善根)으로 회향하는 것이며, 모든 중생에게 이익이 되게 하고자 하는 것이며, 위 없는 편안한 처소를 얻게 하려는 까닭입니다."

佛子 菩薩摩訶薩以身布施一切衆生 爲欲普令成就善根 憶念善根 菩薩摩訶薩自願其身爲大明證 普能照耀一切衆生 爲衆樂具 普能攝受一切衆生 爲妙法藏 普能任持一切衆生 爲淨光明 普能開曉一切衆生 爲世光影 普令衆生常得睹見 爲善根因緣 普令衆生常得値遇 爲眞善知識 令一切衆生悉蒙敎誘 爲平坦道 令一切衆生皆得履踐 爲無有上具足安樂 令一切衆生離苦淸淨 爲明淨日 普作世間平等利益 菩薩爾時 以諸善根如是迴向 所謂 願一切衆生常親近佛 入佛智地 願一切衆生得隨順智 住無上覺 願一切衆生處佛會 意善調伏 願日切衆生所行有則 具佛威儀 願一切衆生悉得涅槃 深解法義 願一切衆生具知足行 生如來家 願一切衆生捨無明欲 住佛志樂 願一切衆生生勝善根 坐菩提樹 願一切衆生殺煩惱賊 離怨害心 願一切衆生具足護持一切佛法 是爲菩薩摩訶薩以身布施一切衆生善根迴向 爲欲利益一切衆生 令得無上安隱處故

"불자여! 보살마하살이 자신의 몸으로 부처님을 시봉하고 모든 부처님의 처소에서 소중한 은혜 갚기를 부모를 생각하는 것과 똑같이 하고 모든 여래에 대한 깊은 믿음의 즐거움을 일으켜서 청정한 마음으로 부처님의 보리를 보호하고 모든 부처님 법에 머물며, 세간의 생각을 벗어나 여래의 가문에 태어나고 모든 부처님을 거스르지 않고 따라 마군의 경계를 벗어나며, 일체 모든 부처님이 행한 것을 분명하게 깨우쳐 통달하고 일체 모든 부처님의 법 그릇을 성취합니다."

"보살이 이때 이러한 선근으로 이와 같음에 회향하니, 이른바 모든 중생이 청정한 마음을 얻어 모든 지혜의 보배로 스스로 장엄하길 원하며, 모든 중생이 선근으로 조복시킨 곳에 머물며, 일체 모든 선근이 아닌 업에서 멀리 벗어나길 원하며, 모든 중생이 무너지지 않은 견고한 권속을 얻어 능히 모든 부처님의 바른 법을 두루 거두어 받기를 원하며, 모든 중생이 부처님의 제자가 되어 보살의 관정 지위에 이르길 원하며, 모든 중생이 항상 모든 부처님이 거두어주심을 받들어 선근이 아닌 모든 법에서 영원히 벗어나길 원합니다."

"모든 중생이 모든 부처님을 거스르지 않고 따라 보살의 가장 뛰어난 법을 수행하길 원하며, 모든 중생이 부처님의 경계에 들어가 남김없이 모든 지혜를 얻을 것이라는 수기를 받길 원하며, 모든 중생이 모든 여래와 더불어 빠짐없이 평등하고 모든 불법에 자재하기를 원하며, 모든 중생이 남김없이 모든 부처님으로부터 거두어주심을 받아 취하고 집착이 없는 업을 닦고 행하길 원하며, 모든 중생이 모든 부처님의 제일가는 시자가 되어 모든 부처님의 처소에서 지혜의 행을 닦길 원합니다."

"이것이 보살마하살이 모든 부처님께 시봉하는 선근(善根)으로 회향하는 것이며, 모든 부처님의 보리를 증득하기 위함이며, 모든 중생을 구원하고 보호하기 위함이며, 모든 삼계에서 벗어나기 위함이며, 잃거나 괴로움이 없는 마음을 성취하기 위함이며, 헤아릴 수 없고 광대한 보리를 얻기 위함이며, 불법을 비추어 보는 지혜를 성취하기 위함이며, 모든 부처님의 거두어주심을 항상 받아들이기 위함이며, 모든 부처님으로부터 보호를 받기 위함이며, 모든 불법을 믿고 이해하기 위함이며, 삼세 부처님과 평등한 선근을 성취하기 위함이며, 뉘우침이 없는 원만한 마음으로 일체 모든 불법을 증득하기 위한 까닭입니다."

佛子 菩薩摩訶薩自以其身給侍諸佛 於諸佛所念報重恩如父母想 於諸如來起深信樂 以淸淨心 護佛菩提 住諸佛法 離世間想 生如來家 隨順諸佛 離魔境界 了達一切諸佛所行 成就一切諸佛法器 菩薩爾時 以此善根如是迴向 所謂 願一切衆生得淸淨心 一切智寶而自莊嚴 願一切衆生住善調伏 遠離一切諸佛善業 願一切衆生得不可

壞堅固眷屬 普能攝受諸佛正法 願一切衆生佛弟子 到於菩薩灌頂之地 願一切衆生 常爲諸佛之所攝受 永離一切不善之法 願一切衆生隨順諸佛 修行菩薩最勝之法 願 一切衆生入佛境界 悉皆得授一切智記 願一切衆生與諸如來皆悉平等 一切佛法無不 自在 願一切衆生得悉爲諸佛之所攝受 常能修行無取著業 願一切衆生常爲諸佛第一 侍者 一切佛所修智慧行 是爲菩薩摩訶薩給侍諸佛善根迴向 爲欲證得諸佛菩提 爲 欲救護一切衆生 爲欲出離一切三界 爲欲成就無損惱心 爲得無量廣大菩提 爲欲成 就照佛法智 爲欲常蒙諸佛攝受 爲得諸佛之所護持 爲欲信解一切佛法 爲欲成就與 三世佛平等善根 爲欲圓滿無悔恨心 證得一切諸佛法故

"불자여! 보살마하살이 국토와 일체 모든 물건을 보시할 뿐만 아니라 왕의 지위까지도 능히 남김없이 역시 버리며, 모든 세상일에 자재함을 얻어 묶임이 없고 얽힘이 없고 그리움에 집착하는 바가 없으며, 악업에서 멀리 벗어나고 중생에게 이익이 되도록 하고 업과에 집착하지 않고 세상의 법을 좋아하지 않고 차례를 좇아(復) 모든 곳에 태어남을 탐하여 물들지 않고 비록 세간에 머물고는 있으나 이곳에 생하는 것이 아니며, 마음이 오온, 십팔계, 십이처 법에 집착하지 않으며, 내법이나 외법에 마음으로 의지해서 머무름이 없고 항상 모든 보살의 행을 잊지 않고 모든 선지식으로부터 멀리 벗어나지 않고 모든 보살의 광대한 행과 원을 지니어 지키면서 항상 모든 선근의 벗을 즐거이 받들어 섬깁니다."

"보살이 이때 이러한 선근으로 이와 같음에 회향하니, 이른바 모든 중생이 대 법왕이 되어 그 법에 자재하여 저 언덕에 이르길 원하며, 모든 중생이 불법의 왕을 이루어서 모든 번뇌와 원수와 도적을 꺾어서 없애길 원하며, 모든 중생이 불왕의 지위에 머물면서 여래의 지혜를 얻어 부처님의 법을 열어 널리 펴길 원하며, 모든 중생이 부처님의 경계에 머물면서 위 없는 자재한 법의 바퀴를 굴리길 원하며, 모든 중생이 여래의 가문에 생하여 법에 자재하며, 부처님의 종자를 보호해 지니고 영원히 끊어지지 않기를 원하며, 모든 중생이 헤아릴 수 없는 법왕의 바른 법을 열어 보이고 끝없는 모든 대보살을 성취하길 원합니다."

"모든 중생이 청정한 법계에 머물면서 큰 법왕이 되어 부처님의 출현하심을 나타내어 이어받아 끊어지지 않게 하길 원하며, 모든 중생이 모든 세계의 지혜 왕을 만들어 모든 중생을 가르쳐 이끌면서 잠시 잠깐이라도 버리는 일이 없길 원하며, 모든 중생이 두루 법계와 허공계 등 모든 세계 가운데서 모든 중생에게 법을 보시하는 주인이 되어 그들이 다 대승에 머물기를 원하며, 모든 중생이 모든 선근의 업을 온전하게 갖춘 왕이 되어 삼세 모든 부처님과 더불어 선근이 평등해지기를 원합니다."

"이것이 보살마하살이 왕의 지위를 보시하는 선근(善根)으로 회향하는 것이며, 모든 중생이 편안한 곳에 끝까지 머물게 하려는 까닭입니다."

佛子 菩薩摩訶薩布施國土一切諸物 乃至王位悉亦能捨 於諸世事 心得自在 無繫無縛 無所戀著 遠離惡業 饒益衆生 不著業果 不樂世法 不復貪染諸有生處 雖住世間 非此處生 心不執著蘊 界 處法 於內外法 心無依住 常不忘失諸菩薩行 未曾遠離諸善知識 持諸菩薩廣大行願 常樂承事一切善友 菩薩爾時 以此善根如是迴向 所謂願一切衆生爲大法王 於法自在 到於彼岸 願一切衆生成佛法王 摧滅一切煩惱怨賊 願一切衆生住佛王位 得如來智 開演佛法 願一切衆生住佛境界 能轉無上自在法輪 願一切衆生生如來家 於法自在 護持佛種 永使不絶 願一切衆生開示無量法王正法 成就無邊諸大菩薩 願一切衆生住淨法界 爲大法王 現佛出興 相繼不斷 願一切衆生於諸世界作智慧王 化導群生無時暫捨 願一切衆生普爲法界 虛空界等諸世界中一切衆生作法施主 使其咸得住於大乘 願一切衆生得成具足衆善之王 與三世佛善根齊等 是爲菩薩摩訶薩布施王位善根迴向 爲欲令彼一切衆生 究竟住於安隱處故

"불자여! 보살마하살이 어떤 사람이 와서 구걸하길 왕성을 달라고 하면 큰 성과 관방에서 거둔 세금을 모두 보시해 줍니다. 모두 주고도 아까워하는 마음이 없고 오로지 보리를 향해 큰 서원을 일으키고 크게 자비로운 곳에 머물고 가엾이 여기는 마음을 크게 행하고 마음으로 기꺼이 기뻐하며 중생에게 이익이 되고 광대한 지혜로 깊은 법을 분명하게 깨달아 이해하도록 하고 모든 부처님의 평등한 법의 성품에 편안히 머뭅니다."

"마음을 일으켜 모든 지혜를 구하려는 까닭이며, 자재한 법에 깊은 즐거움을 일으키게 하려는 까닭이며, 자재한 지혜의 증득을 얻게 하려는 까닭이며, 청정한 모든 공덕을 닦기 위한 까닭이며, 견고하고 광대한 지혜에 머물기 위한 까닭이며, 모든 선근을 두루 모으려는 까닭이며, 모든 불법의 원을 닦고 행하기 위한 까닭이며, 자연히 큰 지혜의 법을 확실하게 깨우치려는 까닭이며, 보리에 편안히 머물면서 물러섬이 없게 하려는 까닭이며, 보살의 모든 행과 원을 닦고 행하기 위한 까닭이며, 일체 종지를 끝까지 얻으려는 까닭으로 보시를 합니다."

"이러한 선근으로 이와 같음에 회향하니, 이른바 모든 중생이 헤아릴 수 없는 세계의 국토를 남김없이 능히 장엄하고 청정히 해서 모든 부처님에게 받들어 보시하고 머무는 곳으로 삼길 원하며, 모든 중생이 아란야 처에 항상 즐거이 거주해 머물고 적정하고 움직이지 않길 원하며, 모든 중생이 왕도나 취락에 영원히 의지하지 않고 마음으로 적정을 좋아하며, 마지막까지 영원히 얻길 원하며, 모든 중생이 모든 세간에 영원히 집착하지 않고 세간의 즐거움으로부터 멀리 벗어나길 원하며, 모든 중생이 탐하는 마음에서 벗어남을 얻어 가지고 있는 모든 것을 보시하고 마음 가운데 후회함이 없길 원하며, 모든 중생이 벗어나 나가는 마음을 얻어 모든 가업을 버리길 원하며, 모든 중생이 아끼려는 마음이 없음을 얻어 항상 은혜로 보시하길 원하며, 모든 중생이 집착이 없는 마음을 얻어 집에서 거하는 법을 벗어나길 원하며, 모든 중생이 많은 고통에서 벗어남을 얻어 모든 재앙이나 공포를 없애버리길 원하며, 모든 중생이 시방의 모든 세계를 장엄하고 청정히 하여 모든 부처님을 받들어 보시하기를 원합니다."

"이것이 보살마하살이 왕성을 보시하는 선근(善根)으로 회향하는 것이며, 중생들이 모든 부처님 세계를 장엄해서 청정하게 하려는 까닭입니다."

佛子 菩薩摩訶薩見有人來乞王京都 嚴麗大城及以關防所有輸稅 盡皆施與 心無吝惜 專向菩提發大誓願 住於大慈 行於大悲 志意歡悅 利益眾生 以廣大智解了深法 安住諸佛平等法性 發心爲求一切智故 於自在法起深樂故 於自在智求證得故 淨修一切諸功德故 住於堅固廣大智故 廣集一切諸善根故 修行一切佛法願故 自然覺悟大智法故 安住菩提心無退故 修習一切菩薩行願 一切種智盡究竟故 而行布施 以此善根如是迴向 所謂 願一切眾生悉能嚴淨無量刹土 奉施諸佛以爲住處 願一切眾生常樂居止阿蘭若 處寂靜不動 願一切眾生永不依止王都聚落 心樂寂靜 永得究竟 願一切眾生永不樂著一切世間 於世語言常樂遠離 願一切眾生得離貪心 施諸所有 心無中悔 願一切眾生得出離心 捨諸家業 願一切眾生得無吝心 常行惠施 願一切眾生得出得不著心 離居家法 願一切眾生得離眾苦 除滅一切災橫怖畏 願一切眾生嚴淨十方一切世界 奉施諸佛 是爲菩薩摩訶薩布施王都善根迴向 爲令眾生悉能嚴淨諸佛刹故

"불자여! 보살마하살이 내궁의 모든 권속과 시중을 드는 많은 기녀의 용모가 단정하고 재능을 온전하게 갖추어 말하고 웃으면서 노래하고 춤추는 일들이, 남김없이 다 빼어나고 능숙하며, 가지가지의 의복과 가지가지의 꽃향기로 몸을 장엄하고 보는 자들이 환희하며, 싫어하는 마음이 없음을 봅니다. 이와 같은 보배 같은 여인의 수효가 백천 만억 나유타이며, 모두 다 보살의 선근 업으로 인하여 생한 것이며, 본심을 따라 자재하며, 공손히 섬기어 거스르지 않고 따르기에 허물이 없는 이들입니다. 이들을 구걸하는 모든 자에게 보시하면서 그 가운데 사랑하고 좋아하는 마음도 없고 애틋하게 돌아보고 그리워하는 마음도 없고 즐기고 집착하는 마음도 없고 얽어매려는 마음도 없고 취해서 잡으려는 마음도 없고 탐냄에 물드는 마음도 없고 분별하는 마음도 없고 뒤를 쫓아 따르는 마음도 없고 모양이나 상태를 취하는 마음도 없고 즐거이 욕심내는 마음도 없습니다."

"보살이 이때 모든 선근을 들여다보고 모든 중생이 벗어남을 얻게 하려는 까닭으로 회향하고 부처님의 법에 대한 기쁨을 얻게 하려는 까닭으로 회향하고 견고하지 않은 것에서 견고함을 얻게 하려는 까닭으로 회향하고 금강 지혜의 무너짐 없는 마음을 얻게 하려는 까닭으로 회향하고 저 언덕에 이르게 하려는 까닭으로 회향하고 위 없는 보리심을 얻게 하려는 까닭으로 회향하고 지혜로 모든 법을 통달하게 하려는 까닭으로 회향하고 모든 선근을 내게 하려는 까닭으로 회향하고 삼세 부처님의 가문에 들어가게 하려는 까닭으로 회향합니다."

"불자여! 보살마하살이 이와 같은 법에 머물기에 여래의 가문에 나며, 모든 부처님의 청정하고 뛰어난 까닭을 거듭 더하고 늘리며, 가장 뛰어난 모든 지혜의 도를 출생하며, 보살의 광대한 지혜의 업에 깊이 들어가며, 모든 세간의 허물과 번뇌를 없애버리며, 공덕의 복 밭에 늘 보시하고 모든 중생을 위해 빼어난 법을 설하며, 섬세하고 능숙한 선근으로 편안하게 세우며, 그들이 모든 청정한 행을 닦고 익히게 하며, 항상 부지런히 모든 선근을 거두어 취하게 합니다."

"보살이 이때 모든 선근으로 이와 같음에 회향하니, 이른바 모든 중생이 항상 헤아릴 수 없는 삼매의 권속을 얻어 보살의 뛰어난 선정이 계속 이어지고 끊어지지 않길 원하며, 모든 중생이 항상 부처님 뵙기를 즐거이 해서 남김없이 모든 부처님의 장엄 삼매에 들어가길 원하며, 모든 중생이 보살의 헤아릴 수 없는 선정을 성취해서 헤아릴 수 없는 신통으로 자재하고 즐겁게 지내길 원하며, 모든 중생이 실제와 같은 선정에 들어 무너지지 않은 마음을 얻길 원하며, 모든 중생이 보살의 다함이 없는 깊은 삼매를 얻어 모든 선정에 자재하기를 원합니다."

"모든 중생이 해탈의 마음을 얻어서 모든 삼매와 권속을 성취하길 원하며, 모든 중생이 가지가지의 삼매로 섬세하고 능숙한 선근을 얻어서 능히 모든 삼매의 모양이나 상태를 남김없이 거두어 취하기를 원하며, 모든 중생이 뛰어난 지혜의 삼매를 얻어서 깊은 선정에 들어가 마침내 물러서거나 잃어버리지 않기를 원하며, 모든 중생이 집착이 없는 삼매를 얻고 마음으로 항상 바르게 받아서 두 가지 법을 취하지 않길 원합니다."

"이것이 보살마하살이 모든 내궁의 권속들을 보시할 때 선근으로 회향하는 것이며, 모든 중생이 다 무너짐이 없는 청정한 권속을 얻게 하려는 까닭이며, 모든 중생이 다 보살의 권속을 얻게 하려는 까닭이며, 모든 중생이 다 부처님의 법을 만족하게 얻게 하려는 까닭이며, 모든 중생이 일체 지혜의 힘을 만족하게 하려는 까닭이며, 모든 중생이 위 없는 지혜를 증득하게 하려는 까닭이며, 모든 중생이 거스르지 않고 따르는 권속을 얻게 하려는 까닭이며, 모든 중생이 의향이 같은 사람과 함께 있게 하려는 까닭이며, 모든 중생이 모든 복과 지혜를 온전하게 갖추게 하려는 까닭입니다."

"모든 중생이 청정한 선근을 성취하게 하려는 까닭이며, 모든 중생이 선근으로 생육하는 권속을 얻게 하려는 까닭이며, 모든 중생이 여래의 청정한 법신을 성취하게 하려는 까닭이며, 모든 중생이 차례를 따라(復) 이치에 맞는 변재를 성취해서 모든 부처님의 다함이 없는 법장을 선근으로 설하게 하려는 까닭이며, 모든 중생이 모든 세속의 선근을 영원히 버리고 출세간의 청정한 선근을 함께 닦게 하려는 까닭이며, 모든 중생이 청정한 업으로 원만하고 모든 청정한 법을 성취하게 하려는 까닭이며, 모든 중생 앞으로 일체 불법이 남김없이 다 나타나서 법의 광명으로 두루 장엄해서 청정하게 하려는 까닭입니다."

佛子 菩薩摩訶薩所有一切內宮眷屬 妓侍衆女 皆顏貌端正 才能具足 談笑歌舞悉皆巧妙 種種衣服 種種華香而以嚴身 見者歡喜 情無厭足 如是寶女百千萬億那由他數 皆由菩薩善業所生 隨意自在 敬順無失 盡以布施諸來乞者 而於其中無愛樂心 無顧戀心 無耽著心 無繫縛心 無執取心 無貪染心 無分別心 無隨逐心 無取相心 無樂欲心 菩薩爾時 觀諸善根 爲欲令一切衆生咸得出離故迴向 得佛法喜故迴向 於不堅固中而得堅固故迴向 得金剛智不可壞心故迴向 入佛道場故迴向 到於彼岸故迴向 得無上菩提心故迴向 能以智慧了達諸法故迴向 出生一切善根故迴向 入三世諸佛家故迴向 佛子 菩薩摩訶薩住如是法 生如來家 增長諸佛淸淨勝因 出生最勝一切智道 深入菩薩廣大智業 滅除一切世間垢惱 常能供施功德福田 爲諸衆生宣說妙法 善巧

安立 令其修習諸淸淨行 常勤攝取一切善根 菩薩爾時 以諸善根如是迴向 所謂 願一切衆生常得無量三昧眷屬 菩薩勝定相續不斷 願一切衆生常樂見佛 悉入諸佛莊嚴三昧 願一切衆生成就菩薩不思議定 自在遊戲無量神通 願一切衆生入如實定 得不壞心 願一切衆生盡獲菩薩甚深三昧 於諸禪定而得自在 願一切衆生得解脫心 成就一切三昧眷屬 願一切衆生種種三昧皆得善巧 悉能攝取諸三昧相 願一切衆生得勝智三昧 普能學習諸三昧門 願一切衆生得無礙三昧 入深禪定終不退失 願一切衆生得無著三昧 心恒正受 不取二法 是爲菩薩摩訶薩布施一切內宮眷屬時善根迴向 爲欲令一切衆生皆得不壞淸淨眷屬故 爲欲令一切衆生皆得菩薩眷屬故 爲欲令一切衆生悉得滿足佛法故 爲欲令一切衆生滿足一切智力故 爲欲令一切衆生證於無上智慧故 爲欲令一切衆生得於隨順眷屬故 爲欲令一切衆生得同志行人共居故 爲欲令一切衆生具足一切福智故 爲欲令一切衆生成就淸淨善根故 爲欲令一切衆生得善和眷屬故 爲欲令一切衆生成就如來淸淨法身故 爲欲令一切衆生成就次第如理辯才 善說諸佛無盡法藏故 爲欲令一切衆生永捨一切世俗善根 同修出世淸淨善根故 爲欲令一切衆生淨業圓滿成就一切淸淨法故 爲欲令一切衆生一切佛法皆悉現前 以法光明普嚴淨故

"불자여! 보살마하살이 사랑하는 처자를 보시하길, 마치 지난 옛날의 수달나 태자와 현장엄왕 보살과 나머지 헤아릴 수 없는 모든 보살 등과 똑같이 하였다. 보살이 이때 살바야의 법 수레를 타고 모든 보시하며, 보살이 보시의 도를 닦는데 깨끗하고 그 마음이 청정해서 중간에 후회함이 없으며, 가지고 있는 진귀한 것을 버려서 다 비우고 모든 지혜를 구하며, 모든 중생이 깊은 본심의 즐거움을 청정히 해서 보리의 행을 이루고 보살의 도를 들여다보고 부처님의 보리를 생각하여 부처님의 종성에 머물게 합니다."

"보살마하살이 이와 같은 보시의 마음을 힘써 이루고 갖추며, 본심을 도장 찍고 여래의 몸을 구하여 스스로 자신의 몸을 들여다보니, 일체를 묶고 얽은 것이기에 자재함을 얻지 못하고 또 그 몸으로 중생을 두루 거두니, 마치 보물 섬 같이 일체를 넉넉하게 보시해서 만족하지 못한 자를 만족하게 하듯이, 보살도 이와 같음으로 중생을 생각하고 보호하며, 자신의 몸으로 제일가는 탑을 만들어 빠짐없이 다 기쁘고 즐거운 마음을 내게 하고 세간에 평등한 마음을 내고자 하며, 중생을 위해 청량한 연못을 만들고자 하며, 중생에게 모든 편안함과 즐거움을 주고자 하며, 중생을 위해 큰 시주가 되고자 합니다."

"지혜가 자재하여 보살이 행한 행을 깨달아 알고 능히 이와 같은 큰 서원으로 장엄하고 모든 지혜로 향하며, 위 없는 지혜의 복 밭을 이루길 원하며, 중생을 두루 생각하면서 늘 따르고 지키고 보호하면서 능히 자신의 이익을 넉넉하게 이루고 지혜의 광명으로 세상을 두루 비추며, 보살의 보시하는 마음을 잊지 않고 늘 생각하며, 여래의 경계(阿耨多羅三藐三菩提發現)를 항상 즐겁게 관찰하기를 좋아합니다."

"불자여! 보살마하살이 속박이 없고 집착이 없는 해탈의 마음으로 처자를 보시하고 모은 선근으로 이와 같음에 회향하니, 이른바 모든 중생이 부처님의 보리에 머물며, 변화의 몸을 일으켜서 법계에 두루두루 한 물러섬이 없는 바퀴를 굴리길 원하며, 모든 중생이 집착함이 없는 몸을 얻어 원력으로 모든 부처님 세계에 두루 행하길 원하며, 모든 중생이 사랑하고 미워하는 마음을 버리고 탐내고 화내는 얽매임을 끊어내길 원하며, 모든 중생이 모든 부처님의 자식을 위해 부처님의 행을 따르길 원하며, 모든 중생이 부처님 계신 곳을 자신이라는 마음을 내어 막거나 무너지지 않기를 원하며, 모든 중생이 항상 부처님의 자식이 되어 법을 좇아 홀연히 생하기를 원합니다."

"모든 중생이 마지막 처를 얻어 여래의 자재한 지혜를 성취하길 원하며, 모든 중생이 부처님의 보리를 증득하여 번뇌로부터 영원히 벗어나길 원하며, 모든 중생이 부처님의 보리도를 능히 갖추고 널리 펴며, 위 없는 법 보시를 늘 즐겁게 닦고 행하길 원하며, 모든 중생이 정정(正定)의 마음을 얻어 일체 모든 인연으로는 무너뜨릴 수 없길 원하며, 모든 중생이 보리수에 앉아 최정각(最正覺)을 이루고 헤아릴 수 없는 법을 좇아 홀연히 생하는 모든 선근의 남녀를 활짝 열어 보이길 원합니다."

"이것이 보살마하살이 처자를 보시하며, 선근으로 회향하는 것이며, 중생들이 걸림이나 막힘없는 해탈과 집착함이 없는 지혜를 증득하게 하려는 까닭입니다."

佛子 菩薩摩訶薩能以所愛妻子布施 猶如往昔須達拏太子 現莊嚴王菩薩 及餘無量諸菩薩等 菩薩爾時 乘薩婆若心 行一切施 淨修菩薩布施之道 其心淸淨 無有中悔 罄捨所珍 求一切智 令諸衆生淨深志樂 成菩提行 觀菩薩道 念佛菩提 住佛種性 菩薩摩訶薩成辨如是布施心已 決定志求如來之身 自觀己身 繼屬一切 不得自在 又以其身普攝衆生 猶如寶洲給施一切 未滿足者令其滿足 菩薩如是護念衆生 欲令自身作第一塔 普使一切皆生歡喜 欲於世間生平等心 欲爲衆生作淸涼池 欲與衆生一切安樂 欲爲衆生作大施主 智慧自在 了知菩薩所行之行 而能如是大誓莊嚴 趣一切智 願成無上智慧福田 普念衆生 常隨守護 而能成辨自身利益 智慧光明普照於世 常勤

憶念菩薩施心 恒樂觀察如來境界 佛子 菩薩摩訶薩以無縛無著解脫心布施妻子所集善根 如是迴向 所謂 願一切衆生住佛菩提 起變化身 住徧法界轉不退輪 願一切衆生得無著身 願力周行一切佛刹 願一切衆生捨愛憎心 斷貪恚結 願一切衆生爲諸佛子 隨佛所行 願一切衆生於諸佛所 生自己心 不可沮壞 願一切衆生常爲佛子 從法化生 願一切衆生得究竟處 成就如來自在智慧 願一切衆生證佛菩提 永離煩惱 願一切衆生能具演說佛菩提道 常樂修行無上法施 願一切衆生得正定心 不爲一切諸緣所壞 願一切衆生坐菩提樹 成最正覺 開示無量從法化生諸善男女 是爲菩薩摩訶薩布施妻子善根迴向 爲令衆生皆悉證得無礙解脫無著智故

"불자여! 보살마하살이 장엄한 집뿐만이 아니라 모든 살림 도구에 이르기까지 구걸하는 이에게 모두 보시하길, 보시하는 법으로 행하여 집에 집착함이 없으며, 집에서 산다는 모든 생각과 보는 것을 멀리 벗어나고 집안의 좋지 않은 일과 살림살이의 업을 싫어하며, 탐내지도 않고 맛보려 하지도 않기에 마음에 얽히거나 집착함이 없으며, 집이란 쉽게 무너지는 것을 알고 마음으로 항상 싫어하며, 그 가운데 사랑하고 즐거울 것이 없음을 알기에 출가해서 보살행을 닦아 모든 부처님의 법으로 스스로 장엄하고 모든 것을 남김없이 버리지만, 마음 가운데 후회함이 없고 항상 모든 부처님으로부터 칭찬을 받으며, 집이나 재물이나 가지고 있는 것을 남김없이 은혜로 보시하면서 마음에 애틋한 그리움으로 집착함이 없고 구걸하는 이를 보고는 기뻐하고 즐거워하는 마음을 냅니다."

"보살이 이때 이러한 선근으로 이와 같음에 회향하니, 이른바 모든 중생이 처자를 버리고 벗어나 출가 제일의 즐거움을 성취하길 원하며, 모든 중생이 집의 얽힘으로부터 해탈하고 집이 아닌 곳에 들어가 모든 부처님 법 가운데 범행을 닦고 행하길 원하며, 모든 중생이 쩨쩨하게 아끼는 잘못이나 허물을 버리고 벗어나 즐겁게 일체를 보시하고 물러서거나 헤매는 마음이 없기를 원하며, 모든 중생이 세간과 집안의 법으로부터 영원히 벗어나고 적지만 만족함을 알아서 쌓아서 쟁여두는 일이 없길 원하며, 모든 중생이 세속의 집을 나와서 여래의 집에 머물길 원합니다."

"모든 중생이 걸림이나 막힘없는 법을 얻어 막힘이나 걸림이 되는 길을 없애버리길 원하며, 모든 중생이 집안 권속의 사랑을 벗어나 비록 집에 있어도 집착하는 마음이 없길 원하며, 모든 중생이 집안의 법을 벗어나지 못한 이들을 선근으로 능히 가르쳐 이끌고 부처님의 지혜를 설하길 원하며, 모든 중생이 비록 몸은 집에 있음을 나타내기는 하지만 마음은 항상 부처님의 지혜를 거스르지 않고 따르면서 머물기를 원하며, 모든 중생이 거하는 집과 땅에 있기는 하지만 부처님의 지위에 머물기를 원하며, 헤아릴 수 없고 끝없는 중생들이 환희심을 일으키길 원합니다."

"이것이 보살마하살이 집을 보시할 때 선근으로 회향하는 것이며, 중생들이 보살의 가지가지 행과 원과 신통과 지혜를 성취하게 하려는 까닭입니다."

佛子 菩薩摩訶薩莊嚴舍宅及諸資具 隨有乞求 一切施與 行布施法 於家無著 遠離一切居家覺觀 厭惡家業 資生之具 不貪不味 心無繫著 知家易壞 心恒厭捨 都於其中無所愛樂 但欲出家修菩薩行 以諸佛法而自莊嚴 一切悉捨 心無中悔 常爲諸佛之所讚歎 舍宅 財物 隨處所有 悉以專施 心無戀著 見有乞求 心生喜慶 菩薩爾時 以此善根如是迴向 所謂 願一切衆生捨離妻子 成就出家第一之樂 願一切衆生解脫家縛 入於非家 諸法法中修行梵行 願一切衆生捨離慳垢 樂一切施 心無退轉 願一切衆生永離家法 少欲知足 無所藏積 願一切衆生出世俗家 住如來家 願一切衆生得無礙法 滅除一切障礙之道 願一切衆生離家屬愛 雖現居家 心無所著 願一切衆生善能化誘 不離家法 說佛智慧 願一切衆生身現在家 心常隨順佛智而住 願一切衆生在居家地 住於佛地 普令無量無邊衆生發歡喜心 是爲菩薩摩訶薩布施舍宅時善根迴向 爲令衆生成就菩薩種種行願神通智故

"불자여! 보살마하살이 가지가지의 동산과 정자와 쉬고 즐기는 장엄한 곳을 보시하면서 생각하기를 '내가 마땅히 모든 중생을 위해서 좋은 동산을 지을 것이며, 내가 마땅히 모든 중생을 위해서 법의 즐거움을 나타내 보일 것이며, 내가 마땅히 모든 중생을 위해서 환희하는 마음을 보시할 것이며, 내가 마땅히 모든 중생을 위해서 끝없는 기쁨과 즐거움을 보일 것이며, 내가 마땅히 모든 중생을 위해서 청정한 법의 문을 열어줄 것이며, 내가 마땅히 모든 중생이 환희심을 내게 할 것이며, 내가 마땅히 모든 중생이 부처님의 보리를 얻게 할 것이며, 내가 마땅히 모든 중생이 큰 소원을 이루게 할 것이며, 내가 마땅히 모든 중생에게 마치 인자한 아버지처럼 할 것이며, 내가 마땅히 모든 중생이 지혜로 관찰하게 할 것이며, 내가 마땅히 모든 중생에게 살림 도구를 보시할 것이며, 내가 마땅히 모든 중생에게 마치 자비로운 어머니처럼 해서 모든 선근과 큰 원을 낳고 키울 것이다.'라고 합니다."

"불자여! 보살마하살이 이와 같음으로 모든 선근을 수행할 때 악한 중생에게 고달픈 생각을 한다거나 싫은 생각을 내지 않으며, 또한 잘못되었다 해서 버리거나 버릴 마음을 일으키지 않으며, 설사 세간에 가득한 모든 중생이 은혜를 알지 못한다 하더라도 보살이 그들에게 처음부터 싫거나 원망이 없었기에 단 한 번이라도 은혜 갚기를 바라는 마음이 없으며, 단지 헤아릴 수 없는 그들의 고통을 없애주고자 하며, 모든 세간에 대해 마음이 허공과 같아서 물들지 않고 모든 법의 진실한 모양이나 상태를 두루 들여다보고 큰 서원을 일으켜 중생의 고통을 없애주고 영원히 대승으로 향한 본심과 소원을 싫어하거나 버리지 않고 모든 견해를 없애고 모든 보살의 평등한 행과 원을 닦습니다."

"불자여! 보살마하살이 이와 같음을 관찰하고는 모든 선근을 거두어 남김없이 회향하니, 이른바 모든 중생이 생각과 생각마다 헤아릴 수 없는 선근의 법을 거듭 더해서 위 없는 동산의 마음을 성취하길 원하며, 모든 중생이 동하지 않은 법을 얻어 모든 부처님을 보고 빠짐없이 환희하길 원하며, 모든 중생이 법의 동산을 좋아해서 모든 부처님 세계의 동산에서 빼어난 즐거움을 얻길 원하며, 모든 중생이 청정하고 빼어난 마음을 얻어 여래의 신통으로 머무는 동산을 항상 보길 원합니다."

"모든 중생이 부처님의 즐거운 놀이를 얻어 항상 선근으로 지혜의 경계에 노닐기를 원하며, 모든 중생이 즐겁게 노는 것을 얻어 부처님 세계의 대중이 모인 도량에 두루 나아가 이르길 원하며, 모든 중생이 보살의 해탈, 이 해탈로 즐겁게 노는 일을 성취해서 미래 겁이 다하도록 보살행을 해도 마음에 피로함이 없길 원하며, 모든 중생이 모든 부처님께서 법계에 충만하심을 보고 광대한 마음을 일으켜 부처님의 동산에 머물길 원하며, 모든 중생이 남김없이 모든 부처님 세계로 나가 하나하나의 세계에서 부처님께 공양하길 원하며, 모든 중생이 선근에 대한 욕심을 얻어 모든 부처님 세계를 청정하게 장엄하길 원합니다."

"이것이 보살마하살이 모든 동산과 정자를 보시하는 선근으로 회향하는 것이며, 중생들이 모든 부처님의 즐거운 놀이와 모든 부처님의 동산을 보게 하려는 까닭입니다."

佛子 菩薩摩訶薩布施種種園林 臺榭 遊戲快樂莊嚴之處 作是念言 我當爲一切衆生作好園林 我當爲一切衆生示現法樂 我當施一切衆生歡喜之意 我當示一切衆生無邊喜樂 我當爲一切衆生開淨法門 我當令一切衆生發歡喜心 我當令一切衆生得佛菩提 我當令一切衆生成滿大願 我當於一切衆生猶如慈父 我當令一切衆生智慧觀察 我當施一切衆生資生之具 我當於一切衆生猶如慈母 生長一切善根大願 佛子 菩薩摩訶薩如是修行諸善根時 於惡衆生不生疲厭 亦不誤起棄捨之心 設滿世間一切衆生

悉不知恩 菩薩於彼 初無嫌恨 不生一念求反報心 但欲滅其無量苦惱 於諸世間 心如虛空 無所染著 普觀諸法眞實之相 發大誓願 滅衆生苦 永不厭捨 大乘志願 滅一切見 修諸菩薩平等行願 佛子 菩薩摩訶薩如是觀察已 攝諸善根 悉以迴向 所謂 願一切衆生念念滋生無量善法 成就無上園林之心 願一切衆生得不動法 見一切佛皆令歡喜 願一切衆生樂法園苑 得諸佛刹園苑妙樂 願一切衆生得淨妙心 常見如來神足園林 願一切衆生得佛戲樂 常善遊戲智慧境界 願一切衆生得遊戲樂 普詣佛刹道場衆會 願一切衆生成就菩薩解脫遊戲 盡未來劫 行菩薩行 心無疲倦 願一切衆生見一切佛充滿法界 發廣大心 住佛園林 願一切衆生悉能徧往一切佛刹 一一刹中供養諸佛 願一切衆生得善欲心 淸淨莊嚴一切佛刹 是爲菩薩摩訶薩布施一切園林 臺榭善根迴向 爲令衆生見一切佛 遊戲一切佛園林故

"불자여! 보살마하살이 백천 억 나유타 헤아릴 수 없고 끝없으며, 광대하게 보시하는 모임을 가지면, 모든 것이 청정해서 모든 부처님이 인가하기에 단 한 명의 중생이라도 손해를 보거나 괴로움이 없게 하고 중생들이 많은 악으로부터 멀리 벗어나고 삼업의 도를 청정하게 해서 지혜를 성취하게 합니다."

"헤아릴 수 없는 백천 억 나유타 아승기의 청정한 경계를 열어 두며, 헤아릴 수 없는 백천 억 나유타 아승기의 생활에 필요한 빼어난 물건을 모아서 쌓아놓으며, 매우 얻기 어려운 보리심을 일으켜 수나 양, 공간이나 시간 따위에 제한이나 한계 없는 보시를 하며, 모든 중생을 청정한 도에 머물게 하고 처음이든 중간이든 나중이든 선근으로 청정한 믿음과 이해를 생하게 하며, 백천 억 헤아릴 수 없는 중생의 마음이 즐거워하는 것을 따라 남김없이 환희하게 하며, 대자비로 일체를 구원하고 보호해서 삼세 모든 부처님을 섬기고 공양하며, 모든 부처님의 종자를 성취하고자 하고 보시를 닦고 행하되 마음 가운데 후회함이 없고 믿음의 근을 거듭 더하고 늘리며, 빼어난 행을 원만하게 이루어 생각과 생각마다 보시바라밀을 더하고 선근으로 나아갑니다."

"보살이 이때 모든 선근으로 이와 같음에 회향하니, 이른바 모든 중생이 대승의 마음을 일으켜 남김없이 다 마하연(광대하다)의 보시를 성취하길 원하며, 모든 중생이 크게 모여서 하는 보시와 모두 다 하는 보시와 선근의 보시와 가장 뛰어난 보시와 위 없는 보시와 가장 위 없는 보시와 비교할 것이 없는 평등한 보시와 모든 세간을 초월한 보시와 일체 모든 부처님께서 칭찬하는 보시를 남김없이 모두 행하길 원하며, 모든 중생이 제일 으뜸 가는 시주가 되어 모든 악한 부류의 중생들을 힘써 건져내어 걸림이나 막힘없는 도에 들어감을 얻게 하고 평등한 소원과 실상의 본바탕과 같은 선근을 닦아서 차별이 없는 자신의 경계를 증득하는 지혜를 얻길 원합니다."

"모든 중생이 적정한 선정의 지혜에 편안히 머물며, 죽지 않는 도에 들어가 모든 신통과 지혜를 원만하게 성취해서 용맹하게 정진하며, 모든 지위를 온전하게 갖추고 불법을 장엄해서 저 언덕에 이르러 영원히 물러서지 않기를 원하며, 모든 중생이 크게 보시하는 모임을 베풀지만 피곤하지도 않고 싫어하지도 않기에 중생들에게 넉넉히 보태주고 어려움에서 구제하기를 쉬지 않으며, 위 없는 일체 종지를 끝까지 얻길 원하며, 모든 중생이 부지런히 모든 선근을 늘 심고 헤아릴 수 없는 공덕의 저 언덕에 이르길 원하며, 모든 중생이 항상 모든 부처님으로부터 칭찬을 받으며, 세간을 위해 큰 시주가 되어 공덕을 온전하게 갖추고 법계에 충만해서 시방을 두루 비추고 위 없는 즐거움을 보시하길 원하며, 모든 중생이 크게 보시하는 모임을 만들어 널리 선근을 모아 평등하게 중생을 거두어 저 언덕에 이르길 원합니다."

"모든 중생이 가장 뛰어난 보시를 이루어 중생들이 제일승(第一乘)에 머물길 원하며, 모든 중생이 때맞춰 응하는 보시를 해서 영원히 때가 아님을 벗어나 마지막까지 크게 보시하길 원하며, 모든 중생이 선근의 보시를 성취해서 부처에 이르러 장부의 큰 보시로 저 언덕에 이르길 원하며, 모든 중생이 마지막까지 늘 크게 장엄하는 보시의 행을 해서 일체 모든 부처님을 다 스승으로 삼아 친근히 하고 대 공양을 일으키길 원하며, 모든 중생이 청정한 보시에 머물며, 법계와 같이 헤아릴 수 없는 복덕을 모아 저 언덕에 이르길 원하며, 모든 중생이 모든 세간에 큰 시주가 되어 중생을 제도해서 여래의 지위에 머물게 하길 원합니다."

"이것이 보살마하살이 크게 보시하는 모임을 만들어 선근으로 회향하는 것이며, 중생들이 위 없는 보시를 하는 것과 끝까지 부처에 이르는 보시와 선근을 성취하는 보시와 무너짐이 없는 보시와 모든 부처님에게 공양하는 보시와 성내고 한이 없는 보시와 중생을 구원하는 보시와 모든 지혜를 성취하는 보시와 항상 모든 부처님을 보는 보시와 선근으로 정진하는 보시와 모든 보살의 공덕과 모든 부처님 지혜의 광대한 보시를 성취하게 하려는 까닭입니다."

佛子 菩薩摩訶薩作百千億那由他無量無數廣大施會 一切淸淨 諸佛印可 終不損惱

於一衆生 普令衆生遠離衆惡 淨三業道 成就智慧 皆置無量百千億那由他阿僧祇淸淨境界 積集無量百千億那由他阿僧祇資生妙物 發甚難得菩提之心 行無限施 令諸衆生住淸淨道 初 中 後 善 生淨信解 隨百千億無量衆生心之所樂 悉令歡喜 以大慈悲 救護一切 承事供養三世諸佛 爲欲成就一切佛種 修行布施 心無中悔 增長信根 成滿勝行 念念增進檀波羅蜜 菩薩爾時 以諸善根如是迴向 所謂 願一切衆生發大乘心 悉得成就摩訶衍施 願一切衆生皆悉能行大會施 盡施 善施 最勝施 無上施 最無上施 無等等施 超諸世間施 一切諸佛所稱歎施 願一切衆生作第一施主 於諸惡趣免濟衆生 皆令得入無礙智道 修平等願如實善根 得無差別證自境智 願一切衆生安住寂靜諸禪定智 入不死道 究竟一切神通智慧 勇猛精進 具足諸地 莊嚴佛法 到於彼岸 永不退轉 願一切衆生設大施會 終不疲厭 給濟衆生 無有休息 究竟無上一切種智 願一切衆生恒勤種植一切善根 到於無量功德彼岸 願一切衆生常蒙諸佛之所稱歎 普爲世間作大施主 功德具足 充滿法界 徧照十方 施無上樂 願一切衆生設大施會 廣集善根 等攝衆生 到於彼岸 願一切衆生成最勝施 普令衆生住第一乘 願一切衆生爲應時施 永離非時 大施究竟 願一切衆生成就善施 到佛丈夫施彼岸 願一切衆生究竟常行大莊嚴施 盡以一切諸佛爲師 悉皆親近 興大供養 願一切衆生住淸淨施 集等法界無量福德 到於彼岸 願一切衆生於諸世間爲大施主 誓度群品 住如來地 是爲菩薩摩訶薩設大施會善根迴向 爲令衆生行無上施 究竟佛施 成就善施 不可壞施 供諸佛施 無恚恨施 救衆生施 成一切智施 常見諸佛施 善精進施 成就一切菩薩功德諸佛智慧廣大施故

"불자여! 보살마하살이 생활에 필요한 모든 물건을 보시하지만, 마음으로 아까워하는 생각도 없고 과보를 바라지도 않으며, 세상의 부귀와 즐거움에 바라는 것이 없으며, 망령된 생각의 마음을 벗어나고 선근으로 법을 사유해서 모든 중생에게 이익이 되도록 하고자 일체 모든 법의 참 성품을 자세히 살펴서 들여다보며, 중생이 가지가지로 다르고 쓰고자 하는 것과 구하는 것들이 제각기 다르기에 이를 따라 생활에 필요한 헤아릴 수 없이 많은 도구를 마련해서 장엄하고 꾸민 것이 남김없이 모두 빼어나고 좋으며, 이를 가지고 끝없이 보시하며, 모든 보시를 해서 안팎을 모두 다 보시합니다."

"이러한 보시를 할 때 본심(不立五蘊不離證得)으로 즐거워하는 힘을 거듭 더하고 큰 공덕을 얻어서 마음의 보배를 성취하며, 항상 모든 중생을 지키고 보호해서 빠짐없이 뛰어난 본심의 원을 일으키지만, 처음부터 보답을 바라는 마음이 없으며, 가지고 있는 선근이 삼세 부처님과 평등해서 남김없이 일체 종지를 원만하게 합니다."

"불자여! 보살마하살이 이처럼 보시해서 가지고 있는 선근으로 회향하니, 모든 중생이 청정하게 조복시키길 원하며, 모든 중생이 번뇌를 없애버리고 일체 모든 부처님의 세계 국토를 청정하게 장엄하길 원하며, 모든 중생이 청정한 마음으로 한 생각 가운데 법계에 두루 하길 원하며, 모든 중생의 지혜가 허공과 법계에 충만하기를 원하며, 모든 중생이 일체 지혜를 얻어 삼세에 두루 들어가 중생을 조복시키고 항상 청정해서 모든 시간을 두고 물러남이 없는 법의 바퀴를 굴리길 원하며, 모든 중생이 모든 지혜를 갖추고 선근으로 능히 신통한 방편을 나타내 보여 중생을 이익으로 넉넉하게 하길 원합니다."

"모든 중생이 모든 부처님의 보리에 남김없이 깨달아 들어가 미래의 겁이 다하도록 시방 세계에서 늘 바른 법을 쉬지 않고 설하며, 모든 중생이 두루 듣고 깨우침을 얻길 원하고 모든 중생이 헤아릴 수 없는 겁 동안 보살의 행을 닦아서 남김없이 원만해지길 원하며, 모든 중생이 모든 세계의 더럽거나 청정하거나 작거나 크거나 거칠게 하거나 미세하거나 엎드리거나 우러르거나 그와 같은 한 가지로 장엄했거나 가지가지로 장엄하였거나 어떻든 간에 말로 이를 수 있는 세계의 수효와 모든 세계 가운데서 보살의 행을 닦아 두루 하지 않은 곳이 없기를 원하며, 모든 중생이 생각과 생각 가운데 늘 삼세의 모든 불사를 지으며, 중생들을 가르치고 이끌어서 일체 지혜로 향하길 원합니다."

佛子 菩薩摩訶薩布施一切資生之物 心無貪惜 不求果報 於世當樂無所希望 離妄想心 善思惟法 爲欲利益一切衆生 審觀一切諸法實性 隨諸衆生種種不同 所用所求各各差別 性辨無量資生之具 所有嚴飾悉皆妙好 行無邊施 行一切施 盡內外施 行此施時 增志樂力 獲大功德 成就心寶 常能守護一切衆生 皆令發生殊勝志願 初未曾有求反報心 所有善根等三世佛 悉以圓滿一切種智 佛子 菩薩摩訶薩以此布施所有善根迴向衆生 願一切衆生淸淨調伏 願一切衆生滅除煩惱 嚴淨一切諸佛刹土 願一切衆生以淸淨心 於一念中周徧法界 願一切衆生智慧充滿虛空法界 願一切衆生得一切智 普入三世調伏衆生 於一切時常轉淸淨不退法輪 願一切衆生具一切智 善能示現神通方便 饒益衆生 願一切衆生悉能悟入諸佛菩提 盡未來劫 於十方界 常說正法 曾無休息 令諸衆生普得聞知 願一切衆生於無量劫修菩薩行 悉得圓滿 願一切衆生於一切世界若染 若淨 若小 若大 若麤 若細 若覆 若仰 或一莊嚴 或種種莊嚴所可演說

在世界數諸世界中 修菩薩行靡不周徧 願一切衆生於念念中常作三世一切佛事 敎化衆生向一切智

"불자여! 보살마하살이 중생들이 구하는 모든 것을 따라 이와 같은 등등의 아승기의 물건으로 넉넉하게 보시해서 불법이 계속 이어지고 끊어지지 않게 하며, 크게 가엾이 여기는 마음으로 모든 중생을 두루 구원하고 크게 인자함에 편안히 머물면서 보살행을 닦고 부처님의 가르침을 끝까지 어기거나 범하지 않고 섬세하고 능숙한 방편으로 많은 선근을 닦고 행하며, 일체 모든 부처님의 종성을 끊어지지 않게 하고 구함을 따라 남김없이 주지만 근심하고 싫어함이 없으며, 모든 것을 남김없이 모두 버려서 중간에 후회하는 일이 없도록 하며, 모든 지혜의 길로 부지런히 회향합니다."

"이때 시방 국토의 가지가지 형상과 가지가지의 취생과 가지가지의 복 밭이 빠짐없이 모여 보살에게 와서 가지가지로 구하고 찾은 것을 보살이 보고는 두루 거들어 들이길, 환희하는 마음을 생하여 선근의 벗을 보는 것과 똑같이 하며, 대비로 불쌍히 생각하고 그들의 소원을 채워주려 하고 보시하는 마음이 더해지고 늘어서 쉬지도 않고 피곤하거나 싫어하지도 않으며, 구하는 대로 남음이 없이 만족하게 하고 가난의 고통에서 벗어나게 합니다."

"때맞추어 구걸하는 모든 이들이 마음으로 크게 기뻐하고 이 기쁨을 전하고 전해서 그 덕을 칭찬하고 높이 드날려주니, 소문이 멀리까지 퍼져서 남김없이 왔다가 갔다가 돌아오고 보살이 이를 보고는 헤아릴 수 없이 환희합니다. 설사 백천 억 나유타 겁 동안 제석천의 즐거움과 편안함을 받거나 수 없는 겁 동안 야마천의 즐거움과 편안함을 받거나 헤아릴 수 없는 겁 동안 도솔천의 즐거움과 편안함을 받거나 끝없는 겁 동안 선변화천의 즐거움과 편안함을 받거나 비교할 것이 없는 겁 동안 타화자재천의 즐거움과 편안함을 받거나 셀 수 없는 겁 동안 범왕의 즐거움과 편안함을 받거나 가히 이를 수 없는 겁 동안 전륜왕의 삼천이란 즐거움과 편안함을 받거나 가히 생각할 수 없는 겁 동안 변정천의 즐거움과 편안함을 받거나 가히 설할 수 없는 겁 동안 정거천의 즐거움과 편안함을 받더라도 미칠 수가 없습니다."

"보살마하살이 구걸하는 자가 오는 것을 보면 환희하고 좋아하며, 기뻐서 뛰고 믿음의 마음이 거듭 더해지고 늘어나며, 본심의 즐거움이 청정해지고 모든 근을 거스르지 않고 조복시키며, 믿음과 이해를 원만하게 이룰 뿐만 아니라 부처님의 보리로 거듭 더하여 나아갑니다."

"불자여! 보살마하살이 이러한 선근으로 모든 중생에게 이익을 주기 위한 까닭으로 회향하며, 모든 중생을 다 편안히 즐기게 하려고 회향하며, 모든 중생이 올바르게 통하는 것을 크게 얻게 하려는 까닭으로 회향하며, 모든 중생을 청정하게 하려는 까닭으로 회향하며, 모든 중생이 보리를 구하게 하려는 까닭으로 회향하며, 모든 중생을 평등하게 하려는 까닭으로 회향하며, 모든 중생이 어질며 선근의 마음을 얻게 하려는 까닭으로 회향하며, 모든 중생이 빠짐없이 마하연에 들게 하려는 까닭으로 회향하며, 모든 중생이 어질고 선근의 지혜를 얻게 하려는 까닭으로 회향하며, 모든 중생이 보현보살의 행과 원을 갖추고 십력의 수레를 타서 원만해지고 정각을 이루어 나타내려는 까닭으로 회향합니다."

佛子 菩薩摩訶薩隨諸衆生一切所須 以如是等阿僧祇物 而爲給施爲令佛法相續不斷 大悲普救一切衆生 安住大慈 修菩薩行 於佛敎誨終無違犯 以巧方便修行衆善 不斷一切諸佛種性 隨求悉與而無患厭 一切悉捨未曾中悔 常勤迴向一切智道 時 十方國土種種形類 種種趣生 種種福田 皆來集會 至菩薩所 種種求索 菩薩見已 普皆攝受 心生歡喜 如見善友 大悲哀愍 思滿其願 捨心增長 無有休息 亦不疲厭 隨其所求 悉令滿足 離貧窮苦 時 諸乞者心大欣慶 轉更稱傳 讚揚其德 美聲遐布 悉來歸往 菩薩見已 歡喜無量 假使百千億那由他劫帝釋樂 無數劫受夜摩天樂 無量劫受兜率陀天樂 無邊劫受善變化天樂 無等劫受他化自在天樂 不可數劫受梵王樂 不可稱劫受轉輪王王三千樂 不可思劫受徧淨天樂 不可說劫受淨居天樂 悉不能及 菩薩摩訶薩見乞者來 歡喜愛樂 欣慶踊躍 信心增長 志樂淸淨 諸根調順 信解成滿 乃至增進諸佛菩提 菩薩 菩薩摩訶薩以此善根 爲欲利益一切衆生故迴向 爲欲安樂一切衆生故迴向 爲令一切衆生得大義利故迴向 爲令一切衆生得淸淨故迴向 爲令一切衆生悉求菩提故迴向 爲令一切衆生悉得平等故迴向 爲令一切衆生悉得賢善心故迴向 爲令一切衆生悉入摩訶衍故迴向 爲令一切衆生悉得賢善智慧故迴向 爲令一切衆生悉具普賢菩薩行願滿十方乘現成正覺故迴向

"불자여! 보살마하살이 모든 선근으로 이와 같음에 회향할 때 몸과 입과 뜻으로 짓은 업에서 남김없이 해탈하고 집착도 없고 얽히는 것도 없고 중생이라는 생각도 없고 목숨이라는 생각도 없고 보특가라라는 생각도 없고 사람이라는 생각도 없고 동자라는 생각도 없고 생겨난 이라는 생각도 없고 짓는 이라는 생각도 없고 받는 이라는 생각도 없습니다."

"있다는 생각도 없고 없다는 생각도 없고 지금 세상과 후의 세상이란 생각도 없고 이곳에서 죽어 저곳에서 난다는 생각도 없고 항상 하다는 생각도 없고 항상 함이 없다는 생각도 없고 삼유라는 생각도 없고 삼유가 없다는 생각도 없고 생각도 아니고 생각이 아닌 것도 아닙니다."

"이와 같은 속박이 아닌 것으로 회향하며, 속박을 푼 것이 아닌 것으로 회향하며, 업이 아닌 것으로 회향하며, 업의 보가 아닌 것으로 회향하며, 분별이 아닌 것으로 회향하며, 분별없음이 아닌 것으로 회향하며, 생각이 아닌 것으로 회향하며, 생각을 멈추지 않는 것으로 회향하며, 마음이 아닌 것으로 회향하며, 마음이 없음이 아닌 것으로 회향합니다."

"불자여! 보살마하살이 이와 같음으로 회향할 때 안에도 집착하지 않고 밖에도 집착하지 않고 반연한 것에도 집착하지 않고 반연할 것에도 집착하지 않고 인에도 집착하지 않고 과에도 집착하지 않고 법에도 집착하지 않고 법이 아닌 것에도 집착하지 않고 생각에도 집착하지 않고 생각이 아닌 것에도 집착하지 않고 색에도 집착하지 않고 색이 생하는 것에도 집착하지 않고 색이 없어지는 것에도 집착하지 않고 수, 상, 행, 식에도 집착하지 않고 수, 상, 행, 식이 생하는 것에도 집착하지 않고 수, 상, 행, 식이 없어지는 것에도 집착하지 않습니다."

"불자여! 보살마하살이 그와 같은 이 모든 법에 집착하지 않으면, 색에도 속박되지 않고 색이 생하는 것에도 속박되지 않고 색이 없어지는 것에도 속박되지 않고 수, 상, 행, 식에도 속박되지 않고 수, 상, 행, 식이 생하는 것에도 속박되지 않고 수, 상, 행, 식이 없어지는 것에도 속박되지 않습니다."

"그와 같은 이 모든 법에 속박되지 않으면 또한 모든 법을 풀 것도 없습니다. 어찌 된 까닭인가 하면, 매우 적은 법도 지금 생하거나 이미 생했거나 장차 생할 것이 없기에 법은 취할 것이 없고 법에 집착할 수도 없으니, 일체 모든 법의 제 모양이나 상태가 이와 같아서 제 성품도 없으며, 제 성품의 모양이나 상태를 벗어났습니다."

"하나도 아니고 둘도 아니며, 많음도 아니고 헤아릴 수 없이 많은 것도 아니며, 작은 것도 아니고 큰 것도 아니며, 좁은 것도 아니고 넓은 것도 아니며, 깊은 것도 아니고 얕은 것도 아니며, 고요한 것도 아니고 장난 같은 논란거리도 아니며, 옳은 곳도 아니고 그른 곳도 아니며, 옳은 법도 아니고 그른 법도 아니며, 체도 아니고 체가 아닌 것도 아니며, 있는 것도 아니고 있지 않은 것도 아닙니다."

"보살이 이와 같음으로 관찰하면 모든 법이 곧 법 아닌 것이 되니, 말 가운데 세상을 따라 만들어 세우면 법 아닌 것이 법이 되어 모든 업의 도를 끊지 않고 보살의 행을 버리지 않으면서 모든 지혜를 구하면 마침내 물러서거나 변하지 않습니다."

"모든 업과의 인연이란 꿈과 같고 음성이란 메아리와 같고 중생이란 그림자와 같고 모든 법이란 허깨비와 같음을 깨달아 알지만, 그렇다고 인연과 업의 힘을 무너트리지 않고 모든 업의 그 작용이 광대함을 깨달아 알며, 모든 법이란 단 하나도 지을 일이 없음을 이해하면서도 지음이 없는 도를 행해서 일찍이 잠깐이라도 막은 적이 없습니다."

佛子 菩薩摩訶薩以諸善根如是迴向時 身 口 意業皆悉解脫 無著無繫 無衆生想 無命者想 無補伽羅想 無人想 無童子想 無生者想 無作者想 無受者想 無有想 無無想 無今世後世想 無死此生彼想 無常想 無無常想 無三有想 無無三有想 非想 非非想 如是 非縛迴向 非縛解迴向 非業迴向 非業報迴向 非分別迴向 非無分別迴向 非思迴向 非思已迴向 非心迴向 非無心迴向 佛子 菩薩摩訶薩如是迴向時 不著內 不著外 不著能緣 不著所緣 不著因 不著果 不著法 不著非法 不著思 不著非思 不著色 不著色生 不著色滅 不著受 想 行 識 不著受 想 行 識生 不著受 想 行 識滅 佛子 菩薩摩訶薩若能於此諸法不著 則不縛色 不縛色生 不縛色滅 不縛受 想 行 識 不縛受 想 行 識生 不縛受 想 行 識滅 若能於此諸法不縛 則 亦於諸法不解 何以故 無有少法 若現生 若已生 若當生 無法可取 無法可著 一切諸法自相如是 無有自性 自性相離 非一 非二 非多 非無量 非小 非大 非狹 非廣 非深 非淺 非寂靜 非戲論 非處 非非處 非法 非非法 非體 非非體 非有 非非有 菩薩如是觀察諸法 則爲非法 於言語中隨世建立 非法爲法 不斷諸業 道不捨菩薩行 求一切智終無退轉 了知一切業緣如夢 音聲如響 衆生如影 諸法如幻 而亦不壞因緣業力 了知諸業其用廣大 解一切法皆無所作 行無作道未嘗暫癈

"불자여! 이 보살마하살이 일체 지혜에 머물고 있을 시, 옳든 그르든 빠짐없이 모두 지혜의 성품으로 회향하는 것이며, 일체 처에 남김없이 모두 회향하기에 물러섬이 없습니다."

"무슨 뜻으로 회향이라 말하는가 하면, 세간을 영원히 넘어서서 저 언덕에 이르게 하는 까닭으로 이름이 회향이며, 모든 온이 쌓인 것에서 영원히 벗어나 저 언덕에 이르게 하는 까닭으로 이름이 회향이며, 언어의 길을 건너서 저 언덕에 이르게 하는 까닭으로 이름이 회향이며, 가지가지의 생각을 벗어나 저 언덕에 이르는 까닭으로 이름이 회향이며, 몸이라는 견해를 영원히 끊고 저 언덕에 이르게 하는 까닭으로 이름이 회향이며, 의지할 곳을 영원히 벗어나 저 언덕에 이르게 하는 까닭으로 이름이 회향이며, 지어가는 일을 영원히 끊고 저 언덕에 이르게 하는 까닭으로 이름이 회향이며, 모든 있음에서 영원히 벗어나 저 언덕에 이르게 하는 까닭으로 이름이 회향이며, 모든 취할 것을 영원히 버리고 저 언덕에 이르게 하는 까닭으로 이름이 회향이며, 세상의 법을 영원히 떠나 저 언덕에 이르게 하는 까닭으로 이름을 회향이라고 합니다."

"불자여! 보살마하살이 이와 같음으로 회향할 때 곧 부처님을 거스르지 않고 따라 머물며, 법을 거스르지 않고 따라 머물며, 지혜를 거스르지 않고 따라 머물며, 보리를 거스르지 않고 따라 머물며, 이치를 거스르지 않고 따라 머물며, 회향을 거스르지 않고 따라 머물며, 경계를 거스르지 않고 따라 머물며, 행을 거스르지 않고 따라 머물며, 진실을 거스르지 않고 따라 머물며, 청정함을 거스르지 않고 따라 머뭅니다."

"불자여! 보살마하살이 이와 같음에 회향하는 것은 곧 일체 모든 법을 분명하게 깨달아 통달하는 것이며, 곧 일체 모든 부처님을 받들어 모시는 것이며, 섬기지 않은 부처님이 한 분도 없고 공양하지 않은 법이 한 법도 없고 무너져 없어지는 법이 한 법도 없고 어그러지고 뒤틀리는 법이 한 법도 없고 탐하고 집착할 물건이 하나도 없고 싫어하고 벗어나야 할 법이 한 법도 없고 안팎의 일체 모든 법이 조금이라도 없어지거나 무너지거나 인연의 도를 뒤틀리게 하는 것을 보지 않으며, 법력을 온전하게 갖추어서 쉬지 않습니다."

佛子 此菩薩摩訶薩住一切智 若處 非處 普皆迴向一切智性 於一切處皆悉迴向 無有退轉 以何義故說名迴向 永度世間至於彼岸 故名迴向 永出諸蘊至於彼岸 故名迴向 度語言道至於彼岸 故名迴向 離種種想至於彼岸 故名迴向 永斷身見至於彼岸 故名迴向 永離依處至於彼岸 故名迴向 永絕所作至於彼岸 故名迴向 永出諸有至於彼岸 故名迴向 永捨諸取至於彼岸 故名迴向 永出世法至於彼岸 故名迴向 佛子 菩薩摩訶薩如是迴向時 則爲隨順佛住 隨順法住 隨順智住 隨順菩提住 隨順義住 隨順迴向住 隨順境界住 隨順行住 隨順眞實住 隨順淸淨住 佛子 菩薩摩訶薩如是迴向 則爲了達一切諸法 則爲承事一切諸佛 無有一佛而不承事 無有一法而不供養 無有一

法而可滅壞 無有一法而可乖違 無有一物而可貪著 無有一法而可厭離 不見內外一切諸法 有少滅壞 違因緣道 法力具足 無有休息

"불자여! 이것이 보살마하살의 거스르지 않고 견고한 일체 선근(善根)을 따르는 제6 회향입니다."

"보살마하살이 이 회향에 머물 때는 항상 모든 부처님으로부터 늘 잊지 않고 보살펴 줌을 받으며, 견고하고 물러섬이 없는 깊은 법의 성품에 들어가며, 모든 지혜를 닦아서 법의 올바른 뜻을 거스르지 않고 따르며, 법의 성품을 거스르지 않고 따르며, 모든 견고한 선근을 거스르지 않고 따르며, 모든 원만한 큰 원을 거스르지 않고 따르며, 일체 금강으로도 무너트릴 수 없는 모든 법 가운데서 자재함을 얻습니다."

佛子 是爲菩薩摩訶薩第六隨順堅固一切善根迴向 菩薩摩訶薩住此迴向時 常爲諸佛之所護念 堅固不退 入深法性 修一切智 隨順法義 隨順法性 隨順一切堅固善根 隨順一切圓滿大願 具足隨順堅固之法 一切金剛所不能壞 於諸法中而得自在

이때 금강당 보살이 시방을 주의 깊게 살펴보고 많은 모임을 주의 깊게 살펴보고 법계를 주의 깊게 살펴보고 문자와 어구의 깊은 뜻에 들어가서 헤아릴 수 없는 광대한 마음을 닦고 익히며, 대비심으로 세간을 두루 덮고 과거, 미래, 현재 부처님의 종성심(種性心), 이 종성의 마음을 기르고 일체 모든 부처님의 공덕에 들어가서 모든 부처님의 자재한 힘의 몸을 성취하고 모든 중생의 마음이 즐거워하는 것을 자세히 살펴보고 성숙한 그 선근을 따라 법성의 몸을 의지해서 색신을 나타내고 부처님의 신력을 받들어 게송으로 말했다.

爾時 金剛幢菩薩觀察十方 觀察衆會 觀察法界已 入於字句甚深之義 修習無量廣大之心 以大悲心普覆世間 長去 來 今佛種性心 入於一切諸佛功德 成就諸佛自在力身 觀諸衆生心之所樂 隨其善根所可成熟 依法性身爲現色身 承佛神力而說頌言

菩薩現身作國王 보살이 몸을 나타내어 국왕이 되니

於世位中最無等 세상의 지위 가운데 최고여서 비교할 것이 없고

福德威光勝一切 복과 덕과 위엄의 빛이 세상 그 어느 것보다 뛰어나며

普爲群萌興利益 중생을 위해 이익이 됨을 두루 일으킨다네.

其心淸淨無染著 그 마음이 청정하기에 집착에 물들지 않고
於世自在咸遵敬 세상으로부터 자재하여 모두 다 공경하며
弘宣正法以訓人 바른 법을 널리 펴서 사람을 가르침으로
普使衆生獲安隱 중생들이 편안함을 얻게 한다네.

現生貴族昇王位 귀족으로 태어나서 왕위에 올라
常依正敎轉法輪 항상 바른 가르침에 의지해서 법 수레를 굴리며
稟性仁慈無毒虐 선천적으로 타고난 성품이 인자하고 독하거나 사납지 않으니
十方敬仰皆從化 시방이 섬기어 우러르며 빠짐없이 생육의 바른 가르침을 따른다네.

智慧分別常明了 지혜로 분별하는 일이 항상 밝고 분명하며
色相才能皆具足 모양이나 상태로 드러난 형상과 재능을 빠짐없이 온전하게 갖추고
臨馭率土靡不從 나라를 다스리니 모두 다 좇아 따르고
摧伏魔軍悉令盡 마군을 꺾어 항복 받고 남김없이 다한다네.

堅持淨戒無違犯 청정한 계율을 견고하게 지켜서 어기거나 범하지 않고
決志堪忍不動搖 도장 찍은 본심으로 견디고 참아서 동요하지 않으며
永願蠲除忿恚心 성내고 분한 마음을 영원히 깨끗이 없애고
常樂修行諸佛法 항상 즐겁게 모든 부처님 법을 닦고 행하길 원한다네.

飮食香鬘及衣服 음식과 향과 머리 장식과 의복과
車騎牀褥座與燈 수레와 말과 침상과 침구와 좌구와 더불어 등불을
菩薩悉以給濟人 보살이 남김없이 사람들에게 넉넉하게 베풀어 주고
幷及所餘無量種 아울러 그 외 나머지 헤아릴 수 없는 종류도 내어준다네.

爲利益故而行施 중생들이 이익이 되도록 보시를 하고
令其開發廣大心 그들이 광대한 마음을 열어 일으키게 하니

於尊勝處及所餘 높고 뛰어난 곳뿐만 아니라 그 나머지에 이르기까지
意皆淸淨生歡喜 마음이 빠짐없이 청정해서 즐겁고 기쁜 마음을 생한다네.

菩薩一切皆周給 보살은 일체 모든 곳에 넉넉하게 내주고
內外所有悉能捨 안팎으로 가진 것을 남김없이 주어버리지만
必使其心永淸淨 틀림없이 그 마음은 영원히 청정하며
不令暫爾生狹劣 잠깐이라도 속이 좁고 못난 마음을 내지 않는다네.

或施於頭或施眼 그와 같은 머리를 보시하고 그와 같은 눈을 보시하고
或施於手或施足 그와 같은 손을 보시하고 그와 같은 발을 보시하고
皮肉骨髓及餘物 피부와 살과 골수뿐만 아니라 나머지 종류까지
一切皆捨心無吝 일체를 다 보시해도 마음에 바라는 것이 없다네.

菩薩身居大王位 보살의 몸으로 국왕의 자리에 거하니
種族豪貴人中尊 종족이 귀하고 사람 가운데 지위와 신분이 높고 귀하며
開口出舌施群生 입을 열고 혀를 내밀어 중생에게 보시하니
其心歡喜無憂戀 그 마음이 즐겁고 기뻐할 뿐 미련이 없다네.

以彼施舌諸功德 저(善根) 혀로 보시한 모든 공덕으로
迴向一切諸衆生 일체 모든 중생에게 회향하고
普願藉此勝因緣 이렇듯 뛰어난 인연을 두루 깔아서
悉得如來廣長舌 여래의 광장 설을 남김없이 얻길 원한다네.

或施妻子及王位 그와 같이 처자와 왕의 지위까지 보시하고
或施其身作僮僕 그와 같이 그 몸을 보시해서 하인이 되어주지만
其心淸淨常歡喜 그 마음이 청정하기에 항상 즐거워하고 기뻐하며
如是一切無憂悔 이와 같은 모든 것에 근심이나 후회하는 일이 없다네.

隨所樂求咸施與 좋아해서 구하는 것을 따라 다 보시해 주지만

應時給濟無疲厭 응할 때 넉넉하게 보시하면서도 피곤해하거나 싫어함이 없고
一切所有皆能散 가지고 있는 모든 걸 빠짐없이 풀어 놓으며
諸來求者普滿足 구하러 오는 모든 자를 두루 만족하게 한다네.

爲聞法故施其身 법을 듣게 하려는 까닭으로 그 몸을 보시하고
修諸苦行求菩提 모든 고행을 닦아서 보리를 구하며
復爲衆生捨一切 차례를 좇아 중생을 위해 모든 것에 집착하지 않고 생하며
求無上智不退轉 위 없는 지혜를 구해서 물러서지 않는다네.

以於佛所聞正法 부처님의 바른 법을 들음으로
自捨其身充給侍 자신의 몸을 집착하지 않고 모자람 없이 시중을 들며
爲欲普救諸群生 모든 중생을 두루 구원하고자
發生無量歡喜心 헤아릴 수 없는 환희의 마음을 일으킨다네.

彼見世尊大導師 대 도사이신 세존께서 자비의 마음으로
能以慈心廣饒益 두루 넉넉하게 이익이 됨을 그들이 보고는
是時踊躍生歡喜 이때 뛸 듯이 기뻐하며 환희심을 내고
聽受如來深法味 여래의 깊은 법 맛을 듣길 청하고 받아서 누린다네.

菩薩所有諸善根 보살이 가지고 있는 모든 선근을
悉以迴向諸衆生 남김없이 모든 중생에게 회향해서
普皆救護無有餘 빠짐없이 두루 구원하고 보호하여 남음이 없고
永使解脫常安樂 영원히 해탈해서 늘 즐겁고 편안하게 한다네.

菩薩所有諸眷屬 보살에게 의지한 모든 권속은
色相端嚴能辯慧 모양이나 상태가 단정하고 말 잘하고 지혜로우며
華鬘衣服及塗香 꽃 머리 장식과 의복뿐만 아니라 바르는 향에 이르기까지
種種莊嚴皆具足 가지가지의 장엄을 빠짐없이 온전하게 갖춘다네.

此諸眷屬甚希有 이러한 모든 권속은 매우 드물게 있으며
菩薩一切皆能施 보살은 모든 것을 빠짐없이 보시해서
專求正覺度群生 오로지 바른 깨우침을 구하고 중생을 제도하려는
如是之心無暫捨 이와 같은 마음을 잠깐이라도 버리지 않는다네.

菩薩如是諦思惟 보살이 이와 같음으로 자세하게 살펴서 사유하고
備行種種廣大業 가지가지의 광대한 업을 갖추어서 행하며
悉以迴向諸含識 남김없이 모든 중생에게 회향하지만
而不生於取著心 취하거나 집착하는 마음을 내지 않는다네.

菩薩捨彼大王位 보살이 그 대왕의 자리뿐만 아니라
及以國土諸城邑 국토의 모든 성과 읍과
宮殿樓閣與園林 궁전과 누각과 더불어 동산과
僮僕侍衛皆無吝 어린 종과 시위에 이르기까지 아끼지 않고 보시한다네.

彼於無量百千劫 저 헤아릴 수 없는 백천 겁 동안
處處周行而施與 곳곳마다 두루 다니면서 보시해 주고
因以教導諸群生 모든 중생을 가르치고 이끄는 까닭으로
悉使超昇無上岸 남김없이 다 위 없는 저 언덕에 오르게 한다네.

無量品類各差別 헤아릴 수 없이 차별한 각각의 품류가
十方世界來萃止 시방세계로부터 와서 모여 머무니
菩薩見已心欣慶 보살이 이를 보고 마음으로 기뻐하며
隨其所乏令滿足 그들이 부족한 것을 따라 만족하게 한다네.

如三世佛所迴向 삼세의 부처님들이 회향하는 것과 같이
菩薩亦修如是業 보살 역시 이와 같은 업을 닦으며
調御人尊之所行 조어인존이 행하신 대로
悉皆隨學到彼岸 남김없이 다 따라 배워서 저 언덕에 이른다네.

菩薩觀察一切法 보살이 일체의 법을 자세하게 살펴서 들여다보지만
誰爲能入此法者 누가 능히 이 법에 들어가는 것이며
云何爲入何所入 어떻게 들어가며, 어느 곳으로 들어가는지
如是布施心無住 이와 같이 보시하는 마음으로는 머물지 않는다네.

菩薩迴向善巧智 보살이 섬세하고 성숙한 선근의 지혜로 회향하고
菩薩迴向方便法 보살이 방편의 법으로 회향하며,
菩薩迴向眞實義 보살이 진실 된 도리로 회향하지만
於其法中無所著 그러한 법 가운데 조금이라도 집착함이 없다네.

心不分別一切業 마음은 모든 업을 분별하지 않고
亦不染著於業果 또한 업과에 집착하거나 물들지 않으며
知菩提性從緣起 보리의 성품이 인연을 좇아 일어남을 알기에
入深法界無違逆 법계에 깊이 들어가서도 어기지 않는다네.

不於身中而有業 업은 몸 가운데 있지 않고
亦不依止於心住 또한 마음이 머무는 것에 의지하지 않으며
智慧了知無業性 지혜로 깨달아 알면 업의 성품은 없지만
以因緣故業不失 인연으로 인하여 업을 잃지는 않는다네.

心不妄取過去法 마음으로 망령되게 과거의 법을 취하지 않고
亦不貪著未來事 또한 미래의 일에도 탐내거나 집착하지 않으며
不於現在有所住 현재에도 머물지 않으니
了達三世悉空寂 삼세가 남김없이 공하고 고요함을 깨달아 통달한다네.

菩薩已到色彼岸 보살은 이미 색이라는 저 언덕에 이르렀으며
受想行識亦如是 수, 상, 행, 식 역시 이와 같고
超出世間生死流 세간의 생사 흐름에서 뛰어나와
其心謙下常淸淨 그 마음이 항상 청정하고 겸손하다네.

諦觀五蘊十八界 오온과 18계와 12처뿐만 아니라
十二種處及己身 자기의 몸에 이르기까지 자세하게 들여다보고
於此一一求菩提 이 하나하나에서 보리를 구하려 하지만
體性畢竟不可得 체와 성을 결국에는 얻을 수 없다네.

不取諸法常住相 모든 법이 항상 머무는 모양이나 상태를 취하지 않고
於斷滅相亦不著 끊어서 없애버린 모양이나 상태도 또한 집착하지 않기에
法性非有亦非無 법의 성품이 있지도 않고 없지도 않지만
業理次第終無盡 업의 이치와 차례를 따름이 끝내는 다할 수 없다네.

不於諸法有所住 모든 법에 머물러 있지도 않으며
不見衆生及菩提 중생뿐만 아니라 보리도 보지 않기에
十方國土三世中 시방 국토 삼세 가운데서
畢竟求之無可得 끝까지 구하려고는 하지만 얻을 수 없다네.

若能如是觀諸法 그와 같이 이와 같은 모든 법을 들여다본다면
則如諸佛之所解 곧 모든 부처님을 이해하는 것과 같기에
雖求其性不可得 비록 그 성품을 구하려 해도 얻지 못하지만
菩薩所行亦不虛 보살이 행하는 모든 일은 헛되지 않다네.

菩薩了法從緣有 보살은 법이 인연을 좇아 있음을 분명하게 알기에
不違一切所行道 행하는 모든 도를 어기지 않고
開示解脫諸業迹 모든 업의 자취와 해탈을 열어 보이니
欲使衆生悉淸淨 중생들을 남김없이 청정하게 하려는 것이라네.

是爲智者所行道 이것은 지혜로운 이가 행하는 도이며
一切如來之所說 모든 여래가 설하신 것이고
隨順思惟入正義 거스르지 않고 바른 뜻의 사유를 따라 들어가면
自然覺悟成菩提 자연히 깨우침을 깨달아 얻은 보리를 이룰 것이라네.

諸法無生亦無滅 모든 법은 생함도 없고 또한 멸함도 없고
亦復無來無有去 역시 차례를 좇아 오는 것도 없으며, 가는 것도 없으니
不於此死而生彼 이곳에서 죽어 저곳에서 생하지 않으면
是人解悟諸佛法 이 사람은 모든 불법을 깨우치고 이 깨우침을 깨달아 알 것이라네.

了達諸法眞實性 모든 법의 진실한 성품을 깨달아 통달하면
而於法性無分別 모든 법의 성품이란 분별이 없으며
知法無性無分別 법의 성품에 분별이 없음을 알면
此人善入諸佛智 이 사람은 모든 부처님의 지혜 선근으로 들어갈 것이라네.

法性徧在一切處 법의 성품은 일체 처에 두루 있으며
一切衆生及國土 모든 중생과 국토에 이르기까지
三世悉在無有餘 삼세에 모두 있어서 남음이 없지만
亦無形相而可得 얻을 수 있는 형상으로서의 모양이나 상태는 역시 없다네.

一切諸佛所覺了 일체 모든 부처님이 분명하게 깨달아 아는 것을
悉皆攝取無有餘 남김없이 거두고 취해서 남긴 것이 없으며
雖說三世一切法 비록 삼세의 모든 법을 설하셨으나
如是等法悉非有 이와 같은 법이란 모두 있는 것이 아니라네.

如諸法性徧一切 모든 법의 성품이 일체에 두루 한 것과 같이
菩薩迴向亦復然 보살의 회향 역시 차례를 좇아 그러한 것이니
如是迴向諸衆生 이와 같은 모든 중생에게 회향하지만
常於世間無退轉 항상 세간에서 물러섬이 없다네. 般涅槃

대방광불화엄경 제29권

25. 십회향품(7)
　　十迴向品第二十五之七

제7회향

"불자여! 무엇을 보살마하살이 모든 중생을 거스르지 않고 평등하게 따라주는 회향이라 하는가."
　佛子 云何爲菩薩摩訶薩等隨順一切衆生迴向

"불자여! 이 보살마하살이 수행하길 모든 선근을 쌓아 모으니, 이른바 작은 선근과 큰 선근과 넓은 선근과 많은 선근과 헤아릴 수 없는 선근과 가지가지의 선근과 티끌 수와 같은 선근과 아승기 선근과 끝과 경계가 없는 선근과 생각할 수 없는 선근과 헤아려 알 수 없는 선근과 부처님의 경계 선근과 법 경계의 선근과 승 경계의 선근과 선지식 경계의 선근과 일체중생의 경계 선근과 방편의 섬세하고 능숙한 경계 선근과 모든 선근의 마음을 닦은 경계 선근과 안 경계 선근과 바깥 경계 선근과 끝없는 조도법 경계 선근과 모든 보시를 부지런히 닦는 선근과 빼어난 본심을 세워 마지막까지 청정한 계율을 지니는 선근과 일체를 버리고 다 받아서 참는 선근과 항상 정진하는 마음에서 물러나지 않는 선근과 큰 방편으로 헤아릴 수 없는 삼매에 들어가는 선근과 지혜의 선근으로 자세하게 살펴보고 들여다보는 선근과 모든 중생의 마음으로 행하는 차별을 아는 선근과 끝없는 선근을 모으는 선근과 보살의 업과 행을 부지런히 닦는 선근과 모든 세간을 두루 덮어 기르는 선근입니다."
　"불자여! 보살마하살이 이 선근을 닦아 행하고 편안히 머물고 나아가 들어가고 거두어 받고 쌓아 모으고 힘써 갖추고 깨달아 이해하고 마음이 깨끗하고 열어 보이고 일으킬 때 견뎌내고 참아내는 마음을 얻어 악에 이르는 문을 닫고 선근의 모든 근을 거두어 위의를 온전하게 갖추고 뒤바뀜으로부터 멀리 벗어나 바른 행이 원만하고 뛰어난 모든 부처님의 법 그릇이 되어 중생이 복덕으로서 좋은 밭을 지어가고 부처님이 생각하는 이가 되어 부처님의 선근을 거듭 더하며 기르고 모든 부처님의 원에 머물러 모든 부처님의 업을 행하고 마음의 자재함을 얻어 삼세 부처님과 평등해서 부처님 도량에 나아가고 여래의 힘에 들어가 부처님의 드러난 모양이나 상태의 형상을 갖추어 세간을 초월하고 천상에 태어남을 좋아하지 않고 부귀를 탐하지 않고 모든 행함에 집착하지 않고 모든 선근을 남김없이 다 회향합니다."

"모든 중생의 공덕 장이 되어 마지막 도에 머무르며, 일체를 두루 덮어주며, 허망한 길 가운데서 중생을 빼내어 모든 선근의 법에 편안히 머물게 하며, 모든 경계에 두루 해서 끊임도 없고 다함도 없으며, 모든 지혜로 나아가는 보리의 문을 열며, 지혜의 당기를 세워 큰 도를 청정하게 장엄하고 능히 모든 세간에 두루 나타내 보여 허물에 물이 드는 일을 없애주며, 마음을 선근으로 조복시켜서 여래의 가문에 태어나며, 부처님의 종성을 청정히 해서 공덕을 온전하게 갖추며, 큰 복 밭을 지어 세상이 의지할 곳이 되며, 중생을 편안히 세워 모두 청정하게 하며, 늘 부지런하게 모든 선근을 닦고 익힙니다."

佛子 此菩薩摩訶薩隨所積集一切善根 所謂 小善根 大善根 廣善根 多善根 無量善根 種種善根 微塵數善根 阿僧祇善根 無辨際善根 不可思善根 不可量善根 佛境界善根 法境界善根 勝境界善根 善知識境界善根 一切衆生境界善根 方便善巧境界善根 隨諸善心境界善根 內境界善根 外境界善根 無邊助道法境界善根 勤修一切捨善根 立勝志究竟持淨戒善根 一切捨無不隨堪忍善根 常精進心無退善根 以大方便入無量三昧善根 以智慧善觀察善根 知一切衆生心行差別善根 集無邊功德善根 勤修習菩薩業行善根 普覆育一切世間善根 佛子 菩薩摩訶薩於此善根修行安住 攝入攝受 積集辨具 悟解心淨 開示發起時 得堪忍心 閉惡趣門 善攝諸根 威儀具足 遠離顚倒 正行圓滿 堪爲一切諸佛法器 能作衆生福德良田 爲佛所念 長佛善根 住諸佛願 行諸佛業 心得自在 等三世佛 趣佛道場 入如來力 具佛色相 超諸世間 不樂生天 不貪富樂 不著諸行 一切善根悉以迴向 爲諸衆生功德之藏 住究竟道 普覆一切 於虛妄道中拔出衆生 令其安住一切善法 徧諸境界無斷無盡 開一切智菩提之門 建立智幢 嚴淨大道 普能示現一切世間 令除垢染 心善調伏 生如來家 淨佛種性 功德具足 作大福田 爲世所依 安立衆生咸令淸淨 常勤修習一切善根

"불자여! 보살마하살이 청정한 본심과 보리심의 힘으로 모든 선근을 닦을 때 생각하기를 '이 모든 선근은 보리심으로 쌓아 모은 것이며, 이 보리심으로 사유한 것이며, 이 보리심으로 일으킨 것이며, 이 보리심으로 본심으로 즐거워한 것이며, 이 보리심으로 거듭 더하여 이익이 되도록 한 것이며, 모두 일체중생을 가엾게 여긴 것이며, 모두 모든 지혜를 구하기 위한 것이며, 모두 여래의 십력을 성취하기 위한 것이다.'라고 합니다. 이러한 생각을 할 때 선근이 거듭 더해지고 영원히 물러서지 않습니다."

佛子 菩薩摩訶薩以淨志願菩提心力修諸善根時 作是念言 此諸善根是菩提心之所積集 是菩提心之所思惟 是菩提心之所發起 是菩提心之所志樂 是菩提心之所增益 皆爲憐愍一切衆生 皆爲趣求一切種智 皆爲成就如來十力 作是念時 善根增進 永不退轉

"불자여! 보살마하살이 차례를 따라(復) 생각하기를 '나는 이 선근의 과보로 미래의 겁이 다하도록 보살행을 닦아서 남김없이 다 모든 중생에게 은혜로 보시하고 모든 중생에게 남김없이 회향해서 두루 가득하고 남은 것이 없기를 원합니다. 원하건대 아승기 세계가 진귀한 보배로 가득하게 차고, 아승기 세계가 의복으로 가득하게 차고 아승기 세계에 빼어난 향이 가득하게 차고 아승기 세계에 장엄 기물이 가득하게 차고 아승기 세계에 헤아릴 수 없는 마니 보배가 가득하게 차고 아승기 세계에 빼어난 꽃이 가득하게 차고 아승기 세계에 좋은 음식이 가득하게 차고 아승기 세계에 재물이 가득하게 차고 아승기 세계에 평상이 가득하게 있고 덮개는 보배 휘장을 두르고 좋은 옷을 펼치고 아승기 세계에 가지가지로 장엄한 보배 관이 가득하기를 원하며, 가령 사람이 미래의 겁이 다하도록 늘 구걸하고 찾아 구하면 이 같은 등등의 물건으로 은혜로 보시하고 싫어하거나 게으름으로 잠시라도 쉬는 일이 없을 것이다.'라고 합니다. 이렇듯 한 사람에게 하는 것과 같이 모든 중생에게도 역시 이와 같게 합니다."

"불자여! 보살마하살이 이와 같음으로 보시할 때 꾸며낸 거짓된 마음이 없으며, 희망하는 마음이 없으며, 명예를 위하는 마음이 없으며, 중간에 후회하는 마음이 없으며, 번뇌하는 마음이 없으며, 다만 오로지 일체 지혜와 도의 마음을 구하는 마음과 모든 것을 남김없이 버리는 마음과 중생을 가엾이 여기는 마음과 가르쳐 생육하고 성숙하게 하는 마음과 빠짐없이 일체 지혜의 지혜에 편안히 머물게 하려는 마음을 일으킵니다."

"불자여! 보살마하살이 모든 선근으로 이와 같이 회향하며, 미래의 겁이 다하도록 항상 은혜로 보시를 하고 모든 지혜와 지혜의 마음에 머물게 합니다."

佛子 菩薩摩訶薩復作是念 願我以此善根果報 盡未來劫 修菩薩行 悉以惠施一切衆生 悉以迴向一切衆生 普徧無餘 願令阿僧祇世界珍寶充滿 阿僧祇世界衣服充滿 阿僧祇世界妙香充滿 阿僧祇世界莊嚴具充滿 阿僧祇世界無量摩尼寶充滿 阿僧祇世界妙華充滿 阿僧祇世界上味充滿 阿僧祇世界財貨充滿 阿僧祇世界牀座充滿 蓋以寶帳 敷以妙衣 阿僧祇世界種種莊嚴寶冠充滿 假使一人 盡未來劫 常來求索 以此等物而惠施之 未曾厭倦而有休息 如於一人 於一切衆生悉亦如是 佛子 菩薩摩訶薩如是施時 無虛僞心 無希望心 無名譽心 無中悔心 無熱惱心 但發專求一切智道心 一切悉捨心 愛民衆生心 敎化成熟心 皆令安住一切智智心 佛子 菩薩摩訶薩 以諸善根如是迴向 盡未來劫 常行惠施 住一切智智心

"불자여! 보살마하살이 차례를 좇아(復) 생각하기를 '내가 한 명의 중생을 위하는 까닭으로 아승기 세계에 보배 코끼리가 가득 차게 할 것이니, 칠지(다리4, 귀2, 코1)를 온전하게 갖추고 성품이 지극히 거슬리는 것 없이 어울리며, 위에 금으로 된 기를 세우고 금 그물을 덮고 가지가지의 빼어난 보배로 장엄 삼아 이 장엄으로 보시할 것입니다."

"아승기 세계에 보배 말이 가득 차게 할 것이니, 용마왕 같이 가지가지의 많은 보배를 장엄 기물로 삼아 장엄해서 꾸미고 이를 가지고 보시하기를 원하며, 아승기 세계에 채녀를 가득 차게 할 것이니, 가지가지의 빼어난 음악이 두루두루 또 남김없이 펼쳐지면 이를 가지고 보시하기를 원하며, 아승기 세계에 남녀를 가득 차게 할 것이니, 이들을 데리고 보시하기를 원합니다."

"아승기 세계에 내 몸을 가득 차게 할 것이니, 보리심을 일으켜서 이를 쓰임새로 보시하기를 원하며, 아승기 세계에 내 머리를 가득 차게 할 것이니, 거리낌 없이 멋대로 놀아나지 않은 마음을 일으켜서 이를 쓰임새로 보시하기를 원하며, 아승기 세계에 내 눈을 가득 차게 할 것이니, 이를 쓰임새로 보시하기를 원하며, 아승기 세계에 내 몸의 피와 살과 골수가 가득 찬 그 가운데 마음에 애틋한 연민으로 돌아보지 말고 이를 가지고 보시하기를 원하며, 아승기 세계에 왕위가 가득 찬 그 가운데 이를 가지고 쓰임새로 보시하기를 원하며, 아승기 세계에 노복과 사환이 가득 한 그 가운데 이들을 데리고 보시하기를 원합니다.'라고 합니다."

"보살마하살이 이와 같은 등등의 가지가지 모든 물건으로 미래 겁이 다하도록 모든 것을 보시하려는 광대한 마음에 편안히 머물면서 모든 중생에게 보시하니, 한 명의 중생에게 하는 것과 같이 모든 중생에게도 이와 같음으로 보시합니다."

佛子 菩薩摩訶薩復作是念 我爲一衆生故 欲令阿僧祇世界寶象充滿 七支具足 性極調順 上立金幢 金網彌覆 種種妙寶而爲莊嚴 以用布施 願令阿僧祇世界寶馬充滿 如龍馬王 種種衆寶莊嚴之具而嚴飾之 持用布施 願令阿僧祇世界妓女充滿 悉能敷奏種種妙音 持用布施 願令阿僧祇世界男女充滿 持用布施 願令阿僧祇世界己身充滿 發菩提心而用布施 願令阿僧祇世界己頭充滿 起不放逸心 而用布施 願令阿僧祇世界己眼充滿 而用布施 願令阿僧祇世界己身血肉及以骨髓充滿其中 心畝顧戀 持用布施 願令阿僧祇世界自在王位充滿其中 持用布施 願令阿僧祇世界奴僕作使充滿其中 持用布施 菩薩摩訶薩以如是等種種諸物 盡未來劫 安住廣大一切施心 施一衆生 如一衆生 盡衆生界一切衆生皆如是施

"불자여! 보살마하살이 한 세계에서 미래의 겁이 다하도록 보살행을 닦으면서 이러한 한 물건으로 중생에게 보시하며, 이와 같음으로 모든 중생에게 넉넉하게 보시해 주어 다들 만족하게 하며, 한 세계에서 한 것과 같이 모든 허공계와 법계와 두루두루 한 모든 세계에도 남김없이 역시 이와 같음으로 하여 큰 자비로 두루 덮으며, 조금이라도 쉬지 않고 두루두루 가엾이 여김을 더하고 그들이 바라는 대로 따라 넉넉하게 이바지하고 대접하며, 보시의 행으로 인연이 되어 쉬지 않을 뿐만 아니라 손가락 한 번 튕기는 찰나의 순간에 이르기까지 피곤하다거나 게으른 마음을 내지 않습니다."

"불자여! 보살마하살이 이와 같음으로 보시할 때 이러한 마음을 생하니, 이른바 집착이 없는 마음과 속박이 없는 마음과 해탈하는 마음과 큰 힘의 마음과 깊고도 깊은 마음과 선근으로 거두는 마음과 잡는 것이 없는 마음과 수명이 없는 마음과 선근으로 조복시키는 마음과 어지럽거나 혼란하지 않은 마음과 망령되게 헤아리지 않은 마음과 가지가지의 보배를 갖춘 마음과 과보를 구하지 않은 마음과 모든 법을 분명하게 깨달아 통달하는 마음과 큰 회향에 머무는 마음과 모든 이치를 분명하게 깨달아 도장 찍은 선근의 마음과 모든 중생이 위 없는 지혜에 머무는 마음과 큰 법의 광명을 생하는 마음과 모든 지혜의 지혜로 들어가는 마음입니다."

佛子 菩薩摩訶薩於一世界 盡未來劫 修菩薩行 以是等物施一衆生 如是給施一切衆生 皆令滿足 如於一世界 於盡虛空徧法界一切世界中悉亦如是 大悲普覆 終無閒息 普加哀愍 隨其所須供給供養 不令施行遇緣而息 乃至不於一彈指頃生疲倦心 佛子 菩薩摩訶薩如是施時 生於此心 所謂 無著心 無縛心 解脫心 大力心 甚深心 善攝心 無執心 無壽者心 善調伏心 不散亂心 不妄計心 具種種寶性心 不求果報心 了達一切法心 住大迴向心 善決諸義心 令一切衆生住無上智心 生大法光明心 入一切智智心

"불자여! 보살마하살이 쌓아서 모은 선근으로 생각과 생각마다 이와 같음에 회향하니, 이른바 모든 중생이 재물이 풍족해서 적거나 가난하지 않기를 원하며, 모든 중생이 다 함이 없는 공덕의 장을 성취하길 원하며, 모든 중생이 편안하고 즐겁고 좋아함을 모두 온전하게 갖추길 원하며, 모든 중생이 보살마하살의 업을 거듭 더하고 키우길 원하며, 모든 중생이 헤아릴 수 없고 제일 뛰어난 법을 원만하게 이루길 원하며, 모든 중생이 물러서지 않은 모든 지혜의 법 수레를 얻길 원하며, 모든 중생이 시방의 일체 모든 부처님을 보길 원하며, 모든 중생이 세간의 모든 번뇌와 허물로부터 영원히 벗어나길 원하며, 모든 중생이 다 청정하고 평등한 마음을 얻길 원하며, 모든 중생이 모든 어려운 곳을 벗어나 모든 지혜를 얻길 원합니다."

佛子 菩薩摩訶薩以所集善根 於念念中如是迴向 所謂 願一切衆生財寶豐足 無所乏少 願一切衆生成就無盡大功德藏 願一切衆生具足一切安隱快樂 願一切衆生增長菩薩摩訶薩業 願一切衆生成滿無量第一勝法 願一切衆生得不退轉一切智乘 願一切衆生普見十方一切諸佛 願一切衆生永離世間諸惑塵垢 願一切衆生皆得淸淨平等之心 願一切衆生離諸難處得一切智

"불자여! 보살마하살이 이와 같음으로 회향할 때 즐겁고 기쁜 마음을 일으키니, 이른바 모든 중생이 이익과 편안함과 즐거움을 얻게 하려는 까닭이며, 모든 중생이 평등한 마음을 얻게 하려는 까닭이며, 모든 중생이 집착이 없는 마음에 머물게 하려는 까닭이며, 모든 중생이 모든 것을 보시하는 마음에 머물게 하려는 까닭이며, 모든 중생이 즐겁고 기쁘게 보시하는 마음에 머물게 하려는 까닭이며, 모든 중생이 가난하고 어려움으로부터 영원히 벗어나게 보시하는 마음에 머물게 하려는 까닭이며, 모든 중생이 수 없는 재물을 보시하는 마음에 머물게 하려는 까닭이며, 모든 중생이 두루 보시하고 헤아릴 수 없이 보시하고 모든 것을 보시하는 마음에 머물게 하려는 까닭이며, 모든 중생이 미래의 겁이 다하도록 끊임없이 보시하는 마음에 머물게 하려는 까닭이며, 모든 중생이 모든 것을 남김없이 버리지만 후회함도 없고 이렇다 할 괴로움도 없는 마음에 머물게 하려는 까닭입니다."

"모든 중생이 살림살이하는 모든 물건을 남김없이 버리고 보시하는 마음에 머물게 하려는 까닭이며, 모든 중생이 거스르지 않고 따라서 보시하는 마음에 머물게 하려는 까닭이며, 모든 중생이 거두고 취해서 보시하는 마음에 머물게 하려는 까닭이며, 모든 중생이 광대하게 보시하는 마음에 머물게 하려는 까닭이며, 모든 중생이 헤아릴 수 없는 장엄 기물에 집착하지 않으면서 공양하고 보시하는 마음에 머물게 하려는 까닭이며, 모든 중생이 집착이 없이 보시하는 마음에 머물게 하려는 까닭이며, 모든 중생이 평등하게 보시하는 마음에 머물게 하려는 까닭이며, 모든 중생이 금강 같은 지극히 큰 힘으로 보시하는 마음에 머물게 하려는 까닭이며, 모든 중생이 태양의 광염과 같이 보시하는 마음에 머물게 하려는 까닭이며, 모든 중생이 여래의 지혜를 거두어 보시하는 마음에 머물게 하려는 까닭입니다."

"모든 중생이 선근의 권속을 온전히 갖추게 하려는 까닭이며, 모든 중생 앞으로 선근의 지혜가 나타나게 하려는 까닭이며, 모든 중생이 무너지지 않은 청정한 마음의 원만함을 얻게 하려는 까닭이며, 모든 중생이 가장 뛰어난 청정한 선근을 성취하게 하려는 까닭이며, 모든 중생이 번뇌와 잠자는 가운데서도 깨우침을 얻게 하려는 까닭이며, 모든 중생이 일체 모든 의혹을 없애버리게 하려는 까닭이며, 모든 중생이 평등한 지혜와 청정한 공덕을 얻게 하려는 까닭이며, 모든 중생의 공덕을 원만하게 하여 무너트릴 자가 없게 하려는 까닭이며, 모든 중생이 청정하고 동요하지 않는 삼매를 온전히 갖추게 하려는 까닭이며, 모든 중생이 무너트릴 수 없는 일체 지혜의 지혜에 머물게 하려는 까닭입니다."

"모든 중생이 보살의 헤아릴 수 없는 청정한 신통의 행을 원만히 이루게 하려는 까닭이며, 모든 중생이 집착이 없는 선근을 닦아 모으게 하려는 까닭이며, 모든 중생이 과거, 미래, 현재 부처님 마음의 청정함을 생각하게 하려는 까닭이며, 모든 중생이 마군이 지은 모든 업과 걸림이나 막힘이 되는 법을 없애게 하려는 까닭이며, 모든 중생이 막힘이나 걸림 없는 청정하고 평등한 공덕의 법을 온전히 갖추게 하려는 까닭이며, 모든 중생이 광대한 마음으로 항상 모든 부처님을 생각하고 게으르고 폐함이 없게 하려는 까닭이며, 모든 중생이 항상 모든 부처님을 친근히 하고 부지런히 공양하게 하려는 까닭이며, 모든 중생이 모든 선근의 몸을 열고 희고 깨끗한 법(白淨法.不立五蘊不離證得)을 두루 원만하게 하려는 까닭이며, 모든 중생이 헤아릴 수 없는 마음과 가장 뛰어난 마음을 남김없이 청정하게 하려는 까닭입니다."

"모든 중생이 청정하고 평등하게 보시하는 마음을 성취하게 하려는 까닭이며, 모든 중생이 모든 부처님의 지계바라밀을 받들어 지니고 청정하게 하려는 까닭이며, 모든 중생이 크게 참고 견디어 내는 바라밀을 얻게 하려는 까닭이며, 모든 중생이 정진바라밀에 머물면서 항상 게으름을 없게 하려는 까닭이며, 모든 중생이 헤아릴 수 없는 선정에 머물면서 가지가지의 신통한 지혜를 일으키게 하려는 까닭이며, 모든 중생이 모든 법이란 체성이 없음을 밝게 아는 반야바라밀을 얻게 하려는 까닭이며, 모든 중생이 끝없는 청정한 법계를 원만하게 하려는 까닭이며, 모든 중생이 모든 신통과 청정한 선근을 원만히 이루게 하려는 까닭이며, 모든 중생이 평등한 행에 머물면서 선근의 법을 모아 원만하게 하려는 까닭이며, 모든 중생이 선근으로 모든 부처님의 경계에 들어가 남김없이 두루 하게 하려는 까닭입니다."

"모든 중생이 몸과 입과 생각으로 짓은 업을 두루 청정하게 하려는 까닭이며, 모든 중생의 선근 업의 과보를 두루 청정하게 하려는 까닭이며, 모든 중생이 모든 법을 분명하게 깨달아 통달해서 두루 청정하게 하려는 까닭이며, 모든 중생이 진실한 이치를 깨달아 통달해서 두루 청정하게 하려는 까닭이며, 모든 중생이 모든 뛰어난 행을 닦아서 두루 청정하게 하려는 까닭이며, 모든 중생이 모든 보살의 큰 원을 성취해서 두루 청정하게 하려는 까닭이며, 모든 중생이 모든 공덕의 지혜를 증득해서 두루 청정하게 하려는 까닭이며, 모든 중생이 동체(同體)인 모든 선근을 성취해서 회향하고 일체 지혜의 법 수레를 생하여 두루 원만하게 하려는 까닭이며, 모든 중생이 일체 모든 부처님의 국토를 장엄해서 청정하고 두루 원만하게 하려는 까닭이며, 모든 중생이 모든 부처님을 보고 집착함이 없이 두루 원만하게 하려는 까닭입니다."

"모든 중생이 좋은 모양이나 상태의 모든 공덕 장엄을 갖추고 두루 원만하게 하려는 까닭이며, 모든 중생이 60종류의 음성을 얻고 진실한 말을 일으킴으로 모두 믿고 받아서 백천 가지 법으로 장엄하고 여래의 걸림이나 막힘없는 공덕의 빼어난 음성을 남김없이 원만하게 하려는 까닭이며, 모든 중생이 십력으로 장엄해서 걸림이나 막힘없는 평등한 마음을 성취하게 하려는 까닭이며, 모든 중생이 모든 부처님의 다함이 없는 법의 광명을 얻어서 모든 변재를 두루 원만하게 하려는 까닭이며, 모든 중생이 위 없고 두려움 없는 사람 가운데 영웅으로서 사자후를 얻게 하려는 까닭입니다."

"모든 중생이 모든 지혜를 얻어서 물러남이 없고 다함이 없는 법 수레를 굴리게 하려는 까닭이며, 모든 중생이 모든 법을 분명히 깨우쳐 열고 보이며, 널리 펴서 두루 설하게 하려는 까닭이며, 모든 중생이 때맞추어 청정한 선근의 법을 닦고 익혀서 두루 원만하게 하려는 까닭이며, 모든 중생이 도사의 위 없는 법의 보배를 성취해서 평등하고 청정하게 하려는 까닭이며, 모든 중생이 하나의 장엄과 헤아릴 수 없는 장엄과 큰 장엄과 모든 부처님의 장엄을 두루 원만하게 하려는 까닭이며, 모든 중생이 삼세가 가지고 있는 경계에 평등하게 들어가 남김없이 두루두루 하게 하려는 까닭입니다."

"모든 중생이 모든 부처님의 세계에 남김없이 나아가 바른 법을 자세히 듣고 받아서 두루 하지 못한 것을 없게 하려는 까닭이며, 모든 중생이 지혜와 이익이 됨이 세상에서 으뜸이 되어 부처님과 평등하게 하려는 까닭이며, 모든 중생이 움직임 없는 업을 행해서 갈림이나 막힘없는 과를 얻어 두루 원만하게 하려는 까닭이며, 모든 중생이 가지고 있는 모든 근이 신통을 얻어 모든 중생의 근을 알게 하려는 까닭입니다."

"모든 중생이 차별 없는 평등한 지혜를 얻어 모양이나 상태가 하나인 법을 두루 청정하게 하려는 까닭이며, 모든 중생이 이치와 더불어 어김이 없는 모든 선근을 남김없이 온전히 갖추게 하려는 까닭이며, 모든 중생이 모든 보살의 자재한 신통을 남김없이 다 분명히 통달하게 하려는 까닭이며, 모든 중생이 모든 부처님의 다함이 없는 공덕을 얻어 복과 지혜를 남김없이 평등하게 하려는 까닭이며, 모든 중생이 보리심을 일으켜 모든 법의 평등한 하나의 모양이나 상태를 깨우쳐서 잃거나 모자람이 없게 하려는 까닭입니다."

"모든 중생이 바른 법을 분명하게 깨우치고 통달하고 세상에서 가장 높은 복 밭이 되게 하려는 까닭이며, 모든 중생이 제일로 견고해서 능히 무너트릴 수 없게 하려는 까닭이며, 모든 중생이 보는 그대로 반드시 이익을 입어서 꺾을 수 없게 하려는 까닭이며, 모든 중생이 가장 뛰어난 평등한 마음을 이루게 하려는 까닭이며, 모든 중생이 선근으로 일체 모든 법을 깨우치고 통달해서 크게 두려워함이 없음을 얻게 하려는 까닭이며, 모든 중생이 하나의 광명을 놓아 시방의 모든 세계를 두루 비추게 하려는 까닭이며, 모든 중생이 보살의 정진하는 행을 닦아서 게으르거나 물러남이 없게 하려는 까닭이며, 모든 중생이 한 가지의 행과 원으로 모든 행과 원을 만족하게 하려는 까닭이며, 모든 중생이 하나의 빼어난 소리로 듣는 이들이 빠짐없이 깨우침을 얻게 하려는 까닭입니다."

"모든 중생이 모든 보살의 청정한 마음을 온전히 갖추게 하려는 까닭이며, 모든 중생이 모든 선지식을 두루 만나서 받들어 섬기게 하려는 까닭이며, 모든 중생이 보살의 행을 닦아서 중생을 조복시키는 일에 쉼이 없게 하려는 까닭이며, 모든 중생이 빼어난 변재로 모든 소리를 갖추고 마음 그릇을 따라 넓고 널리 펴서 끊어지거나 다함이 없게 하려는 까닭이며, 모든 중생이 하나의 마음으로 모든 마음을 알고 모든 선근으로 평등히 회향하게 하려는 까닭이며, 모든 중생이 모든 선근을 항상 즐거이 모으고 쌓아서 중생을 청정한 지혜에 편안히 세우려고 하는 까닭이며, 모든 중생이 모든 지혜의 복덕과 지혜의 청정한 몸을 얻게 하려는 까닭이며, 모든 중생이 모든 중생의 선근을 선근으로 알아 자세히 살펴 들여다보고 회향함을 두루 성취하게 하려는 까닭입니다."

"모든 중생이 모든 지혜를 얻어서 등정각을 이루어 두루 원만하게 하려는 까닭이며, 모든 중생이 온전하게 갖추어진 신통과 지혜를 얻어 한 곳에 나타나 나아가면 모든 곳에 나타나 나아가게 하려는 까닭이며, 모든 중생이 두루 장엄하는 지혜를 얻어 한 대중의 모임을 장엄하면 모든 대중의 모임을 장엄해서 빠짐없이 청정하게 하려는 까닭이며, 모든 중생이 하나의 부처님 국토에서 모든 부처님의 국토를 두루 보게 하려는 까닭이며, 모든 중생이 모든 장엄 기물과 말할 수 없는 장엄 기물과 헤아릴 수 없는 장엄 기물과 다함이 없는 장엄 기물로 일체 모든 부처님의 국토를 장엄해서 두루두루 하게 하려는 까닭입니다."

"모든 중생이 모든 법에서 깊고 깊은 이치를 분명하게 깨달아 알고 남김없이 도장 찍게 하려는 까닭이며, 모든 중생이 여래의 최상이면서 제일이 되는 자재한 신통을 얻게 하려는 까닭이며, 모든 중생이 하나도 아니고 다른 것도 아닌 모든 공덕과 자재한 신통을 얻게 하려는 까닭이며, 모든 중생이 평등한 모든 선근을 온전하게 갖추고 모든 부처님으로부터 이마에 관정을 받게 하려는 까닭이며, 모든 중생이 남김없이 다 청정한 지혜의 몸을 성취하고 모든 있는 것 가운데서 가장 존귀하고 뛰어나게 하려는 까닭입니다."

佛子 菩薩摩訶薩如是迴向時 發歡喜心 爲令一切衆生得利益安樂故 爲令一切衆生得平等心故 爲令一切衆生住能捨心故 爲令一切衆生住一切施心故 爲令一切衆生住歡喜施心故 爲令一切衆生住永離貧窮施心故 爲令一切衆生住一切財寶施心故 爲令一切衆生住無數財寶施心故 爲令一切衆生住普施無量施一切施心故 爲令一切衆生

住盡未來劫無斷施心故 爲令一切衆生住一切悉捨無悔無惱施心故 爲令一切衆生住悉捨一切資生之物施心故 爲令一切衆生住隨順施心故 爲令一切衆生住攝取施心故 爲令一切衆生住廣大施心故 爲令一切衆生住捨無量莊嚴具供養施心故 爲令一切衆生住無著施心故 爲令一切衆生住平等施心故 爲令一切衆生住如金剛極大力施心故 爲令一切衆生住如日光明施心故 爲令一切衆生住攝如來智施心故 爲令一切衆生善根眷屬具足故 爲令一切衆生善根智慧常現在前故 爲令一切衆生得不可壞淨心圓滿故 爲令一切衆生成就最勝清淨善根故 爲令一切衆生於煩惱睡眠中得覺悟故 爲令一切衆生滅除一切諸疑惑故 爲令一切衆生得平等智慧淨功德故 爲令一切衆生功德圓滿無能壞者故 爲令一切衆生具足淸淨不動三昧故 爲令一切衆生住不可壞一切智智故 爲令一切衆生成滿菩薩無量淸淨神通行故 爲令一切衆生修集無著善根故 爲令一切衆生念去 來 今一切諸佛心淸淨故 爲令一切衆生出生淸淨勝善根故 爲令一切衆生滅除一切魔所作業障道法故 爲令一切衆生具足無礙淸淨平等功德法故 爲令一切衆生以廣大心常念諸佛無懈廢故 爲令一切衆生常近諸佛勤供養故 爲令一切衆生廣開一切諸善根門 普能圓滿白淨法故 爲令一切衆生無量心 廣大心 最勝心悉淸淨故 爲令一切衆生成就淸淨等施心故 爲令一切衆生奉持諸佛尸波羅蜜等淸淨故 爲令一切衆生得大堪忍波羅蜜故 爲令一切衆生住精進波羅蜜常無懈故 爲令一切衆生住無量定 能起種種神通智故 爲令一切衆生得知一切法無體性般若波羅蜜故 爲令一切衆生圓滿無邊淨法界故 爲令一切衆生成滿一切神通淸淨善根故 爲令一切衆生住平等行 積集善法悉圓滿故 爲令一切衆生善入一切諸佛境界悉周徧故 爲令一切衆生身 口 意業普淸淨故 爲令一切衆生善業果報普淸淨故 爲令一切衆生了達諸法普淸淨故 爲令一切衆生了達實義普淸淨故 爲令一切衆生受諸勝行普淸淨故 爲令一切衆生成就一切菩薩大願普淸淨故 爲令一切衆生證得一切功德智慧普淸淨故 爲令一切衆生成就一切同體善根 迴向出生一切智乘普圓滿故普圓滿故 爲令一切衆生嚴淨一切諸佛國土普圓滿故 爲令一切衆生見一切佛而無所著普圓滿故 爲令一切衆生具諸相好功德莊嚴普圓滿故 爲令一切衆生得六十種音聲 發言誠諦 皆可信受 百千種法而以莊嚴 如來無礙功德妙音悉圓滿故 爲令一切衆生成就十力莊嚴無礙平等心故 爲令一切衆生得一切佛無盡法明 一切辯才普圓滿故 爲令一切衆生得無上無畏人中之雄師子吼故 爲令一切衆生得一切智 轉不退轉無盡法輪故 爲令一切衆生了一切法 開示演說普圓滿故 爲令一切衆生以時修習淸淨善法普圓滿故 爲令一切衆生成就導師無

上法寶等淸淨故 爲令一切衆生於一莊嚴 無量莊嚴 大莊嚴 諸佛莊嚴普圓滿故 爲令一切衆生等入三世所有境界悉周徧故 爲令一切衆生悉能往詣一切佛刹 聽受正法無不徧故 爲令一切衆生智慧利益爲世所宗與佛等故 爲令一切衆生以一切智知一切法普圓滿故 爲令一切衆生行不動業 得無礙果普圓滿故 爲令一切衆生所有諸根咸得神通 能知一切衆生根故 爲令一切衆生得無差別平等智慧 於一相法普淸淨故 爲令一切衆生與理無違 一切善根悉具足故 爲令一切衆生於一切菩薩自在神通悉明達故 爲令一切衆生得一切佛無盡功德 若福若智悉平等故 爲令一切衆生發菩提心 解一切法平等一相無邊缺故 爲令一切衆生了達正法 爲世最上福德田故 爲令一切衆生成就平等淸淨大悲 爲諸施者大力田故 爲令一切衆生堅固第一無能沮壞故 爲令一切衆生見必蒙益無能摧伏故 爲令一切衆生成滿最勝平等心故 爲令一切衆生善能了達一切諸法得大無畏故 爲令一切衆生放一光明普照十方一切世界故 爲令一切衆生普修一切菩薩精進行無懈退故 爲令一切衆生以一行願普滿一切諸行願故 爲令一切衆生以一妙音普使聞者皆得解故 爲令一切衆生悉能具足一切菩薩淸淨心故 爲令一切衆生普得値遇諸善知識咸承事故 爲令一切衆生修菩薩行 調伏衆生不休息故 爲令一切衆生以妙辯才具一切音 隨機廣演無斷盡故 爲令一切衆生能以一心 知一切心以一切善根等迴向故 爲令一切衆生常樂積集一切善根 安立衆生於淨智故 爲令一切衆生得一切智 福德智慧 淸淨身故 爲令一切衆生善知一切衆生善根 觀察迴向普成就故 爲令一切衆生得一切智 成等正覺普圓滿故 爲令一切衆生得具足神通智 於一處出興 一切諸處皆出興故 爲令一切衆生得普莊嚴智 嚴淨一衆會 一切衆會皆嚴淨故 爲令一切衆生於一佛國土普見一切佛國土故 爲令一切衆生以一切莊嚴具 不可說莊嚴具 無量莊嚴具 無盡莊嚴具 莊嚴一切諸佛國土普周徧故 爲令一切衆生於一切法悉能決了甚深義故 爲令一切衆生得諸如來最上第一自在神通故 爲令一切衆生得非一非異一切功德自在神通故 爲令一切衆生具足一切平等善根 普爲諸佛灌其頂故 爲令一切衆生悉得成滿淸淨智身 於諸有中最尊勝故

"불자여! 보살마하살이 이와 같음에 가엾이 여겨 모든 중생에게 이익이 되고 편안하게 하고 즐겁게 하며, 모두 청정하게 하고 욕심에 머무적거리는 마음과 시기하는 마음으로부터 멀리 벗어나 뛰어나고 빼어난 즐거움을 받으며, 큰 위덕을 갖추고 큰 믿음과 이해를 내게 하며, 노여움과 분노뿐만 아니라 가리고 덮어버리는 것에 이르기까지 모두 벗어나 그 마음이 청정해서 본연 그대로의 진실이 바르고 유연하며, 아첨과 미혹과 어리석음을 없게 하며, 벗어나 나가는 행을 행하기에 견고해서 무너지지 않으며, 평등한 마음이 영원히 물러서거나 변함이 없게 하며, 희고 깨끗한 법의 힘을 온전하게 갖추어 성취하며, 괴로움도 없고 잘못이 없기에 섬세하고 능숙한 선근으로 회향하며, 항상 바른 행을 닦아서 중생을 조복시키며, 선근의 업이 아닌 일체 모든 것을 없애버리며, 고행하는 모든 선근을 닦고 행합니다."

"또 중생들에게 권해서 닦고 익히게 하며, 중생을 위해서 많은 고통을 두루 갖추어 받으며, 큰 지혜의 눈을 가지고 모든 선근을 깊이 들여다보고 그 모든 것이 지혜로 성품이 된 것임을 알고 방편으로 모든 중생에게 회향합니다."

"모든 중생이 청정한 모든 공덕의 처소에 편안히 머무름을 얻게 하려는 까닭이며, 모든 중생이 모든 선근을 남김없이 거두어 받아들이고 모든 공덕의 성품뿐만 아니라 뜻에 이르기까지 알게 하려는 까닭이며, 모든 중생이 일체 모든 선근을 두루 청정하게 하려는 까닭이며, 모든 중생이 복 밭의 경계 가운데 모든 선근의 법을 심어서 마음에 후회하는 일이 없게 하려는 까닭이며, 모든 중생이 모든 중생을 거두어 받아들여서 한 명 한 명을 빠짐없이 평등한 회향으로 더불어 서로 응하게 하려는 까닭입니다."

"또 모든 선근으로 이와 같음에 회향하니, 이른바 모든 중생이 마지막까지 편안하길 원하며, 모든 중생이 마지막까지 청정하길 원하며, 모든 중생이 마지막까지 편안하고 즐겁길 원하며, 모든 중생이 마지막까지 해탈하길 원하며, 모든 중생이 마지막까지 평등하길 원하며, 모든 중생이 마지막까지 통달하길 원하며, 모든 중생이 마지막까지 희고 깨끗한 법에 편안히 머물길 원하며, 모든 중생이 걸림이나 막힘없는 눈을 얻길 원하며, 모든 중생이 선근으로 그 마음을 조복시키길 원하며, 모든 중생이 십력을 온전하게 갖추고 중생을 조복시키길 원합니다."

佛子 菩薩摩訶薩如是悲愍利益安樂一切衆生 咸令淸淨 遠離懈嫉 受勝妙生 具大威德 生大信解 永離瞋恚及諸翳濁 其心淸淨 質直柔軟 無有諂曲 迷惑 愚癡 行出離行 堅固不壞 平等之心永無退轉 白淨法力具足成就 無惱無失 善巧迴向 常修正行調伏衆生 滅除一切諸佛善業 修行苦行 一切善根 又勸衆生令其修習 普爲含識具受衆苦 以大智眼觀諸善根 知其悉以智慧爲性 方便迴向一切衆生 爲令一切衆生悉得安住一切淸淨功德處故 爲令一切衆生悉能攝受一切善根 知諸功德性及義故 爲令一切

衆生普淨一切諸善根故 爲令一切衆生於福田境界中種諸善法心無悔故 爲令一切衆生普能攝受一切衆生 一一皆令趣一切智故 爲令一切衆生普攝一切所有善根 一一皆與平等迴向而想應故 又以諸善根如是迴向 所謂 願一切衆生究竟安隱 願一切衆生究竟淸淨 願一切衆生究竟安樂 願一切衆生究竟解脫 願一切衆生究竟平等 願一切衆生究竟了達 願一切衆生究竟安住諸白淨法 願一切衆生得無礙眼 願一切衆生調伏其心 願一切衆生具足十力調伏衆生

"불자여! 보살마하살이 이와 같음으로 회향할 때 업에 집착하지 않으며, 보에 집착하지 않으며, 몸에 집착하지 않으며, 물건에 집착하지 않으며, 세계에 집착하지 않으며, 방위에 집착하지 않으며, 중생에게 집착하지 않으며, 중생이 없음에 집착하지 않으며, 모든 법에 집착하지 않으며, 모든 법이 없음에 집착하지 않습니다."

"불자여! 보살마하살이 이와 같음으로 회향할 때 이 선근으로 세간에 두루 보시하며, 모든 중생이 부처님의 지혜를 원만하게 이루어 청정한 마음을 얻고 지혜가 밝고 분명하며, 안으로 마음이 적정하고 밖으로는 인연에 움직이지 않으며, 삼세 부처님의 종자를 성취하길 원합니다."

佛子 菩薩摩訶薩如是迴向時 不著業 不著報 不著身 不著物 不著刹 不著方 不著衆生 不著無衆生 不著一切法 不著無一切法 佛子 菩薩摩訶薩如是迴向時 以此善根普施世間 願一切衆生成滿佛智 得淸淨心 智慧明了 內心寂靜 外緣不動 增長成就三世佛種

"불자여! 보살마하살이 이와 같음으로 회향을 수행할 때 모든 것을 뛰어넘어 나아갔기에 이를 능히 넘어 설 자가 없으며, 모든 세간이 가지고 있는 말로 다 함께 칭찬해도 다 할 수 없습니다. 모든 보살의 모든 행을 두루 닦고 능히 모든 부처님 국토에 나아가며, 모든 부처님을 보는 일에 걸림이나 막힘이 없으며, 또 모든 세계의 보살들이 행하는 것을 두루 보면서 선근 방편으로 모든 중생을 위해서 글귀에 따른 모든 법의 깊고 깊은 뜻을 분별하며, 다라니를 얻어 빼어난 법을 널리 펴서 설하고 미래의 겁이 다하도록 끊어지는 일이 없게 합니다."

"중생을 위하는 까닭으로 생각과 생각마다 말할 수 없이 말로 이를 수 없는 세계에 마치 그림자의 형상과 같이 그 몸을 두루 나타내어 모든 부처님에게 공양하며, 생각과 생각마다 말할 수 없이 말로 이를 수 없는 모든 부처님의 국토를 장엄해서 청정히 하고 부처님 세계를 두루두루 장엄하는 지혜를 남김없이 수행해도 싫어하거나 만족하게 여기지 않으며, 생각과 생각마다 말할 수 없이 말로 이를 수 없는 백천 억 나유타 중생들이 평등하게 만족하는 것을 청정하게 성취하며 일체 모든 국토 가운데서 모든 바라밀을 부지런히 닦아 중생을 거두어 청정한 업을 성취하게 합니다."

"걸림이나 막힘없는 귀를 얻어 부지런히 말할 수 없이 말로 이를 수 없는 모든 부처님 세계의 한 분 한 분의 여래께서 굴리는 법륜을 듣고 받아 지니며, 게으름을 피우거나 쉬지 않고 부지런히 닦고 익혀서 한 생각이라도 버리거나 벗어나려는 마음을 내지 않으며, 얻을 것이 없으며, 의지할 것이 없으며, 지음이 없으며, 집착이 없는 보살의 신통에 머물면서 한 찰나와 손가락을 한 번 튕기는 사이에 몸을 나누어 말할 수 없는 모든 부처님의 세계로 두루 나아가 이르러 모든 보살과 더불어 한가지로 보는 것이 평등합니다."

佛子 菩薩摩訶薩修行如是迴向之時 超出一切 無能過者 一切世間所有言辭悉共稱讚亦不可盡 普修一切菩薩諸行 悉能往詣一切佛土 普見諸佛無所障礙 又能普見一切世界菩薩所行 以善方便 爲諸衆生分別諸法甚深句義 得陀羅尼演說妙法 盡未來劫無有斷絕 爲衆生故 念念於不可說不可說世界 猶如影像 普現其身 供養諸佛 念念嚴淨不可說不可說諸佛國土 悉令周徧 修行嚴淨佛刹智慧而無厭足 念念令不可說不可說百千億那由他衆生 清淨成就 平等滿足 於彼一切諸國土中 勤修一切諸波羅蜜 攝取衆生 成就淨業 得無礙耳 於不可說不可說諸佛世界 一一如來所轉法輪 聽聞受持 精勤修習 不生一念捨離之心 住無所得 無依止 無作 無著菩薩神通 於一刹那一彈指頃 分身普詣不可說諸佛世界 與諸菩薩等同一見

"불자여! 보살마하살이 이와 같음으로 보살의 행을 닦고 익힐 때 오히려 헤아릴 수 없고 말할 수 없이 말로 이를 수 없는 청정한 공덕을 원만하게 이루어서 잊지 않고 기억하며 칭찬해도 다할 수 없는 것을 하물며 차례를 좇아(復) 위 없는 보리를 이루고 얻는다 할 수 있겠습니까."

"모든 부처님의 세계가 평등하고 청정하며, 모든 중생이 평등하고 청정하며, 모든 몸이 평등하고 청정하며, 모든 근이 청정하고 평등하며, 모든 업과 과보가 평등하고 청정하며, 대중이 모인 모든 도량이 평등하고 청정하며, 원만한 모든 행이 평등하고 청정하며, 모든 여래의 서원과 회향이 평등하고 청정하며, 일체 모든 부처님의 신통한 경계가 평등하고 청정합니다."

佛子 菩薩摩訶薩如是修習菩薩行時 尚能成滿無量不可說不可說淸淨功德 憶念稱讚所不能盡 況復得成無上菩提 一切佛刹平等淸淨 一切衆生平等淸淨 一切身平等淸淨 一切根平等淸淨 一切業果平等淸淨 一切衆會道場平等淸淨 一切圓滿行平等淸淨 一切法方便智平等淸淨 一切如來諸願迴向平等淸淨 一切諸佛神通境界平等淸淨

"불자여! 보살마하살이 이와 같음으로 회향할 때 모든 공덕이 청정해지고 환희의 법문을 얻어 헤아릴 수 없는 공덕으로 원만하게 장엄합니다."

"이와 같음으로 회향할 때 중생이 모든 세계를 어기지 않고 국토가 모든 중생을 어기지 않으며, 국토와 중생이 업을 어기지 않고 업이 국토와 중생을 어기지 않으며, 사유가 마음을 어기지 않고 마음이 사유를 어기지 않으며, 사유와 마음이 경계를 어기지 않고 경계가 사유와 마음을 어기지 않으며, 업이 갚음을 어기지 않고 갚음이 업을 어기지 않으며, 업이 업도(業道)를 어기지 않고 업도가 업을 어기지 않습니다."

"법의 성품이 모양이나 상태를 어기지 않고 모양이나 상태가 법의 성품을 어기지 않으며, 법의 생함이 성품을 어기지 않고 법의 성품이 생하는 것을 어기지 않습니다."

"세계의 평등이 중생의 평등을 어기지 않고 중생의 평등이 세계의 평등을 어기지 않으며, 모든 중생의 평등이 모든 법의 평등을 어기지 않고 모든 법의 평등이 모든 중생의 평등을 어기지 않으며, 욕심을 벗어난 경계의 평등이 모든 중생이 편안히 머무는 평등을 어기지 않고 모든 중생이 편안히 머무는 평등이 욕심을 벗어난 경계의 평등을 어기지 않습니다."

"과거가 미래를 어기지 않고 미래가 과거를 어기지 않으며, 과거와 미래가 현재를 어기지 않고 현재가 과거와 미래를 어기지 않으며, 세상의 평등이 부처님의 평등을 어기지 않고 부처님의 평등이 세상의 평등을 어기지 않으며, 보살의 행이 모든 지혜를 어기지 않고 모든 지혜가 보살의 행을 어기지 않습니다."

佛子 菩薩摩訶薩如是迴向時 得一切功德淸淨歡喜法門 無量功德圓滿莊嚴 如是迴

向時 衆生不違一切刹 刹不違一切衆生 刹衆生不違業 業不違刹衆生 思不違心 心不違思 思 心不違境界 境界不違思 心 業不違報 普不違業 業不違業道 業道不違業 法性不違相 法相不違性 法性不違性 法性不違生 刹平等不違衆生平等 衆生平等不違刹平等 一切衆生平等不違一切法平等 一切法平等不違一切衆生平等 離欲際平等不違一切衆生安住平等 一切衆生安住平等不違離欲際平等 過去不違未來 未來不違過去 過去 未來不違現在 現在不違過去 未來 世平等不違佛平等 佛平等不違世平等 菩薩行不違一切智 一切智不違菩薩行

"불자여! 보살마하살이 이와 같음으로 회향할 때 업의 평등을 얻고 과보의 평등을 얻고 몸의 평등을 얻고 방편의 평등을 얻고 원의 평등을 얻고 모든 중생의 평등을 얻고 모든 세계의 평등을 얻고 모든 행의 평등을 얻고 모든 지혜의 평등을 얻고 삼세 모든 부처님의 평등을 얻습니다."

"일체 모든 부처님을 받들어 섬기게 되며, 모든 보살을 공양하게 되며, 모든 선근을 심게 되며, 모든 큰 원을 원만하게 하며, 모든 중생을 가르쳐 이끌게 되며, 모든 업을 분명하게 깨달아 알게 되며, 모든 선지식을 섬기고 공양하게 되며, 청정한 대중이 모인 모든 도량에 들어가게 되며, 모든 바른 가르침의 법을 통하게 되며, 모든 흰 법을 성취하게 됩니다."

佛子 菩薩摩訶薩如是迴向時 得業平等 得報平等 得身平等 得方便平等 得願平等 得一切衆生平等 得一切刹平等 得一切行平等 得一切智平等 得三世諸佛平等 得承事一切諸佛 得供養一切菩薩 得種一切善根 得滿一切大願 得敎化一切衆生 得了知一切業 得承事供養一切善知識 得入一切淸淨衆會道場 得通達一切正敎 得成滿一切白法

"불자여! 이것이 보살마하살의 모든 중생을 거스르지 않고 따르는 제7 회향입니다."

"보살마하살이 이 회향을 성취하면 곧바로 모든 마군과 원수를 꺾어서 없애버리고 모든 욕심의 가시를 뽑아내며, 벗어나 나아가는 즐거움을 얻어 둘이 없는 성품에 머물며, 큰 위덕을 갖추고 중생들을 구원하고 보호하며, 공덕의 왕이 되어 신통함이 걸림이나 막힘이 없으며, 모든 세계로 가서 적멸의 처에 들어가며, 모든 몸을 온전하게 갖추고 보살의 행을 이루기에 모든 행과 원으로 마음이 자재하며, 모든 법을 분명하게 알고 모든 부처님 세계에 남김없이 두루 태어나며, 걸림이나 막힘없는 귀를 얻어 모든 세계에 있는 음성을 들으며, 청정하고 지혜로운 눈을 얻어 모든 부처님을 보고 잠시라도 버리지 않으며, 모든 경계에서 선근을 성취해서 마음에 높고 낮음이 없으며, 모든 법에서는 얻을 것이 없음을 얻게 되니, 보살마하살이 모든 선근으로 평등하게 모든 중생을 거스르지 않고 따라 이와 같음으로 회향합니다."

佛子 是爲菩薩摩訶薩第七等隨順一切衆生迴向 菩薩摩訶薩成就此迴向 則能摧滅一切魔怨 拔諸欲刺 得出離樂 住無二性 具大威德 救護衆生 爲功德王 神足無礙 往一切刹 入寂滅處 具一切身 成菩薩行 於諸行願心得自在 分別了知一切諸法 悉能徧生一切佛刹 得無礙耳 聞一切刹所有音聲 得淨慧眼 見一切佛未嘗暫捨 於一切境界 成就善根 心無高下 於一切法 得無所得 菩薩摩訶薩以一切善根 等隨順一切衆生 如是迴向

이때 금강당 보살이 부처님의 신력을 받들어 시방을 두루 살펴보고 게송으로 말했다.
爾時 金剛幢菩薩承佛神力 普觀十方而說頌言

菩薩所作諸功德 보살이 지어가는 모든 공덕(禪定.三昧.涅槃.二乘.思惟.眞如.解脫.寂滅.寂定.法界.如來地)은
微妙廣大甚深遠 섬세하고 빼어나며 광대하고 깊고 깊으며 아득하기는 하지만
乃至一念而修行 극에 이르러 한 생각이라도 닦아 행하면
悉能迴向無邊際 끝없는 경계까지 남김없이 회향한다네.

菩薩所有資生具 보살이 가지고 있는 살림 도구(禪定.三昧.涅槃.二乘.思惟.眞如.解脫.寂滅.寂定.法界)가
種種豐盈無限億 가지가지로 풍성하기에 헤아릴 수 없는 억이고
香象寶馬以駕車 향내 나는 코끼리와 좋은 말에 멍에와 수레를 매었으며

衣服珍財悉殊妙 의복이며 진귀한 재물이 모두 비할 데 없이 빼어나다네.

或以頭目幷手足 그와 같은 머리와 눈과 아울러 손과 발로
或持身肉及骨髓 그와 같은 몸과 살과 골수를 가지고
悉徧十方無量刹 시방의 헤아릴 수 없는 세계에 두루 돌아다니며
普施一切令充徧 모든 곳에 두루 보시해서 모두 채운다네.

無量劫中所修習 헤아릴 수 없는 겁 동안 닦고 익힌 것과
一切功德盡迴向 모든 공덕(禪定.三昧.涅槃.二乘.思惟.眞如.解脫.寂滅.寂定.法界.如來地)을 다 회향하니
爲欲救度諸群生 모든 중생을 구원하고 제도하기 위해서
其心畢竟不退轉 그 마음은 마지막까지 물러서지 않는다네.

菩薩爲度衆生故 보살이 중생을 제도하려는 까닭으로
常修最勝迴向業 항상 가장 뛰어난 회향의 업을 닦아서
普令三界得安樂 삼계가 두루 편안함과 즐거움을 얻게 하며
悉使當成無上果 남김없이 지금 위 없는 과를 이루게 한다네.

菩薩普興平等願 보살이 평등한 원을 두루 일으키고
隨其所集淸淨業 닦아서 모은 청정한 그 업을 따라
悉以迴施諸群生 모든 중생을 위해 남김없이 보시하고 회향하니
如是大誓終無捨 이와 같은 큰 서원을 끝까지 버리지 않는다네.

菩薩願力無限礙 보살의 원력은 수, 양, 공간, 시간 따위에 걸림이나 막힘이 없기에
一切世間咸攝受 모든 세간을 모두 거두어 받아들이며
如是迴向諸群生 이와 같음을 중생에게 회향하면서
未曾暫起分別心 잠시 잠깐이라도 분별심을 일으키지 않는다네.

普願衆生智明了 두루 원하기를 중생이 지혜를 분명하게 깨우쳐 알아

布施持戒悉淸淨 보시와 지계를 남김없이 청정하게 하고
精進修行不懈癈 정진과 수행을 게으르게 하거나 그만두지 않으니
如是大誓無休息 이와 같은 큰 서원에 잠깐이라도 쉼이 없다네.

菩薩迴向到彼岸 보살이 회향해서 저 언덕에 이르러
普開淸淨妙法門 청정하고 빼어난 법의 문을 두루 여니
智慧同於兩足尊 지혜가 양족존과 같기에
分別實義得究竟 실상의 본바탕을 분별해서 마지막까지 얻는다네.

菩薩言辭已通達 보살의 말을 이미 통달하고
種種智慧亦如是 가지가지의 지혜 또한 이와 같으며
說法如理無障礙 법을 설함에 이치와 같아서 막힘이나 걸림이 없으니
而於其中心不著 그 가운데 집착하는 마음도 없다네.

常於諸法不作二 모든 법은 언제나 둘을 짓지 않고
亦復不作於不二 역시 차례를 좇아 둘 아닌 것도 짓지 않으니
於二不二竝皆離 둘이거나 둘 아닌 것도 모두 벗어났기에
知其悉是語言道 그 모든 것이 언어의 도임을 안다네.

知諸世間悉平等 모든 세간이 모두 평등한 것임을 아니
莫非心語一切業 아닌 게 아니라 모든 업이란 마음과 말뿐이며
衆生幻化無有實 중생도 허깨비라 실상이 없으니
所有果報從茲起 가지고 있는 과보가 이것을 좇아 일어난다네.

一切世間之所有 모든 세간이 가지고 있는
種種果報各不同 가지가지의 과보가 제각기 다르고
莫不皆由業力成 빠짐없이 업의 힘으로 말미암아 이루어진 것이니
若滅於業彼皆盡 그와 같은 업을 없애면 그 모두가 없어진다네.

菩薩觀察諸世間 보살이 모든 세간을 자세히 살펴보고 들여다보니
身口意業悉平等 몸과 입과 뜻의 업이 모두 평등하기에
亦令衆生住平等 중생들 역시 평등하게 머무는 것이며
猶如無等大聖尊 마치 비교할 수 없는 대성존과 같다네.

菩薩善業悉迴向 보살의 선근 업(禪定.三昧.涅槃.二乘.法界.眞如.解脫.寂滅.寂定)을 남김없이 회향해서
普令衆生色清淨 중생의 색신을 두루 청정하게 하고
福德方便皆具足 공덕과 방편을 빠짐없이 온전하게 갖추어
同於無上調御士 위 없는 조어사와 함께 한다네.

菩薩利益諸群生 보살이 모든 중생에게 이익을 주려고
功德大海盡迴向 공덕의 큰 바다(禪定.三昧.涅槃.二乘.眞如.解脫.寂滅.法界.如來地)를 모두 다 회향하니
願使威光特超世 위덕과 광명이 특히나 세상을 뛰어넘어
得成雄猛大力身 뛰어나고 용맹한 큰 힘의 몸을 이루길 소원한다네.

凡所修習諸功德 헤아려 생각하면 닦고 익힌 모든 공덕으로
願使世間普清淨 세간이 두루 청정하게 하길 원하며
諸佛清淨無倫匹 모든 부처님의 청정하심이란 짝할 사람이 없듯이
衆生清淨亦如是 중생의 청정함도 또한 이와 같다네.

菩薩於義得善巧 보살이 선근의 섬세하고 능숙한 이치를 얻어
能知諸佛最勝法 모든 부처님의 가장 뛰어난 법을 능히 알고
以衆善業等迴向 많은 선근의 업(禪定.三昧.涅槃.二乘.眞如.解脫.寂滅.法界)으로 가지런하게 회향해서
願令庶品同如來 중생들이 여래와 같게 되기를 소원한다네.

菩薩了知諸法空 보살이 모든 법이 공한 것임을 깨달아 알고

一切世間無所有 모든 세간이란 없으며

無有造作及作者 사실인 듯 꾸며 만든 것도 없고 지은 자도 없지만

衆生業報亦不失 중생의 업보 또한 잃은 것이 아니라네.

諸法寂滅非寂滅 모든 법은 적멸이다. 적멸이 아니다. (禪定.三昧.涅槃.二乘.眞如.解脫.寂滅.法界.如來地)

遠離此二分別心 이 두 가지 분별하는 마음을 멀리 벗어나면

知諸分別是世見 모든 분별이란 세간을 보고 가지게 되는 생각이니

入於正位分別盡 바른 지위에 들어가면 분별은 없다네.

如是眞實諸佛子 이와 같은 진실한 모든 불자가

從於如來法化生 여래의 법을 좇아 생한 것이며

彼能如是善迴向 이와 같은 선근으로 능히 회향하면

世間疑惑悉除滅 세간의 의혹을 남김없이 없앨 것이라네.

대방광불화엄경 제30권

25. 십회향품(8)
　　十迴向品第二十五之八

제8회향

"불자여! 어떤 것을 보살마하살의 진여의 모양이나 상태의 회향이라 하는가."
佛子 何者是菩薩摩訶薩眞如相迴向

"불자여! 보살마하살이 분명하게 깨우친 바른 생각으로 그 마음이 견고하게 머물고 미혹을 멀리 벗어나 오직 한 마음으로 닦고 행하며, 깊은 마음이 움직이지 않아 무너지지 않은 업을 이루고 모든 지혜로 향해 나아가 마침내 물러서거나 바뀌지 않으며, 본심으로 대승을 구하는 일에 용맹하고 두려움이 없으며, 모든 덕의 근본을 심어 세간을 두루 편안하게 하며, 빼어난 선근을 내어 희고 깨끗한 법(白淨法.不立五蘊不離證得)을 닦으며, 가엾이 여기는 큰마음을 거듭 더하고 키워서 마음의 보배를 성취하며, 모든 부처님을 항상 생각하고 바른 법을 가지고 보호하며, 보살의 도에 대한 믿음과 좋아함이 견고해서 헤아릴 수 없이 청정하고 빼어난 선근(禪定.三昧.涅槃.二乘.思惟.眞如.解脫.寂滅.寂定.法界.如來地)을 성취하며, 모든 공덕과 지혜를 부지런히 닦고 조어사가 되어 많은 선근의 법을 생하고 지혜의 방편으로 회향합니다."

"보살이 이때 지혜의 눈으로 자세히 살펴서 들여다보니, 가지고 있는 선근이 헤아릴 수 없고 끝없으며, 그 모든 선근을 닦고 익힐 때 연(緣.원인을 도와 결과를 낳게 하는 작용)을 구함과 같고 도구를 갖춰 구함과 같고 청정하게 다스림을 구함과 같고 향해 나아가거나 들어감을 구함과 같고 오로지 힘만 쓴 것 같고 행을 일으킴과 같고 분명하게 통달함과 같고 자세하게 살펴보는 것 같고 활짝 열어 보이는 것과 같은, 이와 같은 모든 가지가지의 문과 가지가지의 경계와 가지가지의 모양이나 상태와 가지가지의 일과 가지가지의 구별

되는 자리와 가지가지의 행과 가지가지의 이름과 가지가지의 분별과 가지가지의 출생과 가지가지의 닦고 익히는 일이 있으니, 그 가운데 가지고 있는 모든 선근은 남김없이 다 십력을 향한 법 수레의 마음에 이르기 위해 만들어 세운 것이며, 빠짐없이 일체 종지로 모두 회향하는 것이기에 오직 하나이며 둘은 없습니다."

"모든 선근으로 이와 같음에 회향하니, 이른바 원만하고 걸림이나 막힘없는 몸의 업을 얻어 보살행을 닦길 원하며, 청정하고 걸림이나 막힘없는 입의 업을 얻어 보살행을 닦길 원하며, 막힘이나 걸림 없는 본심의 업을 얻어 대승에 편안하게 머물길 원하며, 원만하고 막힘이나 걸림 없는 마음을 얻어 청정하게 일체 모든 보살행을 닦길 원하며, 헤아릴 수 없고 광대한 보시할 마음을 일으켜 끝없는 중생들에게 넉넉하게 두루 주기를 원하며, 모든 법에 마음이 자재함을 얻어 큰 법을 밝고 널리 펴는 일에 가로막거나 폐함이 없기를 원하며, 모든 지혜의 처(禪定.三昧.涅槃.二乘.眞如.解脫.寂滅.寂定.法界.如來地.思惟)를 분명하게 통함을 얻어 보리심을 일으켜 세간을 두루 비추어주길 원하며, 삼세 모든 부처님을 항상 바르게 생각해서 여래를 진실하게 받아들여 생각하고 항상 눈앞에 나타나 계시길 원하며, 원만하게 위로 거듭 더하는 본심의 즐거움에 머무르며, 모든 마군과 원수로부터 멀리 벗어나기를 원하며, 부처님의 십력, 이 십력의 지혜에 머무르면서 중생을 두루 거둠에 잠시 잠깐이라도 쉼이 없기를 원합니다."

"삼매(如是如是.禪定.三昧.涅槃.眞如.解脫.寂滅.寂定.法界.如來地.二乘地.思惟)를 얻어 모든 세계에 노닐어도 세간에 집착하거나 물들지 않기를 원하며, 모든 세계에 머문다 해도 피곤하거나 싫어함이 없기에 중생을 올바른 방향으로 가르쳐 이끄는 일에 항상 쉼이 없기를 원하며, 헤아릴 수 없는 사유의 방편을 일으켜 생각으로 미루어 알 수 없는 보살의 도를 성취하길 원하며, 모든 방위에 미혹하지 않은 지혜를 얻어 능히 모든 세간을 분별하길 원하며, 자재하고 신통한 지혜의 힘을 얻어 한 생각, 찰나 가운데 모든 국토를 남김없이 장엄하고 청정히 하길 원하며, 모든 법의 자성에 두루 들어감을 얻어 모든 세간을 남김없이 다 청정하게 보기를 원하며, 차별이 없는 지혜를 생하여 일으키고 하나의 세계 가운데 모든 세계가 들어가길 원하며, 모든 세계를 장엄하는 일로 일체를 나타내 보이고 헤아릴 수 없고 끝없는 중생을 가르쳐 바른길로 이끌 수 있길 원하며, 한 부처님 세계 가운데서 끝없는 법계(如是如是.禪定.三昧.涅槃.眞如.解脫.寂滅.寂定.法界.如來地.二乘地.思惟)를 보이고 모든 부처님 세계에도 또한 이와 같기를 원하며, 자재한 큰 신통의 지혜를 얻어 모든 부처님 국토로 두루 향해 나아가 부처님에게 이르기를 원합니다."

佛子 此菩薩摩訶薩正念明了 其心堅住 遠離迷惑 專意修行 深心不動 成不壞業 趣一切智 終不退轉 志求大乘 勇猛無畏 植諸德本 普安世間 生勝善根 修白淨法 大悲增長 心寶成就 常念諸佛 護持正法 於菩薩道信樂堅固 成就無量淨妙善根 勤修一切功德智慧 爲調御師 生衆善法 以智方便而爲迴向 菩薩爾時 慧眼普觀 所有善根無量無邊 其諸善根修集之時 若求緣 若辨具 若治淨 若趣入 若專勵 若起行 若明達 若精審 若開示 如是一切有種種門 種種境 種種相 種種事 種種分 種種行 種種名字 種種分別 種種出生 種種修習 其中所有一切善根 悉是趣向十力乘心之所建立 皆悉迴向一切種智 唯一無二 以諸善根如是迴向 所謂 願得圓滿無礙身業 修菩薩行 願得淸淨無礙口業 修菩薩行 願得成就無礙意業 安住大乘 願得圓滿無障礙心 淨修一切諸菩薩行 願起無量光大施心 周給無邊一切衆生 願於諸法 心得自在 演大法明 無能障蔽 願得明達一切智處 發菩提心 普照世間 願常正念三世諸佛 諦想如來常現在前 願住圓滿增上志樂 遠離一切諸魔怨敵 願得安住佛十力智 普攝衆生無有休息 願得三昧遊諸世界 而於世間無所染著 願住諸世界無有疲厭 敎化衆生恒不休息 願起無量思慧方便 成就菩薩不思議道 願得諸方不迷惑智 悉能分別一切世間 願得自在神通智力 於一念中悉能嚴淨一切國土 願得普入諸法自性 見一切世間悉皆淸淨 願得生起無差別智 於一刹中入一切刹 願以一切刹莊嚴之事顯示一切 敎化無量無邊衆生 願於一佛刹中示無邊法界 一切佛刹悉亦如是 願得自在大神通智 普能往詣一切佛土

"불자여! 보살마하살이 모든 선근으로 모든 부처님의 국토를 장엄하고 얻길 원하며, 모든 세계에 두루두루 함을 얻길 원하며, 지혜를 자세히 살펴보고 들여다보아서 성취하고 얻길 원합니다. 내 몸을 위해서 이와 같음으로 회향하는 것처럼 모든 중생을 위해서도 이와 같음으로 하니, 이른바 모든 중생이 모든 지옥, 축생, 염라 왕으로 향해 나아감에서 영원히 벗어나길 원하며, 모든 중생이 막힘이나 걸림이 되는 모든 업을 없애버리길 원하며, 모든 중생이 넓은 마음으로 평등한 지혜를 두루 얻길 원하며, 모든 중생이 원수든 친한 이든 평등한 마음으로 받아들여 모두가 편안하고 즐거우며, 지혜가 청정하길 원하며, 모든 중생이 지혜는 원만하고 청정한 광명으로 두루 비추길 원하며, 모든 중생이 사유의 지혜를 원만하게 이루어서 진실한 이치를 분명하게 깨우쳐 알기를 원하며, 모든 중생이 청정하고 본심이 좋아함을 따라 보리를 구하는 곳으로 향해 나아가 헤아릴 수 없이 많은 지혜를 얻길 원하며, 모든 중생이 능히 편안하게 머물 처를 나타내어 보이기를 원합니다."

"불자여! 보살마하살이 항상 선근의 마음으로 이와 같음에 회향하니, 이른바 모든 중생이 청량한 구름을 만나 법 비를 내리게 하려는 까닭이며, 모든 중생이 복 밭의 빼어난 경계(如是如是.禪定.三昧.涅槃.眞如.解脫.寂滅.寂定.法界.如來地.二乘地.思惟)를 항상 만나게 하려는 까닭이며, 모든 중생이 빠짐없이 선근으로 보리심의 장에 들어가 스스로 보호해서 지니게 하려는 까닭이며, 모든 중생이 모든 개전(덮어서 얽어맴. 번뇌)을 벗어나 선근으로 편안히 머물게 하려는 까닭이며, 모든 중생이 걸림이나 막힘없는 신통과 지혜를 얻게 하려는 까닭이며, 모든 중생이 자재한 몸을 얻어 두루 나타내 보이게 하려는 까닭이며, 모든 중생이 가장 뛰어난 일체 종지를 성취하고 이익이 됨을 두루 일으켜 헛되이 지나감이 없게 하려는 까닭이며, 모든 중생이 두루 중생을 거두어 청정하게 하려는 까닭이며, 모든 중생이 모든 지혜를 능히 마지막까지 얻게 하려는 까닭이며, 모든 중생의 마음이 동요하지 않고 막힘이나 걸림이 없게 하려는 까닭입니다."

佛子 菩薩摩訶薩以諸善根 願得莊嚴一切佛國 願得周徧一切世界 願得成就智慧觀察 如爲其身如是迴向 如是而爲一切衆生 所謂 願一切衆生永離一切地獄 畜生 閻邏王趣 願一切衆生除滅一切障礙之業 願一切衆生得周普心平等智慧 願一切衆生於怨於親等心攝受 皆令安樂 智慧淸淨 願一切衆生智慧圓滿 淨光普照 願一切衆生思慧成滿 了眞實義 願一切衆生以淨志樂 趣求菩提 獲無量智 願一切衆生普能顯示安隱住處 佛子 菩薩摩訶薩恒以善心如是迴向 爲令一切衆生遇淸涼雲 霪法雨故 爲令一切衆生常値福田 勝境界故 爲令一切衆生皆能善入菩提心藏 自護持故 爲令一切衆生離諸蓋 纏 善安住故 爲令一切衆生皆獲無礙神通智故 爲令一切衆生得自在身 普示現故 爲令一切衆生成就最勝一切種智 普興利益無空過故 爲令一切衆生普攝群品令淸淨故 爲令一切衆生皆能究竟一切智故 爲令一切衆生心不動搖 無障礙故

"불자여! 보살마하살이 사랑하고 좋아하는 국토와 원림과 초목이나 꽃과 열매와 이름 있는 향과 가장 좋은 옷과 진귀한 보배와 재물과 모든 장엄 기물을 보거나, 그와 같은 좋아하는 촌과 읍과 취락을 보거나, 그와 같은 왕의 자재한 위엄과 덕망을 보거나 그와 같은 머무는 곳이 시끄럽고 복잡함을 벗어남을 봅니다. 이러한 일들을 보고 방편 지혜로 게으름을 피우거나 쉬지 않고 부지런히 닦고 익혀서 헤아릴 수 없고 뛰어나고 빼어난 공덕을 나게 하며, 모든 중생을 위해서 부지런히 선근의 법을 구하고 마음에 방일함이 없으며, 널리 많은 선근을 모읍니다. 마치 큰 바다와 같이 다함이 없는 선근으로 일체를 두루 덮으며, 많은 선근의 법이 의지할 곳이 되어 모든 선근의 방편으로 회향하지만, 분별이 없으며, 헤아릴 수 없는 가지가지의 선근을 열어 보이며, 지혜로 항상 모든 중생을 자세히 살펴서 들여다보고 마음으로 항상 선근의 경계(如是如是.禪定.三昧.涅槃.眞如.解脫.寂滅.寂定.法界.如來地.二乘地.思惟)를 잊지 않고 기억하며, 진여와 동등한 평등 선근으로 중생에게 회향하지만 잠시 잠간이라도 쉼이 없습니다."

"보살이 이때 모든 선근으로 이와 같음에 회향하니, 이른바 모든 중생이 모든 여래로부터 사랑과 좋은 견해를 얻어 법의 참된 성품인 평등하고 평등하기에 집착하거나 취함이 없이 원만하고 청정하기를 원하며, 모든 중생이 모든 여래로부터 깊은 사랑과 좋아함을 얻어 원만하게 공양하기를 원하며, 모든 중생이 일체 모든 번뇌가 없으며, 깊은 사랑으로 좋아하는 청정한 부처님 세계에 왕생하기를 원하며, 모든 중생이 모든 부처님으로부터 사랑받고 좋아하는 법을 보길 원하며, 모든 중생이 모든 보살로부터 항상 즐거이 사랑받고 좋아하는 행을 보호해 지니길 원하며, 모든 중생이 선지식으로부터 사랑스럽고 좋은 눈을 얻어 막힘이나 걸림 없이 보기를 원하며, 모든 중생이 사랑하고 좋아하는 모든 물건을 볼 때 어기거나 거슬림이 없기를 원합니다."

"모든 중생이 사랑하고 좋아하는 모든 법을 증득하여 부지런히 보호해 지니길 원하며, 모든 중생이 모든 부처님이 사랑하고 좋아하는 법 가운데서 청정한 광명을 얻길 원하며, 모든 중생이 모든 보살이 일체를 능히 버리는 사랑스럽고 좋은 마음을 닦길 원하며, 모든 중생이 두려워할 것이 없음을 얻어 모든 사랑스럽고 좋아하는 법을 설하길 원하며, 모든 중생이 모든 보살이 매우 사랑하고 좋아하는 다라니를 얻길 원합니다."

"모든 중생이 모든 보살이 매우 사랑하고 좋아하는 선근으로 관찰해서 지혜를 얻길 원하며, 모든 중생이 보살이 깊이 사랑하고 좋아하는 자재한 신통을 나타내길 원하며, 모든 중생이 모든 부처님의 대중 가운데서 사랑하고 좋아하는 깊고 깊은 빼어난 법을 설하길 원하며, 모든 중생이 방편으로 깊이 사랑하고 좋아하는 글귀의 차별을 활짝 열어 보이고 널리 펴서 설하기를 원하며, 모든 중생이 사랑하고 좋아하는 평등한 대비를 항상 일으키길 원하며, 모든 중생이 생각과 생각마다 깊이 사랑하고 좋아하는 큰 보리심을 일으켜 항상 환희하고 기뻐하고 즐기길 원하며, 모든 중생이 깊이 사랑하고 좋아하는 모든 여래의 가문에 들어가길 원하며, 모든 중생이 사랑하고 좋아하는 조복의 행을 얻어 중생을 조복시키는 일에 잠시라도 쉼이 없기를 원하며, 모든 중생이 모든 보살이 가장 사랑하고 좋아하는 다함이 없는 변재를 얻어 모든 법을 널리 펴서 설하길 원하며, 모든 중생이 말할 수 없고 가히 말로서 이를 수 없는 겁 동안에 즐거운 모든 세계에 머물면서 중생을 가르쳐 올바른 길로 이끄는 일에 싫어하거나 게으른 마음이 없길 원하며, 모든 중생이 헤아릴 수 없는 방편으로 깊이 사랑하고 좋아하는 모든 부처님의 법문을 두루 깨달아 들어가기를 원합니다."

"모든 중생이 사랑하고 좋아하는 막힘이나 걸림이 없는 방편을 얻어 일체 법이란 근본이 없음을 알길 원하며, 모든 중생이 사랑하고 좋아하는 탐욕의 경계에서 벗어남을 얻어 일체 법이란 결국에는 둘이 없음을 알아 모든 막힘이나 걸림을 끊어내길 원하며, 모든 중생이 사랑하고 좋아하는 탐욕의 경계에서 벗어남을 얻어 일체 법이란 평등하고 진실한 것임을 알길 원하며, 모든 중생이 사랑하고 좋아하는 모든 보살의 말장난이 없는 법을 온전하게 갖추고 원만하게 이루길 원하며, 모든 중생이 금강 장(如是如是.禪定.三昧.涅槃.眞如.解脫.寂滅.寂定.法界.如來地.二乘地.思惟) 같은 정진의 마음을 얻어 사랑하고 좋아하는 모든 지혜의 도를 이루길 원하며, 모든 중생이 사랑하고 좋아하는 막힘이나 걸림 없는 선근을 온전하게 갖추고 모든 원망과 싸움을 꺾어 조복시키길 원하며, 모든 중생이 사랑하고 좋아하는 모든 지혜의 문(如是如是.禪定.三昧.涅槃.眞如.解脫.寂滅.寂定.法界.如來地.二乘地.思惟)을 얻어 세간에서 정각을 이루고 두루 나타내길 원합니다."

佛子 菩薩摩訶薩見加愛樂國土 園林 草木 華果 名香 上服 珍寶 財物 諸莊嚴具 或見加愛樂村邑 聚落 或見帝王威德自在 或見住處離諸諠雜 見是事已 以方便智精勤修習 出生無量勝妙功德 爲諸衆生勤求善法 心無放逸 廣集衆善 猶如大海 以無盡善普覆一切 爲衆善法所依之處 以諸善根方便迴向而無分別 開示無量種種善根 智常觀察一切衆生 心恒憶念善根境界 以等眞如平等善根迴向衆生 無有休息 菩薩爾時 以諸善根如是迴向 所謂 願一切衆生得諸如來可愛樂見 見法眞性平等平等 無所取著 圓滿淸淨 願一切衆生見諸如來甚可愛樂 圓滿供養 願一切衆生往生一切無諸煩惱 甚可愛樂淸淨佛刹 願一切衆生得見諸不可愛樂法 願一切衆生常樂護持一切菩薩可愛樂行 願一切衆生得善知識可愛樂眼 見無所礙 願一切衆生常見一切可愛樂物 無有違逆 願一切衆生證得一切可愛樂法而勤護持 願一切衆生於一切佛可愛樂法中得淨光明 願一切衆生修諸菩薩一切能捨可愛樂心 願一切衆生得無所畏能說一切可愛樂法 願一切衆生得諸菩薩極可愛樂甚深三昧 願一切衆生得諸菩薩甚可愛樂陀羅

尼門 願一切衆生得諸菩薩甚可愛樂善觀察智 願一切衆生能弦菩薩甚可愛樂自在神通 願一切衆生能於諸佛大衆會中說可愛樂甚深妙法 願一切衆生能以方便 開示演說甚可愛樂差別之句 願一切衆生常能發起甚可愛樂平等大悲 願一切衆生念念發起甚可愛樂大菩提心 常令諸根歡喜悅豫 願一切衆生能入一切甚可愛樂諸如來家 願一切衆生得可愛樂能調伏行 調伏衆生無有休息 願一切衆生得諸菩薩甚可愛樂無盡辯才 演說諸法 願一切衆生於不可說不可說劫 住於一切可樂世界 敎化衆生 心無厭倦 願一切衆生以無量方便 普能悟入甚可愛樂諸佛法門 願一切衆生得可愛樂無礙方便 知一切法無有根本 願一切衆生得可愛樂離貪欲際 知一切法畢竟無二 斷一切障 願一切衆生得可愛樂離貪欲際 知一切法平等眞實 願一切衆生具足成滿一切菩薩甚可愛樂無戲論法 願一切衆生得金剛藏精進之心 成可愛樂一切智道 願一切衆生具可愛樂無礙善根 摧伏一切煩惱怨敵 願一切衆生得可愛樂一切智門 普於世間現成正覺

"불자여! 보살마하살이 이와 같은 모든 선근을 닦고 익힐 때 밝은 지혜를 얻어 선지식이 거두어주며, 여래의 태양 같은 지혜가 그 마음을 밝게 비추어 어리석은 어둠을 영원히 없애며, 바른 법을 부지런히 닦아서 모든 지혜의 업에 들어가며, 선근으로 배운 지혜의 지위가 흘러 들어가 법계에 선근이 퍼져 충만하게 하며, 지혜로 회향해서 보살의 선근, 이 선근의 근원을 다하며, 지혜로 깊고 큰 방편의 바다로 들어가 헤아릴 수 없이 광대한 선근을 성취합니다."

佛子 菩薩摩訶薩修習如是諸善根時 得智慧明 爲善知識之所攝受 如來慧日明照其心 永滅癡冥 勤修正法 入諸智業 善學智地 流布善根 充滿法界 以智迴向 盡諸菩薩善根源底 以智深入大方便海 成就無量廣大善根

"불자여! 보살마하살이 이러한 선근으로 이와 같음에 회향하니, 이른바 세간에 집착하지 않고 중생을 취하지 않고 그 마음이 청정하기에 의지할 것이 없고 모든 법을 바르게 생각해서 분별하는 소견을 벗어나고 모든 부처님의 자재한 지혜를 버리지 않으며, 삼세일체 모든 부처님의 올바른 회향의 문을 어기지 않으며, 평등한 모든 바른 법을 거스르지 않고 따르며, 여래의 진실한 모양이나 상태를 무너트리지 않으며, 삼세를 평등하게 들여다보고 중생의 모양이나 상태가 없으며, 선근으로 부처님의 도를 따르며, 선근으로 법을 설하며, 그 뜻을 깊이 깨우쳐 알고 가장 뛰어난 지위에 들어가며, 진실한 법을 깨달아 체득해서 지혜가 원만하고 믿음의 즐거움이 견고합니다."

"비록 선근(善根)으로 바른 업을 닦지만, 업의 성품이란 공한 것임을 알아 모든 법이 다 허깨비와 같음을 분명히 깨달으며, 모든 법이란 스스로 성품이 없음을 알고 모든 이치뿐만 아니라 가지가지의 행이 세상의 말을 따르는 것이기에 집착할 것이 없음을 들여다보고 집착하는 모든 인연을 없애버리며, 실상의 본바탕과 같은 이치를 알아서 모든 법의 성품이 남김없이 다 적멸함을 들여다보며, 모든 법이 실상과 동일한 것임을 분명하게 깨우치며, 모든 법의 모양이나 상태가 서로 어기거나 등을 맞대지 않음을 알고 보살들과 함께 머물며, 그 도를 닦고 선근으로 중생들을 거두어 과거, 미래, 현재의 모든 보살이 회향하는 문으로 들어갑니다."

"모든 부처님 법에 놀라거나 두려워하는 마음이 없으며, 헤아릴 수 없는 마음으로 모든 중생이 청정함을 얻게 하며, 시방세계에서 나와 내 것이라고 취해서 지키려는 마음을 일으키지 않으며, 모든 세간에서도 분별함이 없으며, 모든 경계에 물들거나 집착을 생하지 않으며, 모든 출세간(不立五蘊)의 법을 부지런히 닦으며, 모든 세간에 취함도 없고 의지함도 없으며, 깊고 빼어난 도도 바르게 보면서 견고하게 둘러싸며, 모든 망령된 견해를 벗어나 진실한 법을 분명하게 깨우쳐 압니다. 비유하면 진여(眞如.如是如是.禪定.三昧.涅槃.解脫.寂滅.寂定.法界.如來地.二乘地.思惟)가 모든 곳에 두루 해서 끝닿은 경계가 없듯이 선근 회향도 역시 차례를 좇아(復) 이와 같기에 모든 곳에 두루 해서 끝닿은 경계가 없으며, 비유하면 진여가 진실을 성품으로 삼듯이 선근 회향도 역시 차례를 좇아 이와 같기에 모든 법을 분명하게 깨달아 진실을 성품으로 삼으며, 비유하면 진여가 항상 본성을 지키면서 고치거나 변함이 없듯이 선근 회향도 역시 차례를 좇아 그 본성을 지키면서 처음부터 끝까지 고치거나 변하지 않으며, 비유하면 진여가 모든 법이란 성품이 없음을 성품으로 삼듯이 선근 회향도 역시 차례를 좇아 이와(復) 같기에 모든 법이란 성품이 없음을 성품으로 삼음을 분명하게 깨달아 알며, 비유하면 진여가 모양이나 상태가 없음을 모양이나 상태로 삼듯이 선근 회향도 역시 차례를 좇아 이와 같기에 모든 법이 모양이나 상태가 없음을 모양이나 상태로 삼음을 분명하게 깨달아 알며, 비유하면 그와 같은 진여를 얻은 이가 있으면 마침내 물러섬이 없듯이 선근 회향도 역시 이와 같기에 그와 같이 얻은 이가 있으면 모든 부처님 법에서 영원히 물러섬이 없으며, 비유하면 진여(眞如.如是如

是.禪定.三昧.涅槃.解脫.寂滅.寂定.法界.如來地.二乘地.思惟)가 일체 모든 부처님이 행하신 곳과 같듯이 선근 회향도 역시 차례를 좇아 이와 같기에 모든 여래께서 행하신 곳이며, 비유하면 진여가 경계의 모양이나 상태를 벗어남을 경계로 삼듯이 선근 회향도 역시 차례를 좇아 이와 같기에 경계의 모양이나 상태를 벗어난 것을 삼세 일체 모든 부처님의 원만한 경계로 삼으며, 비유하면 진여가 능히 편안하게 나타내듯이 선근 회향도 역시 차례를 좇아 이와 같기에 능히 모든 중생을 남김없이 편안하게 나타내며, 비유하면 진여가 항상 성품을 거스르지 않고 따르듯이 선근 회향도 역시 차례를 좇아 이와 같기에 미래의 겁이 다하도록 거스르지 않고 따르는 일이 끊어지지 않습니다."

"비유하면 진여(眞如.如是如是.禪定.三昧.涅槃.解脫.寂滅.寂定.法界.如來地.二乘地.思惟)를 측량할 수가 없듯이 선근 회향도 역시 차례를 좇아(復) 이와 같기에 허공계와 평등해서 중생의 마음을 다해도 측량할 수가 없으며, 비유하면 진여가 일체에 가득 차 있듯이 선근 회향도 역시 차례를 좇아 이와 같기에 일 찰나, 한순간에 법계(法界.眞如.如是如是.禪定.三昧.涅槃.解脫.寂滅.寂定.如來地.二乘地.思惟)에 두루두루 하며, 비유하면 진여가 항상 머물며 다함이 없듯이 선근 회향도 역시 차례를 좇아 이와 같기에 마지막까지 다함이 없으며, 비유하면 진여를 마주 대하여 견줄 수 있는 것이 없듯이 선근 회향도 역시 차례를 좇아 이와 같기에 모든 부처님 법이 두루 원만해서 마주 대하여 견줄 수 없으며, 비유하면 진여의 체성이 견고하듯이 선근 회향도 역시 차례를 좇아 이와 같기에 체성이 견고해서 모든 의심이나 번뇌로 방해할 수 없으며, 비유하면 진여를 무너트릴 수 없듯이 선근 회향도 역시 차례를 좇아 이와 같기에 모든 중생이 부서뜨릴 수 있는 것이 아니며, 비유하면 진여가 밝게 비춤을 체로 삼듯이 선근 회향도 역시 차례를 좇아 이와 같기에 두루 밝게 비춤을 그 성품으로 삼으며, 비유하면 진여가 있지 않은 곳이 없듯이 선근 회향도 역시 차례를 좇아 이와 같기에 모든 곳에 남김없이 있지 않은 곳이 없으며, 비유하면 일체 시에 두루 하듯이 선근 회향도 역시 차례를 좇아 일체 시에 두루 하며, 비유하면 진여의 성품이 두루 하듯이 선근 회향도 역시 차례를 좇아 이와 같기에 세간에 머물지만 체가 청정합니다."

"비유하면 진여(眞如.如是如是.禪定.三昧.涅槃.解脫.寂滅.寂定.法界.如來地.二乘地.思惟)가 법으로부터 막힘이나 걸림이 없듯이 선근 회향도 역시 차례를 좇아 이와 같기에 일체에 두루 행하지만 막힘이나 걸림이 되는 것이 없으며, 비유하면 진여가 많은 법의 눈이 되듯이 선근 회향도 역시 차례를 좇아 모든 중생의 눈이 되어주며, 비유하면 진여의 성품이 피로하거나 게으름이 없듯이 선근 회향도 역시 차례를 좇아 이와 같기에 모든 보살의 행을 수행하면서도 피로하거나 게으름이 없으며, 비유하면 진여(眞如.如是如是.禪定.三昧.涅槃.解脫.寂滅.寂定.法界.如來地.二乘地.思惟)의 체성이 깊고도 깊듯이 선근 회향도 역시 차례를 좇아 이와 같기에 그 성품이 깊고도 깊으며, 비유하면 진여(眞如.如是如是.禪定.三昧.涅槃.解脫.寂滅.寂定.法界.如來地.二乘地.思惟)라 이를만한 물건이 하나도 없듯이 선근 회향도 역시 차례를 좇아 이와 같기에 그 성품이 한 물건도 없음을 깨달아 알며, 비유하면 진여의 성품은 나타나 보이는 것이 아니듯이 선근 회향도 역시 차례를 좇아 이와 같기에 그 체가 섬세하고 빼어나 보기가 어려우며, 비유하면 진여가 많은 허물로부터 가려짐을 벗어나듯이 선근 회향도 역시 차례를 좇아 이와 같기에 지혜의 눈이 청정해서 모든 어리석음으로부터 가려짐을 벗어나며, 비유하면 진여의 성품과 더불어 평등한 것이 없듯이 선근 회향도 역시 차례를 좇아 이와 같기에 일체 모든 보살의 행을 성취해서 최상이므로 어깨를 나란히 할 자가 없으며, 비유하면 진여의 체성이 적정하듯이 선근 회향도 역시 차례를 좇아 이와 같기에 선근으로 적정의 법을 거스르지 않고 따르며, 비유하면 진여(眞如.如是如是.禪定.三昧.涅槃.解脫.寂滅.寂定.法界.如來地.二乘地.思惟)는 근본이라 할 만한 것이 없듯이 선근 회향도 역시 차례를 좇아 이와 같기에 모두 근본이 없는 법으로 들어갑니다."

"비유하면 진여의 체성이 끝이 없듯이 선근(善根) 회향도 역시 차례를 좇아 이와 같기에 청정한 모든 중생의 그 수가 끝이 없으며, 비유하면 진여가 체성에 집착함이 없듯이 선근 회향도 역시 차례를 좇아 이와 같기에 마침내는 일체 모든 집착에서 영원히 벗어나며, 비유하면 진여는 막힘이나 걸림이 없듯이 선근 회향도 역시 차례를 좇아 이와 같기에 모든 세간의 걸림이나 막힘을 없애버렸으며, 비유하면 진여는 세간에서 행할 수 있는 일이 아니듯이 선근 회향도 역시 차례를 좇아 이와 같기에 모든 세간에서 행할 수 있는 일이 아니며, 비유하면 진여가 체성에 머무름이 없듯이 선근 회향도 역시 차례를 좇아 이와 같기에 일체 생사에 모두 머무는 것이 아니며, 비유하면 진여(眞如.如是如是.禪定.三昧.涅槃.解脫.寂滅.寂定.法界.如來地.二乘地.思惟)가 성품을 짓는 것이 아니듯이 선근 회향도 역시 차례를 좇아 이와 같기에 모든 짓는 것을 남김없이 다 버리고 벗어나며, 비유하면 진여가 체성에 편안히 머물 듯이 선근 회향도 역시 차례를 좇아 이와 같기에 진실에 편안히 머물며, 비유하면 진여가 일체 법과 더불어 서로 함께 응하듯이 선근 회향도 역시 차례를 좇아 이와 같기에 모든 보살과 더불어 법문을 듣고 닦고 익힘에 서로 함께 응하며, 비유하면 진여는 모든 법 가운데서 성품이 항상 평등하듯이 선근 회향도 역시 차례를 좇아 이와 같기에 모든 세간에서 평등한 행을 닦으며, 비유하면 진여는 모든 법을 벗어나지 않듯이 선근 회향 역시 차례를 좇아 이와 같기에 미래의 경계가 다 하도록 세간을 버리지 않습니다."

"비유하면 진여(眞如.如是如是.禪定.三昧.涅槃.解脫.寂滅.寂定.法界.如來地.二乘地.思惟)는 모든 법 가운데서 결국에는 다함이 없듯이 선근 회향도 역시 차례를 좇아 이와 같기에 모든 중생에게 회향함도 다 함이 없으며, 비유하면 진여가 모든 법과 더불어 서로 어기지 않듯이 선근 회향도 역시 차례를 좇아 이와 같기에 삼세의 모든 불법을 어기지 않으며, 비유하면 진여가 모든 법을 두루 거두어들이듯이 선근 회향도 역시 차례를 좇아 이와 같기에 모든 중생의 선근을 다 거두어들이며, 비유하면 진여가 모든 법과 더불어 그 체성이 같듯이 선근 회향 역시 차례를 좇아 이와 같기에 삼세 부처님과 더불어 체성이 같으며, 비유하면 진여가 모든 법과 더불어 서로 버리거나 벗어나지 않듯이 선근 회향도 역시 차례를 좇아 이와 같기에 모든 세간의 법과 출세간의 법을 거두어 가지며, 비유하면 진여의 비춤을 가로막을 수 없듯이 선근 회향도 역시 차례를 좇아 이와 같기에 모든 세간에 비춤을 가로막을 수 없으며, 비유하면 진여가 동요하지 않듯이 선근 회향도 역시 차례를 좇아 이와 같기에 모든 마업이 동요하게 할 수 없으며, 비유하면 진여의 성품에 허물과 탁함이 없듯이 선근 회향도 역시 차례를 좇아 이와 같기에 보살행을 닦음에 허물과 탁함이 없으며, 비유하면 진여는 변하거나 바뀜이 없듯이 선근 회향도 역시 차례를 좇아 이와 같기에 중생을 불쌍히 여기지만 마음이 변하거나 바뀜이 없으며, 비유하면 진여가 다하여 없어짐이 없듯이 선근 회향도 역시 차례를 좇아 이와 같기에 세간 법으로는 다할 수 없습니다."

"비유하면 진여(眞如.如是如是.禪定.三昧.涅槃.解脫.寂滅.寂定.法界.如來地.二乘地.思惟)의 성품은 항상 깨우침을 깨달아 얻듯이 선근 회향도 역시 차례를 좇아 이와 같기에 능히 모든 법에 대한 깨우침을 깨달아 알며, 비유하면 진여는 잃어버리거나 무너트릴 수 없듯이 선근 회향도 역시 차례를 좇아 이와 같기에 모든 중생이 뛰어난 본심의 원을 일으켜 영원히 잃어버리거나 무너트림이 없으며, 비유하면 진여가 크게 비추어 밝히듯이 선근 회향 역시 차례를 좇아 이와 같기에 큰 지혜의 광명으로 모든 세간을 비추며, 비유하면 진여는 말로 설할 수 없듯이 선근 회향도 역시 차례를 좇아 이와 같기에 모든 언어로 설하지 못하며, 비유하면 진여가 모든 세간을 유지하듯이 선근 회향도 역시 차례를 좇아 모든 보살의 모든 행을 유지하며, 비유하면 진여가 세상의 말을 따르듯이 선근 회향도 역시 차례를 좇아 이와 같기에 모든 지혜의 말을 거스르지 않고 따르며, 비유하면 진여가 모든 법에 두루두루 하듯이 선근 회향도 역시 차례를 좇아 이와 같기에 시방의 모든 부처님 세계에 두루 해서 대 신통을 나타내어 등정각을 이루며, 비유하면 진여가 분별이 없듯이 선근 회향도 역시 차례를 좇아 이와 같기에 세간에서 분별하는 것이 없으며, 비유하면 진여가 모든 몸에 두루 하듯이 선근 회향 역시 차례를 좇아 이와 같기에 시방세계의 헤아릴 수 없이 많은 몸에 두루 하며, 비유하면 진여의 체성은 생함이 없듯이 선근 회향도 역시 차례를 좇아 이와 같기에 방편을 생하여 보이지만 생하는 것이 없습니다."

"비유하면 진여가 있지 않은 곳이 없듯이 선근(善根) 회향도 차례를 좇아 이와 같기에 시방 삼세 모든 부처님 국토 가운데 신통을 나타내지 않은 곳이 없으며, 비유하면 진여가 밤에도 두루 하듯이 선근 회향도 역시 차례를 좇아 이와 같기에 모든 밤에 큰 광명을 놓아 불사를 지어 보시하며, 비유하면 진여가 낮에 두루 있듯이 선근 회향도 역시 차례를 좇아 이와 같기에 낮에 있는 모든 중생이 부처님의 신통 변화를 보고 물러섬이 없는 법을 널리 펴고 허물과 잘못을 벗어나 청정해서 헛되이 지나는 자가 없게 하며, 비유하면 진여가 반달뿐만 아니라 일월에 이르기까지 두루 있듯이 선근 회향도 역시 차례를 따라 이와 같기에 모든 세간의 시절을 따라 좋은 방편을 얻어 한 생각, 한순간에 모든 시절을 알며, 비유하면 진여가 일 년이라는 세월에 두루 있듯이 선근 회향도 차례를 좇아 이와 같기에 헤아릴 수 없는 겁을 머물지만 일체 모든 근기를 성숙하게 하고 분명히 깨달아 알며, 빠짐없이 원만하게 하고 비유하면 진여가 이루어지고 무너지는 겁에 두루 하듯이 선근 회향도 역시 차례를 좇아 이와 같기에 모든 겁에 머물지만 청정하고 물드는 일이 없어서 중생을 가르쳐 이끌며, 청정하게 하고 비유하면 진여가 미래의 경계를 다 하듯이 선근 회향도 역시 차례를 좇아 이와 같기에 미래의 경계가 다 하도록 보살의 청정하고 빼어난 행을 닦아서 큰 원을 원만하게 이루고 물러섬이 없으며, 비유하면 진여가 삼세에 두루 머물 듯이 선근 회향도 역시 차례를 좇아 이와 같기에 모든 중생이 한 찰나에 삼세 부처님을 보지만 단 한 순간이라도 버리거나 벗어남이 없으며, 비유하면 진여가 모든 곳에 두루 하듯이 선근 회향도 역시 이와 같기에 삼계를 뛰어넘어 나아가 일체에 두루두루 하고 남김없이 자재함을 얻으며, 비유하면 진여가 법과 법 없음에 머물 듯이 선근 회향도 역시 차례를 좇아 이와 같기에 모든 있음과 없음의 법을 분명하게 깨달아 통달하고 마침내는 청정합니다."

"비유하면 진여의 체성이 청정하듯이 선근 회향도 역시 차례를 좇아 이와 같기에 방편으로 조도법을 모아 일체 모든 보살행을 청정하게 다스리며, 비유하면 진여의 체성이 밝고 깨끗하듯이 선근의 회향도 역시 차례를 좇아 이와 같기에 모든 보살이 남김없이 삼매의 밝고 깨끗한 마음을 얻게 하며, 비유하면 진여의 체성이 허물이 없듯이 선근 회향도 역시 차례를 좇아 이와 같기에 모든 허물을 멀리 벗어나 일체를 만족하게 하고 모든 본심을 청정하게 하며, 비유하면 진여가 나와 나의 것이 없듯이 선근 회향도 역시 이와 같기에 나와 나의 것이 없는 마음이 시방 부처님 국토에 가득 차 있으며, 비유하면 진여의 체성이 평등하듯이 선근 회향도 역시 차례를 좇아 이와 같기에 평등한 일체 지혜의 지혜를 얻어 모든 법을 비추어 분명하게 깨달아 알고 모든 어리석은 가리개에서 벗어나며, 비유하면 진여가 모든 수와 양을 뛰어넘듯이 선근 회향도 역시 차례를 좇아 이와 같기에 수와 양을 뛰어넘은 일체 지혜의 법 수레, 이 수레의 큰 힘을 가진 법장으로 함께 머물면서 시방 모든 세계에 광대한 법 구름을 일으키며, 비유하면 진여가 평등하고 편안하게 머물 듯이 선근 회향도 역시 차례를 좇아 이와 같기에 일체 모든 보살행을 내어 일으키고 모든 지혜의 도에 평등하게 머물며, 비유하면 진여가 일체 모든 중생계에 두루 머물 듯이 선근 회향도 역시 차례를 좇아 이와 같기에 막힘이나 걸림 없는 일체 종지를 만족하게 하고 중생계의 눈앞에 남김없이 나타내며, 비유하면 진여가 분별하지 않고 일체 음성 지혜 가운데 두루 머물 듯이 선근 회향도 역시 차례를 좇아 이와 같기에 일체 모든 말과 음성의 지혜를 온전하게 갖추고 가지가지의 말과 음성을 두루 나타내 보여서 중생에게 활짝 열어 보이며, 비유하면 진여가 세간을 영원히 벗어나듯이 선근 회향도 역시 차례를 좇아 이와 같기에 중생들을 영원히 세간에서 두루 나오게 합니다."

"비유하면 진여의 체성이 광대하듯이 선근 회향도 역시 차례를 좇아 이와 같기에 과거, 미래, 현재세의 광대한 불법을 남김없이 받아 지니고 항상 잊지 않고 모든 보살의 모든 행을 부지런히 닦으며, 비유하면 진여가 잠깐 사이라도 쉼이 없듯이 선근 회향도 역시 차례를 좇아 이와 같기에 모든 중생을 대 지혜의 편안한 지위에 처하게 하고자 일체 겁을 두고 보살행을 닦지만 잠깐 사이라도 쉼이 없으며, 비유하면 진여의 체성이 너그럽고 넓어서 모든 법에 두루 하듯이 선근 회향도 역시 차례를 좇아 이와 같기에 청정한 생각이 막힘이나 걸림이 없고 일체 너그럽고 넓은 법문을 두루 거두어 지니며, 비유하면 진여가 군품을 두루 거두어들이듯이 선근 회향도 역시 차례를 좇아 이와 같기에 헤아릴 수 없는 품류의 지혜를 증득하여 모든 보살의 진실하고 빼어난 행을 닦으며, 비유하면 진여가 취해서 집착하는 것이 없듯이 선근 회향도 역시 차례를 좇아 이와 같기에 모든 법을 취함이 없고 모든 세간을 취해서 집착하는 것을 버리고 없애서 두루 청정하게 하며, 비유하면 진여의 체성은 움직이지 않듯이 선근 회향도 역시 차례를 좇아 이와 같기에 보현의 원만한 행과 원에 편안히 머물고 마침내는 움직이지 않으며, 비유하면 진여가 부처님의 경계이듯이 선근 회향도 역시 차례를 좇아 이와 같기에 모든 중생이 일체 대 지혜의 경계를 만족하게 하고 번뇌의 경계를 없애고 남김없이 청정하게 하며, 비유하면 진여를 억누르고 조복할 수 없듯이 선근 회향도 역시 차례를 좇아 이와 같기에 모든 마업의 일과 외도의 삿된 논리로는 억누르거나 조복시킬 수 없으며, 비유하면 진여는 닦을 것도 아니고 닦지 않을 것도 아니듯이 선근 회향도 역시 차례를 좇아 이와 같기에 모든 망령된 생각을 취하고 집착함을 버리고 벗어나 닦고 닦지 않음을 분별함이 없으며, 비유하면 진여는 물러나거나 버리는 것이 없듯이 선근 회향도 역시 차례를 좇아 이와 같기에 항상 모든 부처님을 보고 보리심을 일으키고 대 서원으로 장엄해서 영원히 물러나거나 버리는 일이 없습니다."

"비유하면 진여(眞如.如是如是.禪定.三昧.涅槃.解脫.寂滅.寂定.法界.如來地.二乘地.思惟)가 모든 세간의 말과 음성을 두루 거두어들이듯이 선근 회향도 역시 차례를 좇아 이와 같기에 모든 차별이 되는 말과 음성의 신통한 지혜를 얻어 모든 가지가지의 말과 말씀을 두루 일으키며, 비유하면 진여가 모든 법을 바라거나 구하려 하지 않듯이 선근 회향도 역시 차례를 좇아 이와 같기에 모든 중생이 보현의 수레를 타고 이승에 올라 벗어남을 얻어 모든 법으로부터 탐하고 구할 것이 없으며, 비유하면 진여가 모든 지위에 머물 듯이 선근 회향도 역시 차례를 좇아 이와 같기에 중생들이 세간의 지위를 버리고 지혜의 지위에 머무르면서 보현의 행으로 스스로 장엄하며, 비유하면 진여가 끊어짐이 없듯이 선근 회향도 역시 차례를 좇아 이와 같기에 모든 법에 대한 두려움이 없어지고 많은 무리의 소리를 따라 곳곳에서 널리 펴고 설하여 끊어짐이 없으며, 비유하면 진여가 모든 번뇌를 버리고 벗어나듯이 선근 회향도 역시 차례를 좇아 이와 같기에 중생들이 법의 지혜를 성취해서 법을 분명하게 깨달아 통달하고 보리의 새지 않은 공덕을 원만하게 하며, 비유하면 진여를 아주 적은 법으로도 무너트리거나 혼란스럽게 할 수 없고 그 적은 부분이라도 깨우침을 깨달아 얻지 못하게 할 수 없듯이 선근 회향도 역시 차례를 좇아 이와 같기에 일체 모든 법을 두루 열어서 깨닫고 그 마음이 헤아릴 수 없이 법계(眞如.如是如是.禪定.三昧.涅槃.解脫.寂滅.寂定.法界.如來地.二乘地.思惟)에 두루두루 하며, 비유하면 진여는 과거에 시작한 것이 아니며, 미래에 끝나는 것이 아니며, 현재 달라지는 것이 아니듯이 선근 회향도 역시 차례를 좇아 이와 같기에 모든 중생을 위해서 항상 보리심의 서원을 새롭게 일으켜서 두루 청정하게 하고 영원히 생사를 벗어나게 하며, 비유하면 진여가 삼세 가운데 분별함이 없듯이 선근 회향도 역시 차례를 좇아 이와 같기에 현재의 생각마다 마음이 항상 깨우침을 깨닫고 과거와 미래에도 남김없이 다 청정하며, 비유하면 진여(眞如.如是如是.禪定.三昧.涅槃.解脫.寂滅.寂定.法界.如來地.二乘地.思惟)가 일체 모든 부처님과 보살을 성취하듯이 선근 회향도 역시 차례를 좇아 이와 같기에 모든 큰 원과 방편을 일으켜 모든 부처님의 지혜를 성취하게 하며, 비유하면 진여가 마지막까지 청정해서 일체 모든 번뇌와 함께하지 않듯이 선근 회향도 역시 차례를 좇아 이와 같기에 모든 중생의 번뇌를 없애고 일체 청정한 지혜를 원만하게 합니다."

佛子 菩薩摩訶薩以此善根如是迴向 所謂 不著世間 不取衆生 其心淸淨 無所依止 正念諸法 離分別見 不捨一切佛自在慧 不違三世一切諸佛正迴向門 隨順一切平等正法 不壞如來眞實之相 等觀三世無衆生相 善順佛道 善說於法 深了其義 入最勝地 悟眞實法 智慧圓滿 心樂堅固 雖善修正業而知業性空 了一切法皆如幻化 知一切法無有自性 觀一切義及種種行 隨世言說而無所著 除滅一切執著因緣 知如實理 觀諸法性皆悉寂滅 了一切法同一實相 知諸法相不相違背 與諸菩薩而共同止 修行其道 善攝衆生 入去 來 今一切菩薩迴向之門 語諸佛法心無驚怖 以無量心令諸衆生普得淸淨 於十方世界不起執取我 我所心 於諸世間無所分別 於一切境界不生染著 勤修一切出世間法 於諸世間無取無依 於深妙道正見牢固 離諸妄見 了眞實法 譬如眞如 徧一切處 無有邊際 善根迴向亦復如是 徧一切處 無有邊際 譬如眞如 眞實爲性 善根迴向亦復如是 了一切法眞實爲性 譬如眞如 恒守本性 無有改變 善根迴向亦復如是 守其本性 始終不改 譬如眞如 以一切法無性爲性 善根迴向亦復如是 了一切法無性爲性 譬如眞如 無相爲相 善根迴向亦復如是 了一切法無相爲相 譬如眞如 若有得者 終無退轉 善根迴向亦復如是 若有得者 於諸佛法 永不退轉 譬如眞如 一切諸佛之所行處 善根迴向亦復如是 一切如來所行之處 譬如眞如 離境界相而爲境界 善根迴向亦復如是 離境界相而爲三世一切諸佛圓滿境界 譬如眞如 能有安立 善根迴向亦復如是 悉能安立一切衆生 譬如眞如 性常隨順 善根迴向亦復如是 盡未來劫 隨順不斷 譬如眞如 無能測量 善根迴向亦復如是 等虛空界 盡衆生心 無能測量 譬如眞如 充滿一切 善根迴向亦復如是 一刹那中普周法界 譬如眞如 常住無盡 善根迴向亦

復如是 究竟無盡 譬如眞如 無有比對 善根迴向亦復如是 普能圓滿一切佛法 無有比對 譬如眞如 體性堅固 善根迴向亦復如是 體性堅固 非諸或惱之所能沮 譬如眞如 不可破壞 善根迴向亦復如是 一切衆生不能損壞 譬如眞如 照明爲體 善根迴向亦復如是 以普照明而爲起性 譬如眞如 無所不在 善根迴向亦復如是 於一切處悉無不在 譬如眞如 徧一切時 善根迴向亦復如是 徧一切時 譬如眞如 性常淸淨 善根迴向亦復如是 住於世間而體淸淨 譬如眞如 於法無礙 善根迴向亦復如是 周行一切而無所礙 譬如眞如 爲衆法眼 善根迴向亦復如是 能爲一切衆生作眼 譬如眞如 性無勞倦 善根迴向亦復如是 修行一切菩薩諸行恒無勞倦 譬如眞如 體性甚深 善根迴向亦復如是 其性甚深 譬如眞如 無有一物 善根迴向亦復如是 了知其性無有一物 譬如眞如 性非出現 善根迴向亦復如是 其體微妙 難可得見 譬如眞如 離衆垢翳 善根迴向亦復如是 慧眼淸淨 離諸癡翳 譬如眞如 性無與等 善根迴向亦復如是 成就一切諸菩薩最上無等 譬如眞如 體性寂靜 善根迴向亦復如是 善能隨順寂靜之法 譬如眞如 無有根本 善根迴向亦復如是 能入一切無根本法 譬如眞如 體性無邊 善根迴向亦復如是 淨諸衆生 其數無邊 譬如眞如 體性無著 善根迴向亦復如是 畢竟遠離一切諸著 譬如眞如 無有障礙 善根迴向亦復如是 除滅一切世間障礙 譬如眞如 非世所行 善根迴向亦復如是 非諸世間之所能行 譬如眞如 體性無住 善根迴向亦復如是 一切生死皆非所住 譬如眞如 性無所作 善根迴向亦復如是 一切所作悉皆捨離 譬如眞如 體性安住 善根迴向亦復如是 安住眞實 譬如眞如 與一切法而共相應 善根迴向亦復如是 與諸菩薩聽聞修習而共相應 譬如眞如 一切法中 性常平等 善根迴向亦復如是 於諸世間隨平等行 譬如眞如 不離諸法 善根迴向亦復如是 盡未來際不捨世間 譬如眞如 一切法中 畢竟無盡 善根迴向亦復如是 於諸衆生迴向無盡 譬如眞如 與一切法無有相違 善根迴向亦復如是 不違三世一切佛法 譬如眞如 普攝諸法 善根迴向亦復如是 盡攝一切衆生善根 譬如眞如 與一切法同其體性 善根迴向亦復如是 與三世佛同一體性 譬如眞如 與一切法不相捨離 善根迴向亦復如是 攝持一切世出世法 譬如眞如 無能映蔽 善根迴向亦復如是 一切世間無能映蔽 譬如眞如 不可動搖 善根迴向亦復如是 一切魔業無能動搖 譬如眞如 性無垢濁 善根迴向亦復如是 修菩薩行無有垢濁 譬如眞如 無有變易 善根迴向亦復如是 憨念衆生 心無變易 譬如眞如 不可窮盡 善根迴向亦復如是 非諸世法所能窮盡 譬如眞如 性常覺悟 善根迴向亦復如是 普能覺悟一切諸法 譬如眞如 不可失壞 善根迴向亦復如是 於諸衆生起勝志願 永不失壞 譬如眞如 能大

照明 善根迴向亦復如是 以大智光照諸世間 譬如眞如 不可言說 善根迴向亦復如是 一切言語所不可說 譬如眞如 持諸世間 善根迴向亦復如是 能持一切菩薩諸行 譬如 眞如 隨世言說 善根迴向亦復如是 隨順一切智慧言說 譬如眞如 徧一切法 善根迴向 亦復如是 徧於十方一切佛刹 現大神通 成等正覺 譬如眞如 無有分別 善根迴向亦復 如是 於諸世間 無所分別 譬如眞如 徧一切身 善根迴向亦復如是 徧十方刹無量身中 譬如眞如 體性無生 善根迴向亦復如是 方便示生而無所生 譬如眞如 無所不在 善根 迴向亦復如是 十方三世諸佛土中 普現神通而無不在 譬如眞如 徧在於夜 善根迴向 亦復如是 於一切夜 放大光明 施作佛事 譬如眞如 徧在於晝 善根迴向亦復如是 悉 令一切在晝衆生 見佛神變 演不退輪 離垢清淨 無空過者 譬如眞如 徧在半月及以一 月 善根迴向亦復如是 於諸世間次第時節 得善方便 於一念中知一切時 譬如眞如 徧 在年歲 善根迴向亦復如是 住無量劫明了成熟 一切諸根皆令圓滿 譬如眞如 徧成壞 劫 善根迴向亦復如是 住一切劫淸淨無染 敎化衆生咸令淸淨 譬如眞如 盡未來際 善 根迴向亦復如是 盡未來際 隨諸菩薩淸淨妙行 成滿大願無有退轉 譬如眞如 徧住三 世 善根迴向亦復如是 令諸衆生於一刹那見三世佛 未曾一念而有捨離 譬如眞如 徧 一切處 善根迴向亦復如是 超出三界 周行一切 悉得自在 譬如眞如 住有無法 善根 迴向亦復如是 了達一切有無之法畢竟淸淨 譬如眞如 體性淸淨 善根迴向亦復如是 能以方便集助道法 淨治一切諸菩薩行 譬如眞如 體性明潔 善根迴向亦復如是 令諸 菩薩悉得三昧明潔之心 譬如眞如 體性無垢 善根迴向亦復如是 遠離諸垢 滿足一切 諸淸淨意 譬如眞如 無我 我所 善根迴向亦復如是 以無我 我所淸淨之心 充滿十方 諸佛國土 譬如眞如 體性平等 善根迴向亦復如是 獲得平等一切智智 照了諸法 離諸 癡翳 譬如眞如 超諸數量 善根迴向亦復如是 與超數量一切智乘大力法藏而同止住 興徧十方一切世界廣大法雲 譬如眞如 平等安住 善根迴向亦復如是 發生一切諸菩 薩行 平等住於一切智道 譬如眞如 徧住一切諸衆生界 善根迴向亦復如是 滿足無礙 一切種智 於衆生界悉現在前 譬如眞如 無有分別 普住一切音聲智中 善根迴向亦復 如是 具足一切諸言音智 能普示現種種言音 開示衆生 譬如眞如 永離世間 善根迴向 亦復如是 普使衆生永出世間 譬如眞如 體性廣大 善根迴向亦復如是 悉能受持去 來 今世廣大佛法 恒不忘失 勤修一切菩薩行 譬如眞如 無有間息 善根迴向亦復如是 爲 欲安處一切衆生大智地 於一切劫修菩薩行無有間息 譬如眞如 體性寬廣 徧一切法 善根迴向亦復如是 淨念無礙 普攝一切寬廣法門 譬如眞如 徧攝群品 善根迴向亦復

如是 證得無量品類之智 修諸菩薩眞實妙行 譬如眞如 無所取著 善根迴向亦復如是 於一切法皆無所取 除滅一切世間取著 普令淸淨 譬如眞如 體性不動 善根迴向亦復如是 安住普賢圓滿行願 畢竟不動 譬如眞如 是佛境界 令諸衆生滿足一切大智境界 滅煩惱境悉令淸淨 譬如眞如 無能制伏 善根迴向亦復如是 不爲一切衆魔事業 外道邪論之所制伏 譬如眞如 非是可修 非不可修 善根迴向亦復如是 捨離一切妄想取著 於修 不修無所分別 譬如眞如 無有退捨 善根迴向亦復如是 常見諸佛 發菩提心 大誓莊嚴 永無退捨 譬如眞如 普攝一切世間言音 善根迴向亦復如是 能得一切差別言音神通智慧 普發一切種種言辭 譬如眞如 於一切法無所希求 善根迴向亦復如是 令諸衆生乘普賢乘而得出離 於一切法無所貪求 譬如眞如 住一切地 善根迴向亦復如是 令一切衆生捨世間地 住智慧地 以普賢行而自莊嚴 譬如眞如 無有斷絕 善根迴向亦復如是 於一切法得無所畏 隨其類音 處處廣說 無有斷絕 譬如眞如 捨離諸漏 善根迴向亦復如是 令一切衆生成就法智 了達於法 圓滿菩提無漏功德 譬如眞如 無有少法而能壞亂 令其少分非是覺悟 善根迴向亦復如是 普令開悟一切諸法 其心無量 徧周法界 譬如眞如 過去非始 未來非末 現在非異 善根迴向亦復如是 爲一切衆生新新恒起菩提心願 普使淸淨 永離生死 譬如眞如 於三世中無所分別 善根迴向亦復如是 現在念念心常覺悟 過去 未來皆悉淸淨 譬如眞如 成就一切諸佛菩薩 善根迴向亦復如是 發起一切大願方便 成就諸佛廣大智慧 譬如眞如 究竟淸淨 不與一切諸煩惱俱 善根迴向亦復如是 能滅一切衆生煩惱 圓滿一切淸淨智慧

"불자여! 보살마하살이 이와 같음으로 회향할 때 모든 부처님 세계의 평등함을 얻으니, 이는 모든 세계를 깨끗하게 두루 장엄한 까닭이며, 모든 중생이 평등함을 얻으니, 이는 막힘이나 걸림 없는 법륜을 두루 굴리는 까닭이며, 모든 보살이 평등함을 얻으니, 이는 모든 지혜와 원을 두루 내어 나아가는 까닭이며, 모든 부처님의 평등함을 얻으니, 이는 모든 부처님의 체가 둘이 없음을 자세히 들여다볼 수 있는 까닭이며, 모든 법이 평등함을 얻으니, 이는 모든 법의 성품이 바뀜이 없음을 두루 아는 까닭이며, 모든 세간이 평등함을 얻으니, 이는 방편 지혜로 선근의 모든 언어의 도를 아는 까닭이며, 모든 보살행의 평등함을 얻으니, 이는 가지가지의 선근을 따라서 모두 회향하는 까닭이며, 모든 시간의 평등함을 얻으니, 이는 불사를 부지런히 닦아서 모든 시간이 끊어짐이 없는 까닭이며, 모든 업과의 평등함을 얻으니, 이는 세간(有立五蘊)과 출세간(不立五蘊)이 가지고 있는 선근이 물들거나 집착이 없어서 모두 마지막까지 이른 까닭이며, 모든 부처님의 자재한 신통의 평등함을 얻으니, 이는 세간을 거스르지 않고 따라서 불사를 나타내는 까닭입니다."

佛子 菩薩摩訶薩如是迴向時 得一切佛刹平等 普嚴淨一切世界故 得一切衆生平等 普爲轉無礙法輪故 得一切菩薩平等 普出生一切智願故 得一切諸佛平等 觀察諸佛體無二故 得一切法平等 普知諸法性無易故 得一切世間平等 以方便智善解一切言語道故 得一切菩薩行平等 隨種善根盡迴向故 得一切時平等 勤修佛事 於一切時無斷絕故 得一切業果平等 於世 出世所有善根皆無染著 咸究竟故 得一切佛自在神通平等 隨順世間現佛事故

"이것이 보살마하살의 제8 진여상 회향입니다."

"보살마하살이 이 회향에 머무르면 헤아릴 수 없는 청정한 법문을 증득하고 대 사자후가 되어 자재하고 두려움이 없으며, 좋은 방편으로 가르치고 이끌어서 헤아릴 수 없는 보살을 성취하고 모든 시간을 두고 일찍이 쉰 적이 없으며, 부처님의 헤아릴 수 없는 원만한 몸을 얻어 하나의 몸이 모든 세계에 가득하며, 부처님의 헤아릴 수 없는 원만한 음성을 얻어 하나의 소리로 모든 중생을 깨우침의 길로 열어주며, 부처님의 헤아릴 수 없고 원만한 힘을 얻어 하나의 털구멍 가운데 모든 국토를 너그러운 마음으로 받아들이고 부처님의 헤아릴 수 없고 원만한 신통을 얻어 모든 중생을 하나의 티끌 가운데 두고 부처님의 헤아릴 수 없고 원만한 해탈을 얻어 한 명의 중생 몸에 일체 모든 부처님의 경계를 나타내 보여서 등정각을 이루며, 부처님의 헤아릴 수 없고 원만한 삼매를 얻어 하나의 삼매 가운데 모든 삼매를 두루 나타내 보이며, 부처님의 헤아릴 수 없고 원만한 변재를 얻어 하나의 글귀를 가지고 법을 설할 때 미래의 경계를 두고 다해도 다할 수 없이 해서 모든 중생의 의혹을 없애주며, 부처님의 헤아릴 수 없는 원만함을 얻은 한 중생이 부처님의 십력을 온전하게 갖추고 모든 중생계가 정각 이룸을 나타내 보입니다."

"불자여! 이것이 보살마하살이 모든 선근으로 거스르지 않고 따르는 진여(眞如.如是如是.禪定.三昧.涅槃.解脫.寂滅.寂定.法界.如來地.二乘地.思惟)의 모양이나 상태로 회향하는 것입니다."

佛子 是爲菩薩摩訶薩第八眞如相迴向 菩薩摩訶薩住此迴向 證得無量淸淨法門 能

爲如來大師子吼 自在無畏 以善方便 敎化成就無量菩薩 得佛無量圓滿之身 一身充徧一切世界 得佛無量圓滿音聲 一音開悟一切衆生 得佛無量圓滿之力 一毛孔中普能容納一切國土 得佛無量圓滿神通 置諸衆生於一塵中 得佛無量圓滿解脫 於一衆生身示現一切諸佛境界 成等正覺 得佛無量圓滿三昧 一三昧中普能示現一切三昧 得佛無量圓滿辯才 說一句法 窮未來際而不可盡 悉除一切衆生疑惑 得佛無量圓滿衆生 具佛十力 盡衆生界示成正覺 佛子 是爲菩薩摩訶薩第八眞如相迴向

이때 금강당보살이 부처님의 위신력을 받들어 시방을 두루 살펴보고 게송으로 말했다.
爾時 金剛幢菩薩承佛神力 普觀十方而說頌言

菩薩志樂常安住 보살이 항상 편안히 머물면서 본심으로 즐기고
正念堅固離癡惑 바른 생각이 견고하기에 어리석은 의심에서 벗어나며
其心善軟恒淸涼 그 마음이 선근의 유연함으로 항상 청량해서
積集無邊功德行 끝없는 공덕의 행을 모아서 쌓게 됩니다.

菩薩謙順無違逆 보살이 겸손하게 따르면서 어김이 없고
所有志願悉淸淨 가지고 있는 본심의 원이 모두 청정하며
已得智慧大光明 지혜의 큰 광명을 이미 얻었기에
善能照了一切業 선근으로 모든 업(眞如.如是如是.禪定.三昧.涅槃.解脫.寂滅.寂定.法界.如來地.二乘地.思惟)을 분명히 깨달아 알고 비춥니다.

菩薩思惟業廣大 보살이 사유하는 광대한 업이
種種差別甚希有 가지가지로 차별되어 매우 드물기는 하지만
決意修行無退轉 본심의 도장을 찍고 수행해서 물러서거나 헤매지 않으며
以此饒益諸群生 이것으로 모든 중생의 이익을 넉넉하게 합니다.

諸業差別無量種 헤아릴 수 없이 차별한 모든 업의 종성을
菩薩一切勤修習 보살이 빠짐없이 부지런히 닦고 익혀서

隨順衆生不違意 중생을 거스르지 않고 따르면서 뜻을 어기지 않고
普令心淨生歡喜 마음을 두루 청정히 하여 기쁨과 즐거움을 내게 합니다.

已昇調御人尊地 조어인의 높은 지위에 올라
離諸熱惱心無礙 모든 타는 듯한 괴로움을 벗어나 마음이 걸림이나 막힘이 없으며
於法於義悉善知 법과 이치를 남김없이 선근으로 알아서
爲利群生轉勤習 중생의 이익을 위해 부지런히 익힙니다.

菩薩所修衆善行 보살이 수행하는 많은 선근의 행은
無量無數種種別 헤아릴 수 없이 수 없고 가지가지로 다르지만
於彼一切分別知 그 모든 것을 분별해서 알고
爲利群生故迴向 중생의 이익을 위한 까닭으로 회향합니다.

究竟廣大眞實理 마지막까지 광대한 진실의 이치를
以妙智慧恒觀察 빼어난 지혜로 항상 자세히 살펴서 들여다보고
斷諸有處悉無餘 모든 있음의 처할 바를 남음이 없이 모두 끊어버리며
如彼眞如善迴向 진여와 같이 선근으로 회향합니다.

譬如眞如徧一切 비유하면 진여가 일체에 두루 하듯이
如是普攝諸世間 이와 같음으로 모든 세간을 두루 거두어들이고
菩薩以此心迴向 보살이 이러한 회향하는 마음으로
悉令衆生無所著 모든 중생을 집착함이 없게 합니다.

菩薩願力徧一切 보살의 원력이 일체에 두루 한 것이
譬如眞如無不在 마치 진여가 있지 않은 곳이 없는 것처럼
若見不見念悉周 그와 같이 보든지 안 보든지 생각에 남김없이 두루 하며
悉以功德而迴向 이러한 공덕으로 빠짐없이 회향합니다.

夜中隨住晝亦住 밤을 따라 머물고 역시 낮을 따라 머물며

半月一月亦隨住 반달 일월을 따라 역시 머물고
若年若劫悉住中 그와 같이 몇 년 몇 겁을 두고 남김없이 머물듯
眞如如是行亦然 진여는 이와 같으며 행도 역시 그러합니다.

所有三世及刹土 가지고 있는 삼세뿐만 아니라 세계와 국토까지
一切衆生與諸法 모든 중생과 더불어 모든 법이
悉住其中無所住 남김없이 그 가운데 머물지만 머무는 바가 없듯이
以如是行而迴向 이와 같은 행으로 회향합니다.

譬如眞如本自性 마치 진여의 본래 자성과 같이
菩薩如是發大心 보살은 이와 같은 큰마음을 일으켜
眞如所在無不在 진여가 있는 곳에 다 있으면서
以如是行而迴向 이와 같은 행으로 회향합니다.

譬如眞如本自性 마치 진여의 본래 자성과 같이
其中未曾有一法 그 가운데 일찍이 하나의 법도 있지 않기에
不得自性是眞性 자기의 성품을 얻을 수 없음이 참 성품이니
以如是業而迴向 이와 같은 업으로 회향합니다.

如眞如相業亦爾 진여의 모양이나 상태와 같이 업 역시 그러하고
如眞如性業亦爾 진여의 성품과 같이 업 역시 그러하며
如眞如性本眞實 진여의 성품이 본래 진실한 것과 같이
業亦如是同眞如 업 역시 이와 같은 진여와 같습니다.

譬如眞如無邊際 마치 진여의 경계가 끝이 없는 것과 같이
業亦如是無有邊 업 역시 이와 같음에 끝이 없으며
而於其中無縛著 그 가운데 속박도 집착도 없기에
是故此業得淸淨 이러한 까닭으로 이 업이 청정함을 얻습니다.

如是聰慧眞佛子 이와 같음으로 귀 밝고 지혜로운 참 불자는
志願堅固不動搖 본심의 원이 견고하고 동요하지 않기에
以其智力善通達 그 지혜의 힘으로 선근을 통달해서
入於諸佛方便藏 부처님의 모든 방편 장에 들어갑니다.

覺悟法王眞實法 법왕의 깨우침을 깨달아 진실한 법을 보니
於中無著亦無縛 집착도 없고 또한 속박도 없으며
如是自在心無礙 이와 같은 자재한 마음은 막힘이나 걸림이 없기에
未曾見有一法起 일찍이 단 하나의 법도 일어남을 볼 수 없습니다.

如來法身所作業 여래의 법신으로 지어가는 업이란
一切世間如彼相 모든 세간의 모양이나 상태와 같고
說諸法相皆無相 모든 법의 모양이나 상태는 다 모양이나 상태가 없음을 설하니
知如是相是知法 이와 같은 모양이나 상태를 아는 것이 법을 아는 것입니다.

菩薩住是不思議 보살은 생각으로는 헤아릴 수 없음에 머물며
於中思議不可盡 그 가운데 사유로 헤아림이 다함이 없고
入此不可思議處 이렇게 생각으로는 헤아릴 수 없는 곳(阿耨多羅三藐三菩提)에 들어가
思與非思皆寂滅 헤아리고 헤아리지 못함이 다 적멸합니다.

如是思惟諸法性 이와 같음으로 사유하는 모든 법의 성품으로
了達一切業差別 일체의 업을 차별하고 분명하게 깨달아 통달하여
所有我執皆除滅 가지고 있는 나에 대한 집착을 빠짐없이 없애버리고
住於功德無能動 공덕에 머무르기에 움직일 수 없습니다.

菩薩一切業果報 보살의 모든 업과 과보를
悉爲無盡智所印 다함이 없는 지혜로 남김없이 도장을 찍고
如是無盡自性盡 이와 같은 다함이 없는 성품을 다하니(阿耨多羅三藐三菩提)
是故無盡方便滅 이러한 까닭으로 다함이 없는 방편이 없어집니다.

菩薩觀心不在外 보살이 마음을 자세히 들여다보니 밖에 있는 것도 아니고
亦復不得在於內 역시 차례를 좇아 안에도 있지 않음을 보며
知其心性無所有 그 마음이 가지고 있는 성품이 없음을 알면
我法皆離永寂滅 나라는 법을 모두 벗어나 영원히 적멸합니다.

彼諸佛子如是知 그 모든 불자가 이와 같음으로
一切法性常空寂 모든 법의 성품이란 항상 공적한 것임을 안다면
無有一法能造作 단 하나의 법도 지을 것이 없게 되어
同於諸佛悟無我 나 없음의 깨우침을 깨달아 모든 부처님과 한가지로 할 것입니다.

了知一切諸世間 일체 모든 세간을 깨달아 알고
悉與眞如性相等 진여의 성품인 모양이나 상태와 함께 모두 가지런한
見是不可思議相 이렇듯 사람의 생각으로는 미루어 헤아릴 수 없는 모양이나 상태를 본다면
是則能知無相法 이것이 곧 모양이나 상태가 없는 법을 능히 아는 것입니다.

若能住是甚深法 그와 같은 깊고 깊은 법에 머물면
常樂修行菩薩行 보살행을 항상 즐거이 닦고 행하여
爲欲利益諸群生 모든 중생에게 이익이 되게 하고자
大誓莊嚴無退轉 큰 서원으로 장엄해서 물러남이 없을 것입니다.

是則超過於世間 이는 곧 세간을 뛰어넘고 더 나아가
不起生死妄分別 생사라는 망령된 분별을 일으키지 않으며
了達其心如幻化 그 마음이란 것이 허깨비와 같음을 분명하게 깨달아 통하고
勤修衆行度群生 부지런히 많은 행을 닦아서 중생을 제도합니다.

菩薩正念觀世間 보살이 바른 생각으로 세간을 들여다보니
一切皆從業緣得 모든 것이 다 업의 인연을 좇아 얻어진 것임을 보고
爲欲救度修諸行 구하고 제도하고자 하는 모든 행을 닦아서
普攝三界無遺者 삼계를 두루 거두어들이고 남김이 없습니다.

了知衆生種種異 중생이 가지가지로 다른 것은
悉是想行所分別 남김없이 생각의 행으로 분별하는 것임을 깨달아 알고
於此觀察悉明了 이를 자세히 살펴보고 들여다보아서 남김없이 분명하게 깨달아 알지만
而不壞於諸法性 모든 법의 성품은 무너트리지 않습니다.

智者了知諸佛法 지혜로운 자는 불법을 깨달아 알고
以如是行而迴向 이와 같음을 행하므로 회향하며
哀愍一切諸衆生 일체 모든 중생을 불쌍히 여겨
令於實法正思惟 실상의 법으로 바르게 사유합니다.

대방광불화엄경 제31권

25. 십회향품(9)
　十迴向品第二十五之九

제9회향

"불자여! 무엇을 두고 보살마하살의 집착도 없고 속박도 없는 해탈의 회향이라 하는가."
佛子 云何爲菩薩摩訶薩無著無縛解脫迴向

"불자여! 이 보살마하살이 모든 선근에 존중하는 마음을 내니, 이른바 생사를 벗어나는 것에 존중하는 마음을 내며, 모든 선근을 취하여 거두어들이는 것에 존중하는 마음을 내며, 모든 선근을 바라고 구하는 것에 존중하는 마음을 내며, 모든 허물이나 잘못의 업을 뉘우치는 것에 존중하는 마음을 내며, 선근을 기쁘게 따르는 것에 존중하는 마음을 내며, 모든 부처님께 정중히 예를 지키는 것에 존중하는 마음을 내며, 합장하고 공경하는 것에 존중하는 마음을 내며, 탑묘에 정중히 머리 숙여 예를 갖추는 것에 존중하는 마음을 내며, 부처님께 설법을 청하는 것에 존중하는 마음을 내는 것이니, 이와 같은 등등의 가지가지 선근에 존중하는 마음을 내어 거스르지 않고 따르며, 인정하고 하락합니다."
　佛子 是菩薩摩訶薩於一切善根 心生尊重 所謂 於出生死 心生尊重 於攝取一切善根 心生尊重 於希求一切善根 心生尊重 於悔諸過業 心生尊重 於隨喜善根 心生尊重 於禮敬諸佛 心生尊重 於合掌恭敬 心生尊重 於頂禮塔廟 心生尊重 於勸佛說法 心生尊重 於如是等種種善根 皆生尊重 隨順忍可

"불자여! 보살마하살이 그러한 선근에 존중하는 모든 마음을 내어 거스르지 않고 따르며 인정하고 허락할 때 마지막까지 기뻐하고 즐거워하며, 믿음과 이해가 견고해지고 스스로 편안히 머무르는 것을 얻고 다른 이들도 편안히 머물게 하며, 부지런히 닦지만 집착함이 없고 자재하게 모으고 쌓으며, 뛰어난 본심의 즐거움을 이루어 여래의 경계에 머무르면서 세력을 거듭 더하고 키워 남김없이 모두 보고 압니다."

"모든 선근으로 이와 같음에 회향하니, 이른바 집착이 없고 속박이 없는 해탈한 마음으로 보현의 몸으로 짓은 업을 성취하며, 집착이 없고 속박이 없는 해탈한 마음으로 보현의 말로 짓은 업을 청정하게 하며, 집착이 없고 속박이 없는 해탈한 마음으로 보현의 뜻으로 짓은 업을 원만히 하며, 집착이 없고 속박이 없는 해탈한 마음으로 보현의 광대한 정진을 일으킵니다."

"집착이 없고 속박이 없는 해탈한 마음으로 보현의 걸림이나 막힘이 없는 음성 다라니 문을 온전하게 갖추니, 그 음성이 광대하기에 시방에 두루 하며, 집착이 없고 속박이 없는 해탈한 마음으로 보현의 모든 부처님을 보는 다라니 문을 온전하게 갖추어 시방의 부처님들을 항상 보며, 집착이 없고 속박이 없는 해탈한 마음으로 모든 음성을 분명하게 깨달아 아는 다라니 문을 성취해서 모든 음성을 함께 하고 헤아릴 수 없는 법을 설하며, 집착이 없고 속박이 없는 해탈한 마음으로 보현의 모든 겁에 머무는 다라니 문을 성취해서 시방에서 두루 보살행을 닦습니다."

"집착이 없고 속박이 없는 해탈한 마음으로 보현의 자재한 힘을 성취하여 한 중생의 몸에서 모든 보살행의 닦음을 보이지만 미래의 겁이 다하도록 항상 끊어짐이 없게 하며, 한 중생의 몸과 같이 모든 중생의 몸도 모두 역시 이와 같게 하며, 집착이 없고 속박이 없는 해탈한 마음으로 보현의 자재한 힘을 성취하고 모든 중생의 도량에 들어가서 모든 부처님 전에 두루 나타내어 보살행을 닦으며, 집착이 없고 속박이 없는 해탈한 마음으로 보현의 부처님으로서의 자재한 힘을 성취해서 하나의 문에서 말할 수 없이 말로 이를 수 없는 겁을 나타낸다 하더라도 다할 수 없음을 보여서 모든 중생이 깨달아 들어가게 합니다."

"집착이 없고 속박이 없는 해탈한 마음으로 보현의 부처님으로서의 자재한 힘을 성취해서 가지가지의 문 가운데 말할 수 없이 말로 이를 수 없는 겁을 나타낸다 하더라도 다할 수 없음을 보여서 모든 중생이 다 깨달아 들어감을 얻게 하고 그 몸이 모든 부처님 앞에 두루 나타나며, 집착이 없고 속박이 없는 해탈한 마음으로 보현의 자재한 힘을 성취해서 생각과 생각마다 말할 수 없이 말로 이를 수 없는 중생들을 십력의 지혜에 머물게 하지만 마음에 피곤하거나 싫어함이 없으며, 집착이 없고 속박이 없는 해탈한 마음으로 보현의 자재한 힘을 성취해서 모든 중생의 몸 가운데 모든 부처님의 자재한 신통을 나타내어 모든 중생이 보현의 행에 머물게 하며, 집착이 없고 속박이 없는 해탈한 마음으로 보현의 자재한 힘을 성취해서 모든 중생의 말 가운데 모든 중생의 말을 지어가고 모든 중생 한 명 한 명이 일체 지혜의 지위에 머물게 하며, 집착이 없고 속박이 없는 해탈한 마음으로 보현의 자재한 힘을 성취해서 하나하나의 중생 몸 가운데 모든 중생의 몸을 두루 용납해서 이 모두를 두고 이르길 '부처님을 성취함이라.'고 하며, 집착이 없고 속박이 없는 해탈한 마음으로 보현의 자재한 힘을 성취해서 한 송이 꽃으로 모든 시방세계를 장엄합니다."

"집착이 없고 속박이 없는 해탈한 마음으로 보현의 자재한 힘을 성취해서 큰 음성을 내어 법계에 두루 하고 일체 모든 부처님 국토에서 두루 듣게 하고 거두어들여서 모든 중생을 조복 하며, 집착이 없고 속박이 없는 해탈한 마음으로 보현의 자재한 힘을 성취해서 말할 수 없이 말로 이를 수 없는 미래의 경계가 다 하도록 생각과 생각 가운데 능히 모든 세계에 두루 남김없이 들어가서 부처님의 신력으로 생각을 따라 장엄하며, 집착이 없고 속박이 없는 해탈한 마음으로 보현의 자재한 힘을 성취해서 미래의 경계가 다 하도록 머무는 겁에 항상 모든 세계에 두루 들어가서 부처님을 이루고 세상에 나타내 보이고 출현합니다."

"집착이 없고 속박이 없는 해탈한 마음으로 보현의 행을 이루어서 하나의 광명으로 진허공계의 모든 세계를 비추며, 집착이 없고 속박이 없는 해탈한 마음으로 보현의 행을 이루어서 헤아릴 수 없는 지혜를 얻어 모든 신통을 갖추고 가지가지의 법을 설하며, 집착이 없고 속박이 없는 해탈한 마음으로 보현의 행을 이루어서 여래의 모든 겁을 다하는 헤아릴 수 없는 신통 지혜에 들어가며, 집착이 없고 속박이 없는 해탈한 마음으로 보현의 행을 이루어서 법계를 다하는 모든 여래의 처소에 머물며, 부처님의 신력으로 일체 모든 보살행을 닦고 익히지만 신, 구, 의로 짓은 업에 게으름이 없습니다."

"집착이 없고 속박이 없는 해탈한 마음으로 보현의 행을 이루어서 뜻을 어기지 않으며, 법을 무너트리지 않으며, 말과 말씀이 청정해서 좋은 말이 다함이 없으며, 모든 중생을 가르쳐 이끌고 조복하여 그들이 마땅히 일체 모든 부처님의 위 없는 보리를 얻게 하며, 집착이 없고 속박이 없는 해탈한 마음으로 보현의 행을 이루어서 하나의 법문에 들어갈 때 헤아릴 수 없는 광명을 놓고 헤아릴 수 없는 모든 법문을 비추며, 하나의 법문과 같이 모든 법문도 모두 또한 이와 같음으로 통달해서 막힘이나 걸림이 없고 마지막까지 마땅한 모든 지혜의 지위를 얻으며, 집착이 없고 속박이 없는 해탈한 마음으로 보현의 행에 머물면서 법에 자재한 보현의 장엄으로 저 언덕에 이르러 하나하나의 경계를 빠짐없이 모든 지혜로 자세히 살펴서 들여다보고 깨달아 들어가지만 모든 지혜도 또한 다함이 없습니다."

"집착이 없고 속박이 없는 해탈한 마음으로 비로소 생함을 좇아 미래의 경계가 다 하도록 보현의 행에 머물고 항상 쉼이 없으며, 모든 지혜를 얻어 말할 수 없이 말로 이를 수 없는 진실한 법을 깨우치고 법의 마지막까지 이르러 미혹함이 없으며, 집착이 없고 속박이 없는 해탈한 마음으로 보현의 업을 닦아서 방편으로는 자재한 법 광명을 얻으며, 모든 보살이 행하는 행에 비추어 분명하게 깨우치는 일에 막힘이나 걸림이 없으며, 집착이 없고 속박이 없는 해탈한 마음으로 보현의 행을 닦아서 모든 방편 지혜를 얻으며, 모든 방편을 알게 하니, 이른바 헤아릴 수 없이 많은 방편과 사람의 생각으로는 미루어 헤아릴 수 없는 방편과 보살 방편과 모든 지혜 방편과 모든 보살의 조복시키는 방편과 헤아릴 수 없는 법륜을 굴리는 방편과 말로 할 수 없는 시절의 방편과 가지가지의 법을 설하는 방편과 끝없는 경계의 두려움 없는 장 방편과 모든 법을 설함에 남음이 없는 방편입니다."

"집착이 없고 속박이 없는 해탈한 마음으로 보현의 행에 머물면서 몸의 업을 성취하고 모든 중생을 보는 이들이 환희하고 비방하지 않게 하며, 보리심을 일으켜 영원히 물러서지 않으며, 끝내는 청정하게 하며, 집착이 없고 속박이 없는 해탈한 마음으로 보현의 행을 닦아서 모든 중생의 말과 청정한 지혜를 분명하게 깨달아 얻어 모든 말로 온전하게 갖추고 장엄하며, 중생에게 두루 응해서 모두가 환희하게 합니다."

"집착이 없고 속박이 없는 해탈한 마음으로 보현의 행에 머물면서 특히 뛰어난 본심을 세우고 청정함 마음을 갖추어 광대한 신통과 광대한 지혜를 얻어 모든 광대한 세간과 광대한 국토와 광대한 중생의 처소에 나아가 모든 여래의 말로는 이를 수 없는 광대한 법과 광대한 장엄으로서 원만한 장을 설합니다."

"집착이 없고 속박이 없는 해탈한 마음으로 보현의 회향하는 행과 원을 두루 원만하게 이루어 모든 부처님의 청정한 몸과 청정한 마음과 청정한 이해를 얻어 부처님의 공덕을 거두며, 부처님의 경계에 머무르며, 지혜로 도장 찍고 두루 비추어 보살의 청정한 업을 나타내며, 차별한 모든 글귀와 뜻에 들어가 모든 부처님과 보살의 광대한 자재함을 보이고 모든 중생을 위해서 정각을 이룹니다."

"집착이 없고 속박이 없는 해탈한 마음으로 보현의 모든 근과 행과 원을 닦아서 총명하고 이로운 근과 꼭 들어맞고 거스르지 않은 근과 모든 법에 자재한 근과 다함이 없는 근과 부지런히 모든 선근을 닦는 근과 모든 부처님의 경계와 평등한 근과 모든 보살의 물러섬이 없는 수기를 받은 대 정진의 근과 모든 불법을 분명하게 깨달아 아는 금강계의 근과 모든 여래의 지혜 광명으로 비추는 금강 염의 근과 일체 모든 근을 분별하는 자재한 근과 헤아릴 수 없는 중생에게 모든 지혜를 편안하게 세워주는 근과 끝없고 광대한 근과 모든 원만한 근과 청정해서 막힘이나 걸림이 없는 근을 얻습니다."

"집착이 없고 속박이 없는 해탈한 마음으로 보현의 행(信住行)을 닦아 모든 보살의 신력을 얻으니, 이른바 헤아릴 수 없이 광대한 힘의 신력과 헤아릴 수 없이 자재한 지혜의 신력과 그 몸을 움직이지 않고 모든 부처님 세계에 두루 나타내는 신력과 막힘이나 걸림이 없고 끊어짐이 없는 자재한 신력과 모든 부처님 세계를 두루 거두어 모든 곳에 두는 신력과 한 몸이 모든 부처님 세계에 두루 가득 차는 신력과 막힘이나 걸림 없는 해탈 유희의 신력과 지을 것 없이 한 생각으로 자재하는 신력과 성품이 없고 의지할 것 없는 곳에 머무는 신력과 하나의 털구멍 가운데 말로는 이를 수 없는 세계를 차례를 따라(復.無量十方佛剎世界) 편안히 세우고 법계의 모든 부처님 도량에 두루 다니면서 모든 중생에게 보이고 그들이 대 지혜의 문에 들어가게 하는 신통입니다."

"집착이 없고 속박이 없는 해탈한 마음으로 보현의 문에 들어가서 보살행을 내고 자재한 지혜로 한 생각, 한순간에 헤아릴 수 없는 모든 부처님의 국토에 들어가며, 한 몸에 헤아릴 수 없는 부처님의 세계를 담아 받아들이고 부처님의 국토를 장엄해서 청정하게 하는 지혜를 얻어 항상 지혜로 끝없는 모든 부처님의 국토를 자세히 들여다보고 영원히 이승(二乘.大乘과 小乘.聲聞乘과 緣覺乘.菩薩乘)의 마음을 일으키지 않으며, 집착이 없고 속박이 없는 해탈한 마음으로 보현의 방편 행을 닦아 지혜의 경계에 들어가서 여래의 가문에 태어나 보살의 도에 머물며, 가히 말할 수 없이 말로는 이를 수 없이 헤아릴 수 없으며, 생각으로 미루어 알 수 없는 빼어난 마음을 온전하게 갖추고 헤아릴 수 없이 많은 원을 행하면서 잠시도 쉬지 않으며 삼세의 모든 법계를 깨달아 알며, 집착이 없고 속박이 없는 해탈한 마음으로 보현의 청정한 법문을 성취해서 하나의 털끝만 한 곳에 있는 모든 허공과 두루 한 법계의 말할 수 없이 말로는 이를 수 없는 모든 국토를 남김없이 너그럽게 감싸서 받아들이고 모두 보게 하며, 하나의 털끝만 한 곳처럼 모든 법계와 허공계의 하나하나 털끝만 한 곳도 역시 이와 같게 합니다."

"집착이 없고 속박이 없는 해탈한 마음으로 보현의 깊은 마음의 방편을 성취해서 한 생각, 한순간에 한 중생이 말할 수 없이 말로는 이를 수 없는 겁 동안 생각하는 마음을 나타내며, 이와 같은 모든 중생을 나타낼 뿐만 아니라 그러한 겁을 두고 생각하는 마음을 일으키며, 집착이 없고 속박이 없는 해탈한 마음으로 보현의 회향하는 행의 방편 지위에 들어가 하나의 몸 가운데 모든 법계의 말할 수 없이 말로는 이를 수 없는 몸을 남김없이 거두더라도 중생계는 느는 것도 줄어드는 것도 없으며, 하나의 몸뿐만 아니라 법계에 두루두루 이른 모든 몸 또한 남김없이 이와 같으며, 집착이 없고 속박이 없는 해탈한 마음으로 보현의 큰 서원의 방편을 성취해서 모든 생각이 거꾸로 뒤바뀜과 마음이 거꾸로 뒤바뀜과 보는 것이 거꾸로 뒤바뀜을 벗어나 버리고 일체 모든 부처님의 경계에 들어가 항상 모든 부처님의 허공계와 평등한 청정 법신과 매우 좋은 모양이나 상태와 신력의 자재함을 보고 빼어난 음성으로 가르침을 열어 널리 펴서 설하지만 막힘이나 걸림이 없고 끊어짐이 없으며, 듣는 이들이 말한 그대로 받아 지니게 하고 여래의 몸으로는 얻을 것이 없음을 분명하게 깨달아 압니다."

"집착이 없고 속박이 없는 해탈한 마음으로 보현의 행을 닦아 보살의 지위에 머물면서 한 생각, 한순간에 모든 세계에 들어가니, 이른바 믿고 따르는 세계에 들어가며, 거꾸로 뒤바뀐 세계의 말할 수 없이 말로는 이를 수 없는 시방의 그물로서 모든 곳 광대한 세계에 들어가며, 인타라의 그물처럼 분별하는 방편으로 모든 법계를 두루 분별해서 가지가지의 세계를 하나의 세계에 들어가게 하며, 말할 수 없이 말로는 이를 수 없는 헤아릴 수 없이 많은 세계를 하나의 세계에 들어가게 하며, 하나의 세계가 모든 법계로 편안히 세워진 헤아릴 수 없는 세계에 들어가며, 하나의 세계가 모든 허공계에 편안하게 세워진 헤아릴 수 없는 세계에 들어가며, 하나의 세계에 들어가기는 하지만 역시 편안히 세워진 모양이나 상태를 무너트리지 않고 남김없이 분명하게 또 밝게 보게 합니다."

"집착이 없고 속박이 없는 해탈한 마음으로 보현보살의 행과 원을 닦고 익혀서 부처님의 관정을 얻고 한 생각, 한순간에 방편의 지위에 들어가 많은 행의 지혜로운 보배에 편안하게 머무름을 원만하게 이루어 일체 모든 생각을 남김없이 깨달아 아니, 이른바 중생이라는 생각, 법이라는 생각, 세계라는 생각, 방위라는 생각, 부처님이라는 생각, 세상이라는 생각, 업이라는 생각, 행이라는 생각, 이웃하는 경계라는 생각, 이해한다는 생각, 근이라는 생각, 시간이라는 생각, 가진다는 생각, 번뇌라는 생각, 청정하다는 생각, 성숙(成熟)하다는 생각, 부처님을 본다는 생각, 법륜을 굴린다는 생각, 법을 듣고 이해한다는 생각, 조복 한다는 생각, 헤아릴 수 없다는 생각, 벗어나 나아간다는 생각, 가지가지의 지위라는 생각, 헤아릴 수 없이 많은 지위라는 생각, 보살이 깨달아 안다는 생각, 보살이 닦고 익힌다는 생각, 보살의 삼매라는 생각, 보살이 삼매를 일으킨다는 생각, 보살이 이룬다는 생각, 보살이 무너트린다는 생각, 보살이 없어진다는 생각, 보살이 난다는 생각, 보살이 해탈한다는 생각, 보살이 자재하다는 생각, 보살이 머물고 지니어 가진다는 생각, 보살의 경계라는 생각, 겁이라는 생각, 이루어지고 무너진다는 생각, 밝다는 생각, 어둡다는 생각, 낮이라는 생각, 밤이라는 생각, 반달, 한 달, 한 시간, 한 해가 변해서 달라진다는 생각, 간다는 생각, 온다는 생각, 머문다는 생각, 앉는다는 생각, 잔다는 생각, 깬다는 생각입니다. 이와 같은 생각을 한 생각, 한순간에 남김없이 깨달아 알지만 모든 생각을 벗어나 분별함이 없으며, 모든 막힘이나 걸림을 끊었기에 집착할 것이 없으며, 모든 부처님의 지혜가 마음에 가득하며, 모든 부처님의 법으로 그 선근을 키우며, 모든 여래와 더불어 평등하게 함께 한 몸이며, 일체 모든 부처님이 거두어주며, 허물이나 잘못을 벗어나 청정하며, 모든 불법을 빠짐없이 따라 닦고 배워서 저 언덕에 이릅니다."

"집착이 없고 속박이 없는 해탈한 마음으로 모든 중생을 위해서 보현의 행을 닦아 큰 지혜의 보배를 내고 하나하나의 마음 가운데서 헤아릴 수 없는 마음을 알며, 그 의지를 따르고 그 분별을 따르고 그 종성을 따르고 그 지은 것을 따르고 그 업의 작용을 따르고 그 모양이나 상태를 따르고 그 사유가 깨어남을 따라서 가지가지로 같지 않은 것을 분명하게 보며, 집착이 없고 속박이 없는 해탈한 마음으로 보현의 큰 서원과 지혜 보배를 성취해서 한 곳에서 헤아릴 수 없이 말로는 이를 수 없는 곳을 알며, 이 한 곳에서처럼 모든 곳에서도 남김없이 또한 이와 같으며, 집착이 없고 속박이 없는 해탈한 마음으로 보현이 행하는 업과 지혜의 지위를 닦고 익혀서 하나의 업 가운데서 말할 수 없이 말로는 이를 수 없는 업을 알며, 그 업이 제각기 가지가지의 인연으로 지어진 것을 분명하게 깨달아 알고 보며, 이 하나의 업처럼 모든 업도 남김없이 또한 이와 같으며, 집착이 없고 속박이 없는 해탈한 마음으로 보현의 모든 법을 아는 지혜를 닦아서 익히고 하나의 법 가운데서 말할 수 없이 말로는 이를 수 없는 법을 알며, 모든 법 가운데서 하나의 법을 알아서 이와 같은 모든 법이 제각기 달라도 막힘이나 걸림이 되지 않고 어기지도 않고 집착함도 없습니다."

"집착이 없고 속박이 없는 해탈한 마음으로 보현의 행에 머물면서 보현의 걸림이나 막힘이 없는 육근 중 이근을 두루 갖추고 하나의 말과 소리에서 말할 수 없이 말로 이를 수 없는 말과 소리를 알며, 헤아릴 수 없고 끝없는 가지가지의 차별에 집착하는 것이 없고 하나의 말과 소리뿐만 아니라 모든 말과 소리에서도 남김없이 또한 이와 같습니다."

"집착이 없고 속박이 없는 해탈한 마음으로 보현의 지혜를 닦고 보현의 행을 일으켜 보현의 지위에 머물고 하나하나의 법 가운데서 말할 수 없이 말로 이를 수 없는 법을 널리 펴서 설하니, 그 법이 광대해서 가지가지로 차별이 됩니다. 가르쳐서 이끌고 거두어들이는 것이 생각으로는 미루어 헤아릴 수 없이 많은 방편으로 서로 응하고 헤아릴 수 없는 많은 시간과 모든 시간에 모든 중생이 가지고 있는 욕망과 지혜를 따르며, 근을 따르고 때를 따라 부처님의 음성으로 법을 말하니, 하나의 빼어난 소리로 말로 이를 수 없는 도량의 대중과 헤아릴 수 없이 많은 중생을 빠짐없이 모두 환희하게 합니다. 모든 여래의 처소에 있는 헤아릴 수 없이 많은 보살이 법계에 충만하고 특히 뛰어난 본심을 세우며, 광대한 소견을 내서 마지막까지 일체 모든 행을 깨달아 알며, 보현의 지위에 머물면서 설하는 법을 따라 생각과 생각 가운데 남김없이 증득하여 들어가 찰나에 헤아릴 수 없고 말할 수 없이 말로 이를 수 없는 대 지혜를 거듭 더하고 늘리며, 미래의 겁이 다하도록 이와 같음을 널리 펴서 설하고 모든 세계에서 허공과 같은 광대한 행을 닦고 익혀서 원만하게 성취합니다."

"집착이 없고 속박이 없는 해탈한 마음으로 보현의 모든 근이 행하는 문을 닦고 익혀서 큰 행의 왕을 이루고 하나하나의 근에서 헤아릴 수 없는 모든 근과 헤아릴 수 없는 마음의 즐거움과 생각으로는 미루어 알 수 없는 경계로 생기는 빼어난 행을 남김없이 깨달아 압니다."

"집착이 없고 속박이 없는 해탈한 마음으로 보현의 행으로 크게 회향하는 마음에 머물며, 색의 매우 미세한 지혜와 몸의 미세한 지혜와 세계의 미세한 지혜와 겁의 미세한 지혜와 세상의 미세한 지혜와 방위의 미세한 지혜와 시의 미세한 지혜와 수의 미세한 지혜와 업보의 미세한 지혜와 청정의 미세한 지혜를 얻습니다. 이와 같은 등등의 매우 미세한 모든 것을 한 생각, 한순간에 남김없이 깨달아 알지만, 마음이 두렵거나 무섭지 않으며, 어둡거나 혹하지도 않으며, 어지럽지도 않으며, 흩어지지도 않으며, 흐리지도 않으며, 못나지도 않으며, 하나의 인연을 맺은 그 마음은 선근(善根)의 마음으로 적정하고 선근의 마음으로 분별하고 선근의 마음으로 편안히 머뭅니다."

"집착이 없고 속박이 없는 해탈한 마음으로 보현(普賢)의 지혜에 머물며, 보현의 행을 닦으면서 게으르지 않으며, 모든 중생이 향해서 이르고자 하는 매우 분간하기 어려울 정도로 아주 작은 것과 중생의 죽음이 매우 분간하기 어려울 정도로 아주 작은 것과 중생의 태어남이 매우 분간하기 어려울 정도로 아주 작은 것과 중생의 머무름이 매우 분간하기 어려울 정도로 아주 작은 것과 중생의 처소가 매우 분간하기 어려울 정도로 아주 작은 것과 중생의 품류가 매우 분간하기 어려울 정도로 아주 작은 것과 중생의 경계가 매우 분간하기 어려울 정도로 아주 작은 것과 중생의 행이 매우 분간하기 어려울 정도로 아주 작은 것과 중생의 취함이 매우 분간하기 어려울 정도로 아주 작은 것과 중생의 반연이 매우 분간하기 어려울 정도로 아주 작은 것을 능히 알아 이와 같은 등등의 매우 분간하기 어려울 정도로 아주 작은 것을 한 생각, 한순간에 남김없이 깨달아 압니다."

"집착이 없고 속박이 없는 해탈한 마음으로 깊은 본심의 즐거워함을 세우고 보현의 행을 닦으며, 모든 보살이 초발심을 좇아 모든 중생을 위해서 닦은 보살행의 매우 분간하기 어려울 정도로 아주 작은 것과 보살이 머무는 곳의 매우 분간하기 어려울 정도로 아주 작은 것과 보살의 신통이 매우 분간하기 어려울 정도로 아주 작은 것과 보살이 헤아릴 수 없는 부처님 세계에 노니는 것이 매우 분간하기 어려울 정도로 아주 작은 것과 보살의 법 광명이 매우 분간하기 어려울 정도로 아주 작은 것과 보살의 청정한 눈이 매우 분간하기 어려울 정도로 아주 작은 것과 보살이 빼어난 마음을 성취한 것이 매우 분간하기 어려울 정도로 아주 작은 것과 보살이 모든 여래의 대중이 모인 도량에 나아감이 매우 분간하기 어려울 정도로 아주 작은 것과 보살의 다라문 지혜가 매우 분간하기 어려울 정도로 아주 작은 것과 보살이 헤아릴 수 없고 두려움이 없는 자리에서 모든 변재의 장을 널리 펴서 설함이 매우 분간하기 어려울 정도로 아주 작은 것과 보살의 헤아릴 수 없는 삼매의 모양이나 상태가 매우 분간하기 어려울 정도로 아주 작은 것과 보살이 모든 부처님을 보는 삼매 지혜가 매우 분간하기 어려울 정도로 아주 작은 것과 보살의 깊고 깊은 삼매의 지혜가 매우 분간하기 어려울 정도로 아주 작은 것과 보살이 크게 장엄하는 삼매의 지혜가 매우 분간하기 어려울 정도로 아주 작은 것과 보살의 법계 삼매의 지혜가 매우 분간하기 어려울 정도로 아주 작은 것과 보살의 크게 자재하면서 신통한 삼매의 지혜가 매우 분간하기 어려울 정도로 아주 작은 것과 보살이 미래의 경계가 다 하도록 광대한 행으로 삼매의 지혜에 머물러 가지는 매우 분간하기 어려울 정도로 아주 작은 것과 보살이 태어나는 헤아릴 수 없고 차별되는 삼매의 지혜가 매우 분간하기 어려울 정도로 아주 작은 것과 보살이 일체 모든 부처님 앞에서 태어나 부지런히 공양하고 닦고 항상 버리거나 벗어나지 않은 삼매의 지혜가 매우 분간하기 어려울 정도로 아주 작은 것과 보살이 깊고 깊으며, 넓고 넓으며, 막힘이나 걸림이 없는 삼매를 수행하는 모든 지혜가 매우 분간하기 어려울 정도로 아주 작은 것과 보살의 마지막이라는 모든 지혜의 자리와 머물러 가지는 행의 지혜 자리와 큰 신통의 자리와 도장 찍은 자리에까지 이르러 가리개를 벗어나는 삼매의 지혜가 매우 분간하기 어려울 정도로 아주 작은 것을 능히 알아서 이와 같은 등등의 매우 분간하기 어려울 정도로 아주 작은 것을 남김없이 능히 깨달아 압니다."

"집착이 없고 속박이 없는 해탈한 마음으로 보현의 행을 닦아서 모든 보살이 다 편안하게 세워짐을 아는 지혜가 매우 분간하기 어려울 정도로 아주 작은 것과 보살의 지위가 매우 분간하기 어려울 정도로 아주 작은 것과 보살의 헤아릴 수 없는 행이 매우 분간하기 어려울 정도로 아주 작은 것과 보살이 출생하고 회향하는 것이 매우 분간하기 어려울 정도로 아주 작은 것과 보살이 모든 부처님의 장을 얻은 것이 매우 분간하기 어려울 정도로 아주 작은 것과 보살이 자세히 살펴보고 들여다보는 지혜가 매우 분간하기 어려울 정도로 아주 작은 것과 보살의 신통과 원력이 매우 분간하기 어려울 정도로 아주 작은 것과 보살이 널리 펴서 설하는 삼매가 매우 분간하기 어려울 정도로 아주 작은 것과 보살의 자재한 방편이 매우 분간하기 어려울 정도로 아주 작은 것과 보살의 도장 찍기가 매우 분간하기 어려울 정도로 아주 작은 것과 보살이 일생보처(一生補處)가 매우 분간하기 어려울 정도로 아주 작은 것과 보살이 도솔천에 나는 것이 매우 분간하기 어려울 정도로 아주 작은 것과 보살이 천궁에 머무는 것이 매우 분간하기 어려울 정도로 아주 작은 것과 보살이 부처님의 국토를 장엄해서 청정히 하는 것이 매우 분간하기 어려울 정도로 아주 작은 것과 보살이 사람을 자세히 살펴보고 들여다보는 것이 매우 분간하기 어려울 정도로 아주 작은 것과 보살이 큰 광명을 놓는 매우 분간하기 어려울 정도로 아주 작은 것과 보살 종족의 뛰어남이 매우 분간하기 어려울 정도로 아주 작은 것과 보살의 도량에 모인 대중이 매우 분간하기 어려울 정도로 아주 작은 것과 보살이 모든 세계에 태어남이 매우 분간하기 어려울 정도로 아주 작은 것과 보살이 한 몸으로 모든 몸을 나타내어 목숨을 마치는 매우 분간하기 어려울 정도로 아주 작은 것을 모두 압니다."

"보살이 어머니 태에 드는 것이 매우 분간하기 어려울 정도로 아주 작은 것과 보살이 어머니 태에 머무는 것이 매우 분간하기 어려울 정도로 아주 작은 것과 보살이 어머니 태 가운데서 모든 법계의 도량에 모인 대중을 자재하게 나타내는 것이 매우 분간하기 어려울 정도로 아주 작은 것과 보살이 모태 가운데서 모든 부처님의 신통력을 보이는 것이 매우 분간하기 어려울 정도로 아주 작은 것과 보살이 탄생하는 일을 보이는 것이 매우 분간하기 어려울 정도로 아주 작은 것과 보살이 사자처럼 일곱 걸음을 걷은 지혜가 매우 분간하기 어려울 정도로 아주 작은 것과 보살이 왕궁에 거처하는 섬세하고 능숙한 방편의 지혜가 매우 분간하기 어려울 정도로 아주 작은 것과 보살이 출가해서 조복 행을 닦은 것이 매우 분간하기 어려울 정도로 아주 작은 것과 보살이 보리수 아래 도량에 앉은 것이 매우 분간하기 어려울 정도로 아주 작은 것과 보살이 마군을 깨트리고 아뇩다라삼먁삼보리를 이루는 것이 매우 분간하기 어려울 정도로 아주 작은 것을 모두 압니다."

"여래가 보라 좌에 앉아서 대 광명을 놓아 시방세계를 비추는 것이 매우 분간하기 어려울 정도로 아주 작은 것과 여래가 헤아릴 수 없는 신통 변화를 나타내심이 매우 분간하기 어려울 정도로 아주 작은 것과 여래가 사자 후로 대 열반하는 것이 매우 분간하기 어려울 정도로 아주 작은 것과 여래가 모든 중생을 조복 하는 데 막힘이나 걸림이 없는 것이 매우 분간하기 어려울 정도로 아주 작은 것과 여래의 생각으로는 헤아려 알 수 없는 자재한 힘과 금강 같은 보리심이 매우 분간하기 어려울 정도로 아주 작은 것과 여래가 모든 세간의 경계를 두루 지키고자 하는 생각이 매우 분간하기 어려울 정도로 아주 작은 것과 여래가 모든 세계에 불사를 보시하고 지어서 미래 겁이 다하도록 쉬지 않음이 매우 분간하기 어려울 정도로 아주 작은 것과 여래의 막힘이나 걸림 없는 신력으로 법계에 두루 하는 것이 매우 분간하기 어려울 정도로 아주 작은 것과 여래가 한 몸에 헤아릴 수 없는 부처님의 몸을 나타내는 것이 매우 분간하기 어려울 정도로 아주 작은 것과 여래가 과거, 미래, 현재의 삼세에서 모두 도량에 있으면서 자재한 지혜가 매우 분간하기 어려울 정도로 아주 작은 것을 모두 압니다."

"이와 같은 등등의 매우 분간하기 어려울 정도로 아주 작은 것을 남김없이 깨달아 알고 청정함을 성취해서 모든 세간에 두루 나타내며, 생각과 생각마다 지혜를 거듭 더하고 늘려서 원만하게 하고 물러나지 않으며, 섬세하고 능숙한 선근 방편으로 보살행을 닦으면서 쉼이 없으며, 보현의 회향 지위를 성취해서 모든 여래의 공덕을 온전하게 갖추고 영원히 보살의 행을 싫어하거나 버리지 않고 보살의 눈앞에 놓인 경계를 낳아 나아가며, 헤아릴 수 없는 방편이 빠짐없이 다 청정해서 모든 중생을 편안히 머물게 하고자 하며, 보살행을 닦아서 보살의 큰 위덕의 지위를 성취하며, 모든 보살심의 즐거움에 대한 욕심을 얻어 금강 당기로 회향하는 문을 얻으며, 법계의 모든 공덕의 장을 모태에서 태어나게 해서 항상 모든 부처님으로부터 보호를 받으며, 모든 보살의 깊고도 빼어난 법의 문에 들어가 모든 진실한 도리를 널리 펴서 설하며, 법의 섬세하고 능숙한 선근으로 어긋나거나 잃을 것이 없으며, 큰 서원을 일으켜서 중생을 버리지 않으며, 한 생각, 한순간에 모든 마음과 마음이 아닌 지위의 경계인 장을 다 알고 마음의 처가 아닌 것에 마음이 생함을 보이고 언어를 멀리 벗어나 편안히 지혜에 머물며, 모든 보살이 행하는 것을 행하여 자재한 힘으로 불도(佛道) 이루는 것을 보이고 미래의 경계가 다 하도록 휴식이 없으며, 모든 세간의 중생과 겁의 수와 망령된 생각과 말로 세워지는 것을 신통 원력으로 남김없이 나타내어 보입니다."

"집착이 없고 속박이 없는 해탈한 마음으로 보현의 행을 닦아서 모든 중생계의 매우 분간하기 어려울 정도로 아주 작은 지혜를 얻으니, 이른바 중생계를 분별하는 매우 분간하기 어려울 정도로 아주 작은 지혜와 중생계의 말로는 매우 분간하기 어려울 정도로 아주 작은 지혜와 중생계의 집착에 매우 분간하기 어려울 정도로 아주 작은 지혜와 중생계의 다른 무리에 대한 매우 분간하기 어려울 정도로 아주 작은 지혜와 중생계의 같은 종류에 대한 매우 분간하기 어려울 정도로 아주 작은 지혜와 중생계의 헤아릴 수 없음에 나아가는 매우 분간하기 어려울 정도로 아주 작은 지혜와 중생계의 생각으로는 미루어 알 수 없는 가지가지의 분별로 지은 것이 매우 분간하기 어려울 정도로 아주 작은 지혜와 중생계의 헤아릴 수 없이 어지럽게 물든 것이 매우 분간하기 어려울 정도로 아주 작은 지혜와 중생계의 헤아릴 수 없는 청정함이 매우 분간하기 어려울 정도로 아주 작은 지혜입니다."

"이와 같은 등등 모든 중생계의 경계가 매우 분간하기 어려울 정도로 아주 작은 것을 한 생각, 한순간에 지혜로 여실하게 빠짐없이 알며, 중생을 넓게 거두어 이들을 위해 법을 설하고 가지가지의 법문을 열어 보이고 보살의 광대한 지혜를 닦게 하며, 화신이 헤아릴 수 없기에 보는 이들이 환희하고 지혜의 햇빛으로 보살의 마음을 비치고 깨우침을 깨달아 얻게 하고 지혜를 자재하게 합니다."

"집착이 없고 속박이 없는 해탈한 마음으로 모든 중생을 위해서 모든 세계의 보현행을 닦아 모든 허공계와 법계의 모든 세계에 대해 매우 분간하기 어려울 정도로 아주 작은 지혜를 얻으니, 이른바 작은 세계의 매우 분간하기 어려울 정도로 아주 작은 지혜와 큰 세계의 매우 분간하기 어려울 정도로 아주 작은 지혜와 허물이 뒤섞인 세계의 매우 분간하기 어려울 정도로 아주 작은 지혜와 청정한 세계의 매우 분간하기 어려울 정도로 아주 작은 지혜와 비할 데 없는 세계의 매우 분간하기 어려울 정도로 아주 작은 지혜와 가지가지 세계의 매우 분간하기 어려울 정도로 아주 작은 지혜와 넓은 세계의 매우 분간하기 어려울 정도로 아주 작은 지혜와 좁은 세계의 매우 분간하기 어려울 정도로 아주 작은 지혜와 막힘이나 걸림 없이 장엄한 세계의 매우 분간하기 어려울 정도로 아주 작은 지혜와 모든 세계에 부처님이 두루 나타내는 매우 분간하기 어려울 정도로 아주 작은 지혜와 모든 세계에 바른 법을 두루 설하는 매우 분간하기 어려울 정도로 아주 작은 지혜와 모든 세계에 몸을 두루 나타내는 매우 분간하기 어려울 정도로 아주 작은 지혜와 모든 세계에 대 광명을 두루 놓은 매우 분간하기 어려울 정도로 아주 작은 지혜와 모든 세계가 다 하도록 모든 부처님의 자재한 신통을 나타내 보이는 매우 분간하기 어려울 정도로 아주 작은 지혜와 모든 세계가 다하는 음성으로 모든 소리를 보이는 매우 분간하기 어려울 정도로 아주 작은 지혜와 모든 세계와 모든 부처님 세계 도량의 대중 모임에 들어가는 매우 분간하기 어려울 정도로 아주 작은 지혜와 모든 법계의 부처님 세계를 짓은 매우 분간하기 어려울 정도로 아주 작은 지혜와 하나의 부처님 세계로 모든 법계의 부처님 세계를 짓은 매우 분간하기 어려울 정도로 아주 작은 지혜와 모든 세계가 꿈과 같음을 아는 매우 분간하기 어려울 정도로 아주 작은 지혜와 모든 세계가 형상과 같음을 아는 매우 분간하기 어려울 정도로 아주 작은 지혜와 모든 세계가 허깨비와 같음을 아는 매우 분간하기 어려울 정도로 아주 작은 지혜입니다."

"이와 같음을 깨달아 알고 모든 보살의 도를 태어나게 하며, 보현행의 지혜 신통에 들어가며, 보현의 들여다봄을 갖추고 보살행을 닦아서 항상 휴식이 없으며, 모든 부처님의 자재한 신통 변화를 얻고 막힘이나 걸림 없는 몸을 갖추어 의지함이 없는 지혜에 머물며, 모든 선근의 법을 취하거나 집착함이 없으며, 마음으로 행함에 얻을 것이 없으며, 모든 처를 멀리 벗어나는 생각을 일으키며, 모든 지혜를 취해서 집착하려는 생각이 없으며, 모든 삼매로 스스로 장엄하고 지혜로 모든 법계를 거스르지 않고 따릅니다."

"집착이 없고 속박이 없는 해탈한 마음으로 보현보살이 행하는 문에 들어가 헤아릴 수 없는 법계의 매우 분간하기 어려울 정도로 아주 작은 지혜와 모든 법계를 널리 펴서 설하는 매우 분간하기 어려울 정도로 아주 작은 지혜와 광대한 법계에 들어가는 매우 분간하기 어려울 정도로 아주 작은 지혜와 생각으로는 미루어 알 수 없는 매우 분간하기 어려울 정도로 아주 작은 지혜와 모든 법계를 분별하는 매우 분간하기 어려울 정도로 아주 작은 지혜와 한 생각, 한순간에 모든 법계에 들어가는 매우 분간하기 어려울 정도로 아주 작은 지혜와 두루 모든 법계에 들어가는 매우 분간하기 어려울 정도로 아주 작은 지혜와 모든 법계란 얻을 것이 없음을 아는 매우 분간하기 어려울 정도로 아주 작은 지혜와 모든 법계가 막힘이나 걸림이 없음을 들여다보는 매우 분간하기 어려울 정도로 아주 작은 지혜와 모든 법계란 나는 것이 없음을 아는 매우 분간하기 어려울 정도로 아주 작은 지혜와 모든 법계의 신통 변화를 나타내는 매우 분간하기 어려울 정도로 아주 작은 지혜 등, 이와 같은 모든 법계의 매우 분간하기 어려울 정도로 아주 작은 것을 광대한 지혜로 빠짐없이 다 여실히 압니다."

"법에 자재하기에 보현행을 보여서 중생들을 빠짐없이 다 만족하게 하며, 도리를 버리지 않고 평등하고 막힘이나 걸림이 없는 지혜를 내어 막힘이나 걸림이 없는 근본을 알며, 모든 법에 머무르지 않고 법의 성품을 무너트리지 않으며, 실상의 본바탕과 같이 물들지 않음이 허공과 같으며, 세간을 거스르지 않고 말을 일으켜서 진실한 이치를 열어서 적멸(如是如是.解脫.寂滅.寂定.禪定.三昧.二乘地.如來地.涅槃.法界.般涅槃.眞如.善根思惟)의 성품을 보이고 모든 경계에 의지함도 없고 머물지도 않으며, 분별함이 없기에 법계가 광대하게 세워진 것을 밝게 보며, 모든 세간뿐만 아니라 모든 법이 평등하고 둘이 없음을 분명하게 깨우쳐 알아 모든 집착에서 벗어납니다."

"집착이 없고 속박이 없는 해탈한 마음으로 보현의 행을 닦아 모든 겁의 매우 분간하기 어려울 정도로 아주 작은 지혜를 내니, 이른바 말로는 이를 수 없는 겁으로 하나의 생각으로 삼는 매우 분간하기 어려울 정도로 아주 작은 지혜와 하나의 생각으로 말로는 이를 수 없는 겁으로 삼는 매우 분간하기 어려울 정도로 아주 작은 지혜와 아승기의 겁으로 하나의 겁에 들어가는 매우 분간하기 어려울 정도로 아주 작은 지혜와 하나의 겁으로 아승기의 겁에 들어가는 매우 분간하기 어려울 정도로 아주 작은 지혜와 긴 겁으로 짧은 겁에 들어가는 매우 분간하기 어려울 정도로 아주 작은 지혜와 짧은 겁으로 긴 겁에 들어가는 매우 분간하기 어려울 정도로 아주 작은 지혜와 부처님이 있는 겁으로 부처님이 없는 겁에 들어가는 매우 분간하기 어려울 정도로 아주 작은 지혜와 모든 겁의 수량을 아는 매우 분간하기 어려울 정도로 아주 작은 지혜와 모든 겁과 겁이 아닌 것을 아는 매우 분간하기 어려울 정도로 아주 작은 지혜와 한 생각, 한순간에 삼세의 모든 겁을 아는 매우 분간하기 어려울 정도로 아주 작은 지혜들입니다."

"이와 같은 등등의 일체 모든 겁의 매우 분간하기 어려울 정도로 아주 작은 것을 여래의 지혜로 한 생각, 한순간에 실상의 본바탕을 알고 모든 보살의 행을 원만하게 하는 마음을 얻어 보현행의 마음에 들어가며, 모든 분별과 외도의 희롱하는 마음을 벗어나며, 큰 원으로 게으르거나 쉼이 없는 마음을 일으켜 헤아릴 수 없는 세계의 그물과 헤아릴 수 없는 모든 부처님의 가득한 마음과 모든 부처님의 선근과 모든 보살행과 능히 들어가서 지니어 가지는 마음과 모든 중생을 위로해서 편안하게 하는 광대한 행을 듣고는 잊어버리지 않는 마음과 모든 겁에 부처님이 세간에 나오심을 능히 나타내는 마음과 하나하나의 세계에 미래의 경계가 다 하도록 움직이지 않는 행을 행하면서 쉼이 없는 마음과 모든 세계 가운데 여래의 신업으로 보살의 몸과 마음을 충만하게 합니다."

"집착이 없고 속박이 없는 해탈한 마음으로 보현의 행을 닦아서 물러섬이 없음을 이루고 모든 법의 매우 분간하기 어려울 정도로 아주 작은 지혜를 얻으니, 이른바 깊고 깊은 법의 매우 분간하기 어려울 정도로 아주 작은 지혜와 광대한 법의 매우 분간하기 어려울 정도로 아주 작은 지혜와 가지가지 법의 매우 분간하기 어려울 정도로 아주 작은 지혜와 장엄하는 법의 매우 분간하기 어려울 정도로 아주 작은 지혜와 모든 법이란 헤아릴 수 없음이 매우 분간하기 어려울 정도로 아주 작은 지혜와 모든 법이 하나의 법에 들어가는 매우 분간하기 어려울 정도로 아주 작은 지혜와 하나의 법이 모든 법에 들어가는 매우 분간하기 어려울 정도로 아주 작은 지혜와 모든 법이 법 아닌 것에 들어가는 매우 분간하기 어려울 정도로 아주 작은 지혜와 법이 없는 가운데 모든 법을 편안하게 세우지만 서로 어기지 않는 매우 분간하기 어려울 정도로 아주 작은 지혜와 모든 불법의 방편에 들어가서 남은 것이 없는 매우 분간하기 어려울 정도로 아주 작은 지혜들입니다."

"이와 같은 등등 모든 세계의 모든 말로 편안히 세운 법의 분간하기 어려울 정도로 아주 작은 지혜는 그것들과 동등하고 지혜를 갖추었기에 막힘이나 걸림이 없이 모든 것을 빠짐없이 실상과 같이 알며, 끝이 없는 법계에 들어가는 마음을 얻고 하나하나의 법계에 깊은 마음으로 견고하게 머물러 막힘이나 걸림 없는 행을 이루고 모든 지혜가 모든 근에 가득 차고 모든 부처님의 지혜로 바른 생각과 방편에 들어가며, 모든 부처님의 광대한 공덕을 성취해서 법계에 두루 충만하고 일체 모든 여래의 몸에 두루 들어가서 모든 보살이 가지고 있는 신업을 나타내며, 모든 세계의 문자와 말씀을 거스름 없이 따르며, 법을 널리 펴서 설하고 모든 부처님으로부터 보호받은 지혜의 의업으로 헤아릴 수 없는 섬세하고 능숙한 선근 방편을 출생해서 모든 법을 분별하는 살바야의 지혜를 얻습니다."

"집착이 없고 속박이 없는 해탈한 마음으로 보현의 행을 닦아서 매우 분간하기 어려울 정도로 아주 작은 지혜를 출생하니, 이른바 모든 세계를 아는 매우 분간하기 어려울 정도로 아주 작은 지혜와 모든 중생을 아는 매우 분간하기 어려울 정도로 아주 작은 지혜와 모든 법의 과보를 아는 매우 분간하기 어려울 정도로 아주 작은 지혜와 모든 중생의 마음을 아는 매우 분간하기 어려울 정도로 아주 작은 지혜와 모든 설법의 시기를 아는 매우 분간하기 어려울 정도로 아주 작은 지혜와 모든 법계를 아는 매우 분간하기 어려울 정도로 아주 작은 지혜와 모든 허공 계를 다하는 매우 분간하기 어려울 정도로 아주 작은 지혜와 모든 언어의 도를 아는 매우 분간하기 어려울 정도로 아주 작은 지혜와 모든 세간의 행을 아는 매우 분간하기 어려울 정도로 아주 작은 지혜와 모든 출세의 행을 아는 매우 분간하기 어려울 정도로 아주 작은 지혜뿐만 아니라 모든 여래의 도와 모든 보살의 도와 모든 중생의 도를 아는 일에 이르기까지 매우 분간하기 어려울 정도로 아주 작은 지혜로 보살행을 닦아서 보현의 도에 머물며, 글이나 뜻을 실상의 본바탕과 같이 알고 그림자 같은 지혜를 내고 꿈과 같은 지혜를 내고 허깨비와 같은 지혜를 내고 메아리와 같은 지혜를 내고 생육하는 지혜를 내고 공과 같은 지혜를 내고 적멸(如是如是.解脫.寂滅.寂定.禪定.三昧.二乘地.如來地.涅槃.法界.般涅槃.眞如.善根思惟)과 같은 지혜를 내고 모든 법계의 지혜를 내고 의지할 것 없는 지혜를 내고 모든 불법의 지혜를 냅니다."

佛子 菩薩摩訶薩於彼善根 皆生尊重 隨順忍可時 究竟欣樂 堅固信解 自得安住 令他安住 勤修無著 自在積集 成勝志樂 住如來境 勢力增長 悉得知見 以諸善根如是迴向 所謂 以無著無縛解脫心 成就普賢身業 以無著無縛解脫心 淸淨普賢語業 以無著無縛解脫心 圓滿普賢意業 以無著無縛解脫心 發起普賢廣大精進 以無著無縛解脫心 具足普賢無礙吟聲陀羅尼門 其聲廣大 普徧十方 以無著無縛解脫心 具足普賢見一切佛陀羅尼門 恒見十方一切諸佛 以無著無縛解脫心 成就解了一切音聲陀羅尼門 同一切音 說無量法 以無著無縛解脫心 成就普賢一切劫住陀羅尼門 普於十方修菩薩行 以無著無縛解脫心 成就普賢自在力 於一衆生身中 示修一切菩薩行 盡未來劫常無間斷 如一衆生身 一切衆生身悉如是 以無著無縛解脫心 成就普賢自在力 普入一切衆道場 普現一切諸佛前 修菩薩行 以無著無縛解脫心 成就普賢佛自在力 於一門中示現 經不可說不可說劫 無有窮盡 令一切衆生皆得悟入 以無著無縛解脫心 成就普賢佛自在力 於種種門中示現 經不可說不可說劫 無有窮盡 令一切衆生皆得悟入 其身普現一切佛前 以無著無縛解脫心 成就普賢自在力 念念中令不可說不可說衆生住十力智 心無疲倦 以無著無縛解脫心 成就普賢自在力 於一切衆生身中 現一切佛自在神通 令一切衆生住普賢行 以無著無縛解脫心 成就普賢自在力 於一一衆生語言中 作一切衆生語言 令一切衆生一一皆住一切智地 以無著無縛解脫心 成就普賢自在力 於一一衆生身中 普容納一切衆生身 令皆自謂成就佛身 以無著無縛解脫心 成就普賢自在力 能以一華莊嚴一切十方世界 以無著無縛解脫心 成就普賢自在力 出大音聲 普徧世界 周聞一切諸佛國土 攝受調伏一切衆生 以無著無縛解脫

心 成就普賢自在力 盡未來際不可說不可說劫 於念念中悉能徧入一切世界 以佛神力 隨念莊嚴 以無著無縛解脫心 成就普賢自在力 盡未來際所住之劫 常能徧入一切世界 示現成佛出興於世 以無著無縛解脫心 成普賢行 一光普照盡虛空界一切世界 以無著無縛解脫心 成普賢行 得無量智慧 具一切神通 說種種法 以無著無縛解脫心 成普賢行 入於如來盡一切劫不可測量神通智慧 以無著無縛解脫心 成普賢行 住盡法界諸如來所 以佛神力修習一切諸菩薩行 身 口 意業 曾無懈倦 以無著無縛解脫心 成普賢行 不違於義 不壞於法 言辭清淨 樂說無盡 敎化調伏一切衆生 令其當得一切諸佛無上菩提 以無著無縛解脫心 修普賢行 入一法門時 放無量光 照不思議一切法門 如一切法 一切法門皆亦如是通達無礙 究竟當得一切智地 以無著無縛解脫心 住菩薩行 於法自在 到於普賢莊嚴彼岸 於一一境界 皆以一切智觀察悟入 而一切智亦不窮盡 以無著無縛解脫心 始從此生盡未來際住普賢行 常不休息 得一切智 悟不可說不可說眞實法 於法究竟 無有迷惑 以無著無縛解脫心 修普賢業 方便自在 得法光明 於諸菩薩所行之行照了無礙 以無著無縛解脫心 修普賢行 得一切方便智 知一切方便 所謂 無量方便 不思議方便 菩薩方便 一切智方便 一切菩薩調伏方便 轉無量法輪方便 不可說時方便 說種種法方便 無邊際無畏藏方便 說一切法無餘方便 以無著無縛解脫心 住普賢行 成就身業 令一切衆生見者歡喜 不生誹謗 發菩提心 永不退轉 究竟淸淨 以無著無縛解脫心 修普賢行 得了一切衆生語言淸淨智 一切言辭具足莊嚴 普應衆生 皆令歡喜 以無著無縛解脫心 住普賢行 立殊勝志 具淸淨心 得廣大神通 廣大智慧 普詣一切廣大世界 廣大國土 廣大衆生所 說一切如來不可說廣大法 廣大莊嚴圓滿藏 以無著無縛解脫心 成滿普賢迴向行願 得一切佛淸淨身 淸淨心 淸淨解 攝佛功德 住佛境界 智印普照 示現菩薩淸淨之業 善入一切差別句義 示諸佛菩薩廣大自在 爲一切衆生現成正覺 以無著無縛解脫心 勤修普賢諸根行願 得聰利根 調順根 一切法自在根 無盡根 勤修一切善根根 一切佛境界平等根 授一切菩薩不退轉記大精進根 了知一切佛法金剛界根 一切如來智慧光照金剛焰根 分別一切諸根自在根 安立無量衆生於一切智根 無邊廣大根 一切圓滿根 淸淨無礙根 以無著無縛解脫心 修普賢行 得一切菩薩神力 所謂 無量廣大力神力 無量自在智神力 不動其身普現一切諸佛刹神力 無礙不斷自在神力 普攝一切佛刹置於一處神力 一身徧滿一切佛刹神力 無礙解脫遊戲神力 無所作一念自在神力 住無性無依神力 一毛孔中次第安立不可說世界徧遊法界諸佛道場示諸衆生皆令得壑大智慧門神力 以無著無縛解脫

心 入普賢門 生菩薩行 以自在智 於一念頃普入無量諸佛國土 一身容受無量佛刹 獲能嚴淨佛國土智 恒以智慧觀見無邊諸佛國土 永不發起二乘之心 以無著無縛解脫心 修普賢方便行 入智慧境界 生如來家 住菩薩道 具足不可說不可說無量不思議殊勝心 行無量願未曾休息 了知三世一切法界 以無著無縛解脫心 成就普賢淸淨法門 於一毛端量處悉包容盡虛空徧法界不可說不可說一切國土 皆使明見 如一毛端量處 徧法界 虛空界一一毛端量處悉亦如是 以無著無縛解脫心 成就普賢深心方便 於一念心中現一衆生不可說不可說劫念心 如是乃至現一切衆生爾許劫念心 以無著無縛解脫心 入普賢迴向 行方便地 於一身中悉能包納盡法界不可說不可說身 而衆生界無所增感 如一身 乃至周徧法界一切身悉亦如是 以無著無縛解脫心 成就普賢大願方便 捨離一切想倒 心倒 見倒 普入一切諸佛境界 常見諸佛虛空界等淸淨法身 相好嚴淨 神力自在 常以妙音開示演說無礙無斷 令其聞者如說受持 於如來身了無所得 以無著無縛解脫心 修普賢行 住菩薩地 於一念中入一切世界 所謂 入仰世界 覆世界 不可說不可說十方網一切處廣大世界 以因陀羅網分別方便普分別一切法界 以種種世界入一世界 以不可說不可說無量世界入一世界 以一切法界所安立無量世界入一世界 以一切虛空界所安立無量世界入一世界 而亦不壞安立之相 悉令明見 以無著無縛解脫心 修習普賢菩薩行願 得佛灌頂 於一念中入方便地 成滿安住衆行智寶 悉能了知一切諸想 所謂 衆生想 法想 刹想 方想 佛想 世想 業想 行想 界想 解想 根想 時想 持想 煩惱想 淸淨想 成熟想 見佛想 轉法輪想 聞法解了想 調伏想 無量想 出離想 種種地想 無量地想 菩薩了知想 菩薩修習想 菩薩三昧想 菩薩三昧起想 菩薩成就想 菩薩壞想 菩薩歿想 菩薩生想 菩薩解脫想 菩薩自在想 菩薩住持想 菩薩境界想 劫成壞想 明想 闇想 晝想 夜想 半月一月一時一歲變異想 去想 來想 住想 坐想 睡想 覺想 如是等想 於一念中悉能了知 而離一切想無所分別 斷一切障 無所執著 一切佛智充滿其心 一切佛法長其善根 與諸如來等同一身 一切諸佛之所攝取 離垢淸淨 一切佛法皆隨修學到於彼岸 以無著無縛解脫心 爲一切衆生修普賢行 生大智寶 於一一心中知無量心 隨其依止 隨其分別 隨其種性 隨其所作 隨其業用 隨其相狀 隨其思覺 種種不動靡不明見 以無著無縛解脫心 成就普賢大願智寶 於一處中知於無量不可說處 如於一處 於一切處悉亦如是 以無著無縛解脫心 修習普賢行業智地 於一業中能知無量不可說不可說業 其業各以種種緣造 明了知見 如於一業 於一切業悉亦如是 以無著無縛解脫心 修習普賢知諸法智 於一法中知不可說不可說法

於一切法中而知一法 如是諸法 各各差別 無有障礙 無違無著 以無著無縛解脫心 住菩薩行 得具普賢無礙耳根 於一言音中知不可說不可說言音無量無邊種種差別而無所著 如於一言音 於一切言音悉亦如是 以無著無縛解脫心 修普賢智 其普賢行 住普賢地 於一一法中演說不可說不可說法 其法廣大 種種差別敎化攝受 不可思議方便相應 於無量時 於一切時 隨諸衆生所有欲解 隨根隨時 以佛音聲而爲說法 以一妙音令不可說道場衆會無量衆生皆悉歡喜 一如來所無量菩薩充滿法界 立殊勝志 生廣大見 究竟了知一切諸行 住普賢地 隨所說法 於念念中悉能證入 一刹那頃增長無量不可說不可說大智慧聚 盡未來劫如是演說 於一切刹修習廣大虛空等行 成就圓滿 以無著無縛解脫心 修習普賢諸根行門 成大行王 於一一根中悉能了知無量諸根 無量心樂 不思議境界所生妙行 以無著無縛解脫心 住普賢行大迴向心 得色甚微細智 身甚微細智 刹甚微細智 劫甚微細智 世甚微細智 方甚微細智 時甚微細智 數甚微細智 業報甚微細智 淸淨甚微細智 如是等一切甚微細 於一念中悉能了知 而心不恐怖 心不迷惑 不亂 不散 不濁 不劣 其心一緣 心善寂定 心善分別 心善安住 以無著無縛解脫心 住菩薩智 修普賢行 無有懈倦 能知一切衆生趣甚微細 衆生死甚微細 衆生生甚微細 衆生住甚微細 衆生處甚微細 衆生品類甚微細 衆生境界甚微細 衆生行甚微細 衆生取甚微細 衆生攀緣甚微細 如是等一切甚微細 於一念中悉能了知 以無著無縛解脫心 立深志樂 修普賢行 能知一切菩薩從初發心爲一切衆生修菩薩行甚微細 菩薩住處甚微細 菩薩神通甚微細 菩薩遊行無量佛刹甚微細 菩薩法光明甚微細 菩薩甚淸淨眼甚微細 菩薩成就殊勝心甚微細 菩薩往詣一切如來道場衆會甚微細 菩薩陀羅尼門智甚微細 菩薩無量無畏地一切辯才藏演說甚微細 菩薩無量三昧相甚微細 菩薩見一切佛三昧智甚微細 菩薩甚深三昧智甚微細 菩薩大莊嚴三昧智甚微細 菩薩法界三昧智甚微細 菩薩大自在神通三昧智甚微細 菩薩盡未來際廣大行住持三昧智甚微細 菩薩出生無量差別三昧智甚微細 菩薩出生一切諸佛前勤修供養恒不捨離三昧智甚微細 菩薩修行一切甚深廣博無障無礙三昧智甚微細 菩薩究竟一切智地住持行智地嬾神通地 決定義地 離翳三昧智甚微細 如是等一切甚微細 悉能了知 以無著無縛解脫心 修普賢行 悉知一切菩薩安立智甚微細 菩薩地甚微細 菩薩無量行甚微細 菩薩出生迴向甚微細 菩薩得一切佛藏甚微細 菩薩觀察智甚微細 菩薩神通願力甚微細 菩薩演說三昧甚微細 菩薩自在方便甚微細 菩薩印甚微細 菩薩一生補處甚微細 菩薩生兜率天甚微細 菩薩住止天宮甚微細 菩薩嚴淨佛國甚微細 菩薩觀察人中甚微

細 菩薩放大光明甚微細 菩薩種族殊勝甚微細 菩薩道場衆會甚微細 菩薩徧一切世界受生甚微細 菩薩於一身示現一切身命終甚微細 菩薩入母胎甚微細 菩薩住母胎甚微細 菩薩在母胎中自在示現一切法界道場衆會甚微細 菩薩在母胎中示現一切佛神力甚微細 菩薩示現誕生事甚微細 菩薩師子遊行七步智甚微細 菩薩示處王宮巧方便智甚微細 菩薩出家修調伏行甚微細 菩薩菩提樹下坐道場甚微細 菩薩破魔軍重成阿耨多羅三藐三菩提甚微細 如來坐菩提座放大光明照十方界甚微細 如來示現無量神變甚微細 如來師子吼大涅槃甚微細 如來調伏一切衆生而無所礙甚微細 如來不思議自在力金剛菩提心甚微細 如來普護念一切世間境界甚微細 如來普於一切世界施作佛事盡未來劫而無休息甚微細 如來無礙神力周徧法界甚微細 如來於盡虛空界一切世界普現成佛調伏衆生甚微細 如來於一佛身無量佛身甚微細 如來於去來今三世中皆處道場自在智甚微細 如是等一切微細悉能了知 成就淸淨 普能示現一切世間 於念念中增長智慧 圓滿不退 善巧方便修菩薩行 無有休息 成就普賢迴向之地 具足一切如來功德 永不厭捨菩薩所行 出生菩薩現前境界 無量方便皆悉淸淨 普欲安隱一切衆生 修菩薩行 成就菩薩大威德地 得諸菩薩心之樂欲 獲金剛幢迴向之門 出生法界諸功德藏 常爲諸佛之所護念 入諸菩薩深妙法門 演說一切眞實之義 於法善巧無所違失 起大誓願不捨衆生 於一念中盡知一切心 非心地境界之藏 於非心處示生於心 遠離語言 安住智慧 同諸菩薩所行之行 以自在力示成佛道 盡未來際常無休息 一切世間衆生劫數 妄想言說之所建立 神通願力悉能示現 以無著無縛解脫心 修普賢行 得一切衆生界甚微細智 所謂 衆生界分別甚微細智 衆生界言說甚微細智 衆生界執著甚微細智 衆生界異類甚微細智 衆生界同類甚微細智 衆生界無量趣甚微細智 衆生界不思議種種分別所作甚微細智 衆生界無量雜染甚微細智 衆生界無量淸淨甚微細智 如是等一切衆生境界甚微細 於一念中能以知慧皆如實知 廣攝衆生而爲說法 開示種種淸淨法門 令修菩薩廣大智慧 化身無量 見者歡喜 以智日光照菩薩心 令其開悟智慧自在 以無著無縛解脫心 爲一切衆生於一切世界修普賢行 得盡虛空界 法界 一切世界甚微細智 所謂 小世界甚微細智 大世界甚微細智 雜染世界甚微細智 淸淨世界甚微細智 無比世界甚微細智 種種世界甚微細智 廣世界甚微細智 狹世界甚微細智 無礙莊嚴世界甚微細智 徧一切世界佛出現甚微細智 徧一切世界說正法甚微細智 徧一切世界普賢身甚微細智 徧一切世界放大光明甚微細智 盡一切世界示現諸佛自在神通甚微細智 盡一切世界以一音聲示一切音甚微細智 入一切世界一切佛刹

道場衆會甚微細智 以一切法界佛刹作一佛刹甚微細智 以一佛刹作一切法界佛刹甚微細智 知一切世界如夢甚微細智 知一切世界如上甚微細智 知一切世界如幻甚微細智 如是了知出生一切菩薩之道 入普賢行智慧神通 具普賢觀 修菩薩行 常無休息 得一切佛自在神變 具無礙身 住無依智 於諸善法無所取著 心之所行悉無所得 於一切處起遠離想 於菩薩行起淨修想 於一切智無取著想 以諸三昧而自莊嚴 智慧隨順一切法界 以無著無縛解脫心 入普賢菩薩行門 得無量法界甚微細智 演說一切法界甚微細智 入廣大法界甚微細智 分別不思議法界甚微細智 分別一切法界甚微細智 一念徧一切法界甚微細智 普入一切法甚微細智 知一切法界無所得甚微細智 觀一切法界無所礙甚微細智 知一切法界無有生甚微細智 於一切法界現神變甚微細智 如是等一切法界甚微細 以廣大智皆如實知 於法自在 示普賢行 令諸衆生皆悉滿足 不捨於義 不著於法 出生平等無礙之智 知無礙本 不住一切法 不壞諸法性 如實無染 猶若虛空 隨順世間起於言說 皆眞實義 示寂滅性 於一切境無依 無住 無有分別 明見法界 廣大安立 了諸世間及一切法平等無二 離一切著 以無著無縛解脫心 修普賢行 生諸劫甚微細智 所謂 以不可說劫爲一念甚微細智 以一念爲不可說甚微細智 以阿僧祇劫入一劫甚微細智 以一劫入阿僧祇劫甚微細智 以長劫入短劫甚微細智 以短劫入長劫甚微細智 入有佛劫無佛劫甚微細智 知一切劫數甚微細智 知一切劫非劫甚微細智 一念中見三世一切劫甚微細智 如是等一切諸劫甚微細 以如來智 於一念中皆如實知 得諸菩薩圓滿行王心 入普賢行心 離一切分別異道戲論心 發大願無懈息心 普見無量世界網無量諸佛充滿心 於諸佛善根諸菩薩行能聞持心 於安慰一切衆生廣大行聞已不忘心 能於一切劫現佛出世心 於一一世界盡未來際行不動行無休息心 於一切世界中以如來身業充滿菩薩身心 以無著無縛解脫心 修普賢行 成不退轉 得一切法甚微細智 所謂 甚深法甚微細智 廣大法甚微細智 種種法甚微細智 莊嚴法甚微細智 一切法無有量甚微細智 一切法入一法甚微細智 一法入一切法甚微細智 一切法入非法甚微細智 無法中安立一切法而不相違甚微細智 入一切佛法方便無有餘甚微細智 如是等一切世界一切言說所安立法諸微細智 與彼同等 其智無礙 皆如實知 得入無邊法界心 於一一法界深心堅住 成無礙行 於一切智充滿諸根 入諸佛智 正念方便 成就諸佛廣大功德 徧滿法界 普入一切諸如來身 現諸菩薩所有身業 隨順一切世界言辭 演說於法 得一切佛神力所加智慧意業 出生無量善巧方便分別諸法薩婆若智 以無著無縛解脫心 修普賢行 出生一切甚微細智 所謂 知一切刹甚微細智 知一切衆

生甚微細智 知一切法果報甚微細智 知一切衆生心甚微細智 知一切說法時甚微細智 知一切法界甚微細智 知一切盡虛空界三世甚微細智 知一切語言道甚微細智 知一切世間行甚微細智 知一切出世行甚微細智 乃至知一切如來道 一切菩薩道 一切衆生道甚微細智 修菩薩行 住普賢道 若文若義皆如實知 生如影智 生如夢智 生如幻智 生如響智 生如化智 生如空智 生寂滅智 生一切法界智 生無所依智 生一切佛法智

"불자들이여! 집착이 없고 속박이 없는 해탈한 마음으로 회향하면서 세간이나 세간의 법을 분별하지 않으며, 보리나 보리살타를 분별하지 않으며, 보살의 행이나 벗어나 나아가는 도를 분별하지 않으며, 부처님이나 모든 부처님의 법을 분별하지 않으며, 중생을 조복하거나 중생을 조복하지 않음을 분별하지 않으며, 선근이나 회향을 분별하지 않으며, 자신이나 타인을 분별하지 않으며, 보시하는 물건이나 보시받는 이를 분별하지 않으며, 보살의 행이나 등정각을 분별하지 않으며, 법이나 지혜를 분별하지 않습니다."

佛子 菩薩摩訶薩以無著無縛解脫心迴向 不分別若世間 若世間法 不分別若菩提 若菩提薩埵 不分別若菩薩行 若出離道 不分別若佛 若一切佛法 不分別若調伏衆生 若不調伏衆生 不分別若善根 若迴向 不分別若自 若他 不分別若施物 若受施者 不分別若菩薩行 若等正覺 不分別若法 若智

"불자들이여! 보살마하살이 선근으로 이와 같음에 회향하니, 이른바 마음에 집착이 없고 속박이 없는 해탈과 몸에 집착이 없고 속박이 없는 해탈과 입에 집착이 없고 속박이 없는 해탈과 업에 집착이 없고 속박이 없는 해탈과 과보에 집착이 없고 속박이 없는 해탈과 세간에 집착이 없고 속박이 없는 해탈과 부처님 세계에 집착이 없고 속박이 없는 해탈과 중생에게 집착이 없고 속박이 없는 해탈과 법에 집착이 없고 속박이 없는 해탈입니다."

"보살마하살이 이와 같음으로 회향할 때, 삼세 모든 부처님이 보살로 있을 때 닦던 회향과 같이 회향을 하니, 과거 모든 부처님의 회향을 배우고 미래 모든 부처님의 회향을 이루며, 현재 모든 부처님의 회향에 머물며, 과거 모든 부처님의 회향한 도에 편안히 머물며, 미래 모든 부처님의 회향하는 도를 버리지 않으며, 현재 모든 부처님의 회향하는 도를 거스르지 않고 따르며, 부지런히 과거 모든 부처님의 가르침을 닦고 미래 모든 부처님의 가르침을 성취하고 현재 모든 부처님의 가르침을 깨달아 알고 과거 모든 부처님의 평등함을 만족하고 미래 모든 부처님의 평등함을 성취하고 현재 모든 부처님의 평등함에 머물고 과거 모든 부처님의 경계를 행하고 미래 모든 부처님의 경계에 머물고 현재 모든 부처님의 경계와 평등하고 삼세 모든 부처님의 선근을 얻고 삼세 모든 부처님의 종성을 갖추고 삼세 모든 부처님의 행하심에 머물고 삼세 모든 부처님의 경계를 거스르지 않고 따릅니다."

佛子 菩薩摩訶薩以彼善根如是迴向 所謂 心無著無縛解脫 身無著無縛解脫 口無著無縛解脫 業無著無縛解脫 報無著無縛解脫 世間無著無縛解脫 佛刹無著無縛解脫 衆生無著無縛解脫 法無著無縛解脫 智無著無縛解脫 菩薩摩訶薩如是迴向時 如三世諸佛爲菩薩時所修迴向而行迴向 學過去諸佛迴向 成未來諸佛迴向 住現在諸佛迴向 安住過去諸佛迴向道 不捨未來諸佛迴向道 隨順現在諸佛迴向道 勤修過去諸佛教 成就未來諸佛教 了知現在諸佛教 滿足過去諸佛平等 成就未來諸佛平等 安住現在諸佛平等 行過去諸佛境界 住未來諸佛境界 等現在諸佛境界 得三世一切諸佛善根 具三世一切諸佛種性 住三世一切諸佛所行 順三世一切諸佛境界

"불자들이여! 이것이 보살마하살의 집착이 없고 속박이 없이 해탈하는 마음의 제9 회향입니다."

"보살마하살이 이 회향에 머물 때는 모든 금강륜위산이 무너트릴 수 없으며, 모든 중생 가운데서 마주한 모양이나 상태가 제일이라 비교할 자가 없으며, 모든 마와 삿된 업을 꺾어서 깨트리고 시방 모든 세계에 두루 나타나서 보살의 행을 닦으며, 모든 중생을 깨우치기 위해서 선근의 방편으로 모든 부처님 법을 설하여 큰 지혜를 얻게 하며, 모든 부처님의 법에 마음이 미혹하지 않게 합니다."

"태어나는 곳곳마다 다니거나 머무를 때 무너지지 않은 권속을 항상 만나며, 삼세 모든 부처님이 설하신 바른 법을 청정한 생각으로 남김없이 다 받아 지니며, 미래의 겁이 다하도록 보살의 행을 닦으면서 늘 쉬지 않으며, 의지하지도 집착하지도 않으며, 보현행과 원을 거듭 더하고 늘려서 온전하게 갖추고 모든 지혜를 얻으며, 불사를 지어 보시하고 보살의 자재한 신통을 성취합니다."

佛子 是爲菩薩摩訶薩第九無著無縛解脫心迴向 菩薩摩訶薩住此迴向時 一切金剛

輪圍山所不能壞 於一切衆生中色相第一無能及者 悉能摧破諸魔邪業 普現十方一切世界 修菩薩行 爲欲開悟一切衆生 以善方便說諸佛法 得大智慧 於諸佛法心無迷惑 在在生處若行若住 常得値遇不壞眷屬 三世諸佛所說正法 以淸淨念悉能受持 盡未來劫修菩薩行 常不休息 無所依著 普賢行願增長具足 得一切智施作佛事 成就菩薩自在神通

이때 금강당 보살이 부처님의 신력을 받들어 시방을 두루 살펴보고 게송으로 말했다.
爾時 金剛幢菩薩承佛神力 普觀十方而說頌言

普於十方無等尊 시방에 두루 하신 무등존께
未曾一起輕慢心 일찍이 경솔하고 오만함을 일으키지 않고
隨其所修功德業 닦으신 그 공덕의 업을 따라서
亦復恭敬生尊重 역시 차례를 좇아 공손히 섬기어 존중함을 냅니다.

所修一切諸功德 수행한 일체 모든 공덕은
不爲自己及他人 자신뿐만 아니라 타인을 위한 것이 아니고
恒以最上信解心 늘 최상의 믿고 이해함으로
利益衆生故迴向 중생에게 넉넉한 이익을 주기 위해 회향합니다.

未嘗暫起高慢心 잠깐이라도 뽐내어 건방진 마음을 일으키지 않고
亦復不生下劣意 역시 차례를 좇아 못난 생각을 내지 않으며
如來所有身等業 여래가 가지고 있는 신구의 업 등을
彼悉請問勤修習 남김없이 다 물어서 부지런히 닦아 익힙니다.

所修種種諸善根 가지가지로 수행하는 모든 선근은
悉爲利益諸含識 모든 것이 모든 중생의 넉넉한 이익을 위한 것이고
安住深心廣大解 광대한 이해의 깊은 마음에 편안히 머물며
迴向人尊功德位 사람 가운데 높고 귀한 공덕의 지위로 회향합니다.

世間所有無量別 세간이 가지고 있는 헤아릴 수 없이 많은 다른 일과
種種善巧奇特事 가지가지 선근의 섬세하고 능숙하며 특별한 일과
麤細廣大及甚深 거칠고 미세하며 광대하고 깊고도 깊은 것들을
靡不修行皆了達 수행으로 빠짐없이 깨달아 통달합니다.

世間所有種種身 세간이 가지고 있는 가지가지의 몸에
以身平等入其中 평등한 몸으로 그 가운데 들어가
於此修行得了悟 이러한 수행으로 분명하게 깨우침을 깨달아 얻고
慧門成就無退轉 지혜의 문을 성취해서 물러섬이 없습니다.

世間國土無量種 세간의 국토는 그 종류가 헤아릴 수 없고
微細廣大仰覆別 매우 작고 광대하고 넘어질 듯하고 뒤집힌 것을
菩薩能以智慧門 보살들이 능히 지혜의 문으로
一毛孔中無不見 하나의 털구멍 가운데서 봅니다.

衆生心行無有量 중생의 마음과 행은 헤아려 알 수 없으며
能令平等入一心 평등하게 하나의 마음으로 들게 하고
以智慧門悉開悟 지혜의 문을 남김없이 열어 깨우침을 얻게 하며
於所修行不退轉 수행하는 일에서 물러서지 않게 한다네.

衆生諸根及欲樂 중생의 모든 근과 즐기고자 함은
上中下品各不同 상, 중, 하품으로 제각기 다르고
一切甚深難可知 모든 것이 깊고 깊기에 알기가 어렵지만
隨其本性悉能了 그 근본이 되는 성품을 따라 모두 분명하게 깨달아 안다네.

衆生所有種種業 중생들이 가지고 있는 가지가지의 업은
上中下品各差別 상, 중, 하품으로 제각기 차별하는 것을
菩薩深入如來力 보살이 여래의 깊은 힘에 들어가
以智慧門普明見 지혜의 문으로 밝게 두루 봅니다.

不可思議無量劫 생각으로는 미루어 알 수 없는 무량한 겁에
能令平等入一念 한결같은 마음으로 평등하게 들어가
如是見已徧十方 이와 같음을 보고 시방에 두루 해서
修行一切淸淨業 모든 청정한 업을 닦고 행한다네.

過去未來及現在 과거, 미래 및 현재가
了知其相各不同 그 모양이나 상태가 서로 다른 것을 깨달아 알지만
而亦不違平等理 모든 것이 평등한 이치를 어기지 않으니
是則大心明達行 이것이 곧 큰마음을 밝게 통한 행이라네.

世間衆生行不同 세계 중생들의 움직임이 같지 않으며
或顯或隱無量種 그와 같이 드러나거나 그와 같이 숨은 것이 헤아릴 수 없이 많은 종류이고
菩薩悉知差別相 보살이 차별되는 모양이나 상태를 남김없이 다 알지만
亦知其相皆無相 그 모양이나 상태가 모든 모양이나 상태가 없음을 또한 안다네.

十方世界一切佛 시방세계 모든 부처님의
所現自在神通力 자재한 신통한 힘을 나타내는 것은
廣大難可得思議 광대해서 헤아려 알기가 어렵지만
菩薩悉能分別知 보살은 남김없이 분별해서 능히 안다네.

一切世界兜率中 모든 세계의 도솔천 가운데
自然覺悟人師子 자연히 깨우침을 깨달아 얻은 인사자는
功德廣大淨無等 공덕이 광대하고 평등함 그 이상을 벗어나 청정하고
如其體相悉能見 그 체의 모양이나 상태처럼 남김없이 본다네.

或現降神處母胎 그와 같이 내려와서 어머니의 태에 들고
無量自在大神變 헤아릴 수 없는 자재한 큰 신통과 변화란
成佛說法示滅度 성불해서 법을 설하고 열반하는 일에 이르기까지
普徧世間無暫已 세간에 두루 해서 잠시라도 멈춤이 없음을 보이는 것이라네.

人中師子初生時 사람 가운데 사자가 처음 태어날 때
一切勝智悉承奉 빼어난 지혜를 지닌 모든 이들이 다 받들어 지키고
諸天帝釋梵王等 모든 제석천왕 범천왕 등이
靡不恭敬而瞻侍 공경하고 우러러보며 모신다네.

十方一切無有餘 시방 모든 곳에 남김이 없는
無量無邊法界中 헤아릴 수 없고 끝없는 법계 가운데
無始無末無遐邇 처음도 없고 끝도 없고 멀고 가까움 없이
示現如來自在力 여래의 자재한 힘을 나타내 보인다네.

人中尊導現生已 사람 가운데 높으신 인도자가 나시면서
遊行諸方各七步 모든 방향으로 각각 일곱 걸음을 걸으시고
欲以妙法悟群生 빼어난 법으로 중생을 깨우치고자 하시는
是故如來普觀察 이러한 까닭으로 여래께서 자세히 살펴서 두루 들여보는 것이라네.

見諸衆生沈欲海 모든 중생이 욕심이라는 바다에 빠져서
盲暗愚癡之所覆 눈멀고 어리석음에 덮인 것을 보고는
人中自在現微笑 사람 가운데 자재한 미소를 나타내어
念當救彼三有苦 지금 당장 삼유의 괴로움을 구원하신다네.

大師子吼出妙音 대 사자후의 빼어난 소리를 내어
我爲世間第一尊 내가 세간에서 제일 높으니
應然明淨智慧燈 응당 청정한 지혜의 들불을 밝혀서
滅彼生死愚癡闇 생사의 어리석은 어둠을 없앨 것이라네.

人師子王出世時 사람의 사자 왕이 세상에 나올 때
普放無量大光明 헤아릴 수 없는 큰 광명을 두루 놓아
令諸惡道皆休息 모든 악한 이치를 빠짐없이 쉬게 하고
永滅世間衆苦難 세간의 많은 괴로움과 어려움을 영원히 없애버린다네.

或時示現處王宮 어떤 때는 왕궁의 처소에 있음을 나타내 보이고
或現捨家修學道 어떤 때는 집에 집착하지 않고 도를 닦고 배우니
爲欲饒益衆生故 중생에게 넉넉한 이익을 주고자 하는 까닭에
示其如是自在力 이와 같은 자재한 힘을 보이는 것이라네.

如來始坐道場時 여래가 비로소 도량에 앉으실 때
一切大地皆動搖 모든 대지가 빠짐없이 다 흔들려서 움직이고
十方世界悉蒙光 시방세계가 남김없이 광명을 받으며
六趣衆生咸離苦 육취의 중생들이 모든 고통에서 벗어난다네.

震動一切魔宮殿 모든 마의 궁전을 진동시켜서
開悟十方衆生心 시방의 중생심을 활짝 열어 도리를 얻게 하니
昔曾受化及修行 가르침을 받아들일 뿐만 아니라 수행에 이르기까지
皆使了知眞實義 진실한 이치를 빠짐없이 깨달아 안다네.

十方所有諸國土 시방이 가지고 있는 모든 국토는
悉入毛孔無有餘 남김없이 털구멍에 들어가고 남음이 없으며
一切毛孔刹無邊 모든 털구멍에 끝없는 세계가
於彼普現神通力 그 신통한 힘을 두루 나타낸다네.

一切諸佛所開演 일체 모든 부처님이 활짝 열고 시작하신
無量方便皆隨悟 헤아릴 수 없는 방편을 깨달아 얻은 모든 도리를 따라
設諸如來所不說 설사 모든 여래께서 설하지 않은 것이라도
亦能解了勤修習 역시 부지런히 닦고 익혀서 분명하게 깨우침을 깨달아 안다네.

徧滿三千大千界 삼천대천 세계에 가득히 있는
一切魔軍興鬪爭 모든 마군과 싸움을 일으켜서
所作無量種種惡 만들어 가는 헤아릴 수 없는 가지가지의 악을
無礙智門能悉滅 막힘이나 걸림이 없는 지혜의 문으로 남김없이 없애버린다네.

如來或在諸佛刹 여래는 때로 모든 부처님 세계에 있기도 하고
或復現處諸天宮 때로는 차례를 좇아 모든 천궁에 계심을 나타내기도 하며
或在梵宮而現身 때로는 범궁에 몸을 나타내기도 하시지만
菩薩悉見無障礙 보살이 모든 여래를 보는 일에 막힘이나 걸림이 없다네.

佛現無量種種身 부처님이 헤아릴 수 없는 가지가지의 몸을 나타내어
轉於淸淨妙法輪 청정하고 빼어난 법의 바퀴를 굴리시니
乃至三世一切劫 삼세의 모든 겁을 다한다 하더라도
求其邊際不可得 그 끝닿은 경계를 구해도 얻을 수 없다네.

寶座高廣最無等 높고 넓으며 비할 바 없는 최고의 보배 자리는
徧滿十方無量界 시방의 헤아릴 수 없는 세계에 두루 가득하고
種種妙相而莊嚴 가지가지의 빼어난 모양이나 상태로 장엄하며
佛處其上難思議 부처님이 그 위에 앉으심은 사람의 사유로 헤아려 알기 어렵다네.

諸佛子衆共圍遶 모든 불자가 다 함께 둘러싸서 모시고
盡於法界悉周徧 법계가 다하도록 남김없이 두루두루 하시면서
開示菩提無量行 보리의 헤아릴 수 없이 많은 행을 열어 보이시니
一切最勝所由道 모든 것 중에 가장 뛰어난 인연을 따른 길이라네.

諸佛隨宜所作業 모든 부처님이 마땅함을 따라 지으신 업들은
無量無邊等法界 헤아릴 수 없고 끝없음이 법계와 같지만
智者能以一方便 지혜로운 자는 능히 하나의 방편으로
一切了知無不盡 모든 것을 남김이 없이 깨달아 안다네.

諸佛自在神通力 모든 부처님은 자재하고 신통하신 힘으로
示現一切種種身 일체 가지가지의 몸을 나타내 보이시니
或現諸趣無量生 때로는 모든 헤아릴 수 없이 많은 부류의 생함을 나타내며
或現采女衆圍遶 때로는 채녀와 많은 사람에게 둘러싸임도 나타내신다네.

或於無量諸世界 때로는 헤아릴 수 없는 모든 세계에서
示現出家成佛道 출가해 불도를 이루시는 것뿐만 아니라
乃至最後般涅槃 맨 마지막 반 열반에 이르기까지를 나타내 보이시고
分布其身起塔廟 그 몸을 널리 퍼트려서 탑묘를 일으킨다네.

如是種種無邊行 이와 같은 가지가지의 끝없는 행을
導師演說佛所住 부처님이 머무신 곳이라 도사가 널리 펴서 설하시니
世尊所有大功德 세존이 가지신 큰 공덕을
誓願修行悉令盡 서원하고 수행해서 남김없이 다할 것이라네.

以彼善根迴向時 그 선근으로 회향할 때
住於如是方便法 이와 같은 방편의 법에 머물며
如是修習菩提行 이와 같은 보리의 행을 닦고 익히더라도
其心畢竟無厭怠 마지막까지 그 마음에 싫어하거나 게으름이 없다네.

如來所有大神通 여래가 가지신 큰 신통과
及以無邊勝功德 끝없이 뛰어난 공덕뿐만 아니라
乃至世間諸智行 세간에서의 모든 지혜로운 행에 이르기까지
一切悉知無不盡 모든 것을 남김없이 알아 마지막까지 했다네.

如是一切人中主 이와 같음으로 모든 사람 가운데 주인이 되어
隨其所有諸境界 가지고 있는 모든 경계를 따라
於一念中皆了悟 한 생각, 한순간에 다 깨달아 체득하고
而亦不捨菩提行 보리의 행 또한 집착하지 않는다네.

諸佛所有微細行 모든 부처님이 가지고 있으신 미세한 행과
及一切剎種種法 모든 세계 가지가지의 법을
於彼悉能隨順知 거스르지 않고 따라서 남김없이 알고
究竟迴向到彼岸 끝에 가서는 회향해서 저 언덕에 이른다네.

有數無數一切劫 수가 있고 수가 없는 모든 겁이란
菩薩了知卽一念 한 생각, 한순간임을 보살이 깨달아 알고
於此善入菩提行 이 선근으로 보리의 행에 들어가서
常勤修習不退轉 항상 부지런히 닦고 익혀서 물러서지 않는다네.

十方所有無量刹 시방이 가지고 있는 헤아릴 수 없이 많은 세계가
或有雜染或淸淨 때로는 섞여서 물들고 때로는 청정하기도 한 것을
及彼一切諸如來 일체 모든 여래뿐만 아니라
菩薩悉能分別知 보살들이 남김없이 분별해서 능히 안다네.

於念念中悉明見 생각과 생각마다 사람의 생각으로는 미루어 알 수 없고
不可思議無量劫 헤아릴 수 없는 겁을 남김없이 밝게 보고
如是三世無有餘 이와 같음으로 삼세에 남음이 없이
具足修治菩薩行 온전하게 갖추고 보살의 도(眞如.法界.寂滅.禪定.三昧.解脫)를 닦고 다스린다네.

於一切心平等入 모든 마음에 평등하게 들어가고
入一切法亦平等 일체 법에 역시 평등하게 들어가듯이
盡空佛刹斯亦然 허공을 다한 부처님 세계도 다 역시 그러함이니
彼最勝行悉了知 가장 뛰어난 그 행을 남김없이 깨달아 안다네.

出生衆生及諸法 중생과 모든 법뿐만 아니라
所有種種諸智慧 가지고 있는 가지가지의 모든 지혜에 이르기까지 출생하니
菩薩神力亦復然 보살의 신력 역시 차례를 좇아 그러하고
如是一切無窮盡 이와 같은 모든 것이 다함이 없다네.

諸微細智各差別 모든 미세한 지혜는 각각 차별이 있지만
菩薩盡攝無有餘 보살이 다 거두어 남은 것이 없으며
同相異相悉善知 같은 모양이나 상태, 다른 모양이나 상태를 선근으로 남김없이 알고
如是修行廣大行 이와 같음으로 광대한 행을 닦고 행한다네.

十方無量諸佛刹 시방에 헤아릴 수 없는 모든 부처님 세계와
其中衆生各無量 그 가운데 중생도 제각기 헤아릴 수 없으며
趣生族類種種殊 부류로 생함과 종족과 무리도 가지가지로 다르지만
住行力已悉能知 머물고 행한 힘으로 능히 모두 안다네.

過去未來現在世 과거, 미래, 현재의 세상에
所有一切諸導師 계신 일체 모든 도사를
若人知此而迴向 사람이 알고 이처럼 회향하면
則與彼佛行平等 곧바로 부처님의 행과 더불어 평등해진다네.

若人能修此迴向 사람이 이 회향(不立五蘊不離證得.般若智)을 능히 닦는다면
則爲學佛所行道 곧바로 부처님이 행하신 도를 배우게 되고
當得一切佛功德 모든 부처님의 공덕뿐만 아니라
及以一切佛智慧 모든 부처님의 지혜에 이르기까지 마땅히 얻을 것이라네.

一切世間莫能壞 모든 세간으로서는 무너트릴 수 없으니
一切所學皆成就 모든 배운 것을 빠짐없이 성취하고
常能憶念一切佛 항상 모든 부처님을 잊지 않고 기억해서
常見一切世間燈 늘 모든 세간의 등불을 본다네.

菩薩勝行不可量 보살의 뛰어난 행은 헤아려 알 수 없는 양이며
諸功德法亦如是 모든 공덕(眞如.法界.寂滅.禪定.三昧.解脫)의 법도 역시 이와 같으니
已住如來無上行 여래의 위 없는 행에 머무는 이가
悉知諸佛自在力 모든 부처님의 자재한 힘을 남김없이 알 것이라네.

대방광불화엄경 제32권

25. 십회향품(10)
　　十迴向品第二十五之十

제10회향

"불자들이여! 무엇을 두고 법계와 평등한 헤아릴 수 없는 보살마하살의 회향이라 하는가."
佛子 云何爲菩薩摩訶薩等法界無量迴向

"불자들이여! 이 보살마하살이 허물이나 잘못이 없는 비단을 정수리에 동여매고 법사의 지위에 머물면서 법으로 보시를 크게 행하니, 큰 자비심을 일으켜 중생을 보리심에 편안히 세우며, 항상 이익이 될만한 일을 하면서 쉼이 없으며, 보리심으로 선근을 늘리고 키우며, 중생을 위해 조어사가 되어 모든 중생에게 일체 지혜의 도를 보이며, 모든 중생을 위해서 법장(如是如是.解脫.寂滅.寂定.禪定.三昧.二乘地.如來地.涅槃.法界.般涅槃.善根思惟.眞如)의 햇빛이 되어 선근의 광명으로 일체를 두루 비추며, 중생들에게 마음을 평등하게 해서 모든 선근의 행을 닦는 일에 쉼이 없으며, 마음을 청정히 해서 물들지 않고 지혜가 자재해서 모든 선근의 도업을 버리지 않으며, 모든 중생의 크고 지혜로운 상점의 주인이 되어 편안하고 바른 도에 두루 들어감을 얻게 하며, 모든 중생을 위하여 인도하는 우두머리가 되어 모든 선근의 법(如是如是.解脫.寂滅.寂定.禪定.三昧.二乘地.如來地.涅槃.法界.般涅槃.善根思惟.眞如)뿐만 아니라 행을 닦게 하며, 모든 중생을 위해 무너지지 않은 견고한 선근의 벗이 되어 그 선근으로 거듭 더하고 길러서 성취하게 합니다."
　佛子 此菩薩摩訶薩以離垢繒而繫其頂 住法師位 廣行法施 起大慈悲安立衆生 於菩提心常行饒益無有休息 以菩提心長養善根 爲諸衆生作調御師 示諸衆生一切智道 爲諸衆生作法藏日 善根光明普照一切 於諸衆生其心平等 修諸善行無有休息 心淨無染 智慧自在 不捨一切 善根道業 作諸衆生大智商主 普令得入安隱正道 爲諸衆生

而作導首 令修一切善根法行 爲諸衆生作不可壞堅固善友 令其善根增長成就

"불자들이여! 이 보살마하살은 법 보시를 머리로 삼아서 모든 청정한 흰 법(白淨法.不立五蘊)을 생하여 일으키고 거두어들여서 모든 지혜(般若智.如來智)의 마음으로 향하고 이르게 하며, 다른 무엇보다 빼어난 원력을 끝까지 견고하게 하며, 성취하고 거듭 더해서 큰 위덕을 갖추고 선지식을 의지해서 아첨하고 속임 없이 모든 지혜의 문, 이 문의 끝없는 경계를 자세히 살펴보고 들여다보며, 사유(如是如是.解脫.寂滅.寂定.禪定.三昧.二乘地.如來地.涅槃.法界.般涅槃.善根思惟.眞如)합니다."

"이 선근으로 이와 같음에 회향하면서 광대하고 막힘이나 걸림 없는 모든 경계를 기르고 더해서 성취하기를 원하며, 부처님의 바른 가르침 가운데 한 구절뿐만 아니라 한 게송만을 듣더라도 받아 지니고 널리 펴서 설하기를 원하며, 법계와 평등해서 헤아릴 수 없고 끝없는 모든 세계의 과거, 미래, 현재에 계신 일체 모든 부처님을 잊지 않고 기억해서 생각하고 보살의 행을 닦기를 원하며, 부처님을 생각하는 선근으로 한 명의 중생을 위해 하나의 세계에 미래 겁이 다하도록 보살행을 닦으며, 하나의 세계와 같이 법계와 허공계를 다하는 모든 세계에도 빠짐없이 다 이와 같음으로 하며, 한 명의 중생을 위하는 것과 같이 모든 중생을 위함도 역시 차례를 좇아 이와 같음으로 하여 좋은 방편으로 하나하나를 빠짐없이 위하며, 미래 겁이 다하도록 큰 서원으로 장엄하고 마침내는 부처님이나 선지식을 벗어난다는 생각이 없으며, 항상 모든 부처님이 그 앞에 나타나 계심을 보며, 한 분의 부처님이라도 세상에 출현하실 때 친근함을 얻길 소원합니다."

"일체 모든 부처님뿐만 아니라 모든 보살까지 칭찬하고 설하신 청정한 범행을 서원하고 수행해서 남김없이 원만하게 하니, 이른바 범행(梵行.허물이나 잘못이 없는 행)을 깨트리지 않으며, 범행을 이지러지지 않게 하며, 범행을 뒤섞이지 않게 하며, 범행에 티가 없게 하며, 범행을 잃지 않게 하며, 범행을 폐하지 않게 하며 부처님이 칭찬하는 범행과 의지할 것이 없는 범행과 얻을 것이 없는 범행과 보살에게 이익을 더하는 청정한 범행과 삼세 모든 부처님이 행하시던 범행과 막힘이나 걸림 없는 범행과 집착이 없는 범행과 다툼이 없는 범행과 없어짐이 없는 범행과 편안히 머무는 범행과 비할 데 없는 범행과 움직임이 없는 범행과 어지럽지 않은 범행과 화를 냄이 없는 범행을 원만하게 합니다."

佛子 此菩薩摩訶薩以法施爲首 發生一切淸淨白法 攝受趣向一切智心 殊勝願力究

竟堅固 成就增益 具大威德 依善知識 心無諂誑 思惟觀察一切智門無邊境界 以此善根如是迴向 願得修習 成就 增長廣大無礙一切境界 願得於佛正敎之中 乃至聽聞一句 一偈受持演說 願得憶念與法界等無量無邊一切世界去 來 現在一切諸佛 旣憶念已 修菩薩行 又願以此念佛善根 爲一衆生於一世界盡未來劫修菩薩行 如於一世界盡法界 虛空界 一切世界皆亦如是 如爲一衆生 爲一切衆生亦復如是 以善方便 一一皆爲盡未來劫大誓莊嚴 終無離佛善知識想 常見諸佛現在其前 無有一佛出興於世不得親近 一切諸佛及諸菩薩所讚所說淸淨梵行 誓願修行 悉令圓滿 所謂 不破梵行 不缺梵行 不雜梵行 無點梵行 無失梵行 無能蔽梵行 佛所讚梵行 無所依梵行 無所得梵行 增益菩薩淸淨梵行 三世諸佛所行梵行 無礙梵行 無著梵行 無諍梵行 無滅梵行 安住梵行 無比梵行 無動梵行 無亂梵行 無恚梵行

"불자들이여! 보살마하살이 그와 같이 자신을 위해 이와 같은 청정한 범행을 닦고 행하면, 곧 모든 중생을 위하게 되니, 모든 중생을 빠짐없이 편안히 머물게 하며, 모든 중생을 빠짐없이 열어서 환히 알게 하며, 모든 중생을 빠짐없이 청정하게 하며, 모든 중생을 빠짐없이 허물이나 잘못이 없게 하며, 모든 중생을 빠짐없이 비추어 밝음을 얻게 하며, 모든 중생이 티끌과 물드는 일에서 벗어나게 하며, 모든 중생을 막힘이나 걸림이 없게 하며, 모든 중생이 모든 번뇌에서 벗어나게 하며, 모든 중생을 모든 얽히고 얽힘에서 벗어나게 하며, 모든 중생이 모든 악에서 영원히 벗어나게 하며, 모든 중생에게 모든 번뇌와 해로움이 없게 해서 마지막에는 청정하게 하기 때문입니다."

"무슨 까닭인가 하면, 보살마하살은 자신의 범행이 청정하지 않으면 다른 이가 청정함을 얻게 하지 못하며, 자신이 범행에서 물러섬이 있으면 다른 이를 물러남이 없게 하지 못하며, 자신이 범행을 잃거나 무너지게 되면 다른 이가 잃거나 무너짐이 없게 하지 못하며, 자신이 범행에서 멀리 벗어나면 다른 이도 벗어나게 하며, 자신이 범행을 믿지 않으면 다른 이를 믿게 하지 못하며, 자신이 범행에 편안히 머무르지 못하면 다른 이가 편안히 머무름을 얻지 못하게 하며, 자신이 범행을 증득해서 들어가지 못하면 다름 이가 마음을 증득해 들어감을 얻지 못하게 하며, 자신이 범행을 놓아버리면 다른 이가 놓아버리지 않게 하지 못하며, 자신의 범행이 산란해서 움직임이 있으면 다른 이가 산란해서 동하지 않게 하지 못합니다."

"무슨 까닭인가 하면, 보살마하살이 뒤바뀌어 거꾸로 됨이 없는 행에 머물러야만 뒤바뀌어 거꾸로 됨이 없는 법을 설하며, 말하는 것이 성실하여 설한 것과 같이 수행하며, 신, 구, 의를 청정히 하여 뒤섞이고 물이 듦을 벗어나며, 막힘이나 걸림이 없는 행에 머물러야만 모든 막힘이나 걸림을 없애는 것이니, 보살마하살이 스스로 청정한 마음을 얻어야만 다른 이를 위해서 청정한 마음의 법을 설하며, 스스로 참고 응하면서 닦은 모든 선근으로 그 마음을 조복해야만 다른 이가 참고 응하게 하고 모든 선근으로 그 마음을 조복하며, 스스로 의심과 후회를 벗어나야만 다른 이가 의심과 후회에서 벗어나게 하며, 스스로 청정한 믿음을 얻어야만 다른 이가 무너지지 않은 청정한 믿음을 얻으며, 스스로 바른 법에 머물러야만 역시 다른 이를 바른 법에 머물게 하기 때문입니다."

佛子 菩薩摩訶薩若能爲己修行如是淸淨梵行 則能普爲一切衆生 令一切衆生皆得安住 令一切衆生皆得開曉 令一切衆生皆得成就 令一切衆生皆得淸淨 令一切衆生皆得無垢 令一切衆生皆得照明 令一切衆生離諸塵染 令一切衆生無諸障翳 令一切衆生離諸熱惱 令一切衆生離諸纏縛 令一切衆生永離諸惡 令一切衆生無諸惱害 畢竟淸淨 何以故 菩薩摩訶薩自於梵行不能淸淨 不能令他而得淸淨 自於梵行而有退轉 不能令他無有退轉 自於梵行而有失壞 不能令他無有失壞 自於梵行而有遠離 不能令他常不遠離 自於梵行而有懈怠 不能令他不生懈怠 自於梵行不生信解 不能令他心生信解 自於梵行而不安住 不能令他而得安住 自於梵行而不證入 不能令他心得證入 自於梵行而有放捨 不能令他恒不放捨 自於梵行而有散動 不能令他心不散動 何以故 菩薩摩訶薩住無倒行 說無倒法 所言誠實 如說修行 淨身 口 意 離諸雜染 住無礙行 滅一切障 菩薩摩訶薩自得淨心 爲他演說淸淨心法 自修和忍 以諸善根調伏其心 令他和忍 以諸善根調伏其心 自離疑悔 亦令他人永離疑悔 自得淨信 亦令他得不壞淨信 自住正法 亦令衆生安住正法

"불자들이여! 보살마하살이 차례를 좇아(復) 법 보시로 생긴 선근을 이와 같음으로 회향하니, 내가 일체 모든 부처님의 다함이 없는 법문을 얻어 중생들을 위해서 분별하고 풀어서 설하고 모두가 환희하게 하며, 마음에 만족함을 얻게 하고 모든 외도의 다른 논리를 꺾어 없애길 원하며, 내가 모든 중생을 위해 삼세 모든 부처님의 법 바다를 널리 펴서 설하며, 하나하나의 법이 생하여 일어남과 하나하나의 법 이치와 하나하나의 법 이름과 말과 하나하나의 법을 편안히 세움과 하나하나의 법을 풀어 설함과 하나하나의 법을 나타내어 보임과 하나하나의 법문 출입구와 하나하나의 법을 깨달아 들어감과 하나하나의 법을 자세히 살펴보고 들여다보는 것과 하나하나의 법으로 나누어진 자리에 끝없고 다함이 없는 법장(如是如是.解脫.寂滅.寂定.禪定.三昧.二乘地.如來地.涅槃.法界.般涅槃.善根思惟.眞如)을 남김없이 얻으며, 두려워함이 없음을 얻고 4가지 변재를 갖추어서 널리 중생을 위해 분별하고 풀어내어 설하며, 미래의 경계가 다 하도록 다함이 없기를 원합니다."

"모든 중생이 뛰어난 본심과 원을 세우고 막힘이나 걸림이 없고 그릇되거나 잃을 것이 없는 변재를 출생하게 하려는 것이며, 모든 중생이 다 환희를 생하게 하려는 것이며, 모든 중생이 일체 청정한 법 광명을 성취해서 그 무리의 소리를 따라 널리 펴서 설하며, 끊어짐이 없게 하려는 것이며, 모든 중생이 깊이 믿고 환희하게 하여 모든 지혜에 머물게 하며, 모든 법을 판단하고 분명하게 깨달아 알게 해서 미혹이 없게 하려는 것입니다."

"생각하기를 '내가 마땅히 모든 세계의 모든 중생을 위해서 게으름을 피우지 않고 부지런히 닦고 익혀서 법계(如是如是.解脫.寂滅.寂定.禪定.三昧.二乘地.如來地.涅槃.法界.般涅槃.善根思惟.眞如)의 헤아릴 수 없는 자재한 몸을 두루 얻을 것이며, 법계의 헤아릴 수 없는 광대한 마음을 얻을 것이며, 법계와 평등한 헤아릴 수 없는 청정한 음성을 갖출 것이며, 법계와 평등한 대중이 모이는 헤아릴 수 없는 도량을 나타낼 것이며, 법계와 평등한 헤아릴 수 없는 보살 업을 닦을 것이며, 법계와 평등한 헤아릴 수 없는 보살의 머무름을 얻을 것이며, 법계와 평등한 헤아릴 수 없는 보살의 평등을 증득할 것이며, 법계와 평등한 헤아릴 수 없는 보살의 법을 배울 것이며, 법계와 평등한 헤아릴 수 없는 보살행에 머물 것이며, 법계와 평등한 헤아릴 수 없는 보살의 회향에 들어갈 것이다.'라고 합니다."

"이것이 보살마하살이 모든 선근으로 회향하는 것이니, 중생들이 모든 지혜를 성취하게 하려는 것입니다."

佛子 菩薩摩訶薩復以法施所生善根如是迴向 所謂 願我獲得一切諸佛無盡法門 普爲衆生分別解說 皆令歡喜 心得滿足 摧滅一切外道異論 願我能爲一切衆生演說三世諸佛法海 於一一法生起 一一法義理 一一法名言 一一法安立 一一法解說 一一法顯示 一一法門戶 一一法悟入 一一法觀察 一一法分位 悉得無邊無盡法藏 獲無所畏 具四辯才 廣爲衆生分別解說 窮未來際而無有盡 爲欲令一切衆生立勝志願 出生無礙 無謬失辯 爲欲令一切衆生皆生歡喜 爲欲令一切衆生成就一切淨法光明 隨其類音 演說無斷 爲欲令一切衆生深信歡喜 住一切智 辨了諸法 俾無迷惑 作是念言 我

當普於一切世界 爲諸衆生精勤修習 得徧法界無量自在身 得徧法界無量廣大心 具等法界無量淸淨音聲 現等法界無量衆會道場 修等法界無量菩薩業 得等法界無量菩薩住 證等法界無量菩薩平等 學等法界無量菩薩法 住等法界無量菩薩行 入等法界無量菩薩迴向 是爲菩薩摩訶薩以諸善根 而爲迴向 爲令衆生悉得成就一切智故

"불자들이여! 차례를 좇아(復) 이와 같음으로 회향하니, 이른바 법계(如是如是.解脫.寂滅.寂定.禪定.三昧.二乘地.如來地.涅槃.法界.般涅槃.善根思惟.眞如)와 평등한 헤아릴 수 없는 부처님을 보려는 것이며, 법계와 평등한 헤아릴 수 없는 중생을 조복하려는 것이며, 법계와 평등한 헤아릴 수 없는 부처님 세계에 머물려는 것이며, 법계와 평등한 헤아릴 수 없는 보살의 지혜를 증득하려는 것이며, 법계와 평등한 헤아릴 수 없는 두려움 없음을 얻으려는 것이며, 법계와 평등한 헤아릴 수 없는 모든 보살의 다라니를 이루려는 것이며, 법계와 평등한 헤아릴 수 없는 모든 보살의 생각으로 미루어 알 수 없는 머무는 곳을 얻으려는 것이며, 법계와 평등한 헤아릴 수 없는 공덕을 갖추려는 것이며, 법계와 평등한 헤아릴 수 없는 중생에게 이익되고 선근을 만족하게 하려는 것입니다."

"또 이 선근으로 인하여 나의 복덕이 평등해지고 지혜가 평등해지고 힘이 평등해지고 두려움 없음이 평등해지고 청정함이 평등해지고 자재가 평등해지고 정각이 평등해지고 설법이 평등해지고 뜻이 평등해지고 결정이 평등해지고 일체 신통이 평등해짐을 얻어 이와 같은 등등의 법이 빠짐없이 모두 원만해지며, 내가 얻은 것과 같이 모든 중생도 역시 이와 같음을 얻어서 나와 다름이 없기를 원합니다."

佛子 菩薩摩訶薩復以善根如是迴向 所謂 爲欲見等法界無量諸佛 調伏等法界無量衆生 住持等法界無量佛刹 證等法界無量菩薩智 獲等法界無量無所畏 成等法界無量諸菩薩陀羅尼 得等法界無量諸菩薩不思議住 具等法界無量功德 滿等法界無量利益衆生善根 又願以此善根故 令我得福德平等 智慧平等 力平等 無畏平等 淸淨平等 自在平等 正覺平等 說法平等 義平等 決定平等 一切神通平等 如是等法皆悉圓滿 如我所得 願一切衆生亦如是得 如我無異

"불자들이여! 보살마하살이 차례를 좇아(復) 선근으로 이와 같음에 회향하니, 이른바 법계가 헤아릴 수 없는 것처럼 선근으로 회향함도 역시 차례를 좇아 이와 같아서 얻은 지혜가 마침내 헤아릴 수 없으며, 법계가 끝없는 것처럼 선근으로 회향함도 역시 차례를 좇아 이와 같아서 모든 부처님을 친견함에 그 끝이 없으며, 법계(如是如是.解脫.寂滅.寂定.禪定.三昧.二乘地.如來地.涅槃.法界.般涅槃.善根思惟.眞如)가 수, 양, 공간, 시간 따위에 제한이나 한계가 없는 것처럼 선근으로 회향함도 역시 차례를 좇아 이와 같아서 모든 부처님 세계에 나아가 이르는 것이 제한이나 한계가 없으며, 법계에 경계가 없는 것처럼 선근으로 회향함도 역시 차례를 좇아 이와 같아서 모든 세계의 보살행을 닦음에 끝이라는 경계가 없으며, 법계가 끊어짐이 없는 것처럼 선근으로 회향함도 역시 차례를 좇아 이와 같아서 모든 지혜에 머무르면서 영원히 끊어짐이 없으며, 법계가 하나의 성품인 것처럼 선근으로 회향함도 역시 차례를 좇아 이와 같아서 모든 중생과 더불어 지혜의 성품이 동일하며, 법계의 자성이 청정한 것처럼 선근으로 회향함도 역시 차례를 좇아 이와 같아서 모든 중생이 마지막에는 청정하게 하며, 법계가 거스름 없이 따르는 것처럼 선근으로 회향함도 역시 차례를 좇아 이와 같아서 모든 중생이 모두 다 보현의 행과 원을 거스름 없이 따르게 하며, 법계(如是如是.解脫.寂滅.寂定.禪定.三昧.二乘地.如來地.涅槃.法界.般涅槃.善根思惟.眞如)의 장엄과 같이 선근으로 회향함도 역시 차례를 좇아 이와 같아서 모든 중생이 보현행으로 장엄 삼으며, 법계가 잃거나 무너짐이 없는 것처럼 선근으로 회향함도 역시 차례를 좇아 이와 같아서 모든 보살이 모든 청정한 행을 영원히 잃거나 무너짐이 없게 하는 것입니다."

佛子 菩薩摩訶薩復以善根如是迴向 所謂 如法界無量 善根迴向亦復如是 所得智慧終無有量 如法界無邊 善根迴向亦復如是 見一切佛 無有其邊 如法界無限 善根迴向亦復如是 詣諸佛刹無有齊限 如法界無際 善根迴向亦復如是 於一切世界修菩薩行無有涯際 如法界無斷 善根迴向亦復如是 住一切智永不斷絕 如法界一性 善根迴向亦復如是 如一切衆生同一智性 如法界自性清淨 善根迴向亦復如是 令一切衆生究竟清淨 如法界隨順 善根迴向亦復如是 令一切衆生悉皆隨順普賢行願 如法界莊嚴 善根迴向亦復如是 令一切衆生以普賢行而爲莊嚴 如法界不可失壞 善根迴向亦復如是 令諸菩薩永不失壞諸清淨行

"불자들이여! 보살마하살이 차례를 좇아(復) 이러한 선근(如是如是.解脫.寂滅.寂定.禪

定.三昧.二乘地.如來地.涅槃.法界.般涅槃.善根思惟.眞如)으로 이와 같음에 회향하니, 이른바 이러한 선근으로 일체 모든 부처님과 보살을 받들고 섬겨서 빠짐없이 다 환희하기를 원하며, 이러한 선근으로 속히 모든 지혜의 성품으로 나아가 들어감을 얻길 원하며, 이러한 선근으로 모든 곳에 두루 해서 모든 지혜를 닦길 원하며, 이러한 선근으로 모든 중생이 항상 일체 모든 부처님이 계신 곳에 가서 뵙길 원하며, 이러한 선근으로 모든 중생이 항상 모든 부처님을 보고 능히 불사를 짓길 원하며, 이러한 선근으로 모든 중생이 항상 부처님 뵙기를 얻어 불사에 게으름을 부리지 않길 원하며, 이러한 선근으로 모든 중생이 항상 부처님 뵘을 얻고 마음이 선하고 청정해서 물러섬이 없기를 원하며, 이러한 선근으로 모든 중생이 항상 부처님 뵘을 얻어 마음을 선근으로 이해하고 깨달아 알기를 원하며, 이러한 선근으로 모든 중생이 항상 부처님 뵘을 얻지만 집착하지 않기를 원하며, 이러한 선근으로 모든 중생이 항상 부처님 뵘을 얻어 막힘이나 걸림이 없음을 깨달아 통달하기를 원하며, 이러한 선근으로 모든 중생이 항상 부처님 봄을 얻고 보현행을 이루길 원하며, 이러한 선근으로 모든 중생이 항상 모든 부처님을 뵙고 그 앞에 나타나지만 잠시라도 버림이 없기를 원하며, 이러한 선근으로 모든 중생이 항상 모든 부처님을 뵙고 보살의 헤아릴 수 없는 모든 힘을 출생하길 원하며, 이러한 선근으로 모든 중생이 항상 모든 부처님을 뵙고 모든 법을 영원히 잊거나 잃지 않기를 원합니다."

佛子 菩薩摩訶薩復以此善根如是迴向 所謂 願以此善根 承事一切諸佛菩薩皆令歡喜 願以此善根速得趣入一切智性 願以此善根 徧一切處 修一切智 願以此善根 令一切衆生常得往覲一切諸佛 願以此善根 令一切衆生 常見諸佛 能作佛事 願以此善根 令一切衆生恒得見佛 不於佛事生怠慢心 願以此善根 令一切衆生常得見佛 心喜淸淨 無有退轉 願以此善根 令一切衆生常得見佛 心善解了 願以此善根 令一切衆生常得見佛 不生執著 願以此善根 令一切衆生常得見佛 了達無礙 願以此善根 令一切衆生常得見佛 成普賢行 願以此善根 令一切衆生常見諸佛 現在其前 無時暫捨 願以此善根 令一切衆生常見諸佛 出生菩薩無量諸力 願以此善根 令一切衆生常見諸佛 於一切法永不忘失

"불자들이여! 보살마하살이 또 모든 선근으로 이와 같음에 회향하니, 이른바 법계(如是如是.解脫.寂滅.寂定.禪定.三昧.二乘地.如來地.涅槃.法界.般涅槃.善根思惟.眞如)의 일어남이 없는 성품과 같이 회향하며, 법계의 근본이 되는 성품과 같이 회향하며, 법계의 자체 성품과 같이 회향하며, 법계의 의지함이 없는 성품과 같이 회향하며, 법계의 잊어버림이 없는 성품과 같이 회향하며, 법계가 공해서 성품이 없는 것과 같이 회향하며, 법계의 적정한 성품과 같이 회향하며, 법계의 처소가 없는 성품과 같이 회향하며, 법계가 옮기거나 움직임이 없는 성품과 같이 회향하며, 법계가 차별의 성품이 없는 것과 같이 회향합니다."

佛子 菩薩摩訶薩又以諸善根如是迴向 所謂 如法界無起性迴向 如法界根本性迴向 如法界自體性迴向 如法界無依性迴向 如法界無忘失性迴向 如法界空無性迴向 如法界寂靜性迴向 如法界無處所性迴向 如法界無遷動性迴向 如法界無差別性迴向

"불자들이여! 보살마하살이 차례를 좇아(復) 법 보시의 가지고 있는 것을 펴서 보이고 가지고 있는 것을 열어서 깨닫게 하고 이로 인하여 일어나는 모든 선근으로 이와 같음에 회향하니, 이른바 모든 중생이 보살 법사를 이루어 항상 모든 부처님으로부터 보호받기를 원하며, 모든 중생이 위 없는 법사가 되어 방편으로 모든 중생을 일체 지혜에 편안히 세우길 원하며, 모든 중생이 누구도 굴복시킬 수 없는 법사가 되어 모든 어려운 질문이라 하더라도 다할 수 없기를 원하며, 모든 중생이 걸림이나 막힘없는 법사가 되어 모든 법에 막힘이나 걸림이 없는 광명을 얻길 원하며, 모든 중생이 지혜의 장(如是如是.解脫.寂滅.寂定.禪定.三昧.二乘地.如來地.涅槃.法界.般涅槃.善根思惟.眞如) 법사가 되어 능히 섬세하고 능숙한 선근으로 모든 부처님 법을 설하길 원하며, 모든 중생이 모든 여래의 자재한 법사를 이루어 선근으로 능히 여래의 지혜를 분별하길 원합니다."

"모든 중생이 눈과 같은 법사가 되어 실상의 본바탕이 되는 법을 설하지만 다른 이의 가르침으로 인하지 않기를 원하며, 모든 중생이 모든 부처님 법을 기억해 가지는 법사가 되어 이치와 같이 널리 펴서 설하여 글귀와 뜻을 어기지 않길 원하며, 모든 중생이 모양이나 상태가 없는 도를 수행하는 법사가 되어 모든 빼어난 모양이나 상태로 스스로 장엄하고 헤아릴 수 없는 광명을 놓아 선근으로 모든 법에 들어가길 원하며, 모든 중생이 큰 몸의 법사가 되어 그 몸이 모든 국토에 두루두루 해서 큰 법 구름을 일으키고 모든 부처님 법을 내리길 원하며, 모든 중생이 법장을 보호하는 법사가 되어 누구도 이길 수 없는 뛰어난 깃발을 세우고 모든 부처님 법을 보호해서 바른 법의 바다가 이지러지거나 상하지 않기를 원하며, 모든 중생이 모든 법에 있어서 태양과 같은 법사가 되어 부처님의 변재를 얻어 섬세하고 능숙하게 모든 법을 설하길 원하며, 모든 중생이 방편의 법사가 되어 선근으로 끝없는 법계의 장(如是如是.解脫.寂滅.寂定.禪定.三昧.二乘地.如來地.涅槃.法界.般涅槃.善根思惟.眞如)을 설하길 원하며, 모든 중생이 법의 저 언덕에 이르는 법사가 되어 지혜의 신통으로 바른 법의 장을 열길 원하며, 모든 중생이 바른 법에 편안히 머무는 법사가 되어 여래의 마지막까지 지혜를 널리 펴서 설하길 원하며, 모든 중생이 모든 법을 분명하게 깨달아 아는 법사가 되어 능히 헤아릴 수 없고 다함이 없는 공덕을 설하길 원하며, 모든 중생이 세간을 속이지 않은 법사가 되어 능히 방편으로 실상의 본바탕이 되는 경계(如是如是.解脫.寂滅.寂定.禪定.三昧.二乘地.如來地.涅槃.法界.般涅槃.善根思惟.眞如)에 들어가길 원하며, 모든 중생이 모든 마군의 무리를 깨트리는 법사가 되어 선근으로 모든 마군의 업을 깨달아 알길 원하며, 모든 중생이 모든 부처님이 거두어들이는 법사가 되어 나와 내 것이라 거두어들이는 마음을 벗어나길 원하며, 모든 중생이 모든 세간을 편안하게 하는 법사가 되어 보살의 설법 원력을 성취하길 원합니다."

佛子 菩薩摩訶薩復以法施所有宣示 所有開悟及因此起一切善根如是迴向 所謂 願一切衆生成菩薩法師 常爲諸佛之所護念 願一切衆生作無上法師 方便安立一切衆生 於一切智 願一切衆生作無屈法師 一切問難莫能窮盡 願一切衆生作無礙法師 得一切法無礙光明 願一切衆生作智藏法師 能善巧說一切佛法 願一切衆生成諸如來自在法師 善能分別如來智慧 願一切衆生作如眼法師 說如實法 不由他敎 願一切衆生作憶持一切佛法法師 如理演說 不違句義 願一切衆生作修行無上道法師 以諸妙相而自莊嚴 放無量光 善入諸法 願一切衆生作大身法師 其身普徧一切國土 興大法雲 雨諸佛法 願一切衆生作護法藏法師 建無勝幢 護諸佛法 令正法海無所缺減 願一切衆生作一切法日法師 得佛辯才 巧說諸法 願一切衆生作妙音方便法師 善說無邊法界之藏 願一切衆生作到法彼岸法師 以智神通開正法藏 願一切衆生作安住正法法師 演說如來究竟智慧 願一切衆生作了達諸法法師 能說無量無盡功德 願一切衆生作不誑世間法師 能以方便令入實際 願一切衆生作破諸魔衆法師 善能覺知一切魔業 願一切衆生作諸佛所攝受法師 離我 我所攝受之心 願一切衆生作安隱一切世間法師 成就菩薩說法願力

"불자들이여! 보살마하살이 차례를 좇아(復) 모든 선근으로 이와 같음에 회향하니, 이른바 업을 취해서 집착하는 까닭에 회향하지 않으며, 과보를 취해서 집착하는 까닭에 회향하지 않으며, 마음을 취해서 집착하는 까닭에 회향하지 않으며, 법을 취해서 집착하는 까닭에 회향하지 않으며, 일을 취해서 집착하는 까닭에 회향하지 않으며, 인을 취해서 집착하는 까닭에 회향하지 않으며, 말과 음성을 취해서 집착하는 까닭에 회향하지 않으며, 이름과 구절과 문자를 취해서 집착하는 까닭에 회향하지 않으며, 회향을 취해서 집착하는 까닭에 회향하지 않으며, 중생의 이익을 위해 취해서 집착하는 까닭에 회향하는 것이 아닙니다."

佛子 菩薩摩訶薩復以諸善根如是迴向 所謂 不以取著業故迴向 不以取著報故迴向 不以取著心故迴向 不以取著法故迴向 不以取著事故迴向 不以取著因故迴向 不以取著語言音聲故迴向 不以取著名句文身故迴向 不以取著迴向故迴向 不以取著利益衆生故迴向

"불자들이여! 보살마하살이 차례를 좇아(復) 선근으로 이와 같음에 회향하니, 이른바 색의 경계를 즐기고 집착하기 위한 까닭으로 회향하는 것이 아니며, 성, 향, 미, 촉, 법의 경계를 즐기고 집착하기 위한 까닭으로 회향하는 것이 아니며, 하늘에 태어나기 위한 까닭으로 회향하는 것이 아니며, 즐기고자 하는 까닭으로 회향하는 것이 아니며, 욕심의 경계에 집착하기 위한 까닭으로 회향하는 것이 아니며, 권속을 구하기 위한 까닭으로 회향하는 것이 아니며, 자재함을 구하기 위한 까닭으로 회향하는 것이 아니며, 생사의 즐거움을 구하기 위한 까닭으로 회향하는 것이 아니며, 생사에 집착하기 위한 까닭으로 회향하는 것이 아니며, 있는 모든 것을 즐기기 위한 까닭으로 회향하는 것이 아니며, 화합의 즐거움을 구하기 위한 까닭으로 회향하는 것이 아니며, 즐겁게 집착하는 곳을 구하기 위한 까닭으로 회향하는 것이 아니며, 독하고 해로운 마음을 품기 위한 까닭으로 회향하는 것이 아니며, 선근을 무너트리기 위한 까닭으로 회향하는 것이 아니며, 삼계에 의지하려는 까닭으로 회향하는 것이 아니며, 모든 선정 해탈 삼매에 집착하는 까닭으로 회향하는 것이 아니며, 성문이나 벽지불에 올라 머물기 위한 까닭으로 회향하는 것이 아닙니다."

"단지 모든 중생을 가르쳐 이끌어서 조복하기 위한 까닭으로 회향하며, 단지 모든 지혜와 지혜를 원만하게 이루기 위한 까닭으로 회향하며, 단지 막힘이나 걸림 없는 지혜를 얻기 위한 까닭으로 회향하며, 단지 막힘이나 걸림이 없는 청정한 선근을 얻기 위한 까닭으로 회향하며, 단지 모든 중생이 생사를 뛰어넘어 대 지혜를 증득하게 하려는 까닭으로 회향하며, 단지 큰 보리심으로 금강과 같이 무너지지 않게 하려는 까닭으로 회향하며, 단지 마지막까지 죽지 않는 법을 성취하기 위한 까닭으로 회향하며, 단지 헤아릴 수 없는 장엄으로 부처님의 종성을 장엄해서 모든 지혜의 자재함을 나타내 보이기 위한 까닭으로 회향하며, 단지 보살의 밝고 큰 모든 신통과 지혜를 구하기 위한 까닭으로 회향하며, 단지 온 법계와 허공계와 모든 부처님 세계에 보현행을 행하여 원만하게 하고 물러나지 않으며, 견고한 큰 소원의 갑옷을 입고 모든 중생이 보현의 지위에 머물게 하려는 까닭으로 회향하며, 단지 미래의 겁이 다하도록 중생을 제도해서 해탈하게 하며, 항상 쉼이 없고 모든 지혜의 지위와 막힘이나 걸림이 없는 광명을 나타내 보여서 항상 끊어지지 않게 하려는 까닭으로 회향합니다."

佛子 菩薩摩訶薩復以善根如是迴向 所謂 不爲耽著色境界故迴向 不爲耽著聲 香 味 觸 法境界故迴向 不爲求故迴向 不爲求生天故迴向 不爲求欲樂故迴向 不爲著欲境界故迴向 不爲求眷屬故迴向 不爲求自在故迴向 不爲求生死樂故迴向 不爲著生死故迴向 不爲樂諸有故迴向 不爲求和合樂故迴向 不爲求可樂著處故迴向 不爲懷毒害故迴向 不壞善根故迴向 不依三界故迴向 不著諸禪解脫三昧故迴向 不住聲聞辟支佛乘故迴向 但爲敎化調伏一切衆生故迴向 但爲成滿一切智智故迴向 但爲得無礙智故迴向 但爲得無障礙淸淨善根故迴向 但爲令一切衆生超出生死證大智慧故迴向 但爲令大菩提心如金剛不可壞故迴向 但爲成就究竟不死法故迴向 但爲以無量莊嚴莊嚴佛種性 示現一切智自在故迴向 但爲求菩薩一切法明大神通智故迴向 但爲於盡法界 虛空界一切佛刹 行普賢行圓滿不退 被堅固大願鎧 令一切衆生住普賢地故迴向 但爲盡未來劫度脫衆生常無休息 示現一切智地無礙光明恒不斷故迴向

"불자들이여! 보살마하살이 그러한 선근으로 회향할 때 이와 같은 마음으로 회향하니, 이른바 본래의 성품이 평등한 마음으로 회향하며, 법의 성품이 평등한 마음으로 회향하며, 모든 중생의 헤아릴 수 없는 평등한 마음으로 회향하며, 다툼이 없는 평등한 마음으로 회향하며, 자신의 성품이 일어남이 없는 평등한 마음으로 회향하며, 모든 법이 혼란스럽지 않음을 아는 마음으로 회향하며, 삼세에 들어가는 평등한 마음으로 회향하며, 삼세 모든 부처님의 종성을 출생하는 마음으로 회향하며, 물러섬이 없는 신통을 얻는 마음으로 회향하며, 모든 지혜의 행을 낳고 이루는 마음으로 회향합니다."

"또 모든 중생이 모든 지옥으로부터 영원히 벗어나게 하려는 까닭으로 회향하며, 모든 중생이 축생의 부류에 들어가지 않게 하려는 까닭으로 회향하며, 모든 중생이 염라 왕의 처소에 가지 않게 하려는 까닭으로 회향하며, 모든 중생이 모든 도에 막힘이나 걸림이 되는 법을 없애버리려는 까닭으로 회향하며, 모든 중생이 모든 선근에 만족하게 하려는 까닭으로 회향하며, 모든 중생이 때에 응하여 법륜을 굴리고 일체가 환희하게 하려는 까닭으로 회향하며, 모든 중생이 십력의 바퀴에 들어가게 하려는 까닭으로 회향하며, 모든 중생이 보살의 끝없는 청정한 법과 소원을 만족하게 하려는 까닭으로 회향하며, 모든 중생이 모든 선지식의 가르침을 거스르지 않고 따르고 보리심의 그릇을 만족하게 얻게 하려는 까닭으로 회향하며, 모든 중생이 깊고 깊은 부처님 법을 받아 지니고 수행해서 모든 부처님의 지혜 광명을 얻게 하려는 까닭으로 회향하며, 모든 중생이 모든 보살의 막힘이나 걸림이 없는 행을 닦아서 항상 앞에 나타내기 위한 까닭으로 회향하며, 모든 중생 앞에 항상 모든 부처님이 나타나게 하려는 까닭으로 회향하며, 모든 중생 앞에 청정한 법 광명이 늘 나타나게 하려는 까닭으로 회향하며, 모든 중생 앞에 두려움 없는 큰 보리심이 항상 나타나게 하려는 까닭으로 회향하며, 모든 중생 앞에 보살의 헤아릴 수 없는 지혜가 항상 나타나게 하려는 까닭으로 회향하며, 모든 중생 앞에 중생을 두루 구하고 보호해서 청정한 대비심이 항상 나타나게 하려는 까닭으로 회향하며, 모든 중생이 말할 수 없이 말로 이를 수 없는 뛰어나고 빼어난 장엄 기물로 일체 모든 부처님 세계를 장엄하려는 까닭으로 회향하며, 모든 중생이 모든 마군과 투쟁하면서 그물로 얽어맨 업을 없애기 위한 까닭으로 회향하며, 모든 중생이 일체 모든 부처님 세계에 모두 의지할 것 없이 보살행을 닦게 하려는 까닭으로 회향하며, 모든 중생이 일체 종지의 마음을 일으켜 모든 부처님의 법(如是如是.解脫.寂滅.寂定.禪定.三昧.二乘地.如來地.涅槃.法界.般涅槃.善根思惟.眞如)에 들어가게 하려는 까닭으로 회향합니다."

佛子 菩薩摩訶薩以彼善根迴向時 以如是心迴向 所謂 以本性平等心迴向 以法性平等心迴向 以一切衆生無量平等心迴向 以無諍平等心迴向 以自性無所起平等心迴向 以知諸法無亂心心迴向 以入三世平等心迴向 以出生三世諸佛種性心迴向 以得不退失神通心迴向 以生成一切智行心迴向 又爲令一切衆生永離一切地獄故迴向 爲令一切衆生不入畜生趣故迴向 爲令一切衆生不往閻羅王處故迴向 爲令一切衆生除

滅一切障道法故迴向 爲令一切衆生滿足一切善根故迴向 爲令一切衆生能應時轉法輪 令一切歡喜故迴向 爲令一切衆生入十力輪故迴向 爲令一切衆生滿足菩薩無邊淸淨法願故迴向 爲令一切衆生隨順一切善知識敎 菩提心器得滿足故迴向 爲令一切衆生受持修行甚深佛法 得一切佛智光明故迴向 爲令一切衆生修諸菩薩無障礙行常現前故迴向 爲令一切衆生常見諸佛現其前故迴向 爲令一切衆生淸淨法光明常現前故迴向 爲令一切衆生無畏大菩提心常現前故迴向 爲令一切衆生菩薩不思議ㄱ常現前故迴向 爲令一切衆生普救護衆生令淸淨大悲心常現前故迴向 爲令一切衆生以不可說不可說勝妙莊嚴具莊嚴一切諸佛刹故迴向 爲令一切衆生摧滅一切衆魔鬪諍羅網業故迴向 爲令一切衆生於一切佛刹皆無所依修菩薩行故迴向 爲令一切衆生常發一切種智心 入於一切佛法廣大門故迴向

"불자들이여! 보살마하살이 또 이러한 선근으로 회향하니, 바른 생각의 청정함으로 회향하며, 지혜로 도장 찍고 선정으로 들어가는 회향을 하며, 모든 불법의 방편을 다 알기 위해 회향하며, 헤아릴 수 없고 막힘이나 걸림이 없는 지혜를 성취하기 위한 까닭으로 회향하며, 청정하고 빼어난 마음을 만족하게 하려는 까닭으로 회향하며, 모든 중생이 큰 사랑에 머물게 하려는 까닭으로 회향하며, 모든 중생이 크게 가엾이 여기는 마음에 머물게 하려는 까닭으로 회향하며, 모든 중생이 큰 기쁨에 머물게 하려는 까닭으로 회향하며, 모든 중생이 크게 버리는 일에 머물게 하려는 까닭으로 회향하며, 영원히 두 가지의 집착에서 벗어나 뛰어난 선근에 머물게 하려는 까닭으로 회향하며, 자세하게 살펴보고 들여다보아 사유하고 모든 연기의 법을 널리 펴서 설하게 하려는 까닭으로 회향하며, 크게 용맹한 당기를 세우게 하려는 까닭으로 회향하며, 이길 수 없는 당기의 장을 세우게 하려는 까닭으로 회향하며, 모든 마군의 무리를 깨트리기 위한 까닭으로 회향하며, 모든 법이 청정하며, 막힘이나 걸림이 없는 마음을 얻게 하려는 까닭으로 회향하며, 모든 보살행을 닦아서 물러서지 않게 하려는 까닭으로 회향하며, 제일 뛰어난 법을 구하고자 하는 마음을 즐거이 얻게 하려는 까닭으로 회향하며, 모든 법의 공덕을 구하는 일이 자재하고 모든 지혜와 지혜의 마음을 즐거이 얻게 하려는 까닭으로 회향하며, 모든 서원을 만족하고 모든 투쟁을 없애버리며, 부처님의 자재하고 막힘이나 걸림이 없는 청정한 법을 얻어 모든 중생을 위해 물러남이 없는 법륜을 굴리기 위한 까닭으로 회향하며, 여래의 최상의 뛰어난 법과 지혜의 태양을 얻어 백천 광명으로 장엄하고 모든 법계의 중생을 두루 비추기 위한 까닭으로 회향하며, 모든 중생을 조복하여 그 즐거워하는 것을 따라 항상 만족하게 하면서 본바탕의 원을 버리지 않고 미래의 경계가 다 하도록 바른 법을 듣고 큰 행을 닦고 익히며, 청정한 지혜를 얻어 허물이나 잘못을 벗어난 광명으로 모든 교만함을 끊어 없애고 모든 번뇌를 싹 쓸어서 없애 버리며, 애욕의 그물을 찢어버리고 어리석음의 어둠을 깨트리며, 허물이 없고 막힘이나 걸림이 없는 법을 온전하게 갖추게 하려는 까닭으로 회향하며, 모든 중생을 위해 아승기 겁에 항상 모든 지혜의 행을 부지런히 닦고 익혀서 물러섬이 없으며, 하나하나가 막힘이나 걸림 없는 빼어난 지혜를 얻어 모든 부처님의 자재한 신통을 나타내 보이며, 쉼이 없게 하려는 까닭으로 회향합니다."

佛子 菩薩摩訶薩又以此善根 正念清淨迴向 智慧決定迴向 盡知一切佛法方便迴向 爲成就無量無邊智故迴向 欲滿足清淨殊勝心故迴向 爲一切衆生住大慈故迴向 爲一切衆生住大悲故迴向 爲一切衆生住大喜故迴向 爲一切衆生住大捨故迴向 爲永離二著住勝善根故迴向 爲思惟觀察分別演說一切緣起法故迴向 爲立大勇猛幢心故迴向 爲立無能勝幢藏故迴向 爲破諸魔衆故迴向 爲得一切法清淨無礙心故迴向 爲修一切菩薩行不退轉故迴向 爲得樂求第一勝法心故迴向 爲得樂求諸功德法自在清淨一切智智心故迴向 爲滿一切願 除一切諍 得佛自在無礙清淨法 爲一切衆生轉不退法輪故迴向 爲得如來最上殊勝法智慧日 百千光明之所莊嚴 普照一切法界衆生故迴向 爲欲調伏一切衆生 隨其所樂常令滿足 不捨本願 盡未來際 聽聞正法 修習大行 得淨智慧離垢光明 斷除一切憍慢 消滅一切煩惱 裂愛欲網 破愚癡闇 具足無垢無障礙法故迴向 爲一切衆生 於阿僧祇劫常勤修習一切智行無有退轉 一一令得無礙妙慧 示現諸佛自在神通無有休息故迴向

"불자들이여! 보살마하살이 모든 선근으로 이와 같음에 회향할 때, 마땅히 삼유와 오욕의 경계를 탐하거나 집착하지 않습니다. 왜 그런가 하면, 보살마하살은 응당 탐욕이 없는 선근으로 회향하기 때문이며, 응당 성냄이 없는 선근으로 회향하기 때문이며, 응당 어리석음이 없는 선근으로 회향하기 때문이며, 응당 해치지 않은 선근으로 회향하기 때문이며, 응당 교만함을 벗어난 선근으로 회향하기 때문이며, 응당 아첨하지 않은 선근으로 회향하기 때문이며, 응당 꾸미지 않고 있는 그대로의 선근으로 회향하기 때문이며, 응당 게으르지 않고 부지런한 선근으로 회향하기 때문이며, 응당 선근을 닦고 익힘으로 회향하기 때문입니다."

"불자들이여! 보살마하살이 이와 같음으로 회향할 때, 청정한 믿음의 마음을 얻어 보살행에 환희하고 참고 받아들여서 청정한 대보살의 도를 닦고 익히며, 부처님의 종성을 갖추고 부처님의 지혜를 얻어 모든 악을 버리고 많은 마업에서 벗어나며, 선근의 법을 친근히 하고 큰 원을 이루며, 모든 중생을 청해서 크게 보시하는 법회를 베풉니다."

佛子 菩薩摩訶薩以諸善根如是迴向時 不應貪著三有 五欲境界 何以故 菩薩摩訶薩應以無貪善根迴向 應以無瞋善根迴向 應以無癡善根迴向 應以不害善根迴向 應以離慢善根迴向 應以不諂善根迴向 應以質直善根迴向 應以精勤善根迴向 應以修習善根迴向 佛子 菩薩摩訶薩如是迴向時得淨信心 於菩薩行歡喜忍受 修習淸淨大菩薩道 具佛種性 得佛智慧 捨一切惡 離衆魔業 親近善友 成己大願 請諸衆生 設大施會

"불자들이여! 보살마하살이 차례를 좇아(復) 이 법(如是如是.解脫.寂滅.寂定.禪定.三昧.二乘地.如來地.涅槃.法界.般涅槃.善根思惟.眞如)을 보시해서 생긴 선근으로 이와 같음에 회향하니, 이른바 모든 중생이 빼어나고 청정한 소리를 얻게 하며, 부드러운 소리를 얻게 하며, 하늘의 북소리를 얻게 하며, 헤아릴 수 없고 수 없고 생각으로 미루어 알 수 없는 소리를 얻게 하며, 사랑하고 즐거워하는 소리를 얻게 하며, 청정한 소리를 얻게 하며, 모든 부처님 세계에 두루두루 한 소리를 얻게 하며, 백천 나유타 말할 수 없는 공덕 장엄의 소리를 얻게 하며, 높고 멀리까지 들리는 소리를 얻게 하며, 광대한 소리를 얻게 하며, 흩어지고 혼란함을 없애는 소리를 얻게 하며, 법계에 가득 찬 소리를 얻게 하며, 모든 중생의 언어를 취해서 거두어들이는 소리를 얻게 하며, 모든 중생이 끝없는 언어 음성의 지혜를 얻게 하며, 헤아릴 수 없는 언어 음성의 지혜를 얻게 하며, 가장 자재한 소리로 일체에 들어가는 음성의 지혜를 얻게 하며, 일체 청정하고 세간에서 싫어하지 않은 소리를 얻게 하며, 끝까지 모든 세간에 얽매이지 않은 소리를 얻게 하며, 환희하는 소리를 얻게 하며, 부처님의 청정한 말씀의 소리를 얻게 하며, 모든 부처님 법을 설함에 어리석음 때문에 가려지는 것에서 멀리 벗어나 이름이 두루 들리는 소리를 얻게 하며, 모든 중생이 모든 법 다라니를 장엄하는 소리를 얻게 하며, 모든 헤아릴 수 없는 종류의 법을 설하는 소리를 얻게 하며, 법계의 헤아릴 수 없는 대중이 모이는 도량에 두루 이르는 소리를 얻게 하며, 헤아릴 수 없는 법을 두루 거두어 가지는 금강 같은 글귀의 소리를 얻게 하며, 모든 법을 열어 보이는 소리를 얻게 하며, 가히 말할 수 없는 글자와 글귀의 차별을 설하는 지혜 장의 소리를 얻게 하며, 모든 법을 널리 펴서 설하며, 집착할 것이 없고 끊어지지 않은 소리를 얻게 하며, 모든 법의 광명으로 비추어 빛나게 하는 소리를 얻게 하며, 모든 세간이 청정하고 원만하게 성취해서 모든 지혜에 이르게 하는 소리를 얻게 하며, 모든 법의 구절과 뜻을 두루 거두어들이는 소리를 얻게 하며, 신력으로 보호해서 지니어 자재하고 막힘이나 걸림이 없는 소리를 얻게 하며, 모든 세간이 저 언덕에 이르는 지혜의 소리를 얻게 하며, 또 이 선근으로 모든 중생이 용렬하지 않은 소리를 얻게 하며, 두려움이 없는 소리를 얻게 하며, 물들고 집착이 없는 소리를 얻게 하며, 모든 대중이 모인 도량에서 환희하는 소리를 얻게 하며, 거스름 없이 따르고 아름답고 빼어난 소리를 얻게 하며, 모든 중생이 의심하는 생각을 끊고 다 깨우침을 얻게 하는 소리를 얻게 하며, 변재를 온전하게 갖추는 소리를 얻게 하며, 모든 중생의 오랜 잠(꿈)을 깨우는 소리를 얻게 하려는 것입니다."

佛子 菩薩摩訶薩復以此法施所生善根如是迴向 所謂 令一切衆生 得淨妙音 得柔軟音 得天鼓音 得無量無數不思議音 得可愛樂音 得淸淨音 得周徧一切佛刹音 得百千那由他不可說功德莊嚴音 得高遠音 得滅一切散亂音 得充滿法界音 得攝取一切衆生語言音 得一切衆生無邊音聲智 得一切淸淨語言音聲智 得無量語言音聲智 得最自在音入一切音聲智 得一切淸淨莊嚴音 得一切世間無厭足音 得究竟不繫屬一切世間音 得歡喜音 得佛淸淨語言音 得說一切佛法遠離癡翳名稱普聞音 得令一切衆生得一切法陀羅尼莊嚴音 得說一切無量種法音 得普至法界無量衆會道場音 得普攝持不可思議法金剛句音 得開示一切法音 得能說不可說字句差別智藏音 得演說一切法無所著不斷音 得一切法光明照耀音 得能令一切世間淸淨究竟至於一切智音 得普攝一切法句義音 得神力護持自在無礙音 得到一切世間彼岸智音 又以此善根 令一切衆生 得不下劣音 得無怖畏音 得無染著音 得一切衆會道場歡喜音 得隨順美妙音 得善說一切佛法音 得斷一切衆生疑念皆令覺悟音 得具足辯才音 得普覺悟一切衆生長夜睡眠音

"불자들이여! 보살마하살이 차례를 좇아(復) 모든 선근으로 이와 같음에 회향하니, 이른바 모든 중생이 많은 허물과 악을 벗어나 청정한 법신을 얻길 원하며, 모든 중생이 많은 허물과 악을 벗어나 청정하고 빼어난 공덕을 얻길 원하며, 모든 중생이 많은 허물과 악을 벗어나 청정하고 빼어난 모양이나 상태를 얻길 원하며, 모든 중생이 많은 허물과 악을 벗어나 청정한 업과를 얻길 원하며, 모든 중생이 많은 허물과 악을 벗어나 청정한 모든 지혜의 마음을 얻길 원하며, 모든 중생이 많은 허물과 악을 벗어나 헤아릴 수 없는 청정한 보리심을 얻길 원하며, 모든 중생이 많은 허물과 악을 벗어나 모든 근(如是如是.解脫.寂滅.寂定.禪定.三昧.二乘地.如來地.涅槃.法界.般涅槃.善根思惟.眞如)을 분명하게 깨달아 아는 청정한 방편을 얻길 원하며, 모든 중생이 많은 허물과 악을 벗어나 청정한 믿음과 이해를 얻길 원하며, 모든 중생이 많은 허물과 악을 벗어나 청정하고 부지런하게 닦은 막힘이나 걸림이 없는 행과 원을 얻길 원하며, 모든 중생이 많은 허물과 악을 벗어나 청정하고 바른 생각의 지혜와 변재를 얻길 원합니다."

　佛子 菩薩摩訶薩復以諸善根如是迴向 所謂 願一切衆生得離衆過惡淸淨法身 願一切衆生得離衆過惡淨妙功德 願一切衆生得離衆過惡淸淨妙相 願一切衆生得離衆過惡淸淨業果 願一切衆生得離衆過惡淸淨一切智心 願一切衆生得離衆過惡無量淸淨菩提心 願一切衆生得離衆過惡了知諸根淸淨方便 願一切衆生得離衆過惡淸淨信解 願一切衆生得離衆過惡 淸淨勤修無礙行願 願一切衆生得離衆過惡淸淨正念 智慧辯才

"불자들이여! 보살마하살이 차례를 좇아(復) 모든 선근으로 모든 중생을 위해 이와 같음으로 회향하고 가지가지의 청정하고 빼어난 몸을 얻길 원하니, 이른바 광명의 몸과 흐림을 벗어난 몸과 물듦이 없는 몸과 청정한 몸과 매우 청정한 몸과 티끌을 벗어난 몸과 티끌을 영원히 벗어난 몸과 허물을 벗어난 몸과 사랑하고 즐거워하는 몸과 막힘이나 걸림이 없는 몸을 얻길 원합니다."

"모든 세계에 모든 업의 상으로 나타내며, 모든 세간에 말하는 상을 나타내며, 모든 궁전에 편안히 서는 상을 나타내며, 청정하고 밝은 거울과 같이 가지가지의 색상을 자연히 나타내어 모든 중생에게 큰 보리의 행을 보이며, 모든 중생에게 깊고 깊은 빼어난 법을 보이며, 모든 중생에게 가지가지의 공덕을 보이며, 모든 중생에게 수행하는 도를 보이며, 모든 중생에게 성취하는 행을 보이며, 모든 중생에게 보살의 행과 원을 보이며, 모든 중생에게 하나의 세계와 모든 세계의 부처님이 이 세상에 출현하심을 보이며, 모든 중생에게 모든 보살의 헤아릴 수 없는 해탈의 위력을 보이며, 모든 중생에게 보현보살의 행과 원을 원만하게 하는 모든 지혜의 성품을 보이는 것이니, 보살마하살이 이와 같은 등등의 작고 빼어난 몸을 방편 삼아 모든 중생을 취해서 거두어들이고 이들이 청정한 공덕과 모든 지혜의 몸을 성취하게 합니다."

佛子 菩薩摩訶薩復以諸善根 爲一切衆生如是廻向 願得種種淸淨妙身 所謂 光明身 離濁身 無染身 淸淨身 極淸淨身 離塵身 極離塵身 離垢身 加愛樂身 無障礙身 於一切世界現諸業像 於一切世間現言說像 於一切宮殿現安立像 如淨明鏡 種種色像自然顯現 示諸衆生大菩提行 示諸衆生甚深妙法 示諸衆生種種功德 示諸衆生修行之道 示諸衆生成就之行 示諸衆生菩薩行願 示諸衆生於一世界 一切世界佛興於世 示諸衆生一切諸佛神通變化 示諸衆生一切菩薩不可思議解脫威力 示諸衆生成滿普賢菩薩行願一切智性 菩薩摩訶薩以如是等微妙淨身 方便攝取一切衆生 悉令成就淸淨功德一切智身

"불자들이여! 보살마하살이 차례를 좇아(復) 법을 보시해서 생긴 선근으로 이와 같음에 회향하니, 몸이 모든 세계를 따라 머물면서 보살행 닦은 것을 중생이 보고는 모든 것이 헛되지 않기를 원하며, 보리심을 일으켜 영원히 물러서지 않으며, 진실한 이치를 거스름 없이 따라 가볍게 움직이지 않으며, 모든 세계에 미래 겁이 다하도록 보살의 도에 머물지만 피곤해하거나 싫어함이 없고 가엾이 여기는 큰마음이 두루 해서 법계와 같게 하며, 중생의 근기를 알아 때에 따라 응하고 법을 설함에 항상 쉼이 없으며, 선지식의 마음으로 항상 바르게 생각하기를 한 찰나라도 놓치지 않으며, 일체 모든 부처님이 항상 앞에 나타나시거든 늘 바르게 생각하고 잠깐이라도 게을리하지 말고 모든 선근을 닦아서 헛되고 거짓이 없으며, 모든 중생을 모든 지혜에 두어 물러서지 않게 하며, 모든 부처님의 광명을 온전하게 갖추어서 큰 법 구름을 가지고 큰 법 비를 받으며 보살행을 닦습니다."

"모든 중생에게 들어가며, 모든 부처님 세계에 들어가며, 모든 법에 들어가며, 일체 삼세에 들어가며, 모든 중생의 업보에 따른 지혜에 들어가며, 모든 보살의 섬세하고 능숙한 선근 방편의 지혜에 들어가며, 모든 보살을 출생하는 지혜에 들어가며, 모든 보살의 청정한 경계의 지혜에 들어가며, 모든 부처님의 자재한 신통에 들어가며, 모든 끝없는 법계에 들어가서 그 자리에 편안하게 머무르며 보살의 행을 닦습니다."

佛子 菩薩摩訶薩復以法施所生善根如是迴向 願身隨住一切世界修菩薩行 衆生見者皆悉不虛 發菩提心永無退轉 順眞實義不可傾動 於一切世界 盡未來劫 住菩薩道而無疲厭 大悲均普 量同法界 知衆生根 應時說法 常不休息 於善知識 心常正念 乃至不捨一刹那頃 一切諸佛常現在前 心常正念未曾暫懈 修諸善根無有虛僞 置諸衆生於一切智 令不退轉 具足一切佛法光明 持大法雲 受大法雨 修菩薩行 入一切衆生 入一切佛刹 入一切諸法 入一切三世 入一切衆生業報智 入一切菩薩善巧方便智 入一切菩薩出生智 入一切菩薩淸淨境界智 入一切佛自在神通 入一切無邊法界 於此安住 修菩薩行

대방광불화엄경 제33권

25. 십회향품(11)
　　十迴向品第二十五之十一

"불자들이여! 보살마하살이 차례를 좇아(復) 법 보시로 수행한 선근으로 이와 같음에 회향하니, 모든 부처님 세계가 청정하며, 가히 말할 수 없고 말로 이를 수 없는 장엄 기물로 장엄하며, 하나하나의 부처님 세계가 그 양이 광대해서 법계와 같으며, 순수한 선근으로 막힘이나 걸림이 없으며, 청정한 광명으로 모든 부처님이 그 가운데서 바른 깨우침을 이루시고 나타내며, 한 부처님 세계 가운데 청정한 경계가 모든 부처님 세계를 명백하게 나타내며, 한 부처님 세계와 같이 모든 부처님 세계도 역시 차례를 좇아(復) 이와 같았다."

"그 하나하나의 세계가 남김없이 다 법계와 평등하고 헤아릴 수 없고 끝없으며, 청정하고 빼어난 보배 기물로 장엄하여 꾸몄으니, 이른바 아승기 청정한 보배 자리에는 많은 보배 옷을 깔고 아승기 보배 휘장에는 보배 그물을 드리워 펼치고 아승기 보배 덮개에는 모든 빼어난 보배가 서로서로 빛나고 비쳤으며, 아승기 보배구름에서는 많은 보배를 두루 내리며, 아승기 보배 꽃이 두루 청정하며, 아승기 많은 보배로 이루어진 난간과 집은 청정하게 장엄하였고 아승기 보배 풍경은 항상 모든 부처님의 섬세하고 빼어난 음성을 널리 펴서 법계에 두루 흐르고 아승기 보배 연꽃에 가지가지의 보배 색이 펴서 아름답게 빛나고 아승기 보배 나무가 두루 줄지어 서서 헤아릴 수 없는 빼어난 보배로 꽃과 열매가 되고 아승기 보배 궁전에는 헤아릴 수없이 많은 보살이 그 가운데 머물고 아승기 보배 누각이 넓고 높고 아름답기에 거리가 멀기도 하고 가깝기도 하며, 아승기 보배 망루는 큰 보배로 이루어진 것이 빼어나게 좋고 아승기 보배 문과 창호에는 빼어난 보배 영락이 두루 드리워 펼쳐져 있고 아승기 보배 들창에는 생각으로 미루어 알 수 없는 보배로 청정하게 장엄 되었고 아승기 보배 다라는 모양이 반달과 같으며, 많은 보배를 모아 이루었습니다."

"이와 같은 모든 것을 남김없이 많은 보배로 장엄하고 꾸며서 허물을 벗어나 청정하기에 가히 생각으로는 미루어 알 수가 없는 것이며, 여래의 선근으로 일어난 것이고 수 없는 보배의 장으로 장엄해서 온전하게 갖추었습니다."

"차례를 좇아(復) 아승기 보배 강에서 모든 청정한 선근의 법이 흘러나오고 아승기 보배 바다에는 불법의 물이 가득 차 있으며, 아승기 분타리 꽃은 빼어난 법의 분타리 소리가 항상 나오고 아승기 보배 수미산에는 지혜의 산왕이 청정하게 빼어났으며, 아승기 팔릉 빼어난 보배는 보배실로 꿰어서 장엄하고 청정해서 비할 데가 없고 아승기 청정한 광명 보배가 항상 걸림이나 막힘없는 큰 지혜 광명을 놓아 법계를 두루 비추고 아승기 보배 영탁이 서로서로 부딪쳐 빼어난 음성을 내고 아승기 청정 보배는 모든 보살의 보배가 온전하게 갖추어져 충만하고 아승기 보배채색 비단이 곳곳에 드리워 색상이 빛나고 깨끗하며, 아승기 보배 당기에는 보배 반달로 장엄해서 꾸밈이 있고 아승기 보배 번기는 남김없이 헤아릴 수 없이 많은 보배 번기를 내리고 아승기 보배 띠는 공중에 드리워진 장엄이 빼어나고 아승기 보배 방석은 가지가지의 미세하고 부드러운 촉감을 생하고 아승기 빼어난 보배 소용돌이에는 보살의 모든 지혜의 눈을 나타내고 아승기 보배 영락은 하나하나의 영락에 백천 보살을 가장 빼어남으로 장엄하고 아승기 보배 궁전은 모든 것을 뛰어넘어 빼어남이 비할 데가 없고 아승기 보배 장엄 기물은 금강 마니로 장엄해서 매우 좋게 꾸몄고 아승기 가지가지의 빼어난 보배 장엄 기물이 항상 청정하고 빼어난 모든 색을 나타내며, 아승기 청정한 보배는 특별한 형상으로 다르게 채색되어지고 빛이 밝게 비치며, 아승기 보배산이 담장이 되어 두루두루 둘러쌓지만 청정하고 막힘이나 걸림이 없고 아승기 보배 향은 모든 세계에 향기를 두루 풍기고 아승기 보배의 변화하는 일은 하나하나의 그 변화가 법계에 두루 하고 아승기 보배 광명은 하나하나의 광명이 모든 광명을 나타냅니다."

"차례를 좇아 아승기 보배 광명은 청정한 지혜의 광명으로 모든 법을 비추어 깨우치며, 차례를 좇아 아승기 걸림이나 막힘없는 보배 광명은 하나하나의 광명이 법계에 두루 하고 아승기 보배 처소에는 일체 모든 보배가 빠짐없이 모두 온전하게 갖었고 아승기 보배 장에는 모든 바른 법의 보배 장의 보배를 열어 보이고 이승기 보배 당기에는 여래의 깃발 모양이 멀리 높게 솟아있고 아승기 보배 현인에는 큰 지혜를 지닌 현인의 형상이 온전히 갖추어져 있고 청정하며, 아승기 보배 동산에는 보살 삼매의 즐거움을 내고 아승기 보배 음성은 여래의 음성을 세간에 두루 나타내며, 아승기 보배 형상은 하나하나의 형상에서 헤아릴 수 없는 빼어난 법의 광명을 놓고 아승기 보배 모양은 그 하나하나의 모양이나 상태로 남김없이 많은 모양이나 상태를 나타내고 아승기 보배 위의는 보는 이마다 보살의 즐거움을 빠짐없이 내고 아승기 보배 덩어리는 보는 이마다 모두 보배 덩어리를 내고 아승기 보배에 편안히 머무름은 보는 이마다 선근으로 머무는 보배 마음을 내고 아승기 보배 의복은 입는 이마다 모든 보살의 비할 데 없는 삼매를 내고 아승기 보배 가사는 입는 이가 처음 마음을 일으키더라도 곧바로 선근으로 보는 다라니 문을 얻습니다."

"아승기 보배를 닦고 익힘이 있으니, 보는 이는 모든 보배가 모두 업의 과보로 된 것임을 알기에 도장 찍기가 청정하고 아승기 보배의 막힘이나 걸림 없는 지견이 있으니, 보는 이는 모든 청정한 법안을 분명하게 깨달아 얻으며, 아승기 보배 광명의 장이 있으니, 보는 이는 곧 큰 지혜의 장을 성취합니다.

아승기 보배 자리에는 부처님이 그 위에 앉아 큰 사자후를 하시고 아승기 보배 등불은 항상 청정한 지혜의 광명을 놓고 아승기 보배 다라 나무는 차례로 줄 서 있으면서 보배 노끈으로 얽어 장엄이 청정하고 그 나무에 차례를 좇아 보배 줄기가 있고 몸을 좇아 벋어나간 것이 곧고 둥글고 깨끗하며, 아승기 보배 가지가 가지가지의 많은 보배로 촘촘하게 장엄하였고 사람의 생각으로는 헤아려 알 수 없는 새들이 몰려와 빼어난 소리를 내어 바른 법을 널리 떨쳐 드러내고 아승기 보배 잎은 큰 지혜의 광명을 놓아 모든 곳에 두루 하고 아승기 보배 꽃은 하나하나의 꽃 위에 헤아릴 수 없이 많은 보살이 그 위에 결가부좌하고 법계에 두루 다니며, 아승기 보배 열매는 보는 이들이 모든 지혜의 지혜로 물러섬이 없는 과보를 얻으며, 아승기 보배 취락은 이를 보는 이마다 세간의 취락 법을 버리고 벗어나며, 아승기 보배 도시에는 막힘이나 걸림이 없는 중생이 가득하고 아승기 보배 궁궐에는 왕이 그 가운데 있으면서 보살의 나라연 몸을 온전하게 갖추어 용맹하고 견고하며, 법의 갑옷을 입고 마음이 절대 물러서지 않으며, 아승기 보배 집은 집에 들어가려는 이가 집에 대한 애착을 없애버리고 아승기 보배 옷은 입은 이가 분명하게 깨우쳐 알고 분명하게 이해하고 집착하지 않으며, 아승기 보배 궁전에는 출가한 보살들이 그 가운데 충만하고 아승기 보배 귀한 장난감은 보는 이마다 헤아릴 수 없는 환희심을 내게 하고 아승기 보배 바퀴는 사람의 생각으로는 알 수가 없는 지혜 광명을 놓아 물러서지 않은 법륜을 굴리고 아승기 보배 발타 나무는 인타라 그물로 청정하게 장엄하고 아승기 보배 땅은 사람의 생각으로는 알 수가 없는 보배로 사이사이를 장엄하고 아승기 보배 피리는 맑고 아름다운 음향으로 법계에 충만하고 아승기 보배 북은 빼어난 소리가 지극히 잘 어울리어 겁이 다하도록 끊어지지 않습니다."

"아승기 보배 중생은 남김없이 위 없는 법의 보배를 거두어 가지며, 아승기 보배 몸은 헤아릴 수 없는 공덕의 빼어난 보배를 온전하게 갖추고 아승기 보배 입은 모든 빼어난 법의 보배 음성을 항상 널리 펴서 설하고 아승기 보배 마음은 청정한 뜻과 큰 지혜와 서원의 보배를 갖추고 아승기 보배 생각은 모든 어리석음을 끊고 마침내는 모든 지혜의 보배를 견고히 하고 아승기 보배의 밝음은 모든 부처님의 법보를 외워서 가지고 아승기 보배의 총명함은 일체 모든 부처님의 법장을 도장 찍고 분명하게 깨우쳐 알며, 아승기 보배 지혜는 크고 원만한 모든 지혜의 보배를 얻습니다."

"아승기 보배 눈은 십력의 보배를 깊이 살펴보아서 막힘이나 걸림이 없고 아승기 보배 귀는 헤아릴 수 없는 법계의 소리를 들으며, 청정하고 막힘이나 걸림이 없으며, 아승기 보배 코는 거스름 없이 따르는 청정한 보배 향기를 항상 맡고 아승기 보배 혀는 헤아릴 수 없는 모든 언어로 법을 능히 설하고 아승기 보배 몸은 시방에 두루 다녀도 막힘이나 걸림이 없고 아승기 보배 뜻과 생각은 보현의 행과 원을 항상 부지런히 닦고 아승기 보배 음성의 청정하고 빼어난 음성은 시방세계에 두루 하고 아승기 보배 몸으로 지은 업은 모든 지어가는 일이 지혜를 상수로 삼고 아승기 보배 말하는 업은 수행하는 일에 막힘이나 걸림이 없는 지혜 보배를 항상 말하고 아승기 보배 뜻과 생각의 업은 막힘이나 걸림이 없는 광대한 지혜의 보배로 마침내는 원만함을 얻습니다."

佛子 菩薩摩訶薩復以法施所修善根如是迴向 願一切佛刹皆悉淸淨 以不可說不可說莊嚴具而莊嚴之 一一佛刹 其量廣大 同於法界 純善無礙 淸淨光明 諸佛於中現成正覺 一佛刹中淸淨境界 悉能顯現一切佛刹 如一佛刹 一切佛刹亦復如是 其一一刹 悉以等法界無量無邊淸淨妙寶莊嚴之具而爲嚴飾 所謂 阿僧祇淸淨寶座 敷衆寶衣 阿僧祇寶帳 寶網垂布 阿僧祇寶蓋 一切妙寶互相映徹 阿僧祇寶雲 普雨衆寶 阿僧祇寶華 周徧淸淨 阿僧祇衆寶所成欄 楯 軒 檻 淸淨莊嚴 阿僧祇寶鈴 常演諸佛微妙音聲 周流法界 阿僧祇寶蓮華 種種寶色開敷榮耀 阿僧祇寶樹 周帀行列 無量妙寶而爲華果 阿僧祇寶宮殿 無量菩薩止住其中 阿僧祇寶樓閣 廣博崇麗 廷袤遠近 阿僧祇寶卻敵 大寶所成 莊嚴妙好 阿僧祇寶門闥 妙寶瓔珞周帀垂布 阿僧祇寶窓牖 不思議寶 淸淨莊嚴 阿僧祇寶多羅 形如半月 衆寶集成 如是一切 悉以衆寶而爲嚴飾 離垢淸淨 不可思議 無比如來善根所起 具足無數寶藏莊嚴 復有阿僧祇寶河 流出一切淸淨善法 阿僧祇寶海 法水盈滿 阿僧祇寶芬陀利華 常出妙法芬陀利聲 阿僧祇寶須彌山 智慧山王秀出淸淨 阿僧祇八楞妙寶 寶線貫穿 嚴淨無比 阿僧祇淨光寶 常放無礙 大智光明 普照法界 阿僧祇寶鈴鐸 更相扣擊 出妙音聲 阿僧祇淸淨寶 諸菩薩寶具足充滿 阿僧祇寶繪綵 處處垂下 色相光潔 阿僧祇妙寶幢 以寶半月而爲嚴飾 阿僧祇寶幡 悉

能普雨無量寶幡 阿僧祇寶帶 垂布空中 莊嚴殊妙 阿僧祇寶敷具 能生種種微細樂觸 阿僧祇妙寶旋 示現菩薩一切智眼 阿僧祇寶瓔珞 一一瓔珞百千菩薩上妙莊嚴 阿僧祇寶宮殿 超過一切妙絕無比 阿僧祇寶莊嚴具 金剛摩尼而爲嚴飾 阿僧祇種種妙寶莊嚴具 常現一切清淨妙色 阿僧祇清淨寶 殊形異彩 光鑑映徹 阿僧祇寶山 以爲垣牆 周帀圍遶 清淨無礙 阿僧祇寶香 其香普熏一切世界 阿僧祇寶化事 一一化事周徧法界 阿僧祇寶光明 一一光明現一切光 復有阿僧祇寶光明 清淨智光照了諸法 復有阿僧祇無礙寶光明 一一光明周徧法界 有阿僧祇寶處 一切諸寶皆悉具足 阿僧祇寶藏 開示一切正法藏寶 阿僧祇寶幢 如來幢相迥然高出 阿僧祇寶賢 大智賢像 具足清淨 阿僧祇寶園 生諸菩薩三昧快樂 阿僧祇寶音 如來妙音 普示世間 阿僧祇寶形 其一一形皆放無量妙法光明 阿僧祇寶相 其一一相悉超衆相 阿僧祇寶威儀 見者皆生菩薩喜樂 阿僧祇寶聚 見者皆生智慧寶聚 阿僧祇寶安住 見者皆生善住寶心 阿僧祇寶衣服 其有著者 生諸菩薩無比三昧 阿僧祇寶袈裟 其有著者 纔始發心則得善見陀羅尼門 阿僧祇寶修習 其有見者 知一切寶皆是業果 阿僧祇寶無礙知見 其有見者 得了一切清淨法眼 阿僧祇寶光藏 其有見者 則得成就大智慧藏 阿僧祇寶座 佛坐其上大師子吼 阿僧祇寶燈 常放清淨智慧光明 阿僧祇寶多羅樹 次第行列 繚以寶繩 莊嚴清淨 其樹復有阿僧祇寶幹 從身聳擢 端直圓潔 阿僧祇寶枝 種種衆寶莊嚴稠密 不思議鳥翔集其中 常吐妙音宣揚正法 阿僧祇寶葉 放大智光 徧一切處 阿僧祇寶華 一一華上無量菩薩結跏趺坐徧遊法界 阿僧祇寶果 見者當得一切智智不退轉果 阿僧祇寶聚落 見者捨離世聚落法 阿僧祇寶都邑 無礙衆生於中盈滿 阿僧祇寶宮殿 王處其中 具足菩薩那羅廷身 勇猛堅固 被法甲冑 心無退轉 阿僧祇寶舍 入者能除戀舍宅心 阿僧祇寶衣 著者能令解了無著 阿僧祇寶宮殿 出家菩薩充滿其中 阿僧祇寶珍玩 見者咸生無量歡喜 阿僧祇寶輪 放不思議智慧光明轉不退輪 阿僧祇寶跋陀樹 因陀羅網莊嚴清淨 阿僧祇寶地 不思議寶間錯莊嚴 阿僧祇寶吹 其音淸亮充滿法界 阿僧祇寶鼓 妙音克諧 窮劫不絕 阿僧祇寶衆生 盡能攝持無上法寶 阿僧祇寶身 具足無量功德妙寶 阿僧祇寶口 常演一切妙法寶音 阿僧祇寶心 具淸淨意大智願寶 阿僧祇寶念 斷諸愚惑 究竟堅固一切智寶 阿僧祇寶明 誦持一切諸佛法寶 決了一切諸佛法藏 阿僧祇寶智 得大圓滿一切智寶 阿僧祇寶眼 鑑十力寶 無所障礙 阿僧祇寶耳 聽聞無量 盡法界聲 清淨無礙 阿僧祇寶鼻 常嗅隨順清淨寶香 阿僧祇寶舌 能說無量諸語言法 阿僧祇寶身 徧遊十方而無罣礙 阿僧祇寶意 常勤修習普賢行願 阿僧祇寶音 淨妙音聲徧

十方界 阿僧祇寶身業 一切所作以智爲首 阿僧祇寶語業 常說修行無礙智寶 阿僧祇寶意業 得無障礙廣大智寶 究竟圓滿

"불자들이여! 보살마하살이 그 일체 모든 부처님 세계 가운데서 하나의 부처 세계, 하나의 방위, 하나의 처, 하나의 털끝만 한 곳에 헤아릴 수 없고 끝없으며, 가히 말할 수 없는 모든 큰 보살이 빠짐없이 모두 청정한 지혜를 성취하고 가득 차게 머물고 있습니다. 하나의 부처 세계, 하나의 방위, 하나의 처, 하나의 털끝만 한 곳처럼, 이와 같은 모든 허공과 법계에 두루두루 함이 하나하나의 부처 세계와 하나하나의 방위와 하나하나의 처와 하나하나의 털끝만 한 곳에도 남김없이 또한 이와 같습니다."

"이것은 보살마하살이 모든 선근으로 회향하기 위해 일체 모든 부처님 국토가 가지가지의 빼어난 보배로 장엄하고 온전하게 갖추어지길 두루 원하는 것입니다."

"보배로 장엄함을 이와 같음으로 널리 펴서 설하는 것처럼, 이와 같은 향의 장엄과 꽃의 장엄과 꽃 머리 장식의 장엄과 바르는 향의 장엄과 사르는 향의 장엄과 가루 향의 장엄과 옷의 장엄과 덮개의 장엄과 당기의 장엄과 깃발의 장엄과 마니보배의 장엄들도 차례를 따라 이보다 백 배는 넘게 빠짐없이 보배 장엄처럼 이와 같음으로 널리 펴서 설하는 것입니다."

佛子 菩薩摩訶薩於彼一切諸佛刹中 於一佛刹 一方 一處 一毛端量 有無量無邊不可說數諸大菩薩 皆悉成就淸淨智慧 充滿而住 如一佛刹 一方 一處 一毛端量 如是盡虛空徧法界一一佛刹 一一方 一一處 一一毛端量 悉亦如是 是爲菩薩摩訶薩以諸善根而爲迴向 普願一切諸佛國土悉具種種妙寶莊嚴 如寶莊嚴 如是廣說 如是香莊嚴 華莊嚴 鬘莊嚴 塗香莊嚴 燒香莊嚴 末香莊嚴 衣莊嚴 蓋莊嚴 幢莊嚴 幡莊嚴 摩尼寶莊嚴 次第乃至過此百倍如寶莊嚴 如是廣說

"불자들이여! 보살마하살이 법 보시 등으로 모은 선근으로 일체 모든 선근을 기르고 늘리기 위한 까닭으로 회향하며, 모든 부처님 세계를 청정하게 장엄하기 위한 까닭으로 회향하며, 모든 중생을 성취하게 하려는 까닭으로 회향하며, 모든 중생이 빠짐없이 마음이 청정하고 움직이지 않게 하려는 까닭으로 회향하며, 모든 중생이 빠짐없이 깊고 깊은 불법에 들어가게 하려는 까닭으로 회향하며, 모든 중생이 빠짐없이 지나칠 수 없을 만큼 청정한 복의 힘을 얻게 하려는 까닭으로 회향하며, 모든 중생이 빠짐없이 무너짐이 없는 청정한 복의 힘을 얻게 하려는 까닭으로 회향하며, 모든 중생이 다 함이 없는 지혜의 힘을 얻어 모든 중생을 제도해서 불법에 들어가게 하려는 까닭으로 회향하며, 모든 중생이 빠짐없이 헤아릴 수 없이 청정한 말과 소리를 얻게 하려는 까닭으로 회향하며, 모든 중생이 빠짐없이 평등하고 막힘이나 걸림이 없는 눈을 얻어 허공을 다하고 법계에 두루 한 등등의 지혜를 성취하게 하려는 까닭으로 회향하며, 모든 중생이 빠짐없이 청정한 생각을 얻어 지나간 겁의 모든 세계를 알게 하려는 까닭으로 회향하며, 모든 중생이 빠짐없이 막힘이나 걸림이 없는 큰 지혜를 얻어 남김없이 모든 법장(如是如是.解脫.寂滅.寂定.禪定.三昧.二乘地.如來地.涅槃.法界.般涅槃.眞如.善根思惟)을 도장 찍고 분명하게 깨우쳐 마치게 하려는 까닭으로 회향하며, 모든 중생이 빠짐없이 헤아릴 수 없는 대보리를 얻어 법계에 두루 하고 걸림이나 막힘이 없게 하려는 까닭으로 회향하며, 모든 중생이 빠짐없이 평등해서 분별이 없는 같은 몸의 선근을 얻게 하려는 까닭으로 회향하며, 모든 중생이 빠짐없이 모든 공덕을 얻어 청정한 신, 구, 의업을 온전하게 갖추고 장엄하기 위한 까닭으로 회향하며, 모든 중생이 빠짐없이 보현과 같은 행을 얻게 하려는 까닭으로 회향합니다."

"모든 중생이 빠짐없이 모든 체가 같은 청정한 부처님 세계에 들어가게 하려는 까닭으로 회향하며, 모든 중생이 빠짐없이 모든 지혜를 자세하게 살펴보고 들여다보아 모든 부류에 들어감을 원만하게 하려는 까닭으로 회향하며, 모든 중생이 빠짐없이 평등하지 못한 선근에서 멀리 벗어나게 하려는 까닭으로 회향하며, 모든 중생이 빠짐없이 평등하여 다른 모양이나 상태가 없는 깊은 마음을 얻어 차례를 따라(復) 모든 지혜를 원만하게 하려는 까닭으로 회향하며, 모든 중생이 빠짐없이 모든 흰 법(白淨琺)에 편안히 머물게 하려는 까닭으로 회향하며, 모든 중생이 빠짐없이 한 생각, 한순간에 모든 지혜를 증득하여 마지막을 얻게 하려는 까닭으로 회향하며, 모든 중생이 빠짐없이 청정한 모든 지혜의 도를 원만하게 이루고 얻게 하려는 까닭으로 회향합니다."

佛子 菩薩摩訶薩以法施等所集善根 爲長養一切善根故回向 爲嚴淨一切佛刹故回向 爲成就一切衆生故回向 爲令一切衆生皆心淨不動故回向 爲令一切衆生皆入甚深佛法故回向 爲令一切衆生皆得無能過淸淨功德故回向 爲令一切衆生皆得不可壞淸淨福力故回向 爲令一切衆生皆得無盡智力 度諸衆生令入佛法故回向 爲令一切衆生皆得平等無量淸淨言音故回向 爲令一切衆生皆得平等無礙眼 成就盡虛空徧法界等

智慧故回向 爲令一切衆生皆得淸淨念 知前際劫一切世界故回向 爲令一切衆生皆得無礙大智慧 悉能決了一切法藏故回向 爲令一切衆生皆得無限量大菩提 周徧法界無所障礙故回向 爲令一切衆生皆得平等無分別同體善根故回向 爲令一切衆生皆得一切功德具足莊嚴淸淨身 語 意業故回向 爲令一切衆生皆得同於普賢行故回向 爲令一切衆生皆得入一切同體淸淨佛刹故回向 爲令一切衆生悉觀察一切智 皆趣入圓滿故回向 爲令一切衆生皆得遠離不平等善根故回向 爲令一切衆生皆得平等無異相 深心次第圓滿一切智故回向 爲令一切衆生皆得安住一切白法故回向 爲令一切衆生皆於一念中證一切智得究竟故回向 爲令一切衆生皆成滿淸淨一切智道故回向

"불자들이여! 보살마하살이 모든 중생을 위해 이와 같음에 두루 회향하고 차례를 좇아 이 선근으로 모든 청정한 행을 널리 펴서 설하는 법력을 두루 원만하게 하려는 까닭으로 회향하며, 청정한 행의 위력을 성취해서 말할 수 없이 말로는 이를 수 없는 법(如是如是.解脫.寂滅.寂定.禪定.三昧.二乘地.如來地.涅槃.法界.般涅槃.眞如.善根思惟) 바다를 얻으려는 까닭으로 회향하며, 하나하나의 법 바다에 헤아릴 수 없는 법계와 평등하고 청정한 지혜의 광명을 온전하게 갖추려는 까닭으로 회향하며, 모든 법의 차별 된 구절과 뜻을 열어 널리 설하려는 까닭으로 회향하며, 끝없고 광대한 모든 법의 광명 삼매를 성취하려는 까닭으로 회향합니다."

"삼세 모든 부처님의 변재를 따라 거스르지 않고 따르려는 까닭으로 회향하며, 과거, 미래, 현재의 모든 부처님의 자재한 몸을 성취하려는 까닭으로 회향하며, 모든 부처님의 사랑과 즐거움, 막힘이나 걸림이 없는 법을 존중하기 위한 까닭으로 회향하며, 대비심으로 만족하고 모든 중생을 구하고 보호해서 물러서지 않으려는 까닭으로 회향하며, 사람의 생각으로는 미루어 알 수 없는 차별 법과 막힘이나 걸림이 없는 지혜를 성취하고 마음이 허물이나 물듦이 없이 모든 근을 청정히 해서 모든 대중이 모인 도량에 두루 들어가려는 까닭으로 회향하며, 모든 엎어지고 우러르고 거칠고 세밀하고 넓고 좁고 작고 크고 물들고 깨끗한 이와 같은 등등의 모든 부처님 국토에서 항상 평등하고 물러서지 않은 법륜을 굴리려는 까닭으로 회향합니다."

"생각과 생각마다 두려워할 것이 없고 다함이 없는 가지가지의 빼어난 변재의 법 광명을 얻어 이를 열어 보이고 널리 펴서 설하기 위한 까닭으로 회향하며, 즐거이 많은 선근을 구하기 위해 마음을 일으켜 닦고 익혀서 모든 근을 선근으로 되돌려 뛰어나게 하고 모든 법의 큰 신통과 지혜를 얻어 모든 법을 분명하게 깨달아 알려는 까닭으로 회향하며, 모든 도량에 모인 대중과 친근히 해서 공양하고 모든 중생을 위해 모든 법을 널리 펴서 설하고 모두 환희하게 하려는 까닭으로 회향합니다."

佛子 菩薩摩訶薩以諸善根普爲一切衆生如是迴向已 復以此善根 欲普圓滿演說一切淸淨行法力故迴向 欲成就淸淨行威力 得不可說不可說法海故迴向 欲於一一法海具足無量等法界淸淨智光明故迴向 欲開示演說一切法差別句義故迴向 欲成就無邊廣大一切法光明三昧故迴向 欲隨順三世諸佛辯才故迴向 欲成就去 來 現在一切佛自在身故迴向 爲尊重一切佛可愛樂無障礙法故迴向 爲滿足大悲心 救護一切衆生常無退轉故迴向 欲成就不思議差別法 無障礙智心 無垢染諸根淸淨 普入一切衆會道場故迴向 欲於一切若覆若仰 若麤若細 若廣若狹 小大染淨 如是等諸佛國土 常轉平等不退法輪故迴向 欲於念念中得無所畏 無有窮盡種種辯才妙法光明開示演說故迴向 爲樂求衆善 發心修習 諸根轉勝 獲一切法大神通智 盡能了知一切諸法故迴向 欲於一切衆會道場親近供養 爲一切衆生演一切法咸令歡喜故迴向

"불자들이여! 보살마하살이 또 이러한 선근으로 이와 같음에 회향하니, 이른바 법계(如是如是.解脫.寂滅.寂定.禪定.三昧.二乘地.如來地.涅槃.法界.般涅槃.眞如.善根思惟)에 헤아릴 수 없는 많이 머무는 곳에 머무는 것으로 회향하며, 법계에 머무는 헤아릴 수 없이 많은 몸의 업으로 회향하며, 법계에 머무는 헤아릴 수 없이 많은 말의 업으로 회향하며, 법계에 머무는 헤아릴 수 없이 많은 뜻과 생각의 업으로 회향하며, 법계에 머무는 헤아릴 수 없이 많은 색의 평등함으로 회향하며, 법계에 머무는 헤아릴 수 없이 많은 수, 상, 행, 식의 평등함으로 회향하며, 법계에 머무는 헤아릴 수 없이 많은 온의 평등함으로 회향하며, 법계에 머무는 헤아릴 수 없이 많은 계의 평등함으로 회향하며, 법계에 머무는 헤아릴 수 없이 많은 처의 평등함으로 회향하며, 법계에 머무는 헤아릴 수 없이 많은 안의 것이 평등함으로 회향하며, 법계에 머무는 헤아릴 수 없이 많은 바깥 것이 평등함으로 회향하며, 법계에 머무는 헤아릴 수 없이 많은 새로운 시작을 일으키는 평등함으로 회향하며, 법계에 머무는 헤아릴 수 없이 많은 깊은 마음의 평등함으로 회향하며, 법계에 머무는 헤아릴 수 없이 많은 방편의 평등함으로 회향하며, 법계에 머무는 헤아릴 수 없이 많은 믿음의 이해가 평등함으로 회향하며, 법계에 머무는 헤아릴 수 없이 많은 모든 근의 평등함으로 회향하며, 법계에 머무는 헤아릴 수 없이 많은 처음과 중간과 나중의 경계가 평등함으로 회향하며, 법계에 머무는 헤아릴 수 없이 많은 업보의 평등함으로 회향하며, 법계에 머무는 헤아릴 수 없이 많은 물들고 깨끗함이 평등함으로 회향하며, 법계에 머무는 헤아릴 수 없이 많은 중생의 평등함으로 회향하며, 법계에 머무는 헤아릴 수 없이 많은 부처님 세계의 평등함으로 회향하며, 법계에 머무는 헤아릴 수 없이 많은 법의 평등함으로 회향하며, 법계에 머무는 헤아릴 수 없이 많은 세간 광명의 평등함으로 회향하며, 법계에 머무는 헤아릴 수 없이 많은 모든 부처님과 보살의 평등함으로 회향하며, 법계에 머무는 헤아릴 수 없이 많은 보살의 행과 원이 평등함으로 회향하며, 법계에 머무는 헤아릴 수 없이 많은 보살이 세간을 벗어나는 평등함으로 회향하며, 법계에 머무는 헤아릴 수 없이 많은 보살이 가르쳐 이끌고 조복하는 평등함으로 회향하며, 법계에 머무는 헤아릴 수 없이 많은 법계가 둘이 없는 평등함으로 회향하며, 법계에 머무는 헤아릴 수 없이 많은 여래의 대중이 모인 도량의 평등함으로 회향합니다."

　佛子 菩薩摩訶薩又以此善根如是迴向 所謂 以住法界無量住迴向 以住法界無量身業迴向 以住法界無量語業迴向 以住法界無量意業迴向 以住法界無量色平等迴向 以住法界無量受 想 行 識平等迴向 以住法界無量蘊平等迴向 以住法界無量界平等迴向 以住法界無量處平等迴向 以住法界無量內平等迴向 以住法界無量外平等迴向 以住法界無量發起平等迴向 以住法界無量深心平等迴向 以住法界無量方便平等迴向 以住法界無量信解平等迴向 以住法界無量諸根平等迴向 以住法界無量初 中 後際平等迴向 以住法界無量業報平等迴向 以住法界無量染淨平等迴向 以住法界無量衆生平等迴向 以住法界無量佛刹平等迴向 以住法界無量法平等迴向 以住法界無量世間光明平等迴向 以住法界無量諸佛菩薩平等迴向 以住法界無量菩薩行願平等迴向 以住法界無量菩薩出離平等迴向 以住法界無量菩薩敎化調伏平等迴向 以住法界無量法界無二平等迴向 以住法界無量如來衆會道場平等迴向

"불자들이여! 보살마하살이 이와 같음으로 회향할 때 법계(如是如是.解脫.寂滅.寂定.禪定.三昧.二乘地.如來地.涅槃.法界.般涅槃.眞如.善根思惟)의 헤아릴 수 없이 평등하고 청정한 몸에 편안히 머물며, 법계의 헤아릴 수 없이 평등하고 청정한 말에 편안히 머물며, 법계의 헤아릴 수 없이 평등하고 청정한 마음에 편안히 머물며, 법계의 헤아릴 수 없이 평등한 모든 보살의 청정한 행과 원에 편안히 머물며, 법계의 헤아릴 수 없이 평등하고 청정한 대중이 모인 도량에 편안히 머물며, 법계의 헤아릴 수 없이 평등한 모든 보살을 위해 모든 법을 널리 설하는 청정한 지혜에 편안히 머물며, 법계의 헤아릴 수 없이 평등함에 능히 들어가 법계를 다하는 모든 세계의 몸에 편안히 머물며, 법계의 헤아릴 수 없이 평등한 모든 법 광명의 청정하고 두려움이 없음에 편안히 머물며, 능히 한 소리로 모든 중생의 의심을 끊게 하고 그 근의 욕심을 따라 다 환희하게 하며, 위 없는 일체 종지의 두려워함이 없는 힘과 자재 신통의 광대한 공덕의 법을 벗어나는 가운데 머뭅니다."

佛子 菩薩摩訶薩如是迴向時 安住法界無量平等淸淨身 安住法界無量平等淸淨語 安住法界無量平等淸淨心 安住法界無量平等諸菩薩淸淨行願 安住法界無量平等淸淨衆會道場 安住法界無量平等爲一切菩薩廣說諸法淸淨智 安住法界無量平等能入法界一切世界身 安住法界無量平等一切法光明淸淨無畏 能以一音 盡斷一切衆生疑網 隨其根欲皆令歡喜 住於無上一切種智 力 無所畏 自在神通 廣大功德 出離法中

"불자들이여! 이것이 보살마하살의 평등한 법계에 머무는 헤아릴 수 없는 제10 회향입니다."

"보살마하살이 법을 보시하는 등등의 모든 선근으로 이와 같음에 회향할 때, 보현의 헤아릴 수 없고 끝없는 보살의 행과 원을 원만하게 이루었기에 능히 허공계를 다하는 법계와 평등한 모든 부처님 세계를 남김없이 장엄하고 모든 중생도 또한 이와 같음을 얻게 해서 끝없는 지혜를 온전하게 성취하게 하고 모든 법을 분명하게 깨달아 알고 통달하게 합니다."

"생각과 생각마다 모든 부처님이 세상에 나오심을 보면서 생각과 생각마다 모든 부처님의 헤아릴 수 없고 끝없는 자재(自在)한 힘을 보니, 이른바 광대하게 자재한 힘과 집착이 없는 자재한 힘과 막힘이나 걸림이 없는 자재한 힘과 사람의 생각으로는 헤아려 알 수 없는 자재한 힘과 모든 중생을 청정하게 하는 자재한 힘과 모든 세계를 편안히 세우는 자재한 힘과 말할 수 없는 언어를 나타내는 자재한 힘과 때를 따라 응하면서 나타내는 자재한 힘과 물러섬이 없는 신통한 지혜에 머무르는 자재한 힘과 끝없는 모든 법계를 널리 펴서 설하여 남음이 없게 하는 자재한 힘과 보현보살의 끝이 없는 눈을 출생하는 자재한 힘과 막힘이나 걸림 없는 귀로 헤아릴 수 없는 모든 부처님의 바른 법을 듣는 자재한 힘과 한 몸으로 결가부좌하고 시방의 헤아릴 수 없는 법계에 두루두루 하지만 모든 중생을 궁색하거나 옹졸하지 않게 하는 자재한 힘과 원만한 지혜로 삼세의 헤아릴 수 없는 법에 두루 들어가는 자재한 힘과 원만한 지혜로 삼세의 헤아릴 수 없는 법에 두루 들어가는 자재한 힘입니다."

"또 헤아릴 수 없는 청정함을 얻으니, 이른바 모든 중생의 청정과 모든 부처 세계의 청정과 모든 법의 청정과 모든 처를 두루 아는 지혜의 청정함과 허공계에 두루두루 한 끝없는 지혜의 청정함과 차별되는 모든 말과 소리의 지혜를 얻어 가지가지의 말과 언어로 중생에게 두루 응하는 청정함과 헤아릴 수 없고 원만한 광명을 놓아 끝없는 모든 세계를 두루 비추는 청정함과 모든 삼세 보살행의 지혜를 출생하는 청정함과 한 생각, 한순간에 삼세 일체 모든 부처님의 대중이 모인 도량에 들어가는 지혜의 청정함과 끝없는 모든 세간에 들어가서 모든 중생이 빠짐없이 마땅히 지을 것을 짓게 하는 청정함입니다."

"이와 같은 등등의 것들을 빠짐없이 온전하게 갖추고 얻으며, 빠짐없이 성취해서 얻으며, 빠짐없이 모두 닦고 다스리며, 빠짐없이 평등함을 얻으며, 빠짐없이 모두 앞에 나타내어 빠짐없이 알고 보며, 빠짐없이 깨우침의 증득하여 들어가며, 빠짐없이 자세히 살펴보고 들여다보며, 빠짐없이 청정함을 얻어 저 언덕에 이르게 합니다."

佛子 是爲菩薩摩訶薩第十住等法界無量迴向 菩薩摩訶薩以法施等一切善根如是迴向時 成滿普賢無量無邊菩薩行願 悉能嚴淨盡虛空等法界一切佛刹 令一切衆生亦復如是 具足成就無邊智慧 了一切法 於念念中見一切佛出興於世 於念念中見一切佛無量無邊自在力 所謂 廣大自在力 無著自在力 無礙自在力 不思議自在力 淨一切衆生自在力 立一切世界自在力 現不可說語言自在力 隨時應現自在力 住不退轉神通智自在力 演說一切無邊法界俾無有餘自在力 出生普賢菩薩無邊際眼自在力 以無礙耳識聞持無量諸佛正法自在力 一身結跏趺坐周徧十方無量法界於諸衆生無所迫隘自在力 以圓滿智普入三世無量法自在力 又得無量淸淨 所謂 一切衆生淸淨 一切佛刹淸淨 一切法淸淨 一切處徧知智淸淨 徧虛空界無邊智淸淨 得一切差別言音智以種種言音普應衆生淸淨 放無量圓滿光普照一切無邊世界淸淨 出生一切三世菩薩行智淸淨 一念中普入三世一切諸佛衆會道場智淸淨 入無邊一切世間令一切衆生皆作所應作淸淨 如是等皆得具足 皆得成就 皆已修治 皆得平等 皆悉現前 皆悉知見 皆悉悟入 皆已觀察 皆得淸淨 到於彼岸

이때 부처님의 신력으로 시방에 각각 백만 부처 세계의 티끌 수와 같은 세계가 여섯 가지로 진동을 하니, 이른바 움직임, 두루 움직임, 다 두루 움직임, 들썩들썩, 두루 들썩들썩, 모두 두루 들썩들썩, 솟아오름, 두루 솟아오름, 모두 두루 솟아오름, 흔들림, 두루 흔들림, 모두 두루 흔들림, 아우성, 두루 아우성, 모두 두루 아우성, 부딪치는 소리, 두루 부딪치는 소리, 온통 두루 부딪치는 소리가 났다.

부처님의 신력으로 인한 것이며, 법이 이와 같은 까닭으로 많은 하늘의 꽃과 하늘의 머리 장식과 하늘의 가루 향과 하늘의 모든 향과 하늘의 의복과 하늘의 진귀한 보배와 하늘의 장엄 기물과 하늘의 마니보배와 하늘의 침수 향과 하늘의 전단 향과 하늘의 가장 빼어난 덮개와 하늘의 가지가지 당기와 하늘의 색이 뒤섞인 깃발을 비처럼 내리며, 아승기 모든 하늘의 몸과 헤아릴 수 없는 백천 억 나유타 말할 수 없는 하늘의 빼어난 법음과 사유로는 헤아려 알 수 없는 하늘의 부처님을 찬탄하는 소리와 아승기 하늘의 환희하는 소리로 다 같이 칭찬의 목소리로 훌륭하다고 칭찬하며, 헤아릴 수 없는 아승기 백천 나유타 모든 하늘이 공경하고 예배하며, 수 없는 천자가 항상 모든 부처님을 생각하고 여래의 헤아릴 수 없는 공덕을 바라고 구하여 마음으로 버리거나 벗어나지 않으며, 수 없는 천자가 즐거운 음악을 지어 노래와 찬탄으로 여래에게 공양하며, 백천 아승기 모든 하늘이 큰 광명을 놓아 허공계를 두루 다하고 법계에 두루두루 해서 모든 부처님 세계를 비추며, 헤아릴 수 없는 아승기 모든 부처님의 경계를 나타내기에 여래의 화신이 모든 하늘을 뛰어넘어 나아가셨다.

이 세계의 도솔타 천궁에서 이와 같은 법을 설하시는 것과 같이 시방 모든 세계에 두루두루 하고 도솔타 천궁에서도 남김없이 또한 이와 같았다.

爾時 佛神力故 十方各百萬佛刹微塵數世界六種震動 所謂 動 徧動 等徧動 起 徧起 等徧起 涌 徧涌 等徧涌 震 徧震 等徧震 吼 徧吼 等徧吼 擊 徧擊 等徧擊 佛神力故 法如是故 雨衆天華 天鬘 天末香 天諸雜香 天衣服 天珍寶 天莊嚴具 天摩尼寶 天沈水香 天栴檀香 天上妙蓋 天種種幢 天雜色幡 阿僧祇諸天身 無量百千億不可說 天妙法音 不可思議天讚佛音 阿僧祇天歡喜音 咸稱善哉 無量阿僧祇百千那由他諸 天恭敬禮拜 無數天子常念諸佛 希求如來無量功德 心不捨離 無數天子作中妓樂 歌詠讚歎供養如來 百千阿僧祇諸天放大光明 普照盡虛空徧法界一切佛刹 現無量阿僧祇諸佛境界 如來化身出過諸天 如於此世界兜率陀天宮說如是法 周徧十方一切世界 兜率天宮悉亦如是

이때 차례를 좇아(復) 부처님의 신력으로 시방에 각각 백만 부처 세계의 티끌 수와 같은 세계 밖을 뛰어넘어 각각 백만 부처 세계의 티끌 수와 같은 보살들이 와서 모이니 시방에 두루두루 하였다.

爾時 復以佛神力故 十方各過百萬佛刹微塵數世界外 各有百萬佛刹微塵數諸菩薩而來集會 周徧十方

"다 함께 말하기를 '선근이십니다. 선근이십니다. 불자여! 이 모든 큰 회향을 설하시는 불자여! 우리가 모두 같은 이름이니, 금강당이라 하며, 모두 금강 광명세계에 계신 금강당 부처님 처소에서 왔습니다. 이 국토에 이르러 앞에 나서니, 모든 세계에서도 남김없이 부처님의 신력으로 이 법을 설하며, 모임의 많은 권속과 글과 구절과 이치도 빠짐없이 또한 이와 같기에 더하지도 않고 덜하지도 않습니다. 우리는 부처님의 신력을 의지해서 그 국토를 좇아 나와 모두를 위해 증명하고 우리가 이 대중 모임에 와서 증명하는 것처럼 시방 모든 세계에 있는 도솔천궁 보장엄전의 모든 보살 대중이 와서 증명하는 것도 역시 차례를 좇아 이와 같을 것입니다.'라고 하였다."

咸作是言 善哉善哉 佛子 乃能說此諸大迴向 佛子 我等皆同一號 名 金剛幢 悉從金剛光世界金剛幢佛所來詣此土 彼諸世界悉以佛神力故而說是法 衆會眷屬 文辭句義 皆亦如是 不增不減 我等皆承佛神力 從彼土來爲汝作證 如我來此衆會爲汝作證 十方所有一切世界兜率天宮寶莊嚴殿諸菩薩衆來爲作證 亦復如是

이때 금강당 보살이 부처님의 신력을 받들어 시방의 모든 대중의 모임과 법계를 자세히 살피고 들여다보길 마치고 선근의 글과 뜻을 알고 광대한 마음을 거듭 더하면서 가엾이 여기는 마음으로 모든 중생을 두루 덮었으며, 마음을 묶어 매어 삼세 부처님의 종에 편안히 머물며, 모든 부처님의 공덕 법에 들어가서 모든 부처님의 자재한 몸을 성취하고 모든 중생이 마음으로 좋아하는 것과 그들의 씨앗인 모든 선근을 남김없이 분별해서 알고 청정하고 빼어난 색의 몸을 나타내기 위해 곧 때맞춰 게송으로 말했다.

爾時 金剛幢菩薩承佛神力 觀察十方一切衆會曁于法界已 善知文義 大悲普覆一切衆生 繫心安住三世佛種 善入一切佛功德法 成就諸佛自在之身 觀諸衆生心之所樂

及其所種一切善根悉分別知 隨順法身 爲現淸淨妙色之身 卽於是時而說頌言

菩薩成就法智慧 보살이 법과 지혜를 성취해서
悟解無邊正法門 끝없는 바른 법문에 대한 깨우침을 깨닫고
爲法光明調御師 법 광명의 조어사가 되어
了知無礙眞實法 막힘이나 걸림이 없는 진실한 법을 깨달아 압니다.

菩薩爲法大導師 보살이 법의 대 도사가 되어
開示甚深難得法 얻기 어려운 깊고도 깊은 법을 열어 보이고
引導十方無量衆 시방의 헤아릴 수 없는 대중을 인도해서
悉令安住正法中 모두 바른 법 가운데 편안히 머물게 합니다.

菩薩已飮佛法海 보살은 이미 부처님 바다를 마시고
法雲普雨十方界 법 구름이 되어 시방세계에 비를 내리며
法日出現於世間 법의 태양이 세간에 출현해서
闡揚妙法利群生 빼어난 법을 드러내어 밝혀서 중생에게 이익이 되게 합니다.

常爲難遇法施主 늘 만나기 어려운 법을 보시하는 주인으로서
了知入法巧方便 법에 들어가는 섬세하고 능숙한 방편을 깨달아 알고
法光淸淨照其心 법의 광명이 그 마음을 청정하게 비추니
於世說法恒無畏 세상에 법을 설함에 언제나 두려움이 없습니다.

善修於法自在心 법에 자재한 마음을 선근으로 닦아서
悉能悟入諸法門 남김없이 모든 법문에 깨우침을 증득하여 들어가며
成就甚深妙法海 깊고 깊은 빼어난 법의 바다를 성취해서
普爲衆生擊法鼓 두루두루 중생들을 위해 법의 북을 칩니다.

宣說甚深希有法 깊고 깊은 희유한 법을 말로 베풀어
以法長養諸功德 법으로 모든 공덕을 기르고 늘려서

具足淸淨法喜心 청정한 법으로 즐거운 마음을 온전하게 갖추고
示現世間佛法藏 세간에 부처님의 법장을 나타내 보입니다.

諸佛法王所灌頂 모든 부처님의 법왕께서 정수리에 물을 부음으로
成就法性智藏身 법의 성품과 지혜의 몸을 성취하고
悉能解了法實相 남김없이 법의 참된 모양이나 상태를 분명하게 깨달아
安住一切衆善法 모든 선근의 법 무리에 편안히 머뭅니다.

菩薩修行第一施 보살이 제일의 보시를 수행하니
一切如來所讚喜 모든 여래로부터 칭찬과 기뻐하심을 받고
所作皆蒙佛忍可 지어 온 모든 일을 깨우침으로 인가하니
以此成就人中尊 이로써 사람 중에 높은 지위를 성취합니다

菩薩成就妙法身 보살이 빼어난 법신을 성취하고
親從諸佛法化生 모든 부처님의 법을 낳아 기르는 일을 좇아 친근히 해서
爲利衆生作法燈 중생의 이익을 위해 법의 등불이 되어
演說無量最勝法 헤아릴 수 없는 가장 뛰어난 법을 널리 펴서 설합니다.

隨所修行妙法施 닦고 행한 것을 따라 빼어난 법을 보시하고
則亦觀察彼善根 또한 곧바로 그 선근을 자세히 살펴서 들여다보며
所作衆善爲衆生 많은 선근을 짓은 중생을 위해서
悉以智慧而迴向 남김없이 지혜로 회향합니다.

所有成佛功德法 부처를 이루려 가지고 있는 공덕의 법을
悉以迴施諸群生 남김없이 회향해서 모든 중생에게 보시하니
願令一切皆淸淨 모두 다 청정해져서
到佛莊嚴之彼岸 깨우침으로 장엄한 저 언덕에 이릅니다.

十方佛刹無有量 시방의 부처 세계는 헤아릴 수 없이 많고

悉具無量大莊嚴 헤아릴 수 없는 대 장엄을 모두 갖추니
如是莊嚴不可思 이와 같음의 사유로는 알 수 없는 장엄이기에
盡以莊嚴一國土 다해서 하나의 국토를 장엄합니다.

如來所有淸淨智 여래가 가지고 있는 청정한 지혜를
願令衆生皆具足 중생이 빠짐없이 온전하게 갖추고
猶如普賢眞佛子 마치 보현이 참 불자인 것과 같이
一切功德自莊嚴 모든 공덕을 스스로 장엄하길 원합니다.

成就廣大神通力 광대한 신통의 힘을 성취하고
往詣世界悉周徧 세계에 남김없이 두루두루 나아가 이르러
一切衆生無有餘 모든 중생이 빠짐없이
皆使修行菩薩道 다 보살의 도를 닦고 행합니다.

諸佛如來所開悟 모든 부처님과 여래가 깨우침을 열어주니
十方無量諸衆生 시방의 헤아릴 수 없는 모든 중생이
一切皆令如普賢 보현처럼 모두 빠짐없이
具足修行最上行 최상의 행을 온전하게 갖추고 수행하게 합니다.

諸佛菩薩所成就 모든 부처님과 보살이 성취한
種種差別諸功德 가지가지로 차별된 모든 공덕
如是功德無有邊 이와 같은 공덕이 끝이 없음을
願使衆生悉圓滿 중생이 모두 원만하게 이루길 소원합니다.

菩薩具足自在力 보살이 자재한 힘을 온전하게 갖추고
所應學處皆往學 마땅히 배울 곳에 빠짐없이 가서 배우고
示現一切大神通 모든 큰 신통을 나타내 보이며
普詣十方無量土 시방의 헤아릴 수 없는 국토에 두루 나아갑니다.

菩薩能於一念頃 보살이 한 생각, 한순간에
覲等衆生無數佛 중생 수와 같이 수 없는 부처님을 뵙고
又復於一毛端中 또 차례를 좇아 하나의 털끝에서
盡攝諸法皆明見 모든 법을 거두어 빠짐없이 밝게 봅니다.

世間衆生無有量 세간의 중생들은 헤아릴 수 없이 많지만
菩薩悉能分別知 보살이 남김없이 능히 분별해서 알고
諸佛無量等衆生 모든 부처님이 헤아릴 수 없이 많음은 중생과 같지만
大心供養咸令盡 큰마음으로 공양해서 함께 다 합니다.

種種名香上妙華 가지가지의 이름이 난 향과 가장 빼어난 꽃과
衆寶衣裳及幡蓋 많은 보배 의상과 법과 덮개가
分布法界咸充滿 법계에 가득 차게 퍼져 있기에
發心普供十方佛 마음을 일으켜 시방의 부처님을 두루 이바지합니다.

一毛孔中悉明見 하나의 털구멍 가운데서
不思議數無量佛 사유로는 헤아려 알 수 없고 헤아릴 수도 없는 부처님을 밝게 보고
一切毛孔皆如是 모든 털구멍이 빠짐없이 이와 같기에
普禮一切世間燈 모든 세간의 등불에 두루 예를 올립니다.

擧身次第恭敬禮 차례를 따라 몸을 움직여
如是無邊諸最勝 이와 같음에 끝없고 가장 뛰어난 모든 이를 공손히 섬기어 예를 올리고
亦以言辭普稱讚 또한 말로써 두루 칭찬하기를
窮盡未來一切劫 미래의 모든 겁이 다하도록 끝이 없습니다.

一如來所供養具 한 분의 여래께 올리는 공양 기물이
其數無量等衆生 그 수가 헤아릴 수 없는 중생과 같지만
如是供養一如來 이와 같음을 한 분의 여래께 공양하고
一切如來亦復然 모든 여래께도 역시 차례를 좇아 그러합니다.

供養讚歎諸如來 모든 여래께 공양하고 찬탄하기를
盡彼世間一切劫 세간의 모든 겁이 다하도록 하니
世間劫數可終盡 세간의 겁 수는 마침내 다하지만
菩薩供養無休懈 보살이 공양함은 게으르거나 쉼이 없습니다.

一切世間種種劫 모든 세간의 가지가지 겁 동안
於爾所劫修諸行 이 겁을 두고 모든 행을 닦으며
恭敬供養一如來 공경하고 공양하길 한 분의 여래께 하지만
盡一切劫無厭足 모든 겁이 다하도록 싫어하거나 만족해함이 없습니다.

如無量劫供一佛 헤아릴 수 없는 겁 동안 한 분의 부처님을 공양하듯이
供一切佛皆如是 모든 부처님을 빠짐없이 이와 같음으로 공양하지만
亦不分別是劫數 역시 겁의 수를 분별하지 않으며
於所供養生疲厭 공양하는 일을 두고 피곤해하거나 싫어하지 않습니다.

法界廣大無辨際 법계는 광대하고 분명하게 나눌 경계가 없지만
菩薩觀察悉明了 보살은 자세히 살펴서 들여다보고 남김없이 밝게 깨달아 알고
以大蓮華徧布中 큰 연꽃으로 그 가운데를 넓게 펴서
施等衆生無量佛 중생과 같은 헤아릴 수 없는 부처님을 보시합니다.

寶華香色皆圓滿 보배 꽃향기와 빛이 빠짐없이 원만하고
淸淨莊嚴甚微妙 청정하고 장엄한 그 섬세하고 빼어남이
一切世間無可諭 모든 세간에서는 비유할 것이 없는 것을
持以供養人中尊 가지고 사람 중에 높으신 분께 공양합니다.

衆生數等無量刹 중생의 수와 같은 헤아릴 수 없는 세계에
諸妙寶蓋滿其中 빼어난 모든 보배 덮개가 그 가운데 가득하기에
悉以供養一如來 남김없이 한 분의 여래께 공양하고
供一切佛皆如是 모든 부처님에게 이와 같음을 공양합니다.

塗香無比最殊勝 바르는 향이 비할 데 없이 최고로 뛰어나고
一切世間未曾有 모든 세간에 있지도 않던
以此供養天人師 이것을 천인사에게
窮盡衆生數等劫 중생 수와 같은 겁이 다하도록 공양합니다.

末香燒香上妙華 가루 향과 사르는 향과 가장 빼어난 꽃과
衆寶衣服莊嚴具 많은 보배 의복과 장엄 기물로
如是供養諸最勝 가장 뛰어난 모든 분께 공양하지만
歡喜奉事無厭足 즐겁고 기쁘게 받드는 일을 싫어하거나 만족함이 없습니다.

等衆生數照世燈 중생의 수와 같은 세간을 비추는 등불로
念念成就大菩提 생각과 생각마다 대보리를 성취하고
亦以無邊偈稱述 또한 끝없는 게송으로 칭찬하고 글로써
供養人中調御者 사람 가운데 조어자에게 공양합니다.

如衆生數佛世尊 중생의 수와 같은 부처님 세존께
皆修無上妙供養 위 없이 빼어난 공양을 빠짐없이 닦으면서
如衆生數無量劫 중생 수와 같은 헤아릴 수 없는 겁을 두고
如是讚歎無窮盡 이와 같음으로 찬탄해도 끝남이 없습니다.

如是供養諸佛時 이와 같음으로 모든 부처님께 공양할 때
以佛神力皆周徧 부처님의 신력으로 빠짐없이 두루두루 하고
悉見十方無量佛 시방의 헤아릴 수 없는 부처님을 남김없이 보면서
安住普賢菩薩行 보현의 보살행에 편안히 머뭅니다.

過去未來及現在 과거, 미래뿐만 아니라 현재에 이르기까지
所有一切諸善根 가지고 있는 일체 모든 선근이란
令我常修普賢行 나에게 항상 보현의 행을 닦게 하고
速得安住普賢地 속히 보현의 지위에 편안히 머물게 합니다.

一切如來所知見 모든 여래께서 알고 보시는
世間無量諸衆生 세간의 헤아릴 수 없는 모든 중생이
悉願具足如普賢 모두 보현처럼 온전하게 갖추어서
爲聰慧者所稱讚 총혜자로부터 칭찬받기를 원합니다.

此是十方諸大士 이는 시방의 모든 대사가
共所修治迴向行 함께 닦고 다스리는 회향의 행이니
諸佛如來爲我說 모든 부처님과 여래께서 나를 위해
此迴向行最無上 이 회향이 가장 위 없는 행이라 설하십니다.

十方世界無有餘 남음이 없는 시방세계에
其中一切諸衆生 그 가운데 일체 모든 중생이
莫不咸令得開覺 다 깨우침을 깨달아 얻고
悉使常如普賢行 모두 항상 보현의 행과 똑같이 합니다.

如其迴向行布施 그렇게 회향하면서 보시를 베풀어 행하고
亦復堅持於禁戒 역시 차례를 좇아 금하는 계율을 단단하게 지키며
精進長時無退怯 오랜 시간 정진하더라도 물러서거나 겁내지 않고
忍辱柔和心不動 참고 부드럽게 화하는 마음을 움직이지 않습니다.

禪定持心常一緣 선정으로 지닌 마음에 항상 하나의 결과를 낳은 작용이
智慧了境同三昧 지혜로 깨달은 경계의 삼매와 같기에
去來現在皆通達 과거, 미래, 현재를 빠짐없이 통달하니
世間無有得其邊 세간의 그 끝을 얻지 못합니다.

菩薩身心及語業 보살이 몸과 마음과 말의 업으로
如是所作皆淸淨 이와 같음을 지어감이 다 청정하며
一切修行無有餘 모든 수행이 남김없이
悉與普賢菩薩等 보현보살과 더불어 모두 두루 평등합니다.

譬如法界無分別 비유하면 법계가 분별이 없기에
戱論染著皆永盡 말장난과 물들고 집착하는 모든 것을 영원히 다하고
亦如涅槃無障礙 또한 열반이 막힘이나 걸림이 없는 것처럼
心常如是離諸取 마음도 항상 이와 같음으로 모든 취함을 벗어납니다.

智者所有迴向法 지혜를 가지고 있는 자의 회향 법을
諸佛如來已開示 모든 부처님과 여래가 이미 열어 보이셨기에
種種善根悉迴向 가지가지의 선근으로 남김없이 회향했으니
是故能成菩薩道 이러한 까닭으로 보리의 도를 능히 이룹니다.

佛子善學此迴向 불자가 선근을 배워 이렇게 회향해서
無量行願悉成滿 헤아릴 수 없는 행과 원을 남김없이 원만하게 이루고
攝取法界盡無餘 법계를 남음이 없이 거두어 취하니
是故能成善逝力 이러한 까닭으로 능히 선서(不來不去)의 힘을 이룹니다.

若欲成就佛所說 그와 같은 부처님이 설하신
菩薩廣大殊勝行 보살의 광대하고 뛰어난 행을 성취하고자 한다면
宜應善住此迴向 마땅히 선근으로 이 회향에 머물러야 할 것이니
是諸佛子號普賢 이 모든 불자의 이름이 보현입니다.

一切衆生猶可數 모든 중생이 마땅히 셀 수 있는 것과 같이
三世心量亦可知 삼세의 마음도 헤아릴 수 있고 또한 알 수 있지만
如是普賢諸佛子 이와 같은 보현이라 이른 모든 불자의
功德邊際無能測 끝없는 경계의 공덕은 측량할 수 없습니다.

一毛度空可得邊 하나의 털로 허공을 재서 그 끝을 얻을 수 있고
衆刹爲塵可知數 많은 세계의 티끌 또한 셀 수 있지만
如是大仙諸佛子 이와 같은 대선의 모든 불자가
所住行願無能量 머무른 행과 원은 헤아릴 수 없습니다.

대방광불화엄경 제34권

26. 십지품(1)
　　十地品第二十六之一

　　이때 세존이 타화자재천 왕궁의 마니보장전에서 큰 보살 대중과 함께 계셨다. 그 모든 보살은 빠짐없이 아욕다라삼먁삼보리에서 물러서지 않으며, 모두 타 방위의 세계에서 와 모인 이들이었다. 모두 보살 지혜의 경계에 머물고 모든 여래의 지혜로 들어간 곳에 들어가서 부지런히 행하고 쉬지 않으며, 선근으로 가지가지의 신통을 나타내 보이고 모든 중생을 가르쳐 생육하고 조복하는 일이 좋은 시기를 잃지 않고 보살의 모든 큰 원을 이루기 위해 모든 세간과 모든 겁과 모든 세계에서 모든 행을 부지런히 닦으면서 잠깐이라도 게으르거나 쉼이 없었다.

　　보살의 복과 지혜와 도를 돕는 조도법을 온전하게 갖추고 중생에게 두루 이익이 되기 위해 항상 모자람이 없게 하고 모든 보살의 지혜 방편으로 끝내는 저 언덕에 이르렀으며, 생사 및 열반에 들어감을 보이기는 하지만 보살행 닦기를 버리거나 폐하지 않고 선근으로 모든 보살의 선정과 해탈과 삼매와 삼마발저와 신통과 밝은 지혜에 들어가서 모든 베푸는 일에 빠짐없이 자재함을 얻고 모든 보살의 자재한 신력을 얻어 한 생각, 한순간도 움직이지 않지만 모든 여래의 대중이 모인 도량에 능히 모두 나아가 대중의 우두머리가 되어 부처님께 법을 설해주길 청하고 모든 부처님의 바른 법륜을 보호해 지니고 광대한 마음으로 일체 모든 부처님을 공양하고 받들어 섬기며, 모든 보살의 행하는 사업을 항상 부지런히 닦고 익히는 이들이었다.

　　그 몸을 모든 세간에 두루 나타내며, 그 음성은 시방 법계에 두루 미치고 마음과 지혜가 막힘이나 걸림이 없기에 삼세를 두루 보고 모든 보살이 가지고 있는 공덕을 남김없이 수행해서 원만함을 얻어 말할 수 없는 겁을 두고 설하여도 다할 수 없었다.

　　그 이름을 부르면, 금강장보살, 보장보살, 연화장보살, 덕장보살, 연화덕장보살, 일장보살, 소이랴장보살, 무구월장보살과 모든 국토의 보현장엄장보살과 비로자나지장보살, 묘덕장보살, 전단덕장보살, 화덕장보살, 구소마덕장보살, 우발라덕장보살, 천덕장보살, 복덕장보살, 무애청정지덕장보살, 공덕장보살, 나라연덕장보살, 무구장보살, 이구장보살, 종종변재장엄보살, 대광명망장보살, 정위덕광명왕장보살, 금장엄대공덕광명왕장보살, 일체상장엄정덕장보살, 금강염덕상장엄장보살, 광명염장보살, 성수왕광조장보살, 허공무애지장보살, 묘음무애장보살, 다라니공덕지일체중생원장보살, 해장엄장보살, 수미덕장보살, 정일체공덕장보살, 여래장보살, 불덕장보살, 해탈월보살 등이었다.

이와 같은 등등의 무수, 무량, 무변, 무등, 불가수, 불가칭, 불가수, 불가량, 불가설한 모든 보살마하살의 대중에서 금강장 보살이 우두머리였다.

爾時 世尊在他化自在天王宮摩尼寶藏殿 與大菩薩眾俱 其諸菩薩皆於阿耨多羅三藐三菩提不退轉 悉從他方世界來集 住一切菩薩智所住境 入一切如來智所入處 勤行不息 善能示現種種神通 諸所作事 教化調伏一切眾生以不失時 爲成菩薩一切大願 於一切世 一切劫 一切剎 勤修諸行 無暫懈息 具足菩薩福智助道 普益眾生而恒不匱 到一切菩薩智慧方便究竟彼岸 示入生死及以涅槃而不廢捨 修菩薩行 善入一切菩薩禪定 解脫三昧 三摩鉢底 神通明智 諸所施爲皆得自在 獲一切菩薩自在神力 於一念頃無所動作 悉能往詣一切如來道場眾會 爲眾上首 請佛說法 護持諸佛正法之輪 以廣大心供養承事一切諸佛 常勤修習一切菩薩所行事業 其身普現一切世間 其音普及十方法界 心智無礙 普見三世 一切菩薩所有功德悉已修行而得圓滿 於不可說劫說不能盡 其名曰 金剛藏菩薩 寶藏菩薩 蓮華藏菩薩 德藏菩薩 蓮華德藏菩薩 日藏菩薩 蘇利耶藏菩薩 無垢月藏菩薩 於一切國土普賢莊嚴藏菩薩 毘盧遮那智藏菩薩 妙德藏菩薩 栴檀德藏菩薩 華德藏菩薩 俱蘇摩德藏菩薩 優鉢羅德藏菩薩 天德藏菩薩 福德藏菩薩 無礙清淨智德藏菩薩 功德藏菩薩 那羅延德藏菩薩 無垢藏菩薩 離垢藏菩薩 種種辯才莊嚴藏菩薩 大光明網藏菩薩 淨威德光明王藏菩薩 金莊嚴大功德光明王藏菩薩 一切相莊嚴淨德藏菩薩 金剛焰德相莊嚴藏菩薩 光明焰藏菩薩 星宿王光照藏菩薩 虛空無礙智藏菩薩 妙音無礙藏菩薩 陀羅尼功德持一切眾生願藏菩薩 海莊嚴藏菩薩 須彌德藏菩薩 淨一切功德藏菩薩 如來藏菩薩 佛德藏菩薩 解脫月菩薩 如是等無數無量 無邊無等 不可數 不可稱 不可思 不可量 不可說諸菩薩摩訶薩眾 金剛藏菩薩而爲上首

이때 금강장 보살이 부처님의 신력을 받들어 보살대지혜광명 삼매에 들어갔다. 이 삼매에 들어가고 곧바로 때맞추어 시방으로부터 각각 십억 부처 세계의 티끌 수와 같은 세계 밖에 각각 십억 세계의 티끌 수와 같은 모든 부처님과 이름이 같은 금강장이 그 앞에 나타나 이와 같은 말을 하였다.

爾時 金剛藏菩薩承佛神力 入菩薩大智慧光明三昧 入是三昧已 卽時十方各過十億佛刹微塵數世界外 各有十億佛刹微塵數諸佛 同名 金剛藏 而現其前 作如是言

"선근이로다. 선근이로다. 금강장 보살들이여! 능히 이 보살대지혜광명 삼매에 들었다. 선남자여! 이는 시방에 계신 각각 십억 부처 세계의 티끌 수와 같은 부처님들이 그대와 더불어 하려는 것이니, 비로자나 여래, 응, 정등각의 본래 원력인 까닭이며, 위신력인 까닭이며, 또한 그대의 뛰어난 지혜의 힘인 까닭이다. 그대가 모든 보살을 위해 생각으로는 헤아릴 수 없는 부처님 법의 광명을 설하려는 까닭이니, 이른바 지혜의 지위에 들어가게 하려는 까닭이며, 모든 선근을 거두어들이게 하려는 까닭이며, 모든 부처님의 법을 선근으로 택하게 하려는 까닭이며, 광대한 모든 법을 알게 하려는 까닭이며, 선근으로 능히 법을 설하게 하려는 까닭이며, 분별이 없는 지혜를 청정하게 하려는 까닭이며, 모든 세간의 법에 물들지 않게 하려는 까닭이며, 세간을 벗어나는 선근을 청정하게 하려는 까닭이며, 사유로는 알 수 없는 지혜의 경계를 얻게 하려는 까닭이며, 모든 지혜로운 이의 지혜의 경계를 얻게 하려는 까닭이다."

"또 보살 십지(十地)의 처음과 끝을 얻게 하려는 까닭이며, 보살 십지의 차별된 모양이나 상태를 있는 그대로 설하려는 까닭이며, 모든 불법의 결과를 이루게 하는 연을 생각하게 하려는 까닭이며, 닦고 익혀서 무루법을 분별하게 하려는 까닭이며, 선근으로 선택해서 대 지혜의 광명으로 섬세하고 능숙하게 장엄함을 자세히 살피고 들여다보게 하려는 까닭이며, 선근을 도장 찍고 지혜의 문에 들어가게 하려는 까닭이며, 머무는 곳을 따라 두려움 없음을 차례로 나타내어 말하게 하려는 까닭이며, 대 변재의 지위에 머물면서 선근으로 도장 찍게 하려는 까닭이며, 보살이 잊지 않고 기억해서 마음으로 잃거나 잊지 않게 하려는 까닭이며, 모든 중생계를 성숙하게 하려는 까닭이며, 능히 모든 곳에 두루 이르러 도장 찍고 깨우쳐 증득하게 하려는 까닭이다."

"선남자여! 그대는 마땅히 섬세하고 능숙한 선근의 법으로 이 법문이 차별됨을 판단해서 참되거나 거짓됨을 설할 것이니, 이른바 부처님의 신력을 받들어서 여래의 밝은 지혜를 더한 까닭이며, 자신의 선근을 청정하게 한 까닭이며, 법계를 두루 청정하게 한 까닭이며, 중생을 두루 거두어들인 까닭이며, 법신과 지혜의 몸에 깊이 들어간 까닭이며, 모든 부처로부터 관정을 받은 까닭이며, 모든 세간에서 가장 높고 큰 몸을 얻은 까닭이며, 모든 세간의 도를 초월한 까닭이며, 청정한 출세간(不立五蘊不離證得)의 선근인 까닭이며, 모든 지혜와 지혜를 만족하게 한 까닭이다."

　善哉善哉 金剛藏 乃能入是菩薩大智慧光明三昧 善男子 此是十方各十億佛刹微塵數諸佛共加於汝 以毘盧遮那如來 應 正等覺本願力故 威神力故 亦是汝勝智力故 欲令汝爲一切菩薩說不思議諸佛法光明故 所謂 令入智地故 攝一切善根故 善揀擇一切佛法故 廣知諸法故 善能說法故 無分別智淸淨故 一切世法不染故 出世善根淸淨故 得不思議智境界故 得一切智人智境界故 又令得菩薩十地始終故 如實說菩薩十地差別相故 緣念一切佛法故 修習分別無漏法故 善選擇觀察大智光明巧莊嚴故 善入決定智門故 隨所住處次第顯說無所畏故 得無礙辯才光明故 住大辯才地善決定故 憶念菩薩心不忘失故 成熟一切衆生界故 能徧至一切處決定開悟故 善男子 汝當辨說此法門差別善巧法 所謂 承佛神力如來智明所加故 淨自善根故 普淨法界故 普攝衆生故 深入法身 智身故 受一切佛灌頂故 得一切世間最高大身故 超一切世間道故 淸淨出世善根故 滿足一切智智故

　이때 시방의 모든 부처님이 금강장 보살에게 비추어줌을 빼앗기지 않은 몸을 주고 걸림이나 막힘없이 즐겁게 설하는 변재를 주고 선근으로 분별하는 청정한 지혜를 주고 선근을 단단히 기억해서 잊지 않은 힘을 주고 선근으로 도장 찍고 분명하게 깨달아 아는 총명함을 주고 모든 곳에 이르러 깨우침을 깨달아 증득하는 지혜를 주고 도를 이루는 자재한 힘을 주고 여래의 두려움 없음을 주고 모든 지혜를 가진 사람이 모든 법문을 자세히 살펴서 들여다보고 분별하는 변재의 지혜를 주고 모든 여래의 가장 빼어난 몸과 말과 뜻을 온전하게 갖추고 장엄함을 주었다.
　어찌 된 까닭인가 하면, 이 삼매를 얻으면 법이 이와 같기 때문이며, 본래의 원으로 일으키기 때문이며, 선근의 청정하고 깊은 마음이기 때문이며, 선근의 청정한 지혜의 법륜이기 때문이며, 선근으로 조도법을 모으기 때문이며, 지은 것을 선근으로 닦고 다스리기 때문이며, 헤아릴 수 없는 법 그릇을 생각하기 때문이며, 그 청정한 믿음과 이해를 알기 때문이며, 섞여서 그릇됨이 없는 모든 것을 지니고 얻기 때문이며, 법계의 지혜 도장과 선근의 도장이기 때문이다.

爾時 十方諸佛與金剛藏菩薩無能映奪身 與無礙樂說辯 與善分別淸淨智 與善憶念不忘力 與善決定明了慧 與至一切處開悟智 與成道自在力 與如來無所畏 與一切智人觀察分別諸法門辯才智 與一切如來上妙身 語 意具足莊嚴 何以故 得此三昧法如是故 本願所起故 善淨深心故 善淨智輪故 善積集助道故 善修治所作故 念其無量法器故 知其淸淨信解故 得無錯謬摠持故 法界智印善印故

이때 시방의 모든 부처님이 각각 오른손을 펴서 금강장 보살의 정수리를 만졌다. 정수리를 만지자 금강장 보살이 삼매에서 일어나 모든 보살 대중에게 말했다.

"모든 불자여! 모든 보살의 원은 선근으로 도장을 찍기에 뒤섞이지 않고 볼 수 없으며, 광대하기가 법계와 같고 끝없기는 허공과 같아서 미래의 경계를 다 하고 모든 부처 세계에 두루 하기에 모든 중생을 구원해 보호하고 모든 부처님으로부터 보호를 받아 과거, 미래, 현재의 모든 부처님의 지혜, 이 지혜의 자리에 들어갑니다."

"불자들이여! 무엇을 두고 보살마하살의 지혜의 자리라고 하는가 하면, 불자들이여! 보살마하살의 지혜의 자리는 열 가지가 있으니, 과거, 미래, 현재의 모든 부처님이 이미 설하셨고 앞으로 말씀하실 것이며, 지금 말씀하시니, 나 또한 이와 같음을 말합니다. 무엇이 열인가 하면, 1은 환희지(歡喜地), 2는 이구지(離垢地), 3은 발광지(發光地), 4는 염혜지(焰慧地), 5는 난승지(難勝地), 6은 현전지(現前地), 7은 원행지(遠行地), 8은 부동지(不動地), 9는 선혜지(善慧地), 10은 법운지(法雲地)입니다."

"불자들이여! 보살의 이 십지는 삼세 모든 부처님이 이미 설하셨고 앞으로 말씀하실 것이며, 지금 말씀하시는 것입니다."

"불자들이여! 모든 부처님의 국토에 계신 여래가 이 십지를 말씀하지 않는 분을 보지 못했습니다. 어찌 된 까닭인가 하면, 이것은 보살마하살이 보리로 향하는 최상의 도이며, 또한 청정한 법 광명의 문이기 때문이니, 이른바 보살의 모든 자리를 분별해서 널리 펴고 설하는 것입니다. 불자들이여! 이곳은 사유로는 헤아려 알 수 없으니, 이른바 모든 보살이 증거(證據)한 지혜를 따르기 때문입니다."

爾時 十方諸佛各申右手摩金剛藏菩薩頂 摩頂已 金剛藏菩薩從三昧起 普告一切菩

薩衆言 諸佛子 諸菩薩願善決定 無雜不可見 廣大如法界 究竟如虛空 盡未來際徧一切佛刹 救護一切衆生 爲一切諸佛所護 入過去 未來 現在諸佛智地 佛子 何等爲菩薩摩訶薩智地 佛子 菩薩摩訶薩智地有十種 過去 未來 現在諸佛已說 當說 今說 我亦如是說 何等爲十 一者歡喜地 二者離垢地 三者發光地 四者焰慧地 五者難勝地 六者現前地 七者遠行地 八者不動地 九者善慧地 十者法雲地 佛子 此菩薩十地 三世諸佛已說 當說 今說 佛子 我不見有諸佛國土 其中如來不說此十地者 何以故 此是菩薩摩訶薩向菩提最上道 亦是淸淨法光明門 所謂 分別演說菩薩諸地 佛子 此處不可思議 所謂諸菩薩隨證智

이때 금강장 보살이 보살 십지의 이름을 말하고 말없이 머물면서 차례를 좇아(復) 분별하지 않았다. 때맞춰 모든 보살 대중이 보살 십지의 이름만 들었고 해석을 듣지 못하였기에 목마른 사람이 물을 찾듯 믿음을 내어 생각하기를 "어찌 된 인연과 어찌 된 까닭으로 금강장 보살은 보살 십지의 이름만 말하고 해석하지 않는가?"

爾時 金剛藏菩薩說此菩薩十地名已 默然而住 不復分別 是時 一切菩薩衆聞菩薩十地名 不聞解釋 咸生渴仰 作如是念 何因何緣 金剛藏菩薩唯說菩薩十地名而不解釋

해탈월 보살이 모든 대중이 생각하는 마음을 알고 금강장 보살에게 게송으로 물었다.
解脫月菩薩知諸大衆心之所念 以頌問金剛藏菩薩曰

何故淨覺人 어찌 된 까닭으로 청정하게 깨우친 분이
念智功德具 생각과 지혜의 공덕을 갖추시고
說諸上妙地 가장 빼어난 자리의 모든 이름만 설하시며
有力不解釋 하실 수 있음에도 해석하지 않으십니까.

一切咸決定 모든 것을 다 도장 찍고
勇猛無怯弱 용맹해서 겁 없고 약하지 않거늘
何故說地名 무슨 까닭으로 자리의 이름만 말 하시고

而不爲開演 설명하려 하지 않으십니까.

諸地妙義趣 모든 자리의 빼어난 이치로 향해 나아감을
此衆皆欲聞 이 대중이 빠짐없이 듣고자 하며
其心無怯弱 마음 또한 겁내거나 약한 자가 없으니
願爲分別說 분별해서 설해주시길 원합니다.

衆會悉淸淨 대중의 모임이 모두 청정하고
離懈怠嚴潔 게으름을 벗어나 장엄하여 깨끗하며
能堅固不動 견고해서 움직이지 않은
具功德智慧 공덕과 지혜를 갖추었습니다.

相視咸恭敬 서로서로 살펴보고 다 함께 공경하며
一切悉專仰 모두가 다 오로지 우러르기를
如蜂念好蜜 벌들이 좋은 꿀을 생각하는 것처럼
如渴思甘露 목마른 자가 감로를 사유하듯 합니다.

이때 큰 지혜와 두려움 없는 금강장 보살이 이 말을 듣고 모인 대중들의 마음을 즐겁게 하고자 하는 까닭으로 모든 불자를 위해 게송으로 말했다.
爾時 大智無所畏金剛藏菩薩聞說是已 欲令衆會心歡喜故 爲諸佛子而說頌言

菩薩行地事 보살행 지위의 일들은
最上諸佛本 모든 부처님의 근본으로서 최상이니
顯示分別說 분별하여 말로 명백하게 보이기란
第一希有難 제일 희유하기에 어려움이 있습니다.

微細難可見 분간하기 어려울 정도로 아주 작아서 보기 어려우며
離念超心地 생각을 벗어나고 마음자리를 뛰어넘어

出生佛境界 부처님의 경계를 출생하기에
聞者悉迷惑 듣는 자가 남김없이 의심하고 헤맵니다.

持心如金剛 마음을 금강같이 지니고
深信佛勝智 부처님의 깊고 뛰어난 지혜를 믿으며
知心地無我 마음자리에 내가 없음을 알기에
能聞此勝法 이 뛰어난 법을 능히 듣습니다.

如空中彩畫 허공에 그린 그림과 같으며
如空中風相 허공에 부는 바람의 모양이나 상태와 같기에
牟尼智如是 모니의 지혜는 이와 같아서
分別甚難見 분별로는 보기가 매우 어렵습니다.

我念佛智慧 내가 부처님의 지혜를 생각해보니
最勝難思議 가장 뛰어나기에 사유로는 알 수가 어렵고
世間無能受 세간에서는 받아들이지 못하기에
黙然而不說 묵묵하게 설하지 않았습니다.

이때 해탈월 보살이 이 말을 듣고 금강장 보살에게 말했다.

"불자시여! 이 대중 모임에 남김없이 다 모여서 선근(善根)으로 청정히 하기에 깊은 마음이며, 선근으로 근심하고 염려하는 생각을 깨끗이 하고 선근으로 모든 행을 닦고 선근으로 조도를 모으고 선근으로 백천 억 부처님을 친근히 하고 어리석음과 의심에서 벗어나 버리고 허물이나 잘못에 물들지 않고 깊은 마음으로 믿고 이해하며, 부처님 법 외에 다른 이의 가르침을 따르지 않습니다."

"선근의 불자입니다. 마땅히 부처님의 신력을 받들어 널리 펴서 설해주십시오. 이 모든 보살이 이와 같은 등등의 깊고도 깊은 곳을 능히 증득하여 알 것입니다."

爾時 解脫月菩薩聞是說已 白金剛藏菩薩言 佛子 今此衆會皆悉已集 善淨深心 善潔思念 善修諸行 善集助道 善能親近百千億佛 成就無量功德善根 捨離癡惑 無有垢

染 深心信解 於佛法中不隨他敎 善哉佛子 當承佛神力而爲演說 此諸菩薩於如是等
甚深之處皆能證知

이때 해탈월 보살이 거듭 그 뜻을 펴고자 하여 게송으로 말했다.
爾時 解脫月菩薩欲重宣其義而說頌曰

願說最安隱 가장 편안한
菩薩無上行 보살의 위 없는 행을 설해주시길 소원합니다.
分別於諸地 모든 자리를 분별하고
智淨成正覺 지혜를 청정히 해서 바른 깨우침을 이루겠습니다.

此衆無諸垢 이 대중은 모든 허물이나 잘못이 없으며
志解悉明潔 본심을 이해하고 남김없이 밝고 깨끗하며
承事無量佛 헤아릴 수 없이 많은 부처님을 받들어 섬기니
能知此地義 능히 이 자리의 바른 이치를 알 것입니다.

그때 금강장 보살이 말하기를 "불자여! 비록 이 대중들의 모임이 걱정과 근심 따위의 생각을 선근으로 청정하게 하고 어리석음과 못남을 벗어나 버릴 뿐만 아니라 깊고 깊은 법에 이르기까지 다른 가르침을 따르지 않지만, 그 나머지 이해가 많이 부족한 중생들이 사유로는 알 수 없는 어렵고 깊고 깊은 일을 들으면 많은 의심과 미혹을 내어 긴 밤을 두고두고 모든 괴로움을 받을 것입니다. 내가 이러한 이들을 위해 불쌍히 여기는 마음 때문에 묵묵히 있던 것입니다."
爾時 金剛藏菩薩言 佛子 雖此衆集善淨思念 捨離愚癡及以疑惑 於甚深法不隨他敎 然有其餘劣解衆生 聞此甚深難思議事 多生疑惑 於長夜中受諸衰惱 我愍此等 是故黙然

그때 금강장 보살이 이러한 뜻을 거듭 펴려고 게송으로 말했다.
爾時 金剛藏菩薩欲重宣其義而說頌曰

雖此眾淨廣智慧 비록 이 대중이 청정하고 지혜가 광대하며
甚深明利能決擇 깊고 깊으며 통하는 일에 밝고 열고 가림에 능하며
其心不動如山王 흔들림 없는 그 마음이 산 왕과 같지만
不可傾覆猶大海 뒤바뀌는 것이 마치 바다와 같아서 뒤집을 수 없습니다.

有行未久解未得 행이 오래되지 않아 이해하지 못하고 얻지 못하며
隨識而行不隨智 식을 따라 행하고 지혜를 따르지 않으며
聞此生疑墮惡道 이 법을 듣고도 의심하면 악도에 떨어지기에
我愍是等故不說 내가 불쌍히 여긴 까닭으로 설하지 않았습니다.

이때 해탈월 보살이 금강장 보살에게 말했다.
"불자여! 부처님의 신력을 받들어 사유로는 헤아려 알 수 없는 이 법을 분별해서 설해 주시길 원합니다. 이 사람은 마땅히 여래로부터 보호받음을 얻기에 믿고 받아들일 것입니다. 무슨 까닭인가 하면, 십지(十地)를 설할 때, 모든 보살의 법이 응당 이와 같기에 부처님으로부터 보호의 염을 얻고 보호의 염을 얻는 까닭으로 이 지혜의 자리에서 능히 용맹함을 냅니다. 무슨 까닭인가 하면, 이는 보살이 최초로 행한 일에 일체 모든 불법을 성취한 까닭입니다. 비유하면 글자와 글자의 수를 말함이 모두 자모(字母)가 근본이며, 자모가 마지막이 되어 조금이라도 자모를 벗어나지 않은 것과 같습니다."
"불자여! 모든 불법은 빠짐없이 십지를 근본으로 삼으며, 십지가 마지막이기에 수행해서 성취하면 모든 지혜를 얻습니다. 이러한 까닭으로 불자여! 널리 펴서 설해주시길 원합니다. 이 사람들은 반드시 여래로부터 보호의 염을 받아 믿고 받아들일 것입니다."
爾時 解脫月菩薩 重白金剛藏菩薩言 佛子 願承佛神力分別說此不思議法 此人當得如來護念而生信受 何以故 說十地時 一切菩薩法應如是 得佛護念 得護念故 於此智地能生勇猛 何以故 此是菩薩最初所行 成就一切諸佛法故 譬如書字 數說 一切皆以字母爲本 字母究竟 無有少分離字母者 佛子 一切佛法以十地爲本 十地究竟修行

成就 得一切智 是故 佛子 願爲演說 此人必爲如來所護 令其信受

이때 해탈월 보살이 그 뜻을 거듭해서 펴고자 게송으로 말했다.
爾時 解脫月菩薩欲重宣其義而說頌曰

善哉佛子願演說 선근이십니다. 불자여! 원하건대
趣入菩提諸地行 보리로 나아가 들어가는 모든 자리의 행을 설해주십시오.
十方一切自在尊 시방의 모든 자재한 부처님이
莫不護念智根本 지혜의 근본을 보호할 생각을 하지 않은 이가 없습니다.

此安住智亦究竟 이는 지혜에 편안히 머무름이며, 마지막이고
一切佛法所從生 모든 불법이 생하는 것이며
譬如書數字母攝 비유하면 글자 수가 자모를 거두어들이는 것처럼
如是佛法依於地 이와 같음에 불법도 자리(十地)를 의지합니다.

이때 모든 대보살 대중이 일시에 같은 소리로 금강장 보살을 향해 게송으로 말했다.
爾時 諸大菩薩衆一時同聲向金剛藏菩薩而說頌言

上妙無垢智 가장 빼어나고 허물이 없는 지혜와
無邊分別辯 끝없는 분별의 옳고 그름을 다스리는 변재로
宣暢深美言 깊고도 아름다운 말을 드러내어 세상에 널리 펴시어
第一義相應 제일의로 서로 응하십니다.

念持淸淨行 청정한 행을 생각해서 지니고
十力集功德 십력의 공덕을 모으며
辯才分別義 변재로 뜻을 분별해서
說此最勝地 가장 뛰어난 이 자리를 설하십니다.

定戒集正心 선정과 계율로 모은 바른 마음은
離我慢邪見 스스로 오만함과 삿된 견해를 벗어났으며
此衆無疑念 이 대중은 의심하려는 생각이 없으니
唯願聞善說 오직 선근의 말씀을 듣길 원합니다.

如渴思冷水 목마름에 냉수를 생각하듯이
如飢念美食 굶주림에 좋은 음식을 생각하듯이
如病憶良藥 병들었을 때 좋은 약을 생각하듯이
如蜂貪好蜜 벌이 좋은 꿀을 탐내듯이
我等亦如是 우리도 또한 이와 같음으로
願聞甘露法 감로의 법을 듣길 원합니다.

善哉廣大智 선근이십니다. 광대한 지혜로
願說入諸地 모든 자리에 들어가서
成十力無礙 십력을 이루어 막힘이나 걸림이 없는
善逝一切行 부처님의 모든 행을 설해주시길 원합니다.

이때 세존이 양미간으로부터 청정한 광명을 놓으시니, 이름이 '보살력염명'이고 백천 아승기 광명을 권속으로 삼아 시방세계를 두루 비추니, 모든 세계에 두루두루 하지 않는 곳이 없었다. 삼악도의 괴로움이 빠짐없이 쉼을 얻고 또 모든 여래의 대중이 모인 곳을 비추어 모든 부처님의 생각으로는 헤아려 알 수 없는 힘을 명백하게 나타내고 또 시방 모든 세계의 일체 모든 부처님의 법을 더하여 법을 설하는 보살의 몸을 비추었으며, 이러한 일을 마치고 허공 위 가운데 큰 광명 구름을 그물로 대를 이루어 머물렀다.

때맞추어 시방의 모든 부처님도 또한 이와 같음에 미간으로부터 청정한 광명을 내놓으니, 그 빛의 이름과 권속과 짓은 일이 남김없이 다 같았으며, 또한 역시 이 사바세계의 부처님뿐만 아니라 대중과 아울러 금강장 보살의 몸과 사자좌에 이르기까지 비추고는 허공 위 가운데 큰 광명 구름을 그물로 대가 되었다.

때맞추어 광명 대 가운데서 모든 부처님의 위신력으로 게송을 말했다.

爾時 世尊從眉間出淸淨光明 名 菩薩力焰明 百千阿僧祇光明以爲眷屬 普照十方
一切世界靡不周徧 三惡道苦皆得休息 又照一切如來衆會 顯現諸佛不思議力 又照
十方一切世界 一切諸佛所加說法菩薩之身 作是事已 於上虛空中成大光明雲網臺而
住 時 十方諸佛悉亦如是 從眉間出淸淨光明 其光名號 眷屬 作業悉同於此 又亦照
此娑婆世界佛及大衆 幷金剛藏菩薩身 師子座已 於上虛空中成大光明雲網臺 時 光
臺中 以諸佛威神力故而說頌言

佛無等等如虛空 부처님의 무등등은 허공과 같으며
十力無量勝功德 십력의 헤아릴 수 없는 뛰어난 공덕은
人間最勝世中上 인간 중에 가장 뛰어나고 세상 가운데 으뜸이며
釋師子法加於彼 석사자의 법으로 법을 거듭 더하는 것이라네.

佛子當承諸佛力 불자는 마땅히 모든 부처님의 힘을 받들어
開此法王最勝藏 법왕의 가장 뛰어난 장을 열어서
諸地廣智勝妙行 모든 자리의 광대한 지혜와 뛰어나고 빼어난 행을
以佛威神分別說 부처님의 위신으로 분별해서 설하여야 한다네.

若爲善逝力所加 그와 같은 부처님의 힘으로 법을 더하면
當得法寶入其心 마땅히 법보가 그 마음에 들어감을 얻어
諸地無垢次第滿 모든 자리의 청정한 행이 차례를 따라 원만해지며
亦具如來十種力 또한 여래의 열 가지 힘을 갖출 것이라네.

雖住海水劫火中 비록 바닷물과 겁의 불길 가운데 머물더라도
堪受此法必得聞 참고 이 법을 받아들이면 반드시 들음을 얻을 것이니
其有生疑不信者 의심을 내어 믿지 못하는 자는
永不得聞如是義 영원히 이와 같음의 이치를 듣거나 얻을 수 없다네.

應說諸地勝智道 당연히 모든 자리의 뛰어난 지혜의 도와
入住展轉次修習 들어가고 머무름에 차례를 따라 닦고 익힘을 반복해서

從行境界法智生 행의 경계를 좇아 나아가 법의 지혜가 생함을 설하니
利益一切衆生故 모든 중생에게 이익을 주기 위한 까닭이라네.

이때 금강장 보살이 시방을 자세히 살펴서 들여다보고 대중에게 청정한 믿음을 더하고자 하는 까닭에 게송으로 말했다.
爾時 金剛藏菩薩觀察十方 欲令大衆增淨信故而說頌言

如來大仙道 여래의 대 선도는
微妙難可知 섬세하고 빼어나 알기가 어렵고
非念離諸念 생각이 아닌 것으로 모든 생각을 벗어나니
求見不可得 보기를 구하지만 얻을 수 없는 것이라네.

無生亦無滅 생함도 없고 또한 멸함도 없으며
性淨恒寂然 성품은 청정하고 항상 적연하니
離垢聰慧人 허물을 벗어난 총혜인이
彼智所行處 지혜로 행하는 곳이라네.

自性本空寂 스스로 성품은 본래 공적하기에
無二亦無盡 둘이 없고 또한 다함도 없음이니
解脫於諸趣 모든 취, 부류에서 해탈하여
涅槃平等住 열반으로 평등하게 머문다네.

非初非中後 처음도 아니고 중간이나 나중도 아니며
非言辭所說 언사로도 설할 것이 아니고
出過於三世 삼세를 초월해 나아가
其相如虛空 그 모양이나 상태가 허공과 같다네.

寂滅佛所行 적멸은 부처님의 행이며

言說莫能及 말과 말로는 무어라 이를 수 없음이니
地行亦如是 자리의 행 또한 이와 같기에
難說難可受 설하기 어려우며 받아들이기 어렵다네.

智起佛境界 지혜로 일으키는 부처님의 경계는
非念離心道 생각이 아니며 마음의 도를 벗어난
非蘊界處門 온, 계, 처, 문도 아니니
智知意不及 지혜로는 안다지만 뜻과 생각으로는 미칠 수 없다네.

如空中鳥迹 허공 가운데 새의 자취를
難說難可示 설하기 어렵고 보기 어려운 것처럼
如是十地義 이와 같은 십지의 뜻을
心意不能了 마음과 뜻으로는 깨달아 마치지 못한다네.

慈悲及願力 자비와 원의 힘으로
出生入地行 자리에 들어가는 행을 출생해서
次第圓滿心 차례를 따라 원만해지는 마음은
智行非慮境 지혜의 행이고 생각의 경계는 아니라네.

是境界難見 이 경계는 보기 어려운 것이니
可知不可說 알 수 있지만 설할 수는 없기에
佛力故開演 부처님의 힘으로 활짝 열고 널리 펼 것이니
汝等應敬受 그대들은 당연히 공경하게 받아들여야 한다네.

如是智入行 이와 같음으로 지혜에 들어가는 행은
億劫說不盡 억겁을 두고 말해도 다할 수 없기에
我今但略說 내가 지금 간략하게 설하여
眞實義無餘 진실한 뜻을 남음이 없게 할 것이라네.

一心恭敬待 한마음으로 공경하고 갖추어야 하니
我承佛力說 내가 부처님의 힘을 받들어 설하기는 하지만
勝法微妙音 뛰어난 법과 섬세하고 빼어난 소리가
譬諭字相應 비유로서 글자의 모양이나 상태가 응하는 것이라네.

無量佛神力 헤아릴 수 없는 부처님의 신통한 힘은
咸來入我身 다 나의 몸으로 들어왔으니
此處難宣示 이곳을 펼쳐 보이기는 어렵지만
我今說少分 내 지금 적으나마 설할 것이라네.

제1 환희지(歡喜地)

"불자들이여! 그와 같은 중생이 선근의 씨앗을 깊이 심고 선근으로 모든 행을 닦고 선근으로 도를 돕는 법을 모으고 선근으로 모든 부처님에게 공양하고 선근으로 흰 법을 모으고 선지식이 선근으로 거두어 주시고 선근으로 깊은 마음을 청정하게 해서 광대한 본심을 세우고 광대한 이해를 내게 되면 자비가 앞에 나타날 것이니, 이는 부처님의 지혜를 구하기 위한 까닭이며, 십력을 얻기 위한 까닭이며, 두려움 없는 큰마음을 얻기 위한 까닭이며, 부처님의 평등한 법을 얻기 위한 까닭이며, 모든 세간을 구원하고 보호하기 위한 까닭이며, 큰 자비를 청정하게 하기 위한 까닭이며, 십력의 남음이 없는 지혜를 얻기 위한 까닭이며, 모든 부처님 세계를 청정히 하여 걸림이나 막힘이 없게 하기 위한 까닭이며, 한 생각, 한순간에 모든 삼세를 알기 위한 까닭이며, 큰 법륜을 굴리면서 두려워하는 마음이 없게 하려는 까닭이다."

"불자들이여! 보살이 이와 같은 마음을 일으키는 것은 크게 가엾이 여기는 마음을 머리로 삼아 지혜를 거듭 높이고 섬세하고 능숙한 선근의 방편으로 거두어들이고 최상의 깊은 마음을 유지하고 여래의 힘이 헤아릴 수 없음을 선근으로 자세히 살펴 들여다보고 분별하며, 용맹한 힘과 지혜의 힘으로 걸림이나 막힘없는 지혜가 앞에 나타나고 자연히 지혜를 거스르지 않고 따르며, 능히 모든 불법을 받아들여 지혜로 가르치고 이끄는 것이 광대하기가 법계와 같고 끝없기는 허공과 같아서 미래의 경계를 다 하기 때문이다."

"불자들이여! 보살이 처음 이와 같은 마음을 일으키고 곧바로 범부의 자리를 뛰어넘고 또 얻어서 보살의 자리에 들어가고 여래의 집에 태어나니, 그 종족의 허물이나 잘못은 말할만한 것이 없고 세간(有立五蘊)의 부류를 벗어나 출세간(不立五蘊)의 도에 들어가 보살의 법을 얻으며, 보살의 처소에 머물고 삼세의 평등함에 들어가며, 여래의 혈통 가운데 도장 찍고 마땅히 위 없는 보리를 얻는다. 보살이 이와 같은 법에 머물면 보살의 환희지에 머물렀다고 이름하니, 움직이지 않는 모양이나 상태(不立五蘊.般若波羅蜜)와 응한 까닭이다."

佛子 若有衆生深種善根 善修諸行 善集助道 善供養諸佛 善集白淨法 爲善知識善攝 善淸淨深心 立廣大志 生廣大解 慈悲現前 爲求佛智故 爲得十力故 爲得大無畏故 爲得佛平等法故 爲球一切世間故 爲淨大慈悲故 爲得十方無餘智故 爲淨一切佛刹無障礙故 爲一念知一切三世故 爲轉大法輪無所畏故 佛子 菩薩起如是心 以大悲爲首 智慧增上 善巧方便所攝 最上深心所持 如來力無量 善觀察分別勇猛力智 力無礙智 現前隨順自然智 能受一切佛法 以智慧敎化 廣大如法界 究竟如虛空 盡未來際 佛子 菩薩始發如是心 卽得超凡夫地 入菩薩位 生如來家 無能說其種族過失 離世間趣 入出世道 得菩薩法 住菩薩處 入三世平等 於如來種中決定當得無上菩提 菩薩住如是法 名 住菩薩歡喜地 以不動相應故

"불자들이여! 보살이 환희지에 머무르면 많은 환희와 청정한 많은 신심과 많은 사랑과 즐거움과 많은 만남의 기쁨과 여러 가지의 기쁜 경사스러운 일과 여러 가지 기쁨에 뛰는 일과 많은 용맹과 여러 가지 투쟁이 없음과 많은 괴로움과 해로움이 없음과 여러 가지 성내지 않음을 성취한다."

"불자들이여! 보살이 이 환희지에 머물면 모든 부처님을 생각하는 까닭으로 환희를 내고 모든 부처님의 법을 생각하는 까닭으로 환희를 내고 모든 보살을 생각하는 까닭으로 환희를 내고 모든 보살의 행을 생각하는 까닭으로 환희를 내고 청정한 모든 바라밀을 생각하는 까닭으로 환희를 내고 모든 보살의 자리가 뛰어남을 생각하는 까닭으로 환희를 내고 보살의 무너지지 않음을 생각하는 까닭으로 환희를 내고 여래가 중생을 교화함을 생각하는 까닭으로 환희를 내고 중생들이 이익을 얻게 함을 생각하는 까닭으로 환희를 내고 모든 여래의 지혜 방편에 들어감을 생각하는 까닭으로 환희를 낸다."

"차례를 좇아(復) 생각하기를 '내가 세간(有立五蘊)의 모든 경계로부터 점차 벗어난 까닭에 환희하고 모든 부처님을 친근히 하는 까닭에 환희하고 범부의 자리를 영원히 벗어난 까닭으로 환희하고 지혜의 자리에 가까워진 까닭으로 환희하고 모든 악한 부류를 영원히 끊어낸 까닭으로 환희하고 모든 중생의 의지할 곳이 되는 까닭으로 환희하고 모든 여래를 보는 까닭으로 환희하고 부처님의 경계 가운데 생하는 까닭으로 환희하고 모든 보살의 평등한 성품 가운데에 들어가는 까닭으로 환희하고 모든 두려움 때문에 털이 곤두서는 일로부터 영원히 벗어난 까닭으로 환희를 낸다.'라고 한다."

"무슨 까닭인가 하면, 보살이 환희의 자리를 얻고는 곧바로 가지고 있는 모든 두려움으로부터 멀리 벗어나니, 이른바 살아갈 수 없음에 대한 두려움과 악한 이름이 나는 것에 대한 두려움과 죽음에 대한 두려움과 나쁜 도, 길에 대한 두려움과 대중의 위덕에 대한 두려움 등으로 이와 같은 두려움으로부터 영원히 벗어남을 얻는다."

"왜 그런가 하면, 이 보살이 '나'라는 모양이나 상태를 벗어난 까닭(不立五蘊)으로 오히려 자신의 몸을 사랑하지 않는다. 하물며 재물을 사랑하겠는가. 이러한 까닭으로 살아갈 수 없음에 대한 두려움이 없으며, 다른 사람에게 공양을 바라거나 구하지 않고 오로지 한마음으로 모든 중생에게 보시만 하기에 이러한 까닭으로 악한 이름이 나는 것에 대한 두려움이 없으며, '나'라는 소견을 영원히 벗어나 '나'라는 모양이나 상태가 없기에 이러한 까닭으로 죽음에 대한 두려움이 없으며, 자기가 죽더라도 도장 찍고 모든 부처님과 보살을 벗어나지 않음을 알기에 이러한 까닭으로 나쁜 도, 길에 대한 두려움이 없고 내가 본심으로 좋아하는 것을 모든 세간에서 가지런히 할 자가 없음을 안다. 하물며 뛰어난 자가 있겠는가. 이러한 까닭으로 대중의 위덕에 대한 두려움이 없다."

"보살은 이와 같음으로 털이 곤두서는 두려운 일에서 영원히 벗어난다."

佛子 菩薩住歡喜地 成就多歡喜 多淨信 多愛樂 多適悅 多欣慶 多踊躍 多勇猛 多無鬪諍 多無惱害 多無瞋恨 佛子 菩薩住歡喜地 念諸佛故生歡喜 念諸佛故生歡喜 念諸佛法故生歡喜 念諸菩薩故生歡喜 念諸菩薩行故生歡喜 念淸淨諸波羅蜜故生歡喜 念諸菩薩地殊勝故生歡喜 念菩薩不可壞故生歡喜 念如來敎化衆生故生歡喜 念能令衆生得利益故生歡喜 念入一切如來智方便故生歡喜 復作是念 我轉離一切世間境界故生歡喜 親近一切佛故生歡喜 遠離凡夫地故生歡喜 近智慧地故生歡喜 永斷一切惡趣故生歡喜 與一切衆生作依止處故生歡喜 見一切如來故生歡喜 生佛境界中

故生歡喜 入一切菩薩平等性中故生歡喜 遠離一切怖畏毛豎等事故生歡喜 何以故 此菩薩得歡喜地已 所有怖畏悉得遠離 所謂 不活畏 惡名畏 死畏 惡道畏 大衆威德畏 如是怖畏皆得永離 何以故 此菩薩離我想故 尙不愛自身 何況資財 是故無有不活畏 不於他所希求供養 唯專給施一切衆生 是故無有惡名畏 遠離我見 無有我想 是故無有死畏 自知死已 決定不離諸佛菩薩 是故無有惡道畏 我所志樂 一切世間無餘等者 何況有勝 是故無有大衆威德畏 菩薩如是遠離驚怖毛豎等事

"불자들이여! 보살이 크게 가엾이 여기는 마음을 머리로 삼았기에 광대한 본심의 즐거움을 가로막거나 무너뜨릴 수 없고 거듭해서 모든 선근을 부지런히 닦아 성취하니, 이는 이른바 믿음을 거듭 더하기 때문이며, 청정한 믿음이 많아지기 때문이며, 이해하고 깨닫는 일이 청정해지기 때문이며, 믿음을 도장 찍었기 때문이며, 가엾이 여기는 마음과 불쌍히 여기는 마음을 생하고 일으켰기 때문이며, 크게 사랑하는 마음을 성취하였기 때문이며, 마음이 피곤하거나 게으르지 않기 때문이며, 부끄러운 마음으로 장엄하기 때문이며, 부드럽게 서로 응하여 합하는 마음을 성취하였기 때문이며, 섬기어 순하게 따르고 존중하면서 부처님의 교법을 묻기 때문이며, 밤낮으로 선근을 닦고 익히는 일에 싫어하거나 만족하지 않기 때문이며, 선지식을 가까이하기 때문이며, 늘 법을 좋아하기 때문이며, 많이 묻고 구하는 일을 싫어하거나 만족하지 않기 때문이며, 들은 법대로 바르게 살펴보고 들여다보기 때문이며, 마음에 의지하고 집착함이 없기 때문이며, 이로움을 기르고 이름을 드높이고 공경받기를 즐기는 일에 집착하지 않기 때문이며, 삶에 필요한 재물이나 물건을 구하지 않기 때문이며, 보배 같은 마음을 생하지만 싫어하거나 만족해하게 여기지 않기 때문이며, 모든 지혜의 자리를 구하기 때문이며, 여래의 힘과 두려움 없음과 함께 하지 않는 불법을 구하기 때문이며, 모든 바라밀과 도를 돕는 법을 구하기 때문이며, 모든 아첨과 속임을 벗어나기 때문이며, 말한 그대로 행하기 때문이며, 늘 진실한 마음을 보호하기 때문이며, 여래의 가문을 더럽히지 않기 때문이며, 보살의 계를 버리지 않기 때문이며, 모든 지혜의 마음을 내지만 산 왕과 같이 움직이지 않기 때문이며, 모든 세간(有立五蘊)의 일을 벗어나지 않고 출세간(不立五蘊)의 도(不離證得.般若波羅蜜)를 성취하기 때문이며, 보리의 분법(如來智)을 모아 유익하게 하지만 만족해함이 없기 때문이며, 항상 가장 위가 되는 뛰어난 도(阿耨多羅三藐三菩提)를 구하기 때문이다."

"불자들이여! 보살이 이와 같음으로 청정하게 다스리는 자리의 법을 성취하는 것을 두고 보살의 환희지에 편안히 머문다고 이른다."

佛子 此菩薩以大悲爲首 廣大志樂無能沮壞 轉更勤修一切善根而得成就 所謂 信增上故 多淨信故 解淸淨故 信決定故 發生悲愍故 成就大慈故 心無疲懈故 懈愧莊嚴故 成就柔和故 敬順尊重諸佛敎法故 日夜修集善根無厭足故 親近善知識故 常愛樂法故 求多聞無厭足故 如所聞法正觀察故 心無依著故 不耽著利養 名聞 恭敬故 不求一切資生之物故 生如寶心無厭足故 求一切智地故 求如來力 無畏 不共佛法故 求諸波羅蜜助道法故 離諸諂誑故 演說能行故 常護實語故 不汚如來家故 不捨菩薩戒故 生一切智心如山王不動故 不捨一切世間事成就出世間道故 集助菩提分法無厭足故 常求上上殊勝道故 佛子 菩薩成就如是淨治地法 明爲 安住菩薩歡喜地

"불자들이여! 보살이 이 환희지에 머물면서 이와 같은 큰 원과 이와 같은 큰 용맹과 이와 같은 큰 작용을 능히 성취하니, 이른바 광대하고 청정한 도장 찍기로 깨우침을 내어 모든 공양 기물로 모든 부처님께 공경하고 공양해서 남음이 없게 하니, 이는 그 광대하기가 법계와 같고 끝없기는 허공과 같기에 미래의 경계가 다 하도록 모든 겁의 수를 두고 쉬지를 않는다."

"또 큰 원을 일으키니, 모든 부처님의 법륜을 받길 원하고 모든 부처님의 보리를 거두어 드리길 원하고 모든 부처님의 가르침 법을 보호하길 원하며, 모든 부처님의 법을 가지길 원하니, 광대하기가 법계와 같고 끝없기는 허공과 같아 미래의 경계가 다 하도록 모든 겁의 수를 두고 쉬지 않는다."

"또 큰 원을 일으키니, 모든 세계에서 부처님이 세상에 나오실 적에 도솔천 궁을 따라 사라져서 모태에 들어 태에 머물며, 태어나서 출가하고 도를 이루고 설법하고 열반하시는 것을 나타내 보이시니, 빠짐없이 다 나아가 친근히 하고 공양하며, 대중의 우두머리가 되어 바른 법을 받아들여 행하고 모든 처에 일시에 전하는 것이니, 광대하기가 법계와 같고 마침내는 허공과 같으며, 미래의 경계가 다 하도록 모든 겁의 수를 두고 쉬는 일이 없다."

"또 큰 원을 일으키니, 모든 보살의 행이 광대하고 헤아릴 수 없으며, 무너지지 않고 뒤섞이지 않으며, 모든 바라밀을 거두어들여서 모든 자리를 청정하게 다스리고 전체로서의 모양이나 상태와 나누어진 모양이나 상태와 같은 모양이나 상태와 다른 모양이나 상태와 이루어지는 모양이나 상태와 무너지는 모양이나 상태를 가지고 있는 그대로의 보살행으로 사실대로 빠짐없이 설하여 모두를 교화하고 그 행을 받아들여 마음을 거듭 더하고 늘리니, 광대하기가 법계와 같기를 원하며, 마침내는 허공과 같기를 원하며, 미래의 경계가 다 하도록 모든 겁의 수를 두고 쉼이 없기를 원한다."

"또 큰 원을 일으키니, 모든 중생계로서 유색의 색계와 무색의 무색계와 생각이 있음과 생각이 없음과 생각이 있지 않음과 생각이 없지 않음과 알로 태어남과 태로 태어남과 습에서 태어남과 화생과 삼계에 얽매이고 여섯 가지 부류에 들어간 것과 생하는 모든 곳에서 이름과 형상을 거두어들여 내가 빠짐없이 가르쳐 이끌어서 부처님 법에 들어가길 원하며, 모든 세간을 따르는 부류를 영원히 끊어내길 원하며, 모든 지혜와 지혜의 도에 편안히 머물길 원하니, 광대하기가 법계와 같고 끝없기는 허공과 같으며, 미래의 경계가 다 하도록 모든 겁의 수를 두고 쉼이 없기를 원한다."

"또 큰 원을 일으키니, 모든 세계가 광대하고 헤아릴 수 없으며, 거칠고 미세하며, 어지럽게 머물고 거꾸로 머물고 바르게 머물며, 들어가고 행하고 가는 것이 제석천의 그물과 같이 차별되고 시방의 헤아릴 수 없음이 가지가지로 같지 않음을 지혜로 빠짐없이 분명하게 깨달아 알아서 눈앞에 나타난 듯 알고 보기를 원하니, 광대하기가 법계와 같고 끝없기는 허공과 같으며, 미래의 경계가 다 하도록 모든 겁의 수를 두고 쉼이 없기를 원한다."

"또 큰 원을 일으키니, 모든 국토가 하나의 국토에 들어가고 하나의 국토에 모든 국토가 들어가며, 헤아릴 수 없는 부처님의 국토가 빠짐없이 두루 청정하고 광명의 많은 기물로 장엄하며, 모든 번뇌를 벗어나 청정한 도를 성취하고 헤아릴 수 없는 지혜로운 중생이 그 가운데 충만하며, 광대한 모든 부처님 경계에 두루 들어가 중생의 마음을 따라 나타내 보여서 빠짐없이 환희하길 원하니, 광대하기가 법계와 같고 끝없기는 허공과 같으며, 미래의 경계가 다 하도록 모든 겁의 수를 두고 쉼이 없기를 원한다."

"또 큰 원을 일으키니, 모든 보살과 더불어 동일한 본심으로 행하며, 원수와 미워함이 없이 모든 선근을 모으고 모든 보살과 평등하게 하나의 연분으로 늘 함께 모여서 서로 버리거나 벗어나지 않으며, 뜻이나 생각을 따라 능히 가지가지의 부처님 몸을 나타내고 자기 마음대로 능히 모든 여래의 경계와 위력과 지혜를 알며, 물러남이 없고 뜻대로 되는 신통을 얻어 모든 세계를 다니며, 형상을 모든 대중의 모임에 나타내고 모든 것이 생하는 곳에 두루 들어가서 사유로는 헤아려 알 수 없는 대승을 성취하며, 보살행을 닫길 원하니, 광대하기가 법계와 같고 끝없기는 허공과 같으며, 미래의 경계가 다 하도록 모든 겁의 수를 두고 쉼이 없기를 원한다."

"또 큰 원을 일으키니, 물러서지 않는 법륜을 타고 보살행을 행하지만, 몸과 말과 뜻으로 지은 모든 업이 헛되지 않으며, 잠깐만 보더라도 반드시 부처님 법에 도장 찍고 음성을 잠깐만 듣더라도 진실한 지혜를 얻으며, 방금 청정한 믿음의 마음을 내더라도 영원히 번뇌를 끊고 큰 약왕 나무와 같은 몸을 얻으며, 여의주 보배 같은 몸을 얻어 모든 보살행을 수행하길 원하니, 광대하기가 법계와 같고 끝없기는 허공과 같으며, 미래의 경계가 다 하도록 모든 겁의 수를 두고 쉼이 없기를 원한다."

"또 큰 원을 일으키니, 모든 세계에서 아뇩다라삼먁삼보리를 이루어 하나의 털끝도 벗어나지 않고 모든 털끝 곳곳마다 남김없이 처음으로 생하고 출가하며, 도량에 나아가고 바른 깨우침을 이루어 법륜을 굴리며, 열반에 들어감을 나타내 보이고 부처님의 경계인 큰 지혜의 힘을 얻어 생각과 생각마다 모든 중생의 마음을 따라 부처 이루는 것을 나타내 보여 적멸을 얻게 하며, 하나의 삼보리로 모든 법계가 곧 열반의 모양이나 상태임을 알고 하나의 법으로 법을 설하여 모든 중생이 빠짐없이 마음으로 환희하며, 대 열반에 들어감을 보이면서 보살행을 끊지 않고 큰 지혜의 자리를 보여 모든 법을 편안히 세우며, 법지통과 신족통과 환통으로 자재하게 변화시켜 모든 법계에 충만하기를 원하니, 광대하기가 법계와 같고 끝없기는 허공과 같으며, 미래의 경계가 다 하도록 모든 겁의 수를 두고 쉼이 없기를 원한다."

佛子 菩薩住此歡喜地 能成就如是大誓願 如是大勇猛 如是大作用 所謂 生廣大淸淨決定解 以一切供養之具 恭敬供養一切諸佛 令無有餘 廣大如法界 究竟如虛空 盡未來際一切劫數無有休息 又發大願 願受一切佛法輪 願攝一切佛菩提 願護一切諸佛敎 願持一切諸佛法 廣大如法界 究竟如虛空 盡未來際一切劫數無有休息 又發大願 願一切世界佛興于世 從兜率天宮沒 入胎 住胎 初生 出家 成道說法 示現涅槃 皆悉往詣 親近供養 爲衆上首 受行正法 於一切處一時而轉 廣大如法界 究竟如虛空 盡未來際一切劫數無有休息 又發大願 願一切菩薩行廣大無量 不壞不雜 攝諸波羅蜜 淨治諸地 摠相 別相 同相 異相 成相 壞相 所有菩薩行皆如實說 敎化一切 令其修行 心得增長 廣大如法界 究竟如虛空 盡未來際一切劫數無有休息 又發大願 願一切衆生界有色 無色 有想 無想 非有想 非無想 卵生 胎生 濕生 化生 三界所繫 入於六趣一切生處 各色所攝 如是等類我皆敎化 令入佛法 令永斷一切世間趣 令安住一切智智道 廣大如法界 究竟如虛空 盡未來際一切劫數無有休息 又發大願 願一切世

界廣大無量 麤細亂住 倒住 正住 若入 若行 若去 如帝網差別 十方無量種種不同 智皆明了 現前知見 廣大如法界 究竟如虛空 盡未來際一切劫數無有休息 又發大願 願一切國土入一國土 一國土入一切國土 無量佛土普皆淸淨 光明衆具以爲莊嚴 離一切煩惱 成就淸淨道 無量智慧衆生充滿其中 普入廣大諸佛境界 隨衆生心而爲示現 皆令歡喜 廣大如法界 究竟如虛空 盡未來際一切劫數無有休息 又發大願 願與一切菩薩同一志行 無有怨嫉 集諸善根 一切菩薩平等一緣 常共集會 不相捨離 隨意能現種種佛身 任其自心能知一切如來境界威力智慧 得不退如意神通 遊行一切世界 現形一切衆會 普入一切生處 成就不思議大乘 修菩薩行 廣大如法界 究竟如虛空 盡未來際一切劫數無有休息 又發大願 願乘不退輪行菩薩行 身 語 意業悉不唐損 若暫見者則必定佛法 暫聞音聲則得實智慧 纔生淨信則永斷煩惱 得如大藥王樹身 得如如意寶身 修行一切菩薩行 廣大如法界 究竟如虛空 盡未來際一切劫數無有休息 又發大願 願於一切世界阿耨多羅三藐三菩提不離一毛端處於一切毛端處 皆悉示現初生 出家 詣道場 成正覺 轉法輪 入涅槃 得佛境界 大智慧力 於念念中隨一切衆生心示現成佛令得寂滅 以一三菩提知一切法界卽涅槃相 以一音說法令一切衆生心皆歡喜 示入大涅槃而不斷菩薩行 示大智慧地安立一切法 以法智通 神足通 幻通自在變化 充滿一切法界 廣大如法界 究竟如虛空 盡未來際一切劫數無有休息

"불자들이여! 보살이 환희지에 머물면서 이와 같은 큰 서원과 이와 같은 큰 용맹과 이와 같은 큰 작용을 내는 것이니, 이러한 열 가지 원하는 문이 우두머리가 되어 백만 아승기 큰 원을 만족하게 한다."

"불자들이여! 이러한 큰 원은 열 가지 다함이 없는 글귀로 성취하게 되니, 무엇이 열인가 하면, 이른바 중생계가 다하고 세계가 다하고 허공계가 다하고 법계가 다하고 열반계가 다하고 부처님이 출현하는 세계가 다하고 여래의 지혜 경계가 다 하고 마음으로 맺은 인연의 경계를 다 하고 부처님의 지혜로 들어간 경계의 경계를 다 하고 세간의 굴림과 법의 굴림과 지혜로 굴리는 경계를 다 하는 것이다."

"그와 같은 중생의 경계를 다 하면 나의 원도 다하고 그와 같은 세계뿐만 아니라 세간의 굴림과 법의 굴림과 지혜로 굴리는 경계에 이르기까지 다하면 나의 원도 다하지만, 중생의 경계를 다 하지 않을 뿐만 아니라 세간의 굴림과 법의 굴림과 지혜로 굴리는 경계에 이르기까지 다하지 않은 까닭으로 나의 큰 원인 선근도 다함이 없다."

佛子 菩薩住歡喜地 發如是大誓願 如是大勇猛 如是大作用 以此十願門爲首 滿足百萬阿僧祇大願 佛子 此大願以十盡句而得成就 何等爲十 所謂 衆生界盡 世界界盡 虛空界盡 法界盡 涅槃界盡 佛出現界盡 如來智界盡 心所緣界盡 佛智所入境界界盡 世間轉法轉智界盡 若衆生界盡 我願乃盡 若世界乃至世間轉法轉智轉界盡 我願乃盡 而衆生界不可盡 乃至世間轉法轉智轉界不可盡故 我此大願善根無有窮盡

"불자들이여! 보살이 이와 같은 큰 원을 내고는 마침내 이익이 되는 마음과 부드러운 마음과 화목하고 평온한 마음을 거스르지 않고 따르는 마음과 적정의 마음과 조복하는 마음과 적멸의 마음과 겸손한 마음과 윤택한 마음과 움직이지 않는 마음과 흐리지 않은 마음을 얻는다."

"청정한 믿음을 이룬 자는 믿음에 대한 공을 들인 보람이 있기에 능히 여래의 본래 행으로 들어간 것을 믿으며, 모든 바라밀을 성취함을 믿으며, 뛰어난 모든 자리에 들어감을 믿으며, 힘을 성취했음을 믿으며, 두려움 없는 마음, 이 마음을 온전하게 갖춤을 믿으며, 무너지지 않고 함께 하지 않는 부처님 법이 생하고 크는 것을 믿으며, 사유로 헤아릴 수 없는 부처님 법을 믿으며, 경계가 없는 가운데 부처님의 경계가 출생함을 믿으며, 여래의 헤아릴 수 없는 경계에 따라 들어감을 믿으며, 과보를 성취함을 믿으니, 중요한 점을 들어 말하면 모든 보살의 행뿐만 아니라 여래의 지혜 자리와 설하는 힘을 믿는다."

佛子 菩薩發如是大願已 則得利益心 柔軟心 隨順心 寂靜心 調伏心 寂滅心 謙下心 潤澤心 不動心 不濁心 成淨信者 有信功用 能信如來本行所入 信成就諸波羅蜜 信入諸勝地 信成就力 信具足無所畏 信生長不可壞不共佛法 信不思議佛法 信出生無中邊佛境界 信隨入如來無量境界 信成就果 擧要言之 信一切菩薩行 乃至如來智地說力故

"불자들이여! 이 보살이 차례를 좇아(復) 생각하기를 '모든 부처님의 바른 법이 이와 같기에 깊고 깊으며, 이와 같음으로 적정하며, 이와 같음으로 적멸하며, 이와 같음으로 공하며, 이와 같음으로 모양이나 상태가 없으며, 이와 같음으로 원이 없으며, 이와 같기에 물드는 일이 없으며, 이와 같기에 헤아릴 수 없으며, 이와 같음으로 광대하지만, 모든 범부는 삿된 견해에 빠져서 무명에 덮이고 가려지며, 교만함의 당기를 세우고 오욕에 애착하는 그물에 들어가며, 아첨과 속임수라는 숲속을 헤매면서 나오지 못하고 마음에 인색하고 시기함이 서로 응하기에 버리지 못하고 모든 부류에 태어나야 할 인연을 늘 지어가고 탐냄과 성냄과 어리석음으로 모든 업을 쌓아서 밤낮으로 거듭 더하고 늘리며, 분노한 바람의 힘으로 마음이라는 식견의 불덩어리가 성하고 불꽃이 쉬지 않으며, 모든 지은 업이 거꾸로 뒤바뀌어 서로 응하며, 욕심의 흐름과 색계의 흐름과 무명의 흐름과 견해의 흐름이 끊어지지 않고 서로 이어져 마음과 뜻과 식의 종자를 일으켜서 삼계의 밭 가운데 차례를 좇아 고통의 싹을 낳게 한다. 이른바 이름과 형상이 함께 생하여 떠나지 않으며, 이 이름과 형상이 거듭 더하고 자라서 육처가 모여드는 곳을 낳고 그 가운데 서로 마주 대하면서 접촉함을 낳고 접촉하는 까닭으로 받아들임을 낳고 받아들임으로 인하여 사랑을 낳고 사랑이 거듭 더해지고 커지는 까닭으로 있음을 낳고 있음이 생하는 까닭으로 태어나고 늙고 죽고 근심하고 슬퍼하고 고통스러워하는 괴로움을 낳으니, 이와 같은 중생이 고통 속에서 나고 자란다. 이 가운데는 모든 것이 공하기에 나와 내 것이라는 것을 벗어나는 것이다. 알 것도 없고 깨우칠 것도 없고 짓는 것도 없고 받는 것도 없음이 초목이나 돌벽과 같고 또한 그림자와 같지만 모든 중생은 깨우치지도 못하고 알지도 못한다. 보살은 모든 중생이 이와 같은 고통 가운데서 벗어나거나 나오지 못함을 보고 이러한 까닭으로 대자의 지혜를 내는 것이다.'라고 한다. 그러고는 차례를 좇아 생각하기를 '이 모든 중생을 내가 응당 구하고 건져내어 마침내는 편안한 처에 둘 것이다.'라고 한다. 이러한 까닭으로 대자의 광명 지혜를 내는 것이다."

　佛子 此菩薩復作是念 諸佛正法 如是甚深 如是寂靜 如是寂滅 如是空 如是無相 如是無願 如是無染 如是無量 如是廣大 而諸凡夫心墮邪見 無明覆翳 立憍慢高幢 入渴愛網中 行諂誑稠林不能自出 心與慳嫉相應不捨 恒造諸趣受生因緣 貪恚愚癡 積集諸業日夜增長 以忿恨風吹心識火熾然不息 凡所作業皆顚倒相應 欲流 有流 無明流 見流 相續起心意識種子 於三界田中復生苦芽 所謂 名色共生不離 此名色增長 生六處聚落 於中相對生觸 觸故生受 因受生愛 愛增長故生取 憂悲苦惱 取增長故生有 有生故有生老死憂悲苦惱 如是衆生生長苦聚 是中皆功 離我 我所 無知 無覺 無作 無受 如草木石壁 亦如影像 然諸衆生不覺不知 菩薩見諸衆生於如是苦聚不得出離 是故卽生大悲智慧 復作是念 此諸衆生我應救拔 置於究竟安樂之處 是故卽生大

悲光明智

"불자들이여! 보살마하살이 이와 같은 대비와 대자를 거스르지 않고 따르며 깊고 소중한 마음으로 삼아 처음의 자리(初地)에 머문다. 이 자리에 머물 때 모든 물건을 아끼는 것이 없고 부처님의 큰 지혜를 구하고 크게 버리는 일을 수행하기에 가지고 있는 것을 모두 보시하니, 이른바 재물과 곡식, 창고의 금, 은, 마니, 진주, 유리, 보석, 벽옥, 산호 등과 보물과 영락 등 몸을 장식하는 기물과 코끼리, 말, 수레, 노비, 백성과 도시와 마을과 원림과 누대와 처첩과 남녀와 안팎의 권속들뿐만 아니라 그 외의 나머지 진귀한 장엄 기물에 이르기까지와 머리, 눈, 손, 발, 피, 살, 뼈, 골수 등 모든 몸의 부분까지 하나도 아끼지 않으면서 부처님의 광대한 지혜를 구한다."

"이것이 이름하여 처음의 자리에 머물며, 크게 버리는 일을 성취하는 것이라 이른다."

佛子 菩薩摩訶薩隨順如是大悲 大慈 以深重心住初地時 於一切物無所吝惜 求佛大智 修行大捨 凡是所有一切能施 所謂 財穀 倉庫 金銀 摩尼 眞珠 琉璃 珂具 璧玉 珊瑚等物 珍寶 瓔珞 嚴身之具 象馬 車乘 奴婢 人民 城邑 聚落 園林 臺觀 妻妾 男女 內外眷屬及餘所有珍玩之具 頭目 手足 血肉 骨髓 一切身分皆無所惜 爲求諸佛廣大智慧 是名 菩薩住於初地大捨成就

"불자들이여! 보살이 이 자비로 크게 보시하는 마음은 모든 중생을 구하고 보호하고자 하기에 점점 더 세간과 출세간에 이익이 되는 모든 일을 추구하면서도 싫어하거나 피곤함이 없는 까닭으로 곧 피곤하거나 싫어함이 없는 마음을 성취하고 피곤하거나 싫어함이 없는 마음을 얻고는 모든 경론에 대해서 겁을 내거나 약한 마음이 없으니, 겁을 내거나 약한 마음이 없는 까닭으로 모든 경론의 지혜를 성취한다. 이 지혜를 얻고는 선근으로 마땅히 지어야 할 일과 마땅히 짓지 말아야 할 일을 헤아리고 상, 중, 하품의 모든 중생에게 응하여 따르며, 힘을 따르고 익힌 것을 따라서 이와 같음을 행하는 것이니, 이 같은 까닭으로 보살이 세간의 지혜를 이루고 또 얻으며, 세간의 지혜를 이루고 얻어 시기를 알고 깜냥을 알아서 매우 부끄럽게 여김을 장엄하고 부지런히 스스로 이롭게 하고 다른 이도 이롭게 하는 행을 닦으니, 이 같은 까닭으로 매우 부끄럽게 여기는 장엄을 성취한다.

이러한 행 가운데서 벗어나고 나아감을 부지런히 닦아서 물러나지 않으며, 헤매지 않는 견고한 힘을 이루고 견고한 힘을 얻고는 모든 부처님께 부지런히 공양하고 부처님이 능히 설하신 가르친 법대로 행한다."

　　佛子 菩薩以此慈悲 大施心 爲欲救護一切衆生 轉更推求世 出世間諸利益事無疲厭故 卽得成就無疲厭心 得無疲厭心已 於一切經論心無怯弱 無怯弱故 卽得成就一切經論智 獲是智已 善能籌量應作 不應作 於上 中 下一切衆生 隨應 應力 隨其所習 如是而行 是故菩薩得成世智 成世智已 知時知量 以慚愧莊嚴勤修自利 利他之道 是故成就慚愧莊嚴 於此行中勤修出離 不退不轉 成堅固力 得堅固力已 勤供諸佛 於佛敎法能如說行

"불자들이여! 보살이 이와 같은 모든 자리를 청정하게 하는 열 가지의 법을 성취하니, 이른바 믿음과 가엾이 여김과 인자함과 버리는 것과 피곤함이 없음과 모든 경론을 아는 일과 선근으로 세간의 법을 아는 것과 매우 부끄럽게 여기는 일의 견고함과 모든 부처님께 공양하고 가르침에 의지해서 수행하는 것을 이른다."

　　佛子 菩薩如是成就十種淨諸地法 所謂 信 悲 慈 捨 無有疲厭 知諸經論 善解世法 慚愧堅固力 供養諸佛 依敎修行

"불자들이여! 보살이 이 환희지에 머물고는 큰 원의 힘으로 많은 부처님을 보게 되니, 이른바 많은 백 부처님, 많은 천 부처님, 많은 백천 부처님, 많은 억 부처님, 많은 백억 부처님, 많은 천억 부처님, 많은 백천 억 부처님, 많은 억 나유타 부처님, 많은 백억 나유타 부처님, 많은 천억 나유타 부처님, 많은 백천 억 나유타 부처님을 본다."

"남김없이 다 큰마음과 깊은 마음으로 공경하고 존중하며, 받들어 섬기면서 공양하고 의복과 음식과 침구와 의약과 모든 생활용품을 남김없이 받들어 보시하고 또한 모든 스님에게도 공양하니, 이 선근으로 빠짐없이 모두 위 없는 보리로 회향한다."

"불자들이여! 이 보살이 모든 부처님께 공양함으로 인한 까닭으로 중생이 법을 성취하는 법을 얻으며, 이전에 두 가지 거두어 주는 법으로 중생을 취해서 거두니, 이르길 보시와 사랑을 말하는 것이며, 후에 두 가지 거두어 주는 법은 단지 믿고 이해하는 힘으로 행하는 것이기에 선근을 통달하지는 못한다. 보살이 십바라밀 가운데 보시 바라밀은 거듭 더해지고 남은 바라밀을 수행하지 않은 것은 아니나 힘을 따르고 나누어 줌을 따를 뿐이다. 곧 보살이 가는 곳마다 부지런히 닦아서 모든 부처님께 공양하고 중생을 가르쳐 이끌며, 빠짐없이 청정한 자리의 법을 수행하고 가지고 있는 선근을 남김없이 회향해서 일체 지혜의 자리가 점점 밝아지고 청정해지며, 조화의 부드러움을 성취해서 뜻한 바대로 베풀게 되는 것이다."

"불자들이여! 비유하면 쇠를 다루는 사람이 섬세하고 능숙한 솜씨로 금을 불릴 때 수시로 불을 넣으면 점차 밝아지고 청정해지는 것과 같으며, 조화의 부드러움을 성취해서 생각을 따라 사용하는 것과 같다. 보살도 역시 차례를 좇아 이와 같음으로 모든 부처님께 공양하고 중생을 가르쳐 이끄는 일이 다 청정한 자리의 법을 수행하기 위함이며, 가지고 있는 선근을 남김없이 회향해서 일체 지혜의 자리가 점차 밝고 청정해지며, 조화의 부드러움을 성취해서 뜻한 바대로 사용하게 된다."

佛子 菩薩住此歡喜地已 以大願力得見多佛 所謂 見多百佛 多千佛 多百千佛 多億佛 多百億佛 多千億佛 多百千億佛 多億那由他佛 多百億那由他佛 多千億那由他佛 多百千億那由他佛 悉以大心 深心 恭敬尊重 承事供養 衣服 飮食 臥具 醫藥 一切資生悉以奉施 亦以供養一切衆會 以此善根皆悉迴向無上菩提 佛子 此菩薩因供養諸佛故 得成就衆生法 以前二攝攝取衆生 謂布施 愛語 後二攝法 但以信解力故 行未善通達 是菩薩 十波羅蜜中 檀波羅蜜增上 餘波羅蜜非不修行 但隨力隨分 是菩薩隨所勤修 供養諸佛 教化衆生 皆以修行淸淨地法 所有善根悉以迴向一切智地 轉轉明淨 調柔成就 隨意堪用 佛子 譬如金師善巧鍊金 數數入火 轉轉明淨 調柔成就 隨意堪用 菩薩亦復如是 供養諸佛 教化衆生 皆爲修行淸淨地法 所有善根悉以迴向一切智地 轉轉明淨 調柔成就 隨意堪用

"불자들이여! 보살마하살이 처음의 자리에 머물고는 마땅히 모든 부처님과 보살과 선지식에게 이 자리 가운데의 모양이나 상태뿐만 아니라 결과에 이르기까지 청해서 묻고 구하지만 싫어하거나 만족함이 없으니, 이 자리의 법을 성취하기 위한 까닭이며, 또한 마땅히 모든 부처님과 보살과 선지식에게 제2 자리의 모양이나 상태뿐만 아니라 결과에 이르기까지 청해서 묻고 구하지만 싫어하거나 만족함이 없으니, 그 자리의 법을 성취하기 위한 까닭이며, 역시 이와 같을 제3, 제4, 제5, 제6, 제7, 제8, 제9, 제10 자리 가운데의 모양이나 상태뿐만 아니라 결과에 이르기까지 청해서 묻고 구하지만 싫어하거나 만족함이 없으니, 그 자리의 법을 성취하기 위한 까닭이다."

"보살이 선근의 모든 자리에 따르는 막힘이나 걸림과 마주 대한 다스림을 아니, 선근의 자리가 이루어지고 무너짐을 알며, 선근 자리의 모양이나 상태와 결과를 알며, 선근 자리의 얻음과 닦은 것을 알며, 선근 자리의 법이 청정함을 알며, 선근의 자리, 그 자리가 움직여 옮김을 알며, 선근의 자리, 그 자리가 처한 곳과 처하지 않는 곳을 알며, 선근의 자리, 그 자리의 뛰어난 지혜를 알며, 선근의 자리, 그 자리에서 물러서지 않음을 알며, 선근의 모든 보살 자리를 청정하게 다스릴 뿐만 아니라 점차로 돌고 돌아 여래의 자리에 이르기까지 들어감을 안다."

"불자들이여! 보살은 이와 같은 선근의 자리 모양이나 상태를 알고 비로소 초지의 행을 일으켜 끊어지지 않게 하며, 이와 같음 뿐만 아니라 제10의 자리에 이르기까지 이르도록 하고 끊어짐이 없으니, 이 모든 자리의 지혜 광명으로 인한 까닭으로 여래의 지혜 광명을 이룬다."

"불자들이여! 비유하면 장사치가 선근 방편을 알아서 많은 장사치를 데리고 큰 성으로 출발해서 가기 전에 길 가는 동안에 있을 공덕과 허물이나 잘못뿐만 아니라 머물러 있을 곳과 편안하거나 위태로운 것에 이르기까지 먼저 자세히 물은 뒤에, 가는 도중에 필요한 생필품과 기물을 갖추어 마땅히 마련할 것은 마련할 것이다."

"불자들이여! 그 큰 상단의 주인이 길을 떠나지는 않았지만 가는 도중에 있을 모든 편안함과 위태로움을 능히 알고 선근의 지혜로 생각하고 깊이 들여다보아 필요한 것을 준비해서 부족한 것이 없게 한 다음에야 장사치를 데리고 떠날 뿐만 아니라 편안히 큰 성에 이르기까지 자신과 많은 사람이 모두 우환를 면하게 하는 것과 같다."

"불자들이여! 보살이나 상단의 주인이나 역시 차례를 좇아(復) 이와 같기에 처음의 자리에 머물러 있으면서 선근의 자리에 막힘이나 걸림과 마주 대한 일이나 상태를 다스려야 함을 알뿐만 아니라 모든 보살의 선근 자리가 청정하다는 것에 이르기까지 알며, 점차 여래의 자리에 들어간 후에 복과 지혜의 비용과 식량을 갖추어 모든 중생을 이끌고 생사의 광야인 넓은 벌판과 험한 곳을 지나 무사히 살바야 성에 이르며, 자신과 중생이 근심과 재난을 받지 않게 한다. 이러한 까닭으로 보살은 언제나 게으르지 않고 모든 자리의 뛰어나고 청정한 업을 부지런히 닦을 뿐만 아니라 여래의 지혜 자리에 이르기까지 나아갈 수 있다."

佛子 菩薩摩訶薩住於初地 應從諸佛菩薩善知識所推求請問 於此地中相及得果 無有厭足 爲欲成就此地法故 亦應從諸佛菩薩善知識所推求請問 第二地中相及得果 無有厭足 爲欲成就彼地法故 亦應如是推求請問 第三 第四 第五 第六 第七 第八 第九 第十地中相及得果 無有厭足 爲欲成就彼地法故 是菩薩善知諸地障對治 善知地成壞 善知地相果 善知地得修 善知地法淸淨 善知地地轉行 善知地地處 非處 善知地地殊勝智 善知地地不退轉 善知淨治一切菩薩地乃至轉入如來地 佛子 菩薩如是善知地相 始於初地起行不斷 如是乃至入第十地無有斷絶 由此諸地智光明故 成於如來智慧光明 佛子 譬如商主善知方便 欲將諸商人往詣大城 未發之時 先問道中功德過失 及住止之處安危可不 然後具道資糧 作所應作 佛子 彼大商主雖未發足 能知道中所有一切安危之事 善以智慧籌量觀察 備其所須令無乏少 將諸商衆乃至安隱到彼大城 身及衆人悉免憂患 佛子 菩薩商主亦復如是 住於初地 善知諸地障對治 乃至善知一切菩薩地淸淨 轉入如來地 然後乃具福智資糧 將一切衆生經生死曠野險難之處 安隱得至薩婆若城 身及衆生不經患難 是故 菩薩常應匪懈勤修諸地殊勝淨業 乃至趣入如來智地

"불자들이여! 보살마하살이 보살의 초지에 들어가는 문을 간략하게 설한 것이며, 넓게 말하자면 헤아릴 수 없고 끝닿은 데가 없는 백천 아승기로 차별하는 일이 있다."

佛子 略說菩薩摩訶薩入菩薩初地門 廣說則有無量無邊百千阿僧祇差別事

"불자들이여! 보살마하살이 이 처음의 자리에 머물면서 염부제의 많은 왕이 되어 호걸과 귀인으로 자재하며, 항상 바른 법을 보호하고 능히 크게 보시하는 일로 중생을 거두어 주어 중생의 간하고 탐내는 허물을 선근으로 없애주고 항상 보시를 크게 행하지만, 다함이 없는 보시, 애어, 이익을 함께 하게 하니, 이와 같은 일체 모든 지어가는 업이 모든 부처님의 생각을 벗어나지 않으며, 법의 생각을 벗어나지 않으며, 승의 생각을 벗어나지 않으며, 함께 행하는 보살을 생각하고 벗어나지 않으며, 보살행을 생각하고 벗어나지 않으며, 모든 바라밀을 생각하고 벗어나지 않으며, 두려움 없음을 생각하고 벗어나지 않으며, 함께 하지 않은 부처님의 법을 생각하고 이 법을 벗어나지 않을 뿐만 아니라 모든 종과 모든 지혜의 지혜를 생각하는 일에 이르기까지 온전하게 갖추고 벗어나지 않는다."

"차례를 좇아(復) 생각하기를 '내가 마땅히 모든 중생 가운데 우두머리가 되고 뛰어남이 되고 빼어남이 되고 섬세한 빼어남이 되고 위가 되고 위 없음이 되고 인도함이 되고 거느리는 장이 되어 스승이 될 뿐만 아니라 모든 지혜의 지혜가 의지하는 자가 될 것이다.'라고 한다."

"이 보살이 그와 같이 출가해서 부처님의 법을 부지런히 정진하고자 할 때, 문득 집과 처자, 오욕을 버리고 여래의 가르침에 의지해서 출가해서 도를 배우고 이미 출가를 마치고서는 게으름을 피우지 않고 부지런히 행하여 한 생각, 한순간에 백 삼매를 얻고 백 부처님을 보고 백 부처님의 신통력을 알고 능히 백 부처님의 세계를 움직이고 능히 백 부처님의 세계를 지나가고 능히 백 부처님의 세계를 비추고 능히 백 부처님 세계의 중생을 교화하고 능히 수명이 백 겁에 머물고 능히 전후 경계의 각각 백 겁의 일을 알고 능히 백 법문에 들어가고 능히 백 가지의 몸을 나타내고 하나하나의 몸마다 능히 백 분의 보살을 권속으로 삼음을 보인다."

"그와 같이 보살의 뛰어난 원력으로 자재하게 나타내 보이면 이 수를 지나서 백 겁, 천 겁, 백천 겁뿐만 아니라 백천 억 나유타 겁에 이르기까지 헤아려도 알 수가 없다."

佛子 菩薩摩訶薩住此初地 多作閻浮提王 豪貴自在 常護正法 能以大施攝取衆生 善除衆生慳貪之垢 常行大施無有窮盡 布施 愛語 利益 同事 如是一切諸所作業 皆不離念佛 不離念法 不離念僧 不離念同行菩薩 不離念菩薩行 不離念諸波羅蜜 不離念諸地 不離念力 不離念無畏 不離念不共佛法 乃至不離念具足一切種 一切智智 復作是念 我當於一切衆生中爲首 爲勝 爲殊勝 爲妙 爲微妙 爲上 爲無上 爲導 爲將 爲師 乃至爲一切智智依止者 是菩薩若欲捨家於佛法中勤修精進 便能捨家 妻子 五欲 依如來敎出家學道 旣出家已 勤行精進 於一念頃 得百三昧 得見百佛 知百佛神力 能動百佛世界 能過百佛世界 能照百佛世界 能敎化百世界衆生 能住壽百劫 能知前後際各百劫事 能入百法門 能示現百身 於一一身能示百菩薩以爲眷屬 若以菩薩殊勝願力自在示現 過於是數 百劫 千劫 百千劫 乃至百千億那由他劫不能數知

이때 금강장 보살이 거듭 그 뜻을 펴고자 게송으로 말했다.

爾時 金剛藏菩薩欲重宣其義而說頌言

若人集衆善 그와 같은 사람이 많은 선근을 모아
具足白淨法 희고 청정한 법(不立五蘊·般若波羅蜜)을 온전하게 갖추고
供養天人尊 천인존께 공양하며
隨順慈悲道 자비의 도를 거스르지 않고 따르니
信解極廣大 믿음과 이해가 지극히 광대하고
志樂亦淸淨 본심의 즐거움 또한 청정하며
爲求佛智慧 부처님의 지혜를 구하기 위하여
發此無上心 이 위 없는 마음을 일으킨다네.

淨一切智力 모든 지혜의 청정한 힘과
及以無所畏 두려워할 것 없는 것으로
成就諸佛法 모든 부처님 법을 성취하고
救攝群生衆 군생의 무리를 거두어 주어 구원하며
爲得大慈悲 큰 자비를 얻어서
及轉勝法輪 뛰어난 법의 바퀴를 굴리면서
嚴淨佛國土 부처님의 국토를 장엄하여 청정히 하고
發此最勝心 가장 뛰어난 이 마음을 일으킨다네.

一念知三世 한 생각에 삼세를 안다지만
而無有分別 분별하지 않으며
種種時不同 가지가지의 시절이 같지 않기에
以示於世間 세간으로 보인다네.

略說求諸佛 간략하게 설하면 모든 부처님의
一切勝功德 일체 뛰어난 공덕을 구하려고
發生廣大心 광대한 마음을 일으키니
量等虛空界 그 양이 허공계와 평등하다네.

悲先慧爲主 먼저 가엾이 여기고 사랑을 주인으로 삼아

方便共相應 방편과 함께 서로 응하며
信解淸淨心 믿음과 이해의 청정한 마음(不立五蘊心)과
如來無量力 여래의 헤아릴 수 없는 힘과
無礙智現前 걸림이나 막힘없는 지혜가 눈앞에 나타나니
自悟不由他 스스로 깨우침이며 다른 이를 말미암지 않고
具足同如來 여래와 같이 온전하게 갖추어
發此最勝心 가장 뛰어난 마음을 일으킨다네.

佛子始發生 불자가 비로소
如是妙普心 이와 같은 빼어나고 두루 한 마음을 일으켜 생하면
則超凡夫位 곧 범부의 자리를 초월해서
入佛所行處 부처님이 행하신 처에 들어가고
生在如來家 여래의 가문에 태어나며
種族無瑕玷 종족은 흠집이나 이지러짐이 없고
與佛共平等 부처님과 더불어 평등하게
決成無上覺 위 없는 깨우침을 이루어 도장을 찍는다네.

纔生如是心 이와 같은 마음을 겨우 생하고는
卽得入初地 곧 처음의 자리에 들어감을 얻고
志樂不可動 본심의 즐거움이 움직이지 않으니
譬如大山王 비유하면 대 산왕과 같다네.
多喜多愛樂 많은 기쁨과 많은 사랑과 즐거움과
亦復多淨信 역시 차례를 좇은 많은 청정한 믿음과
極大勇猛心 지극히 큰 용맹한 마음과
及以慶躍心 뛸 듯이 기뻐하는 마음에 이르기까지
遠離於鬪諍 다툼과 논쟁
惱害及瞋恚 괴로움과 해침 및 성냄을 멀리 벗어나
慚敬而質直 부끄러움을 훈계하고 있는 그대로
善守護諸根 모든 근을 선근으로 지키고 보호하며

救世無等者 세상을 구원하는 비할 데 없는 자가
所有衆智慧 가지고 있는 많은 지혜를
此處我當得 이곳에서 내가 마땅히 얻고
憶念生歡喜 잊지 않고 기억해서 환희를 생한다네.

始得入初地 비로소 처음의 자리에 들어감을 얻고
卽超五怖畏 곧 다섯 가지 공포와 두려움을 뛰어넘으니
不活死惡名 살 수 없음과 죽음과 악한 이름과
惡趣衆威德 악한 부류의 두려움을 없애주는 덕이라네.

以不貪著我 나뿐만 아니라
及以於我所 나의 것이라 탐내거나 집착하지 않음으로
是諸佛子等 이 모든 불자 등이
遠離諸怖畏 모든 공포와 두려움에서 멀리 벗어난다네.

常行大慈愍 큰 자비로 불쌍히 여김을 항상 행하고
恒有信恭敬 늘 믿고 공경하며
慚愧功德備 부끄러워할 줄 아는 공덕을 갖추어
日夜增善法 밤낮으로 선근의 법을 거듭 더한다네.

樂法眞實利 법의 진실한 이익을 즐거워하고
不愛受諸欲 모든 즐거움에 대한 욕심을 누리길 좋아하지 않으며
思惟所聞法 들은 법을 사유해서
遠離取著行 취하고 집착하는 행에서 멀리 벗어난다네.

不貪於利養 선근을 기르고 키움에 이로움을 탐하지 않으며
唯樂佛菩提 오직 부처님의 보리를 좋아하고
一心求佛智 한마음으로 부처님의 지혜를 구할 뿐
專精無異念 오로지 부처님의 지혜 외에는 다른 생각이 없다네.

修行波羅蜜 바라밀을 수행해서
遠離諂虛誑 아첨과 헛된 속임수로부터 멀리 벗어나고
如說而修行 설함과 같이 행을 닦아
安住實語中 실상의 본바탕 말씀 가운데 편안히 머문다네.

不汚諸佛家 모든 부처님의 가문을 욕보이지 않으며
不捨菩薩戒 보살의 계를 버리지 않고
不樂於世事 세간의 일을 즐거워하지 않으면서도
常利益世間 언제나 세간에 이익이 되도록 한다네.

修善無厭足 선근을 닦음에 싫어하거나 만족함이 없으며
轉求增勝道 점차 거듭 더해서 뛰어난 도를 구하고
如是好樂法 이와 같은 좋아하는 법을 즐거워하기에
功德義相應 공로와 덕행의 뜻이 서로 응한다네.

恒起大願心 늘 큰 원의 마음을 일으켜서
願見於諸佛 모든 부처님 뵙기를 원하며
護持諸佛法 모든 부처님 법을 보호해서 가지고
攝取大仙道 큰 선도를 취해 거두어들인다네.

常生如是願 항상 이와 같음으로 원을 내어
修行最勝行 가장 뛰어난 행을 수행하며
成熟諸群生 모든 군생을 무르익게 하고
嚴淨佛國土 부처님의 국토를 장엄해서 청정하게 한다네.

一切諸佛刹 일체 모든 부처님의 세계에
佛子悉充徧 불자들이 모두 충만하며
平等共一心 함께 한마음으로 평등하고
所作皆不空 짓은 일 모든 것이 헛되지 않으니

一切毛端處 모든 털끝 처처마다
一時成正覺 일시에 바른 깨우침을 이룬다네.

如是等大願 이와 같은 등등의 큰 원이
無量無邊際 헤아릴 수 없고 끝닿은 경계가 없다네.

虛空與衆生 허공계와 중생계와
法界及涅槃 법계 및 열반계와
世間佛出興 세간에 부처님이 즐겁게 나오심과
佛智心境界 부처님 지혜의 마음 경계와
如來智所入 여래 지혜에 들어가면
及以三轉盡 과거, 미래, 현재를 다 하고
彼諸若有盡 그러한 모든 것들이 다하면
我願方始盡 내가 원하는 것이 비로소 끝나지만
如彼無盡期 저 언덕과 같아서 다할 기약이 없으니
我願亦復然 내 원 역시 차례를 좇아 그렇다네.

如是發大願 이와 같은 큰 원을 일으키니
心柔軟調順 마음이 순하고 부드러우며 거스름 없이 균형이 잡히고
能信佛功德 능히 부처님의 공덕을 믿으며
觀察於衆生 중생을 자세히 살펴보고 들여다보아
知從因緣起 인연을 좇아 일으킨 것임을 알고
則興慈念心 곧 사랑하는 생각과 마음을 일으켜서
如是苦衆生 이와 같음에 괴로워하는 중생을
我今應救脫 내가 이제 응당 구원해서 해탈하게 할 것이라네.

爲是衆生故 이렇듯 중생을 위하는 까닭에
而行種種施 가지가지의 보시를 하고
王位及珍寶 왕의 지위와 진귀한 보배뿐만 아니라

乃至象馬車 코끼리와 말과 수레에 이르기까지
頭目與手足 머리와 눈과 손과 발뿐만 아니라
乃至身血肉 몸과 피와 살에 이르기까지
一切皆能捨 일체 모두를 능히 버리고
心得無憂悔 마음에 근심이나 후회함이 없다네.

求種種經書 가지가지의 경전을 구하지만
其心無厭倦 싫어하거나 게으른 마음이 없으며
善解其義趣 선근을 이해하여 그 뜻 알고
能隨世所行 능히 세간의 행을 따르면서
慚愧自莊嚴 자기를 부끄러움으로 장엄하며
修行轉堅固 수행을 점차로 견고하게 하고
供養無量佛 헤아릴 수 없는 부처님께 공양하기를
恭敬而尊重 공손히 섬기고 존중한다네.

如是常修習 이와 같음을 항상 닦고 익혀서
日夜無懈倦 밤낮으로 게으름이 없고
善根轉明淨 선근을 점차 밝고 청정하게 하기를
如火鍊眞金 불로 진금을 단련하는 것과 같다네.

菩薩住於此 보살이 이 자리에 머물며
淨修於十地 십지를 청정하게 닦으니
所作無障礙 지어가는 일이 막힘이나 걸림이 없고
具足不斷絶 온전하게 갖추어 끊어지지 않는다네.

譬如大商主 비유하면 큰 상단의 주인이
爲利諸商衆 모든 상인의 무리에게 이익을 주기 위해
問知道險易 길이 험하고 쉬운 것을 물어서 알고
安隱至大城 편안히 큰 성에 이르게 하듯이

菩薩住初地 보살이 처음의 자리에 머무름도
應知亦如是 응당 이와 같음을 또한 알아야 하니
勇猛無障礙 용맹하기에 막힘이나 걸림이 없이
到於第十地 제10 지에 이르는 것이라네.

住此初地中 이 초지 가운데 머물면서
作大功德王 큰 공덕의 왕이 되어
以法化衆生 법으로 중생을 생육하고
慈心無損害 자비로운 마음으로 손해가 없게 한다네.

統領閻浮地 염부제의 땅을 통솔해서 다스리며
化行靡不及 생육의 행이 미치지 않은 곳이 없고
皆令住大捨 모두가 크게 버리는 일에 머물며
成就佛智慧 부처님의 지혜를 성취한다네.

欲求最勝道 가장 뛰어난 도를 구하고자
捨己國王位 국왕이라는 자리를 버리고
能於佛敎中 부처님의 가르침 가운데 들어가
勇猛勤修習 용맹하고 부지런하게 닦고 익히며
則得百三昧 곧 백 삼매를 얻은 후에는
及見百諸佛 백 부처님 모두를 뵙기에 이르고
震動百世界 백 세계를 진동하며
光照行亦爾 빛을 비추는 행 또한 그러하기에
化百土衆生 백 국토의 중생을 생육하고
入於百法門 백 가지 법문에 들어가서
能知百劫事 백 겁의 일을 능히 알고
示現於百身 백 가지의 몸으로 나타내어 보이며
及現百菩薩 백 분의 보살을 나타낼 뿐만 아니라
以爲其眷屬 권속으로 삼으니

若自在願力 그와 같은 자재한 원력이라면
過是數無量 헤아릴 수 없는 수를 지난다네.

我於地義中 내가 초지의 뜻을
略述其少分 적게나마 간략히 설명하지만
若欲廣分別 그와 같이 광대하게 분별하고자 한다면
億劫不能盡 억겁에라도 다할 수 없다네.

菩薩最勝道 보살의 가장 뛰어난 도는
利益諸群生 모든 군생에게 이익을 주니
如是初地法 이와 같은 초지의 법을
我今已說竟 내가 지금 설하고 마친다네.

대방광불화엄경 제35권

26. 십지품(2)
　　十地品第二十六之二

제2 이구지(離垢地)

諸菩薩聞此 모든 보살이
最勝微妙地 가장 뛰어나고 작지만 빼어난 초지를 듣고
其心盡淸淨 그 마음이 다 청정해지기에
一切皆歡喜 일체가 다 환희한다네.

皆從於座起 모두 자리에서 일어나
踊住虛空中 허공 가운데 뛰어올라 머물며
普散上妙華 가장 뛰어난 빼어난 꽃을 두루 흩뿌리고
同時共稱讚 동시에 함께 칭찬하기를
善哉金剛藏 "선근의 금강장이로다."
大智無畏者 큰 지혜로 두려움 없는 자이며
善說於此地 선근의 자리로서
菩薩所行法 보살이 행할 법을 설한다네.

解脫月菩薩 해탈월 보살이
知衆心淸淨 대중의 마음이 청정하기에
樂聞第二地 제2지가
所有諸行相 가지고 있는 모든 행의 모양이나 상태를 즐거이 듣고 싶은 것을 알고
旣請金剛藏 곧 금강장에게 청하기를
大慧願演說 "대혜시여! 널리 펴서 설해주시길 원합니다."

佛子皆樂聞 모든 불자가
所住第二地 머무는 곳 제2지에 대해 즐겁게 듣고자 합니다.

이때 금강장 보살이 해탈월 보살에게 깨우쳐주기 위해 말했다.
爾時 金剛藏菩薩告解脫月菩薩言

"불자여! 보살마하살이 이미 초지를 닦고 제2지에 들어가고자 한다면, 마땅히 열 가지 깊은 마음을 일으켜야 하니, 무엇이 열 가지가 되는가. 이른바 정직한 마음과 부드러운 마음과 능히 참아내는 마음과 조복하는 마음과 고요(해탈.열반)한 마음과 순수한 선근의 마음과 뒤섞이지 않는 마음과 돌아보고 그리움이 없는 마음과 넓은 마음과 큰마음이다. 보살은 이 열 가지 마음으로 제2의 이구지에 들어간다."
佛子 菩薩摩訶薩已修初地 欲入第二地 當起十種深心 何等爲十 所謂 正直心 柔軟心 堪能心 調伏心 寂靜心 純善心 不雜心 無顧戀心 廣心 大心 菩薩以此十心 得入第二離垢地

"불자여! 보살이 이구지에 머물면 성품이 자연스럽게 모든 살생에서 멀리 벗어나 칼이나 창을 쌓아두지 않고 원한을 품지 않고 부끄러워하며, 창피해하고 인자함과 용서하는 마음을 온전하게 갖추어 모든 중생으로서 생명을 지닌 자에게는 늘 이익이 되고 사랑하는 마음을 낸다. 보살은 오히려 악한 마음으로 모든 중생을 괴롭게 하지 않으니, 하물며 다른 이를 중생이라 생각하면서 이러저러한 무거운 뜻으로 남의 생명을 어찌 해치겠는가?"

"성품은 훔치려 하지 않으니, 보살은 자신의 재물에 항상 만족함을 알고 다른 이를 사랑으로 헤아려 알아서 해치거나 손해를 끼치려 하지 않고 그와 같이 다른 이에게 속한 물건이라면 남의 물건이라는 생각을 내어 훔치려는 마음을 내지 않을 뿐만 아니라 풀잎 하나에 이르기까지 주지 않는 것은 취하지 않으니, 하물며 그 나머지 생활에 필요한 물건을 어찌 훔치려 하겠는가?"

"성품은 사악하고 음탕하지 않으니, 보살은 자기 아내로 만족함을 알고 남의 아내를 구하지 않고 다른 이의 아내나 첩이나, 다른 이가 보호하는 여인이나, 친족이 보호하거나, 정혼한 여인이나, 법으로 보호하는 여인은 탐하지 않으니, 하물며 사악하고 음탕한 일을 좇겠으며, 또 어찌 도가 아닌 행을 하겠는가?"

"성품은 거짓말을 하지 않으니, 보살은 항상 진실한 말과 참다운 말과 시기에 맞게 말을 하며, 꿈에서라도 덮어서 숨기려는 말뿐만 아니라 마음으로 하고자 하는 말에 이르기까지 거짓말이 없으니, 하물며 거짓말로 해치려 하겠는가?"

"성품은 두 가지 말을 하지 않으니, 보살은 모든 중생에게 이간질하는 마음이 없고 괴롭히거나 해치려는 마음도 없고 이곳의 말을 가지고 저곳을 깨트리기 위한 까닭으로 저곳을 향해 말하지 않고 저곳의 말을 가지고 이곳을 깨트리기 위한 까닭으로 이곳을 향해 말하지 않고 아직 깨트리지 않는 자는 깨트리지 않게 하고 이미 깨트린 자는 거듭 더하고 늘리지 않게 하고 둘 사이를 헐뜯어 서로 멀어지게 함을 기뻐하지 않고 둘 사이를 헐뜯어 서로 멀어지게 하는 것을 좋아하지도 않고 둘 사이를 헐뜯는 말도 하지 않고 서로를 헐뜯는 말이 진실이거나 진실이 아니거나 말하지도 않는다."

"성품은 나쁜 말을 하지 않으니, 이른바 독하고 해롭게 하는 말과 거칠고 난폭한 말과 남을 괴롭히는 말과 남을 성내고 억울하게 하는 말과 눈앞에서 하는 말과 눈앞에서 하지 않는 말과 더럽고 악한 말과 용렬하고 천한 말과 듣기에 좋지 않은 말과 듣는 이에게 기쁘지 않은 말과 성내고 분노하는 말과 마음에 불이 타오를 것 같은 말과 원통함을 맺게 하는 말과 괴로움이 더욱 뜨거워지는 말과 사랑하지 않은 말과 즐겁지 않은 말과 능히 자신의 몸과 타인의 몸을 무너뜨리는 말, 이와 같은 등등의 말을 남김없이 다 버리고 벗어나며, 늘 윤택한 말과 부드러운 말과 뜻을 기쁘게 하는 말과 들으면 좋은 말과 듣는 자가 매우 기뻐하는 말과 선근으로 사람의 마음에 들어가는 말과 아름답고 규칙을 가진 말과 많은 사람이 사랑하고 좋아하는 말과 많은 사람이 기뻐하고 즐거워하는 말과 몸과 마음으로 뛸 듯이 기뻐하게 하는 말을 항상 말한다."

"성품은 교묘하게 잘 꾸며대는 말을 하지 않으니, 보살은 항상 즐겁게 사유하고 환하게 아는 말과 시기에 맞는 말과 실상의 본바탕이 되는 말과 법다운 말과 도리에 거스르지 않는 말과 섬세하고 능숙하게 조복하는 말과 때를 따라 제대로 헤아려 결정 짓은 말을 좋아한다. 보살은 우스갯소리라도 항상 밝게 사유하니, 하물며 산란한 말을 어찌하겠는가?"

"성품은 탐내거나 욕심부리지 않으니, 보살은 타인의 재물이나 타인의 물건을 탐내지 않고 원하지도 않으며, 구하지도 않는다."

"성품은 성냄을 벗어나니, 보살은 모든 중생에게 늘 자비로운 마음과 이익이 되고자 하는 마음과 가엾이 여기는 마음과 환희하는 마음과 조화롭고 윤택한 마음과 거두어 받아들이는 마음을 일으켜 성내고 미워하고 원망으로 해치고 괴롭게 하는 마음을 영원히 버리며, 늘 거스르지 않은 인자한 생각으로 이익을 주려고 행한다."

"또 요사스럽고 바르지 못한 의견을 벗어나니, 보살은 바른 도에 머물며, 점치는 행을 하지 않고 악한 계를 취하지 않고 마음으로 보는 일이 정직하고 속임이 없고 아첨이 없으며, 불법승을 결정하는 믿음을 일으킨다."

佛子 菩薩住離垢地 性自遠離一切殺生 不畜刀杖 不懷怨恨 有慚有愧 仁恕具足 於一切衆生有命之者 常生利益慈念之心 施菩薩尙不惡心惱諸衆生 何況於他起衆生想 故以重意而行殺害 性不偸盜 菩薩於自資財 常知止足 於他慈恕 不欲侵損 若物屬他 起他物想 終不於此而生盜心 乃至草葉不與不取 何況其如餘生之具 性不邪婬 菩薩於自妻知足 不求他妻 於他妻妾 他所護女 親族媒定及爲法所護 尙不生於貪染之心 何況從事 況於非道 性不妄語 菩薩常作實語 眞語 時語 乃至夢中亦不忍作覆藏之語 無心欲作 何況故犯 性不兩舌 菩薩於諸衆生無離間心 無惱害心 不將此語爲破彼故而向彼說 不將彼語爲破此故而向此說 未破者不令破 已破者不增長 不喜離間 不樂離間 不作離間語 不說離間語 若實 若不實 性不惡口 所謂 毒害語 麤獷語 苦他語 令他瞋恨語 現前語 不現前語 鄙惡語 庸賤語 不可樂聞語 聞者不悅語 瞋忿語 如火燒心語 怨結語 熱惱語 不可愛語 不可樂語 能壞自身他身語 如是等語皆悉捨離 常作潤澤語 柔軟語 悅意語 可樂聞語 聞者喜悅語 善入人心語 風雅典則語 多人愛樂語 多人悅樂語 身心踊悅語 性不綺語 菩薩常樂思審語 時語 實語 義語 法語 順道理語 巧調伏語 隨時籌量決定語 是菩薩乃至戲笑尙恒思審 何況故出散亂之言 性不貪欲菩薩於他財物 他所資用 不生貪心 不願不求 性離瞋恚 菩薩於一切衆生恒起慈心 利益心 哀愍心 歡喜心 和潤心 攝受心 永捨瞋恨 怨害 熱惱 常思順行 仁慈祐益 又離邪見 菩薩住於正道 不行占卜 不取惡戒 心見正直 無誑無諂 於佛 法 僧起決定信

"불자여! 보살마하살이 이와 같은 열 가지 선근 업의 도를 보호해 지니고 항상 중간중간에 끊어짐이 없게 한다."

"차례를 좇아(復) 생각하기를 모든 중생이 악한 부류에 떨어지는 것은 모두 열 가지 선근의 업이 아닌 것을 행하는 까닭이니, 나는 마땅히 스스로 바른 행을 닦고 또한 타인에게 권하여 바른 행을 닦게 할 것이다. 왜냐하면, 스스로 바른 행을 행하지 못하면서 다른 이에게 바른 행을 닦게 함은 옳지 않기 때문이다."

佛子 菩薩摩訶薩如是護持十善業道 常無間斷 復作是念 一切衆生墮惡趣者 莫不皆以十不善業 是故我當自修正行 亦勸於他 令修正行 何以故 若自不能修行正行 令他修者 無有是處

"불자여! 이 보살마하살이 차례를 좇아(復) 생각하기를 열 가지 선근의 업이 아닌 것은 아귀나 축생에 태어나는 까닭이 되며, 열 가지 선근의 업은 사람과 하늘뿐만 아니라 유정(비로자나법신) 처에 이르기까지 태어나는 까닭이 된다."

"또 이 상품(上品)의 열 가지 선근 업의 도는 지혜로 닦고 익히니, 마음이 좁고 적기 때문이며, 삼계를 두려워하기 때문이며, 가엾이 여기는 큰마음이 없기 때문이며, 다른 이의 소리를 듣고서 깨달아 아는 까닭으로 성문승을 이룬다."

"또 이 상품(上品)의 열 가지 선근 업의 도는 청정함을 닦고 다스리니, 다른 자의 가르침을 좇지 않고 스스로 깨닫기 때문이며, 가엾이 여기는 큰마음을 온전하게 갖추지 못했기 때문이며, 깊고 깊은 인연의 법을 깨달아 아는 까닭으로 독각승을 이룬다."

"또 이 상품(上品)의 열 가지 선근 업의 도는 청정함을 닦고 다스리니, 마음이 헤아릴 수 없이 광대하고 가엾게 여기고 불쌍히 여기는 마음을 온전하게 갖추었기 때문이며, 방편으로 거두어 주기 때문이며, 큰 원을 생하고 일으키기 때문이며, 중생을 버리지 않기 때문이며, 모든 부처님의 큰 지혜를 바라고 구하기 때문이며, 보살의 모든 지위를 청정하게 다스리기 때문이며, 일체 모든 바라밀을 청정하게 닦은 까닭으로 보살의 광대한 행을 이룬다."

"또 상(上)의 상(上.無等等) 열 가지 선근 업의 모든 종은 청정한 까닭으로 십력과 사무소외를 증득할 뿐만 아니라 모든 불법에 이르기까지 빠짐없이 성취할 것이니, 이러한 까닭으로 내가 이제 열 가지 선근을 평등하게 행하고 모든 것을 온전하게 갖추어 청정하게 할 것이다. 보살은 이와 같은 방편을 마땅히 배워야 할 것이다."

佛子 此菩薩摩訶薩復作是念 十不善業道 是地獄 畜生 餓鬼受生因 十善業道 是人 天乃至有頂處受生因 又此上品十善業道 以智慧修習 心狹劣故 怖三界故 闕大

悲心 從他聞聲而解了故 成聲聞乘 又此上品十善業道 修治淸淨 不從他敎 自覺悟故 大悲方便不具足故 悟解甚深因緣法故 成獨覺乘 又此上品十善業道 修治淸淨 心廣無量故 具足悲愍故 方便所攝故 發生大願故 不捨衆生故 希求諸佛大智故 淨治菩薩諸地故 淨修一切諸度故 成菩薩廣大行 又此上上十善業道 一切種淸淨故 乃至證十力 四無畏故 一切佛法皆得成就 是故我今等行十善 應令一切具足淸淨 如是方便 菩薩當學

"불자여! 이 보살마하살이 차례를 좇아(復) 생각하기를 열 가지 선근 업의 도가 아닌 상품은 지옥의 까닭이 되고 중품은 축생의 까닭이 되고 하품은 아귀의 까닭이 된다. 그 가운데 살생의 죄는 중생을 지옥, 축생, 아귀에 떨어지게 하고 만일 인간으로 태어나더라도 두 가지 과보를 받을 것이니, 첫째는 단명이며, 둘째는 병이 많다는 것이다."

"훔친 죄로는 중생을 삼악도에 떨어지게 하고 만일 사람 가운데 태어나더라도 두 가지 과보를 받을 것이니, 첫째는 빈궁함이고 둘째는 재물을 공동으로 가지게 되어 마음대로 하지 못하는 것이다."

"사악하고 음탕한 죄로는 중생을 삼악도에 떨어지게 하고 만일 사람 가운데 태어나더라도 두 가지 과보를 받을 것이니, 하나는 아내의 행실이 부정하고 둘은 뜻을 따르는 권속을 얻지 못하는 것이다."

"거짓말한 죄로는 중생을 삼악도에 떨어지게 하고 만일 사람 가운데 태어나더라도 두 가지 과보를 받을 것이니, 하나는 비방을 많이 받는 것이고 둘은 남에게 속은 일이다."

"둘 사이를 헐뜯어 사이를 멀게 한 죄로는 중생을 삼악도에 떨어지게 하고 만일 사람 가운데 태어나더라도 두 가지 과보를 받을 것이니, 첫째는 권속이 서로 어그러지고 떠나며, 둘째는 친족이 악해지고 나쁘게 된다."

"악한 말을 한 죄로는 중생을 삼악도에 떨어지게 하고 만일 사람으로 태어나더라도 두 가지 과보를 받을 것이니, 하나는 늘 악한 소리를 듣는 것이고 둘은 말로 다투는 일이 많고 송사가 있다는 것이다."

"교묘하게 꾸며낸 말로 한 죄로는 중생을 삼악도에 떨어지게 하고 만일 사람으로 태어나더라도 두 가지 과보를 받을 것이니, 첫째는 사람들이 내 말을 받아들이지 않음이고 둘째는 말이 분명하지 않다는 것이다."

"탐내고 욕심을 부린 죄로는 중생을 삼악도에 떨어지게 하고 만일 사람으로 태어나더라도 두 가지 과보를 받을 것이니, 첫째는 만족함을 알지 못하고 둘째는 욕심이 많고 이를 싫어하지 않는다는 것이다."

"성을 낸 죄도 또한 중생을 삼악도에 떨어지게 하고 만일 사람으로 태어나더라도 두 가지 과보를 받을 것이니, 하나는 항상 타인으로부터 장점, 단점에 따라 시비를 받고 둘은 다른 사람으로부터 괴로움과 고통을 받는다는 것이다."

"요사스럽고 바르지 못한 의견을 가진 죄로는 중생을 삼악도에 떨어지게 하고 만일 사람으로 태어나더라도 두 가지 과보를 받을 것이니, 첫째는 요사스럽고 바르지 못한 의견을 가진 집안에 나게 되고 둘째는 마음이 아첨을 좋아하고 바르지 않다는 것이다."

"불자여! 열 가지 선근 업의 도가 아니면 이렇듯 헤아릴 수 없고 끝없는 고통의 무리를 내는 것이니, 이러한 까닭으로 보살은 생각하기를 '나는 당연히 열 가지 선근 업의 도가 아닌 것에서 멀리 벗어나고 열 가지 선근의 도를 가지고 법의 동산으로 삼고 편안히 머물며, 스스로 그 가운데 머무르고 타인에게도 그 가운데 머물기를 권할 것이다.'라고 한다."

佛子 此菩薩摩訶薩復作是念 十不善業道 上者地獄因 中者畜生因 下者餓鬼因 於中 殺生之罪能令衆生墮於地獄 畜生 餓鬼 若生人中 得二種果報 一者短命 二者多病 偸盜之罪亦令衆生墮三惡道 若生人中 得二種果報 一者貧窮 二者共財不得自在 邪婬之罪亦令衆生墮三惡道 若生人中 得二種果報 一者妻不貞良 二者不得隨意眷屬 妄語之罪亦令衆生墮三惡道 若生人中 得二種果報 一者多被誹謗 二者爲他所誑 兩舌之罪亦令衆生墮三惡道 若生人中 得二種果報 一者眷屬乖離 二者親族弊惡 惡口之罪亦令衆生墮三惡道 若生人中 得二種果報 一者常聞惡聲 二者言多諍訟 綺語之罪亦令衆生墮三惡道 若生人中 得二種果報 一者言無人受 二者語不明了 貪欲之罪亦令衆生墮三惡道 若生人中 得二種果報 一者心不知足 二者多欲無厭 瞋恚之罪亦令衆生墮三惡道 若生人中 得二種果報 一者常被他人求其長短 二者恒被於他之所惱害 邪見之罪亦令衆生墮三惡道 若生人中 得二種果報 一者生邪見家 二者其心諂曲 佛子 十不善業道能生此等無量無邊衆大苦聚 是故菩薩復作是念 我當遠離十不善道 以十善道爲法園苑 愛樂安住 自住其中 亦勸他人令住其中

"불자여! 이 보살마하살은 차례를 좇아(復) 중생에게 이익을 주고자 하는 마음과 편안하고 즐거운 마음과 사랑스러운 마음과 가엾이 여기는 마음과 불쌍하고 가련하게 여기는 마음과 거두어 주려는 마음과 지키고 보호하려는 마음과 나와 같다는 마음과 스승의 마음과 큰 스승의 마음을 낸다."

"생각하기를 '중생이 가련하게도 요사스럽고 바르지 못한 의견에 떨어졌으니, 악한 지혜와 악한 욕심과 악한 도가 빽빽하게 들어찬 숲과 같다. 내가 당연히 그들을 바른 견해에 머물게 하여 진실한 도를 행하게 할 것이다.'하고 한다."

"또 생각하기를 '모든 중생이 나와 남을 분별하면서 서로를 파괴하고 다투고 성내고 원망하는 일을 성하게 일으키며, 쉬지 않으니, 내가 당연히 그들을 위 없는 큰 사랑의 마음 가운데 머물게 할 것이다.'라고 한다."

"또 생각하기를 '모든 중생이 탐내면서 만족할 줄을 모르고 싫어하지 않고 오로지 재물과 제 이익만을 구하면서 삿된 목숨으로 스스로 살아가니, 나는 당연히 그들이 몸과 말과 뜻으로 짓은 업을 청정하게 하고 바르게 살게 할 것이다.'라고 한다."

"또 생각하기를 '모든 중생이 늘 삼독만을 따르기에 가지가지의 번뇌가 이로 인하여 매우 성하게 일어나지만 벗어날 중요한 방편을 구할 줄 모르니, 내가 당연히 그들이 가진 모든 번뇌의 불덩이를 없애버리고 청량한 열반의 처소에 편안히 있게 할 것이다.'라고 한다."

"또 생각하기를 '모든 중생이 어리석기에 무거운 어둠에 갇히고 허망한 견해에 두텁게 덮인 까닭으로 그늘지고 가려진 빽빽한 숲에 들어가 지혜의 광명을 잃고 광야의 험한 길을 행하며 모든 악한 견해를 일으키니, 나는 당연히 그들이 걸림이나 막힘없는 청정한 지혜의 눈을 얻게 하고 모든 법의 실질적인 모양이나 상태를 알게 하고 타인의 가르침을 따르지 않게 할 것이다.'라고 한다."

"또 생각하기를 '모든 중생이 생사의 험한 길 가운데 있으면서 장차 지옥, 축생, 아귀에 떨어지고 악한 견해의 그물 가운데 들어가 어리석은 숲속에서 길을 잃고 헤매며, 요사스럽고 바르지 못한 의견을 따라 뒤쫓고 거꾸로 뒤바뀐 행을 행하니, 비유하면 눈먼 사람이 인도하는 사람이 없기에 나갈 길이 아닌데 나갈 길이라 이르고 마의 경계에 들어가 악한 도적에게 잡히고 마의 마음을 거스르지 않고 따르면서 부처님의 뜻에서 멀리 벗어나니, 내가 마땅히 이와 같은 험난한 곳에서 이끌어 두려움 없는 모든 지혜의 성에 머물게 할 것이다.'라고 한다."

"또 생각하기를 '모든 중생이 급하게 흐르는 난폭한 물의 흐름에 휩쓸려서 욕심의 흐름과 있음을 따르는 흐름과 무명의 흐름과 견해의 흐름에 들어가 생사를 따라 돌고 돌며,

애욕의 강을 따라 헤매 돌고 여울에 솟구치고 심하게 부딪치고 자세히 들여다볼 겨를도 없이 욕심을 알아채기 위해, 성냄을 알아채기 위해, 해침을 알아채려는 생각을 좇아 따르면서 버리지 못하고 내 몸이라고 보는 찰나의 번뇌 가운데 의지하면서 영원히 애욕의 빽빽한 숲속으로 잡혀들어가 탐욕과 애욕을 깊이 내어 집착하고 나라는 오만함의 언덕만을 보며, 육처의 취락 만을 편안히 여기고 선근을 구할 만한 자도 없고 능히 제도할 자도 없으니, 내가 마땅히 그들에게 가엾이 여기는 큰마음을 일으켜 모든 선근으로 구제하여 재앙과 근심을 없게 하며, 물드는 일을 벗어나 적정하게 하고 모든 지혜의 보배 섬에 머물게 할 것이다.'라고 한다."

"또 생각하기를 '모든 중생이 세간의 뇌옥에 갇혀서 고통이 많고 늘 사랑하고 미워하는 생각을 품어 스스로 두려움과 근심을 내고 탐욕이라는 무거운 형틀에 얽매이며, 무명의 숲을 덮어 썼기에 막힘이나 걸림이 되어 삼계 속에서 벗어나지 못하니, 내가 마땅히 그들이 삼유를 영원히 벗어나 막힘이나 걸림이 없는 대 열반에 머물게 할 것이다.'라고 한다."

"또 생각하기를 '모든 중생이 나라는 생각에 집착하기에 모든 오온(五蘊)의 굴속에서 벗어남을 구하지 않고 육처라는 공한 모음에 의지해서 네 가지 거꾸로 뒤바뀐 행을 일으키며, 사대의 독사에게 괴롭힘을 당하고 오온이라는 원망스러운 적에게 살해당하면서 헤아릴 수 없는 고통을 받으니, 내가 마땅히 그들을 가장 뛰어나고 집착할 것이 없는 처에 머물게 할 것이다. 이른바 모든 막힘이나 걸림이 없어진 위 없는 열반을 얻게 할 것이다.'라고 한다."

"또 생각하기를 '모든 중생의 그 마음이 좁고 용렬해서 가장 좋은 모든 지혜의 도를 행하지 않으면서 비록 벗어나고자 하기는 하지만 단지 성문과 벽지불 승만을 좋아하니, 내가 마땅히 그들을 광대한 부처님의 법과 광대한 지혜에 머물게 할 것이다.'라고 한다."

"불자여! 보살은 이와 같음으로 계를 보호해 지키면서 선근의 자비한 마음을 거듭 더하고 늘리게 한다."

佛子 此菩薩摩訶薩復於一切衆生生利益心 安樂心 慈心 悲心 憐愍心 攝受心 守護心 自己心 師心 大師心 作是念言 衆生可愍 墮於邪見 惡慧 惡欲 惡道稠林 我當令彼住於正見 行眞實道 又作是念 一切衆生分別彼我 互相破壞 鬪諍瞋恨 熾然不息 我當令彼住於無上大慈之中 又作是念 一切衆生貪取無厭 唯求財利 邪命自活 我當令彼住於淸淨身 語 意業正命法中 又作是念 一切衆生常隨三毒 種種煩惱因之熾然 不解志求出要方便 我當令彼除滅一切煩惱大火 安置淸涼涅槃之處 又作是念 一切

衆生愚癡重闇 妄見厚膜之所覆故 入陰翳稠林 失智慧光明 行曠野險道 起諸惡見 我當令彼得無障礙淸淨智眼 知一切法如實相 不隨他敎 又作是念 一切衆生在於生死險道之中 將墮地獄 畜生 餓鬼 入惡見網中 爲愚癡稠林所迷 隨逐邪道 行顚倒行 譬如盲人無有導師 非出要道謂爲出要 入魔境界 惡賊所攝 隨順魔心 遠離佛意 我當拔出如是險難 令住無畏一切智城 又作是念 一切衆生爲大瀑水波浪所沒 入欲流 有流 無明流 見流 生死洄澓 愛河漂轉 湍馳奔激 不暇觀察 爲欲覺 恚覺 害覺隨逐不捨 身見羅刹於中執取 將其永入愛欲稠林 於所貪愛深生染著 住我慢原阜 安六處聚落 無善救者 無能度者 我當於彼起大悲心 以諸善根而爲救濟 令無災患 離染寂靜 住於一切智慧寶洲 又作是念 一切衆生處世牢獄 多諸苦惱 常懷愛憎 自生憂怖 貪欲重械之所繫縛 無明稠林以爲覆障 於三界內莫能自出 我當令彼永離三有 住無障礙大涅槃中 又作是念 一切衆生執著於我 於諸蘊窟宅不求出離 依六處空聚 起四顚倒行 爲四大毒蛇之所侵惱 五蘊怨賊之所殺害 受無量故 我當令彼住於最勝無所著處 所謂 滅一切障礙無上涅槃 又作是念 一切衆生其心狹劣 不行最上一切智道 雖欲出離 但樂聲聞 辟支佛乘 我當令住廣大佛法 廣大智慧 佛子 菩薩如是護持於戒 善能增長慈悲之心

"불자여! 보살이 이 이구지에 머물면서 서원의 힘으로 많은 부처님을 보게 되니, 이른바 많은 백 부처님과 많은 천 부처님과 많은 백천 부처님과 많은 억 부처님과 많은 백억 부처님과, 많은 천억 부처님과 많은 백 천억 부처님을 보며, 이와 같은 많은 백 천억 나유타 부처님을 본다."

"모든 부처님의 처소에서 광대한 마음과 깊은 마음으로 공경하고 존중하고 받들어 섬기고 공양하며, 의복과 음식과 침구와 의약과 모든 생활필수품으로 받들어 보시하고 또한 스님들에게도 공양하니, 이 선근으로 아뇩다라삼먁삼보리에 회향하며, 모든 부처님의 처소에서 존중하는 마음으로 차례를 좇아(復.50位) 다시 열 가지 선근의 도법을 받아 행하며, 그 받은 것을 따를 뿐만 아니라 아뇩다라삼먁삼보리에 이르기까지 마침내 잊거나 잃지 않는다."

"이 보살이 헤아릴 수 없는 백 천억 나유타 겁 동안 아끼고 미워하고 시기하고 깨뜨린 계의 허물을 멀리 벗어난 까닭으로 보시와 계를 가지는 일이 청정하고 만족한 것이니, 비유하면 진금을 명반 가운데 두고 법대로 단련하면 모든 쇠 부스러기는 없어지고 점차 밝아지며 청정해지는 것과 같다. 보살이 이구지에 머무는 것도 역시 차례를 좇아(復.50位) 이와 같기(不立五蘊不離證得)에 헤아릴 수 없는 백 천억 나유타 겁 동안 아끼고 미워하고 시기하고 깨뜨린 계의 허물을 멀리 벗어난 까닭으로 보시와 계를 가지는 일이 청정하고 만족스러운 것이다."

"불자여! 이 보살은 사섭법 가운데 사랑스러운 말에 많이 치우치고 십바라밀 가운데 지계바라밀에 많이 치우친 것이니, 다른 행을 행하지 않은 것은 아니지만 단지 힘을 따르고 구별 지음을 따를 뿐이다."

"불자여! 이 이름을 간략하게 설하면 보살마하살의 제2 이구지이다."

佛子 菩薩住此離垢地 以願力故 得見多佛 所謂 見多百佛 多千佛 多百千佛 多億佛 多百億佛 多千億佛 多百千億佛 如是乃至見多百千億那由他佛 於諸佛所 以廣大心 深心 恭敬尊重 承事供養 衣服 飮食 臥具 醫藥 一切資生悉以奉施 亦以供養一切衆僧 以此善根迴向阿耨多羅三藐三菩提 於諸佛所 以尊重心 復更受行十善道法 隨其所受 乃至菩提 終不忘失 是菩薩於無量百千億那由他劫 遠離慳嫉破戒垢故 布施 持戒清淨滿足 譬如眞金置礬石中 如法鍊已 離一切垢 轉復明淨 菩薩住此離垢地 亦復如是 於無量百千億那由他劫 遠離慳嫉破戒垢故 布施 持戒清淨滿足 佛子 此菩薩 四攝法中 愛語偏多 十波羅蜜中 持戒偏多 餘非不行 但隨力隨分 佛子 是名 略說菩薩摩訶薩第二離垢地

"보살이 이 자리에 머물러서는 많은 전륜성왕이 되어 큰 법의 주인이 되고 칠보를 온전하게 갖추고 자재한 힘이 있기에 능히 모든 중생의 인색하고 아끼고 탐하면서 깨트린 계의 허물을 없애고 선근의 방편으로 그들을 열 가지 선근의 도 가운데 편안히 머물게 하고 큰 시주가 되어 두루 베푸는 일이 다 함이 없고 보시하고 사랑스러운 말을 하며, 이익이 되게 하고 함께 일을 하니, 이와 같은 일체 모든 하는 일의 업이, 부처님을 생각하는 일에서 벗어나지 않으며, 법을 생각하는 일에서 벗어나지 않으며, 승을 생각하는 일에서 벗어나지 않을 뿐만 아니라 모든 지혜의 씨앗과 모든 지혜의 지혜를 온전하게 갖추게 하려는 생각을 벗어나지 않는다."

"또 생각하기를 '내가 모든 중생 가운데서 우두머리가 되고 뛰어나며, 특히 뛰어나며,

빼어나고 매우 빼어나 위가 되며, 더는 위가 없을 뿐만 아니라 모든 지혜의 지혜로 다른 이가 의지할 수 있는 자가 될 것이다.'라고 한다."

"이러한 보살이 그와 같이 집을 버리고 불법 가운데서 부지런히 정진하고자 하면, 집과 처자와 다섯 가지 욕락을 버리고 앞서 출가하고는 부지런히 정진해서 한 생각 사이에 천 삼매를 얻으며, 천 부처님을 보고 천 부처님의 신력을 알고 천 세계를 진동시키고 천 가지 몸을 나타내고 몸마다 천 보살을 나타내어 권속으로 삼는다."

"그와 같은 보살이 특히 뛰어난 원력으로 자재하게 나타내 보이더라도 이 수를 지나 백 겁, 천 겁 및 백 천억 나유타 겁에도 능히 세어서 알 수 없다."

菩薩住此地 多作轉輪聖王 爲大法主 具足七寶 有自在力 能除一切衆生慳貪破戒 垢 以善方便令其安住十善道中 爲大施主 周給無盡 布施 愛語 利行 同事如是一切 諸所作業 皆不離念佛 不離念法 不離念僧 乃至不離念具足一切種 一切智智 又作是 念 我當於一切衆生中爲首 爲勝 爲殊勝 爲妙 爲微妙 爲上 爲無上 乃至爲一切智智 依止者 是菩薩若欲捨家於佛法中勤行精進 便能捨家 妻子 五欲 旣出家已 勤行精進 於一念頃 得千三昧 得見千佛 知千佛神力 能動千世界 乃至能示現千身 於一一身能 示現千菩薩以爲眷屬 若以菩薩殊勝願力自在示現 過於是數 百劫 千劫乃至百千億 那由他劫不能數知

이때 금강장 보살이 그러한 뜻을 거듭 펴려고 게송으로 말했다.
爾時 金剛藏菩薩欲重宣其義而說頌言

質直柔軟及堪能 있는 그대로 꾸미지 않고 부드럽게 감당할 능력과
調伏寂靜與純善 조복과 적정과 더불어 순수한 선근과
速出生死廣大意 생사를 빠르게 벗어나는 광대한 생각
以此十心入二地 이 열 가지 마음으로 2 지에 든다네.

住此成就戒功德 이 자리에 머무르며 계행의 공덕을 성취해서
遠離殺生不惱害 살생에서 멀리 벗어나 괴롭히거나 해치지 않으며
亦離偸盜及邪婬 또한 도둑질과 사악하고 음탕함을 벗어나며

妄惡乖離無義語 망령된 말과 악한 말과 어그러지는 말과 뜻 없는 말을 벗어난다네.

不貪財物常慈愍 재물을 탐하지 않고 항상 사랑하고 불쌍히 여기며
正道直心無諂僞 바른 도와 곧은 마음에 아첨하고 속이는 일이 없으며
離險捨慢極調柔 험난함을 벗어나고 교만함을 버려서 지극히 부드럽게 합하며
依敎而行不放逸 가르침을 의지해서 행하고 방일하지 않는다네.

地獄畜生受衆苦 지옥과 축생으로 많은 고통을 받음과
餓鬼燒然出猛焰 아귀는 불에 타면서 맹렬한 불길을 내니
一切皆由罪所致 모든 것이 다 죄로 말미암아 이른 것이기에
我當離彼住實法 내가 마땅히 그것을 떠나 진실한 법에 머물 것이라네.

人中隨意得受生 사람 가운데 뜻을 따라 태어남을 받아 얻을 뿐만 아니라
乃至頂天禪定樂 정천에 이르러 선정의 즐거움과
獨覺聲聞佛乘道 독각과 성문과 부처님의 법에 오르는 길은
皆因十善而成就 다 열 가지의 선근으로 말미암아 성취한다네.

如是思惟不放逸 이와 같음을 사유하면서 방일하지 않으며
自持淨戒敎他護 스스로 청정한 계행을 지니고 타인의 가르침으로부터 보호하며
復見群生受衆苦 차례를 좇아 군생이 많은 고통을 받음을 보고
轉更增益大悲心 점차 가엾이 여기는 큰마음을 거듭 더하고 더한다네.

凡愚邪智不正解 범부는 삿된 지혜로 바르게 이해하지 못하고 어리석으며
常懷忿恨多諍訟 늘 분함과 한스러움을 품고 많이 다투며
貪求境界無足期 경계를 탐내고 구하느라 만족함을 모르니
我應令彼除三毒 나는 마땅히 그들이 삼독을 없애게 할 것이라네.

愚癡大暗所纏覆 어리석음이라는 큰 어둠에 얽히고 덮이어
入大險道邪見網 크고 험한 길과 요사스럽고 바르지 못한 의견의 그물에 걸려 들어가며

生死籠檻怨所拘 생사라는 대그릇과 덫과 원수에 잡히니
我應令彼摧魔賊 나는 마땅히 그들이 마와 도적을 꺾게 할 것이라네.

四流漂蕩心沒溺 사해를 흐르고 떠돌며 흐리게 해서 마음이 잠기며
三界焚如苦無量 삼계에 불을 놓아 고통은 헤아릴 수 없고
計蘊爲宅我在中 오온을 집으로 삼았지만 내가 그 가운데 있으면서
爲欲度彼勤行道 그들을 제도하고자 부지런히 도를 행한다네.

設求出離心下劣 구하고자 베풀어 두어도 벗어나고자 하는 마음이 좁기에
捨於最上佛智慧 최상의 부처님 지혜를 버리니
我欲令彼住大乘 내가 그들이 대승에 머물게 하고자
發勤精進無厭足 부지런히 정진함을 일으켜 멈추거나 싫어하지 않는다네.

菩薩住此集功德 보살이 이 자리에 머물며 공덕을 모으며
見無量佛咸供養 헤아릴 수 없는 부처님을 뵙고 다 공양하며
億劫修治善更明 억겁 동안 닦고 다스려서 선근을 거듭 밝게 하니
如以好藥鍊眞金 좋은 약으로 진금을 단련하는 것과 같다네.

佛子住此作輪王 불자가 이 자리에 머물며 전륜왕이 되고
普化衆生行十善 중생을 두루 생육해서 열 가지의 선근을 행하며
所有善法皆修習 가지고 있는 선근 법을 모두 닦아
爲成十力救於世 십력을 이루어 세상을 구원한다네.

欲捨王位及財寶 왕위뿐만 아니라 모든 재물에 이르기까지 버리고
旣棄居家依佛敎 살던 집을 떠나 부처님의 가르침에 의지하며
勇猛精勤一念中 용맹하게 정진해서 한순간에
獲千三昧見千佛 천 삼매를 얻고 천 부처님을 본다네.

所有種種神通力 가지고 있는 가지가지의 신통한 힘을

此地菩薩皆能現 이 자리의 보살이 빠짐없이 나타내고
願力所作復過此 원력으로 차례를 좇아 이 자리를 지나 이루고
無量自在度群生 헤아릴 수 없는 자재한 힘으로 군생을 제도한다네.

一切世間利益者 모든 세간에 이익이 되고자 하는 이가
所修菩薩最勝行 보살의 가장 뛰어난 행을 닦으니
如是諸二地功德 이와 같은 모든 제2지의 공덕을
爲諸佛子已開演 모든 불자를 위해 이미 널리 펴서 열어놓았다네.

제3 발광지(發光地)

佛子得聞此地行 불자가 이 자리의 행을 얻으니
菩薩境界難思議 보살의 경계는 사유로는 헤아려 알 수 없다네.
靡不恭敬心歡喜 공경하고 환희하면서
散華空中爲供養 허공 가운데 꽃을 흩뿌려 공양하고
讚言善哉大山王 칭찬하고 말하길 "선근이십니다. 대산왕이여!"
慈心愍念諸衆生 사랑하는 마음으로 모든 중생을 불쌍히 여기어
善說智者律儀法 선근의 지혜를 지닌 이들의 계율과 위의 법인
第二地中之行相 제2지 가운데 행의 모양이나 상태를 설하십니다.

是諸菩薩微妙行 이 모든 보살의 섬세하고 빼어난 행이
眞實無異無差別 진실하고 다름이 없으며, 차별이 없고
爲欲利益諸群生 모든 군생에게 이익을 주고자
如是演說最淸淨 이와 같을 널리 펴서 설함은 가장 청정합니다.

一切人天供養者 모든 사람과 하늘이 공양하는 이여!
願爲演說第三地 제3지를 널리 펴서 설해주시길 원합니다.

與法相應諸智業 법의 모양이나 상태와 더불어 모든 지혜의 업이
如其境界希具闡 그 경계와 같기를 바라니 온전하게 갖추고 분명하게 열어주십시오.

大仙所有施戒法 대선이 가지고 있는 보시와 계율의 법과
忍辱精進禪智慧 인욕과 정진과 선정과 지혜와
及以方便慈悲道 그리고 방편과 자비의 도와
佛淸淨行願皆說 부처님의 청정한 행을 빠짐없이 설해주시길 원합니다.

時解脫月復請言 때맞추어 해탈월 보살이 차례를 좇아 청하기를
無畏大士金剛藏 두려움이 없는 대사 금강장이시여!
願說趣入第三地 제3지에 들어갈 수 있도록
柔和心者諸功德 부드럽게 응하게 하는 마음을 지닌 자의 모든 공덕을 설해주시길 원합니다.

이때 금강장 보살이 해탈월 보살에게 깨우침을 주기 위해 말했다.
爾時 金剛藏菩薩告解脫月菩薩言

"불자여! 보살마하살이 이미 제2지를 청정하게 하고 제3지에 들어가고자 한다면 마땅히 열 가지 깊은 마음을 일으켜야 하니, 무엇이 열 가지인가 하면, 이른바 청정한 마음과 편안히 머무는 마음과 싫어하고 버리는 마음과 탐욕을 벗어나는 마음과 물러서지 않는 마음과 견고한 마음과 밝고 성한 마음과 용맹한 마음과 넓은 마음과 큰마음이다. 보살은 이 열 가지 마음으로 제3지를 얻어 들어간다."
佛子 菩薩摩訶薩已淨第二地 欲入第三地 當起十種深心 何等爲十 所謂 淸淨心 安住心 厭捨心 離貪心 不退心 堅固心 明盛心 勇猛心 廣心 大心 菩薩以是十心 得入第三地

"불자여! 보살마하살이 제3지에 머물고는 허물이 있는 모든 법(有爲法)의 실질적인 모양

이나 상태를 자세히 살펴보고 들여다보니, 이른바 항상 하지 않고 괴로우며, 청정하지 않고 지극히 편안하지 않고 부서지고 무너짐과 오래 머물지 못하고 찰나에 생하며, 멸함과 이전의 경계를 좇아서 생하지 않고 이후의 경계를 따라가 향하지 않고 현재에 머물지 않는다."

"또 이 법을 자세히 보면, 이 법은 구함이 없고 의지함이 없고 함께 근심하고 함께 슬퍼해 주고 아픔과 괴로움에 함께 머물고 사랑과 미움으로 얽매였고 시름과 근심이 점차 쌓이고 머물러 있지를 못하고 탐내고 화내고 어리석음의 불길이 성하게 일어나 쉬지를 못하고 많은 근심에 얽매이기에 밤낮으로 거듭 더하고 늘어나 허깨비와 같을 뿐 진실하지 않다."

"이와 같음을 보고는 허물이 있는 모든 법(有爲法)을 더더욱 싫어하고 부처님의 지혜로 향해 가며, 부처님의 지혜가 사람의 사유로는 헤아려 알기가 어려우며, 비할 데 없고 헤아릴 수 없으며, 얻기가 어렵고 섞이지 않으며, 괴로움이 없고 근심도 없으며, 두려움이 없는 성에 이르러서는 차례를 좇아(復) 물러서거나 돌아오지 않고 헤아릴 수 없이 고통받는 중생을 구원하는 것을 본다."

"보살이 이와 같은 여래 지혜의 헤아릴 수 없는 이익을 보고 모든 허물이 있는 법(有爲法)의 헤아릴 수 없는 근심 걱정을 보며, 곧바로 모든 중생을 불쌍하게 여기는 열 가지 마음을 낸다. 무엇이 열인가 하면, 이른바 모든 중생이 고독하고 의지할 것이 없음을 보고 불쌍히 여기는 마음을 내며, 모든 중생이 빈궁해서 핍박받은 것을 보고 불쌍히 여기는 마음을 내며, 모든 중생이 삼독에 불타는 것을 보고 불쌍히 여기는 마음을 내며, 모든 중생이 모든 있음의 뇌옥에 갇히는 것을 보고 불쌍히 여기는 마음을 내며, 모든 중생이 번뇌의 빽빽한 숲에 덮이고 항상 막힘이나 걸림이 되는 것을 보고 불쌍히 여기는 마음을 내며, 모든 중생이 선근을 자세히 들여다보지 못하는 것을 보고 불쌍히 여기는 마음을 내며, 모든 중생이 선근의 법에 욕심이 없는 것을 보고 불쌍히 여기는 마음을 내며, 모든 중생이 모든 부처님의 법 잃는 것을 보고 불쌍히 여기는 마음을 내며, 모든 중생이 생사의 흐름만 따르는 것을 보고 불쌍히 여기는 마음을 내며, 모든 중생이 해탈의 방편을 잃어버린 것을 보고 불쌍히 여기는 마음을 내니, 이것이 열이다."

"보살이 이와 같은 중생계의 헤아릴 수 없는 괴로움을 보고 대 정진을 일으키고 생각하기를 '이러한 등등의 중생을 내가 마땅히 구하고 내가 응당 해탈시키고 내가 응당 청정하게 할 것이고 내가 응당 제도할 것이고 마땅히 선근의 처에 도착하게 하고 마땅히 편안히 머물게 할 것이고 마땅히 환희하게 할 것이고 마땅히 알고 보게 할 것이고 마땅히 조복할 것이며, 마땅히 열반하게 할 것이다.'라고 한다. 보살이 이와 같은 허물이 있는 모든 법(有爲法)을 싫어하고 벗어나려 하며, 이와 같은 모든 중생을 불쌍하게 생각하고 모든 지혜의 지혜가 뛰어난 이익이 있음을 알고 여래의 지혜에 의지해서 중생을 구하고 제도한다. 그리고 생각하기를 '이 모든 중생이 번뇌의 큰 고통 가운데 떨어져 있으니, 어떠한 방편으로 구제해서 끝내는 열반의 즐거움에 머물게 할까?'라고 하며, 문득 생각하기를 '중생을 제도해서 열반에 머물게 하고자 하려면 막힘이나 걸림 없는 해탈의 지혜를 벗어나지 않아야 하니, 걸림이나 막힘없는 지혜는 모든 법의 실상을 깨달아 벗어나지 않은 것이며, 모든 법의 실상을 깨달음은 행도 없고 벗어나지도 않은 것이며, 생함이 없는 지혜로운 행의 광명을 벗어나지 않으며, 행함도 없고 생함도 없는 지혜의 빛을 행함은 선정의 선근으로 결정하고 자세히 살펴보고 들여다보는 지혜를 벗어나지 않으며, 선정의 섬세하고 능숙한 선근으로 많이 들음을 벗어나지 않는다.'라고 한다."

"보살은 이와 같음을 자세히 살펴보고 들여다보아서 깨달아 알고 더더욱 바른 법을 부지런히 구하고 닦고 익혀서 밤낮으로 오로지 법을 듣길 원하고 법을 기뻐하고 법을 좋아하고 법을 의지하고 법을 따르고 법을 이해하고 법을 거스르지 않고 법에 이르고 법에 머물고 법을 행한다."

"보살이 이와 같음으로 부처님의 법을 부지런히 구하고 가지고 있는 진귀한 재물을 아끼지 않으며, 어떤 물건이라도 희귀하거나 중하게 보지 않고 다만 능히 부처님의 법을 설하는 사람을 만나기 어렵다는 생각을 하니, 이러한 까닭으로 보살이 안팎의 재물을 부처님의 법을 구하기 위해 모두 보시하고 그 어떠한 공경이라 하더라도 행하며, 그 어떠한 교만이라도 버리며, 그 어떠한 섬김이라도 능히 행하며, 그 어떠한 고통이라도 능히 받아낸다."

"만일 듣지 못했던 법 한 구절이라도 들으면 크게 환희를 내고 삼천대천세계 가운데 가득한 뛰어난 진귀한 보배를 얻는 것처럼 하고 만일 듣지 못했던 법 한 게송이라도 들어 능히 보살행을 청정히 하면, 뛰어난 제석범 왕의 자리를 얻어 헤아릴 수 없는 백천 겁에 머무는 것처럼 하고 만일 어떤 사람이 말하길 '나에게 부처님이 말씀하신 한 구절의 법이 있고 능히 보살행을 청정히 할 것이며, 그대가 만일 큰 불구덩이에 들어가 지극한 고통을 받게 되면 마땅히 그대에게 줄 것이다.'라고 하면, 보살이 이때 이와 같은 생각을 하길 '내가 부처님이 말씀하신 한 구절의 법을 듣고 보살의 행을 청정히 할 수 있는 까닭으로 가령 삼천대천세계의 큰불 속 가운데만이 아니라 오히려 범천의 더 위를 좇아 오르기도 하고 몸을 아래로 던지고 친히 스스로 받아들이고 취할 수 있다. 하물며 그 작은 불구덩이에 능히 들어가지 못하겠는가. 그러나 내가 지금 부처님 법을 구하기 위해 지옥의 많은 고통을 응당 받고 있는데, 하물며 어찌 사람 가운데 모든 작은 고통과 괴로움뿐이겠는가.'라고 하며, 보살은 이와 같음을 일으켜 부지런히 정진하고 부처님 법을 구하고 들은 그대로 자세히 살펴서 들여다보고 닦고 행한다."

"보살은 법을 듣고는 마음을 거두어들여 고요한 곳에 편안히 머무르고 텅 비고 닫힌 곳에서 이렇게 사유하니 '설함과 같이 행을 닦으면서 이에 부처님 법을 얻을 것이며, 단지 말만 청정하게 하지 않을 것이다.'라고 한다."

佛子 菩薩摩訶薩住第三地已 觀一切有爲法如實相 所謂 無常 苦 不淨 不安隱 敗壞 不久住 刹那生滅 非從前際生 非向後際去 非於現在住 又觀止法無救 無依 與憂與悲 苦惱同住 愛憎所繫 愁慼轉多 無有停積 貪 恚 癡火熾然不息 衆患所纏 日夜增長 如幻不實 見如是已 於一切有爲倍增厭離 趣佛智慧 見佛智慧不可思議 無等無量 難得無雜 無惱無憂 至無畏城 不復退還 能救無量苦難衆生 菩薩如是見如來智慧無量利益 見一切有爲無量過患 則於一切衆生生十種哀愍心 何等爲十 所謂 見諸衆生孤獨無依 生哀愍心 見諸衆生貧窮困乏 生哀愍心 見諸衆生三毒火然 生哀愍心 見諸衆生諸有牢獄之所禁閉 生哀愍心 見諸衆生煩惱稠林恒所覆障 生哀愍心 見諸衆生不善觀察 生哀愍心 見諸衆生無善法欲 生哀愍心 見諸衆生失諸佛法 生哀愍心 見諸衆生隨生死流 生哀愍心 見諸衆生失解脫方便 生哀愍心 是爲十 菩薩如是見衆生界無量苦惱 發大精進 作是念言 此等衆生 我應救 我應脫 我應淨 我應度 應著善處 應令安住 應令歡喜 應令知見 應令調伏 應令涅槃 菩薩如是厭離一切有爲 如是愍念一切衆生 知一切智智有勝利益 欲依如來智慧救度衆生 作是思惟 此諸衆生墮在煩惱大苦之中 以何方便而能拔濟 令住究竟涅槃之樂 便作是念 欲度衆生令住涅槃 不離無障礙解脫智 無障礙解脫智 不離一切法如實覺 一切法如實覺 不離無行無生行慧光 無行無生行慧光 不離禪善巧決定觀察智 禪善巧決定觀察智 不離善巧多聞 菩薩如是觀察了知已 倍於正法勤求修習 日夜唯願聞法 喜法 樂法 依法 隨法 解法 順法 到法 住法 行法 菩薩如是勤求佛法 所有珍財皆無吝惜 不見有物難得可重 但於能說佛法之人生難遭想 是故 菩薩於內外財 爲求佛法悉能捨施 無有恭敬而不能行 無有憍慢而不能捨 無有承事而不能作 無有勤苦而不能受 若聞一句未曾聞法 生大歡喜 勝得三千大千世界滿中珍寶 若聞一偈未聞正法 生大歡喜 勝得轉輪聖王位 若得一

偈未曾聞法 能淨菩薩行 勝得帝釋梵王位住無量百千劫 若有人言 我有一句佛所說法 能淨菩薩行 汝今若能入大火阬 受極大苦 當以相與 菩薩爾時作如是念 我以一句佛所說法 淨菩薩行故 假使三千大千世界大火滿中 尙欲從於梵天之上投身而下 親自受取 況小火阬而不能入 然我今者爲求佛法 應受一切地獄衆苦 何況人中諸小苦惱 菩薩如是發勤精進求於佛法 如其所聞觀察修行 此菩薩得聞法已 攝心安住 於空閑處作是思惟 如說修行乃得佛法 非但口言而可淸淨

"불자여! 보살이 이 발광지에 머물 때는 곧바로 악과 선근의 법이 아닌 것을 벗어나 깨우침과 자세히 보는 일이 있고 벗어나는 일에서 생하는 기쁨과 즐거움으로 처음의 선(初禪)에 머문다."

"깨우침과 자세히 보는 일을 없애고 안으로 청정한 하나의 마음이 되어 깨우침도 없고 보는 일도 없는 선정에서 생기는 기쁨과 즐거움으로 제2선에 머문다."

"기쁨을 벗어나고 집착이 없는 마음의 평온함에 머물고 기억하고 바르게 알아 몸의 즐거움을 받아들이고 모든 성인이 설한대로 곧바로 집착이 없는 평온함을 능히 기억하고 즐거움을 받아들여서 제3선에 머물며, 즐거움을 끊고 먼저 고통, 기쁨, 근심에 대한 집착을 없애고 고통도 아니고 즐거움도 아닌 집착이 없는 평온한 생각이 청정하여 제4선에 머문다."

"모든 색이라는 생각을 초월하고 마주 대한 상대가 있다는 생각을 멸하며, 가지가지의 생각을 기억하지 않으면 끝없는 허공에 들어가 허공무변처(虛空無邊處)에 머물며, 모든 허공의 끝없는 곳을 초월하면 식이 끝없는 곳에 들어가 식무변처(識無邊處)에 머물며, 모든 식이 끝없는 처를 초월하면 적은 것이라도 가지는 것이 없는 곳에 들어가서 무소유처(無所有處)에 머물며, 가지는 것이 없는 곳을 초월하면 비유상비무상처(非有想非無想處)에 머문다. 단지 법을 따라 거스르지 않고 따르는 까닭으로 행하지만 즐거움에 집착하지는 않는다."

佛子 是菩薩住此發光地時 卽離欲惡不善法 有覺有觀 離生喜樂 住初禪 滅覺觀 內淨一心 無覺無觀 定生喜樂 住第二禪 離喜住捨 有念正知 身受樂 諸聖所說能捨有念受樂 住第三禪 斷樂先除 苦喜憂滅 不苦不樂 捨念淸淨 住第四禪 超一切色想 滅有對想 不念種種想 入無邊虛空 住虛空無邊處 超一切虛空無邊處 入無邊識 住識無

邊處 超一切識無邊處 入無少所有 住無所有處 超一切無所有處 住非有想非無想處
但隨順法故 行而無所樂著

"불자여! 이 보살은 사랑하는 마음을 따르니, 넓고 크고 헤아릴 수 없으며, 둘이 아니고 원수가 없고 마주 대할 것도 없고 막힘이나 걸림이 없고 괴로움도 없고 두루 모든 처에 이르고 법계와 허공계를 다해서 모든 세간에 두루 하니, 가엾이 여김과 기쁨과 마음이 평온하여 집착이 없음에 머무는 것도 역시 차례를 좇아(復) 이와 같다."

佛子 此菩薩心隨於慈 廣大無量不二 無怨無對 無障無惱 徧至一切處 盡法界 虛空界 徧一切世間 住悲 喜 捨亦復如是

"불자여! 이 보살이 헤아릴 수 없는 신통한 힘을 얻어 능히 대지를 움직이고 하나의 몸으로 많은 몸을 만들고 많은 몸으로 하나의 몸을 만들어 때로는 숨고 때로는 나타내며, 석벽과 산의 가로막힘이 가는 일에 있어 걸림이나 막힘이 없으니, 마치 허공같이 하고 허공 가운데서 가부좌하고 가는 모양이 새가 나는 것처럼 하며, 땅에 들어가기를 물처럼 하고 물을 밟고 가기를 땅처럼 하며, 몸에서 연기와 불꽃 내기를 큰 불구덩이처럼 하고 차례를 좇아 물을 내리길 큰 구름처럼 하며, 해와 달이 허공에 있듯이 큰 위력의 능한 손으로 어루만지고 쓰다듬고 비비고 서로 맞닿으면서 그 몸이 자재하기에 범천의 세상까지 이른다."

"이 보살은 천이통이 청정하기에 인간의 귀를 넘어서 남김없이 인간이나 하늘이나 가깝고 먼 곳에서 가지고 있는 음성을 들을 뿐만 아니라 모기, 등에, 파리 등등의 소리에 이르기까지 또한 남김없이 능히 듣는다."

"이 보살은 타심통의 지혜로 다른 중생의 마음을 있는 그대로 아니, 이른바 탐하는 마음이 있으면 탐하는 마음을 있는 그대로 알고 탐하는 마음을 벗어나면 있는 그대로 탐하는 마음을 벗어남을 알며, 화내는 마음이 있고 화내는 마음을 벗어나고 어리석은 마음이 있고 어리석은 마음을 벗어나고 번뇌의 마음이 있고 번뇌의 마음이 없음과 작은 마음, 넓은 마음과 큰마음, 헤아릴 수 없는 마음과 간략한 마음, 간략하지 않은 마음과 산란한 마음, 산란하지 않은 마음과 삼매의 마음, 삼매가 아닌 마음과 해탈한 마음, 해탈하지 못한 마음과 위가 있는 마음, 위가 없는 마음과 물든 마음, 물들지 않는 마음과 광대한 마음, 광대하지 못한 마음을 실상의 본바탕 그대로 안다."

"보살은 이와 같은 타심통의 지혜로 중생의 마음을 알며, 이러한 보살은 헤아릴 수 없이 차별한 지나간 세상의 일을 생각해서 아니, 이른바 한 번의 생을 알고 이생, 삼생, 사생뿐만 아니라 십 생, 이십 생, 삼십 생으로부터 백 생, 헤아릴 수 없는 백 생, 헤아릴 수 없는 천생, 헤아릴 수 없는 백천 생과 이루어지는 겁과 무너지는 겁과 이루어지고 무너지는 겁과 헤아릴 수 없이 이루어지고 무너지는 겁을 알며, 내가 일찍이 어느 곳에 있으면서 이와 같은 이름과 이와 같은 성과 이와 같은 종족과 이와 같은 음식과 이와 같은 수명과 이와 같음으로 오래 머무름과 이와 같은 고통과 즐거움과 내가 저곳에서 죽어 모처에서 나고 모처에서 죽음을 좇고 이곳에서 생하고 이와 같은 형상과 이와 같은 모양이나 상태에 대한 공경과 이와 같은 말과 소리와 이와 같은 과거의 헤아릴 수 없는 차별을 빠짐없이 기억해서 생각한다."

"이 보살은 천안통이 청정하기에 사람의 눈을 초과하여 모든 중생이 태어난 때와 죽을 때와 좋은 형상과 나쁜 형상과 선근의 부류와 악의 부류를 따라감을 보며, 그와 같은 그 중생이 몸의 악행을 성취하고 말의 악행을 성취하고 뜻의 악행을 성취하고 십신, 십주, 십행을 헐뜯어 말하고 요사스럽고 바르지 못한 의견과 요사스럽고 바르지 못한 의견의 인연을 온전하게 갖추면, 몸이 무너져 명줄이 끊어짐에 반드시 악한 부류에 떨어져 지옥 가운데 나며, 그와 같은 그 중생이 몸의 선근 행을 성취하고 말의 선근 행을 성취하고 뜻의 선근 행을 성취하고 십신, 십주, 십행을 비방하지 않으며, 바르게 보는 일을 온전하게 갖추고 바르게 보는 업의 인연을 온전하게 갖추면 몸이 무너져 명줄이 끊어짐에 반드시 선근의 부류인 모든 하늘 가운데 태어나는 것을 보살이 천안으로 빠짐없이 실상의 본바탕을 있는 그대로 알게 된다."

"이 보살은 모든 선정과 삼매와 삼마발저에 마음대로 들어가고 나오지만, 그 힘을 따라 태어남을 받지 않고 다만 보리 분의 처가 원만함을 따라 뜻의 원력으로 그 가운데 태어난다."

佛子 此菩薩得無量神通力 能動大地 以一身爲多身 多身爲一身 或隱或顯 石壁山障 所往無礙 猶如虛空 於虛空中跏趺而去 同於飛鳥 入地如水 履水如地 身出煙焰 如大火聚 復雨於水 猶如大雲 日月在空 有大威力 而能以手捫摸摩觸 其身自在 乃至梵世 此菩薩天耳淸淨過於人耳 悉聞人 天若近若遠所有音聲 乃至蚊蚋 蝱蠅等聲

亦悉能聞 此菩薩以他心智 如實而知他衆生心 所謂 有貪心 如實知有貪心 離貪心 如實知離貪心 有瞋心 離瞋心 有癡心 離癡心 有煩惱心 無煩惱心 小心 廣心 大心 無量心 略心 非略心 散心 非散心 定心 非定心 解脫心 非解脫心 有上心 無上心 雜染心 非雜染心 廣心 非廣心 皆如實知 菩薩如是以他心智知衆生心 此菩薩念知無量宿命差別 所謂 念知一生 念知二生 三生 四生 乃至十生 二十 三十 乃至百生 無量百生 無量千生 無量百千生 成劫 壞劫 成壞劫 無量成壞劫 我曾在某處 如是名 如是姓 如是種族 如是飮食 如是壽命 如是久住 如是苦樂 我於彼死 生於某處 從某處死 生於此處 如是形狀 如是相貌 如是言音 如是過去無量差別 皆能憶念 此菩薩天眼淸淨過於人眼 見諸衆生生時 死時 好色 惡色 善趣 惡趣 隨業而去 若彼衆生成就身惡行 成就語惡行 成就意惡行 誹謗賢聖 具足邪見及邪見業因緣 身壞命終 必墮惡趣生地獄中 若彼衆生成就身善行 成就語善行 成就意善行 不訪賢聖 具足正見 正見業因緣 身壞命終 必生善趣諸天之中 菩薩天眼皆如實知 此菩薩於諸禪三昧 三摩鉢底 能入能出 然不隨其力受生 但隨能滿菩提分處 以意願力而生其中

"불자여! 보살이 발광지 머물고는 원의 힘으로 많은 부처님을 보게 되니, 이른바 많은 백 불을 보고 많은 천 불을 보고 많은 백천 불을 볼뿐만 아니라 많은 백천 억 나유타 부처님을 보고 모두 광대하고 깊은 마음으로 공경 존중하고 받들어 섬기고 공양하며, 의복과 음식과 침구와 탕약과 모든 생활필수품을 남김없이 받들어 보시하며, 또한 모든 스님께 공양하고 이러한 선근(善根)을 가지고 아뇩다라삼먁삼보리로 회향하며, 그 부처님이 계신 곳에서 공경히 법을 듣고 들은 것을 받아 지니고 힘을 따라 닦고 행하며, 이러한 보살은 일체 법이 나지도 않고 멸하지도 않음을 본다."

"인연이 있다면 소견의 얽매임이 먼저 없어지고 모든 욕심의 얽매임과 색의 얽매임과 있음의 얽매임과 무명의 얽매임이 빠짐없이 점차 약해지면서 헤아릴 수 없는 백천 억 나유타 겁을 두고 모으거나 쌓지 않기에 삿된 탐욕과 삿된 성냄 및 삿된 어리석음이 남김없이 끊어지고 없어져 모든 선근이 점차 더더욱 밝아지고 청정해진다."

"불자여! 비유하면 진금을 섬세하고 능숙한 선근을 단련해서 다스리면 저울의 양이 줄어들지 않고 점차 더더욱 밝아지고 청정해지는 것과 같이 보살도 역시 차례를 좇아 이와 같아서 이 발광지에 머무르면 쌓거나 모으지 않은 까닭으로 삿된 탐욕과 삿된 성냄 및 삿된 어리석음이 빠짐없이 다 끊어지고 없어지기에 가지고 있는 선근이 점차 더더욱 밝아지고 청정해지니, 이러한 보살의 참된 마음과 부드럽고 화합하는 마음과 조화롭고 거스르지 않은 마음과 기쁘고 아름다운 마음과 성내지 않는 마음과 움직이지 않는 마음과 혼탁해지지 않는 마음과 높고 낮음이 없는 마음과 갚음을 바라지 않는 마음과 은혜를 갚는 마음과 아첨하지 않는 마음과 속이지 않는 마음과 험한 것을 피하지 않는 마음이 빠짐없이 다 청정해진다."

"이러한 보살이 사섭(信住行向) 가운데 이롭게 하는 행이 치우치게 많고 십바라밀 가운데는 인욕바라밀이 치우치게 많고 나머지는 닦지 않는 것은 아니지만, 단지 힘을 따르고 분을 따를 뿐이다."

"불자여! 이것을 이름하여 보살의 제3 발광지라 한다."

佛子 是菩薩住此發光地 以願力故 得見多佛 所謂 見多百佛 見多千佛 見多百千佛 乃至見多百千億那由他佛 悉以廣大心 深心 恭敬尊重 承事供養 衣服 飮食 臥具 湯藥 一切資生悉以奉施 亦以供養一切衆僧 以此善根迴向阿耨多羅三藐三菩提 於其佛所 恭敬聽法 聞已受持 隨力修行 此菩薩觀一切法 不生不滅 因緣而有 見縛先滅 一切欲縛 色縛 有縛 無明縛皆轉微薄 於無量百千億那由他劫不積集故 邪貪 邪瞋及以邪癡 悉得除斷 所有善根轉更明淨 佛子 譬如眞金善巧鍊治 稱兩不減 轉更明淨 菩薩亦復如是 住此發光地 不積集故 邪貪 邪瞋及以邪癡 皆得除斷 所有善根轉更明淨 此菩薩忍辱心 柔和心 諧順心 悅美心 不瞋心 不動心 不濁心 無高下心 不望報心 報恩心 不諂心 不誑心 無險詖心皆轉淸淨 此菩薩於四攝中 利行偏多 十波羅蜜中 忍波羅蜜偏多 餘非不修 但隨力隨分 佛子 是菩薩第三發光地

"보살이 이 발광지에 머물고는 많은 삼십 삼천이 되고 방편으로 능히 모든 중생을 탐욕에서 벗어나고 버리게 하며, 보시하고 사랑하는 말을 하고 이익이 되는 행을 하고 함께 일하니, 이와 같은 일체 모든 만들어 가는 업이 다 부처님을 생각하면서 벗어나지 않으며, 법을 생각하면서 벗어나지 않으며, 승을 생각하면서 벗어나지 않을 뿐만 아니라 모든 종과 모든 지혜와 지혜를 온전하게 갖추고 생각함을 벗어나지 않는다."

"차례를 좇아(復) 생각하기를 '나는 마땅히 모든 중생 가운데서 우두머리이며, 뛰어나고 특히나 뛰어나고 빼어나며, 섬세하게 빼어나며, 위가 되고 위가 없을 뿐만 아니라 모든 지혜의 지혜가 의지할 자가 될 것이다.'라고 하니, 그와 같이 부지런히 정진하면, 한 생각, 한순간에 백천의 삼매를 얻고 백천의 부처님을 보고 백천 부처님의 신통력을 알고 능히 백천 부처님의 세계를 움직일 뿐만 아니라 백천의 몸을 나타내 보여서 하나하나의 몸에 백천의 보살을 권속으로 삼는다."

"그와 같은 보살이 특히 뛰어난 원력으로 자재하게 나타내 보인다면 이 수를 초월해서 백 겁 천 겁뿐 아니라 백천 억 나유타 겁을 두고도 수를 알 수 없다."

菩薩住此地 多作三十三千王 能以方便 令諸衆生捨離貪欲 布施 愛語 利行 同事 如是一切諸所作業 皆不離念佛 不離念法 不離念僧 乃至不離念具足一切種 一切智智 復作是念 我當於一切衆生中爲首 爲勝 爲殊勝 爲妙 爲微妙 爲上 爲無上 乃至爲一切智智依止者 若勤行精進 於一念頃 得百千三昧 得見百千佛 知百千佛神力 能動百千佛世界 乃至示現百千身 一一身百千菩薩以爲眷屬 若以菩薩殊勝願力自在示現 過於此數 百劫 千劫乃至百千億那由他劫不能數知

이때 금강장 보살이 이러한 뜻을 거듭 펴려고 게송으로 말했다.
爾時 金剛藏菩薩欲重宣其義而說頌曰

淸淨安住明盛心 청정하고 편안히 머물며 밝고 성한 마음과
厭離無貪無害心 싫어함을 벗어나 탐욕이 없고 해침이 없는 마음과
堅固勇猛廣大心 견고하고 용맹하며 광대한 마음
智者以此入三地 지혜로운 자는 이것으로 제3지에 들어간다네.

菩薩住此發光地 보살이 이 발광지에 머물면
觀諸行法苦無常 모든 행하는 법의 괴로움과 항상 함이 없음과
不淨敗壞速歸滅 청정하지 않으며 깨지고 무너짐과 빠르게 없어짐으로 돌아감과
無堅無住無來往 견고하지 않고 머무름도 없으며 가고 옴이 없음을 자세히 본다네.

觀諸有爲如重病 인위적으로 꾸며진 모든 법은 무거운 병과 같고
憂悲苦惱惑所纏 근심, 슬픔, 고통, 괴로움, 의심 등으로 얽힌 것이며

三毒猛火恒熾然 삼독의 맹렬한 불이 늘 불길로 치솟아 올라
無始時來不休息 비롯됨이 없는 옛적부터 쉬지 않았다네.

厭離三有不貪著 삼유를 싫어하기에 벗어나 탐하거나 집착하지 않으며
專求佛智無異念 오로지 부처님 지혜만을 구할 뿐 다른 생각이 없고
難測難思無等倫 헤아리기 어려우며 사유하기 어렵고 더할 수 없는 짝이 없기에
無量無邊無逼惱 헤아릴 수 없고 끝없는 핍박의 괴로움도 없다네.

見佛智已愍衆生 중생을 불쌍히 여기고 부처님의 지혜로 보니
孤獨無依無救護 고독하고 의지할 것 없으며 구원과 보호도 받지 못하고
三毒熾然常困乏 삼독에 불타오르면서 항상 가난에 괴로우며
住諸有獄恒受苦 모든 있음이라는 감옥에 머물며 항상 고통을 받는다네.

煩惱纏覆盲無目 번뇌에 얽히고 덮여서 눈이 멀어 볼 수 없으며
志樂下劣喪法寶 본심의 즐거움을 하찮게 여겨 법의 보배를 상하게 하고
隨順生死怖涅槃 생사를 거스르지 않고 따르면서 열반을 두려워하니
我應救彼勤精進 내가 마땅히 그들을 구원하기 위해 부지런히 정진한다네.

將求智慧益衆生 장차 지혜를 구해 중생에게 이익이 되고자 한다면
思何方便令解脫 어떠한 방편으로 해탈해야 하나. 생각해보니
不離如來無礙智 여래의 막힘이나 걸림이 없는 지혜를 벗어나지 않는 것이니
彼復無生慧所起 그 차례를 좇아 생함이 없는 지혜를 일으킨 것이라네.

心念此慧從聞得 마음으로 이 지혜로 들음을 좇아 얻음을 생각하고
如是思惟自勤勵 이와 같은 사유로 스스로 부지런히 힘써서
日夜聽習無間然 밤낮으로 듣고 익혀 잠시라도 쉬지 않으니
唯以正法爲尊重 오직 바른 법만을 존중하는 것이라네.

國城財貝諸珍寶 나라와 성과 재물과 패물과 모든 진귀한 보배와

妻子眷屬及王位 처자와 권속 및 왕위를
菩薩爲法起敬心 보살의 법을 위해 공경하는 마음을 일으켜서
如是一切皆能捨 이와 같은 일체 모든 것을 능히 버리고 집착하지 않는다네.

頭目耳鼻舌牙齒 머리와 눈과 귀와 코와 혀와 치아와
手足骨髓心血肉 손과 발과 골수와 심장과 혈육 등
此等皆捨未爲難 이 등등을 다 버리는 것은 어렵지 않지만
但以聞法爲最難 다만 법을 듣는다는 들음이 가장 어렵다네.
設有人來語菩薩 가령 어떤 사람이 와서 보살에게 말하길
孰能投身大火聚 몸을 불구덩이에 능히 내던지면
我當與汝佛法寶 내가 마땅히 그대에게 불법의 보배를 줄 것이라 하면
聞已投之無怯懼 듣자마자 몸을 던지지만 겁내거나 두려움이 없음을 이르는 것이네.

假使火滿三千界 설사 불이 가득한 삼천세계라 할지라도
身從梵世而投入 범천에 몸을 던져 뛰어들어가는 일은
爲求法故不爲難 법을 구하기 위한 까닭에 어렵지 않다네.
況復人間諸小苦 하물며 차례를 좇은 인간의 작은 모든 고통을 두려워하겠는가.

從初發意至得佛 처음 일으킨 뜻을 좇아 부처를 얻는 데 이르기까지
其間所有阿鼻苦 그 사이에 있게 되는 아비지옥의 고통은
爲聞法故皆能受 법을 듣기 위한 까닭이기에 빠짐없이 능히 받는다네.
何況人中諸苦事 하물며 사람 가운데의 모든 고통스러운 일쯤은 아무것도 아니라네.

聞已如理正思惟 법을 듣고 이치와 같이 바르게 사유하여
獲得四禪無色定 사선을 득하고 무색정을 얻으며
四等五通次第起 사등과 오통을 차례에 따라 일으키지만
不隨其力而受生 그 힘을 따르지 않고 생을 받는다네.

菩薩住此見多佛 보살이 제3지에 머물며 많은 보살을 보고

供養聽聞心決定 공양하며 법문을 듣고 마음을 결정해서
斷諸邪惑轉淸淨 모든 삿된 의혹을 끊으니 점차 청정해지고
如鍊眞金體無減 진금을 단련해도 체는 줄어들지 않는 것과 같다네.

住此多作忉利王 이 자리에 머물기에 많은 도리천의 왕이 되어
化導無量諸天衆 헤아릴 수 없는 모든 하늘의 대중을 교화하고 인도해서
令捨貪心住善道 그들이 탐심을 버리고 선근의 도에 머물게 하며
一向專求佛功德 한결같이 오로지 부처님의 공덕을 구하게 한다네.

佛子住此勤精進 불자가 이 자리에 머물며 부지런히 정진하면
百千三昧皆具足 백천의 삼매를 빠짐없이 온전하게 갖추고
見百千佛相嚴身 백천 부처님의 좋은 모양이나 상태로 장엄한 몸을 볼 것이니
若以願力復過是 그와 같은 원력으로 차례를 좇으면 이를 초월할 것이라네.

一切衆生普利益 모든 중생에게 두루 이익이 되게 하는 것이
彼諸菩薩最上行 그 모든 보살의 최상이 되는 행이니
如是所有第三地 이와 같음을 가지고 있는 제3지를
我依其義已解釋 내가 의지해서 그 이치대로 해석한 것이라네.

대방광불화엄경 제36권

26. 십지품(3)
　　十地品第二十六之三

제4 염혜지(焰慧地)

佛子聞此廣大行 불자여! 이 광대한 행과
可樂深妙殊勝地 즐겁고 깊으며 빼어나고 특히나 뛰어난 자리를 듣고
心皆踊悅大歡喜 마음으로 빠짐없이 뛸 듯이 기뻐하며 크게 환희하고
普散衆華供養佛 많은 꽃을 흩뿌려서 두루두루 부처님께 공양합니다.

演說如是妙法時 이와 같은 빼어난 법을 널리 펴서 설하실 때
大地海水皆震動 대지와 바닷물이 다 진동하고
一切天女咸歡喜 모든 천녀가 다 함께 즐거워하고 기뻐하면서
悉吐妙音同稱歎 모두 빼어난 음성을 토하며 한가지로 찬탄합니다.

自在天王大欣慶 자재천왕이 크게 기뻐하며
雨摩尼寶供養佛 마니 보배를 내려 부처님께 공양하고
讚言佛爲我出興 찬하며 말하길, 부처님께서 나를 위해 나오셔서
演說第一功德行 제일의 공덕이 되는 행을 널리 펴서 설하십니다.

如是智者諸地義 이와 같은 지혜로운 자의 모든 자리의 뜻은
於百千劫甚難得 백천 겁을 두고도 얻기 어려운 것을
我今忽然而得聞 내가 지금 홀연히
菩薩勝行妙法音 보살의 뛰어난 행과 빼어난 법의 음성을 들었습니다.

願更演說聰慧者 원하건대 총명하고 지혜로운 이의 자리뿐만 아니라
後地決定無餘道 결정한 뒷자리에 이르기까지 남음이 없는 도를 다시 널리 펴서 설하시어
利益一切諸天人 일체 모든 하늘과 사람에게 이익이 되게 하시고
此諸佛子皆樂聞 이 모든 불자가 모두 즐겁게 듣고자 합니다.

勇猛大心解脫月 용맹하고 큰마음의 해탈월 보살이
請金剛藏言佛子 금강장에게 청하여 말하길, 불자여!
從此轉入第四地 이 자리를 이어 점차로 제4 지에 들어가는
所有行相願宣說 행의 모양이나 상태가 가지고 있는 것을 원하건대 말씀해주십시오.

이때 금강장보살이 해탈월보살에게 깨우침을 주기 위해 말했다.
爾時 金剛藏菩薩告解脫月菩薩言

"불자여! 보살마하살이 제3지의 선근을 청정하게 닦고 제4 염혜지에 들어가고자 한다면 마땅히 법의 문을 밝게 하는 열 가지를 닦고 행해야 하니, 이른바 중생계를 자세히 살펴서 들여다보고 법계를 자세히 살펴서 들여다보고 세계를 자세히 살펴서 들여다보고 허공계를 자세히 살펴서 들여다보고 식계를 자세히 살펴서 들여다보고 욕계를 자세히 살펴서 들여다보고 무색계를 자세히 살펴서 들여다보고 넓은 마음으로 믿고 이해하는 세계를 자세히 살펴서 들여다보고 큰마음으로 믿고 이해하는 세계를 자세히 살펴서 들여다보아야 한다. 보살은 법의 문을 밝게 하는 이 열 가지로 제4 염혜지에 들어감을 얻는다."
  佛子 菩薩摩訶薩第三地善淸淨已 欲入第四焰慧地 當修行十法明門 何等爲十 所謂觀察衆生 界觀察法 界觀察世界 觀察虛空界 觀察識界 觀察欲界 觀察色界 觀察無色界 觀察廣心信解界 觀察大心信解界 菩薩以此十法明門 得入第四焰慧地

"불자여! 보살이 이 염혜지에 머물면 곧 열 가지 지혜로 성숙한 법에 능한 까닭에 그 안의 법을 얻어 여래의 가문에 태어나니, 무엇이 열인가 하면, 이른바 깊은 마음에서 물러

서지 않기 때문이며, 삼보 가운데 청정한 믿음을 내어 끝까지 무너지지 않기 때문이며, 모든 행의 생멸을 자세히 들여다보기 때문이며, 모든 법의 자성이 생하지 않음을 자세히 들여다보기 때문이며, 세간이 이루어지고 무너짐을 자세히 살펴보기 때문이며, 업으로 인하여 생함이 있음을 자세히 살펴보기 때문이며, 생사와 열반을 자세히 살펴보기 때문이며, 중생과 국토의 업을 자세히 살펴보기 때문이며, 이전의 경계와 이후의 경계를 자세히 살펴보기 때문이며, 가지고 있는 것은 다할 것이 없음을 자세히 살펴보기 때문이다. 이것이 열이다."

"불자여! 보살은 이 제4 지에 머물면서 안으로 몸을 살펴볼 때 몸을 따라 자세히 살펴보고 부지런히 하며, 용맹하게 하고 생각하여 알며, 세간의 탐욕과 근심을 없앤다. 밖으로 몸을 살펴볼 때 몸을 따라 자세히 살펴보고 부지런히 하며, 용맹하게 하고 생각하여 알며, 세간의 탐욕과 근심을 없앤다. 안팎의 몸을 살펴볼 때 몸을 따라 자세히 살펴보고 부지런히 하며, 용맹하게 하고 생각해서 알며, 세간의 탐욕과 근심을 없앤다. 이와 같음을 안으로 받아들이고 밖으로 받아들이고 안팎으로 받아들임을 살펴볼 때 받아들임을 따라 자세히 살펴서 들여다보며, 안의 법과 밖의 법과 안팎의 법을 살펴볼 때 법을 따라 자세히 살펴보고 부지런히 하며, 용맹하게 하고 생각하여 알며, 세간의 탐욕과 근심을 없앤다."

"차례를 따라(復) 보살이 아직 생기지 않은 선근의 법이 아닌 모든 악한 법을 생기지 못하게 하려는 까닭으로 부지런히 정진해서 마음을 일으키고 바르게 끊어내며, 이미 생긴 선근의 법이 아닌 모든 악한 법을 끊어내기 위한 까닭으로 부지런히 정진해서 마음을 일으키고 바르게 끊어내며, 아직 생기지 않는 모든 선근의 법을 생기게 하려는 까닭으로 부지런히 정진해서 마음을 일으키고 바르게 행하며, 이미 생긴 모든 선근의 법은 머물게 하고 잃지 않기 위한 까닭으로 더욱 닦아서 거듭 더하고 키우며, 이러한 까닭으로 부지런히 정진하고 마음을 일으켜 바르게 행한다."

"차례를 따라(復) 이보살은 하고자 하는 정(定)으로 끊는 행을 수행해서 신족통을 성취하고 싫어함을 의지하며, 벗어남을 의지하며, 없앰을 의지하며, 마음이 언제나 평온하고 집착함이 없는 상태로 회향하며, 정진의 정과 마음의 정과 자세히 살펴보는 정으로 끊는 행을 수행해서 신족통을 성취하고 싫어함을 의지하며, 벗어남을 의지하며, 없앰을 의지하며, 마음을 언제나 평온하고 집착함이 없는 상태로 회향한다."

"차례를 따라 이보살은 믿음의 힘을 수행해서 싫어함을 의지하며, 벗어남을 의지하며,

없앰을 의지해서 마음이 언제나 평온하고 집착함이 없는 상태로 회향하며, 정진하는 근과 생각의 근과 정의 근과 혜의 근을 수행해서 싫어함을 의지하고 벗어남을 의지하고 없앰을 의지해서 마음을 언제나 평온하고 집착함이 없는 상태로 회향한다."

"차례를 따라(復) 이보살은 믿는 힘을 수행해서 싫어함을 의지하고 벗어남을 의지하고 없앰을 의지해서 마음이 언제나 평온하고 집착함이 없는 상태로 회향하며, 정진하는 힘과 생각하는 힘과 정의 힘과 지혜의 힘을 수행해서 싫어함을 의지하고 벗어남을 의지하고 없앰을 의지하고 마음을 언제나 평온하고 집착함이 없는 상태로 회향한다."

"차례를 따라(復) 이보살은 생각을 알아차리는 부분(念覺分)을 수행해서 싫어함을 의지하고 벗어남을 의지하고 없앰을 의지하여 마음을 언제나 평온하고 집착함이 없는 상태로 회향하며, 법을 선택하는 알아차림의 부분과 정진을 알아차리는 부분과 기쁨을 알아차리는 부분과 감탄함을 알아차리는 부분과 선정을 알아차리는 부분과 버림을 알아차리는 부분을 수행해서 싫어함을 의지하고 벗어남을 의지하고 없앰을 의지하고 마음을 언제나 평온하고 집착함이 없는 상태로 회향한다."

"차례를 따라(復) 이보살은 바르게 봄을 수행해서 싫어함을 의지하고 벗어남을 의지하고 없앰을 의지하여 마음을 언제나 평온하고 집착함이 없는 상태로 회향하며, 바르게 사유함과 바른말과 바른 업과 바른 생명과 바른 정진과 바른 생각과 바른 선정을 수행해서 싫어함을 의지하고 벗어남을 의지하고 없앰을 의지하여 마음을 언제나 평온하고 집착함이 없는 상태로 회향한다."

"이보살이 이와 같음으로 공덕을 수행하는 것은 모든 중생을 버리지 않으려는 까닭이며, 본래의 원을 지니는 까닭이며, 크게 가엾이 여김을 으뜸으로 삼으려는 까닭이며, 큰 사랑을 성취하려는 까닭이며, 모든 지혜의 지혜를 사유하고 생각하려는 까닭이며, 장엄한 불국토를 성취하려는 까닭이며, 여래의 힘과 두려움 없음과 함께 하지 않는 부처님 법을 성취해서 남김없이 온전하게 갖추려는 까닭이며, 상상(上上)의 특히 뛰어난 도를 구하려는 까닭이며, 들은 그대로 매우 깊고 깊은 부처님의 해탈을 거스르지 않고 따르려는 까닭이며, 큰 지혜와 섬세하고 능숙한 선근 방편을 사유하려는 까닭이다."

佛子 菩薩住此焰慧地 則能以十種智成熟法故 得彼內法 生如來家 何等爲十 所謂 深心不退故 於三寶中生淨信 畢竟不壞故 觀諸行生滅故 觀諸法自性無生故 觀世間成壞故 觀因業有生故 觀生死涅槃故 觀衆生國土業故 觀前際後際故 觀無所有盡故 是爲十 佛子 菩薩住此第四地 觀內身循身觀 勤勇念知 除世間貪憂 觀外身循身觀

勤勇念知 除世間貪憂 觀內外身循身觀 勤勇念知 除世間貪憂 如是 觀內受 外受 內外受循受觀 觀內心 外心 內外心循心觀 觀內法 外法 內外法循法觀 勤勇念知 除世間貪憂 復次 此菩薩未生諸惡不善法爲不生故 欲生勤精進發心正斷 已生諸惡不善法爲斷故 欲生勤精進發心正斷 未生諸善法爲生故 欲生勤精進發心正行 已生諸善法爲住不失故 修令增廣故 欲生勤精進發心正行 復次 此菩薩修行欲定斷行 成就神足 依止厭 依止離 依止滅 迴向於捨 修行精進定 心定 觀定斷行 成就神足 依止厭 依止離 依止滅 迴向於捨 復次 此菩薩修行信根 依止厭 依止離 依止滅 迴向於捨 修行精進根 念根 定根 慧根 依止厭 依止離 依止滅 迴向於捨 復次 此菩薩修行信力 依止厭 依止離 依止滅 迴向於捨 修行精進力 念力 定力 慧力 依止厭 依止離 依止滅 迴向於捨 復次 此菩薩修行念覺分 依止厭 依止離 依止滅 迴向於捨 修行擇法覺分 精進覺分 喜覺分 猗覺分 定覺分 捨覺分 依止厭 依止離 依止滅 迴向於捨 復次 此菩薩修行正見 依止厭 依止離 依止滅 迴向於捨 修行正思惟 正語 正業 正命 正精進 正念 正定 依止厭 依止離 依止滅 迴向於捨 菩薩修行如是功德 爲不捨一切衆生故 本願所持故 大悲爲首故 大慈成就故 思念一切智智故 成就莊嚴佛土故 成就如來力 無所畏 不共佛法 相好音聲悉具足故 求於上上殊勝道故 隨順所聞甚深佛解脫故 思惟大智善巧方便故

"불자여! 보살이 이 염혜지에 머물면, 몸으로 가지는 견해를 우두머리로 삼아 아, 인, 중생, 수명, 오온, 십팔계, 십이처로 일으킨 집착과 나아감과 잠김과 사유하고 관찰하고 다스리는 까닭과 내 것인 까닭과 재물인 까닭과 집착하는 곳인 까닭과 이와 같은 등등의 일체 모든 것에서 벗어난다."

"이보살이 그와 같은 견해의 업을 여래께서 야단치신 것이고 번뇌에 물이 든 것이라면 남김없이 버리고 벗어나며, 그와 같은 견해의 업을 보살이 도를 거스르지 않고 따르며, 여래께서 찬탄하신 것이라면 남김없이 수행한다."

佛子 菩薩住此焰慧地 所有身見爲首 我 人 衆生 壽命 蘊 界 處所起執著 出沒思惟 觀察治故 我所故 財物故 著處故 於如是等一切皆離 此菩薩若見業是如來所訶 煩惱所染 皆悉捨離 若見業是順菩薩道 如來所讚 皆悉修行

"불자여! 이보살은 일으킨 방편과 지혜를 가지고 도(道)와 도를 돕는 부분을 닦아 모으고 이와 같은 윤택한 마음과 부드럽고 연한 마음을 거스르지 않은 조화로운 마음과 이익이 되며, 편안하고 즐겁게 하는 마음과 잡되지 않고 물들지 않는 마음과 상상의 뛰어난 법을 구하는 마음과 특히 뛰어난 지혜를 구하는 마음과 모든 세간을 구하고 보호하는 마음과 높은 덕을 공경하고 가르침의 명을 어기지 않는 마음과 들은 법을 따라 선근으로 수행하는 마음을 얻는다."

"보살은 은혜를 알고 은혜를 갚을 줄 알며, 마음이 지극히 화하기에 함께 하면 편안하고 즐겁게 머물며, 꾸미지 않는 있는 그대로의 행을 하며, 부드럽고 연하며, 빽빽한 숲과 같은 행이 없으며, 나라고 하는 오만함이 없으며, 선근의 가르침을 받아들이고 설한 자의 뜻을 얻으니, 이보살이 이와 같은 참음(忍)을 성취하고 이와 같은 조화롭고 부드러움을 성취하고 이와 같은 적멸을 성취한다."

"이와 같은 참음과 조화롭고 부드러움과 적멸을 성취해서 뒤에 오는 자리의 업을 청정하게 다스리고 뜻을 세워 수행할 때 휴식하지 않는 정진과 잡스럽지 않고 물들지 않는 정진과 물러서고 헤매지 않는 정진과 광대한 정진과 끝없는 정진과 불같은 정진과 가지런하지 않지만 가지런한 정진과 무너트릴 수 없는 정진과 모든 중생이 성취하는 정진과 선근을 도(道)와 도가 아닌 것을 분별하는 정진을 얻는다."

"이보살은 마음의 경계가 청정하고 깊은 마음을 잃지 않기에 깨우침을 깨달아 아는 일에 밝고 예리하며, 선근을 거듭 더하고 늘리며, 세간의 허물과 탁함을 벗어나며, 모든 의심과 혹함을 끊으며, 분명하게 끊어내고 온전하게 갖추며, 기쁨과 즐거움이 가득하며, 부처님이 친히 보호하고 생각하기에 헤아릴 수 없는 뜻의 즐거움을 남김없이 다 성취한다."

佛子 此菩薩隨所起方便慧 修集於道及助道分 如是而得潤澤心 柔軟心 調順心 利益安樂心 無雜染心 求上上勝法心 求殊勝智慧心 求一切世間心 恭敬尊德無違敎命心 隨所聞法皆善修行心 此菩薩知恩 知報恩 心極和善 同住安樂 質直柔軟 無稠林行 無有我慢 善受敎誨 得說者意 此菩薩如是忍成就 如是調柔成就 如是寂滅成就 如是忍 調柔 寂滅成就 淨治後地業 作意修行時 得不休息精進 不雜染精進 不退轉精進 廣大精進 無邊精進 熾然精進 無等等精進 無能壞精進 成熟一切衆生精進 善分別道非道精進 是菩薩心界淸淨 深心不失 悟解明利 善根增長 離世垢濁 斷諸疑惑 明斷具足 喜樂充滿 佛親護念 無量志樂皆悉成就

"불자여! 보살은 이 염혜지에 머물면서 원력으로 인하여 많은 부처님을 보게 되니, 이른바 백 부처님을 보고 많은 천 부처님을 보고 많은 백천 부처님을 볼뿐만 아니라 많은 백천 나유타 부처님까지 보며, 빠짐없이 다 공경하고 존중하고 받들어 섬기고 공양하며, 의복과 침구와 음식과 탕약과 모든 생활필수품을 남김없이 써서 받들어 이바지하고 또한 모든 스님에게 공양하고 이 선근으로 아뇩다라삼먁삼보리에 회향하며, 저 언덕의 부처님 처소에서 공경하게 법을 듣고 들은 법을 받아 지니며, 온전하게 갖추고 수행하며, 차례를 좇아(復) 저 언덕의 모든 부처님 법 가운데 출가하고 수도한다. 다시 또(復有) 되돌려 닦고 다스려서 깊은 마음으로 믿고 이해하며, 헤아릴 수 없는 백천 억 나유타 겁이 지나도록 모든 선근을 더더욱 밝고 청정하게 한다."

"불자여! 비유하면 금을 다루는 스승이 진금을 단련해서 장엄 기물을 만들면 남아있는 금이 미치지 못하는 것과 같이, 보살마하살도 역시 차례를 좇아(復有) 이와 같아서 이 자리가 가진 선근에 머물면 아랫자리의 선근으로는 미칠 수가 없으며, 마니 보배의 청정한 광명 바퀴가 놓은 광명은 모든 나머지 보배로는 능히 미치지 못한다. 폭풍우 등등의 연으로는 무너뜨릴 수 없는 것처럼 보살마하살도 역시 차례를 좇아(復有) 이와 같아서 이 자리에 머무르면, 아랫자리의 보살들은 미칠 수 없으며, 마군과 번뇌로도 무너뜨릴 수 없다."

"이보살은 사섭법 가운데 같이 일하는 것에 치우침이 많고 십바라밀 가운데서는 정진바라밀에 치우침이 많으며, 나머지를 닦지 않는 것은 아니지만 단지 힘을 따르고 구별함을 따를 뿐이다."

"불자여! 이 이름을 간략하게 말하면 보살마하살의 제4 염혜지이다."

佛子 菩薩住此焰慧地 以願力故 得見多佛 所謂 見多百佛 見多千佛 見多百千佛 乃至見多百千億那由他佛 皆恭敬尊重 承事供養 衣服 臥具 飮食 湯藥 一切資生悉以奉施 亦以供養一切衆僧 以此善根皆悉迴向阿耨多羅三藐三菩提 於彼佛所 恭敬聽法 聞已受持 具足修行 復於彼諸佛法中出家修道 又更修治深心信解 經無量百千億那由他劫 令諸善根轉復明淨 佛子 譬如金師鍊治眞金作莊嚴具 餘所有金皆不能及 菩薩摩訶薩亦復如是 住於此地所有善根 下地善根所不能及 如摩尼寶淸淨光輪能放光明 非諸餘寶之所能及 風雨等緣悉不能壞 菩薩摩訶薩亦復如是 住於此地 下地菩薩所不能及 衆魔煩惱悉不能壞 此菩薩於四攝中 同事偏多 十波羅蜜中 精進偏多 餘非不修 但隨力隨分 佛子 是名 略菩薩摩訶薩第四焰慧地

"보살이 이 자리에 머물면서 많은 수야마천왕이 되어 선근 방편으로 중생의 몸과 견해라는 등등의 의심을 없애고 바른 견해에 머물게 하며, 보시하고 사랑의 말을 하고 이로운 일을 행하고 함께 일하니, 이와 같은 모든 업을 만들어 가는 것이 모두 부처님을 생각하고 법을 생각하고 스님을 생각함을 벗어나지 않을 뿐만 아니라 모든 종과 모든 지혜의 지혜를 온전하게 갖추려는 생각을 벗어나지 않는다."

"차례를 좇아(復) 생각하기를 '내가 마땅히 모든 중생 가운데 우두머리가 되고 뛰어나고 특히 더 뛰어나고 빼어나며, 섬세하게 빼어나며, 위가 되고 위 없음이 될 뿐만 아니라 모든 지혜의 지혜에 의지하게 할 것이다.'라고 한다. 이보살이 그와 같이 부지런히 정진하면 한 생각, 한순간에 억 수의 삼매에 들어가고 억 부처님을 보고 억 부처님의 신통력을 알고 억 부처님의 세계를 진동하게 할 뿐만 아니라 억 수의 몸을 나타내 보이고 하나하나의 몸마다 억 수의 보살을 권속으로 삼는다."

"그와 같은 보살의 특히 뛰어난 원력으로 자재하게 나타내 보이면 이 수를 뛰어넘어 백 겁, 천 겁 및 백천 억 나유타 겁을 두고 셈해도 알 수가 없다."

菩薩住此地 多作須夜摩天王 以善方便能除衆生身見等惑 令住正見 布施 愛語 利行 同事如是一切諸所作業 皆不離念佛 不離念法 不離念僧 乃至不離念具足一切種一切智智 復作是念 我當於一切衆生中爲首 爲勝 爲殊勝 爲妙 爲微妙 爲上 爲無上 乃至爲一切智智依止者 是菩薩若發勤精進 於一念頃 得入億數三昧 得見億數佛 得知億數佛神力 能動億數世界 乃至能示現億數身 一一身億數菩薩以爲眷屬 若以菩薩殊勝願力自在示現 過於此數 百劫 千劫乃至百千億那由他劫不能數知

이때 금강장 보살이 그 뜻을 거듭 펴고자 하여 게송으로 말했다.
爾時 金剛藏菩薩欲重宣其義而說頌言

菩薩已淨第三地 보살이 이미 제3지를 청정하게 하고
次觀衆生世法界 차례로 중생계와 세계와 법계와
空界識界及三界 허공계와 식계와 삼계를 자세히 살펴보고
心解悉了能趣入 마음을 이해해서 남김없이 깨달아 알고 능히 향해 들어간다네.

始登焰地增勢力 비로소 염혜지에 올라 세력을 거듭 더하고
生如來家永不退 여래의 가문에 태어나 영원히 물러나지 않으며
於佛法僧信不壞 불법승에 대한 믿음이 무너지지 않기에
觀法無常無有起 법이 항상 함이 없음과 일으킴이 없음을 자세히 들여다본다네.

觀世成壞業有生 세간이 이루어지고 무너지는 업으로 생함과
生死涅槃刹等業 생사와 열반과 세계 등등의 업을 자세히 들여다보고
觀前後際亦觀盡 전후의 경계를 자세히 들여다보고 또한 다함을 자세히 들여다보고
如是修行生佛家 이와 같은 행을 닦아 부처님의 집에 난다네.

得是法已增慈愍 이 법을 이미 얻어 사랑과 가엾이 여기는 마음을 거듭 더하고
轉更勤修四念處 점차 사념처를 거듭 부지런히 닦으며
身受心法內外觀 몸으로 마음과 법 받아들임을 안팎으로 자세히 살펴보면서
世間貪愛皆除遣 세간의 탐내고 사랑하는 마음을 빠짐없이 없앤다네.

菩薩修治四勤行 보살이 네 가지의 부지런한 행을 닦고 다스려
惡法除滅善增長 악한 법은 없애버리고 선근을 거듭 더하고 늘리며
神足根力悉善修 사신족과 오근과 오력의 선근을 남김없이 닦고
七覺八道亦如是 칠각분과 팔정도 또한 이와 같게 한다네.

爲度衆生修彼行 중생을 제도하기 위해 저 언덕의 행(如來智行)을 닦고
本願所護慈悲首 본래의 원으로 보호하는 일에 자비를 처음으로 삼아
求一切智及佛土 모든 지혜 및 불국토를 구하며
亦念如來十種力 또한 여래의 열 가지 힘을 생각하고
四無所畏不共法 사무소외와 함께 하지 않는 법과
殊特相好甚美音 매우 뛰어난 모양이나 상태와 깊고 아름다운 소리와
亦求妙道解脫處 또한 빼어난 도와 해탈의 처와
及大方便修行彼 대 방편에 이르기까지 저 언덕(二乘地)을 수행하여 구한다네.

身見爲首六十二 몸의 견해가 우두머리가 되어 62 견해와
我及我所無量種 나와 나의 것이라는 헤아릴 수 없는 종류와
蘊界處等諸取著 온, 계, 처 등등의 모든 집착과 취함을
此四地中一切離 이 4지 가운데서 모두 벗어난다네.

如來所訶煩惱行 여래가 꾸짖은 번뇌의 행은
以無義利皆除斷 이로운 뜻이 없기에 빠짐없이 끊어서 없애고
智者修行淸淨業 지혜로운 자가 행하는 청정한 업은
爲度衆生無不作 중생을 제도하기 위해 업을 짓는다네.

菩薩勤修不懈怠 보살이 부지런히 닦고 게으르지 않으면
卽得十心皆具足 곧바로 열 가지 마음을 빠짐없이 온전하게 갖춤을 얻고
專求佛道無厭倦 오로지 부처님 도를 구하기 위해 싫어하거나 게으르지 않으면
志期受職度衆生 마음에 모든 자리 받음을 약속받고 중생을 제도한다네.

恭敬尊德修行法 존덕의 수행하는 법을 공경하고
知恩易誨無慍暴 은혜를 알며 가르침을 받아 새로워지고 성내거나 난폭함이 없으며
捨慢離諂心調柔 오만함을 버리고 아첨을 벗어나 마음을 조화로우며 부드럽게 하고
轉更精勤不退轉 점차 부지런히 행을 닦아 물러섬이 없다네.

菩薩住此焰慧地 보살이 이 염혜지에 머물면
其心淸淨永不失 그 마음의 청정함을 영원히 잃지 않으며
悟解決定善增長 깨우침을 깨달아 알고 결정하며 선근을 거듭 더하고 늘려서
疑網垢濁悉皆離 의심의 그물과 허물과 탁한 것에서 남김없이 다 벗어날 것이라네.

此地菩薩人中勝 이 자리의 보살은 사람 가운데서 뛰어나기에
供那由他無量佛 나유타의 헤아릴 수 없는 부처님을 이바지하고
聽聞正法亦出家 바른 법을 듣고 또한 출가해서
不可沮壞如眞金 막을 수 없고 무너뜨릴 수 없음이 진금과 같다네.

菩薩住此具功德 보살이 이 자리에 머물며 공덕을 갖추고
以智方便修行道 지혜의 방편으로 도를 수행하며
不爲衆魔心退轉 많은 마에 마음이 물러서지 않으니
譬如妙寶無能壞 비유하면 빼어난 보배를 무너트릴 수 없음과 같다네.

住此多作焰天王 이 자리에 머물면 많은 염천왕이 되어
於法自在衆所尊 법에 자재하기에 대중이 존중하니
普化群生除惡見 두루 중생을 이끌어 악한 견해를 없애주고
專求佛智修善業 오로지 부처님 지혜를 구하고 선근의 업을 닦는다네.

菩薩勤加精進力 보살이 정진의 힘을 부지런히 더하고
獲三昧等皆億數 삼매 등등을 빠짐없이 얻기를 억 수이니
若以願智力所爲 그와 같은 원과 지혜의 힘이라면
過於此數無能知 이 수를 뛰어넘어 알 수가 없다네.

如是菩薩第四地 이와 같은 보살의 제4 지는
所行淸淨微妙道 행하는 것이 청정하며 섬세하고 빼어난 도이기에
功德義智共相應 공덕과 이치와 지혜가 서로 함께 응함을
我爲佛子已宣說 내가 불자를 위하여 다 베풀어 설한다네.

제5 난승지(難勝地)

菩薩聞此勝地行 보살이 이 뛰어난 자리의 행을 듣고
於法解悟心歡喜 법을 이해하며 깨우침을 깨달아 아는 마음으로 환희하고
空中雨華稱歎言 허공 가운데 꽃비를 내려 찬탄하며 말하기를
善哉大士金剛藏 선근이십니다. 대사 금강장이시여!

自在天王與天衆 자재천왕과 더불어 하늘의 대중이
聞法踊躍住虛空 법을 듣고는 뛸 듯이 기뻐하며 허공에 머물면서

普放種種妙光雲 가지가지의 빼어난 광명의 구름을 두루 놓아
供養如來喜充徧 여래께 공양하고 기쁨으로 두루 가득하다네.

天諸采女奏天樂 하늘의 모든 채녀가 하늘의 음악으로 받들고
亦以言辭歌讚佛 또한 아름다운 소리로 부처님을 노래로 찬탄하며
悉以菩薩威神故 보살의 위신력을 남김없이 쓰는 까닭에
於彼聲中發是言 그 소리 가운데 이러한 말들이 들리니
佛願久遠令乃滿 부처님의 소원은 오래되고 오래되어서 이제는 원만하시고
佛道久遠令乃得 오래도록 구원하던 부처님의 도를 이제 얻어서
釋迦文佛至天宮 석가문 부처님이 천궁에 이르시니
利天人者久乃見 천인을 이롭게 하는 자가 오래 지난 지금 본다네.

大海久遠令始動 큰 바다가 아주 오래간만에 지금 비로소 움직이고
佛光久遠令乃放 부처님의 광명을 아주 오래간만에 놓으며
衆生久遠始安樂 중생이 매우 오래간만에 비로소 편안하고 즐겁고
大悲音聲久乃聞 가엾이 여기는 음성을 매우 오래간만에 지금 이제 듣는다네.

功德彼岸皆已到 공덕의 저 언덕에 빠짐없이 이미 이르렀고
憍慢黑闇皆已滅 어둡고 어두운 교만함을 이미 없앴으니
最極淸淨如虛空 가장 지극한 청정함이 허공과 같으며
不染世法猶蓮華 세간에 물들지 않음이 마치 연꽃과 같다네.

大牟尼尊現於世 대모니 세존께서 세상에 나타나시니
譬如須彌出巨海 마치 수미산이 큰 바다에서 솟아 나온 듯하고
供養能盡一切苦 공양하면 능히 모든 고통을 다하며
供養必得諸佛智 공양하면 반드시 모든 부처님의 지혜를 얻을 것이니
此應供處供無等 이는 응당 공양할 곳에 공양한 것이며 그 이상 더 할 수 없기에
是故歡心供養佛 이러한 까닭에 기쁜 마음으로 부처님께 공양한다네.

如是無量諸天女 이와 같음에 헤아릴 수 없는 모든 천녀가
發此言辭稱讚已 이러한 말을 일으켜 칭찬하고
一切恭敬喜充滿 모두 공경하며 기쁨에 가득 차서
瞻仰如來默然住 여래를 우러러보며 말없이 머문다네.

是時大士解脫月 이때 대사 해탈월 보살이
復請無畏金剛藏 차례를 좇아 두려움 없으신 금강장에게 청하기를
第五地中諸行相 "제5지 가운데 모든 행함의 모양이나 상태를
唯願佛子爲宣說 바라건대 불자를 위하여 베풀어 설해주십시오."라고 하였다.

이때 금강장 보살이 해탈월 보살에게 깨우침을 주고자 말했다.
爾時 金剛藏菩薩告解脫月菩薩言

"불자여! 보살마하살이 제4 지에서 행할 것을 원만히 하고 제5 난승지에 들어가고자 한다면, 열 가지 평등하면서 청정한 마음으로 향해 들어가야 하니, 무엇이 열인가 하면, 이른바 과거의 불법에 평등하면서 청정한 마음과 미래의 불법에 평등하면서 청정한 마음과 현재의 불법에 평등하면서 청정한 마음과 계율에 평등하면서 청정한 마음과 마음에 평등하면서 청정한 마음과 견해의 의심과 뉘우침을 없앤 평등하면서 청정한 마음과 도와 도가 아닌 것을 가리는 지혜에 평등하면서 청정한 마음과 수행하는 지혜의 견해에 평등하면서 청정한 마음과 모든 보리의 분법(分法.二乘智.如來智方便行)을 상상(上上)으로 자세히 살펴서 들여다보는 일에 평등하면서 청정한 마음과 모든 중생을 가르치고 이끄는 일에 평등하면서 청정한 마음이니, 보살마하살은 이 열 가지 평등하면서 청정한 마음으로 보살의 제5 지에 들어간다."
佛子 菩薩摩訶薩第四地所行道善圓滿已 欲入第五難勝地 當以十種平等淸淨心趣入 何等爲十 所謂 於過去佛法平等淸淨心 未來佛法平等淸淨心 現在佛法平等淸淨心 戒平等淸淨心 心平等淸淨心 除見疑悔平等淸淨心 道非道智平等淸淨心 修行智見平等淸淨心 於一切菩提分法上上觀察平等淸淨心 敎化一切衆生平等淸淨心 菩薩

摩訶薩以此十種平等淸淨心 得入菩薩第五地

"불자여! 보살마하살이 제5 지에 머무는 것은 선근으로 보리 분법을 닦는 까닭이며, 선근의 청정하고 깊은 마음이기 때문이며, 차례를 좇아 멈추지 않고 가장 뛰어난 도를 구하는 까닭이며, 진여를 거스르지 않고 따르는 까닭이며, 원력으로 지닌 것이기 때문이며, 모든 중생을 사랑과 가엾이 여기는 마음으로 버리지 않는 까닭이며, 복과 지혜를 가지고 도를 돕는 일을 모아 쌓는 까닭이며, 닦고 익히기를 부지런히 하고 쉬지 않는 까닭이며, 섬세하고 능숙한 선근 방편을 출생하는 까닭이며, 자세히 살펴서 들여다보고 상상(上上)의 자리(阿耨多羅三藐三菩提)를 밝게 비추는 까닭이며, 여래로부터 보호를 받기 때문이며, 지혜의 힘으로 지닌 것을 생각하는 까닭으로 물러남이 없는 마음을 얻는다."

佛子 菩薩摩訶薩住此第五地已 以善修菩提分法故 善淨深心故 復轉求上勝道故 隨順眞如故 願力所持故 於一切衆生慈愍不捨故 積集福智助道故 精勤修習不息故 出生善巧方便故 觀察照明上上地故 受如來護念故 念智力所持故 得不退轉心

"불자여! 보살마하살은 이것이 고성제(苦聖諦)이며, 이것이 고집성제(苦集聖諦)이며, 이것이 고멸성제(苦滅聖諦)이며, 이것이 고멸도성제(苦滅道聖諦)인 것을 실상의 본바탕 그대로 알며, 선근(善根)으로 세속의 진실을 알고 선근으로 제일의 진실을 알고 선근으로 모양이나 상태의 진실을 알고 선근으로 차별의 진실을 알고 선근으로 이루어지고 세워지는 진실을 알고 선근으로 사물의 진실을 알고 선근으로 생하는 진실을 알고 선근으로 다함이 없는 생함의 진실을 알고 선근으로 도에 들어가는 지혜의 진실을 알고 선근으로 모든 보살의 지위가 차례를 따라 성취되는 진실을 알고 뿐만 아니라 선근으로 여래의 지혜가 성취되는 진실을 안다."

"이보살은 중생이 좋아하는 마음을 따라 환희하게 하는 까닭으로 세속의 진실을 알고 하나뿐인 실상의 본바탕이 되는 모양이나 상태를 통달한 까닭으로 제일의(第一義)의 진실을 알고 법의 스스로 모양이나 상태와 같은 모양이나 상태를 깨우친 까닭으로 모양이나 상태의 진실을 알고 모든 법의 나누어진 자리와 차별을 깨우쳐 아는 까닭으로 차별의 진실을 알고 선근으로 온과 계와 처를 분별하는 까닭으로 이루어지고 세워지는 진실을 알고 몸과 마음의 괴로움을 깨우친 까닭으로 사물의 진실을 알고 모든 부류의 생(生)하는 모양이나 상태가 끊이지 않고 이어짐을 깨우친 까닭으로 생하는 진실을 알고 뜨거운 모든 번뇌가 끝내는 없어지는 까닭으로 다하고 생기지 않는 지혜의 진실을 알고 출생이란 둘이 없는 까닭으로 도에 들어가는 지혜의 진실을 알고 행하는 모든 모양이나 상태를 바르게 깨우치는 까닭에 선근으로 모든 보살의 지위가 차례를 따른 모양이나 상태를 이어서 성취함을 알 뿐만 아니라 여래의 지혜를 성취하는 진실을 아니, 믿음과 이해하는 지혜의 힘으로 아는 것이고 마지막까지 이른 지혜의 힘으로 아는 것이 아니다."

佛子 此菩薩摩訶薩如實知此是苦聖諦 此是苦集聖諦 此是苦滅聖諦 此是苦滅道聖諦 善知俗諦 善知第一義諦 善知相諦 善知差別諦 善知成立諦 善知事諦 善知生諦 善知盡無生諦 善知入道智諦 善知一切菩薩地次第成就諦 乃至善知如來智成就諦 此菩薩隨衆生心樂令歡喜故 知俗諦 通達一實相故 知第一義諦 覺法自相 共相故 知相諦 了諸法分位差別故 知差別諦 善分別蘊 界 處故 知成立諦 覺身心苦惱故 知事諦 覺諸趣生相續故 知生諦 一切熱惱畢竟滅故 知盡無生智諦 出生無二故 知入道智諦 正覺一切行相故 善知一切菩薩地次第相續成就 乃至如來智成就諦 以信解智力故 非以究竟智力知

"불자여! 이 보살마하살이 이와 같은 모든 진실의 지혜를 얻고는 모든 유위법(有爲法.有立五蘊)이란 허망하고 거짓으로 꾸미고 속여서 어리석은 범부를 속이고 헤매게 하는 것을 있는 그대로 아는 것이니, 보살이 이때 모든 중생에게 가엾이 여기는 큰마음을 거듭 더하고 거듭 더해서 사랑하는 큰마음의 광명을 낸다."

"불자여! 이 보살마하살은 이와 같은 지혜의 힘을 얻으면 모든 중생을 버리지 않으며, 부처님의 지혜를 항상 구하고 인위적으로 꾸며진 모든 행의 이전 경계와 이후의 경계를 있는 그대로 자세히 살펴서 들여다보고는 이전 경계의 무명을 좇아 사랑이 있음을 아는 까닭으로 생하기에 생사가 돌아 흐름을 알고 오온이라는 모든 집에서 능동적으로 움직여 나오지 못하고 괴로움을 모아 거듭 더하고 키우는 것을 알고 나도 없고 수명도 없고 양육할 자도 없고 다시 이후의 경계를 따라 부류의 몸을 취하는 자가 없기에 나와 나의 것을 벗어난다. 이전의 경계처럼 이후의 경계도 역시 이와 같아서 단 하나도 가지고 있는 것이 없음을 알며, 허망하게 탐내고 집착함을 끊어버리고 벗어나감을 다하면 있거나 없거나 빠짐없이 있는 그대로 알게 된다."

"불자여! 이 보살마하살이 차례를 좇아(復) 생각하기를 '이 모든 범부가 어리석고 지혜가 없으니, 매우 불쌍하다. 헤아릴 수 없는 몸이 있지만 이미 없어졌고 지금 없어지고 앞으로도 없어질 것이다. 이와 같음으로 다 없어지지만, 몸에 대하여 싫어하는 생각을 내지 않으며, 다시 몸에 따른 기관의 고통스러운 일을 거듭 더하고 늘려서 생사의 흐름만을 따라기에 능히 돌이키지를 못하고 오온의 모든 집에서 벗어나 나아감을 구하지 못하고 사대라는 독사의 근심과 두려움을 알지 못하며, 오만한 모든 견해의 화살을 뽑아내지 못하고 탐진치의 불을 끄지 못하며, 무명이라는 어둠을 깨트리고 무너트리지 못하며, 애욕의 바다를 말리지 못하며, 십력의 대성 도사를 구하지 않으며, 마의 뜻으로 빽빽한 숲에 들어가서 생사의 바다 가운데 알아차리고 자세히 살펴보는 파도에 빠져서 휩쓸린다.'라고 한다."

"불자여! 이 보살마하살이 차례를 좇아(復) 생각하기를 '이 모든 중생이 이와 같은 고통을 받으면서 혼자 외롭고 어려움을 겪고 괴롭고 궁색하지만 도움이나 구원도 없으며, 의지할 데도 없으며, 섬도 없고 집도 없고 인도함도 없고 눈도 없기에 무명에 덮이고 가려서 캄캄한 어둠에 갇히니, 내가 이제 그 모든 중생을 위해 복 밭과 지혜로 도를 돕는 법을 수행하고 홀로 한번 마음을 일으키더라도 짝이 되는 동무를 구하지 않을 것이며, 모든 중생이 이 공덕으로 끝내는 청정하게 할 뿐만 아니라 여래의 열 가지 힘과 막힘이나 걸림 없는 지혜를 얻게 할 것이다.'라고 한다."

"불자여! 이 보살마하살이 이와 같은 지혜로 자세히 살펴서 들여다보고 닦는 선근은 모든 중생을 다 구하고 보호하며, 모든 중생에게 이익이 되도록 하고 모든 중생을 편안하고 즐겁게 하며, 모든 중생을 불쌍하고 가엾게 여기며, 모든 중생을 성취하게 하고 모든 중생을 해탈하게 하며, 모든 중생을 거두어 주며, 모든 중생이 모든 괴로움과 번민에서 벗어나게 하며, 모든 중생이 청정함을 두루 얻게 하고 모든 중생을 남김없이 다 조복하며, 모든 중생을 반열반에 들게 한다."

佛子 此菩薩摩訶薩得如是諸諦智已 如實知一切有爲法虛妄 詐僞 誑惑愚夫 菩薩爾時 於諸衆生轉增大悲 生大慈光明 佛子 此菩薩摩訶薩得如是智力 不捨一切衆生 常求佛智 如實觀一切有爲行前際 後際 知從前際無明 有 愛 苦生生死流轉 於諸蘊宅不能動出 增長苦聚 無我 無壽者 無養育者 無更數取後趣身者 離我 我所 如前際後際亦如是 皆無所有 虛妄 貪著 斷盡出離 若有若無 皆如實知 佛子 此菩薩摩訶薩

復作是念 此諸凡夫愚癡無智 甚爲可愍 有無數身已滅 今滅 當滅 如是盡滅 不能於身而生厭想 轉更增長機關苦事 隨生死流不能還返 於諸蘊宅不求出離 不知憂畏四大毒蛇 不能拔出諸慢見箭 不能息滅貪 恚 癡火 不能破壞無明黑暗 不能乾竭愛欲大海 不求十力大聖導師 入魔意稠林 於生死海中 爲覺觀波濤之所漂溺 佛子 此菩薩摩訶薩復作是念 此諸衆生受如是故 孤窮困迫 無救無依 無洲無舍 無導無目 無明覆翳 黑暗纏裏 我今爲彼一切衆生 修行福智助道之法 獨一發心 不求伴侶 以是功德 令諸衆生畢竟淸淨 乃至獲得如來十力 無礙智慧 佛子 此菩薩摩訶薩以如是智慧觀察所修善根 皆爲救護一切衆生 利益一切衆生 安樂一切衆生 哀愍一切衆生 成就一切衆生 解脫一切衆生 攝受一切衆生 令一切衆生離諸苦惱 令一切衆生普得淸淨 令一切衆生悉皆調伏 令一切衆生入般涅槃

"불자여! 보살마하살이 제5 난승지에 머무르면, 이름을 '생각하는 자'라 하니, 모든 법을 잊어버리지 않기 때문이며, 이름을 '지혜로는 자'라 하니, 선근으로 능히 분명하게 깨달아 알기 때문이며, 이름을 '돕고 의지함이 있는 자'라 하니, 경이 이르고자 하는 뜻과 차례가 잇닿아 합하기 때문이며, 이름을 '부끄러움을 아는 자'라 하니, 스스로 보호하고 타인을 보호하기 때문이며, 이름을 '견고한 자'라 하니, 계행을 버리지 않기 때문이며, 이름을 '깨우친 자'라 하니, 능히 옳은 곳과 그른 곳을 자세히 살펴서 들여다보기 때문이며, 이름이 '지혜를 따르는 자'가 되니, 다른 것을 따르지 않기 때문이며, 이름이 '슬기로움을 따르는 자'가 되니, 선근으로 뜻과 뜻이 아닌 글귀의 차별을 알기 때문이며, 이름을 '신통한 자'라 하니, 선근으로 선정을 닦기 때문이며, 이름을 '섬세하고 능숙한 선근 방편의 자'라 하니, 능히 세상을 따라 행하기 때문이며, 이름을 '싫어함과 만족함이 없는 자'라 하니, 선근의 복덕을 모으기 때문이며, 이름을 '쉬지 않는 자'라 하니, 항상 지혜를 구하기 때문이며, 이름을 '피곤해하지 않는 자'라 하니, 큰 자비를 모으기 때문이며, 이름이 '남을 위해 부지런히 닦는 자'라 하니, 모든 중생을 열반에 들게 하려는 까닭이며, 이름을 '부지런히 구해서 게으름 피우지 않는 자'라 하니, 여래의 힘과 두려움 없음과 같이 하지 않는 법을 구하기 때문이며, 이름이 '뜻을 일으켜 능히 행하는 자'가 되니, 장엄한 부처님 국토를 성취하기 때문이며, 이름을 '부지런히 가지가지의 선근 업을 닦는 자'라 하니, 능히 좋아하는 모양이나 상태를 온전하게 갖추기 때문이며, 이름을 '항상 부지런히 닦고 익히는 자'라 하니, 부처님의 몸과 말과 뜻으로 장엄하기를 구하기 때문이며, 이름을 '크게 존중하고 법을 공경하는 법사'라 하니, 모든 보살, 법사의 처소에서 가르침대로 행하기 때문이며, 이름을 '마음에 막힘이나 걸림이 없는 자'라 하니, 큰 방편으로 항상 세간을 다니기 때문이며, 이름을 '밤낮으로 나머지 마음을 멀리 벗어나는 자'라 하니, 모든 중생을 가르치고 이끄는 일을 항상 즐거워하기 때문이다."

佛子 菩薩摩訶薩第住此第五難勝地 名爲 念者 不忘諸法故 名爲 智者 能善決了故 名爲 有趣者 知經意趣 次第連合故 名爲 慚愧者 自護 護他故 名爲 堅固者 不捨戒行故 名爲 覺者 能觀是處 非處故 名爲 隨智者 不隨於他故 名爲 隨慧者 善知義 非義句差別故 名爲 神通者 善修禪定故 名爲 方便善巧者 能隨世行故 名爲 無厭足者 善集福德故 名爲 不休息者 常求智慧故 名爲 不疲倦者 集大慈悲故 名爲 爲他勤修者 欲令一切衆生入涅槃故 名爲 勤求不懈者 求如來力 無畏 不共法故 名爲 發意能行者 成就莊嚴佛土故 名爲 勤修種種善業者 能具足相好故 名爲 常勤修習者 求莊嚴佛身 語 意故 名爲 大尊重恭敬法者 於一切菩薩法師處如敎而行故 名爲 心無障礙者 以大方便常行世間故 名爲 日夜遠離餘心者 常樂敎化一切衆生故

"불자여! 보살마하살이 이와 같음을 부지런히 수행할 때 보시로 중생을 가르치고 이끌어서 올바른 방향으로 나아가게 하며, 사랑하는 말과 이익이 되는 행을 함께 하면서 중생을 가르치고 이끌어서 올바른 방향으로 나아가게 하며, 색신을 나타내어 중생을 가르치고 이끌어서 올바른 방향으로 나아가게 하며, 법을 널리 펴서 설하는 것으로 중생을 가르치고 이끌어서 올바른 방향으로 나아가게 하며, 보살의 행을 보여서 중생을 가르치고 이끌어서 올바른 방향으로 나아가게 하며, 여래의 큰 위력을 나타내 보여서 중생을 가르치고 이끌어서 올바른 방향으로 나아가게 하며, 나고 죽은 허물과 고통을 보여서 중생을 가르치고 이끌어서 올바른 방향으로 나아가게 하며, 여래의 지혜와 이익이 됨을 칭찬해서 중생을 가르치고 이끌어서 올바른 방향으로 나아가게 하며, 큰 신통력을 나타내어 중생을 가르치고 이끌어서 올바른 방향으로 나아가게 하며, 가지가지의 방편 행으로 중생을 가르치고 이끌어서 올바른 방향으로 나아가게 한다."

"불자여! 이 보살마하살은 능히 이와 같은 부지런한 방편으로 중생을 가르치고 이끌어서 올바른 방향으로 나아가게도 하지만 마음으로 항상 모양이나 상태를 이어서 부처님의 지혜에 나아가고 지어가는 선근에서 물러섬이 없게 하고 특히 뛰어난 행의 법을 항상 부지런히 닦고 배운다."

佛子 菩薩摩訶薩如是勤修行時 以布施敎化衆生 以愛語 利行 同事敎化衆生 示現色身敎化衆生 演說諸法敎化衆生 開示菩薩行敎化衆生 顯示如來大威力敎化衆生 示生死過患敎化衆生 稱讚如來智慧利益敎化衆生 現大神通力敎化衆生 以種種方便行敎化衆生佛子 菩薩摩訶薩能如是勤方便敎化衆生 心恒相續 趣佛智慧 所作善根 無有退轉 常勤修學殊勝行法

"불자여! 보살마하살은 중생에게 이익이 되게 하려는 까닭으로 세간의 기예를 익혀서 갖추니, 이른바 문자와 산수와 그림과 도서와 인장과 지, 수, 화, 풍의 가지가지 모든 이치를 헤아리고 모두 통달하며, 또 선근의 방약으로 모든 병을 치료하니, 미친 증세와 소갈병과 귀신과 도깨비에 혹함과 충독을 남김없이 없애고 끊어버리며, 문장과 글씨와 시와 노래와 춤과 악기와 농담과 재미난 이야기를 모두 잘 하고 나라와 성과 촌과 읍과 궁과 집과 정원과 샘과 못과 풀과 나무와 꽃과 약초 등을 있을 자리에 있게끔 벌려 놓아 그 마땅함을 얻게 하며, 금, 은, 마니와 진주, 유리, 나패, 벽옥과 산호 등이 있는 곳을 모두 알고 이를 파내어 사람들에게 보이고 해, 달, 별이 머무는 곳과 새가 울고 땅이 움직이고 야밤 꿈속의 길흉과 몸의 모양이나 상태가 좋고 나쁜 것을 자세히 살펴서 들여다보고 하나라도 어긋나거나 그르침이 없게 한다."

"계행을 가지고 선정에 들며, 헤아릴 수 없는 신통과 사무량심과 사무색정과 뿐만 아니라 나머지 모든 세간의 일로 중생을 해롭게 하지 않고 이익을 주기 위한 까닭으로 남김없이 다 열어 보이고 차츰 위 없는 불법에 편안히 머물게 하려는 것이다."

佛子 菩薩摩訶薩爲利益衆生故 世間技藝靡不該習 所謂 文字 算數 圖書 印璽 地 水 火 風 種種諸論 咸所通達 又善方藥 療治諸病 顚狂 乾消 鬼魅 蠱毒 悉能除斷 文筆 讚詠 歌舞 妓樂 戲笑 談說 悉善其事 國城 村邑 宮宅 園苑 泉流 陂池 草樹 華藥 凡所布列 咸得其宜 金銀 摩尼 眞珠 琉璃 螺貝 璧玉 珊瑚等藏 悉知其處 出以示人 日月星宿 鳥鳴地震 夜夢吉凶 身相休咎 咸善觀察 一無錯謬 持戒入禪 神通無量 四無色等及餘一切世間之事 但於衆生不爲損惱 爲利益故咸悉開示 漸令安住無上佛法

"불자여! 보살이 난승지에 머물면서 원의 힘을 쓰는 까닭에 많은 부처님을 보게 되니, 이른바 많은 백 부처님을 보고 많은 천 부처님을 보고 많은 백천 부처님을 볼 뿐만 아니라 많은 백천 억 나유타 부처님을 보기에 남김없이 모두 공경하고 존중하고 받들어 섬기면서 공양하며, 의복과 음식과 침구와 탕약과 모든 생활필수품을 남김없이 받들어 이바지하고 또한 모든 스님에게도 공양하고 이 선근으로 아뇩다라삼먁삼보리에 회향하며, 부처님이 계신 모든 곳에서 공손히 섬기어 법을 듣고 받아 지니며, 힘을 따라 수행하고 차례를 좇아 저 언덕의 모든 부처님 가운데 출가한다. 출가한 후에는 또 법을 듣고 다라니를 얻어서 듣고 지니는 법사가 되고 이 자리 가운데 머물면서 백 겁을 지내고 천 겁을 지내고 뿐만 아니라 헤아릴 수 없는 백천 억 나유타 겁 동안 닦은 선근이 점차로 거듭 밝아지고 청정해진다."

"불자여! 비유하면 진금을 조개 옥돌로 갈면 거울처럼 다시 맑아지고 청정해지는 것과 같아서 이 자리의 보살이 가지고 있는 선근도 역시 차례를 좇아(復) 이와 같기에 방편의 지혜로 사유하고 자세히 살펴서 들여다보기에 거듭해서 밝아지고 청정해진다."

"불자여! 보살이 이 난승지에 머물면서 방편 지혜로 성취한 공덕은 아랫자리의 선근으로는 미치지 못하니, 불자여! 해와 달과 별이 머무는 곳과 궁전의 광명은 바람의 힘으로 지켜지는 것이기에 가로막거나 무너트릴 수 없는 것과 같고 또한 나머지 바람으로도 움직일 수 있는 것이 아니기에 이보살이 가지고 있는 선근도 역시 차례를 좇아 이와 같아서 방편 지혜로 따라붙어 자세히 살펴보고 들여다보기에 가로막거나 무너트릴 수 없으며, 또한 모든 성문과 독각과 세간의 선근으로는 능히 기울게 하거나 움직일 수 있는 것이 아니다."

"이보살은 십바라밀 가운데 선정 바라밀에 치우침이 많고 나머지를 닦지 않는 것은 아니지만 단지 힘을 따르고 구별 지음을 따를 뿐이다."

"불자여! 이 이름을 간략히 말하면 보살마하살의 제5 난승지다."

佛子 菩薩住是難勝地 以願力故 得見多佛 所謂 見多百佛 見多千佛 見多百千佛 乃至見多百千億那由他佛 悉恭敬尊重 承事供養 衣服 飮食 臥具 湯藥 一切資生悉以奉施 亦以供養一切衆僧 以此善根迴向阿耨多羅三藐三菩提 於諸佛所 恭敬聽法 聞已受持 隨力修行 復於彼諸佛法中而得出家 旣出家已 又更聞法 得陀羅尼 爲聞持法師 住此地中 經於百劫 經於千劫 乃至無量百千億那由他劫 所有善根轉更明淨 佛子 譬如眞金 以硨磲磨瑩 轉更明淨 此地菩薩所有善根亦復如是 以方便慧思惟觀察

轉更明淨 佛子 菩薩住此難勝地 以方便智成就功德 下地善根所不能及 佛子 如日月星宿 宮殿光明 風力所持 不可沮壞 亦非餘風所能傾動 此地菩薩所有善根亦復如是 以方便智隨逐觀察 不可沮壞 亦非一切聲聞 獨覺世間善根所能傾動 此菩薩十波羅蜜中禪波羅蜜偏多 餘非不修 但隨力隨分 佛子 是名 略說菩薩摩訶薩第五難勝地

"보살이 이 자리에 머물면 많은 도솔타 천왕이 되어 모든 중생에게 하는 일이 자재해지기에 모든 외도의 요사스럽고 바르지 못한 의견을 꺾어 조복하며, 중생들이 능히 실상의 본바탕 진실 가운데 머물게 하고 보시하고 사랑하는 말을 하고 이익이 되는 행을 함께 하니, 이와 같은 일체 모든 일은 다 부처님을 생각하는 일에서 벗어나지 않고 승을 생각하는 일에서 벗어나지 않고 뿐만 아니라 모든 종류와 모든 지혜의 지혜를 온전하게 갖추어 생각하는 일에서 벗어나지 않는다."

"차례를 좇아(復) 생각하기를 '내가 마땅히 중생 가운데 우두머리가 되고 뛰어남이 되고 특히 뛰어남이 되고 빼어나고 섬세하게 더욱 빼어나고 위가 되고 위 없음이 될 뿐만 아니라 모든 지혜의 지혜로서 의지할 수 있는 자가 될 것이다.'라고 한다."

"이보살이 그와 같은 마음을 일으켜 부지런히 정진하면 한 생각 사이에 천억 삼매를 얻고 천억 부처님을 보고 천억 부처님의 신통력을 알고 천억 부처님의 세계를 진동시킬 뿐만 아니라 천억의 몸을 나타내고 하나하나의 몸에 천억 보살을 권속으로 삼는다. 그와 같은 보살의 특히 뛰어난 원의 힘으로 자재하게 나타내 보이면 이 수를 뛰어넘어 백 겁, 천 겁뿐만 아니라 백천 억 나유타 겁 동안이라도 그 수를 헤아려 알 수 없다."

菩薩住此地 多作兜率陀天王 於諸衆生所作自在 摧伏一切外道邪見 能令衆生住實諦中 布施 愛語 利行 同事如是一切諸所作業 皆不離念佛 不離念法 不離念僧 乃至不離念具足一切種 一切智智 復作是念 我當於衆生中爲首 爲勝 爲殊勝 爲妙 爲微妙 爲上 爲無上 乃至爲一切智智依止者 此菩薩若發勤精進 於一念頃 得千億三昧 得千億佛 知千億佛神力 乃至示現千億身 一一身示千億菩薩以爲眷屬 若以菩薩殊勝願力自在示現 過於此數 百劫 千劫 乃至百千億那由他劫不能數知

이때 금강장 보살이 거듭해서 그 뜻을 펴기 위해 게송으로 말했다.

爾時 金剛藏菩薩欲重宣其義而說頌言

菩薩四地已淸淨 보살의 4 지가 이미 청정하다면
思惟三世佛平等 삼세 부처님의 평등함과
戒心除疑道非道 계심으로 도와 도가 아님을 사유하니
如是觀察入五地 이와 같음을 자세히 살펴서 들여다보고 5 지에 들어간다네.

念處爲弓根利箭 생각하는 곳은 활이 되고 근은 예리한 화살이 되며
正勤爲馬神足車 부지런하고 바른 것은 말이 되고 신족은 수레가 되어
五力堅鎧破怨敵 오력(五佛智.50位)의 견고한 갑옷으로 원수와 적을 깨트리고
勇健不退入五地 용맹하게 튼튼함으로 물러서지 않아 5 지에 들어간다네.

慚愧爲衣覺分鬘 부끄러움은 옷이 되고 7각분은 머리 장식이 되며
淨戒爲香禪塗香 청정한 계는 향이 되고 선정은 바르는 향이 되며
智慧方便妙莊嚴 지혜 방편은 빼어난 장엄으로 되어
入摠持林三昧苑 총지의 숲과 삼매의 동산에 들어간다네.

如意爲足正念頸 여의는 발로 삼고 바른 생각은 목으로 삼으며
慈悲爲眼智慧牙 자비는 눈으로 삼고 지혜는 치아로 삼아
人中師子無我吼 사람 가운데 사자로 나 없음(不立五蘊)을 외침으로
破煩惱怨入五地 번뇌의 원수를 깨트리고 5 지에 들어간다네.

菩薩住此諸五地 보살이 제5 지에 머물기에
轉修勝上淸淨道 뛰어나고 가장 높은 청정한 도를 거듭 더하며
志求佛法不退轉 본심으로 불법을 구하는 일에 물러섬이 없고
思念慈悲無厭倦 자비를 생각하면서 싫어하거나 게으름이 없다네.

積集福智勝功德 복덕과 지혜의 뛰어난 공덕을 쌓아서 모으고
精勤方便觀上地 부지런히 힘쓰는 방편으로 제6의 자리를 살펴보니

佛力所加具念慧 부처님의 힘으로 사리를 밝게 분별하는 생각을 갖추고
了知四諦皆如實 사제를 빠짐없이 실상의 본바탕 그대로 깨달아 안다네.

善知世諦勝義諦 선근으로 세상의 진실과 뛰어난 이치의 진실과
相諦差別成立諦 모양이나 상태의 진실과 차별이 이루어지고 세워지는 진실과
事諦生盡及道諦 생이 다하는 일의 진실 및 도의 진실과
乃至如來無礙諦 뿐만 아니라 여래의 막힘이나 걸림이 없는 진실을 안다네.

如是觀諦雖微妙 이와 같은 진실을 살펴봄이 비록 섬세하고 빼어나기는 하지만
未得無礙勝解脫 막힘이나 걸림이 없는 해탈은 아직 얻지 못했기에
以此能生大功德 이로써 대 공덕을 능히 생하는 것이며
是故超過世智慧 이러한 까닭으로 세간의 지혜를 초월하여 지난다네.

旣觀諦已知有爲 이미 진실을 살펴보고 유위의 법이란
體性虛僞無堅實 체와 성이 꾸며낸 거짓이며 단단한 실상의 본바탕이 없음을 알고
得佛慈愍光明分 부처님이 사랑으로 불쌍히 여기는 마음으로 광명의 분을 얻어
爲利衆生求佛智 중생의 이익을 위해 부처님의 지혜를 구한다네.

觀諸有爲先後際 모든 유위법(有立五蘊)의 앞뒤 경계가
無明黑暗愛纏縛 무명의 어둠과 애욕에 얽히고 묶여서
流轉遲迴苦聚中 괴로움 가운데 돌고 돌며 흘러가고는 있지만
無我無人無壽命 나도 없고 사람도 없고 수명도 없음을 자세히 본다네.

愛取爲因受來苦 사랑을 취하는 까닭에 괴로움을 받으니
欲求邊際不可得 끝의 경계를 구하고자 해도 얻을 수 없으며
迷妄漂流無返期 사리에 어두워 진실을 가리지 못하고 정처 없이 떠돌며 돌아올 기약 없으니
此等可愍我應度 이러한 등등을 불쌍히 여겨 내가 마땅히 제도할 것이라네.

蘊宅界蛇諸見箭 오온의 집과 18계의 뱀과 모든 견해의 화살이

心火猛熾癡闇重 마음을 맹렬하게 불타오르게 하고 어리석은 어둠을 무겁게 하며
愛河漂轉不暇觀 돌아볼 겨를 없이 애욕의 흐름에 휩쓸리게 하지만
苦海淪湑闕明導 고통의 바다를 잔물결로 걸러서 밝은 문으로 인도한다네.

如是知已勤精進 이와 같음을 알아서 부지런히 정진하고
所作皆爲度衆生 지어가는 일이 다 중생을 제도하기 위함이기에
名爲有念有慧者 이름을 생각이 있는 자 슬기가 있는 자 및
乃至覺解方便者 깨우침을 깨달아 아는 방편이 있는 자라 한다네.

習行福智無厭足 복과 지혜를 익히고 행함에 싫어하거나 만족함이 없으며
恭敬多聞不疲倦 많이 들음을 피곤해하지 않고 공손히 섬기며
國土相好皆莊嚴 국토를 좋은 모양이나 상태로 빠짐없이 장엄하니
如是一切爲衆生 이와 같은 모든 것은 중생을 위한 것이라네.

爲欲敎化諸世間 모든 세간을 가르치고 이끌어서 올바른 길로 향하게 하려고
善知書數印等法 선근으로 글과 셈과 인장 등등의 법을 알며
亦復善解諸方藥 역시 차례를 좇아 선근으로 깨우친 조합법을 알아서
療治衆病悉令愈 많은 병을 치료해서 남김없이 낫게 한다네.

文辭歌舞皆巧妙 문장과 말과 노래와 춤이 다 섬세하고 능숙하게 빼어나며
宮宅園池悉安隱 궁전과 집과 정원과 연못이 빠짐없이 평화롭고
寶藏非一咸示人 보배 창고는 하나가 아님을 사람에게 다 보이니
利益無量衆生故 헤아릴 수 없이 많은 중생에게 이익을 주기 위한 까닭이라네.

日月星宿地震動 해와 달과 별이 머무는 곳과 땅의 진동
乃至身相亦觀察 뿐만 아니라 몸의 모양이나 상태 또한 자세히 살펴서 들여다보고
四禪無色及神通 사선과 무색 및 신통에 이르기까지
爲益世間皆顯示 세간의 이익을 위해서 빠짐없이 나타내 보인다네.

대방광불화엄경 제36권 495

智者住此難勝地 지혜로운 자가 이 난승지에 머물면
供那由佛亦聽法 나유타 부처님께 이바지하고 또한 법을 청하여 들으니
如以妙寶磨眞金 빼어난 보배로 진금을 문지르는 것과 같기에
所有善根轉明淨 가지고 있는 선근이 더더욱 밝고 청정해진다네.

譬如星宿在虛空 비유하면 별들이 허공에 있는 것과 같이
風力所持無損動 바람의 힘으로 지니고 움직여도 손실이 없는 것과 같기에
亦如蓮華不著水 또한 연꽃이 물에 집착하지 않는 것과 같아서
如是大士行於世 이와 같은 대사가 세간에서 행한다네.

住此多作兜率王 이 자리에 머물면 많은 도솔천의 왕이 되어
能摧異道諸邪見 능히 다른 도와 요사스럽고 바르지 못한 의견을 꺾고
所修諸善爲佛智 모든 선근을 닦은 것은 부처님의 지혜를 위함이며
願得十力救衆生 원으로 십력을 얻어 중생을 구원하기 위해서라네.

彼復修行大精進 그 차례를 좇아 수행하며 크게 정진하면
旣時供養千億佛 곧바로 때맞추어 천억의 부처님께 공양하며
得定動刹亦復然 선정을 얻고 세계를 진동함도 역시 차례를 좇아 그러하니
願力所作過於是 원력으로 지어가는 것은 이를 뛰어넘는다네.

如是第五難勝地 이와 같은 제5 난승지가
人中最上眞實道 사람 가운데 최상의 진실한 도인 것을
我以種種方便力 내가 가지가지 방편의 힘으로
爲諸佛子宣說竟 모든 불자를 위해 말하고 끝마친다네.

대방광불화엄경 제37권

26. 십지품(4)
   十地品第二十六之四

제6 현전지(現前地)

菩薩旣聞諸勝行 보살이 이미 모든 뛰어난 행을 듣고
其心歡喜雨妙華 그 마음이 환희해서 빼어난 꽃을 내리며
放淨光明散寶珠 청정한 광명을 놓고 보배 구슬을 흩뿌려서
供養如來稱善說 여래께 공양하고 선근을 칭찬하며 설한다네.

百千天衆皆欣慶 백천의 하늘 대중이 모두 기뻐서 날뛰고
共在空中散衆寶 허공 가운데 많은 보배를 흩뿌리며
華鬘瓔珞及幢幡 머리 장식과 구슬 목걸이 및 당기와 깃발과
寶蓋塗香咸供佛 보배 덮개와 바르는 향을 모두 부처님께 이바지한다네.

自在天王幷眷屬 자재천왕과 아울러 권속들이
心生歡喜住空中 마음에 환희를 내고 허공 가운데 머물며
散寶成雲持供養 보배를 흩뿌려 구름처럼 이루어 지니고 공양하며
讚言佛子快宣說 칭찬하여 말하기 "불자여! 기쁘게 말하겠다."라고 하네.

無量天女空中住 헤아릴 수 없이 많은 천녀들이 허공 가운데 머물며
共以樂音歌讚佛 함께 음악과 노래로 부처님을 찬탄하고
音中悉作如是言 소리 가운데 모두 이와 같은 말을 하니
佛語能除煩惱病 부처님의 말씀은 모든 번뇌와 병을 없애주신다네.

法性本寂無諸相 법의 성품은 본래 고요하고 모든 모양이나 상태가 없기에
猶如虛空不分別 마치 허공이 분별하지 않는 것처럼
超諸取著絶言道 모든 취하고 집착함을 초월해 언어의 길이 끊어지니
眞實平等常淸淨 진실하고 평등하기에 늘 청정하다네.

若能通達諸法性 그와 같이 모든 법의 성품을 능히 통달한다면
於有於無心不動 있든 없든 마음은 움직이지 않으며
爲欲救世勤修行 세간을 구원하고자 부지런히 수행하는 것이니
此佛口生眞佛子 이는 부처님의 입으로 생하는 참 불자라네.

不取衆相而行施 많은 모양이나 상태를 취하지 않고 보시행을 하며
本絶諸惡堅持戒 근본적인 모든 악을 끊어내고 계행을 굳게 지니며
解法無害常堪忍 법에 해가 없음을 이해하면서도 늘 견디어 참고
知法性離具精進 법의 성품은 벗어나는 것임을 알기에 갖추어 정진한다네.

已盡煩惱入諸禪 이미 번뇌를 다 하고 모든 선정에 들어
善達性空分別法 성품이 공한 것임을 통달해서 선근으로 법을 분별하고
具足智力能博濟 지혜의 힘을 온전하게 갖추어 능히 넓게 구제하며
滅除衆惡稱大士 많은 악을 없애고 없애버리니 대사로 칭한다네.

如是妙音千萬種 이와 같은 빼어난 천만 종류의 음성으로
讚已默然瞻仰佛 찬탄하고 묵묵히 부처님을 우러러보니
解脫月語金剛藏 해탈월 보살이 금강장 보살에게 말하길
以何行相入後地 "어떠한 모양이나 상태의 행으로 다음 자리에 들어갑니까?"

이때 금강장 보살이 해탈월 보살에게 말했다.

"불자여! 보살마하살이 이미 제5 지를 온전하게 갖추고 제6 현전지에 들어가고자 한다면 열 가지 평등한 법을 자세히 살펴서 들여다보아야 한다. 무엇이 열인가 하면, 이른바

모든 법이 모양이나 상태가 없는 까닭으로 평등하며, 체가 없는 까닭으로 평등하며, 생함이 없는 까닭으로 평등하며, 이루어짐이 없는 까닭으로 평등하며, 본래 청정한 까닭으로 평등하며, 장난 같은 논란거리가 없는 까닭으로 평등하며, 취하고 버림이 없는 까닭으로 평등하며, 적정한 까닭으로 평등하며, 허깨비 같고 꿈과 같고 그림자 같고 메아리 같고 물 가운데 달과 같고 거울 가운데 형상과 같고 불꽃과 같고 변화와 같은 까닭으로 평등하며, 있음과 없음이 둘이 없는 까닭으로 평등하다."

"보살이 이와 같은 일체 법의 자성이 청정함을 자세히 살펴보면서 거스르지 않고 따르며, 어기는 일 없기에 제6 현전지에 들어가 밝고 이로운 거스르지 않고 따름은 얻었지만, 무생법인은 아직 얻지 못했다."

爾時 金剛藏菩薩告解脫月菩薩言 佛子 菩薩摩訶薩已具足第五地 欲入諸六現前地 當觀察十平等法 何等爲十 所謂 一切法無相故平等 無體故平等 無生故平等 無成故平等 本來淸淨故平等 無戲論故平等 無取捨故平等 寂靜故平等 如幻 如夢 如影 如響 如水中月 如鏡中像 如焰 如化故平等 有 無不二故平等 菩薩如是觀一切法自性淸淨 隨順無違 得入第六現前地 得明利隨順忍 未得無生法忍

"불자여! 이 보살마하살이 이와 같음을 살펴보고는 차례를 좇아(復) 크게 가엾이 여기는 마음을 으뜸으로 삼고 크게 가엾이 여기는 마음이 거듭 더하여지고 크게 가엾이 여기는 마음으로 만족하고 세간의 나고 없어짐을 자세히 보고 이러한 생각을 하니, '세간의 생을 받음은 모두 나에 대한 집착으로 말미암은 것이니, 만일 이 집착을 벗어나면 곧 날 곳이 없다.'라고 한다."

"차례를 따라(復) 생각하기를 '범부는 지혜가 없기에 나에 집착해서 항상 있음과 없음을 구하며, 바르게 사유하지 않고 망령된 생각을 일으켜서 요사스럽고 바르지 못한 도를 행하므로 죄가 됨을 행하고 복이 됨을 행하고 움직이지 않는 행을 모아 쌓고 거듭 더하고 늘리며, 모든 행 가운데 마음에 종자를 심어 번뇌(有漏)도 있고 취함도 있으며, 차례를 좇아 후에 있을 생 및 늙고 죽음을 일으키니, 이른바 업은 밭이 되고 아는 것(識)은 종자가 되어 언제나 무명의 어둠에 덮이고 사랑의 물로 윤택함으로 삼아 나라는 오만으로 물을 대고 소견의 그물이 더해지고 늘어나 이름과 18계의 싹이 난다."

"이름과 18계가 거듭 더해지고 늘어나 오근을 생하며, 모든 근이 마주 대한 모양이나 상태로 촉(觸)을 생하며, 촉을 마주 대한 모양이나 상태로 수(受)를 생하며, 받아들인 후(受後)에 바라고 구하므로 사랑을 낳고 이 사랑을 더욱 늘리고 키워서 취함을 생하고 취하는 것을 거듭 더해 늘려서 있음(有)을 생하며, 이 있음을 생하여 마치고는 모든 부류(諸趣) 가운데 오온의 몸을 일으킴이니, 이름이 '태어남'이다. 태어나서는 이미 쇠해서 변함을 늙은 것이라 하고 마침내 끝남을 죽음이라 하고 늙어서 죽은 동안에 모든 뜨거운 고통을 생하고 이 뜨거운 고통으로 말미암은 까닭에 근심하고 걱정하고 슬퍼하고 탄식하는 많은 고통이 다 모이는 것이다."

"이는 인연 때문에 모이지만 모으는 자가 없으며, 마음대로 돌고 돌다 없어지지만, 또한 없애는 자도 없으니, 보살이 이와 같은 인연으로 일어나는 모양이나 상태를 거스르지 않고 따르면서 자세히 살펴서 들여다본다."

"불자여! 이 보살마하살이 차례를 좇아(復) 생각하기를, 제일의(第一義) 진실을 깨달아 알지 못하기에 이름을 무명이라 하고 지어놓은 업의 결과를 행이라 하고 이 행을 의지한 첫 마음이 아는 것(識)이며, 이 식과 더불어 생하는 사취온(四取蘊)이 이름과 18계(名色)이며, 명색을 거듭 더하고 늘리는 것이 육처(六處)이며, 근과 경과 식, 이 세 가지가 합한 것이 촉(觸)이며, 촉과 함께 생긴 것을 수(受)라하고 수에 물들고 집착하는 것을 애(愛)라 하고 애가 거듭 더해지고 늘려진 것을 취(取)라 하며, 취가 일으킨 번뇌의 업(有漏業)이 있음이 되고 업을 좇아 온(蘊)을 일으킴을 생하는 것이라 하고 온이 성숙함을 늙음이라 하고 온이 무너짐을 죽음이라 하고 죽을 때 이별하는 것이 어리석고 미혹하여 탐내고 그리워하기에 마음이 답답해짐을 걱정이라 하고 눈물과 콧물을 흘리며 슬퍼하는 것을 탄식이라 하고 오근이 있기에 고통이 되고 뜻이 있기에 근심이 되고 근심과 괴로움이 점차 많아지면 괴로움에 시달리는 것이니, 이와 같음은 단지 괴로움의 나무가 거듭 커지고 늘어남만 있을 뿐이며, 나도 없고 내 것이라 할 것도 없고 짓는 자도 없고 받는 자도 없다."

"차례를 좇아(復) 생각하기를 그와 같이 짓는 자가 있다면 곧 짓는 일이 있을 것이며, 그와 같이 짓는 자가 없다면 짓는 이도 없을 것이니, 제일의(第一義) 가운데서는 함께 얻을 것이 없다."

"불자여! 이 보살마하살이 차례를 좇아(復) 생각하기를 삼계가 가지고 있는 것은 오직 이 한마음뿐이다. 여래가 이것을 분별해서 십이유지(十二有支,十二緣起)라 설하였으니, 모두 이 한마음을 의지해서 이와 같음을 세운 것이다."

"어찌 된 까닭인가 하면, 일을 따라 탐욕과 더불어 마음이 함께 생하니, 마음은 식(識)

이며, 일은 행이고 행에 미혹한 것이 무명이며, 무명과 더불어 마음이 함께 생하는 것을 이름과 18계(名色)라 하고 명색을 더하고 늘리는 것이 육처고 육처가 셋으로 합한 것이 촉이 되고 촉과 함께 생하는 것이 수(受)고 받아들임에 싫어하거나 족함이 없는 것이 사랑이며, 사랑으로 거두어들여 버리지 않는 것이 취고, 저 모든 인연의 생함(有支)이 있음 유(有.存在)이며, 유가 일으킨 것이 태어남(生)이고 나서 성숙하는 것이 늙음이 되고 늙어서 무너지는 것을 죽음이라 한다."

佛子 此菩薩摩訶薩如是觀已 復以大悲爲首 大悲增上 大悲滿足 觀世間生滅 作是念 世間受生皆由著我 若離此著 則無生處 復作是念 凡夫無智 執著於我 常求有 無 不正思惟 起於妄行 行於邪道 罪行 福行 不動行 積集增長 於諸行中植心種子 有漏有取 復起後有生及老死 所謂 業爲田 識爲種 無明闇覆 愛水爲潤 我慢漑灌 見網增長 生名色芽 名色增長生五根 諸根相對生觸 觸對生受 受後希求生愛 愛憎長生取 取增長生有 有生已 於諸趣中起五蘊身名 生 生已衰變爲老 終歿爲死 於老死時 生諸熱惱 因熱惱故 憂愁悲歎 衆苦皆集 此因緣故 集無有集者 任運而滅亦無滅者 菩薩如是隨順觀察緣起之相 佛子 此金剛藏菩薩復作是念 於第一義諦不了故名 所作業果是行 行依止初心是識 與識共生四取蘊爲名色 名色增長爲六處 根 境 識三事和合是觸 觸共生有受 於受染著是愛 愛增長是取 取所起有漏業爲有 從業起蘊爲生 蘊熟爲老 蘊壞爲死 死時離別 愚迷貪戀 心胸煩悶爲愁 涕泗咨嗟爲歎 在五根爲苦 在意地爲憂 憂苦轉多爲惱 如是但有苦樹增長 無我 無我所 無作 無受者 復作是念 若有作者 則有作事 若無作者 亦無作事 第一義中俱不可得 佛子 此金剛藏菩薩復作是念 三界所有 唯是一心 如來於此分別演說十二有支 皆依一心 如是而立 何以故 隨事貪欲與心共生 心是識 事是行 於行迷惑是無明 與無明及心共生是名色 名色增長是六處 六處三分合爲觸 觸共生是受 受無厭足是愛 愛攝不捨是取 彼諸有支生是有 有所起名 生 生熟爲老 老壞爲死

"불자여! 이 가운데 무명(無明)은 2종의 업이 있으니, 1은 중생이 모양이나 상태에 어두워 속된 인연에 이끌리는 것이며, 2는 행과 더불어 생기는 원인, 까닭을 일으키는 것이다."

"행(行) 또한 2종의 업이 있으니, 1은 능히 미래의 갚음을 내는 것이며, 2는 식과 더불어 생기는 원인, 까닭을 짓는 것이다."

"식(識) 또한 2종의 업이 있으니, 1은 모든 있는 것으로 모양이나 상태의 뒤를 잇는 것이며, 2는 이름과 18계(名色)와 더불어 생기는 원인, 까닭을 짓는 것이다."

"명색(名色) 또한 2종의 업이 있으니, 1은 서로서로 도와서 이루는 것이며, 2는 육처(六處)와 더불어 생기는 원인, 까닭을 짓는 것이다."

"육처(六處) 또한 2종의 업이 있으니, 1은 각각 스스로 경계를 취하는 것이며, 2는 촉과 더불어 생기는 원인, 까닭을 짓는 것이다."

"촉(觸) 또한 2종의 업이 있으니, 1은 능동적인 촉으로 인연이 되는 것이며, 2는 받아들임(受)과 더불어 생기는 원인, 까닭을 짓는 것이다."

"받아들임(受) 또한 2종의 업이 있으니, 1은 사랑하고 미워하는 등의 일을 능히 요긴하게 받아들이는 것이며, 2는 사랑(愛)과 더불어 생기는 원인, 까닭을 짓는 것이다."

"사랑(愛) 또한 2종의 업이 있으니, 1은 사랑하는 일에 물들고 집착하는 것이며, 2는 취(取)함과 더불어 생기는 원인, 까닭을 짓는 것이다."

"취(取) 또한 2종의 업이 있으니, 1은 모든 번뇌의 모양이나 상태를 잇는 것이며, 2는 있음(有)과 더불어 생기는 원인, 까닭을 짓는 것이다."

"있음(有) 또한 2종의 업이 있으니, 1은 능히 나머지 부류 가운데 태어나게 하는 것(生)이며, 2는 태어남과 더불어 생기는 원인, 까닭을 짓는 것이다."

"태어남(生) 또한 2종의 업이 있으니, 1은 능히 모든 오온(五蘊)을 일으키는 것이며, 2는 늙음(老)과 더불어 생기는 원인, 까닭을 짓는 것이다."

"늙음(老) 또한 2종의 업이 있으니, 1은 모든 근을 변하게 하고 달라지게 하는 것이며, 2는 죽음(死)과 더불어 생기는 원인, 까닭을 짓는 것이다."

"죽음(死) 또한 2종의 업이 있으니, 1은 모든 행을 무너뜨리는 것이며, 2는 깨달아 알지 못하는 까닭으로 모양이나 상태를 끊어내지 못하고 이어가는 것이다."

佛子 此中無明有二種業 一令衆生迷於所緣 二與行作生起因 行亦有二種業 一能生未來報 二與識作生起因 識亦有二種業 一令諸有相續 二與名色作生起因 名色亦有二種業 一互相助成 二與六處作生起因 六處亦有二種業 一各取自境界 二與觸作生起因 觸亦有二種業 一能觸所緣 二與受作生起因 受亦有二種業 一能領受愛憎等事 二與愛作生起因 愛亦有二種業 一染著可愛事 二與取作生起因 取亦有二種業 一令諸煩惱相續 二與有作生起因 有亦有二種業 一能令於餘趣中生 二與生作生起因 生亦有二種業 一能起諸蘊 二與老作生起因 老亦有二種業 一令諸根變異 二與死作

生起因 死亦有二種業 一能壞諸行 二不覺知故相續不絶

"불자여! 이 가운데 무명이 행을 도와 결과를 낳게 하므로 생이 늙음을 도와 죽음에 이르는 것은 무명으로 말미암을 뿐만 아니라 태어남을 도와 행하는 것에 이르기까지 늙고 죽음에 이르게 하며, 끊어지지 않고 도와서 이루게 하는 까닭이 된다."

"무명이 없어지면 행이 없어지고 뿐만 아니라 태어남이 없어지면 곧바로 늙고 죽어서 없어진다는 것은 무명으로 말미암아 태어남이 연이 되지 않기에 행뿐만 아니라 늙고 죽은 것이 끊어지고 없어지기에 도와서 이루어지지 않는 까닭이 된다."

"불자여! 이 가운데 무명과 사랑과 취함이 끊어지지 않는 것은 번뇌의 길이고 행과 있음이 끊어지지 않는 것은 업의 길이고 나머지 부분이 끊어지지 않는 것은 고통의 길이다. 앞의 경계라, 뒤의 경계라 하는 분별이 없어지면 삼도(三道)가 끊어지니, 이와 같은 삼도가 나와 내 것을 벗어나고 단지 생하고 멸하는 것만이 있는 것은 마치 갈대를 묶어 세우는 것과 같다."

"차례를 따라 무명이 행을 도와 결과를 낳게 한다는 것은 과거를 자세히 살펴보는 것이고 식과 또 수는 현재를 자세히 살펴보는 것이고 애와 또 있음은 미래를 살펴보는 것이니, 이후에 돌도 돌며 모양이나 상태를 이어가는 것이기에 무명이 없어지면 행이 없어진다는 것은 자세히 살펴보고 기다리다 끊는 것이다."

"차례를 따라 십이유지를 세 가지의 고통이라 이름하니, 이 가운데 무명과 행과 또 육처가 행하는 고통이며, 촉과 수는 고통에 더한 고통이며, 나머지는 무너지는 고통이며, 무명이 없어지면 행이 없어진다는 것은 세 가지 고통이 끊어지는 것이다."

"차례를 따라 무명이 행을 속된 인연으로 이끈다는 것은 무명의 인연으로 모든 행을 생하고 무명이 없어지면 행이 없어진다는 것은 무명이 없으면 모든 행 또한 없는 것이니, 나머지도 또한 이와 같다."

"또 무명이 행의 결과가 된다는 것은 얽매여 속박을 내는 것이며, 무명이 없어지면 행이 없어진다는 것은 이 속박을 없애는 것이니, 나머지 또한 이와 같다."

"또 무명이 행의 결과가 된다는 것은 거스름 없이 따르며, 가지고 있는 것이 없음을 자세히 살펴보는 일이며, 무명이 없어지면 행이 없어진다는 것은 거스르지 않고 따르면서 다 없어진 것을 자세히 살펴보는 것이며, 나머지 또한 이와 같다."

"불자여! 보살마하살이 이와 같은 열 가지 거스르지 않고 따름과 거스름으로 모든 인연과 결과가 일어나는 것을 자세히 살펴보니, 이른바 십이유지의 모양이나 상태를 잇게 하는 까닭이며, 한마음에 거두어들이는 까닭이며, 스스로 업을 차별하는 까닭이며, 모양이나 상태를 버리거나 벗어나지 않는 까닭이며, 삼도가 끊어지지 않는 까닭이며, 과거, 미래, 현재를 자세히 살펴보게 되는 까닭이며, 세 가지 괴로움을 모으는 까닭이며, 인연으로 생멸하는 까닭이며, 생멸에 얽히고 얽매여 속박을 내는 까닭이며, 가지고 있는 것이 없음을 다하고 자세히 살펴보는 까닭이다."

佛子 此中無明緣行 乃至生緣老死者 由無明乃至生爲緣 令行乃至老死不斷 助成故 無明滅則行滅 乃至生滅則老死滅者 由無明乃至生不爲緣 令諸行乃至老死斷滅不助成故 佛子 此中無明 愛 取不斷是煩惱道 行 有不斷是業道 餘分不斷是苦道 前後際分別滅三道斷 如是三道離我 我所 但有生滅 猶如束蘆 復次 無明緣行者 是觀過去 識乃至受 是觀現在 愛乃至有 是觀未來 於是以後 展轉相續 無明滅行滅者 是觀待斷 復次 十二有支名爲三苦 此中無明 行乃至六處是行苦 觸 受是苦苦 如是壞苦 無明滅行滅者 是三苦斷 復次 無明緣行者 無明因緣能生諸行 無明滅行滅者 以無無明 諸行亦無 餘亦如是 又無明緣行者 是生繫縛 無明滅行滅者 是滅繫縛 餘亦如是 又無明緣行者 是隨順無所有觀 無明滅行滅者 是隨順盡滅觀 餘亦如是 佛子 菩薩摩訶薩如是十種逆順觀諸緣起 所謂 有支相續故 一心所攝故 自業差別故 不相捨離故 三道不斷故 觀過去 現在 未來故 三苦聚集故 因緣生滅故 生滅繫縛故 無所有 盡觀故

"불자여! 보살마하살이 이와 같은 열 가지의 모양이나 상태로 모든 인연에 따른 인연 결과가 일어남(緣起)을 자세히 살펴보고 내가 없고 사람도 없고 수명도 없고 스스로 성품이 공하기에 짓는 자가 없으며, 받는 자가 없음을 알면 곧바로 공해탈문이 눈앞에 나타남을 얻는다. 모든 십이유지의 자성이 빠짐없이 없어지고 끝내는 해탈하고 아주 작은 법의 모양이나 상태도 생하지 않음을 자세히 보게 되면 즉시 모양이나 상태가 없는 해탈문이 눈앞에 나타남을 얻는다."

"이와 같은 공함과 모양이나 상태가 없는 곳에 들어가 원하고 구하는 것이 없으며, 단지 가엾이 여기는 큰마음만을 으뜸으로 하여 중생을 가르쳐서 올바른 길로 나아가게 할 뿐이니, 곧바로 원하는 것이 없는 해탈문이 눈앞에 나타남을 얻는다."

"보살이 이와 같은 삼 해탈문을 닦으면 그와 나라는 생각을 벗어나 짓는 자와 받는 자의 모양이나 상태라는 생각을 벗어나고 있음(有)과 없음(無)이라는 생각을 벗어난다."

佛子 菩薩摩訶薩以如是十種相觀諸緣起 知無我 無人 無壽命 自性空 無作者 無受者 卽得空解脫門現在前 觀諸有支皆自性滅 畢竟解脫 無有少法相生 卽時得無相解脫門現在前 如是入空 無相已 無有願求 唯除大悲爲首 敎化衆生 卽時得無願解脫門現在前菩薩 如是修三解脫門 離彼我想 離作者受者想 離有無想

"불자여! 이 보살마하살이 가엾이 여기는 큰마음을 점차 더하면서 게으름 피우지 않고 부지런히 닦고 익히니, 만족스럽지 못한 보리 분법을 원만하게 하려는 까닭이다."

"이러한 생각을 하니, 모든 유위(有爲.인위적으로 꾸민 것)법이 화목하게 어울리면 곧 움직여 변하고 화목하게 어울리지 않으면 움직여 변하지 않고 원인을 도와 결과를 낳게 하는 연이 모이면 움직여 변하고 원인을 도와 결과를 낳게 하는 연이 모이지 않으면 움직여 변하지도 못한다." "내가 유위법이란 이와 같음에 많은 허물과 근심임을 알았으니, 마땅히 화목하게 어울리는 이 인연을 끊기는 하겠으나, 중생을 성취하게 하려는 까닭으로 역시 모든 행을 없애지 않을 것이다."

"불자여! 보살이 이와 같은 유위로 모든 허물과 악이 많고 스스로 성품이 없기에 생도 아니고 멸도 아님을 자세히 살펴서 들여다보고는 가엾이 여기는 큰마음을 항상 일으켜서 중생을 버리지 않으면, 곧 반야바라밀이 눈앞에 나타남을 얻으니, 이름을 '막힘이나 걸림이 없는 지혜의 광명'이라 이르고 이와 같은 지혜의 광명을 성취하고는 비록 보리분(菩提分.阿耨多羅三藐三菩提發現)의 인연을 닦고 익히나 유위 가운데 머물지 않으며, 비록 유위법으로 적멸(寂滅.般若智 調伏)을 자세히 살펴서 들여다보더라도 적멸 가운데 머물지 않은 것이니, 보리 분법이 아직 원만하지 못한 까닭이다."

佛子 此菩薩摩訶薩大悲轉增 精勤修習 爲未滿菩提分法令圓滿故 作是念 一切有爲 有和合則轉 無和合則不轉 緣集則轉 緣不集則不轉 我如是知有爲法多諸過患 當斷此和合因緣 然爲成就衆生故 亦不畢竟滅於諸行 佛子 菩薩如是觀察有爲多諸過患 無有自性 不生不滅 而恒起大悲 不捨衆生 卽得般若波羅蜜現前 名 無障礙智光明 成就如是智光明已 雖修習菩提分因緣而不住有爲中 雖觀有爲法自性寂滅亦不住

寂滅中 以菩提分法未圓滿故

"불자여! 보살이 이 현전지에 머물고는 공 삼매에 들어감을 얻고 스스로 성품의 공 삼매와 제일의(第一義) 공 삼매와 제일인 공 삼매와 큰 공 삼매와 합한 공 삼매와 일어남의 공 삼매와 실상의 본바탕과 같이 분별하지 않는 공 삼매와 버리거나 벗어나지 않는 공 삼매와 벗어나고 벗어나지 않는 공 삼매를 얻는다."

"이 보살이 이와 같은 열 가지 공한 삼매의 문을 얻는 것이 우두머리가 되어 백천의 공 삼매가 남김없이 눈앞에 나타나며, 이와 같은 열 가지로 모양이나 상태가 없는 무상과 열 가지 원이 없는 삼매의 문을 우두머리로 삼아 백천 가지 무상, 무원삼매의 문이 남김없이 다 눈앞에 나타난다."

佛子 菩薩住此現前地 得入空三昧 自性空三昧 第一義空三昧 第一空三昧 大空三昧 合空三昧 起空三昧 如實不分別空三昧 不捨離空三昧 離不離空三昧 此菩薩得如是十空三昧門爲首 百千空三昧皆悉現前 如是十無相 十無願三昧門爲首 百千無相無願三昧門皆悉現前

"불자여! 보살이 이 현전지에 머물고는 차례를 좇아 다시(復有.50位反復) 닦고 익혀서 무너트리지 못할 마음을 만족스럽게 하고 결정하는 마음과 순수한 선근의 마음과 깊고 깊은 마음과 물러섬이 없는 마음과 쉼이 없는 마음과 광대한 마음과 끝이 없는 마음과 지혜를 구하는 마음과 방편의 지혜와 응하는 마음이 남김없이 다 원만해진다."

佛子 菩薩住此現前地 復更修習足不可壞心 決定心 純善心 甚深心 不退轉心 不休息心 廣大心 無邊心 求智心 方便慧相應心 皆悉圓滿

"불자여! 보살이 이 열 가지 마음으로 부처님의 보리를 거스르지 않고 따르며, 다른 이론을 두려워하지 않으며, 모든 지혜의 자리에 들어가 이승의 도를 벗어나 부처님의 지혜로 나아가며, 모든 번뇌의 마가 가로막거나 무너트리지 못하며, 보살의 지혜 광명에 머물고 공하고 모양이나 상태가 없고 원이 없는 법 가운데서 선근을 빠짐없이 닦고 익히며,

방편의 지혜와 서로 응하고 보리의 분법(菩提分.阿耨多羅三藐三菩提發現)을 항상 행하고 버리지 않는다."

"불자여! 보살이 이 현전지 가운데 머물고는 반야바라밀의 행을 거듭 더하고 키우며, 제3의 밝고 이로운 거스르지 않는 인(忍)을 얻으니, 모든 법의 실상을 따르고 거스르거나 어기지 않는 까닭이다."

　佛子 菩薩以此十心順佛菩提 不懼異論 入諸智地 離二乘道 趣於佛智 諸煩惱魔無能沮壞 住於菩薩智慧光明 於空 無相 無願法中皆善修習 方便智慧恒共相應 菩提分法常行不捨 佛子 菩薩住此現前地中 得般若波羅蜜行增上 得第三明利順忍 以於諸法如實相隨順無違故

"불자여! 보살이 이 현전지에 머물고는 원력으로 많은 부처님을 보게 되니, 이른바 많은 백 부처님을 보며, 또한 많은 백천 억 나유타 부처님을 보고 남김없이 광대한 마음과 깊은 마음으로 공양 공경하고 존중 찬탄하며, 의복과 음식과 침구와 탕약과 모든 생활필수품을 받들어 이바지하고 모든 스님에게 공양하고 이 선근을 아뇩다라삼먁삼보리로 회향하며, 모든 부처님 처소에서 공경히 법을 듣고 받아 지니며, 실상의 본바탕과 같은 삼매와 지혜의 광명을 얻고 거스르지 않고 따르면서 수행하고 분명하게 기억해 지녀서 잊지 않고 버리지 않으며, 또 모든 부처님의 깊고 깊은 법장(如是如是.解脫.寂滅.寂定.禪定.三昧.二乘地.如來地.涅槃.法界.般涅槃.眞如.善根思惟)을 얻어 백 겁을 지나고 천 겁을 지나고 또한 헤아릴 수 없는 백천 억 나유타 겁을 지나더라도 가지고 있는 선근은 점차 밝아지고 청정해진다."

"비유하면 진금을 비유리 보배로 수없이 갈고 갈아서 빛나게 하고 점차 밝고 청정해지는 것처럼 이 자리의 보살이 가지고 있는 선근 또한 이와 같기에 방편과 슬기로 따르고 자세히 살펴서 들여다보아서 더욱 밝고 청정해지며, 차례를 좇아서(復有) 돌아 적멸하여 빛을 가리거나 막을 수 없다."

"비유하면 달빛이 중생의 몸을 비추기 때문에 맑고 서늘함을 얻고 네 가지 바람 바퀴로도 무너트리지 못하는 것과 같이 이 자리의 보살이 가지고 있는 선근 또한 이와 같기에 헤아릴 수 없는 백천 억 나유타 중생의 번뇌가 불같이 일어나더라도 능히 없애버리며, 네 가지의 마도가 무너트리지 못한다."

"이보살은 십바라밀 가운데 반야바라밀에 치우침이 많으며, 나머지를 닦지 않는 것은 아니나, 힘을 따르고 분을 따를 뿐이다."

"불자여! 이 이름을 간략히 설하면 보살마하살의 제6 현전지가 된다."

佛子 菩薩住此現前地已 以願力故 得見多佛 所謂 見多百佛 乃至見多百千億那由他佛 悉以廣大心 深心 供養恭敬 尊重讚歎 衣服 飮食 臥具 湯藥 一切資生悉以奉施 亦以供養一切衆僧 以此善根迴向阿耨多羅三藐三菩提 於諸佛所 恭敬聽法 聞已受持 得如實三昧智慧光明 隨順修行 憶持不捨 又得諸佛甚深法藏 經於百劫 經於千劫 乃至無量百千億那由他劫 所有善根轉更明淨 譬如眞金 以毘琉璃寶數數磨瑩 轉更明淨 此地菩薩所有善根亦復如是 以方便慧 隨逐觀察 轉更明淨 轉復寂滅 無能映蔽 譬如月光 照衆生身 令得淸涼 四種風輪所不能壞 此地菩薩所有善根亦復如是 能滅無量百千億那由他衆生煩惱熾火 四種魔道所不能壞 此菩薩 十波羅蜜中 般若波羅蜜偏多 餘非不修 但隨力隨分 佛子 是名 略說菩薩摩訶薩第六現前地

"보살이 이 자리에 머물고는 많은 선화천의 왕이 되고 하는 일이 자재하여 모든 성문(聲聞)이 가지고 있는 어려운 물음으로는 뒤로 물러서게 할 수 없으며, 중생들이 능히 스스로 게으른 마음을 없애버리고 모든 현상이 생기(生起)하고 소멸(消滅)하는 법칙에 깊이 들어가게 하며, 보시하고 사랑하는 말을 하고 이익이 되는 행을 함께 하니, 이와 같은 일체 모든 지어가는 업이 부처님 생각을 벗어나지 않으며, 또한 모든 종과 모든 지혜와 지혜를 온전하게 갖추려는 생각을 벗어나지 않는다."

"차례를 좇아(復) 생각하기를 '내 마땅히 모든 중생 가운데 우두머리가 되고 뛰어나고 또한 모든 지혜의 지혜가 의지하는 자가 될 것이다.'라고 한다. 이보살이 그와 같이 부지런히 닦고 정진하면 한 생각, 한순간에 백천 억 삼매를 얻고 뿐만 아니라 백천 억 보살을 나타내 보여서 권속으로 삼는다. 그와 같은 원력으로 자재하게 나타내 보이면 이 숫자를 넘어서고 또한 백천 억 나유타 겁을 두고 헤아려도 알 수가 없다."

菩薩住此地 多作善化天王 所作自在 一切聲聞所有問難無能退屈 能令衆生除滅我慢 深入緣起 布施 愛語 利行 同事如是一切諸所作業 皆不離念佛 乃至不離念具足一切種 一切智智 復作是念 我當於一切衆生中爲首 爲勝 乃至爲一切智智依止者 此菩薩若勤行精進 於一念頃 得百千億三昧 乃至示現百千億菩薩以爲眷屬 若以願力

自在示現 過於此數 乃至百千億那由他劫不能數知

이때 금강장보살이 거듭해서 그 뜻을 펴고자 게송으로 말했다.
爾時 金剛藏菩薩欲重宣其義而說頌言

菩薩圓滿五地已 보살이 제5 지의 자리를 원만히 하여
觀法無相亦無性 법이란 모양이나 상태가 없고 성품이 없음을 자세히 보고는
無生無滅本淸淨 본래 청정하여 남도 없고 없어짐도 없고
無有戱論無取捨 희론도 없고 취할 것도 버릴 것도 없으며
體相寂滅如幻等 체의 모양이나 상태는 적멸해서 허깨비와 같고
有無不二離分別 있다. 없다. 둘이 아닌 분별을 벗어났으니
隨順法性如是觀 법의 성품을 거스르지 않고 따라 이와 같음을 자세히 살펴보고는
此智得成入六地 이 지혜가 이루어짐을 얻고 제6의 자리에 들어간다네.

明利順忍智具足 밝고 이익이 되며 거스르지 않고 견디어 따르는 지혜를 온전하게 갖추고
觀察世間生滅相 세간의 남과 없어짐의 모양이나 상태를 자세히 살펴서 들여다보니
以癡闇力世間生 어리석은 어둠의 힘으로 세간에 생하는 것이라네.
若滅癡闇世無有 그와 같은 어리석은 어둠을 없애면 세간도 없다네.

觀諸因緣實義空 모든 인연을 자세히 살펴보니 실체의 이치가 공하나
不壞假名和合用 가명으로 화목하게 어울려 씀을 무너트리지 않으며
無作無受無思念 짓는 것도 없고 받아들이는 것도 없고 근심 걱정하는 생각도 없지만
諸行如雲徧興起 모든 행이 구름처럼 두루 일어나고 일으킨다네.

不知眞諦名無明 참한 진실을 모르는 것의 이름이 무명이고
所作思業愚癡果 마음 발로 짓은 업은 어리석음의 결과이며
識起共生是名色 식을 일으켜 함께 생하는 것이 명색이니
如是乃至衆苦聚 이와 같음은 또한 많은 괴로움의 무리라네.

了達三界依心有 삼계가 마음을 의지해 있게 됨을 분명하게 통달하여 알고
十二因緣亦復然 십이인연 역시 차례를 좇아 그러한 것이며
生死皆由心所作 생사는 모두 마음으로 말미암아 지어지는 것이니
心若滅者生死盡 그와 같은 마음을 없애면 생사가 다할 것이라네.

無明所作有二種 무명으로 지은 업이 둘이 있으니
緣中不了爲行因 속된 인연에 끌리는 가운데 분명하게 알지 못하고 행의 까닭이 되며
如是乃至老終歿 이와 같음에 늙고 마침내는 죽음에 이르니
從此苦生無有盡 이를 좇아 고통을 낳고 다함이 없다네.

無明爲緣不可斷 무명이 연이 되어 끊어내지 못하지만
彼緣若盡悉皆滅 그와 같은 무명의 연이 다하면 남김없이 다 없앤다네.
愚癡愛取煩惱支 어리석음과 사랑과 취함은 번뇌의 가지일 뿐이며
行有是業餘皆苦 행이 있음은 업이며 나머지는 다 괴로움이라네.

癡至六處是行苦 어리석음으로 육처에 이르는 것은 괴로운 행이고
觸受增長是苦苦 촉으로 받아들여 거듭 더하고 늘리는 것은 괴로움에 더한 괴로움이며
所餘有支是壞苦 나머지 가지가 되는 부분은 무너지는 괴로움이니
若見無我三苦滅 그와 같이 나 없음을 보면 삼고(行苦·苦苦·壞苦)를 없앤다네.

無明與行爲過去 무명과 더불어 행은 과거가 되고
識至於受現在轉 식으로 받아들임은 현재가 되며
愛取有生未來苦 사랑하고 취하고 있음은 미래의 괴로움을 생하는 것이니
觀待若斷邊際盡 볼 일과 갖춰야 할 일을 그와 같이 끊어내면 끝닿은 경계를 다 할 것이라네.

無明爲緣是生縛 무명이 연이 되어 생의 얽힘이 되고
於緣得離縛乃盡 연을 벗어나면 얽힘 또한 다하기에
從因生果離則斷 인을 좇아 생한 과를 벗어나면 곧 끊어지니
觀察於此知性空 이를 자세히 살펴 깊이 들여다보면 성품이 공함을 알 것이라네.

隨順無明起諸有 무명을 거스름 없이 따르기에 모든 있음을 일으키고
若不隨順諸有斷 그와 같음을 따르지 않으면 모든 있음이 끊어지며
此有彼有無亦然 이 있음과 저 있음이 없음도 또한 그러하기에
十種思惟心離著 열 가지로 사유해서 마음의 집착을 벗어난다네.

有支相續一心攝 십이인연을 이어받음과 한마음으로 거두어들임과
自業不離及三道 스스로 업을 벗어나지 않을 뿐만 아니라 삼도와
三際三苦因緣生 삼제와 삼고의 인연을 생함으로
繫縛起滅順無盡 얽히고 묶여서 일어남과 없어짐이 거스르지 않고 다 함이 없다네.

如是普觀緣起行 이와 같은 인연에 따른 결과의 행을 자세히 살펴보고
無作無受無眞實 지음도 없고 받아들임도 없으며 진실도 없음이
如幻如夢如光影 허깨비 같고 꿈같고 빛에 따른 그림자 같으며
亦如愚夫逐陽焰 또한 어리석은 범부가 아지랑이를 뒤좇음과 같다네.

如是觀察入於空 이와 같음을 자세히 살펴서 들여다보고 공에 들어가
知緣性離得無相 인연에 따른 결과의 성품에서 벗어남을 알고 모양이나 상태가 없음을 얻으며
了其虛妄無所願 그 허망함을 분명하게 깨우쳐 알아 원하는 바가 없고
唯除慈愍爲衆生 사랑과 불쌍히 여김을 없애고 오직 중생만을 위한다네.

大士修行解脫門 대사가 해탈문을 닦고 행하여
轉益大悲求佛法 거듭 가엾이 여기는 큰마음을 더해서 불법을 구하며
知諸有爲和合作 모든 유위의 법이란 화목하게 어울림으로 인하여 지어짐을 알고
志樂決定勤行道 본심으로 즐겁게 결정하고 부지런히 도를 행한다네.

空三昧門具百千 공 삼매의 문을 백천으로 갖추고
無相無願亦復然 모양이나 상태가 없고 원도 없고 역시 차례를 좇아 그러하며
般若順忍皆增上 반야와 거스르지 않고 따름이 빠짐없이 거듭 늘어나며
解脫智慧得成滿 해탈 지혜를 얻어 두루 원만해진다네.

復以深心多供佛 차례를 좇아 깊은 마음으로 많은 부처님께 공양하고
於佛敎中修習道 부처님 가르침 가운데 도를 닦고 익혀서
得佛法藏增善根 부처님의 법장을 얻어 선근을 거듭 늘리니
如金☐璃所磨☐ 금을 유리로 갈아서 밝게 함과 같다네.

如月淸涼被衆物 청량한 달빛이 세간을 비춤과 같이
四風來觸無能壞 네 가지 바람이 와 부딪쳐도 무너뜨릴 수 없고
此地菩薩超魔道 6지의 보살은 마도를 초월했으며
亦息群生煩惱熱 중생의 번뇌 또한 쉬게 한다네.

此地多作善化王 이 자리에서는 많은 선화천 왕이 되어서
化導衆生除我慢 중생을 가르치고 바르게 이끌어서 교만함을 없애며
所作皆求一切智 지어가는 모든 일에서 빠짐없이 일체 지혜를 구하게 하니
悉已超勝聲聞道 남김없이 다 성문의 도를 뛰어넘는다네.

此地菩薩勤精進 이 자리의 보살이 부지런히 정진해서
獲諸三昧百千億 모든 백천 억 삼매를 얻고
亦見若干無量佛 또한 헤아릴 수 없이 많은 부처님을 보니
譬如盛夏空中日 비유하면 뜨거운 여름날 허공 가운데 태양과 같다네.

甚深微妙難見知 매우 깊고 섬세하며 빼어나서 보고 알기가 어렵기에
聲聞獨覺無能了 성문이나 독각도 능히 깨우쳐 알지 못하니
如是菩薩第六地 이와 같은 보살의 제6 지의 법을
我爲佛子已宣說 내가 불자들에게 지금 널리 펴서 설한다네.

제7 원행지(遠行地)

是時天衆心歡喜 이때 하늘의 대중들이 마음에 환희심이 일어나
散寶成雲在空住 보배를 흩뿌려 구름을 이루고 허공에 머물면서
普發種種妙音聲 가지가지의 빼어난 음성을 두루 일으켜
告於最勝淸淨者 가장 뛰어난 청정한 자에게 가르침을 묻는다네.

了達勝義智自在 뛰어난 이치를 분명하게 통달하고 지혜는 자재하며
成就功德百千億 백천 억 공덕을 성취하고
人中蓮華無所著 사람 가운데 연꽃으로 집착이 없기에
爲利群生演深行 중생의 이익을 위해 깊은 행을 널리 편다네.

自在天王在空中 자재천왕은 허공 가운데 있기에
放大光明照佛身 큰 광명을 놓아 부처님의 몸을 비추고
亦散最上妙香雲 또한 가장 높고 빼어난 향기의 구름을 흩뿌려서
普供除憂煩惱者 근심과 번뇌를 없앤 자를 두루 공양한다네.

爾時天衆皆歡喜 이때 하늘의 많은 무리가 다 함께 환희하면서
悉發美音同讚述 남김없이 아름다운 음성으로 함께 칭찬하여 말하기를
我等聞斯地功德 "우리 등등은 이 자리의 공덕을 듣고
則爲已獲大善利 곧바로 큰 선근의 이익을 얻었습니다."

天女是時心慶悅 천녀들이 이때 마음으로 기쁨에 날뛰며
競奏樂音千萬種 천만 종류의 즐거운 음악을 할 때
悉以如來神力故 남김없이 여래의 신통한 힘을 쓰는 까닭으로
音中共作如是言 소리 가운데 한가지로 이와 같은 말이 지어진다네.

威儀寂靜最無比 위엄있는 엄숙한 모습이 적정하기에 비할 데가 없으며
能調難調世應供 조복하기 어려움을 조복 받아 세간으로부터 응당 이바지를 받고

已超一切諸世間 일체 모든 세간을 이미 초월했으나
而行於世闡妙道 행으로 세간에 빼어난 도를 열어 펼친다네.

雖現種種無量身 비록 가지가지의 헤아릴 수 없는 몸을 나타내지만
知身一一無所有 하나하나의 몸으로는 가질 수 없음을 알고
巧以言辭說諸法 섬세하고 아름다운 말로 모든 법을 설하기는 하지만
不取文字音聲相 문자나 음성으로 모양이나 상태를 취하지 않는다네.

往詣百千諸國土 백천의 모든 국토에 나아가 이르러
以諸上供供養佛 가장 좋은 이바지의 물로서 부처님께 모두 이바지하지만
智慧自在無所著 지혜는 자재하고 집착이 없기에
不生於我佛國想 내 부처님과 국토라는 생각을 내지 않는다네.

雖勤教化諸衆生 비록 모든 중생을 가르쳐서 바른길로 이끌더라도
而無彼己一切心 그대와 내가 없고 일체 마음이며
雖已修成廣大善 비록 이미 광대한 선근으로 닦아서 이루었지만
而於善法不生著 선근 법에 집착함을 생하지 않는다네.

以見一切諸世間 일체 모든 세간을 보면
貪恚癡火常熾然 탐, 에, 치의 불이 항상 성하게 불타오르기에
於諸想念悉皆離 모든 마주한 생각과 물든 생각으로부터 남김없이 다 벗어나
發起大悲精進力 크게 가엾이 여기는 마음으로 정진의 힘을 낸다네.

一切諸天及天女 일체 모든 하늘 및 하늘의 여인들이
種種供養稱讚已 가지가지로 칭찬하고 공양을 하고는
悉共同時默然住 남김없이 다 함께 조용하게 머물면서
瞻仰人尊願聞法 인존을 우러러 뵙고 법 듣기를 청한다네.

時解脫月復請言 때맞춰 해탈월 보살이 차례를 좇아 청하는 말이

此諸大衆心淸淨 "이 모든 대중의 마음이 청정하니
第七地中諸行相 제7지 가운데 모든 행의 모양이나 상태를
唯願佛子爲宣說 원하건대 불자여! 저희를 위해 말씀해주십시오."

이때 금강장 보살이 해탈월 보살에게 가르침을 주기 위해 말했다.
"불자여! 보살마하살이 제6 지의 행을 이미 온전하게 갖추고 제7 원행지에 들어가고자 한다면, 마땅히 열 종류의 방편 지혜를 닦으면서 뛰어난 도를 일으켜야만 한다. 무엇이 열인가 하면, 이른바 비록 선근으로 공(空)하고 모양이나 상태가 없고 원이 없는 삼매를 닦는다고는 하지만, 자비한 마음으로 중생을 버리지 않으며, 비록 모든 부처님의 평등한 법을 얻는다고는 하지만, 항상 부처님께 공양하기를 좋아하며, 공함을 자세히 살펴서 들여다보고 지혜의 문에 들었다고는 하지만, 복덕을 부지런히 모으며, 비록 삼계로부터 멀리 벗어났다고는 하지만, 삼계를 장엄하며, 비록 모든 번뇌의 불꽃을 마지막까지 없앴다고는 하지만, 모든 중생을 위해서 탐, 진, 치 번뇌의 불꽃을 일으키고 없애며, 비록 모든 법이 허깨비 같고 꿈 같으며, 그림자 같고 메아리 같고 불꽃과 같고 생육의 변화와 같고 물속의 달과 같고 거울 속 그림자와 같아서 성품이 둘이 없는 것을 알고 있다지만, 마음을 따라 업을 지어감이 헤아릴 수 없이 차별되며, 비록 모든 국토가 마치 허공과 같음을 알고는 있다지만, 청정하고 빼어난 행으로 부처님 국토를 장엄하며, 비록 모든 부처님의 법신으로 본래의 성품에는 몸이 없음을 알고는 있다지만, 모양이나 상태와 올바름으로 그 몸을 장엄하며, 비록 모든 부처님의 음성은 성품이 공하고 적멸하기에 말할 수 없음을 알고 있다지만, 모든 중생을 따라 가지가지로 차별한 청정한 음성을 내며, 비록 모든 부처님을 따라 삼세가 오로지 하나의 생각임을 분명하게 깨우쳐 안다지만, 중생들이 뜻으로 이해하는 분별을 따라 가지가지의 모양이나 상태와 가지가지의 때와 가지가지 겁의 수로 모든 행을 닦음을 일으켜야 한다."

"보살이 이와 같은 열 가지 종류의 방편 지혜로 특히나 뛰어난 행을 일으켜서 제6 지로부터 제7 지에 들어가는 것이며, 들어간 뒤에는 이 행이 항상 앞에 나타나는 것을 제7 원행지에 머문다고 한다."

爾時 金剛藏菩薩告解脫月菩薩言 佛子 菩薩摩訶薩具足第六地行已 欲入第七遠行地 當修十種方便慧起殊勝道 何等爲十 所謂 雖善修空 無相 無願三昧 而慈悲不捨

衆生 雖得諸佛平等法 而樂常供養佛 雖入觀空智門 而勤集福德 雖遠離三界 而莊嚴三界 雖畢竟寂滅諸煩惱焰 而能爲一切衆生起滅貪 瞋 癡煩惱焰 雖知諸法如幻 如夢 如影 如響 如焰 如化 如水中月 如鏡中像 自性無二 而隨心作業無量差別 雖知一切國土猶如虛空 而能以淸淨妙行莊嚴佛土 雖知諸佛法身本性無身 而以相好莊嚴其身 雖知諸佛音聲性空寂滅不可言說 而能隨一切衆生出種種差別淸淨音聲 雖隨諸佛了知三世唯是一念 而隨衆生意解分別 以種種相 種種時 種種劫數而修諸行 菩薩以如是十種方便慧起殊勝行 從第六地入第七地 入已 此行常現在前 名爲 住第七遠行地

"불자여! 보살마하살이 제7 지에 머물고는 헤아릴 수 없는 중생계에 들어가고 헤아릴 수 없는 모든 부처님이 중생을 가르쳐서 바른길로 이끄는 업에 들어가고 헤아릴 수 없는 세계의 그물로 들어가고 헤아릴 수 없는 모든 부처님의 국토에 들어가며, 헤아릴 수 없는 가지가지의 차별된 법에 들어가며, 헤아릴 수 없는 모든 부처님이 깨우침을 나타내는 지혜에 들어가며, 헤아릴 수 없는 겁의 수에 들어가며, 헤아릴 수 없는 모든 부처님이 삼세를 분명하게 깨달아 아는 지혜에 들어가며, 헤아릴 수 없는 중생이 차별되게 믿고 이해하는 것에 들어가며, 헤아릴 수 없는 부처님이 나타내 보이는 가지가지의 이름을 나타내는 색신에 들어가며, 헤아릴 수 없는 중생의 욕망과 좋아함과 근성을 차별하는 것에 들어가며, 헤아릴 수 없는 부처님의 말씀과 음성으로 중생을 기쁘고 즐겁게 하는 것에 들어가며, 헤아릴 수 없는 중생의 가지가지 마음과 행에 들어가며, 헤아릴 수 없는 부처님이 깨달아 아는 광대한 지혜에 들어가며, 헤아릴 수 없는 성문들이 믿고 이해하는 것에 들어가고 헤아릴 수 없는 모든 부처님이 설한 지혜의 도에 들어가 믿고 이해하며, 헤아릴 수 없는 벽지불이 성취한 것에 들어가고 헤아릴 수 없는 모든 부처님이 설한 깊고 깊은 지혜의 문에 들어가서 나아가 이르도록 하며, 헤아릴 수 없는 모든 보살의 방편 행에 들어가고 헤아릴 수 없는 모든 부처님이 설한 대승을 모아서 이룬 일에 들어가 보살들이 들어감을 얻게 한다."

"이 보살이 생각하기를 '이와 같은 헤아릴 수 없이 많은 여래의 경계는 비록 백천 억 나유타 겁을 두고도 알 수가 없지만, 내가 마땅히 공을 들인 보람이나 효과가 없고 분별이 없는 마음으로 원만하게 성취할 것이다.'라고 한다."

佛子 菩薩摩訶薩住此第七地已 入無量衆生界 入無量諸佛敎化衆生業 入無量世界

網 入無量諸佛淸淨國土 入無量種種差別法 入無量諸佛現覺智 入無量劫數 入無量諸佛覺了三世智 入無量衆生差別信解 入無量諸佛示現種種名色身 入無量衆生欲樂諸根差別 入無量諸佛語言音聲令衆生歡喜 入無量衆生種種心行 入無量諸佛了知廣大智 入無量聲聞乘信解 入無量諸佛說智道令信解 入無量辟支佛所成就 入無量諸佛說甚深智慧門令趣入 入無量諸菩薩方便行 入無量諸佛所說大乘集成事令菩薩得入 此菩薩作是念 如是無量如來境界 乃至於百千億那由他劫不能得知 我悉應以無功用無分別心成就圓滿

"불자여! 이 보살이 깊은 지혜로 이와 같음을 자세히 살펴서 들여다보고는 항상 방편 지혜를 부지런히 닦고 익히며, 특히 뛰어난 도를 일으켜서 편안히 머물면서 움직이지 않으며, 한 생각이라도 쉬거나 그만두거나 버리지 않고 행, 주, 좌, 와 할 때뿐만 아니라 꿈속에 이르기까지 잠깐이라도 번뇌와 업장으로 더불어 서로 응하지 않으며, 항상 이와 같음에 마주한 생각과 물든 생각을 버리지 않는다."

"이 보살이 생각마다 항상 십바라밀을 온전하게 갖추니, 어찌 된 까닭인가 하면, 생각마다 가엾이 여기는 큰마음을 으뜸으로 삼아 부처님 법을 수행하여 부처님의 지혜로 향하기 때문이다."

"가지고 있는 선근으로 부처님의 지혜를 구하기 위해 중생에게 베풀어 주는 것은 이름이 '보시바라밀'이며, 능히 일체 모든 번뇌의 열을 없애는 것은 이름이 '지계바라밀'이며, 자비를 우두머리로 삼아 중생을 해롭지 않게 하는 것은 이름이 '인욕바라밀'이며, 뛰어난 선근의 법을 구해서 만족함이 없는 것은 이름이 '정진바라밀'이며, 일체 지혜의 도가 항상 앞에 나타나 잠깐이라도 산란하지 않은 것은 이름이 '선정바라밀'이며, 능히 모든 법이란 남도 없고 멸함도 없음을 아는 것은 이름이 '반야바라밀'이며, 헤아릴 수 없는 지혜를 능히 내는 것은 이름이 '방편바라밀'이며, 능히 가장 위 없는 뛰어난 지혜를 구하는 것은 이름이 '서원바라밀'이며, 모든 다른 이론과 마군이 깨트릴 수 없는 것은 '힘바라밀'이며, 실상의 본바탕과 같이 일체 법을 깨달아 아는 것은 이름이 '지혜바라밀'이다."

"불자여! 이 열 가지 바라밀을 보살은 순간순간, 찰나마다 모두 온전하게 갖춤을 얻으며, 이와 같은 사섭(四攝)과 사지(四持)와 삼십칠품(三十七品)과 삼해탈문(三解脫門)뿐만 아니라 일체 보리 분법(菩提分法.如來智方便.阿耨多羅三藐三菩提發現)을 생각마다, 찰나마다 모두 원만하게 한다."

佛子 此菩薩以深智慧如是觀察 常勤修習方便慧起殊勝道 安住不動 無有一念休息廢捨 行 住 坐 臥乃至睡夢 未曾暫與蓋障相應 常不捨於如是想念 此菩薩於念念中 常能具足十波羅蜜 何以故 念念皆以大悲爲首 修行佛法 向佛智故 所有善根 爲求佛智 施與衆生 是名 檀那波羅蜜 能滅一切諸煩惱熱 是名 尸羅波羅蜜 慈悲爲首 不損衆生 是名 羼提波羅蜜 求勝善法 無有厭足 是名 毘梨耶波羅蜜 一切智道常現在前 未嘗散亂 是名 禪那波羅蜜 能忍諸法無生無滅 是名 般若波羅蜜 能出生無量智 是名 方便波羅蜜 能求上上勝智 是名 願波羅蜜 一切異論及諸魔衆無能沮壞 是名 力波羅蜜 如實了知一切法 是名 智波羅蜜 佛子 此十波羅蜜 菩薩於念念中皆得具足 如是 四攝 四持 三十七品 三解脫門 略說 乃至一切菩提分法 於念念中皆悉圓滿

이때 해탈월 보살이 금강장 보살에게 물었다.

"불자시여! 보살은 단지 이 제7 지의 자리 가운데서만 모든 보리 분법을 만족합니까. 아니면 모든 자리에서도 역시 만족합니까?"

爾時 解脫月菩薩問金剛菩薩言 佛子 菩薩但於此第七地中滿足一切菩提分法 爲諸地中亦能滿足

금강장 보살이 말했다.

"불자여! 보살은 십지의 가운데서 보리 분법(菩提分法.如來智方便.阿耨多羅三藐三菩提 發現)을 모두 만족하지만, 제7 지에서 가장 뛰어나다. 왜냐하면, 제7 지의 공을 들인 보람된 행이 원만해지기에 지혜가 자재한 행에 들어가게 되기 때문이다."

"불자여! 보살이 처음의 자리, 초지에서는 모든 불법을 묶어서 소원으로 구하는 까닭으로 보리 분법을 만족하며, 제2지에서는 마음의 허물을 벗어난 까닭으로 보리 분법을 만족하며, 제3지에서는 원을 거듭 키우고 늘려서 법의 광명을 얻은 까닭으로 보리 분법을 만족하며, 제4 지에서는 도에 들어가는 까닭으로 보리 분법을 만족하며, 제5 지에서는 세상에서 하는 일을 거스르지 않고 따르는 까닭으로 보리 분법을 만족하며, 제6 지에서는 깊은 법문에 들어가는 까닭으로 보리 분법을 만족하며, 제7 지에서는 일체 불법을 일으키는 까닭으로 빠짐없이 역시 보리 분법을 만족한다."

"어찌 된 까닭인가 하면, 보살이 초지로부터 제7 지에 이르기까지 공을 들인 보람으로 지혜의 분을 성취하는 것이며, 이 공을 들인 보람으로 제8 지에 들어가 제10 지에 이르기까지 공을 들인 보람이 없는 행에 이르기까지 빠짐없이 다 성취하기 때문이다."

"불자여! 비유하자면, 두 개의 세계가 있는데, 한 곳은 물이 들었고 한 곳은 청정하다. 두 세계의 중간은 지나가기가 어렵지만, 오직 보살의 큰 방편(如來智方便)과 신통한 원력(阿耨多羅三藐三菩提心)은 제쳐둔다."

"불자여! 모든 보살의 지위도 역시 차례를 좇아 이와 같아서 물이 든 행도 있고 청정한 행도 있다. 이 두 가지의 중간을 지나가기 어렵지만 오로지 보살의 큰 원력과 방편과 지혜가 있어서 능히 지나감을 얻을 수 있다."

金剛藏菩薩言 佛子 菩薩於十地中皆能滿足菩提分法 然第七地最爲殊勝 何以故 此第七地功用行滿 得入智慧自在行故 佛子 菩薩於初地中 緣一切佛法願求故 滿足菩提分法 第二地離心垢故 第三地願轉增長得法光明故 第四地入道故 第五地順世所作故 第六地入甚深法門故 第七地起一切佛法故 皆亦滿足菩提分法 何以故 菩薩從初地乃至第七地 成就智功用分 以此力故 從第八地乃至第十地 無功用行皆悉成就 佛子 譬如有二世界 一處雜染 一處純淨 是二中間難可得過 唯除菩薩有大方便神通願力 佛子 菩薩諸地亦復如是 有雜染行 有淸淨行 是二中間難可得過 唯除菩薩有大願力方便智慧乃能得過

해탈월 보살이 물었다.
"불자여! 이 7 지에 머무는 보살이 행함은 물이 든 행입니까, 청정한 행입니까?"
解脫月菩薩言 佛子 此七地菩薩 爲是染行 爲是淨行

금강장 보살이 말했다.
"불자여! 초지를 좇아 7 지에 이르기까지 행하는 모든 행은 빠짐없이 번뇌의 업을 버리고 벗어나 위 없는 보리로 회향하는 까닭에 분법으로 평등한 도를 얻게 되지만, 번뇌를 초월한 행이라고 부르지는 못한다."

"불자여! 비유하자면 전륜성왕이 하늘의 코끼리 보배 수레를 타고 사천하를 노닐 적에 가난해서 생활에 어려움을 겪고 삶에 괴로운 사람이 있음을 알고 있으면서도 그 많은 근심에 물들지는 않는다. 그러나 인간의 자리를 초월했다고는 이름하지 않는다. 그와 같은 전륜성왕이 몸을 버리고 그 범천에 태어나 하늘의 궁전을 타고 천 세계를 보며, 천 세계에 노닐 때 범천의 광명과 위덕을 나타내 보이면 이때를 일러 인간의 자리를 초월했다고 이름한다."

"불자여! 보살도 역시 차례를 좇아 이와 같음에 비로소 초지를 좇아 제7 지에 이르기까지 바라밀의 수레를 타고 세간을 다닐 적에 세간의 모든 번뇌와 지나친 근심과 걱정을 알면서도 바른 도를 탔기 때문에 번뇌의 잘못이나 허물에 물들지 않는다. 그러나 번뇌를 초월한 행이라고 이름하지 못한다. 그와 같은 공을 들인 보람이 있는 모든 행을 버리고 제7 지로부터 제8 지에 들어가 보살의 청정한 법을 타고 세간에 다닐 때 번뇌의 잘못이나 허물을 알아도 물이 들지 않는다. 이때를 일러 번뇌를 초월한 행이라고 이름할 수 있으니, 일체를 다 초월한 까닭이다."

"불자여! 이 제7 지의 보살이 많이 탐내는 따위의 모든 번뇌를 다 초월한 자리에 머물면 번뇌가 있는 자라고 이름하지 않으며, 번뇌가 없는 자라고 이름하지도 않는다. 무슨 까닭인가 하면, 모든 번뇌가 현재 행하지 않는 까닭으로 있는 자라 하지 않고 여래의 지혜를 구하려고 하는 마음이 아직은 만족하지 않는 까닭으로 없는 자라고 이름할 수도 없다."

金剛藏菩薩言 佛子 從初地至七地 所行諸行皆捨離煩惱業 以迴向無上菩提故 分得平等道故 然未名爲超煩惱行 佛子 譬如轉輪聖王乘天象寶遊四天下 知有貧窮困苦之人 而不爲彼衆患所染 然未名爲超過人位 若捨王身 生於梵世 乘天宮殿 見千世界 遊千世界 示現梵天光明威德 爾乃名爲超過人位 佛子 菩薩亦復如是 始從初地至於七地 乘波羅蜜乘遊行世間 知諸世間煩惱過患 以乘正道故 不爲煩惱過失所染 然未名爲超煩惱行 若捨一切有功用行 從第七地入第八地 乘菩薩淸淨乘遊行世間 知煩惱過失不爲所染 爾乃名爲超煩惱行 以得一切盡超過故 佛子 此第七地菩薩盡超過多貪等諸煩惱衆住此地 不名有煩惱者 不名無煩惱者 何以故 一切煩惱不現行故 不名有者 求如來智心未滿故 不名無者

"불자여! 보살이 제7 지의 자리에 머물고는 청정한 마음으로 몸의 업을 성취하고 말의 업을 성취하고 뜻과 생각의 업을 성취해서 선근으로 업이 아닌 가지고 있는 모든 도와 여래가 꾸짖은 것을 빠짐없이 버리고 벗어났으며, 선근의 업으로서 여래가 칭찬한 것은 항상 선근으로 닦아 행하며, 세간에 있는 경전이나 기술이나 제5 지에서 설한 것과 같이 모두 자연스럽게 행하는 것이며, 공을 들인 보람이나 효과를 빌린 것은 아니다."

"이 보살이 삼천대천세계 가운데 크고 밝은 스승이 되니, 여래와 제8 지 이상의 보살을 제외하고 그 나머지 보살의 깊은 마음과 빼어난 행은 더불어 평등이 할 자가 없으며, 모든 선의 삼매와 삼마발저와 신통 해탈이 빠짐없이 눈앞에 나타남을 얻는다. 그러나 이것은 닦아서 이루어진 것이며, 제8 지와 같이 과보로 얻는 것은 아니다. 이 자리의 보살이 생각마다 온전하게 갖추고 닦아서 모은 방편 지혜의 힘뿐만 아니라 모든 보리 분법에 이르기까지 점차로 더 원만해진다."

佛子 菩薩住此第七地 以深淨心 成就身業 成就語業 成就意業 所有一切不善業道 如來所訶 皆以捨離 一切善業 如來所讚 常善修行 世間所有經書 技術 如五地中說 皆自然而行 不假功用 此菩薩於三千大天世界中爲大明師 唯除如來及八地已上其餘菩薩 深心妙行無與等者 諸禪三昧 三摩鉢底 神通解脫皆得現前 然是修成 非如八地報得成就 此地菩薩於念念中具足修集方便智力及一切菩提分法 轉勝圓滿

"불자여! 보살이 이 자리에 머물면, 보살은 선근을 자세히 살펴서 들여다보고 선택하는 삼매와 가장 뛰어난 지혜의 삼매와 이치의 장을 분별하는 삼매와 실상의 본바탕으로 뜻을 분별하는 삼매와 선근으로 머무는 견고한 뿌리의 삼매와 지혜와 신통의 문 삼매와 법계의 업 삼매와 여래의 뛰어나게 이익이 되는 삼매와 가지가지의 뜻을 감아쥔 생사 열반의 문 삼매에 들어가며, 이와 같은 등등의 큰 지혜와 신통한 문을 온전하게 갖추고 백천 삼매에 들어가서 이 자리를 깨끗하게 다스린다."

"보살이 이 삼매를 얻고는 방편을 선근의 지혜로 청정하게 다스리는 까닭과 크게 가엾이 여기는 까닭으로 이승의 자리를 뛰어넘어 지혜의 자리를 자세히 살펴서 들여다보는 자리를 얻는다."

佛子 菩薩住此地 入菩薩善觀擇三昧 善擇義三昧 最勝慧三昧 分別義藏三昧 如實分別義三昧 善住堅固根三昧 智慧神通門三昧 法界業三昧 如來勝利三昧 種種義藏生死涅槃門三昧 入如是等具足大智神通門百萬三昧 淨治此地是菩薩得此三昧 善治

淨方便慧故 大悲力故 超過二乘地 得觀察智慧地

"불자여! 보살이 이 자리에 머물면 헤아릴 수 없는 몸의 업으로 모양이나 상태가 없는 행으로 선근을 청정하게 하고 헤아릴 수 없이 많은 말로 짓은 업의 모양이나 상태가 없는 행으로 선근을 청정히 하고 헤아릴 수 없이 많은 뜻으로 짓은 업의 모양이나 상태가 없는 행으로 선근을 청정하게 하기에 무생법인(無生法忍)의 광명을 얻는다."
佛子 菩薩住此地 善淨無量身業無相行 善淨無量語業無相行 善淨無量意業無相行故 得無生法忍光明

해탈월 보살이 말했다.
"불자시여! 보살이 초지로부터 닦으면서 헤아릴 수 없이 가지고 온, 몸과 말과 뜻으로 지는 업은 어찌 이승을 뛰어넘지 못합니까?"
解脫月菩薩言 佛子 菩薩從初地來所有無量 身 語 意業 豈不超過二乘耶

금강장 보살이 말했다.
"불자여! 그들은 남김없이 정도를 지나쳐 뛰어넘었지만, 단지 원으로 모든 불법을 구하려고만 할 뿐, 자신의 지혜로 자세히 살펴서 들여다보는 힘이 아니다. 그러나 지금 제7의 자리에서는 자신이 가진 지혜의 힘으로 행하는 까닭에 모든 이승에 미치지 못하는 것이니, 비유하면 왕자가 왕의 가문에 태어나면, 왕후의 소생으로 왕의 모양이나 상태를 온전하게 갖추고 태어나기에 곧바로 나면서부터 모든 신하의 무리보다 뛰어나지만, 이는 단지 왕의 힘이며, 자신의 힘은 아니다. 그러나 몸이 자라고 기예의 업을 다 이루면 자기의 힘으로 모든 것을 정도에 지나칠 정도로 뛰어넘는 것과 같다. 보살마하살도 역시 차례를 좇아(復) 이와 같기에 처음 마음을 일으킬 때부터 대승의 법에 뜻을 두고 구하려는 까닭으로 모든 성문과 독각을 뛰어넘었다. 그러나 이 자리에 머물고는 자신이 행하는 지혜의 힘으로 모든 이승의 자리를 뛰어넘은 것이다."
"불자여! 보살이 제7 지에 머물며 깊고 깊으면서 멀리 벗어나 행하는 것이 없으나, 항상 몸과 말과 뜻의 업을 행하여 부지런히 상도(上道)를 구하고 버리거나 벗어나지 않음을 얻는다. 이러한 까닭으로 비록 보살이 실상의 본바탕이 되는 경계를 행하지만, 증거로 드러나지는 않는다."

金剛藏菩薩言 佛子 彼悉超過 然但以願求諸佛法故 非是自智觀察之力 今第七地 自智力故 一切二乘所不能及 譬如王子 生在王家 王后所生 具足王相 生已卽勝一切臣衆 但以王力 非是自力 若身長大 藝業悉成 乃以自力超過一切 菩薩摩訶薩亦復如是 初發心時 以志求大法故 超過一切聲聞 獨覺 今住此地 以自所行智慧力故 出過一切二乘之上 佛子 菩薩住此第七地 得甚深遠離無行 常行身語意業 勤求上道而不捨離 是故菩薩雖行實際而不作證

해탈월 보살이 말했다.
"불자시여! 보살은 어떤 자리를 좇아 능히 적멸의 선정에 듭니까"
解脫月菩薩言 佛子 菩薩從何地來 能入滅定

금강장 보살이 말했다.
"불자여! 보살이 제6 지를 좇아 적멸의 선정에 들어가지만, 지금 이 자리, 제7 지에서는 찰나 찰나의 순간마다 들어가며, 또한 찰나 찰나마다 일어나면서도 증거로 드러내지 않는다. 그러므로 이 보살을 이름 붙여 이르길, '생각으로 미루어 헤아릴 수 없는 몸과 말과 뜻으로 짓은 업을 성취해서 실상의 본바탕이 되는 경계를 행하지만, 증거로 드러내지 않는다.'고 한다. 비유하면 어떤 사람이 배를 타고 바다에 들어갔으나 섬세하고 능숙한 선근의 힘으로 물로 인한 재난을 만나지 않는 것과 같다. 이 자리의 보살도 역시 차례를 좇아 이와 같은 바라밀의 배를 타고 실상의 본바탕이 되는 경계의 바다에 행하면서 원력을 쓰는 까닭에 적멸을 증거로 드러내지 않는다."

金剛藏菩薩言 佛子 菩薩從第六地來 能入滅定 今住此地 能念念入 亦念念起 而不作證 故此菩薩名爲 成就不可思議身 語 意業 行於實際而不作證 譬如有人乘船入海 以善巧力不遭水難 此地菩薩亦復如是 乘波羅蜜船行實際海 以願力故而不證滅

"불자여! 이 보살은 이와 같은 삼매의 지혜로운 힘을 얻고는 큰 방편으로 비록 생사를 나타내 보이지만 항상 열반에 머물고 비록 권속들에게 둘러싸여 있지만, 항상 벗어나기를 좋아하며, 비록 원력으로 삼계를 받아들여 태어나지만, 세상의 법에 물들지 않으며, 비록 늘 적멸하지만, 방편의 힘으로 오히려 거세게 불타오르며, 비록 거세게 불타오르지만, 불타지 않으며, 비록 부처님의 지혜를 거스르지 않고 따르지만, 성문과 벽지불의 자리에 들어감을 보이며, 비록 부처님 경계의 장을 얻었지만, 마의 경계에 머무름을 보이며, 비록 마의 도를 초월했지만, 마의 법을 행함을 나타내며, 비록 외도의 행과 같음을 보이지만, 부처님의 법을 버리지 않으며, 비록 모든 세간(五蘊)을 거스르지 않고 따르지만, 항상 모든 출세간(不立五蘊)의 법을 행하며, 가지고 있는 일체 장엄하는 일이 모든 하늘, 용, 야차, 건달바, 아수라, 가루라, 긴나라, 마후라가와 사람과 사람이 아닌 것과 제석, 범왕, 사천왕 등등이 가지고 있는 것보다 초월해 나가지만, 법을 좋아하는 마음을 버리거나 벗어나지 않는다."

佛子 此菩薩得如是三昧智力 以大方便 雖示現生死 而恒住涅槃 雖眷屬圍遶 而常樂遠離 雖以願力三界受生 而不爲世法所染 雖常寂滅 以方便力而還熾然 雖然不燒 雖隨順佛智 而示入聲聞 辟支佛地 雖得佛境界藏 而示住魔境界 雖超魔道 而現行魔法 雖示同外道行 而不捨佛法 雖示隨順一切世間 而常行一切出世間法 所有一切莊嚴之事 出過一切天 龍 夜叉 乾闥婆 阿修羅 迦樓羅 緊那羅 摩睺羅伽 人及非人 帝釋 梵王 四天王等之所有者 而不捨離樂法之心

"불자여! 보살이 이와 같은 지혜를 성취해서 원행지에 머물고는 원력을 쓰는 까닭에 많은 부처님을 보게 되니, 이른바 많은 백 부처님을 볼뿐만 아니라 많은 백천 억 나유타 부처님에 이르기까지 보게 된다. 그 부처님이 계신 곳에서 광대한 마음과 거듭 더해지는 뛰어난 마음으로 공양하고 공경하고 존중하고 찬탄하며, 의복과 음식과 침구와 의약과 모든 생활필수품을 받들어 이바지하며, 모든 스님에게도 공양하고 이 선근을 아뇩다라삼먁삼보리로 회향하며, 차례를 좇아(復) 부처님 처소에서 공경하게 법을 청해 듣고 받아 지니며, 실상의 본바탕과 같은 삼매와 지혜의 광명을 얻고 이를 거스르지 않고 따라 수행하며, 모든 부처님의 처소에서 바른 법을 보호해 지니므로 늘 여래의 칭찬을 받으며, 일체 이승이 가지고 있는 어려운 문제를 가지고는 물러서게 할 수 있거나 굽힐 수 없으며,

중생에게 이익이 되고 법인이 청정하다."

"이와 같기에 헤아릴 수 없는 백천 억 나유타 겁을 지내는 동안 가지고 있는 선근이 점차 거듭 더해져서 뛰어나게 되니, 비유하면 진금을 빼어난 많은 보배로 사이사이를 장엄하면 점차 거듭 뛰어나게 되고 광명이 배나 더 더해져서 나머지 장엄 기물로는 미치지 못하는 것과 같다."

"보살이 제7 지에 머물면서 가지고 있는 선근 역시 차례를 좇아(復) 이와 같기에 방편 지혜의 힘으로 더더욱 밝고 청정해지니, 이는 이승으로는 미칠 수 있는 것이 아니다."

"불자여! 비유하면 햇빛은 달이나 별 따위의 빛으로는 미칠 수 없는 것과 같다. 염부제에 있는 진창을 모두 말려버리는 것이니, 이 원행지 보살도 역시 차례를 좇아(復) 이와 같기에 일체 이승으로는 미칠 수 없으며, 모든 중생의 번뇌를 남김없이 말려버린다."

"이 보살은 십바라밀 가운데서 방편 바라밀에 치우치고 많기에 다른 것을 닦지 않는 것은 아니지만 단지 힘을 따르고 보리 분법을 따를 뿐이다."

佛子 菩薩成就如是智慧 住遠行地 以願力故 得見多佛 所謂 見多百佛 乃至見多百千億那由他佛 於彼佛所 以廣大心 增勝心 供養恭敬 尊重讚歎 衣服 飮食 臥具 醫藥 一切資生悉以奉施 亦以供養一切衆僧 以此善根迴向阿耨多羅三藐三菩提 復於佛所 恭敬聽法 聞已受持 獲如實三昧智慧光明 隨順修行 於諸佛所護持正法 常爲如來之所讚喜 一切二乘所有問難無能退屈 利益衆生 法印淸淨 如是經無量百千億那由他劫 所有善根轉更增勝 譬如眞金 以衆妙寶間錯莊嚴 轉更增勝 倍益光明 餘莊嚴具所不能及 菩薩住此第七地所有善根亦復如是 以方便慧力轉更明淨 非是二乘之所能及 佛子 譬如日光 星月等光無能及者 閻浮提地所有泥潦悉能乾竭 此遠行地菩薩亦復如是 一切二乘無有能及 悉能乾竭一切衆生諸惑泥潦 此菩薩 十波羅蜜中 方便波羅蜜偏多 餘非不修 但隨力隨分

"불자여! 이 이름을 간략하게 설하면 보살마하살의 제7 원행지다."

"보살이 이 자리에 머물고는 많은 자재천왕이 되며, 선근을 중생에게 증거로 드러내어 지혜의 법을 설하여 증득하고 들어가게 하며, 보시하고 사랑하는 말을 하고 이익이 되는 행을 하고 함께 일을 하니, 이와 같은 일체 모든 지어가는 업이 모두 부처님을 생각하고 이 생각에서 벗어나지 않을 뿐만 아니라 일체 종류의 지혜와 모든 지혜의 지혜를 온전하게 갖추려는 생각을 벗어나지 않는다."

"차례를 좇아(復) 생각하기를 '내가 마땅히 모든 중생 가운데 우두머리가 되고 뛰어남이 될 뿐만 아니라 모든 지혜의 지혜가 의지할 수 있는 자가 될 것이다.'라고 한다."

"이 보살이 그와 같이 부지런히 수행하면 잠시 잠깐에 백천 억 나유타 삼매를 얻을 뿐만 아니라 백천 억 나유타 보살을 권속으로 삼기에 이르기까지 나타내어 보인다. 그와 같은 보살의 특히나 뛰어난 원력으로 자재하게 나타내면, 이 수를 초월할 뿐만 아니라 백천 억 나유타 겁에 이르기까지 헤아려도 그 수를 알 수가 없다."

佛子 是名 略說菩薩摩訶薩第七遠行地 菩薩住此地 多作自在天王 善爲衆生說證智法 令其證入 布施 愛語 利行 同事 如是一切諸所作業 皆不離念佛 乃至不離念具足一切種 一切智智 復作是念 我當於一切衆生中爲首 爲勝 乃至爲一切智智依止者 此菩薩若發勤精進 於一念頃 得百千億那由他三昧 乃至示現百千億那由他菩薩以爲眷屬 若以菩薩殊勝願力自在示現 過於此數 乃至百千億那由他劫不能數知

이때 금강장 보살이 이러한 뜻을 거듭 다시 펴려고 게송으로 말했다.
爾時 金剛藏菩薩欲重宣此義而說頌言

第一義智三昧道 제일의 지혜와 삼매의 도를
六地修行心滿足 제6 지에서 수행하여 마음이 만족하고
卽時成就方便慧 곧바로 일시에 방편 지혜를 성취하면서
菩薩以此入七地 보살은 제7 지에 들어간다네.

雖明三脫起慈悲 비록 삼해탈을 밝히지만, 자비를 일으키고
雖等如來勤供佛 비록 여래와 평등하지만, 부처님을 부지런히 공양하며
雖觀於空集福德 비록 공을 자세히 살펴보고는 있지만, 복덕을 모으기에
菩薩以此昇七地 보살이 이 7 지에 오른다네.

遠離三界而莊嚴 삼계로부터 멀리 벗어나지만, 삼계를 장엄하고
滅除惑火而起焰 번뇌 불꽃을 없앴지만, 불꽃을 일으키며

知法無二勤作業 둘이 없는 법을 알지만, 부지런히 업을 짓고
了刹皆空樂嚴土 세계가 다 공한 것임을 분명하게 깨우쳐 알지만, 국토를 즐겁게 장엄한다네.

解身不動具諸相 부동지의 몸을 깨우쳤지만, 모든 모양이나 상태를 온전하게 갖추고
遠聲性離善開演 소리의 성품을 멀리 벗어났지만, 선근을 열어 널리 펴며
入於一念事各別 한 생각, 한순간에 들어가지만, 각각의 일을 분별해서
智者以此昇七地 지혜로운 자는 이 7지에 오른다네.

觀察此法得明了 이 법을 자세히 살펴서 들여다보고 분명하게 깨우쳐 알며
廣爲群迷興利益 광대하게 중생을 위해 이익이 됨을 일으켜서
入衆生界無有邊 중생계에 들어가지만, 끝이 없으며
佛敎化業亦無量 부처님이 가르쳐 바른길로 이끄는 업 또한 헤아릴 수 없다네.

國土諸法與劫數 국토와 모든 법과 겁의 수와
解欲心行悉能入 깨우치고자 하는 욕심과 마음의 행에 남김없이 들어가며
說三乘法亦無限 삼승의 법을 설함도 또한 수, 양, 공간, 시간 따위가 헤아릴 수 없으니
如是敎化諸群生 이와 같음을 모든 중생에게 가르쳐 바른길로 이끈다네.

菩薩勤求最勝道 보살이 부지런히 최고로 뛰어난 도를 구하며
動息不捨方便慧 움직이든 쉬든 방편 지혜를 버리지 않고
一一迴向佛菩提 하나하나 부처님의 보리로 회향해서
念念成就波羅蜜 생각마다 바라밀을 성취한다네.

發心迴向是布施 마음을 일으켜 회향함은 보시가 되고
滅惑爲戒不害忍 혹함을 없앰은 계가 되고 해롭게 하지 않음은 인욕이 되며
求善無厭斯進策 선근으로 구해서 싫어함이 없음은 정진이고
於道不動卽修禪 도에 움직이지 않음은 곧 선정을 닦음이라네.

忍受無生名般若 무생법인을 거두어들임은 이름이 반야이고

迴向方便希求願 회향은 방편이며, 바라고 구함은 원이고
無能摧力善了知 능히 꺾을 수 없음은 힘이며, 선근으로 지혜를 분명하게 깨우쳐 아는 것이니
如是一切皆成滿 이와 같은 모든 것을 빠짐없이 이루고 만족한다네.

初地攀緣功德滿 초지에서는 속된 인연에 이끌리는 공덕이 가득하고
二地離垢三諍息 2지에서는 허물을 벗어나고 3지에서는 쉬고
四地入道五順行 4지에서 도에 들고 5지에서 거스르지 않고 따르고
第六無生智光照 제6지에서는 생함이 없는 지혜의 빛으로 비추고
七住菩提功德滿 7지에 머물고는 보리의 공덕이 가득하니
種種大願皆具足 가지가지의 큰 원을 빠짐없이 온전하게 갖추고
以是能令八地中 이것으로 8지 가운데서
一切所作咸淸淨 일체 지어 온 것을 다 청정하게 한다네.

此地難過智乃超 이 자리는 뛰어넘기 어렵지만, 지혜로 초월하니
譬如世界二中間 비유하면 두 세계의 중간과 같고
亦如聖王無染著 또한 전륜왕이 물들지 않았지만
然未名爲摠超度 인간을 뛰어넘었다고 이름하지 않는다네.

若住第八智地中 그와 같이 제8지 지혜의 자리 가운데 머물면
爾乃踰於心境界 이때 마음의 경계를 뛰어넘으니
如梵觀世超人位 범천이 세상을 자세히 살펴보고 사람의 자리를 초월하듯이
如蓮處水無染著 연꽃이 물에 처하지만 물들지 않는 것과 같다네.

此地雖超諸惑衆 이 자리에서 비록 모든 번뇌를 초월했지만
不名有惑非無惑 혹함이 있다. 혹함이 없다고 이름하지 않으니
以無煩惱於中行 번뇌가 없이 그 가운데서 행하지만
而求佛智心未足 부처님의 지혜를 구하는 마음이 아직은 만족스럽지 않다네.

世間所有衆技藝 세간이 가지고 있는 많은 기예와

經書詞論普明了 경전이나 모든 언론을 두루 깨우쳐 밝게 알고
禪定三昧及神通 선정과 삼매와 및 신통을
如是修行悉成就 이와 같음으로 수행해서 남김없이 성취한다네.

菩薩修成七住道 보살이 7지에 머물고 도를 닦아 이루어
超過一切二乘行 모든 이승의 행을 초월하니
初地願故此由智 초지에서는 원이지만 이는 지혜로 말미암은 것이기에
譬如王子力具足 비유하면 왕자가 자기의 힘을 온전하게 갖춤과 같다네.

成就甚深仍進道 깊고 깊은 법을 성취하고 도에 나아가
心心寂滅不取證 마음과 마음이 적멸하지만, 증거로 취하지 못함이니
譬如乘船入海中 비유하면 배를 타고 바다 가운데 들어가지만
在水不爲水所溺 물에 있으나 물에 빠지지 않음과 같다네.

方便慧行功德具 방편 지혜를 행하여 공덕을 갖추니
一切世間無能了 모든 세간이 분명하게 깨우쳐 알지 못하지만
供養多佛心益明 많은 부처님을 공양해서 마음은 밝으니
如以妙寶莊嚴金 빼어난 보배로 금을 장엄한 것과 같다네.

此地菩薩智最明 이 7지 보살의 지혜가 가장 밝으니
如日舒光竭愛水 햇빛을 펴서 애욕의 물을 말리는 것과 같으며
又作自在天中主 또 자재천 가운데 주인이 되어
化導群生修正智 중생을 가르쳐 바른길로 이끌어 바른 지혜를 닦게 한다네.

若以勇猛精勤力 그와 같은 보살이 용맹하게 정진하는 일에 힘을 쓰면
獲多三昧見多佛 많은 삼매를 얻어 많은 부처님을 보고
百千億數那由他 백천 억 수의 나유타를 보게 되지만
願力自在復過是 원력이 자재하면 차례를 좇아 이를 초월한다네.

此是菩薩遠行地 이것이 보살들이 원행지에서 이룬
方便智慧淸淨道 방편과 지혜의 청정한 공덕이니
一切世間天及人 모든 세간과 하늘 및 사람과
聲聞獨覺無能知 성문과 독각은 알지 못할 것이라네.

대방광불화엄경 제38권

26. 십지품(5)
十地品第二十六之五

제8 부동지(不動地)

是時天王及天衆 이때 천왕과 하늘의 무리가
聞此勝行皆歡喜 이 뛰어난 행을 듣고 모두 환희하며
爲欲供養於如來 여래와 다함이 없는
及以無央大菩薩 큰 보살들을 공양하고자 하였다네.

雨妙華幡及幢蓋 빼어난 꽃과 깃발 및 당기와 덮개와
香鬘瓔珞與寶衣 향과 머리 화관과 영락과 더불어 보배 옷을 내리고
無量無邊千萬種 헤아릴 수 없고 끝이 없는 천만 종류를
悉以摩尼作嚴飾 남김없이 마니로 장엄하고 곱게 꾸몄다네.

天女同時奏天樂 천녀들이 동시에 하늘의 음악을 내어서
普發種種妙音聲 가지가지의 빼어난 음성을 두루 일으키고
供養於佛幷佛子 부처님과 아울러 불자들에게 공양하며
共作是言而讚歎 함께 이 같은 말을 내어 찬탄한다네.

一切見者兩足尊 모든 것을 보시는 부처님께서
哀愍衆生現神力 중생을 불쌍히 여겨 신력을 나타내어
令此種種諸天樂 가지가지의 모든 하늘의 음악으로
普發妙音咸得聞 빼어난 소리를 일으켜 두루 다 함께 듣게 한다네.

於一毛端百千億 하나의 털끝에 백천 억
那由他國微塵數 나유타 국토의 티끌 수와 같이
如是無量諸如來 이와 같은 헤아릴 수 없는 모든 여래가
於中安住說妙法 그 가운데 편안히 머무시면서 빼어난 법을 설하신다네.

一毛孔內無量刹 하나의 털구멍 안에 헤아릴 수 없는 세계
各有四洲及大海 각각의 세계마다 사천하 및 바다가 있고
須彌鐵圍亦復然 수미산과 철위산도 역시 차례를 좇아 그러하기에
悉見在中無迫隘 남김없이 털구멍 가운데 있음을 보지만 비좁지 않다네.

一毛端處有六趣 하나의 털끝에 육취가 있으니
三種惡道及人天 세종류의 악도 및 사람과 하늘과
諸龍神衆阿修羅 모든 용과 신중과 아수라가
各隨自業受果報 제각기 자신의 업을 따라 과보를 받는다네.

於彼一切刹土中 그러한 모든 세계의 국토 가운데
悉有如來演妙音 남김없이 여래가 계시면서 빼어난 소리를 펴서
隨順一切衆生心 모든 중생의 마음을 거스르지 않고 따라주며
爲轉最上淨法輪 최상의 청정한 법륜을 전하신다네.

刹中種種衆生身 세계 가운데 가지가지의 중생 몸이 있고
身中復有種種刹 몸 가운데 차례를 좇아 가지가지의 세계가 있어서
人天諸趣各各異 사람과 하늘과 모든 부류가 각각 다르지만
佛悉知已爲說法 부처님이 남김없이 다 아시고 법을 설하신다네.

大刹隨念變爲小 큰 세계가 생각을 따라 작게 변하고
小刹隨念亦變大 작은 세계가 생각을 따라 또한 변하여 크게 되며
如是神通無有量 이와 같은 신통은 헤아릴 수 없음이니
世間共說不能盡 세간이 함께 말해도 다할 수 없다네.

普發此等妙音聲 이와 같은 등등의 빼어난 음성을 두루 일으켜
稱讚如來功德已 여래의 공덕을 찬탄하고는
衆會歡喜默然住 모든 대중이 환희하고 조용히 머물면서
一心瞻仰欲聽說 일심으로 우러러 사모하며 법을 듣고자 한다네.

時解脫月復請言 때맞추어 해탈월 보살이 차례를 좇아 청하여 말하니
今此衆會皆寂靜 지금 이 모임의 대중이 모두 적정하오니
願說隨次之所入 원하건대 차례를 따라 들어가는
第八地中諸行相 제8 지 가운데 행하는 모든 모양이나 상태를 설해주십시오.

이때 금강장 보살이 가르침을 주기 위해서 해탈월 보살에게 말했다.
爾時 金剛藏菩薩告解脫月菩薩言

"불자여! 보살마하살이 7 지 가운데서 선근(善根)으로 방편 지혜를 닦고 익히며, 선근으로 모든 도를 청정하게 하며, 선근으로 도를 돕는 법을 모으며, 큰 원력으로 거두어들여서 여래의 힘으로 법을 더하고 선근의 힘으로 스스로 유지하며, 여래의 힘과 두려움 없음과 함께 하지 않는 부처님의 법을 늘 생각하며, 선근으로 청정하고 깊은 마음을 사유해서 깨우치며, 능히 복덕과 지혜를 성취하며, 대자대비로 중생을 버리지 않으며, 헤아릴 수 없는 도에 들어가게 한다."

"일체 법에 들어가니, 본래 남이 없고 일어남도 없고 모양이나 상태도 없고 이루어짐도 없고 무너지는 것도 없고 다함도 없고 구르는 것도 없으며, 성품이 없음을 성품으로 삼고 처음의 경계와 중간의 경계와 나중의 경계가 다 평등하며, 분별이 없는 여여지(如如智)에 들어간 곳과 모든 마음과 뜻과 식으로 분별하는 생각을 벗어났으며, 취하거나 집착하는 것이 없다. 비유하면 허공과 같고 일체 법에 들어간 것이 허공의 성품과 같기에 이것을 일러서 무생법인(無生法忍)을 얻었다고 한다."

佛子 菩薩摩訶薩於七地中 善修習方便慧 善淸淨諸道 善集助道法 大願力所攝 如來力所加 自善力所持 常念如來力 無所畏 不共佛法 善淸淨深心思覺 能成就福德智

慧 大慈大悲不捨衆生 入無量智道 入一切法 本來無生 無起 無相 無成 無壞 無盡 無轉 無性爲性 初 中 後際皆悉平等 無分別如如智之所入處 離一切心 意 識分別想 無所取著猶如虛空 入一切法如虛空性 是名 得無生法忍

"불자여! 보살이 이 무생법인을 성취하면 곧바로 제8 부동지에 들어가 보살의 행을 깊이 행하기에 알기가 어렵고 차별이 없으며, 모든 모양이나 상태와 모든 마주한 생각과 모든 집착을 벗어나며, 헤아릴 수 없으며, 끝이 없고 모든 성문과 벽지불이 미칠 수 없으며, 모든 시끄러운 다툼을 벗어나며, 적멸이 앞에 나타난다. 비유하면 비구가 신통을 온전하게 갖추고 자재함을 얻기에 차례를 따라 멸진정(滅盡定)에 이르기까지 들어가면, 모든 움직이는 마음과 기억하는 마주한 생각과 분별을 남김없이 멈추고 쉬는 것과 같다. 이 보살도 역시 차례를 좇아(復) 이와 같아서 부동지에 머물면, 곧바로 모든 공을 들인 보람이나 효과의 행을 버리고 공을 들인 보람이나 효과가 없는 법을 얻어서 몸과 입과 뜻의 업과 생각과 일을 모두 쉬고 보시의 행에 머문다. 비유하면 어떤 사람이 꿈에서 몸이 큰 강에 빠진 것을 보고 이를 건너고자 하는 까닭에 큰 용기를 일으키고 큰 방편을 행하였다. 큰 용기와 방편을 행하여 꿈으로부터 깨게 되었고 꿈에서 깨고 나니, 하는 일을 다 쉬는 것과 같았다. 보살도 또한 그러하기에 중생의 몸이 네 가지 흐름(欲流.有流.見流.無明流) 가운데 있음을 보고 고통에서 이끌어 내주기 위한 까닭으로 큰 용맹을 일으키고 크게 정진함을 일으킨다. 용맹과 정진하는 까닭에 이 부동지에 이르는 것이니, 이 자리에 이르면 모든 공을 들인 보람이나 효과가 빠짐없이 다 쉬기에 두 가지의 행과 모양이나 상태의 행이 눈앞에 모두 나타나지 않는다."

"불자여! 범천의 세상에 태어나면 욕계의 번뇌가 눈앞에 나타나지 않는 것과 같기에 부동지에 머무는 것도 역시 차례를 좇아(復) 이와 같아서 모든 마음과 뜻과 식으로 행하는 모든 것이 눈앞에 나타나지 않는다."

"이 보살마하살은 보살의 마음과 부처님의 마음과 보리의 마음과 열반이라는 마음을 나타내거나 일으키지 않거늘, 하물며 차례를 좇아(復) 세간(有立五蘊)의 마음을 일으키겠는가."

佛子 菩薩成就此忍 卽時得入第八不動地 爲深行菩薩難可知無差別 離一切相 一切想 一切執著 無量無邊 一切聲聞 辟支佛所不能及 離諸諠諍 寂滅現前 譬如比丘

具足神通 得心自在 次第乃至入滅盡定 一切動心 憶想分別悉皆止息 此菩薩摩訶薩 亦復如是 住不動地 卽捨一切功用行 得無功用法 身 口 意業念務皆息 住於報行 譬 如有人 夢中見身墮在大河 爲欲渡故 發大勇猛 施大方便 以大勇猛 施方便故 卽便 覺寤 旣覺寤已 所作皆息 菩薩亦爾 見衆生身在四流中 爲救度故 發大勇猛 起大精 進 以勇猛 精進故 至不動地 旣至此已 一切功用靡不皆息 二行 相行悉不現前 佛子 如生梵世 欲界煩惱皆不現前 住不動地亦復如是 一切心 意 識行皆不現前 此菩薩摩 訶薩 菩薩心 佛心 菩提心 涅槃心 尚不現起 況復起於世間之心

"불자여! 이 자리의 보살은 본래의 원력이기 때문에 모든 부처님 세존이 그 앞에 나타나 여래의 지혜를 주어 그들을 법이 흐르는 문 가운데 들어가게 하고 이와 같은 말을 한다."

"선근이로다. 선근이로다. 선남자여! 이 무생법인(無生法忍)은 제일이며, 모든 법을 거스름 없이 따르는 것이다. 그러나 선남자여! 너와 내가 가지고 있는 십력과 두려움 없음과 함께 하지 않는 18가지 부처님의 법은 자네가 아직 얻지 못했다. 자네는 이 법을 성취하기 위해서 부지런히 정진해 나감을 더해야 할 것이며, 이 무생법인(無生法忍)의 문을 차례를 좇아 놓거나 버리지 말아야 한다."

"또 선남자여! 자네가 비록 이 적멸의 해탈을 얻었다고는 하지만, 그러나 범부는 증득하지 못하였기에 가지가지의 번뇌가 남김없이 다 눈앞에 나타나기도 하고 가지가지로 알아차리고 자세히 본다는 일이 늘 모양이나 상태로 마주하기에 침범하여 해를 끼치니, 자네는 이러한 중생을 불쌍하게 생각해야 한다."

"또 선남자여! 자네는 마땅히 본래 서원한 것을 잊지 않고 기억해서 생각하고 모든 중생에게 이익이 되도록 하고 그들이 다 사유로는 헤아릴 수 없는 지혜의 문에 들어가게 해야 한다."

"또 선남자여! 이 모든 법의 성품은 부처님이 세상에 나오셨거나 나오지 않으셨거나 간에 항상 머물고 달리 다르지 않으며, 모든 부처님이 이 법을 얻었다고 해서 이름이 여래가 아니며, 일체 이승(二乘) 또한 이 분별이 없는 법을 능히 얻는다."

"또 선남자여! 자네는 나와 등등의 몸 모양이나 상태가 헤아릴 수 없으며, 지혜가 헤아릴 수 없으며, 국토가 헤아릴 수 없으며, 방편이 헤아릴 수 없으며, 광명이 헤아릴 수 없으며, 청정한 음성도 또한 헤아릴 수 없음을 자세히 보고 자네는 지금 마땅히 이 일을 성취해야 한다."

"또 선남자여! 자네는 이제 이 하나의 법에 밝음(一法明)을 얻어 이르렀으니, 이른바 일체 법이란 남이 없고 분별도 없음이다. 선남자여! 여래의 법에 밝음(如來法明)은 헤아릴 수 없는 곳에 들어가며, 헤아릴 수 없이 작용하고 헤아릴 수 없이 굴러갈 뿐만 아니라 백천 억 나유타 겁에 이르기까지도 얻거나 알지 못하니, 자네는 마땅히 수행해서 이 법을 성취해야 한다."

"또 선남자여! 자네는 시방의 헤아릴 수 없는 국토와 헤아릴 수 없는 중생과 헤아릴 수 없는 법을 가지가지로 차별하는 것을 남김없이 실상의 본바탕, 그 일을 통달해야 한다."

佛子 此菩薩本願力故 諸佛世尊親現其前與如來智 令其得入法流門中 作如是言 善哉善哉 善男子 此忍第一 順諸佛法 然善男子 我等所有十力 無畏 十八不共諸佛之法 汝今未得 汝應爲欲成就此法勤加精進 勿復放捨於此忍門 又善男子 汝雖得是寂滅解脫 然諸凡夫未能證得 種種煩惱皆悉現前 種種覺觀常相侵害 汝當愍念如是衆生 又善男子 汝當憶念本所誓願 普大饒益一切衆生 皆令得入不可思議智慧之門 又善男子 此諸法法性 若佛出世 若不出世 常住不異 諸佛不以得此法故名爲如來 一切二乘亦能得此無分別法 又善男子 汝觀我等身相 無量智慧 無量國土 無量方便 無量光明 無量淸淨 音聲亦無有量 汝今宜應成就此事 又善男子 汝今適得此一法明 所謂 一切法無生 無分別 善男子 如來法明 無量入 無量作 無量轉 乃至百千億那由他劫不可得知 汝應修行 成就此法 又善男子 汝觀十方無量國土 無量衆生 無量法種種差別 悉應如實通達其事

"불자여! 모든 부처님 세존이 이 보살에게 이와 같은 등등의 헤아릴 수 없이 일어나는 지혜의 문을 주어, 그들이 헤아릴 수 없고 끝이 없는 차별된 지혜의 업을 일으키게 한다. 불자여! 그와 같은 부처님이 보살에게 지혜를 일으키는 문을 주지 않았다면, 그때 곧바로 구경 열반에 들어가 모든 중생에게 이익이 되도록 하는 업을 버리게 되었을 것이지만, 모든 부처님이 이와 같은 등등의 헤아릴 수 없고 끝없는 지혜를 일으키는 문을 주었기 때문에 잠깐, 한순간에 생한 지혜의 업을 두고 처음으로 일으킨 마음을 좇아 7 지에 이르기까지 닦은 모든 행은 백 분의 일에도 미치지 못할 뿐만 아니라, 백천 억 나유타 분의 하나에 이르기까지도 미치지 못하며, 이와 같음에 아승기분, 산수분, 비유분, 우파니사타분의 하나도 역시 미치지 못한다."

"무슨 까닭인가 하면, 불자여! 이 보살이 앞서서 한 몸으로 행을 일으켰지만, 이제 이 자리에 머물면서는 헤아릴 수 없는 몸과 헤아릴 수 없는 음성과 헤아릴 수 없는 지혜와 헤아릴 수 없는 태어남과 헤아릴 수 없이 청정한 국토를 얻었으며, 헤아릴 수 없는 중생을 가르쳐 바르게 이끌고 헤아릴 수 없는 부처님께 공양하고 헤아릴 수 없는 법의 문에 들어가고 헤아릴 수 없는 신통을 갖추고 헤아릴 수 없는 대중이 모인 도량의 차별이 있으며, 헤아릴 수 없는 몸과 말과 뜻으로 짓는 업에 머물면서 모든 보살의 행을 모으지만, 움직이지 않는 법이기 때문이다."

"불자여! 비유하면 배를 타고 큰 바다에 들어가고자 할 때, 바다에 이르기까지는 많은 공력을 써야 하지만, 바다에 나아가서는 단지 바람을 따라가고 사람의 힘을 빌리지 않는 것과 같다. 큰 바다에 이르러서 하루 동안 행한 것이란, 바다에 이르지 못했을 때는 백년을 두고도 미치지 못함과 같다."

"불자여! 보살마하살도 역시 차례를 좇아(復) 이와 같은 광대한 선근의 자본과 양식을 쌓아서 모으며, 대승(大乘)의 배를 타고 보살행의 바다에 이르며, 한 생각, 한순간에 공을 들인 보람이 없는 지혜(無功用智)로 모든 지혜의 지혜 경계에 들어간다. 본래 공을 들인 보람이나 효과가 있는 행으로는 헤아릴 수 없는 백천 억 나유타 겁을 두고라도 미치지 못한다."

佛子 諸佛世尊與此菩薩如是等無量起智門 令其能起無量無邊差別智業 佛子 若諸佛不與此菩薩起智門者 彼時卽入究竟涅槃 棄捨一切利衆生業 以諸佛與如是等無量無邊起智門故 於一念頃所生智業 從初發心乃至七地所修諸行 百分不及一 乃至百千億那由他分亦不及一 如是 阿僧祇分 歌羅分 筭數分 譬諭分 優波尼沙陀分 亦不及一 何以故 佛子 是菩薩先以一身起行 今住此地 得無量身 無量音聲 無量智慧 無量受生 無量淨國 敎化無量衆生 供養無量諸佛 入無量法門 具無量神通 有無量衆會道場差別 住無量身 語 意業集一切菩薩行 以不動法故 佛子 譬如乘船欲入大海 未至於海 多用功力 若至海已 但隨風去 不假人力以至大海 一日所行此於未至 其未至時設經百歲亦不能及 佛子 菩薩摩訶薩亦復如是 積集廣大善根資糧 乘大乘船到菩薩行海 於一念頃以無功用智入一切智智境界 本有功用行經於無量百千億那由他劫所不能及

"불자여! 보살이 제8 지에 머물고는 큰 방편과 섬세하고 능숙한 선근으로 지혜를 일으키고 공을 들인 보람이 없는 깨우침의 지혜로 일체 지혜의 지혜로 행할 경계를 자세히 보는 것이니, 이른바 세간이 이루어짐을 자세히 보고 세간이 무너짐을 자세히 보고 이 업으로 말미암아 모이는 까닭으로 이루어짐과 이 업으로 말미암아 다하는 까닭으로 무너짐과 언제쯤 이루어지고 언제쯤 무너지고 언제쯤 이루어져 머물고 언제쯤 무너져 머무는 것을 빠짐없이 실제와 같이 알며, 또 지대(地大)의 경계로서 작은 모양이나 상태, 큰 모양이나 상태, 헤아릴 수 없는 모양이나 상태, 차별된 모양이나 상태를 알고 수대, 화대, 풍대의 경계로서 작은 모양이나 상태, 큰 모양이나 상태, 헤아릴 수 없는 모양이나 상태, 차별된 모양이나 상태를 알고 미세한 티끌의 미미한 모양이나 상태, 차별된 모양이나 상태, 헤아릴 수 없이 차별된 모양이나 상태를 알며, 어떠한 세계 가운데를 따라서 가지고 있는 미세한 티끌의 모임과 또 미세한 티끌의 차별된 모양이나 상태를 빠짐없이 실제와 같이 알며, 어떠한 세계 가운데를 따라 가지고 있는 지, 수, 화, 풍 경계가 각각 그다지 많거나 대단하지 않은 미세한 티끌과 가지고 있는 보물이 그다지 많거나 대단하지 않은 미세한 티끌과 중생의 몸이 그다지 많거나 대단하지 않은 미세한 티끌과 국토의 몸이 그다지 많거나 대단하지 않은 미세한 티끌을 실제와 같이 알며, 중생의 큰 몸과 작은 몸이 각각 그다지 많거나 대단하지 않은 미세한 티끌로 이루어진 것을 알며, 지옥의 몸과 축생의 몸과 아귀의 몸과 아수라의 몸과 하늘의 몸과 인간의 몸이 각각 그다지 많거나 대단하지 않은 미세한 티끌로 이루어진 것임을 알아서 이와 같은 작은 티끌을 아는 차별된 지혜를 얻는다."

"또 욕계와 색계와 무색계가 이루어짐을 알며, 욕계와 색계와 무색계가 무너짐을 알며, 욕계, 색계, 무색계의 작은 모양이나 상태, 큰 모양이나 상태, 헤아릴 수 없는 모양이나 상태, 차별된 모양이나 상태를 알아서 이와 같은 삼계를 자세히 살펴보는 차별된 지혜를 얻는다."

佛子 菩薩住此第八地 以大方便善巧智所起無功用覺慧 觀一切智智所行境 所謂 觀世間成 觀世間壞 由此業集故成 由此業盡故壞 幾時成 幾時壞 幾時成住 幾時壞住 皆如實知 又知地界小相 大相 無量相 差別相 知水 火 風界小相 大相 無量相 差別相 知微塵細相 差別相 無量差別相 隨何世界中所有微塵聚及微塵差別相 皆如實知 隨何世界中所有地 水 火 風界 各若干微塵 所有寶物若干微塵 衆生身若干微塵 國土身若干微塵 皆如實知 知衆生大身 小身各若干微塵成 知地獄身 畜生身 餓鬼身 阿修羅身 天身 人身各若干微塵成 得如是知微塵差別智 又知欲界 色界 無色界成

知欲界 色界 無色界壞 知欲界 色界 無色界小相 大相 無量相 差別相 得如是觀三界
差別智

"불자여! 이 보살이 차례를 좇아(復) 지혜의 광명을 일으켜서 중생을 가르쳐서 바른길로 이끄니, 이른바 선근으로 중생의 몸이 차별됨을 알며, 선근으로 중생의 몸을 분별하며, 선근으로 자세히 살펴서 태어난 곳을 들여다보고 그 응하는 바를 따라 몸을 나타내어 가르쳐서 바른길로 이끌고 성숙하게 한다."

"이 보살이 하나의 삼천대천세계에서 중생의 몸을 믿고 이해하는 차별을 따라 지혜의 광명으로 태어남을 받아들이고 이를 두루 나타내며, 이와 같음을 둘이나 셋뿐만 아니라 백천에 이르기까지 말로는 이를 수 없는 삼천대천세계에서 중생의 몸을 믿고 이해하는 차별을 따라 그 가운데 태어남을 두루 나타낸다."

"이 보살이 이와 같은 지혜를 성취하였기 때문에 하나의 부처님 세계에서 몸이 동요하지 않을 뿐만 아니라, 말로 이를 수 없는 부처님 세계 대중의 모임 가운데 남김없이 그 몸을 나타낸다."

"불자여! 이 보살이 모든 중생의 몸과 마음과 믿음과 이해하는 가지가지의 차별을 따라 그 부처님 국토의 대중 모임 가운데 그 몸을 나타내니, 이른바 사문 대중 가운데서는 사문의 형상을 나타내 보이고 바라문 대중 가운데서는 바라문 형상을 보이고 찰제리 대중 가운데서는 찰제리 형상을 나타내며, 이와 같음을 비사 대중과 수타 대중과 거사 대중과 사천왕 대중과 삼십 삼천 대중과 야마천 대중과 도솔타천 대중과 화락천 대중과 타화자재천 대중과 마군 대중과 범천 대중들뿐만 아니라 아가니타천(色究竟天) 대중의 가운데에 이르기까지 각각 그 무리를 따라 형상을 나타낸다."

"또 당연히 성문의 몸으로 제도해서 얻게 할 자에게는 성문의 형상을 나타내고 벽지불의 몸으로 제도해서 얻게 할 자에게는 벽지불의 형상을 나타내고 보살의 몸으로 제도해서 얻게 할 자에게는 보살의 형상을 나타내고 여래의 몸으로 제도해서 얻게 할 자에게는 여래의 형상을 나타내니, 불자여! 보살은 이와 같음을 말로는 이를 수 없는 모든 부처님 국토 가운데 모든 중생이 믿고 좋아하는 차별을 따라 이와 같음을 이와 같음으로 하기 위해 몸을 나타낸다."

佛子 此菩薩復起智明 敎化衆生 所謂 善知衆生身差別 善分別衆生身 善觀察所生

處 隨其所應而爲現身 敎化成熟 此菩薩於一三千大天世界 隨衆生身信解差別 以智光明普現受生 如是 若二 若三 乃至百千 乃至不可說三千大天世界 隨衆生身信解差別 普於其中示現受生 此菩薩成就如是智慧故 於一佛刹其身不動 乃至不可說佛刹衆會中悉現其身 佛子 此菩薩隨諸衆生身心信解種種差別 於彼佛國衆會之中而現其身 所謂 於沙門衆中示沙門形 婆羅門衆中示婆羅門形 刹利衆中示刹利形 如是 毘舍衆 首陀衆 居士衆 四天王衆 三十三天衆 夜摩天衆 兜率陀天衆 化樂天衆 他化自在天衆 魔衆 梵衆 乃至阿迦尼咤天衆中 各隨其類而爲現形 又應以聲聞身得度者 現聲聞形 應以辟支佛身 得度者現辟支佛形 應以菩薩身得度者 現菩薩形 應以如來身得度者 現如來形 佛子 菩薩如是一切不可說佛國土中 隨諸衆生信樂差別 如是如是而爲現身

"불자여! 이 보살은 몸으로 마주한 모든 분별의 생각을 멀리 벗어나 평등한 곳에 머물며, 이 보살은 중생의 몸과 국토의 몸과 업으로 받은 몸과 성문의 몸과 독각의 몸과 보살의 몸과 여래의 몸과 지혜의 몸과 법의 몸과 허공의 몸을 안다."

"이 보살은 중생이 마음으로 좋아함을 알아서 능히 중생의 몸으로 자신의 몸을 짓고 또한 국토의 몸과 업으로 받은 몸뿐만 아니라 허공의 몸에 이르기까지 짓기도 하고 또 중생이 마음으로 좋아하는 것을 알아서 능히 업으로 받은 몸을 가지고 자신을 짓고 또한 중생의 몸과 국토의 몸뿐만 아니라 허공의 몸에 이르기까지 짓기도 하며, 또 중생이 마음으로 즐거워하는 것을 알아서 자신으로 능히 중생의 몸과 국토의 몸뿐만 아니라 허공의 몸에 이르기까지 지으니, 모든 중생이 좋아하는 것이 같지 않음을 따라서 곧 이 몸에 이와 같은 형상을 나타낸다."

"이 보살이 중생의 업으로 모은 몸과 갚은 몸과 번뇌의 몸과 색신(色身)과 무색신(無色身)을 알며, 또 국토의 몸으로 작은 모양이나 상태, 큰 모양이나 상태와 헤아릴 수 없는 모양이나 상태와 물든 모양이나 상태와 청정한 모양이나 상태와 넓은 모양이나 상태와 거꾸로 머무는 모양이나 상태와 바르게 머무는 모양이나 상태와 두루 들어가는 모양이나 상태와 시방으로 그물처럼 차별되는 모양이나 상태를 안다."

"또 업으로 갚은 몸에 이름을 빌려 차별함을 알며, 성문의 몸과 독각의 몸과 보살의 몸으로 이름을 빌려 차별하는 것을 알며, 여래의 몸에 보리의 몸과 서원의 몸과 만물을 생육하는 몸과 힘으로 가지는 몸과 좋은 모양이나 상태로 장엄하는 몸과 위엄과 세력이 있는 몸과 뜻대로 생겨나는 몸과 복덕의 몸과 법의 몸과 지혜의 몸이 있음을 안다."

"또 지혜의 몸에 선근을 깊이 생각하여 헤아리는 모양이나 상태와 실상의 본바탕대로 결정해서 선택하는 모양이나 상태와 결과와 행으로 거두어들인 모양이나 상태와 세간과 출세간의 차별한 모양이나 상태와 삼승(三乘)이 차별한 모양이나 상태와 함께 하는 모양이나 상태와 함께하지 않은 모양이나 상태와 나아가 벗어난 모양이나 상태와 나아가 벗어나지 못한 모양이나 상태와 배우는 모양이나 상태와 배울 것이 없는 모양이나 상태를 안다."

"또 법의 몸과 평등한 모양이나 상태와 무너지지 않은 모양이나 상태와 때를 따르고 속세의 이치를 따라 이름을 빌려 차별하는 모양이나 상태와 중생과 중생이 아닌 법을 차별하는 모양이나 상태와 부처님 법과 더할 수 없이 뛰어난 스님의 법을 차별한 모양이나 상태를 안다."

"또 허공의 몸에 헤아릴 수 없는 모양이나 상태와 두루두루 한 모양이나 상태와 형상이 없는 모양이나 상태와 다름이 없는 모양이나 상태와 끝이 없는 모양이나 상태와 드러내어 나타내는 색신(色身)의 모양이나 상태를 안다."

"불자여! 보살이 이와 같은 몸과 지혜를 성취하고는 목숨에 자재하고 마음에 자재하고 재물에 자재하고 업에 자재하고 생하는 일에 자재하고 서원에 자재하고 아는 일에 자재하고 뜻대로 하는 일에 자재하고 지혜에 자재하고 법에 자재함을 얻으니, 이 열 가지 자재함을 얻은 까닭으로 곧바로 사유로 헤아려 알 수 없는 지혜로운 자(不思議智者), 헤아릴 수 없는 지혜로운 자(無量智者), 광대하게 지혜로운 자(廣大智者), 능히 무너트릴 수 없는 지혜로운 자(無能壞智者)가 된다."

佛子 此菩薩遠離一切身想分別 住於平等 此菩薩知衆生身 國土身 業報身 聲聞身 獨覺身 菩薩身 如來身 智身 法身 虛空身 此菩薩知諸衆生心之所樂 能以衆生身作自身 亦作國土身 業報身 乃至虛空身 又知衆生心之所樂 能以國土身作自身 亦作衆生身 業報身 乃至虛空身 又知諸衆生心之所樂 能以業報身作自身 亦作衆生身 國土身 乃至虛空身 又知衆生心之所樂 能以自身作衆生身 國土身 乃至虛空身 隨諸衆生所樂不同 則於此身現如是形 此菩薩知衆生集業身 報身 煩惱身 色身 無色身 又知國土身小相 大相 無量相 染相 淨相 廣相 倒住相 正住相 普入相 方網差別相 知業報身假名差別 知聲聞身 獨覺身 菩薩身假名差別 知如來身有菩提身 願身 化身 力

持身 相好莊嚴身 威勢身 意生身 福德身 法身 智身 知智身善思量相 如實決擇相 果行所攝相 世間出世間差別相 三乘差別相 共相 不共相 出離相 非出離相 學相 無學相 知法身平等相 不壞相 隨時隨俗假名差別相 衆生非衆生法差別相 佛法聖僧法差別相 知虛空身無量相 周徧相 無形相 無異相 無邊相 顯現色身相 佛子 菩薩成就如是身智已 得命自在 心自在 財自在 業自在 生自在 願自在 解自在 如意自在 智自在 法自在 得此十自在故 則爲不思議智者 無量智者 廣大智者 無能壞智者

"이 보살이 이와 같음에 들어가 마치고 이와 같음으로 성취하고는 마침내 잘못이나 허물이 없는 몸의 업과 잘못이나 허물이 없는 말의 업과 잘못이나 허물이 없는 뜻의 업을 얻기에 몸과 말과 뜻으로 짓은 업이 지혜를 따라 행하여 반야바라밀이 거듭 더해지고 늘어나며, 가엾이 여기는 큰마음이 우두머리가 되어 섬세하고 능숙한 선근 방편으로 분별하며, 선근(善根)으로 큰 서원을 일으키고 부처님의 힘으로 보호를 받게 되어 중생에게 이익이 되는 지혜를 부지런히 닦고 익히며, 끝없는 차별의 세계에 두루 머문다."

"불자여! 요긴한 점을 들어 말하면, 보살이 부동지에 머물면 몸과 말과 뜻의 업으로 지어가는 모든 일이 빠짐없이 모든 부처님의 법을 모으고 쌓는다."

"불자여! 보살이 이 자리에 머물고는 선근으로 깊은 마음에 머무는 힘을 얻으니, 이는 일체 모든 번뇌가 움직이지 않은 까닭이며, 선근으로 뛰어난 마음의 힘에 머무름을 얻으니, 이는 도를 벗어나지 않은 까닭이며, 선근으로 가엾이 여기는 큰마음에 머무는 힘을 얻으니, 이는 모든 세간을 구하고 보호하는 까닭이며, 선근으로 다라니에 머무는 힘을 얻으니, 이는 법을 잃어버리지 않은 까닭이며, 선근으로 변재에 머무는 힘을 얻으니, 이는 모든 법을 자세히 살펴서 들여다보고 일체 법을 분별하는 까닭이며, 선근으로 신통한 힘에 머무는 힘을 얻으니, 이는 끝이 없는 세계에 두루 다니는 까닭이며, 선근으로 큰 서원에 머무는 힘을 얻으니, 이는 모든 보살이 짓는 것을 버리지 않은 까닭이며, 선근으로 바라밀에 머무는 힘을 얻으니, 이는 모든 불법을 성취하는 까닭이며, 여래가 보호하고 생각하는 힘을 얻으니, 이는 모든 종과 모든 지혜의 지혜가 앞에 나타나는 까닭이다."

"이 보살은 이 지혜의 힘을 얻고는 모든 지어야 할 일들을 능히 나타내고 그 모든 일 가운데 잘못이나 허물이 되는 일이 없다."

此菩薩如是入已 如是成就已 得畢竟無過失身業 無過失語業 無過失意業 身 語 意

業隨智慧行 般若波羅蜜增上 大悲爲首 方便善巧 善能分別 善起大願 佛力所護 常勤修習利衆生智 普住無邊差別世界 佛子 擧要言之 菩薩住此不動地 身 語 意業諸有所作 皆能積集一切佛法 佛子 菩薩住此地 得善住深心力 一切煩惱不行故 得善住勝心力 不離於道故 得善住大悲力 不捨利益衆生故 得善住大慈力 救護一切世間故 得善住陀羅尼力 不忘於法故 得善住辯才力 善觀察分別一切法故 得善住神通力 普往無邊世界故 得善住大願力 不捨一切菩薩所作故 得善住波羅蜜力 成就一切佛法故 得如來護念力 一切種 一切智智現前故 此菩薩得如是智力 能現一切諸所作故 於諸事中無有過咎

"불자여! 이 보살의 지혜로운 자리를 '부동지'라 이름하니, 무너뜨릴 수 없는 까닭이며, 구르지 않은 자리라 이름하니, 지혜에서 물러남이 없는 까닭이며, 얻기 어려운 자리라 이름하니, 일체 세간에서는 헤아릴 수 없는 까닭이며, 동진(童眞)의 자리라 이름하니, 모든 허물에서 벗어나는 까닭이며, 생하는 자리라 이름하니, 즐거워함을 따라 자재한 까닭이며, 이루어지는 자리라 이름하니, 다시 지을 것이 없는 까닭이며, 궁극의 자리라 이름하니, 지혜로 결정한 까닭이며, 변화하는 자리라 이름하니, 원을 따라 성취하는 까닭이며, 힘을 가지는 자리라 이름하니, 다른 사람이 움직이게 할 수 없는 까닭이며, 공을 들인 보람이 없는 자리라 이름하니, 이미 성취한 까닭이기 때문이다."

"불자여! 보살이 이와 같은 지혜를 이루고는 부처님의 경계에 들어가고 부처님의 공덕을 비춰보고 부처님의 위의를 따르고 부처님의 경계가 앞에 나타나고 항상 여래가 보호하고 생각하는 바가 되고 범천과 제석천과 사천왕과 금강역사가 항상 따르면서 보호해 모시고 항상 모든 큰 삼매를 버리거나 벗어나지 않고 헤아릴 수 없는 모든 몸의 차별을 나타내고 하나하나의 몸마다 큰 세력이 있고 과보로 신통을 얻고 삼매에 자재하고 가르쳐서 바른 길로 이끄는 중생의 처소가 있는 곳을 따라 바른 깨우침을 이루는 것을 보인다."

"불자여! 보살이 이와 같은 대승의 모임에 들어가 큰 신통을 얻으며, 큰 광명을 놓으며, 막힘이나 걸림이 없는 법계에 들어가며, 세계가 차별됨을 알며, 일체 모든 큰 공덕을 나타내 보이며, 뜻이나 생각을 따라 자재하며, 선근으로 능히 앞의 경계와 뒤의 경계를 통달하며, 널리 일체 마군과 삿된 도를 항복 받으며, 여래가 행하는 깊은 경계에 들어간다."

"헤아릴 수 없는 국토에서 보살행을 닦아 물러남이 없는 법을 얻었기에 이러한 까닭으로 말하기를 이름이 '부동지'에 머무른다고 한다."

佛子 此菩薩智地名爲 不動地 無能沮壞故 名爲 不轉地 智慧無退故 名爲 難得地 一切世間無能測故 名爲 童眞地 離一切過失故 名爲 生地 隨樂自在故 名爲 成地 更無所作故 名爲 究竟地 智慧決定故 名爲 變化地 隨願成就故 名爲 力持地 他不能動故 名爲 無功用地 先已成就故 佛子 菩薩成就如是智慧 入佛境界 佛功德照 順佛威儀 佛境現前 常爲如來之所護念 梵 釋 四王 金剛力士常隨侍衛 恒不捨離諸大三昧 能現無量諸身差別 於一一身有大勢力 報得神通三昧自在 隨有可化衆生之處示成正覺 佛子 菩薩如是入大乘會 獲大神通 放大光明 入無礙法界 知世界差別 示現一切諸大功德 隨意自在 善能通達前際 後際 普伏一切魔邪之道 心入如來所行境界 於無量國土修菩薩行 以能獲得不退轉法 是故說名 住不動地

"불자여! 보살이 이 부동지에 머문 뒤에는 삼매의 힘으로 헤아릴 수 없는 부처님을 늘 뵙고 버리거나 벗어나지 않고 항상 받들어 섬기며 공양한다. 이 보살이 하나하나의 겁마다 하나하나의 세계에서 헤아릴 수 없이 많은 백 부처님과 헤아릴 수 없이 많은 천 부처님뿐만 아니라 헤아릴 수 없이 많은 백천 억 나유타 부처님에게 이르기까지 뵙고 공경하고 존중하며, 받들어 섬기며, 모든 생활필수품을 남김없이 받들어 보시하며, 모든 부처님 처소에서 여래의 깊고 깊은 법장을 얻고 차별된 헤아릴 수 없는 많은 법의 밝은 세계를 받아들였기에 어떤 사람이 세계의 차별됨을 묻더라도 이와 같은 등등의 일로는 능히 굽힐 자가 없다. 이와 같은 헤아릴 수 없이 많은 백 겁과 헤아릴 수 없이 많은 천 겁뿐만 아니라 헤아릴 수 없이 많은 백천 억 나유타 겁에 이르기까지 지나도록 가지고 있는 선근은 더더욱 밝고 청정해지니, 비유하면 진금을 보배 관으로 만들어 염부제 임금이 머리에 쓰면, 모든 신하의 장엄 기물로는 더불어 비교할 바가 없는 것과 같이, 이 자리의 보살이 가지고 있는 선근도 역시 차례를 좇아(復) 이와 같기에 모든 이승(二乘)뿐만 아니라 제7지의 보살이 가지고 있는 선근에 이르기까지 미칠 수 있는 것이 없다. 이 자리에 머문 뒤에는 큰 지혜의 광명으로 중생의 어두운 번뇌를 두루 없애니, 능히 선근으로 지혜의 문을 활짝 열기 때문이다."

"불자여! 비유하면 일천 세계의 주인이 되는 대범천왕이 널리 자비로운 마음을 움직여 광명을 두루 놓아 일천 세계에 가득한 것과 같기에 이 자리의 보살도 역시 차례를 좇아

(復) 이와 같은 광명을 놓아 백만 부처 세계의 티끌 수와 같은 세계를 비추어 중생들이 번뇌로 불타오름을 없애고 청량함을 얻게 한다. 이 보살은 십바라밀 가운데 원바라밀을 거듭 더하고 늘리니, 다른 바라밀을 닦지 않는 것은 아니지만, 단지 힘을 따르고 보리 분법을 따를 뿐이다."

"이 이름을 간략하게 말하면 모든 보살마하살의 제8 부동지가 되니, 그와 같이 자세하게 말한다면 헤아릴 수 없이 많은 겁을 보내더라도 다할 수가 없다."

佛子 菩薩住此不動地已 以三昧力 常得現見無量諸佛 恒不捨離承事供養 此菩薩 於一一劫 一一世界 見無量百佛 無量千佛 乃至無量百千億那由他佛 恭敬尊重 承事供養 一切資生悉以奉施 於諸佛所得於如來甚深法藏 受世界差別等無量法明 若有問難世界差別如是等事 無能屈者 如是經於無量百劫 無量千劫 乃至無量百千億那由他劫 所有善根轉增明淨 譬如眞金治作寶冠 置閻浮提主聖王頂上 一切臣民諸莊嚴具無與等者 此地菩薩所有善根亦復如是 一切二乘乃至第七地菩薩所有善根無能及者 以住此地大智光明 普滅衆生煩惱黑闇 善能開闡智慧門故 佛子 譬如千世界主大梵天王 能普運慈心 普放光明 滿千世界 此地菩薩亦復如是 能放光明 照百萬佛刹微塵數世界 令諸衆生滅煩惱火而得淸涼 此菩薩十波羅蜜中 願波羅蜜增上 餘波羅蜜非不修行 但隨力隨分 是名 略說諸菩薩摩訶薩第八不動地 若廣說者 經無量劫不可窮盡

"불자여! 보살마하살이 이 자리에 머문 뒤에는 많은 대범천왕이 일천 세계의 주인이 되어 일천 세계에서 가장 뛰어나고 자재하게 되며, 선근으로 모든 이치를 설하여 성문이나 벽지불에게 보살의 바라밀 도를 능히 일러주며, 그와 같은 세계 차별의 어려움을 묻더라도 물러서게 하거나 굽히지 못한다."

"보시하고 사랑하는 말을 하고 이익이 되는 행을 하고 함께 일하니, 이와 같은 일체 모든 지어가는 업들이 모두 부처님을 생각하는 일에서 벗어나지 않을 뿐만 아니라 모든 근본이 되는 씨앗과 모든 지혜의 지혜를 생각하는 일에 이르기까지 생각함을 벗어나지 않는다."

"차례를 좇아(復) 생각하기를 '내가 마땅히 중생들 가운데 우두머리가 되고 뛰어난 자가 될 뿐만 아니라 모든 지혜의 지혜에 이르기까지 의지하는 자가 될 것이다.'라고 한다."

"이러한 보살이 그와 같은 정진의 힘을 크게 일으키면, 한 생각, 한순간에 백만 삼천대천세계의 티끌 수와 같은 삼매를 얻을 뿐만 아니라 백만 삼천대천세계의 티끌 수와 같은 보살을 권속으로 삼음을 나타내어 보인다. 그와 같은 보살이 특히 뛰어난 원력으로 자재하게 나타내 보이면, 이 수를 뛰어넘을 뿐만 아니라 백천 억 나유타 겁에 이르기까지 셈해도 알지 못한다."

佛子 菩薩摩訶薩住此地 多作大梵天王 主千世界 最勝自在 善說諸義 能與聲聞 辟支佛 諸菩薩波羅蜜道 若有問難世界差別 無能退屈 布施 愛語 利行 同事 如是一切諸所作業 皆不離念佛 乃至不離念一切種 一切智智 復作是念 我當於一切衆生中爲首 爲勝 乃至爲一切智智依止者 此菩薩若以發起大精進力 於一念頃 得百萬三千大天世界微塵數三昧 乃至示現百萬三千大天世界微塵數菩薩以爲眷屬 若以菩薩殊勝願力自在示現 過於是數 乃至百千億那由他劫不能數知

이때 금강장 보살이 이 같은 뜻을 거듭해서 펴려고 게송으로 말했다.
爾時 金剛藏菩薩欲重宣其義而說頌曰

七地修治方便慧 7지에서 방편 지혜를 닦아 다스리고
善集助道大願力 선근으로 도를 돕는 큰 원력을 모으며
復得人尊所攝持 차례를 좇아 세존이 거둬주심을 얻으니
爲求勝智登八住 뛰어난 지혜를 구하기 위해 8지에 올라 머문다네.

功德成就恒慈愍 공덕을 성취하고 항상 사랑하고 불쌍히 여기며
智慧廣大等虛空 지혜가 광대하여 허공과 같고
聞法能生決定力 법을 듣고 결정하는 힘을 능히 냄이니
是則寂滅無生忍 이것이 적멸로서 무생법인(無生法忍)이라네.

知法無生無起相 법이 남도 없고 일으키는 모양이나 상태도 없으며
無成無壞無盡轉 이루어짐도 없고 무너짐도 없고 다함도 없음을 알면
離有平等絶分別 있음을 벗어나 평등하기에 분별이 끊어져서

超諸心行如空住 마음으로 행하는 모든 것을 뛰어넘어 허공과 같다네.

成就是忍超戱論 이 무생법인을 성취하고 희론(戱論)을 초월해서
甚深不動恒寂滅 깊고 깊은 부동으로 늘 적멸하기에
一切世間無能知 모든 세간에서는 알지 못하고
心相取著悉皆離 모양이나 상태를 취하고 집착하는 마음에서 빠짐없이 다 벗어난다네.

住於此地不分別 이 자리에 머물면 분별하지 않으니
譬如比丘入滅定 비유하면 비구가 선정을 멸한 자리(阿耨多羅三藐三菩提心)에 들어간 것과 같고
如夢渡河覺則無 꿈에 강을 건너기는 하지만 깨면 곧바로 없는 것과 같으며
如生梵天絶下欲 범천에 태어나기에 오온의 욕심을 끊는 것과 같다네.

以本願力蒙勸導 본래의 원력으로 권함과 인도함의 힘을 입어
歎其忍勝與灌頂 그 무생법인의 뛰어남을 칭찬하고 관정을 주며
語言我等衆佛法 말하기를 "나 등등의 많은 불법을
汝今未獲當勤進 자네가 지금 얻지 못했으니, 마땅히 부지런하게 정진해야만 한다."

汝雖已滅煩惱火 자네가 비록 번뇌의 불길은 없앴지만
世間惑焰猶熾然 세간에는 아직도 번뇌의 불꽃이 오히려 거세게 오르니
當念本願度衆生 마땅히 본래의 원을 생각하고 중생을 제도해야만 한다.
悉使修因趣解脫 근본을 남김없이 닦아서 해탈에 이르게 해야 할 것이라네.

法性眞常離心念 법의 성품은 참되고 항상 하며, 마음의 생각이라는 것에서 벗어남을
二乘於此亦能得 이승에서도 이를 또한 능히 얻는 것이지만
不以此故爲世尊 이는 세존이 되지 못하는 까닭이 되니
但以甚深無礙智 단지 막힘이나 걸림 없는 깊고 깊은 지혜일 뿐이기 때문이라네.

如是人天所應供 이와 같은 인간과 하늘의 공양을 받는 부처님이

與此智慧令觀察 이러한 지혜를 두어 자세히 살펴서 들여다보게 하니
無邊佛法悉得成 끝없는 부처님의 법을 남김없이 이루고 얻으며
一念超過曩衆行 한 생각에 이전의 많은 수행을 초월해서 지나친다네.

菩薩住茲妙智地 보살이 빼어난 지혜의 자리에 머물면
則獲廣大神通力 곧바로 광대한 신통한 힘을 얻고
一念分身徧十方 한순간에 몸을 나누어 시방에 두루 하며
如船入海因風濟 배가 바다에 들어가 바람을 받아 건너는 것과 같다네.

心無功用任智力 마음은 공을 들이 보람이 없는 지혜의 힘으로
悉知國土成壞住 국토가 이루어지고 무너지는 것과 머무름을 남김없이 알고
諸界種種各殊異 모든 세계가 가지가지로 제각기 다르며
小大無量皆能了 작고 큰 것으로 헤아릴 수 없이 많음을 분명하게 깨우쳐 안다네.

三千世界四大種 삼천대천세계 사대의 근본이 되는 씨앗과
六趣衆生身各別 여섯 부류의 중생 몸이 각각 다르고
及以衆寶微塵數 뿐만 아니라 많은 보배의 티끌 수를
以智觀察悉無餘 지혜로 자세히 살펴서 들여다보고 남음이 없이 다 한다네.

菩薩能知一切身 보살이 모든 몸을 능히 알고
爲化衆生同彼形 중생을 생육하기 위해 그 몸을 한 가지로 같게 하며
國土無量種種別 헤아릴 수 없이 많은 국토가 가지가지로 다르지만
悉爲現形無不徧 몸을 남김없이 나타내기 위해 모두 두루 하다네.

譬如日月住虛空 비유하면 허공에 머무는 해와 달이
一切水中皆現影 모든 물 가운데 빠짐없이 모습을 비추는 것과 같아
住於法界無所動 법계에 머물면서 움직이지 않지만
隨心現影亦復然 마음을 따라 모습을 나타내는 일 역시 차례를 좇아 그러하다네.

隨其心樂各不同 그 마음으로 즐거워함이 각각 서로 같지 않음을 따르고
一切衆中皆現身 모든 중생 가운데 빠짐없이 몸을 나타내어
聲聞獨覺與菩薩 성문이나 독각이나 또 보살이나
及以佛身靡不現 부처님의 몸까지도 나타낸다네.

衆生國土業報身 중생의 몸과 국토의 몸과 업보의 몸과
種種聖人智法身 가지가지 성인의 지혜로운 몸과 법의 몸과
虛空身相皆平等 허공의 몸 등이 모양이나 상태가 모두 평등함을
普爲衆生而示作 중생을 위해 두루 지어 보인다네.

十種聖智普觀察 열 가지 성스러운 지혜를 두루 자세히 살펴서 들여다보고
復順慈悲作衆業 차례를 좇아 자비로 거스르지 않은 많은 업을 지으며
所有佛法皆成就 가지고 있는 부처님 법을 빠짐없이 성취해서
持戒不動如須彌 계를 가지고 움직이지 않음이 수미산과 같다네.

十力成就不動搖 열 가지의 힘을 이루었기에 동요하지 않으며
一切魔衆無能轉 모든 마군의 무리가 능히 굴리지 못하고
諸佛護念天王禮 부처님이 생각하고 보호하며 천왕이 예를 하고
密跡金剛恒侍衛 비밀스러운 금강신이 항상 지키고 모신다네.

此地功德無邊際 이 자리의 큰 공덕은 경계가 끝없으며
千萬億劫說不盡 천만 억겁을 두고 말해도 다할 수 없고
復以供佛善益明 차례를 좇아 다 함께 부처님께 공양하고 선근을 더욱 밝게 하니
如王頂上莊嚴具 왕의 정수리 위에 있는 장엄 기물과 같다네.

菩薩住此第八地 보살이 제8지에 머문 후에는
多作梵王千界主 많은 범왕이 되어 일천 세계의 주인이 되고
演說三乘無有窮 삼승의 법을 널리 펴서 설하기에 다함이 없으며
慈光普照除衆惑 자비의 광명을 두루 비추어 번뇌를 없앤다네.

一念所獲諸三昧 한순간에 얻은 모든 삼매가
百萬世界微塵等 백만 부처 세계의 티끌 수와 같으며
諸所作事悉亦然 모든 지어가는 일들이 남김없이 또한 그러하니
願力示現復過是 원력으로 차례를 나타내 보임은 이를 초월한다네.

菩薩第八不動地 보살의 제8 부동지를
我爲汝等已略說 내가 자네 등을 위해 간략하게 말했지만
若欲次第廣分別 그와 같이 차례를 따라 광대하게 분별하고자 한다면
經於億劫不能盡 억겁을 보내도 다할 수 없다네.

제9 선혜지(善慧地)

說此菩薩八地時 보살이 8지를 말씀하실 때
如來現大神通力 여래가 큰 신통의 힘을 나타내시어
震動十方諸國土 시방의 모든 국토를 진동시키니
無量億數難思議 헤아릴 수 없는 억의 수이기에 사유로 헤아려 알기 어렵다네.

一切知見無上尊 모든 것을 알고 보는 부처님께서
其身普放大光明 그 몸으로 큰 광명을 두루 놓아
照耀彼諸無量土 헤아릴 수 없는 모든 국토를 밝게 비추고
悉使衆生獲安樂 모든 중생이 남김없이 편안하고 즐거움을 얻게 한다네.

菩薩無量百千億 백천 억 헤아릴 수 없는 보살들이
俱時踊在虛空住 함께 한때에 솟아올라 허공에 머물며
以過諸天上妙供 모든 하늘을 초월해 가장 빼어난 이바지로
供養說中最勝者 말씀 가운데 최고로 뛰어난 이에게 공양한다네.

大自在王自在天 대 자재 왕과 자재 천이
悉共同心喜無量 모두 함께 헤아릴 수 없이 기뻐하며
各以種種衆供具 제각기 가지가지의 많은 공양 기물로
供養甚深功德海 깊고 깊은 공덕의 바다에 공양한다네.

復有天女千萬億 차례를 따라 천만 억의 천녀들이
身心歡喜悉充徧 몸과 마음이 남김없이 환희로 두루 가득해서
各奏樂音無量種 각각 헤아릴 수 없는 악기를 다루어 즐거운 소리로 연주하여
供養人中大導師 사람 가운데 대 도사께 공양한다네.

是時衆樂同時奏 이때를 맞춰 즐거운 많은 음악이 동시에 울리고
百千萬億無量別 백천 만억 헤아릴 수 없이 다르며
悉以善逝威神力 남김없이 다 부처님의 위신력으로
演出妙音而讚歎 빼어난 음성을 널리 펴내어 찬탄한다네.

寂靜調柔無垢害 적정하고 부드럽게 조화를 이루며, 허물과 해됨이 없기에
隨所入地善修習 들어간 자리를 따라 선근을 닦아 익히니
心如虛空詣十方 마음이 허공과 같이 시방에 나아가
廣說佛道悟群生 광대하게 부처님 도를 설하여 중생이 깨우침을 얻게 한다네.

天上人間一切處 천상과 인간의 모든 곳에서
悉現無等妙莊嚴 비할 데 없는 빼어난 장엄을 남김없이 나타내니
以從如來功德生 이는 다 여래의 공덕을 좇아 남이며
令其見者樂佛智 이를 보는 자들이 부처님의 지혜를 좋아한다네.

不離一刹詣衆土 하나의 세계를 벗어나지 않으면서 많은 국토에 이르고
如月普現照世間 하나의 달이 세간을 두루 비추어 나타내듯이
音聲心念悉皆滅 음성이나 마음의 생각을 남김없이 다 없애기는 하지만
譬猶谷響無不應 비유하면 계곡의 메아리와 같이 응한다네.

若有衆生心下劣 그와 같은 중생의 생각이 용렬하면
爲彼演說聲聞行 그들을 위해 성문의 행을 널리 펴서 설하고
若心明利樂辟支 그와 같이 마음이 밝고 예리하며 벽지의 자리를 좋아하면
則爲彼說中乘道 곧바로 그들을 위해 중승(中乘.緣覺乘)의 도를 설한다네.

若有慈悲樂饒益 그와 같이 자비가 있어서 넉넉하게 이익이 됨을 좋아하면
爲說菩薩所行事 이들을 위해 보살이 행하는 일을 설하고
若有最勝智慧心 그와 같이 최고로 뛰어난 지혜의 마음이 있으면
則示如來無上法 곧바로 여래의 위 없는 법을 보인다네.

譬如幻師作衆事 비유하면 허깨비 같은 스승이 많은 일을 지어내기는 하지만
種種形相皆非實 가지가지의 모양이나 상태가 다 실제가 아니듯이
菩薩智幻亦如是 보살의 지혜도 역시 이와 같은 허깨비와 같기에
雖現一切離有無 비록 일체를 나타내지만 있음과 없음을 벗어난다네.

如是美音千萬種 이와 같은 아름다운 음성이 천만 종이고
歌讚佛已默然住 부처님이 노래로 찬탄하고 고요하게 머무시거늘
解脫月言今衆淨 해탈월 보살이 말하길 "이제 대중이 청정하니
願說九地所行道 원하건대 9지에서 행하는 도를 설해주십시오."라고 하네.

이때 금강장 보살이 해탈월 보살에게 가르침을 주기 위해 말했다.
爾時 金剛藏菩薩告解脫月菩薩言

"불자여! 보살마하살이 이와 같은 헤아릴 수 없는 지혜로 사유를 헤아려 생각하고 자세히 살펴서 들여다보고 난 후에는 다시 더욱더 뛰어난 적멸 해탈을 구하고자 하며, 차례를 좇아 여래의 지혜를 닦고 익히며, 여래의 비밀스러운 법에 들어가며, 생각으로는 미루어 헤아릴 수 없는 큰 지혜의 성품을 자세히 살펴서 들여다보며, 모든 다라니 삼매의 문

을 청정하게 하며, 광대한 신통을 갖추며, 차별된 세계에 들어가며, 십력과 두려움 없음과 함께 하지 않는 법을 닦으며, 모든 부처님을 따라 법륜을 굴리며, 크게 가엾이 여기는 본래의 원력을 버리지 않고 보살의 제9 선혜지로 들어간다."

佛子 菩薩摩訶薩以如是無量智思量觀察 欲更求轉勝寂滅解脫 復修習如來智慧 入如來秘密法 觀察不思議大智性 淨諸陀羅尼三昧門 具廣大神通 入差別世界 修力 無畏 不共法 隨諸佛轉法輪 不捨大悲本願力 得入菩薩第九善慧地

"불자여! 보살마하살이 이 선혜지에 머물고는 선근과 선근이 아닌 것과 기록됨이 없는 법의 행과 유루와 무루 법의 행과 세간과 출세간 법의 행과 헤아리고 헤아릴 수 없는 법의 행과 결정하고 결정하지 못하는 법의 행과 성문과 독각 법의 행과 보살행 법의 행과 여래지(如來地) 법의 행과 유위법의 행과 무위법의 행을 실상의 본바탕 그대로 안다."

"이 보살이 이와 같은 지혜로 중생의 마음이 나무가 빽빽하게 들어선 숲과 번뇌의 나무가 빽빽하게 들어선 숲과 업의 나무가 빽빽하게 들어선 숲과 근의 나무가 빽빽하게 들어선 숲과 이해의 나무가 빽빽하게 들어선 숲과 성품의 나무가 빽빽하게 들어선 숲과 좋아하는 욕망의 나무가 빽빽하게 들어선 숲과 어수선한 꿈의 나무가 빽빽하게 들어선 숲과 받아들인 태어남의 나무가 빽빽하게 들어선 숲과 배워 익힌 것을 이어가는 모양이나 상태의 나무가 빽빽하게 들어선 숲과 세 가지의 무리로 차별하는 나무가 빽빽하게 들어선 숲을 사실대로 안다."

"이 보살은 중생들이 가지는 마음의 가지가지 모양이나 상태를 실상의 본바탕대로 아니, 이른바 섞여서 일어나는 모양이나 상태와 빠르게 굴러가는 모양이나 상태와 무너지고 무너지지 않은 모양이나 상태와 생긴 모습이나 상태와 성질이 없는 모양이나 상태와 경계가 끝없는 모양이나 상태와 청정한 모양이나 상태와 허물과 허물이 없는 모양이나 상태와 묶이고 묶이지 않은 모양이나 상태와 허깨비처럼 지어지는 모양이나 상태와 모든 부류를 따라 생하는 모양이나 상태와 이와 같은 백천 만억뿐만 아니라 헤아릴 수 없는 것에 이르기까지 실상 본바탕 그대로 안다."

"또 모든 번뇌의 가지가지 모양이나 상태를 아니, 이른바 오랜 옛적부터 멀리 따라 행하는 모양이나 상태와 끝없이 끌어당겨서 일으키는 모양이나 상태와 함께 생하여 버리지 않은 모양이나 상태와 잠드는 것과 일어남이 하나의 뜻인 모양이나 상태와 마음으로 서로 응하고 응하지 않은 모양이나 상태와 부류를 따라 생을 받아들여 태어나 머무는 모양이나 상태와 삼계를 차별하는 모양이나 상태와 애정과 소견과 어리석음과 교만함이 화살처럼 깊이 들어가 지나치게 걱정 근심하는 모양이나 상태와 세 가지 업의 인연이 끊어지지 않은 모양이나 상태 등등으로 간략하게 말할 뿐이지만, 팔만사천을 빠짐없이 실상의 본바탕대로 안다."

"또 업의 가지가지 모양이나 상태를 아니, 이른바 선근과 선근이 아닌 기록이 없는 모양이나 상태와 표시해서 나타낼 수 있고 표시해서 나타낼 수 없는 모양이나 상태와 마음과 함께 생하여 벗어나지 않은 모양이나 상태와 까닭이 되는 성품이 찰나에 무너지지만, 차례를 따라 결과를 모아서 잃어버리지 않은 모양이나 상태와 갚음이 있고 갚음이 없는 모양이나 상태와 까맣고 까만 따위의 많은 갚음을 받아들이는 모양이나 상태와 복 밭(二乘地)과 같이 헤아릴 수 없는 모양이나 상태와 범부와 성인을 차별하는 모양이나 상태와 현재 생에서 받아들이고 다음 생에서 받아들이고 후생에서 받아들이는 모양이나 상태와 승(乘)과 승이 아닌 것을 결정하고 결정하지 않은 모양이나 상태 등등으로 간략하게 설명할 뿐이지만, 팔만사천에 이르기까지 실상의 본바탕대로 안다."

"또 모든 근이 엷고 중간이고 뛰어난 모양이나 상태와 앞의 경계와 뒤의 경계를 차별하는 것과 차별이 없는 모양이나 상태와 상, 중, 하의 모양이나 상태와 번뇌와 함께 생하여 서로 벗어나지 않은 모양이나 상태와 승(乘.聲聞.菩薩.緣覺의 三乘)과 승 아닌 것을 결정하고 결정하지 않은 모양이나 상태와 성숙이 되어 부드러운 모양이나 상태와 근을 따르는 그물이 가볍고 점차로 무너지는 모양이나 상태와 거듭 더해지고 높아져서 무너뜨릴 수 없는 모양이나 상태와 물러나고 물러나지 않은 차별된 모양이나 상태와 멀리서 함께 생함을 따라서 같지 않은 모양이나 상태 등등으로 간략하게 말할 뿐이지만, 팔만사천 가지에 이르기까지 실상의 본바탕대로 안다."

"또 깨우쳐 아는 모든 것이 하품, 중품, 상품인 모양이나 상태와 모든 성품이 하품, 중품, 상품인 모양이나 상태와 즐거워하는 욕심이 하품, 중품, 상품인 모양이나 상태 등등으로 간략하게 말할 뿐이지만, 팔만사천에 이르기까지다."

"또 모든 꿈과 같은 번뇌를 따라 가지가지 모양이나 상태를 아니, 이른바 깊은 마음과 함께 생하는 모양이나 상태와 마음으로 함께 더불어 생하는 모양이나 상태와 마음으로 서로 응하고 응하지 않은 차별된 모양이나 상태와 오랜 옛적부터 따라 행하는 모양이나 상태와 비롯됨이 없기에 빼지 못하는 모양이나 상태와 모든 선정, 해탈, 삼매, 삼마발저,

신통과 더불어 서로 어기는 모양이나 상태와 삼계에 끊이지 않고 태어나 얽매이는 모양이나 상태와 끝없는 마음으로 계속해서 현재 일어나게 하는 모양이나 상태와 모든 처소의 문을 여는 모양이나 상태와 견고하고 진실해서 다스리기 어려운 모양이나 상태와 자리의 처를 성취하고 성취하지 못한 모양이나 상태와 오로지 성인의 도로 뽑아내는 모양이나 상태이다."

"또 생을 받아들이는 차별된 모양이나 상태를 아니, 이른바 업을 따라 생을 받아들이는 모양이나 상태와 여섯 부류로 차별되는 모양이나 상태와 유색(有色)과 무색(無色)을 차별하는 모양이나 상태와 유상(有想)과 무상(無想)을 차별하는 모양이나 상태와 업의 밭이 되고 애욕의 물로 윤택하게 하고 무명(無明)으로 덮어서 식(識)이라는 종자가 되어 다음 생에 싹을 나게 하는 모양이나 상태와 명(名)과 색(色)이 함께 생해서 서로 벗어나지 않은 모양이나 상태와 어리석은 사랑으로 영원히 있기를 바라고 구하는 모양이나 상태와 받아들이고자 하고 태어나고자 하기에 비롯됨이 없을 때부터 좋아하고 집착하는 모양이나 상태와 망령되게 이르기를 삼계에 나기를 탐내고 구하려는 모양이나 상태이다."

"또 배워 익힌 버릇의 가지가지 모양이나 상태를 아니, 이른바 행하고 행하지 않은 차별된 모양이나 상태와 부류(六趣)를 따라 배워 익힌 버릇의 모양이나 상태와 중생의 행을 따라 배워 익힌 버릇의 모양이나 상태와 업과 번뇌를 따라 배워 익힌 버릇의 모양이나 상태와 선근과 선근이 아닌 기록되지 않은 것으로 배워 익힌 버릇의 모양이나 상태와 뒤 세상에 들어가 따라서 배워 익힌 버릇의 모양이나 상태와 차례를 따라 배워 익힌 버릇의 모양이나 상태와 번뇌를 끊지 않고 멀리 행하면서 버리지 않고 배워 익힌 버릇의 모양이나 상태와 진실하고 진실하지 않은 것을 배워 익힌 버릇의 모양이나 상태와 성문, 독각, 보살, 여래를 보고 듣고 친근히 해서 배워 익힌 버릇의 모양이나 상태이다."

"또 중생이 바른 정(定)과 삿된 정과 정이 아닌 모양이나 상태를 아니, 이른바 정견(正見)과 정정(正定)의 모양이나 상태와 삿된 견해와 삿된 정(定)의 모양이나 상태와 두 가지가 함께 정(定)하지 않은 모양이나 상태와 오역(五逆.5가지 惡行)의 삿된 정의 모양이나 상태와 오근(五根)의 정정(正定)한 모양이나 상태와 두 가지가 함께 정하지 않은 모양이나 상태와 8가지 삿된 정(定)의 모양이나 상태와 바른 성품의 정정(正定)한 모양이나 상태와 다시 두 가지를 짓지 않고 정(定) 아님을 벗어난 모양이나 상태와 삿된 법에 집착하고 물이 드는 삿된 정의 모양이나 상태와 성인의 도를 익히고 행하는 정정(正定)의 모양이나 상태와 두 가지를 함께 버려서 정이 아닌 모양이나 상태다."

"불자여! 보살이 이와 같은 지혜를 거스르지 않고 따르기에 이르길 선혜지에 머문다고 한다." "이 자리에 머문 뒤에는 중생의 모든 행이 차별되는 것을 깨달아 알고 가르쳐서 바른길로 이끌고 조복하여 해탈을 얻게 한다."

佛子 菩薩摩訶薩住此善慧地 如實知善不善無記法行 有漏無漏法行 世間出世間法行 思議不思議法行 定不定法行 聲聞獨覺法行 菩薩行法行 如來地法行 有爲法行 無爲法行 此菩薩以如是智慧 如實知衆生心稠林 煩惱稠林 業稠林 根稠林 解稠林 性稠林 樂欲稠林 隨眠稠林 受生稠林 習氣相續 稠林 三聚差別稠林 此菩薩如實知衆生心種種相 所謂 雜起相 速轉相 壞不壞相 無形質相 無邊際相 淸淨相 垢無垢相 縛不縛相 幻所作相 隨諸趣生相 如是百千萬億乃至無量 皆如實知 又知諸煩惱種種相 所謂 久遠隨行相 無邊引起相 俱生不捨相 眠起一義相 與心相應不相應相 隨趣受生而住相 三界差別相 愛見癡慢如箭深入過患相 三業因緣不絶相 略說乃至八萬四千 皆如實知 又知諸業種種相 所謂 善不善無記相 有表示無表示相 與心同生不離相 因自性刹那壞而次第集果不失相 有報無報相 受黑黑等衆報相 如田無量相 凡聖差別相 現受生受後受相 乘非乘定不定相 略說乃至八萬四千 皆如實知 又知諸根軟中勝相 先際後際差別無差別相 上中下相 煩惱俱生不相離相 乘非乘定不定相 淳熟調柔相 隨根網輕轉壞相 增上無能壞相 退不退差別相 遠隨共生不同相 略說乃至八萬四千 皆如實知 又知諸解軟中上 諸性軟中上 樂欲軟中上 略說乃至八萬四千 又知諸隨眠種種相 所謂 與深心共生相 與心共生相 心相應不相應差別相 久遠隨行相 無始不拔相 與一切禪定解脫三昧三摩鉢底神通相違相 三界相續受生繫縛相 令無邊心相續現起相 開諸處門相 堅實離治相 地處成就不成就相 唯以聖道拔出相 又知受生種種相 所謂 隨業受生相 六趣差別相 有色無色差別相 有想無想差別相 業爲田愛水潤無明暗覆識爲種子生後有芽相 各色俱生不相離相 癡愛希求續有相 欲受欲生無始樂著相 妄謂出三界貪求相 又知習氣種種相 所謂 行不行差別相 隨趣熏習相 隨衆生行熏習相 隨業煩惱熏習相 善不善無記熏習相 隨入後有熏習相 次第熏習相 不斷煩惱遠行不捨熏習相 實非實熏習相 見聞親近聲聞獨覺菩薩如來熏習相 又知衆生正定邪定不定相 所謂 正見正定相 邪見邪定相 二俱不定相 五逆邪定相 五根正定相 二俱不定相 八邪邪定相 正性正定相 更不作二俱離不定相 深著邪法邪定相 習行聖道正定相 二俱捨不定相 佛子 菩薩隨順如是智慧 名 住善慧地 住此地已 了知衆生諸行差別 敎化調伏 令得解脫

"불자여! 이 보살은 선근으로 능히 성문승(聲聞乘)의 법과 독각승의 법과 보살승의 법과 여래 자리의 법을 널리 펴서 설하며, 모든 행할 곳에서 지혜를 따라 행하는 까닭으로 능히 중생의 근기와 성품과 욕심과 이해를 따라 행하는 것이 다르고 모든 부류의 차별을 따르며, 또한 받아들인 생과 번뇌와 수면에 묶임과 모든 업으로 배워 익힌 버릇을 따라서 그들을 위해 법을 설하고 믿음과 이해를 생하며, 지혜를 더욱 더해서 각각 그 승법(乘法)으로 해탈을 얻게 한다."

佛子 此菩薩善能演說聲聞乘法 獨覺乘法 菩薩乘法 如來地法 一切行處 智隨行故 能隨衆生根 性 欲 解 所行有異 諸聚差別 亦隨受生 煩惱 眠 縛 諸業習氣而爲說法 令生信解 增益智慧 各於其乘而得解脫

"불자여! 보살이 이 선혜지에 머문 후에는 대법사가 되어 법사의 행을 갖추고 선근으로 능히 여래의 법장을 지키고 보호하며, 헤아릴 수 없는 선근의 섬세하고 능숙한 지혜를 4가지 막힘이나 걸림이 없는 변재를 일으켜서 보살의 말솜씨로 법을 널리 펴서 설한다. 이 보살이 항상 4가지 막힘이나 걸림이 없는 지혜의 굴림을 잠시라도 버리거나 벗어나지 않으니, 무엇이 4가지인가 하면, 이른바 법에 막힘이나 걸림이 없는 지혜와 뜻이나 생각에 막힘이나 걸림이 없는 지혜와 말에 막힘이나 걸림이 없는 지혜와 즐겁게 말하는 일에 막힘이나 걸림이 없는 지혜이다. 이 보살이 법에 막힘이나 걸림이 없는 지혜로는 모든 법의 스스로 모양이나 상태를 알고 뜻이나 생각에 막힘이나 걸림이 없는 지혜로는 모든 법이 차별되는 모양이나 상태를 알고 말에 막힘이나 걸림이 없는 지혜로는 그릇됨이 없이 말하고 즐겁게 말하는 일에 막힘이나 걸림이 없는 지혜로는 끊어짐이나 다함이 없이 설한다."

"차례를 따라(復次) 법에 막힘이나 걸림이 없는 지혜로는 모든 법의 제 성품을 알고 뜻이나 생각에 막힘이나 걸림이 없는 지혜로는 모든 법이 나는 일과 없어짐을 알고 말에 막힘이나 걸림이 없는 지혜로는 모든 법을 편안하게 세우고 끊어지지 않게 말하고 즐겁게 말하는 일에 막힘이나 걸림이 없는 지혜로는 편안히 세운 일을 따라 무너짐이 없으며, 끝없이 말한다."

"차례를 따라(復次) 법에 막힘이나 걸림이 없는 지혜로는 현재의 법이 차별됨을 알고 뜻이나 생각에 막힘이나 걸림이 없는 지혜로는 과거의 법과 미래의 법이 차별됨을 알고 말에 막힘이나 걸림이 없는 지혜로는 과거의 법과 미래의 법과 현재의 법을 그릇되지 않게 말하고 즐겁게 말하는 일에 막힘이나 걸림이 없는 지혜로는 하나하나의 세상에서 끝이 없는 법을 분명하게 깨달아 알고 말한다."

"차례를 따라(復次) 법에 막힘이나 걸림이 없는 지혜로는 법의 차별을 알고 뜻이나 생각에 막힘이나 걸림이 없는 지혜로는 이치의 차별을 알고 말에 막힘이나 걸림이 없는 지혜로는 그들의 말을 따라 말하고 즐겁게 말하는 일에 막힘이나 걸림이 없는 지혜로는 그들이 좋아하는 마음을 따라 말한다."

"차례를 따라(復次) 법에 막힘이나 걸림이 없는 지혜로는 법의 지혜로 차별되는 것이 다르지 않음을 알고 뜻이나 생각에 막힘이나 걸림이 없는 지혜로는, 견주어 보는 지혜로 차별되는 것이 실상과 같음을 알고 말에 막힘이나 걸림이 없는 지혜로는 세상의 지혜로 차별해서 말하고 즐겁게 말하는 일에 막힘이나 걸림이 없는 지혜로는 제일의 지혜(第一義智)를 선근으로 섬세하고 능숙하게 말한다."

"차례를 따라(復次) 법에 막힘이나 걸림이 없는 지혜로는 모든 법은 하나의 모양이나 상태이기에 무너지지 않음을 알고 뜻이나 생각에 막힘이나 걸림이 없는 지혜로는 오온과 18계와 십이처와 사제와 십이인연을 섬세한 선근으로 알고 말에 막힘이나 걸림이 없는 지혜로는 모든 세간을 쉽게 이해하고 분명하게 깨우쳐 알도록 아름답고 빼어난 음성과 문자로 말하고 즐겁게 말하는 일에 막힘이나 걸림이 없는 지혜로는 더더욱 특히나 빼어나고 끝이 없는 법을 밝게 말한다."

"차례를 따라(復次) 법에 막힘이나 걸림이 없는 지혜로는 일승(一乘)의 평등한 성품을 알고 뜻이나 생각에 막힘이나 걸림이 없는 지혜로는 모든 승이 차별되는 성품을 알고 말에 막힘이나 걸림이 없는 지혜로는 모든 승이 차별이 없음을 말하고 즐겁게 말하는 일에 막힘이나 걸림이 없는 지혜로는 하나하나의 승으로 끝없는 법을 말한다."

"차례를 따라(復次) 법에 막힘이나 걸림이 없는 지혜로는 모든 보살이 지혜의 행과 법의 행을 지혜를 따라 증득함을 알고 뜻이나 생각에 막힘이나 걸림이 없는 지혜로는 십지로 나누어진 자리의 뜻과 차별됨을 알고 말에 막힘이나 걸림이 없는 지혜로는 십지의 자리와 도는 차별되는 모양이나 상태가 없음을 말하고 즐겁게 말하는 일에 막힘이나 걸림이 없는 지혜로는 하나하나의 자리가 끝없는 행의 모양이나 상태를 말한다."

"차례를 따라(復次) 법에 막힘이나 걸림이 없는 지혜로는 모든 여래가 한 생각, 한순간에 바른 깨우침을 이루는 것을 알고 뜻이나 생각에 막힘이나 걸림이 없는 지혜로는 가지가지의 때와 가지가지의 처 등등이 제각기 차별되는 것을 알고 말에 막힘이나 걸림이 없는 지혜로는 바른 깨우침을 이루는 차별을 말하고 즐겁게 말하는 일에 막힘이나 걸림이 없는 지혜로는 하나하나의 글귀와 법을 헤아릴 수 없는 겁을 두고 말해도 다할 수 없다."

"차례를 따라(復次) 법에 막힘이나 걸림이 없는 지혜로는 모든 여래의 말씀과 힘과 두려울 것이 없음과 함께 하지 않은 부처님 법과 큰 자비와 변재와 방편과 법륜을 굴리는 일체 지혜의 지혜를 따라 증득함을 알고 뜻이나 생각에 막힘이나 걸림이 없는 지혜로는 여래가 팔만사천 중생의 마음과 행과 근기와 이해를 따라 차별되는 음성을 알고 말에 막힘이나 걸림이 없는 지혜로는 모든 중생의 행을 따라 여래의 음성으로 차별됨을 말하고 즐겁게 말하는 일에 막힘이나 걸림이 없는 지혜로는 중생의 믿음과 이해를 따라 여래의 지혜로 청정한 행을 원만하게 말한다."

佛子 菩薩住此善慧地 作大法師 具法師行 善能守護如來法藏 以無量善巧智 起四無礙辯 用菩薩言辭而演說法 此菩薩常隨四無礙智轉 無暫捨離 何等爲四 所謂 法無礙智 義無礙智 辭無礙智 樂說無礙智 此菩薩以法無礙智 知諸法自相 義無礙智 知諸法別相 辭無礙智 無錯謬說 樂說無礙智 無斷盡說 復次 以法無礙智 知諸法自性 義無礙智 知諸法生滅 辭無礙智 安立一切法不斷說 樂說無礙智 隨所安立 不可壞無邊說 復次 以法無礙智 知現在法差別 義無礙智 知過去 未來法差別 辭無礙智 於去來 今法無錯謬說 樂說無礙智 於一一世無邊法明了說 復次 以法無礙智 知法差別 義無礙智 知義差別 辭無礙智 隨其言音說 樂說無礙智 隨其心樂說 復次 法無礙智 以法智知差別不異 義無礙智 以比智知差別如實 辭無礙智 以世智差別說 樂說無礙智 以第一義智善巧說 復次 法無礙智 知諸法一相不壞 義無礙智 知蘊 界 處 諦 緣起善巧 辭無礙智 以一切世間易解了美妙音聲 文字說 樂說無礙智 以轉勝無邊法明說 復次 法無礙智 知一乘平等性 義無礙智 知諸乘差別性 辭無礙智 說一切乘無差別 樂說無礙智 說一一乘無邊法 復次 法無礙智 知一切菩薩行 智行 法行智隨證 義無礙智 知十地分位義差別 辭無礙智 說地道無差別相 樂說無礙智 說一一地無邊行相 復次 法無礙智 知一切如來一念成正覺 義無礙智 知種種時 種種處等各差別 辭無礙智 說成正覺差別 樂說無礙智 於一一句法無量劫說不盡 復次 法無礙智 知一切如來語 力 無所畏 不共佛法 大慈大悲 辯才方便 轉法輪 一切智智隨證 義無礙智 知如來隨八萬四千衆生心 行 根 解 差別音聲 辭無礙智 隨一切衆生行 以如來音聲差別說 樂說無礙智 隨衆生信解 以如來智淸淨行圓滿說

"불자여! 보살이 제9 지에 머물면 이와 같은 섬세하고 능숙한 선근으로 막힘이나 걸림이 없는 지혜를 얻으며, 여래의 빼어난 법장을 얻어 큰 법사가 되니 올바른 뜻의 다라니와 법 다라니와 지혜 다라니와 광명을 비추는 다라니와 선근의 지혜로운 다라니와 많은 재물의 다라니와 위덕의 다라니와 막힘이나 걸림이 없는 문 다라니와 끝닿는 경계가 없는 다라니와 가지가지의 올바른 뜻의 다라니를 아니, 이와 같은 백만 아승기 다라니의 모든 원만한 문을 얻어 백만 아승기의 섬세하고 성숙한 선근의 음성 변재 문으로 법을 널리 펴서 설한다."

"이 보살은 이와 같은 백만 아승기 다라니의 문을 얻은 후에는 헤아릴 수 없는 부처님 처소에서 한 분 한 분의 부처님 앞에 남김없이 이와 같은 백만 아승기 다라니의 문으로 바른 법을 들으며, 들은 후에는 잊어버리지 않고 헤아릴 수 없이 차별한 문으로 다른 이를 위해 널리 펴서 말한다."

"이 보살은 처음 부처님을 뵙고는 머리를 조아려 예를 올려 공경하고 곧바로 부처님 계신 곳에서 헤아릴 수 없는 법의 문을 얻으니, 이처럼 얻은 법의 문은 저 언덕을 듣고 기억하는 큰 성문들이 백천 겁을 두고도 다 받아들일 수가 있는 것이 아니다."

"이 보살이 이와 같은 다라니와 이와 같은 막힘이나 걸림 없는 지혜를 얻고 법의 자리에 앉아 법을 말할 적에 대천세계의 가득한 중생들에게 그 마음이 즐거워함을 따라 차별을 두어 설하니, 오직 모든 부처님과 다스릴 자리를 받아들인 보살을 제외하고 그 나머지 모인 대중의 위덕과 광명으로는 더불어 비교할 것이 없다."

"이 보살이 법의 자리에 처하여 한 음성으로 모든 대중이 남김없이 깨우침을 깨달아 알고자 한다면 곧바로 깨우침을 깨달아 얻게 하고 어떤 때는 가지가지의 음성으로 모든 중생이 빠짐없이 깨우침을 열어 깨달음 얻게 하려 하며, 어떤 때는 마음으로 큰 광명을 놓아 법의 문을 널리 펴서 설하고자 하며, 어떤 때는 그 몸에 있는 하나하나의 털구멍에서 모든 법을 설하고자 하며, 어떤 때는 마음으로 하고자 할 뿐만 아니라 삼천대천세계에 있는 형상이 있거나 형상이 없는 물건으로 남김없이 다 빼어난 법의 소리를 널리 펴고자 하며, 어떤 때는 마음으로 하나의 말을 일으켜 법계에 두루두루 하게 해서 남김없이 깨우침을 깨닫게 하고자 하며, 어떤 때는 마음이 모든 말과 소리로 법의 음성을 지어 항상 머물고 없어지지 않게 하며, 어떤 때는 모든 세계의 퉁소와 피리와 종과 북과 노래와 모든 즐거운 소리로 빠짐없이 법의 소리를 널리 펴고자 하며, 어떤 때는 마음으로 하나의 글자 가운데 모든 법의 구절과 음성과 말의 차별을 모두 온전하게 갖추고자 하며, 어떤 때는 마음으로 말할 수 없이 헤아릴 수 없는 세계의 지, 수, 화, 풍 등등의 사대 덩어리 가운데 있는 미세한 티끌, 그 하나하나의 미세한 티끌 가운데 빠짐없이 다 말할 수 없는 법의 문을 널리 펴내고자 하니, 이와 같음에 생각하는 모든 것을 마음을 따라 얻지 못하는 것이 없다."

佛子 菩薩住第九地 得如是善巧無礙智 得如來妙法藏 作大法師 得義陀羅尼 法陀羅尼 智陀羅尼 光照陀羅尼 善慧陀羅尼 衆財陀羅尼 威德陀羅尼 無礙門陀羅尼 無邊際陀羅尼 種種義陀羅尼 如是等百萬阿僧祇陀羅尼門皆得圓滿 以百萬阿僧祇善巧音聲辯才門而演說法 此菩薩得如是等百萬阿僧祇陀羅尼門已 於無量佛所一一佛前悉以如是等百萬阿僧祇陀羅尼門聽聞正法 聞已不忘 以無量差別門爲他演說 此菩薩初見於佛 頭頂禮敬 即於佛所得無量法門 此所得法門 非彼聞持諸大聲聞 於百千劫所能領受 此菩薩得如是陀羅尼 如是無礙智 坐於法座而說於法 大千世界滿中衆生隨其心樂差別爲說 唯除諸佛及受職菩薩 其餘衆會威德光明無能與比 此菩薩處於法座 欲以一音 令諸大衆皆得解了 即得解了 或時欲以種種音聲 令諸大衆皆得開悟 或時心欲放大光明 演說法門 或時心欲於其身上一一毛孔 皆演法音 或時心欲乃至三千大天世界所有一切形 無形物 皆悉演出妙法言音 或時心欲發一言音 周徧法界悉令解了 或時心欲一切言音 皆作法音 恒住不滅 或時心欲一切世界簫 笛 鐘 鼓及以歌詠 一切樂聲皆演法音 或時心欲於一字中 一切法句言音差別 皆悉具足 或時心欲令不可說無量世界地 水 火 風四大聚中所有微塵 一一塵中皆悉演出不可說法門 如是所念 一切隨心 無不得者

"불자여! 이 보살이 가령 삼천대천세계에 있는 중생이 모두 그 앞에 이르러 하나하나가 빠짐없이 헤아릴 수 없는 말과 소리로 어려운 물음을 던지고 그 하나하나의 어려운 물음이 각각 같지 않더라도 보살이 한 생각, 한순간에 능히 모두 받아들이고 거듭해서 하나의 소리로 두루 이해하거나 이해한 것을 설명해서 그들의 마음을 따라 제각기 환희하게 한다."

"이와 같음으로 할 뿐만 아니라, 말로는 이를 수 없는 세계가 가지고 있는 것에 이르기까지 중생들이 일 찰나 사이에 하나하나 헤아릴 수 없는 말과 음성으로 어려운 물음을 일으키고 하나하나의 어려운 물음이 같지 않더라도 보살이 한 생각, 한순간에 능히 남김없이 받아들이고 또한 하나의 소리로 두루 이해하거나 이해한 것을 설명해서 각각 즐거워하는 마음을 따라 그들이 환희를 얻게 하고 뿐만 아니라, 말로는 이를 수 없고 말할 수 없는 세계 가운데 가득한 중생들을 보살이 빠짐없이 그 마음이 즐거워함을 따라 근기를 따라주고 이해함을 따라 그들을 위해 법을 설하고 부처님의 신력을 받들어서 널리 부처의 일을 지어서 일체가 조용히 의지할 수 있는 곳이 된다."

"불자여! 이 보살이 다시 정진해서 밝은 지혜를 성취하니, 가령 하나의 털끝만 한 곳에 말할 수 없는 세계의 티끌 수와 같은 많은 부처님 대중이 모이고 하나하나 대중의 모임에 말로는 이를 수 없는 세계의 티끌 수와 같은 중생이 있으며, 한명 한명의 중생이 말할 수 없는 세계의 티끌 수와 같은 하고자 하는 욕심의 성품을 가지고 있다. 저 언덕(彼岸)의 모든 부처님이 그들의 성품과 욕망을 따라 각각 법의 문을 주시니, 하나의 털끝만 한 곳에서처럼 모든 법계의 처마다 남김없이 역시 이와 같다. 이와 같이 설한 헤아릴 수 없는 법의 문을 보살이 한 생각, 한순간에 능히 남김없이 받아들여서 망령되게 잃지 않는다."

"불자여! 보살이 제9 지에 머문 후에는 밤낮으로 게으름을 피우거나 쉬지 않고 부지런히 힘쓰면서 다른 생각을 하지 않으면서 오로지 부처님의 경계에 들어가서 여래를 친근히 하며, 모든 보살의 깊고 깊은 해탈에 들어가 항상 삼매에 있으면서 항상 모든 부처님을 보고 일찍이 잠시라도 버리거나 벗어나지 않는다."

"하나하나의 겁 가운데 헤아릴 수 없는 부처님과 헤아릴 수 없는 백 부처님과 헤아릴 수 없는 천 부처님뿐만 아니라 헤아릴 수 없는 백천 억 나유타 부처님을 보고 공경하고 존중하며, 받들어 섬기고 공양하며, 모든 부처님이 계신 곳에서 가지가지의 어려운 물음으로 인하여 법을 설하는 다라니를 얻어 가지고 있는 선근이 다시 더욱더 밝고 청정해진다."

"비유하면 진금을 섬세하고 능숙한 선근의 금사가 보배 관을 만들어 전륜성왕이 쓰고 그 머리를 장엄하면, 사천하 안에 모든 소왕 및 모든 신민의 모든 장엄 기물과 더불어 같은 것이 없는 것과 같으니, 이 제9 지 보살의 선근도 역시 차례를 좇아(復) 이와 같기에 일체 성문이나 벽지불이나 또한 아래 보살이 가지고 있는 선근으로는 평등하게 대할 수가 없다."

"불자여! 비유하면 2천 세계의 주인인 대 범천왕이 몸으로 광명을 내어 2천 세계 가운데 어둡고 먼 곳을 능히 비추어 그 어둠을 없애버리는 것과 같기에 이 자리의 보살이 가지고 있는 선근도 역시 차례를 좇아(復) 이와 같아서 능히 광명을 내어 중생의 마음을 비치어 번뇌의 어둠을 빠짐없이 없어지게 한다."

"이 보살은 십바라밀 가운데서 힘 바라밀이 최고로 뛰어나니, 나머지 바라밀을 닦지 않는 것은 아니지만, 단지 힘을 따르고 보리 분법을 따를 뿐이다."

佛子 此菩薩 假使三千大天世界所有衆生咸至其前 一一皆以無量言音而興問難 一一問難各各不同 菩薩於一念頃悉能領受 仍以一音普爲解釋令隨心樂 各得歡喜 如是乃至不可說世界所有衆生 一刹那間 一一皆以無量言音而興問難 一一問難各各不同 菩薩於一念頃悉能領受 亦以一音普爲解釋 各隨心樂 令得歡喜 乃至不可說不可說世界滿中衆生 菩薩皆能隨其心樂 隨根 隨解而爲說法 承佛神力廣作佛事 普爲一切作所依怙 佛子 此菩薩復更精進 成就智明 假使一毛端處有不可說世界微塵數諸佛衆會 一一衆會有不可說世界微塵數衆生 一一衆生 有不可說世界微塵數性 欲 彼諸佛隨其性 欲各與法門 如一毛端處 一切法界處悉亦如是 如是所說無量法門 菩薩於一念中悉能領受 無有忘失 佛子 菩薩住此第九地 晝夜專勤更無餘念 唯入佛境界親近如來 入諸菩薩甚深解脫 常在三昧 恒見諸佛 未曾捨離 一一劫中見無量佛 無量百佛 無量千佛 乃至無量百千億那由他佛 恭敬尊重 承事供養 於諸佛所種種問難 得說法陀羅尼 所有善根轉更明淨 譬如眞金 善巧金師用作寶冠 轉輪聖王而嚴其首 四天下內一切小王及諸臣民諸莊嚴具無與等者 此第九地菩薩善根亦復如是 一切聲聞 辟支佛及下地菩薩所有善根無能與等 佛子 譬如二千世界主大梵天王 身出光明 二千世界中幽遠之處悉能照耀 除其黑闇 此地菩薩所有善根亦復如是 能出光明照衆生心 煩惱黑闇皆令息滅 此菩薩 十波羅蜜中 力波羅蜜最勝 餘波羅蜜非不修行 但隨力隨分

"불자여! 이 이름을 간략하게 말하면 보살마하살의 제9 선혜지라 하지만, 그와 같이 자세히 말하면 헤아릴 수 없는 겁을 두고도 다 할 수 없다."

"불자여! 보살마하살이 이 자리에 머문 뒤에는 2천 세계의 주인인 대 범천왕이 되어 선근으로 능히 거느리고 다스리며, 자재하게 이익을 더하고 모든 성문과 연각과 또 모든 보살을 위해서 바라밀 행을 분별하여 널리 펴서 설하며, 중생의 마음을 따라 가지고 있는 어려운 물음으로 굽힐 수 없으며, 보시하고 좋아하는 말을 하고 이익이 되는 행을 하고 함께 일할 뿐만 아니라 일체 종과 일체 지혜를 생각하면서 벗어나지 않는다."

"차례를 좇아(復) 생각하기를 '내가 마땅히 모든 중생 가운데서 우두머리가 되고 뛰어난 자가 될 뿐만 아니라 일체 지혜의 지혜로 의지할 자가 될 것이다.'라고 한다."

"이 보살이 그와 같이 부지런히 정진하면 한 생각, 한순간에 백만 아승기 국토의 티끌 수와 같은 삼매를 얻을 뿐만 아니라 백만 아승기 국토의 티끌 수와 같은 보살들에게 이르기까지 권속으로 삼음을 나타낸다. 그와 같이 보살이 특히 뛰어난 원력으로 자재함을 나타내 보이면 이 숫자의 틀을 벗어날 뿐만 아니라 백천 억 나유타 겁에 이르더라도 이 숫자를 알 수 없다."

佛子 是名 略說菩薩摩訶薩第九善慧地 若廣說者 於無量劫亦不能盡 佛子 菩薩摩訶薩住此地 多作二千世界主大梵天王 善能統理 自在饒益 能爲一切聲聞 緣覺及諸菩薩分別演說波羅蜜行 隨衆生心 所有問難無能屈者 布施 愛語 利行 同事 如是一切諸所作業 皆不離念佛 乃至不離念一切種 一切智智 復作是念 我當於一切衆生中爲首 爲勝 乃至爲一切智智依止者 此菩薩若發勤精進力 於一念頃 得百萬阿僧祇國土微塵數三昧 乃至示現百萬阿僧祇國土微塵數菩薩以爲眷屬 若以菩薩殊勝願力自在示現 過於此數 乃至百千億那由他劫不能數知

이때 금강장 보살이 거듭해서 그러한 뜻을 펴고자 게송으로 말했다.
爾時 金剛藏菩薩欲重宣其義而說頌曰

無量智力善觀察 헤아릴 수 없는 지혜의 힘으로 선근을 자세히 살펴서 들여다보니
最上微妙世難知 가장 높고 미세하게 빼어나 알기가 어렵기(不立五蘊)에
普入如來秘密處 여래의 비밀 한 곳에 두루 들어가
利益衆生入九地 중생에게 이익을 주려고 제9 지에 들어간다네.

總持三昧皆自在 모든 가지고 있는 삼매에 빠짐없이 다 자재하고
獲大神通入衆刹 큰 신통으로 많은 세계에 들며
力智無畏不共法 힘과 지혜와 두려움 없음과 함께하지 않은 법과
願力悲心入九地 원력과 가엾이 여기는 마음으로 제9 지에 든다네.

住於此地持法藏 이 자리에 머물고는 법장을 가지고
了善不善及無記 선근과 선근이 아닌 이 둘이 아님을 분명하게 깨우쳐 알며

有漏無漏世出世 유루와 무루 세간과 출세간
思不思議悉善知 사유할 수 있음과 사유할 수 없음이 모두 선근임을 안다네.

若法決定不決定 결정하고 결정하지 못한 법과
三乘所作悉觀察 삼승의 행한 일을 남김없이 자세히 살펴서 들여다보고
有爲無爲行差別 유위와 무위로 행하는 차별이
如是而知入世間 이와 같음을 알고서 세간에 든다네.

若欲知諸衆生心 그와 같은 모든 중생의 마음을 알고자 한다면
則能以智如實知 곧 지혜로 실상의 본바탕 그대로 알며
種種速轉壞非壞 가지가지로 빠르게 굴려 무너짐과 무너지지 않음과
無質無邊等衆相 바탕없고 끝없는 등등의 많은 모양이나 상태를 안다네.

煩惱無邊恒共伴 끝없는 번뇌와 항상 함께 짝하며
眠起一義續諸趣 자고 일어남을 하나의 뜻으로 삼고 모든 부류의 뒤를 이으며
業性種種各差別 업의 성품을 가지가지로 차별하는 것과
因壞果集皆能了 인이 무너지고 과의 모임을 빠짐없이 분명하게 깨우쳐 안다네.

諸根種種下中上 모든 근이 가지가지로 상, 중, 하 등으로 나뉘는 것과
先後際等無量別 앞뒤의 경계 등등을 헤아릴 수 없이 차별하는 일과
解性樂欲亦復然 이해와 성품과 즐거움과 하고자 함 역시 차례를 좇아 그러하니
八萬四千靡不知 팔만 사천 가지를 다 안다네.

衆生惑見恒隨縛 중생이 미혹하게 보는 일을 따라 항상 묶이고
無始稠林未除翦 비롯됨 없는 빽빽한 숲을 잘라서 없애지 못하니
與志共俱心竝生 뜻을 둔 마음과 함께 아울러 생하면서
常相羈繫不斷絶 항상 모양이나 상태가 서로 얽혀서 끊어내지를 못한다네.

但唯妄想非實物 다만 오로지 망령된 생각일 뿐이며, 실상의 본바탕이 되는 물건이 아니고

不離於心無處所 마음을 벗어나지 않으나 처할 곳이 없고
禪定境排仍退轉 선정의 경계를 등지고 거듭 물러나기에
金剛道滅方畢竟 금강의 도로 마지막까지 없앤다네.

六趣受生各差別 육취에서 생 받음을 각각 차별하니
業田愛閏無明覆 업의 밭을 사랑으로 윤택하게 하고 무명을 거꾸로 뒤집어
識爲種子名色芽 식은 종자가 되고 명색은 싹이 되어
三界無始恒相續 삼계가 비롯됨 없이 항상 이어받아 간다네.

惑業心習生諸趣 미혹한 업과 배워 익힌 마음의 버릇으로 모든 육취에 생하니
若離於此不復生 그와 같이 이를 벗어나면 차례를 좇아 생하지 않지만
衆生悉在三聚中 중생이 남김없이 삼취(과거.현재.미래의 무리) 가운데 있기에
或溺於見或行道 늘 삿된 견해에 빠지기도 하고 때로는 도를 행하기도 한다네.

住於此地善觀察 이 자리에 머물면서 선근으로 자세히 살피고 들여다보며
隨其心樂及根解 그 마음으로 즐거워함과 또 근기와 이해를 따라
悉以無礙妙辯才 막힘이나 걸림 없는 모든 빼어난 변재로
如其所應差別說 그 응하는 것과 같이 차별해서 설한다네.

處於法座如師子 법의 자리에 처하여 앉음이 사자와 같고
亦如牛王寶山王 또한 우왕과 보배산의 왕과 같으며
又如龍王布密雲 또 용왕이 빽빽하게 구름을 펴고
霪甘露雨充大海 감로의 비를 내려 큰 바다를 가득 차게 하는 것과 같다네.

善知法性及奧義 법의 성품으로 선근과 또 깊고 빼어난 뜻을 알고
隨順言辭能辯說 말을 거스르지 않고 따라 능히 변재로 설하며
總持百萬阿僧祇 백만 아승기 다라니의 문을 모두 가지고 유지하니
譬如大海受衆雨 비유하면 큰 바다가 많은 비를 받아들임과 같다네.

摠持三昧皆淸淨 모두 가지고 유지하는 다라니 삼매가 다 청정하기에
能於一念見多佛 능히 한 생각에 많은 부처님을 보며
一一佛所皆聞法 한 분 한 분의 부처님으로부터 빠짐없이 법을 듣고
復以妙音而演暢 차례를 좇아 빼어난 소리로 널리 펴서 설한다네.

若欲三千大千界 그와 같이 삼천대천세계의
敎化一切諸群生 일체 모든 군생을 가르쳐서 생육하고자 한다면
如雲廣布無不及 구름을 광대하게 편 것과 같이 미치지 않은 곳이 없고
隨其根欲悉令喜 그 하고자 하는 근기를 따라 남김없이 기쁘게 한다네.

毛端佛衆無有數 털끝에 부처 대중의 수가 헤아릴 수 없고
衆生心樂亦無極 중생들이 좋아하는 마음 또한 다함이 없기에
悉應其心與法門 그 마음을 따라 남김없이 법의 문을 일러주며
一切法界皆如是 모든 법계에도 또한 다 이와 같다네.

菩薩勤加精進力 보살이 부지런히 정진의 힘을 더하고
復獲功德轉增勝 차례를 좇아 공덕을 더더욱 더해서 뛰어남을 얻으며
聞持爾所諸法門 그러한 모든 법의 문 듣고 지녀서
如地能持一切種 차례를 좇은 자리가 일체 종자를 가지는 것과 같다네.

十方無量諸衆生 시방에 헤아릴 수 없는 모든 중생이
咸來親近會中坐 함께 와서 모임 가운데 친근히 앉아
一念隨心各問難 일념으로 마음을 따라 각각 어려운 물음을 던지더라도
一音普對悉充足 한 소리로 대답해서 모두 만족하게 한다네.

住於此地爲法王 이 자리에 머문 후에는 법왕이 되어
隨機誨誘無厭倦 틀을 따라 가르치고 인도해서 싫어하거나 게으름이 없으며
日夜見佛未曾捨 낮과 밤으로 부처님을 뵙고 버리지 않기에
入深寂滅智解脫 깊은 적멸의 지혜와 해탈에 들어간다네.

供養諸佛善益明 모든 부처님에게 공양하여 선근을 더하고 밝아지니
如王頂上妙寶冠 왕의 정수리 위 빼어난 보배의 관과 같으며
復使衆生煩惱滅 차례를 좇아 중생의 번뇌를 없애니
譬如梵王光普照 비유하면 대 범천왕이 밝은 빛을 두루 비치는 듯하다네.

住此多作大梵王 이 자리에 머물면 많은 대 범왕이 되어
以三乘法化衆生 삼승의 법으로 중생을 생육하고
所行善業普饒益 수행한 선근의 업으로 유익함을 더할
乃至當成一切智 뿐만 아니라 마땅히 일체 지혜를 이룬다네.

一念所入諸三昧 한 생각에 들어간 모든 삼매가
阿僧祇刹微塵數 아승기 세계의 티끌 수와 같고
見佛說法亦復然 부처를 보고 법을 설함도 역시 차례를 좇아 그러하며
願力所作復過此 원력으로 지어가는 것은 차례를 좇아 이를 초월한다네.

此是第九善慧地 이것이 제9의 선혜지이니
大智菩薩所行處 큰 지혜의 보살이 행하는 처이며
甚深微妙難可見 깊고 깊으며 미세하게 빼어나 보기 어려운 것을
我爲佛子已宣說 내가 지금 불자를 위해 설한다네.

대방광불화엄경 제39권

26. 십지품⑹
十地品第二十六之六

제10 법운지(法雲地)

淨居天衆那由他 정거천의 대중 나유타가
聞此地中諸勝行 이 자리 가운데 모든 뛰어난 행을 듣고
空中踊躍心歡喜 허공으로 뛸 듯이 마음으로 기뻐하고
悉空虔誠供養佛 모두 함께 정성을 들여 부처님께 공양한다네.

不可思議菩薩衆 생각으로 미루어 헤아릴 수 없는 보살 대중도
亦在空中大歡喜 역시 허공으로 뛸 듯이 크게 기뻐하고 즐거워하며
俱燃最上悅意香 함께 최상으로 좋은 향을 뜻에 따라 사르고
普熏衆會令淸淨 모인 대중에게 두루 향을 풍기어 청정하게 한다네.

自在天王與天衆 자재천왕과 하늘의 대중이 모여
無量億數在虛空 헤아릴 수 없는 억의 수로 허공에 있기에
普散天衣供養佛 하늘의 옷을 두루 풀어서 부처님께 공양하고
百千萬種繽紛下 백천 만 종이 어지럽게 뒤섞여 성하게 내린다네.

天諸采女無有量 하늘의 채녀도 헤아려 알 수가 없고
靡不歡欣供養佛 환희하면서 부처님께 공양하지 않은 채녀가 없고
各奏種種妙樂音 각각 악기를 연주하면서 빼어난 즐거운 소리를 내며
悉以此言而讚歎 모두 이러한 말로 찬탄한다네.

佛身安坐一國土 부처님의 몸이 한 국토에 편안히 앉아 계시지만
一切世界悉現身 모든 세계에 빠짐없이 몸을 나타내시니
身相端嚴無量億 몸의 모양이나 상태가 단정하고 엄숙하며 헤아릴 수 없는 억과 같기에
法界廣大悉充滿 광대한 법계에 남김없이 가득하게 차 있다네.

於一毛孔放光明 하나의 털구멍으로 광명을 놓아
普滅世間煩惱暗 세간의 번뇌와 어둠을 두루 없애니
國土微塵可知數 국토의 티끌 수는 알 수 있지만
此光明數不可測 이 광명은 수로서는 측량할 수 없다네.

或見如來具衆相 늘 여래가 많은 모양이나 상태를 갖추고
轉於無上正法輪 위 없는 바른 법의 바퀴를 굴림을 보기도 하며
或見遊行諸佛刹 늘 모든 부처 세계에 노닐며 다니는 것을 보기도 하고
或見寂然安不動 언제나 고요하고 편안하게 움직이지 않음을 본다네.

或見住於兜率宮 늘 도솔천궁에 머무름을 보고
或現下生入母胎 늘 현재에 내려와 모태에 들고
或示住胎或出胎 늘 태에 머물다 태에서 나옴을 보이며
悉令無量國中見 남김없이 헤아릴 수 없는 국토 가운데를 본다네.

或現出家修世道 늘 출가해서 세상의 도 닦음을 나타내고
或現道場成正覺 늘 도량에서 바른 깨우침을 이루는 것을 나타내며
或現說法或涅槃 늘 법을 설하고 늘 열반을 나타내니
普使十方無不睹 시방에서 두루 보지 못함이 없다네.

譬如幻師知幻術 비유하면 마술쟁이가 허깨비 같은 기술을 알아
在於大衆多所作 대중에게 많이 지어내는 것을 나타내 보이는 것과 같이
如來智慧亦復然 여래의 지혜 역시 차례를 좇아 그러하기에
於世間中普現身 세간 가운데 두루두루 몸을 나타낸다네.

佛住甚深眞法性 깊고 깊은 참된 성품에 부처님이 머물며
寂滅無相同虛空 적멸은 모양이나 상태가 없어 허공과 같지만
而於第一實義中 제일의 실질적 이치 가운데
示現種種所行事 가지가지로 행하는 일을 나타내 보인다네.

所作利益衆生事 중생에게 이익이 되도록 지어가는 일들이
皆依法性而得有 빠짐없이 법의 성품을 의지하기에 얻음이 있으며
相與無相無差別 모양이나 상태와 모양이나 상태가 없음을 차별함이 없기에
入於究竟皆無相 마지막까지 들어가지만, 모양이나 상태는 모두 없다네.

若有欲得如來智 그와 같은 여래의 지혜를 얻고자 한다면
應離一切妄分別 일체 망령된 분별을 마땅히 벗어나야 할 것이니
有無通達皆平等 있음과 없음을 통달(調伏)하면 다 평등하기에
疾作人天大導師 인간과 천상의 대도사를 지어야 할 것이라네.

無量無邊天女衆 헤아릴 수 없고 끝없는 천녀의 대중이
種種言音稱讚已 가지가지의 말로 칭찬한 후에는
身心寂靜共安樂 몸과 마음을 적정하게 하고 함께 편안히 즐거워하고
瞻仰如來黙然住 여래를 우러러 사모하면서 조용히 머문다네.

卽時菩薩解脫月 곧 이때 보살 해탈월이
知諸衆會咸寂靜 모든 대중의 모임이 다 적정함을 알아
向金剛藏而請言 금강장 보살을 향해 청하여 말하길
大無畏者眞佛子 "두려움이 없으신 참된 불자시여!"

從第九地入十地 "제9 지로부터 10 지에 들어가는
所有功德諸行相 가지고 있는 공덕과 모든 행의 모양이나 상태와
及以神通變化事 또 신통으로 변화하는 일을
願聰慧者爲宣說 원하건대 지혜로운 보살께서 설해주십시오."라고 하였다.

이때 금강장 보살마하살이 가르침을 주기 위해 해탈월 보살에게 말했다.

爾時 金剛藏菩薩摩訶薩告解脫月菩薩曰

"불자여! 보살마하살이 초지를 좇아 제9 지에 이르면, 이와 같은 헤아릴 수 없는 지혜로 자세히 살펴서 들여다보고 분명하게 깨우침을 깨달아 얻고는 선근 사유로 닦고 익히며, 선근으로 백정 법을 만족하게 하고 끝없는 도를 돕는 법을 모으며, 큰 복덕과 지혜를 거듭 더하고 늘리고 가엾이 여기는 큰마음을 두루 행하며, 세계의 차별을 알며, 중생 세계의 빽빽한 숲에 들어가며, 여래가 행하는 곳에 들어가고 여래의 적멸한 행을 거스름 없이 따르며, 여래의 힘과 두려움 없음과 함께 하지 않은 부처님 법을 항상 자세히 살펴서 들여다보니, 이름을 '일체 종과 일체 지혜의 지혜를 받아들여 얻는 직책으로서의 자리'라고 한다."

佛子 菩薩摩訶薩從初地乃至第九地 以如是無量智慧觀察覺了已 善思惟修習 善滿足白法 集無邊助道法 增長大福德智慧 廣行大悲 知世界差別 入衆生界稠林 入如來所行處 隨順如來寂滅行 常觀察如來力 無所畏 不共佛法 名爲 得一切種 一切智智 受職位

"불자여! 보살마하살이 이와 같은 지혜로 받아들인 직책의 자리에 들어가서는 곧바로 보살은 허물을 벗어난 삼매와 법계에 들어가 차별하는 삼매와 도량을 장엄하는 삼매와 일체 종의 꽃 빛 삼매와 해장(海藏) 삼매와 해인(海印) 삼매와 허공의 광대한 삼매와 일체 법의 스스로 성품을 살펴보는 삼매와 일체중생의 마음과 행동을 아는 삼매와 모든 부처님이 앞에 나타나는 삼매를 얻어서 이와 같은 등등의 백만 아승기 삼매가 빠짐없이 앞에 나타난다."

"보살이 이 일체 삼매에 들어가고 일으킬 때, 다 섬세하고 능숙한 선근을 얻으며, 또한 모든 삼매가 지어가는 일의 차별을 선근으로 분명하게 깨달아 아니, 그 최후의 삼매를 이름하여, '일체 지혜의 뛰어난 직책을 받아들인 자리'라고 한다."

"이 삼매가 앞에 나타날 때는 큰 보배 연꽃이 홀연히 나타나 솟아나니, 그 꽃은 광대해서 양 등등이 백만 삼천대천세계와 같고 빼어난 많은 보배로 사이사이를 장엄하였으며,

일체 세간의 경계를 초월하며, 출세간의 선근으로 일어나 생하였으며, 모든 법이 허깨비와 같은 성품으로 많은 행을 이룬 것을 알며, 항상 광명을 놓아 두루 법계를 비추어 모든 하늘의 처에 있는 것이 아님을 알고 비유리 마니 보배로 줄기가 되며, 전단 왕으로 받침대가 되며, 마노로 꽃술이 되고 염부단금으로 잎이 되었다. 그 꽃은 늘 헤아릴 수 없는 광명이 있고 많은 보배로 장이 되고 보배 그물이 가득 덮여있으니, 열 삼천대천세계의 티끌 수와 같은 연꽃이 권속이 되었다."

"이때 보살이 이 연꽃 자리에 앉으니, 몸 모양이나 상태의 크고 작음이 바른 모양이나 상태로 맞아 들어가고 헤아릴 수 없는 보살을 권속으로 삼아 각각 그 나머지 연꽃 위에 앉아 두루두루 둘러 쌓니, 하나하나 제각각 백만 삼매를 얻고 큰 보살을 향해 일심으로 우러러보고 있다."

佛子 菩薩摩訶薩以如是智慧入受職地已 卽得菩薩離垢三昧 入法界差別三昧 莊嚴道場三昧 一切種華光三昧 海藏三昧 海印三昧 虛空界廣大三昧 觀一切法自性三昧 知一切衆生心行三昧 一切佛皆現前三昧 如是等百萬阿僧祇三昧皆現在前 菩薩於此一切三昧 若入若起 皆得善巧 亦善了知一切三昧所作差別 其最後三昧 名 受一切智勝職位 此三昧現在前時 有大寶蓮華忽然出生 其華廣大 量等百萬三千大千世界 以衆妙寶間錯莊嚴 超過一切世間境界 出世善根之所生起 知諸法如幻性衆行所成 恒放光明普照法界 非諸天處之所能有 毘琉璃摩尼寶爲莖 栴檀王爲臺 碼瑙爲鬚 閻浮檀金爲葉 其華常有無量光明 衆寶爲藏 寶網彌覆 十三千大千世界微塵數蓮華以爲眷屬 爾時 菩薩坐此華座 身相大小正相稱可 無量菩薩以爲眷屬 各坐其餘蓮華之上 周帀圍遶 一一各得百萬三昧 向大菩薩一心瞻仰

"불자여! 이 대보살과 아울러 권속들이 꽃자리에 앉았을 때 가지고 있는 광명과 또 말과 소리가 시방의 법계에 가득히 차며, 모든 세계가 남김없이 함께 진동하며, 악한 부류는 멈추고 국토를 장엄해서 청정하게 하며, 함께 행하는 보살이 와서 모이고 사람과 하늘의 음악이 동시에 소리를 일으키니, 모든 중생이 편안함과 즐거움을 얻으며, 생각으로 미루어 헤아릴 수 없는 장엄 기물로 모든 부처님에게 공양하고 모든 부처가 모인 대중이 남김없이 다 명백하게 나타난다."

佛子 此大菩薩幷其眷屬坐華座時 所有光明及以言音普皆充滿十方法界 一切世界

咸悉震動 惡趣休息 國土嚴淨 同行菩薩靡不來集 人天音樂同時發聲 所有衆生悉得安樂 以不思議供養之具供一切佛 諸佛衆會悉皆顯現

"불자여! 이 보살이 저 언덕(彼岸)의 큰 연꽃 자리에 앉을 때 양 발바닥에서 백만 아승기 광명을 놓아 널리 시방의 모든 큰 지옥을 비추어 중생의 고통을 없애며, 양 무릎에서 백만 아승기 광명을 놓아 널리 시방의 모든 축생 부류를 비추어 중생의 고통을 없애며, 배꼽으로 백만 아승기 광명을 놓아 시방의 염라 왕 세계를 비추어 중생의 고통을 없애며, 좌우의 옆구리로 백만 아승기 광명을 놓아 시방의 모든 천상과 아수라의 궁전을 비추며, 두 어깨로 백만 아승기 광명을 놓아 시방의 모든 성문을 비추며, 목덜미로 백만 아승기 광명을 놓아 시방의 벽지불의 몸을 비춘다."

"얼굴의 문, 곧 입으로 백만 아승기 광명을 놓아 시방을 처음으로 발심한 보살뿐만 아니라 9 지의 모든 보살 몸에 이르기까지 비추며, 두 눈썹 사이로 백만 아승기 광명을 놓아 시방의 직책을 받는 보살들을 비추어 마군의 궁전이 나타나지 못하게 한다."

"정수리로 백만 아승기 삼천대천세계의 티끌 수와 같은 광명을 놓아 시방 일체 세계에 있는 모든 부처님 여래의 도량에 모인 대중을 비추면서 오른쪽으로 열 바퀴를 돌고 난 후에는 허공에 머물면서 광명의 그물을 이루니, 이름이 '치연광명'이다."

"가지가지의 모든 공양 기물과 일을 일으켜 부처님에게 공양하니, 모든 보살이 처음으로 마음을 일으킴으로부터 9 지에 이르기까지 한 공양으로는 백 분의 일에도 미치지 못할 뿐만 아니라 셈할 수 있는 수와 비유로도 미칠 수 없다. 그 광명 그물이 두루 시방의 한 분 한 분의 여래 모임 앞에 많은 빼어난 향과 꽃 화관과 의복과 당기와 번과 보배 덮개와 모든 마니 등등의 장엄 기물을 내려 공양으로 삼으니, 다 출세간(不立五蘊)의 선근(善根.般若智)을 좇아 생한 것이다."

"그와 같이 중생이 이를 보고 알게 되면 아뇩다라삼먁삼보리에서 물러나지 않음을 얻는다."

佛子 此菩薩坐彼大蓮華座時 於兩足下放百萬阿僧祇光明 普照十方諸大地獄 滅衆生苦 於兩膝輪放百萬阿僧祇光明 普照十方諸畜生趣 滅衆生苦 於臍輪中放百萬阿僧祇光明 普照十方閻羅王界 滅衆生苦 從左右脅放百萬阿僧祇光明 普照十方一切人趣 滅衆生苦 從兩手中放百萬阿僧祇光明 普照十方一切諸天及阿修羅所有宮殿

從兩肩上放百萬阿僧祇光明 普照十方一切聲聞 從其項背放百萬阿僧祇光明 普照十方辟支佛身 從其面門放百萬阿僧祇光明 普照十方初始發心乃至九地諸菩薩身 從兩眉間放百萬阿僧祇光明 普照十方受職菩薩 令魔宮殿悉皆不現 從其頂上放百萬阿僧祇三千大千世界微塵數光明 普照十方一切世界諸佛如來道場眾會 右遶十帀 住虛空中 成光明網 名 熾然光明 發起種種諸供養事供養於佛 餘諸菩薩從初發心乃至九地所有供養而比於此 百分不及一 乃至算數譬諭所不能及 其光明網普於十方一一如來眾會之前 雨眾妙香 華鬘 衣服 幢幡 寶蓋 諸摩尼等莊嚴之具以爲供養 皆從出世善根所生 超過一切世間境界 若有眾生見知此者 皆於阿耨多羅三藐三菩提得不退轉

"불자여! 이 큰 광명이 이와 같은 공양과 일을 지어감을 끝마치고 다시 시방의 모든 세계에 있는 한 분 한 분의 모든 부처님 도량의 대중을 열 번을 돌아 마치고는 모든 여래의 발바닥을 좇아 들어갔다."

"이때 모든 부처님과 또 모든 보살이 어느 세계 가운데 어느 보살마하살이 이와 같은 광대한 행을 행하여 직책을 받아들인 자리에 이른 줄을 알겠는가."

"불자여! 이때 시방의 헤아릴 수 없고 끝없을 뿐만 아니라 9지의 모든 보살 대중에 이르기까지 다 와서 둘러싸고 공경하고 공양하며, 일심으로 자세히 살펴서 들여다보니, 바르게 살펴서 볼 때 그 모든 보살이 각각 십 천의 삼매를 얻는다."

"이때를 당해서는 시방에 있는 직책을 받아들인 보살이 빠짐없이 금강으로 장엄한 가슴에 새겨진 모양이나 상태의 가운데서 큰 광명을 내어놓으니, 이름이 '마군과 원수를 능히 무너뜨린다.'라고 한다. 백만 아승기 광명을 권속으로 삼아 시방을 두루 비추어 헤아릴 수 없는 신통 변화를 나타내고 이 같은 일을 지어서 마치고 와서는 이 보살마하살의 가슴에 있는 금강으로 장엄한 공덕의 모양이나 상태로 들어갔으며, 그 광명이 들어간 후에는 이 보살이 가지고 있는 지혜가 세력을 거듭 더하고 늘어나 백천 배를 뛰어넘는다."

佛子 此大光明作於如是供養事畢 復遶十方一切世界一一諸佛道場眾會 經十帀已 從諸如來足下而入 爾時 諸佛及諸菩薩 知某世界中 某菩薩摩訶薩能行如是廣大之行到受職位 佛子 是時 十方無量無邊乃至九地諸菩薩眾皆來圍遶 恭敬供養 一心觀察 正觀察時 其諸菩薩即各獲得十千三昧 當爾之時 十方所有受職菩薩 皆於金剛莊嚴臆德相中出大光明 名 能壞魔怨 百萬阿僧祇光明以爲眷屬 普照十方 現於無量神

通變化 作是事已 而來入此菩薩摩訶薩金剛莊嚴臆德相中 其光入已 令此菩薩所有 智慧 勢力增長過百千倍

"이때 시방의 일체 모든 부처님의 양미간으로부터 청정한 광명이 나오니, 이름이 '증익일체신통(增益一切智神通)'이다. 수 없는 광명을 권속으로 삼아 시방의 모든 세계를 비추고 오른쪽으로 열 바퀴를 돌아 여래의 광대한 자재함을 나타내 보이고 헤아릴 수 없는 백천 억 나유타 모든 보살 대중을 활짝 열어 깨닫게 하고 모든 부처 세계를 두루두루 진동시켜 일체 모든 악도의 고통을 없애버리고 일체 모든 마의 궁전을 가려버리고 모든 부처님이 얻으신 보리 처 도량에 모인 대중의 장엄한 위덕을 보인다. 이와 같은 허공을 널리 다하고 법계에 두루 한 일체 세계를 비춘 후에는 이 보살들의 모임 위에 이르러서 두루두루 오른쪽으로 돌면서 가지가지로 장엄한 일을 나타내 보인다."

"이런 일을 나타내 보인 후에는 대보살의 정수리 정상을 좇아 들어가니, 그 권속이 된 광명도 보살의 정수리로 들어가고 이때를 당해서 이 보살들이 전에는 얻지 못했던 백만 삼매를 얻으니, 이름이 '직책을 받아들인 자리를 얻음'이라 한다. 부처님 경계에 들어가서 열 가지 힘을 온전하게 갖추고 부처님 가운데 떨어진다. 곧 부처님이 된다."

"불자여! 전륜성왕이 낳은 태자는 어머니가 왕후이며, 몸의 모양이나 상태를 온전하게 갖추면 전륜왕이 태자를 흰 코끼리 등에 마련한 빼어난 황금 자리에 앉게 하고 큰 그물로 된 휘장을 두르고 큰 당기와 번기를 세우고 향을 사르고 꽃을 흩뿌리면서 악기로 모든 음악을 울리며, 사대의 바닷물을 취해서 왕이 손수 병을 들고 태자의 정수리에 부으면, 이때 곧 이름하기를 '왕의 직책을 받아들인 자리'라고 한다. 머리에 불을 붓은 찰제리왕의 수에 떨어지고 곧 열 가지 선근의 도를 온전하게 갖추고 행하여 전륜성왕이라는 이름을 얻는 것과 같다."

"보살이 직책을 받아들임도 역시 차례를 좇아(復) 이와 같아서 모든 부처님의 지혜로운 물을 정수리에 붓은 까닭으로 받아들인 직책이 된다. 여래의 열 가지 힘을 온전하게 갖추는 까닭으로 부처의 수에 떨어진다."

"불자여! 이 이름이 보살이 큰 지혜의 직책을 받아들였다고 하며, 보살이 이 지혜의 직책을 받아들인 까닭으로 헤아릴 수 없는 백천 만억 나유타 행하기 어려운 행을 능히 행하는 것이고 헤아릴 수 없는 공덕을 거듭 더하고 기르는 것이니, 이름이 '법운지에 편안히 머무름'이다."

爾時 十方一切諸佛從眉間出淸淨光明 名 增益一切智神通 無數光明以爲眷屬 普照十方一切世界 右遶十帀 示現如來廣大自在 開悟無量百千億那由他諸菩薩衆 周徧震動一切佛刹 滅除一切諸惡道苦 隱蔽一切諸魔宮殿 示一切佛得菩提處道場衆會莊嚴威德 如是普照盡虛空徧法界一切世界已 而來至此菩薩會上周帀右遶 示現種種莊嚴之事 現是事已 從大菩薩頂上而入 其眷屬光明亦各入彼諸菩薩頂 當爾之時 此菩薩得先所未得百萬三昧 名爲 已得受職之位 入佛境界 具足十力 墮在佛數 佛子 如轉輪聖王所生太子 母是正后 身相具足 其轉輪王令此太子坐白象寶妙金之座 張大網幔 建大幢幡 然香散華 奏諸音樂 取四大海水置金瓶內 王執此瓶灌太子頂 是時卽名 受王職位 墮在灌頂刹利王數 卽能具足行十善道 亦得名爲 轉輪聖王 菩薩受職亦復如是 諸佛智水灌其頂故 名爲 受職 具足如來十種力故 墮在佛數 佛子 是名 菩薩受大智職 菩薩以此大智職故 能行無量百千萬億那由他難行之行 增長無量智慧功德 名爲 安住法雲地

"불자여! 보살이 이 법운지 머물면, 실상의 본바탕대로 욕계의 모임과 색계의 모임과 무색계의 모임과 세계의 모임과 법계의 모임과 유위계의 모임과 무위계의 모임과 중생계의 모임과 식계의 모임과 허공계의 모임과 열반계의 모임을 알며, 이 보살은 실상의 본바탕대로 모든 견해의 번뇌 행 모임을 알고 세계가 이루어지고 무너지는 모임을 알고 성문 행의 모임과 벽지불 행의 모임과 보살행의 모임과 여래의 힘과 두려움 없음과 색신과 법신의 모임과 일체 종과 일체 지혜의 지혜 모임을 알고 보리를 얻어 법륜을 굴리는 모임과 모든 법을 분별해서 결정하는 지혜의 모임에 들어가니, 요점을 들어 말하면, 모든 지혜로 모든 모임을 안다는 것이다."

"불자여! 이 보살마하살이 이와 같은 상상품의 깨달은 지혜로 중생의 업으로 변화함과 번뇌로 변화함과 모든 견해로 변화함과 세계로 변화함과 법계로 변화함과 성문으로 변화함과 벽지불로 변화함과 보살로 변화함과 여래로 변화함과 일체 분별과 분별없게 변화함을 이와 같은 등등으로 모두 사실 그대로 안다."

"또 부처님의 가지(부처와 중생이 하나가 되는 경지로 들어가는 일)와 법의 가지와 승의 가지와 업의 가지와 번뇌의 가지와 시 때의 가지와 원력의 가지와 공양의 가지와 행의 가지와 겁의 가지와 지혜의 가지를 실상의 본바탕대로 알아서 이와 같은 등등을 다 사실대로 안다."

"또 모든 부처님과 여래의 미세한 지혜에 들어감을 사실대로 아니, 이른바 수행의 미세한 지혜와 목숨을 마치는 미세한 지혜와 태어남의 미세한 지혜와 출가의 미세한 지혜와 신통함을 나타내는 미세한 지혜와 바른 깨우침을 이루는 미세한 지혜와 법륜을 굴리는 미세한 지혜와 목숨을 유지하는 미세한 지혜와 열반에 드는 미세한 지혜와 가르침의 법이 세상에 머무는 지혜이니, 이와 같은 등등을 사실 있는 그대로 안다."

"또 여래의 비밀스러운 처에 들어가니, 이른바 몸의 비밀과 말의 비밀과 마음의 비밀과 때와 때 아님을 생각하는 비밀과 보살에게 수기하는 비밀과 중생을 거두어 주는 비밀과 가지가지 승(乘)의 비밀과 모든 중생의 근기와 행을 차별하는 비밀과 업으로 지어가는 비밀과 보리를 얻는 행의 비밀이니, 이와 같은 등등을 사실 있는 그대로 안다."

"또 모든 부처님이 가지고 있는 겁에 들어가는 지혜를 아니, 이른바 하나의 겁이 아승기 겁에 들어가고 아승기 겁이 하나의 겁에 들어가고 수 있는 겁이 수 없는 겁에 들어가고 수 없는 겁이 수 있는 겁에 들어가고 한 생각이 겁에 들어가고 겁이 한 생각에 들어가고 겁이 겁 아닌 것에 들어가고 겁 아닌 것이 겁에 들어가고 부처님 있는 겁이 부처님 없는 겁에 들어가고 부처님 없는 겁이 부처님 있는 겁에 들어가고 과거 겁과 미래 겁이 현재 겁에 들어가고 현재 겁이 과거 겁과 미래 겁에 들어가고 오랜 겁이 짧은 겁에 들어가고 짧은 겁이 오랜 겁에 들어감이다. 이와 같은 등등을 빠짐없이 다 사실 있는 그대로 안다."

"또 여래가 모든 들어가는 바의 지혜를 아니, 이른바 터럭 같은 도에 들어가는 지혜와 티끌에 들어가는 지혜와 국토의 몸으로 들어가는 바른 깨우침의 지혜와 중생의 행에 들어가는 바른 깨우침의 지혜와 모든 곳을 거스르지 않고 따라 들어가는 바른 깨우침의 지혜와 두루 행함을 나타내 보이는 데 들어가는 지혜와 헤아릴 수 있고 헤아릴 수 없는 세간과 깨달아 알고 깨달아 알지 못하는 행을 보이는 데 들어가는 지혜와 성문의 지혜와 벽지불의 지혜와 보살의 행과 여래의 행을 나타내 보이는 데 들어가는 지혜이다."

"불자여! 모든 부처님이 가지고 있는 지혜가 광대하고 헤아릴 수 없지만, 이 자리의 보살은 능히 모든 곳에 능히 들어간다."

佛子 菩薩摩訶薩住此法雲地 如實知欲界集 色界集 無色界集 世界集 法界集 有爲界集 無爲界集 衆生界集 識界集 虛空界集 涅槃界集 此菩薩如實知諸見煩惱行集 知世界成壞集 知聲聞行集 辟支佛行集 菩薩行集 如來力無所畏色身法身集 一切種

一切智智集 示得菩提轉法輪集 入一切法分別決定智集 舉要言之 以一切智 知一切集 佛子 菩薩摩訶薩以如是上上覺慧 如實知衆生業化 煩惱化 諸見化 世界化 法界化 聲聞化 辟支佛化 菩薩化 如來化 一切分別無分別化 如是等皆如實知 又如實知 佛持 法持 僧持 業持 煩惱持 時持 願持 供養持 行持 劫持 智持 如是等皆如實知 又如實知諸佛如來入微細智 所謂 修行微細智 命終微細智 受生微細智 出家微細智 現神通微細智 成正覺微細智 轉法輪微細智 住壽命微細智 般涅槃微細智 教法住微細智 如是等皆如實知 又入如來秘密處 所謂 身秘密 語秘密 心秘密 時非時思量秘密 授菩薩記秘密 攝衆生秘密 種種乘秘密 一切衆生根行差別秘密 業所作秘密 得菩提行秘密 如是等皆如實知 又知諸佛所有入劫智 所謂 一劫入阿僧祇劫 阿僧祇劫入一劫 有數劫入無數劫 無數劫入有數劫 一念入劫 劫入一念 劫入非劫 非劫入劫 有佛劫入無佛劫 無佛劫入有佛劫 過去未來劫入現在劫 現在劫入過去未來劫 過去劫入未來劫 未來劫入過去劫 長劫入短劫 短劫入長劫 如是等皆如實知 又知如來諸所入智 所謂 入毛道智 入微塵智 入國土身正覺智 入衆生身正覺智 入衆生心正覺智 入衆生行正覺智 入隨順一切處正覺智 入示現徧行智 入示現順行智 入示現逆行智 入示現思議不思議世間了知不了知行智 入示現聲聞智辟支佛智菩薩行如來行智 佛子 一切諸佛所有智慧廣大無量 此地菩薩皆能得入

"불자여! 보살마하살이 이 자리에 머문 후에는 곧바로 보살이 생각으로는 미루어 헤아릴 수 없는 해탈과 막힘이나 걸림이 없는 해탈과 청정하게 자세히 살펴서 들여다보는 해탈과 널리 비추어 밝히는 해탈과 여래 장 해탈과 거스르지 않고 따르는 막힘이나 걸림 없는 바퀴의 해탈과 삼세를 통달하는 해탈과 법계 장 해탈과 해탈한 광명의 바퀴 해탈과 남음이 없는 경계의 해탈을 얻으니, 이 열 가지를 우두머리로 삼아 헤아릴 수 없는 백천 아승기 해탈의 문이 있고 모두 제10 지 가운데서 얻으며, 이와 같을 뿐만 아니라 헤아릴 수 없는 백천 아승기 삼매의 문과 헤아릴 수 없는 백천 아승기 다라니의 문과 헤아릴 수 없는 백천 아승기 신통의 문에 이르기까지 남김없이 다 성취한다."

佛子 菩薩摩訶薩住此地 卽得菩薩不思議解脫 無障礙解脫 淨觀察解脫 普照明解脫 如來藏解脫 隨順無礙輪解脫 通達三世解脫 法界藏解脫 解脫光明輪解脫 無餘境界解脫 此十爲首 有無量百千阿僧祇解脫門 皆於此第十地中得 如是乃至無量百千

阿僧祇三昧門 無量百千阿僧祇陀羅尼門 無量百千阿僧祇神通門 皆悉成就

"불자여! 이 보살마하살이 이와 같은 지혜를 통달한 후에는 헤아릴 수 없는 보리를 거스르지 않고 따르며, 섬세하고 능숙한 선근으로 생각하는 힘을 성취해서 시방에 헤아릴 수 없는 모든 부처님이 가지고 있는 헤아릴 수 없는 큰 법의 광명과 큰 법으로 비춤과 큰 법의 비를 한 생각 사이, 한순간에 다 능히 편안히 하고 능히 받아들이며, 능히 거두어 주고 능히 지킨다. 비유하면 사가라 용왕이 내리는 큰비는 큰 바다를 제외하고 그 어떤 곳도 편안히 하지 못하고 받아들이지 못하고 거두어 주지 못하고 지키지 못하듯이, 여래의 비밀 한 법의 장인 큰 법의 광명과 큰 법의 비침과 큰 법의 비도 역시 차례를 좇아(復) 이와 같기에 오직 제10 지의 보살을 제외하고는 나머지 모든 중생과 성문과 독각 뿐만 아니라 제9 지의 보살에 이르기까지 능히 편안히 하지 못하고 능히 받아들이지 못하고 능히 거두어 주지 못하고 능히 지키지 못한다."

"불자여! 비유하면 큰 바다가 능히 편안히 하고 능히 받아들이며, 능히 거두어 주고 능히 지키고 유지하는 것이 대 용왕이 내린 큰비와 같기에 둘이나 셋뿐만 아니라 헤아릴 수 없는 것에 이르기까지 용왕의 비가 한순간에 일시에 내리더라도 다 능히 편안히 하고 능히 받아들이며, 능히 거두어 주고 능히 지키고 유지한다. 왜 그런가 하면 이것은 헤아릴 수 없고 큰 그릇인 것과 같다. 법운지에 머무는 보살도 역시 차례를 좇아(復) 이와 같기에 능히 편안히 하고 능히 받아들이며, 능히 거두어 주고 능히 지키고 유지하는 것이 한 부처님 법의 광명과 법의 비침과 법의 비와 같으며, 둘이나 셋뿐만 아니라 헤아릴 수 없는 것에 이르기까지 한순간에 일시에 널리 펴서 설하더라도 모두 역시 이와 같다. 그러므로 이 자리의 이름이 '법운'이다."

佛子 此菩薩摩訶薩通達如是智慧 隨順無量菩提 成就善巧念力 十方無量諸佛所有無量大法明 大法照 大法雨 於一念頃皆能安 能受 能攝 能持 譬如娑伽羅龍王所霔大雨 唯除大海 如一切處皆不能安 不能受 不能攝 不能持 如來秘密藏大法明 大法照 大法雨亦復如是 唯除第十地菩薩 餘一切衆生 聲聞 獨覺乃至第九地菩薩 皆不能安 不能受 不能攝 不能持 佛子 譬如大海 能安 能受 能攝 能持一大龍王所霔大雨 若二 若三乃至無量諸龍王雨 於一念間一時霔下 皆能安 能受 能攝 能持 何以故 以是無量廣大器故 住法雲地菩薩亦復如是 能安 能受 能攝 能持一佛法明 法照 法雨

若二 若三乃至無量 於一念頃一時演說 悉亦如是 是故此地名爲 法雲

해탈월 보살이 말했다.
"불자시여! 이 자리의 보살은 한 생각 사이에 몇 여래의 처소를 편안히 하고 받아들이고 거두어 주고 지키고 유지해서 큰 법의 광명과 큰 법의 비침과 큰 법의 비가 됩니까?"
 解脫月菩薩言 佛子 此地菩薩於一念間 能於幾如來所安受攝持大法明 大法照 大法雨

금강장 보살이 말했다.
"불자여! 숫자로는 셈하여 알 수 없으니, 내가 그대를 위해 비유를 들어 말하겠다."
"불자여! 비유하면 시방에 각각 열 가지 말로 이를 수 없는 백천 억 나유타 부처 세계의 티끌 수와 같은 세계가 있다. 그 세계 가운데 한 명 한 명의 중생이 빠짐없이 다라니를 들어 지키고 유지해서 부처님의 시자(侍者)가 되고 성문의 대중 가운데 많이 듣기로 제일인 금강연화상 부처님 처소의 대승 비구와 같지만, 한 중생이 받아들인 법을 나머지에서 다시는 받아들이지 않는다 하면, 불자여! 그대는 어떻게 생각하는가? 이 중생이 받은 모든 법은 일정한 분량이 있겠는가, 일정한 분량이 없겠는가?"
 金剛藏菩薩言 佛子 不可以筭數能知 我當爲汝說其譬諭 佛子 譬如十方各有十不可說百千億那由他佛刹微塵數世界 其世界中一一衆生皆得聞持陀羅尼 爲佛侍者 聲聞衆中多聞第一 如金剛蓮華上佛所大勝比丘 然一衆生所受之法 餘不重受 佛子 於汝意云何 此諸衆生所受之法爲有量耶 爲無量耶

해탈월 보살이 말했다.
"그 수가 매우 많아서 헤아릴 수 없고 끝이 없습니다."
 解脫月菩薩言 其數甚多 無量無邊

금강장 보살이 말했다.
金剛藏菩薩言

"불자여! 내가 그대를 위해 설하여 깨우침에 대한 이해를 얻게 하겠다. 불자여! 이 법운지 보살이 한 분의 부처님 처소에서 한 생각 사이, 한순간에 편안히 받아들이고 거두어 주고 지키고 유지한 큰 법의 광명과 큰 법의 비침과 큰 법의 비, 이 삼세의 법장은 앞에서 이른 세계의 모든 중생이 듣고 지닌 법으로는 백 분의 일에도 미치지 못할 뿐만 아니라 그 어떠한 비유로도 역시 미칠 수 없다."

"한 분의 부처님 계신 곳과 같이 이와 같은 시방에는 앞에서 말한 것과 같은 세계의 티끌 수와 같은 부처님이 차례를 좇아(復) 이 수를 초월해서 헤아릴 수 없고 끝이 없다. 그렇다 하더라도 하나하나의 모든 여래의 처소에 있는 법의 광명과 법의 비침과 법의 비인 삼세 법장을 능히 편안히 하고 능히 받아들이며, 능히 거두어 주고 능히 지키고 유지한다. 이러한 까닭으로 이 자리의 이름을 '법운지'라고 한다."

"불자여! 이 법운지 자리의 보살은 자신의 원력으로 크게 가엾이 여기는 구름을 일으키고 큰 법의 우레를 진동시키며, 육통(六通)과 삼명(三明)과 두려움 없음을 번갯불로 삼고 복덕과 지혜는 빽빽한 구름이 되고 가지가지의 몸을 나타내어 두루두루 가고 오지만, 한 생각 사이에 시방 백천 억 나유타 세계의 티끌 수와 같은 국토에 두루 해서 큰 법을 널리 펴서 설하고 마군과 원수를 꺾어서 굴복시키고 차례를 좇아(復) 이 수를 초월해서 헤아릴 수 없는 백천 억 나유타 세계의 티끌 수와 같은 국토에서 모든 중생이 마음으로 좋아하는 것을 따라 감로의 비를 장맛비처럼 내려서 일체중생의 번뇌 불꽃을 없앤다. 이러한 까닭으로 이 자리의 이름을 '법운지'라 한다."

"불자여! 이 자리의 보살은 하나의 세계에서 도솔천을 좇아 내려올 뿐만 아니라 열반에 이르기까지 마땅히 제도해야 할 중생의 마음을 따라 부처님의 일을 나타내며, 두 번째 세계, 세 번째 세계뿐만 아니라 앞에서 말한 티끌 수와 같은 국토에까지 이르며, 차례를 좇아(復) 이를 초월할 뿐만 아니라 헤아릴 수 없는 백천 억 나유타 세계의 티끌 수와 같은 국토에 이르기까지 빠짐없이 또한 이와 같다. 이러한 까닭으로 이 자리의 이름이 '법운지'다."

佛子 我爲汝說 令汝得解 佛子 此法雲地菩薩 於一佛所一念之頃 所安 所受 所攝 所持大法明 大法照 大法雨 三世法藏 前爾所世界一切衆生所聞持法 於此百分不及

一 乃至譬諭亦不能及 如一佛所 如是十方如前所說 爾所世界微塵數佛復過此數 無量無邊 於彼一一諸如來所所有法明 法照 法雨 三世法藏 皆能安 能受 能攝 能持 是故此地名爲 法雲 佛子 此地菩薩以自願力 起大悲雲 震大法雷 通 明 無畏以爲電光 福德 智慧而爲密雲 現種種身 周旋往返 於一念頃 普徧十方百千億那由他世界微塵數國土 演說大法 摧伏魔怨 復過此數 於無量百千億那由他世界微塵數國土 隨諸衆生心之所樂 霪甘露雨 滅除一切衆惑塵焰 是故此地名爲 法雲 佛子 此地菩薩於一世界從兜率天下乃至涅槃 隨所應度衆生心而現佛事 若二 若三 乃至如上微塵數國土 復過於此 乃至無量百千億那由他世界微塵數國土 皆亦如是 是故此地名爲 法雲

"불자여! 이 자리의 보살은 지혜를 밝게 꿰뚫고 신통이 자재하기에 그 마음의 생각을 따라 좁은 세계로 능히 넓은 세계를 지어가며, 더러운 세계로 청정한 세계를 지어가며, 청정한 세계로 더러운 세계를 지어가며, 어지럽게 머물고 다음과 다음 차례로 머물고 거꾸로 뒤바뀌어 머물고 바르게 머무는 이와 같은 헤아릴 수 없는 모든 세계를 빠짐없이 함께 지어간다."

"늘 마음의 생각을 따라 하나의 티끌 속에 수미산의 화로와 등등의 모든 산과 강을 하나의 세계에 두지만, 티끌로서의 모양이나 상태가 같은 까닭으로 세계는 멸하지 않고 늘 차례를 좇아(復) 하나의 티끌 속에 둘을 두고 셋을 둘 뿐만 아니라 가히 말로는 이를 수 없는 세계 수미산의 화로와 등등의 모든 산과 강에 이르기까지 두지만, 저 언덕(彼岸) 티끌로 드러난 체의 모양이나 상태는 본래와 같고 그 가운데 세계를 남김없이 다 분명하게 나타낸다."

"늘 마음의 생각을 따라 하나의 세계 가운데 두 세계를 장엄해서 나타내 보일 뿐만 아니라 가히 말로는 이를 수 없는 세계의 장엄까지도 나타내 보이고 늘 하나의 세계 장엄 가운데 두 세계뿐만 아니라 가히 말로는 이를 수 없는 세계에 이르기까지 나타내 보이고 늘 마음의 생각을 따라 가히 말할 수 없는 세계 가운데 있는 중생을 하나의 세계에 두고 늘 마음의 생각을 따라 하나의 세계 가운데 있는 중생을 가히 말로는 이를 수 없는 세계에 두지만, 중생을 번거롭게 하거나 해치는 일이 없다."

"늘 마음의 생각을 따라 하나의 털구멍에 모든 부처님의 경계와 장엄한 일을 나타내 보이며, 늘 마음의 생각을 따라 한 생각 가운데, 한순간에 가히 말로는 이를 수 없는 세계의 티끌 수와 같은 몸을 나타내 보이고 하나하나의 몸에 이와 같은 티끌 수의 손을 나타내 보이며, 하나하나의 손에 각각 항하의 모래알 같은 수의 꽃바구니와 향 상자와 꽃 화관과 덮개와 기와 휘장을 잡고 시방에 두루두루 한 부처님에게 공양하고 하나하나의 몸에 차례를 좇아(復) 그러한 티끌 수의 머리를 나타내 보이며, 하나하나의 머리에 차례를 좇아(復) 그러한 티끌 수의 혀를 나타내 보여서 생각마다 시방에 두루두루 한 부처님의 공덕을 찬탄한다."

"늘 마음의 생각을 따라 한 생각 사이, 한순간에 시방에 두루 하기에 바른 깨우침을 이루어 보일 뿐만 아니라 열반 및 국토를 장엄하는 일에 이르기까지 나타내 보이며, 늘 그 몸이 삼세에 두루 함을 나타내어 몸 가운데 헤아릴 수 없는 모든 부처님과 또 부처님의 국토를 장엄하는 일과 세계가 이루어지고 무너짐을 빠짐없이 다 나타내며, 늘 자신의 한 털구멍 가운데서 일체 바람을 일으키지만, 중생을 번거롭게 하거나 해치지 않는다."

"늘 마음의 생각을 따라 끝이 없는 세계로 하나의 큰 바다를 만들고 이 바닷물 가운데 큰 연꽃을 나타내지만, 광명으로 장엄함이 좋아 보이며, 헤아릴 수 없고 끝없는 세계를 두루 덮으며, 그 가운데 큰 보리수로 장엄하는 일을 나타내 보일 뿐만 아니라 일체종의 지혜에 이르기까지 성취함을 보이며, 늘 그 몸을 시방세계의 일체 광명으로 나타내어 마니의 보배 구슬과 해와 달과 별과 구름과 번개의 빛을 모두 나타내며, 늘 입으로 기운을 바람처럼 토해내어 시방의 헤아릴 수 없는 세계를 움직이게 하지만, 중생이 놀라거나 두려운 생각을 가지지 않게 하며, 늘 시방의 풍재(風災)와 화재(火災)와 수재(水災)를 나타낸다."

"늘 중생이 좋아하는 마음을 따라 색신의 장엄을 온전하게 갖추고 나타내 보이며, 늘 자신의 몸에 부처님의 몸을 나타내 보이고 늘 부처님의 몸에 자기의 몸을 나타내 보이고 늘 부처님 몸에 자신의 국토를 나타내 보이고 늘 자신의 국토에 부처님의 몸을 나타내 보인다."

"불자여! 이 법운지 보살은 능히 이와 같음을 나타내며, 또 나머지 헤아릴 수 없는 백천 억 나유타의 자재한 신력을 나타낸다."

佛子 此地菩薩智慧明達 神通自在 隨其心念 能以狹世界作廣世界 廣世界作狹世界 垢世界作淨世界 淨世界作垢世界 亂住 次住 倒住 正住 如是無量一切世界皆能 互作 或隨心念 於一塵中置一世界須彌盧等一切山川 塵相如故 世界不減 或復於一微塵之中置二 置三 乃至不可說世界須彌盧等一切山川 而彼微塵體相如本 於中世

界悉得明現 或隨心念 於一世界中示現二世界莊嚴 乃至不可說世界莊嚴 或於一世界莊嚴中示現二世界 乃至不可說世界 或隨心念 以不可說世界中衆生置一世界 或隨心念 以一世界中衆生置不可說世界 而於衆生無所嬈害 或隨心念 於一毛孔示現一切佛境界莊嚴之事 或隨心念 於一念中示現不可說世界微塵數身 一一身示現如是微塵數手 一一手各執恒河沙數華匳 香篋 鬘蓋 幢幡 周徧十方 供養於佛 一一身復示現爾許微塵數頭 一一頭復現爾許微塵數舌 於念念中 周徧十方 歎佛功德 或隨心念 於一念間普徧十方 示成正覺乃至涅槃 及以國土莊嚴之事 或現其身普徧三世 而於身中有無量諸佛及佛國土莊嚴之事 世界成壞靡不皆現 或於自身一毛孔中出一切風 而於衆生無所惱害 或隨心念 以無邊世界 爲一大海 此海水中現大蓮華 光明嚴好 徧覆無量無邊世界 於中現大菩提樹莊嚴之事 乃至示成一切種智 或於其身現十方世界一切光明 摩尼寶珠 日月星宿 雲電等光靡不皆現 或以口噓氣 能動十方無量世界 而不令衆生有驚怖想 或現十方風災 火災及以水災 或隨衆生心之所樂 示現色身莊嚴具足 或於自身示現佛身 或於佛身而現自身 或於佛身現己國土 或於己國土而現佛身 佛子 此法雲地菩薩能現如是及餘無量百千億那由他自在神力

이때 모임 가운데의 모든 보살 및 하늘과 용과 야차와 건달바와 아수라와 세상을 보호하는 사천왕과 석제환인과 범천왕과 정거천과 마혜수라의 모든 천자 등등이 이러한 생각을 했다.
"그와 같은 보살의 신통과 지혜의 힘이 이와 같다면 부처님은 어떠하겠는가?"
爾時 會中諸菩薩及天 龍 夜叉 乾闥婆 阿修羅 護世四王 釋提桓因 梵天 淨居 摩醯首羅諸天子等 咸作是念 若菩薩神通智力能如是者 佛復云何

이때 해탈월 보살이 모인 모든 대중이 마음으로 이러한 생각을 함을 알고 금강장 보살에게 말했다.
"불자시여! 이 대중이 보살의 신통과 지혜의 힘을 듣고 의심이라는 그물에 떨어졌습니다. 선근이시며, 어진이시여! 그들의 의심을 끊기 위해 보살의 신통한 힘과 장엄한 일을 조금만 나타내어 보여주시길 바랍니다."

爾時 解脫月菩薩知諸衆會心之所念 白金剛藏菩薩言 佛子 令此大衆聞其菩薩神通智力 墮在疑網 善哉仁者 爲斷彼疑 當少示現菩薩神力莊嚴之事

때맞추어 금강장 보살이 곧바로 일체 부처님 국토의 체와 성품 삼매에 들었다. 이 삼매에 들어갈 때, 모든 보살 및 모든 대중이 빠짐없이 자신의 몸이, 금강장 보살의 몸속에 있음을 보았고 그 속에서 남김없이 삼천대천세계에 있는 가지가지의 장엄한 일을 보니, 억겁을 두고 말해도 다 할 수 없음을 보며, 또 그 가운데서 보리수를 보니, 그 몸의 주위가 십만 삼천대천세계가 되고 높이는 백만 삼천대천세계가 되고 가지와 잎으로 덮인 그늘도 역시 차례를 좇아(復) 이와 같았다.

나무의 모양과 양에 맞추어 사자좌가 있고 그 자리 위에 부처님이 계시니, 별호가 '일체지통왕(一切智通王)'이다. 모든 대중이 보니, 그 부처님이 보리수 아래 사자좌에 앉아 계시며, 가지가지의 모든 모양이나 상태를 장엄으로 삼았기에 가령 억겁을 두고 말하더라도 다할 수 없다.

금강장 보살이 이와 같은 큰 신력을 나타내 보인 후에는 모인 대중을 둘러보고는 각각 본래 자리에 있게 하였다. 때맞추어 모든 대중이 지금까지 한 번도 있어 본 적이 없던 일을 보고 이상한 생각을 하면서 묵묵하게 머물며, 금강장 보살을 일심으로 우러러보았다.

時 金剛藏菩薩卽入一切佛國土體性三昧 入此三昧時 諸菩薩及一切大衆 皆自見身在金剛藏菩薩身內 於中悉見三千大千世界 所有種種莊嚴之事 經於億劫說不能盡 又於其中見菩提樹 其身周圍十萬三千大千世界 高百萬三千大千世界 枝葉所蔭 亦復如是 稱樹形量 有師子座 座上有佛 號 一切智通王 一切大衆悉見其佛坐菩提樹下師子座上 種種諸相以爲莊嚴 假使億劫說不能盡 金剛藏菩薩示現如是大神力已 還令衆會各在本處 時 諸大衆得未曾有 生奇特想 默然而住 向金剛藏一心瞻仰

그때 해탈월 보살이 금강장 보살에게 말했다.
"불자시여! 이 삼매는 매우 드물고 큰 세력이 있으니, 이름이 무엇입니까?"
爾時 解脫月菩薩白金剛藏菩薩言 佛子 令此三昧 甚爲希有 有大勢力 其名何等

금강장 보살이 대답했다.
"이 삼매의 이름은 '일체불국토체성(모든 부처님 국토(如來智思惟)의 체와 성품)'이다."
金剛藏言 此三昧名 一切佛國土體性

또 묻기를 "이 삼매의 경계는 무엇입니까?"라고 하니, 대답하기를 "불자여! 그와 같은 보살이 이 삼매를 닦으면 마음으로 생각하는 바를 따라 능히 몸 가운데 항하의 모래알과 같은 세계의 티끌 수와 같은 부처 세계를 나타내며, 차례를 좇아(復) 이 수를 초월해서 헤아릴 수 없고 끝이 없다."라고 하였다.
又問 此三昧境界云何 答言 佛子 若菩薩修此三昧 隨心所念 能於身中現恒河沙世界微塵數佛刹 復過此數 無量無邊

"불자여! 보살이 법운지에 머물면, 이와 같은 등등의 헤아릴 수 없는 백천의 모든 큰 삼매를 얻는 까닭으로 이 보살의 몸과 몸의 업을 헤아려 알 수 없고 말과 말로 지어가는 업과 뜻과 신통의 자재함과 삼세를 자세히 살펴서 들여다봄과 삼매의 경계와 지혜의 경계와 즐겁게 행하는 일체 모든 해탈문과 변화로 지어가는 것과 신력으로 지어가는 것과 광명으로 지어가는 것 등을 간략하게 설할 수 있을 뿐만 아니라 발을 들고 발을 내리는 이와 같은 일체 모든 지어가는 일에 이르기까지이다. 그러나 법왕자주로부터 선혜지에 머무른 보살들은 알지 못한다."
"불자여! 이 법운지 보살이 가진 경계를 간략히 말하면 이와 같지만, 그와 같이 자세히 말한다면 가령 헤아릴 수 없는 백천 아승기 겁을 두고 하더라도 역시 다할 수 없다."
佛子 菩薩住法雲地 得如是等無量百千諸大三昧 故此菩薩身 身業不可測知 語 語業 意 意業 神通自在 觀察三世三昧境界 智慧境界 遊戲一切諸解脫門 變化所作 神力所作 光明所作 略說乃至擧足 下足 如是一切諸有所作 乃至法王子 住善慧地菩薩 皆不能知 佛子 此法雲地菩薩所有境界 略說如是 若廣說者 假使無量百千阿僧祇劫 亦不能盡

해탈월 보살이 말했다.

"불자시여! 그와 같은 보살의 신통한 경계가 이와 같다면, 부처님의 신통한 힘은 그 차례를 좇아(復) 어떠합니까?"

解脫月菩薩言 佛子 若菩薩神通境界如是 佛神通力其復云何

금강장 보살이 말했다.

"불자여! 비유하면 어떤 사람이 사천하에서 흙덩이 하나를 취해서 말하기를 '끝없는 세계, 이 대지의 흙이 많겠는가. 이 흙덩이 하나가 많겠는가?'라고 묻는다. 내가 보니, 그대가 묻는 것도 역시 차례를 좇아(復) 이와 같기에 여래의 지혜는 끝이 없고 비할 것이 없다. 그런데 어떻게 보살의 지혜와 견주어 말할 수 있겠는가."

"또 불자여! 비유하면 사천하에서 미량의 적은 흙을 취한다면, 나머지 흙은 헤아릴 수 없는 것과 같고 이 법운지의 신통과 지혜를 헤아릴 수 없는 겁 동안 단지 아주 조금만 말한 것과 같으니, 하물며 여래의 자리이겠는가."

"불자여! 내가 이제 자네를 위해 다른 일을 끌어다 증명해서 자네가 여래의 경계를 알고 얻게 하겠다."

"불자여! 가령 시방 하나하나의 방위에 각각 끝이 없는 세계의 티끌 수와 같은 부처님의 국토가 있고 하나하나의 국토마다 이와 같은 법운지 자리의 보살이 가득해서 사탕수수와 대나무와 갈대와 벼와 삼대가 우거진 숲과 같고 저 언덕(彼岸)의 모든 보살이 백천 억 나유타 겁 동안 보살행을 닦아서 생한 지혜를 한 분의 여래 지혜의 경계와 비교하면, 백분지 일이라도 미치지 못할 뿐만 아니라 우파니사타 분도 또한 미치지 못한다."

金剛藏言 佛子 譬如有人 於四天下取一塊土 爲無邊世界大地土多 爲此土多 我觀汝問亦復如是 如來智慧無邊無等 云何而與菩薩比量 復次 佛子 如四天下取少許土 餘者無量 此法雲地神通智慧 於無量劫但說少分 況如來地 佛子 我今爲汝引事爲證 令汝得知如來境界 佛子 假使十方 一一方 各有無邊世界微塵數諸佛國土 一一國土 得如是地菩薩充滿 如甘蔗 竹 葦 麻 叢林 彼諸菩薩於百千億那由他劫修菩薩行所生智慧 比一如來智慧境界 百分不及一 乃至優波尼沙陀分亦不能及

"불자여! 이 보살이 이와 같은 지혜에 머물면 여래의 몸과 말과 뜻의 업과 다르지 않고 보살의 모든 삼매의 힘을 버리지 않으며, 수 없는 겁 동안에 일체 모든 부처님을 받들어 섬기고 공양하며, 하나하나의 겁 가운데 모든 종류의 공양 기물로 공양하고 일체 모든 부처님의 신통한 힘을 받아 지혜 광명이 더욱더 더해져서 뛰어나게 되고 법계 가운데 있는 어려운 물음을 선근으로 해석하기에 백천 억겁을 두고도 굽힐 수 있는 자가 없다."

"불자여! 비유하면 금을 다루는 기술이 높은 자가 상품의 빼어난 진금으로 몸에 장엄할 기물을 만들고 큰 마니 보배로 사이사이를 장식한 물건을 자재천왕이 자신의 몸을 장식하면, 그 나머지 천인들의 장엄 기물로는 미칠 수 없는 것과 같이, 이 자리의 보살도 역시 차례를 좇아(復) 이와 같기에 초지로부터 제9 지에 이르는 모든 보살의 지혜와 행으로는 미칠 수 없다."

"이 자리의 보살이 지닌 지혜 광명은 중생들을 일체 지혜의 지혜에 들어가 이르도록 하지만, 나머지 자리의 지혜 광명은 이와 같음이 없다. 불자여! 비유하면 마혜수라천주의 광명은 중생들의 몸과 마음을 청량하게 하기는 하지만, 다른 자리의 광명이 미칠 수 없는 것과 같이, 이 자리 보살의 지혜 광명도 역시 차례를 좇아(復) 이와 같기에 모든 중생이 빠짐없이 청량함을 얻게 할 뿐만 아니라 일체 지혜의 지혜에 머물기에 모든 성문이나 벽지불 뿐만 아니라 제9 지 보살의 지혜 광명으로는 능히 미치지 못한다."

"불자여! 이 보살마하살이 이미 이와 같은 지혜에 편안히 머물고 있지만, 모든 부처님과 세존께서 차례를 좇아(復) 다시 이들을 위해 삼세의 지혜와 법계의 차별된 지혜와 모든 세계에 두루 한 지혜와 모든 세계를 두루 비추는 지혜와 자비로 모든 중생을 생각하는 지혜를 설하니, 요긴한 점을 들어 말하면, 이뿐만 아니라 일체 지혜의 지혜에 이르기까지 얻도록 설한다."

"이 보살이 십바라밀 중에서 지혜 바라밀이 가장 뛰어나고 거듭 더하지만, 나머지 바라밀을 닦지 않는 것은 아니다."

佛子 此菩薩住如是智慧 不異如來身 語 意業 不捨菩薩諸三昧力 於無數劫承事供養一切諸佛 一一劫中以一切種供養之具而爲供養 一切諸佛神力所加 智慧光明轉更增勝 於法界中所有問難善爲解釋 百千億劫無能屈者 佛子 譬如金師以上妙眞金作嚴身具 大摩尼寶鈿廁其間 自在天王身自服戴 其餘天人莊嚴之具所不能及 此地菩薩亦復如是 始從初地乃至九地 一切菩薩所有智行皆不能及 此地菩薩智慧光明 能令衆生乃至入於一切智智 餘智光明無能如是 佛子 譬如摩醯首羅天王光明 能令衆

生身心淸涼 一切光明所不能及 此地菩薩智慧光明亦復如是 能令衆生皆得淸涼 乃至住於一切智智 一切聲聞 辟支佛乃至諸九地菩薩智慧光明悉不能及 佛子 此菩薩摩訶薩已能安住如是智慧 諸佛世尊復更爲說三世智 法界差別智 徧一切世界智 照一切世界智 慈念一切衆生智 擧要言之 乃至爲說得一切智智 此菩薩 十波羅蜜中 智波羅蜜最爲增上 餘波羅蜜非不修行

"불자여! 이 이름을 간략하게 설하면, 보살하마하살의 제10 법운지라고 하지만, 그와 같이 자세하게 말한다면 헤아릴 수 없는 아승기 겁을 두고 말해도 또한 다할 수 없다."

"불자여! 보살이 이 자리에 머문 뒤에는 많은 마혜수라천왕이 되어 법에 자재하며, 중생과 성문과 독각에게 모든 보살의 바라밀 행을 주고 법계 가운데 있는 어려운 물음을 가지고 굽힐 자가 없다. 보시하고 좋은 말을 하고 이익이 되는 행을 하고 함께 일하니, 이와 같게 지어가는 모든 업이 부처님을 생각하는 일에서 벗어나지 않을 뿐만 아니라 일체 종과 일체 지혜의 지혜에 이르기까지 곧 온전하게 갖출 때까지 부처님 생각함을 벗어나지 않는다."

"차례를 좋아(復) 생각하기를 '내가 마땅히 모든 중생의 우두머리가 되고 뛰어나게 될 뿐만 아니라 일체 지혜의 지혜가 의지하는 자가 될 것이다.'라고 한다. 그와 같이 부지런히 정진하면, 한 생각 사이, 한순간에 이보다 열 배 이상, 말로는 이를 수 없는 백천 억 나유타 부처 세계의 티끌 수와 같은 삼매를 얻을 뿐만 아니라 이러한 티끌 수와 같은 보살에 이르기까지 나타내어 보여서 권속으로 삼는다. 그와 같은 보살이 특히 뛰어난 원력(初發心)으로 자재하게 나타내 보이면, 이 수(數)를 초월하니, 이른바 같은 수행과 같은 장엄과 같은 믿음과 이해함과 같이 지어감과 같은 몸과 같은 말과 같은 광명과 같은 신통 변화와 같은 음성과 같이 행하는 곳뿐만 아니라 백천 억 나유타 겁을 보내더라도 수(數)를 알지 못한다."

佛子 是名 略說菩薩摩訶薩第十法雲地 若廣說者 假使無量阿僧祇劫亦不能盡 佛子 菩薩住此地 多作摩醯首羅天王 於法自在 能授衆生 聲聞 獨覺 一切菩薩波羅蜜行 於法界中所有問難無能屈者 布施 愛語 利行 同事 如是一切諸所作業 皆不離念佛 乃至不離念具足一切種 一切智智 復作是念 我當於一切衆生中爲首 爲勝 乃至爲一切智智依止者 若勤加精進 於一念頃 得十不可說百千億那由他佛剎微塵數三昧

乃至示現爾所微塵數菩薩以爲眷屬 若以菩薩殊勝願力自在示現 過於此數 所謂 若修行 若莊嚴 若信解 若所作 若身若語 若光明 若諸根 若神變 若音聲 若行處 乃至百千億那由他劫不能數知

"불자여! 이 보살마하살의 십지, 이 십지의 행하는 모양이나 상태가 차례를 따라(復) 앞에 나타나기에 곧 일체 지혜의 지혜에 들어간다. 비유하면 아뇩달의 연못에서 4개의 큰 강이 흘러나오고 그 강이 염부제에 두루 해서 물이 다하지 않고 차례를 좇아(復) 다시 거듭(復次) 더해지고(復有) 늘어나며, 바다에까지 들어가 가득 차게 하는 것과 같다."

"불자여! 보살도 또한 이와 같기에 보리심으로부터 선근의 큰 원, 이 원의 물이 흘러나와 사섭법으로 중생을 충만하게 하지만, 다함이 없고 차례를 좇아(復) 다시 거듭 더해지고 늘어나면서 모든 지혜에까지 들어가 충만하게 한다."

佛子 此菩薩摩訶薩十地行相次第現前 則能趣入一切智智 譬如阿耨達池出四大河 其河流注徧閻浮提 旣無盡竭 復更增長 乃至入海 令其充滿 佛子 菩薩亦爾 從菩提心流出善根大願之水 以四攝法充滿衆生 無有窮盡 復更增長 乃至入於一切智海 令其充滿

"불자여! 보살의 십지는 부처님의 지혜로 인하여 차별이 있는 것이니, 대지로 인하여 열 산왕이 있는 것과 같다."

"무엇이 열인가 하면, 이른바 설산 왕과 향산 왕과 비타리산 왕과 신선산 왕과 유건다 산왕과 마이산 왕과 니민타라산 왕과 작갈라산 왕과 계도말저 산왕과 수미노산 왕이다."

"불자여! 설산 왕은 모든 약초가 있어서 취해서 골라잡더라도 다할 수 없듯이, 보살이 머무는 환희지 역시 차례를 좇아(復) 이와 같기에 일체 세간의 경서와 기예와 문장과 게송과 주술 등등이 다 그 가운데 있기에 설하더라도 다할 수 없다."

"불자여! 향산 왕은 일체 모든 향이 그 가운데 다 모여있기에 취해서 가진다 해도, 다함이 없는 것과 같이, 보살이 머무는 이구지 역시 차례를 좇아(復) 이와 같아서 모든 보살의 계행과 위의가 그 가운데 있기에 설하더라도 다할 수 없다."

"불자여! 비타리 산왕은 순수한 보배로 이루어진 것이고 일체 많은 보배가 다 그 가운데 있기에 취해서 가지더라도 다하지 않는 것과 같이, 보살이 머무는 발광지 역시 차례를 좇아(復) 이와 같아서 모든 세간의 선정과 신통과 해탈과 삼매와 삼마발저가 그 가운데 있기에 설하더라도 다할 수 없다."

"불자여! 신선산 왕은 순수한 보배로 이루어진 것이며, 오신통의 신선이 그 가운데 머물고 다하고 다함이 없는 것과 같이, 보살이 머무는 염혜지 역시 차례를 좇아(復) 이와 같아서 모든 도 가운데 특히 뛰어난 도가 그 가운데 있기에 설하더라도 다할 수 없다."

"불자여! 유건타라산 왕은 순수한 보배로 이루어진 것이고 야차 대신이 다 그 가운데 머물면서 다함이 없는 것과 같이, 보살이 머무는 난승지 역시 차례를 좇아(復) 이와 같아서 모든 자재한 여의 신통이 다 그 가운데 있기에 설하더라도 다할 수 없다."

"불자여! 마이산 왕은 순수한 보배로 이루어졌고 일체 모든 결과가 다 그 가운데 있어서 취해서 가지더라도 다함이 없는 것과 같이, 보살이 머무는 현전지 역시 차례를 좇아(復) 이와 같아서 연기의 이치로 들어가 성문의 결과를 증거하는 일이 다 그 가운데 있기에 설하더라도 다할 수 없다."

"나미타라산 왕은 순수한 보배로 이루어진 것이고 큰 힘을 가지 용신이 모두 그 가운데 머물러서 다하고 다함이 없는 것과 같이, 보살이 머무는 원행지 역시 차례를 좇아(復) 이와 같아서 방편 지혜로 독각의 결과를 증거하는 일이 다 그 가운데 있기에 설하더라도 다할 수 없다."

"작갈라산 왕은 순수한 보배로 이루어졌고 모든 자재한 대중이 다 그 가운데 있어서 다하고 다함이 없는 것과 같이, 보살이 머무는 부동지 역시 차례를 좇아(復) 이와 같아서 모든 보살이 자재하게 행하는 차별 세계가 모두 그 가운데 있기에 설하더라도 다할 수 없다."

"계도말저산 왕은 순수한 보배로 이루어져 있고 큰 위덕의 아수라왕이 모두 그 가운데 머물기에 다하고 다함이 없는 것과 같이, 보살이 머무는 선혜지 역시 차례를 좇아(復) 이와 같아서 일체 세간의 생하고 멸하는 지혜의 행이 다 그 가운데 있기에 설하더라도 다할 수 없다."

"수미로산 왕은 순수한 보배로 이루어졌으며, 큰 위덕의 모든 하늘이 다 그 가운데 머물러서 다하고 다함이 없는 것과 같이, 보살이 머무는 법운지 역시 차례를 좇아(復) 이와 같아서 여래의 힘과 두려움 없음과 함께 하지 않는 모든 부처님의 일이 다 그 가운데 있기에 묻고 답하고 베풀어 설하더라도 다할 수 없다."

佛子 菩薩十地 因佛智故而有差別 如因大地有十山王 何等爲十 所謂 雪山王 香山

王 鞞陀梨山王 神仙山王 由乾陀山王 馬耳山王 尼民陀羅山王 斫羯羅山王 計都末底山王 須彌盧山王 佛子 如雪山王 一切藥草咸在其中 取不可盡 菩薩所住歡喜地亦復如是 一切世間經書 技藝 文頌 呪術咸在其中 說不可盡 佛子 如香山王 一切諸香咸在其中 取不可盡 菩薩所住離垢地亦復如是 一切菩薩戒行 威儀咸在其中 說不可盡 佛子 如鞞陀梨山王 純寶所成 一切衆寶咸在其中 取不可盡 菩薩所住發光地亦復如是 一切世間禪定神通 解脫三昧 三摩鉢底咸在其中 說不可盡 佛子 如神仙山王 純寶所成 五通神仙咸在其中 無有窮盡 菩薩所住焰慧地亦復如是 一切道中殊勝智慧咸在其中 說不可盡 佛子 如由乾陀羅山王 純寶所成 夜叉大神咸在其中 無有窮盡 菩薩所住難勝地亦復如是 一切自在如意神通咸在其中 說不可盡 佛子 如馬耳山王 純寶所成 一切諸果咸在其中 取不可盡 菩薩所住現前地亦復如是 入緣起理聲聞果證咸在其中 說不可盡 如尼民陀羅山王 純寶所成 大力龍神咸在其中 無有窮盡 菩薩所住遠行地亦復如是 方便智慧獨覺果證咸在其中 說不可盡 如斫羯羅山王 純寶所成 諸自在衆咸在其中 無有窮盡 菩薩所住不動地亦復如是 一切菩薩自在行差別世界咸在其中 說不可盡 如計都山王 純寶所成 大威德阿修羅王咸在其中 無有窮盡 菩薩所住善慧地亦復如是 一切世間生滅智行咸在其中 說不可盡 如須彌盧山王 純寶所成 大威德諸天咸在其中 無有窮盡 菩薩所住法雲地亦復如是 如來力 無畏 不共法 一切佛事咸在其中 問答宣說 不可窮盡

"불자여! 이 열 가지 보배 산왕이 큰 바다에 함께 있기는 하지만, 차별로 인하여 이름을 얻었으니, 보살의 십지(十地)도 역시 차례를 좇아(復) 이와 같아서 모든 지혜 가운데 함께 있기에 차별된 이름을 얻는다."

"불자여! 비유하면 큰 바다가 열 가지의 모양이나 상태로 큰 바다라는 이름을 얻었기에 옮기거나 빼앗을 수 없으니, 무엇이 열인가 하면, 1은 차례를 따라 점점 깊어지는 것이며, 2는 죽은 시신을 받아들이지 않는 것이며, 3은 그 외의 물은 가운데 들어가 모두 본래의 이름을 잃는 것이며, 4는 두루두루 서로 똑같은 맛이며, 5는 헤아릴 수 없는 진귀한 보배이며, 6은 밑바닥까지 이를 수 없는 것이며, 7은 광대하고 헤아릴 수 없는 것이며, 8은 큰 몸이 차지하는 것이며, 9는 바닷물의 들고 남이 경계를 뛰어넘지 않는 것이며, 10은 두루 큰 비를 받아들이지만, 차고 넘침이 없는 것과 같기에 보살의 행 역시 차례를 좇아(復) 이와 같은 열 가지 모양이나 상태를 쓰는 까닭으로 이름이 '보살행菩薩行'이며, 옮기거나 빼앗을 수 없으니, 무엇이 열이 되는가? 이른바 환희지(歡喜地)는 큰 원을 출생해서 점차로 깊어지는 까닭이며, 이구지(離垢地)는 모든 파계한 시체를 받아들이지 않는 까닭이며, 발광지(發光地)는 세간에서 거짓으로 붙인 이름을 버리고 벗어나는 까닭이며, 염혜지(焰慧地)는 부처님의 공덕과 더불어 맛이 같은 까닭이며, 난승지(難勝地)는 헤아릴 수 없는 방편과 신통과 세간에서 지어가는 많은 진귀한 보배를 출생하는 까닭이며, 원행지(遠行地)는 광대한 깨우침의 지혜를 선근으로 자세히 살펴서 들여다보는 까닭이며, 부동지(不動地)는 광대하게 장엄하는 일을 나타내 보이는 까닭이며, 선혜지(善慧地)는 깊은 해탈을 얻어 세간에서 행하지만, 실상의 본바탕을 알아 경계를 지나치게 넘지 않는 까닭이며, 법운지(法雲地)는 일체 모든 부처님 여래의 큰 법의 밝은 비를 받아들이지만, 싫어함과 만족함이 없는 까닭이다."

"불자여! 비유하면 큰 마니 구슬은 열 가지 성품이 있으며, 많은 보배를 초월해서 나아가니, 무엇이 열이 되는가? 1은 큰 바다를 좇아 나아감이며, 2는 섬세하고 능숙한 장인이 다스리는 이치이며, 3은 원만해서 결함이 없는 것이며, 4는 청정해서 허물이나 잘못을 벗어나는 것이며, 5는 안과 밖이 밝게 통하는 것이며, 6은 섬세하고 능숙한 선근으로 구멍을 뚫는 것이며, 7은 보배 실로 꿰는 것이며, 8은 유리의 가장 꼭대기에 당기를 두는 것이며, 9는 가지가지의 광명을 두루 놓은 것이며, 10은 왕의 뜻을 따라 많은 보물을 내리고 중생들의 마음에 그 원을 가득 채워주는 것이다."

"불자여! 보살도 역시 차례를 좇아(復) 이와 같음을 마땅히 알고 열 가지의 일이 많은 성인을 초월해 나아가니, 무엇이 십이 되는가 하면, 1은 일체 지혜의 마음을 일으킴이며, 2는 계를 지니어 가지는 두타의 바른 행으로 밝고 청정해지는 것이며, 3은 모든 선 삼매가 원만해서 흠이 없는 것이며, 4는 도를 행함이 맑고 순수해서 모든 허물과 더러움을 벗어나는 것이며, 5는 방편과 신통으로 안과 밖을 꿰뚫는 것이며, 6은 연기(緣起)의 지혜로 선근을 꿰뚫는 것이며, 7은 가지가지의 방편과 지혜의 실로 꿰는 것이며, 8은 자재함을 높은 당기 위에 두는 것이며, 9는 중생의 행을 살펴보아서 듣고 지니어 가지는 광명을 놓은 것이며, 10은 부처님 지혜의 직위를 받아 부처님 가운데 들어가 중생을 위해 광대하게 부처님의 일을 지어가는 것이다."

佛子 此十寶山王 同在大海 差別得名 菩薩十地亦復如是 同在一切智中 差別得名 佛子 譬如大海 以十種相 得大海名 不可移奪 何等爲十 一 次第漸深 二 不受死屍

三 餘水入中皆失本名 四 普同一味 五 無量珍寶 六 無能至底 七 廣大無量 八 大身
所居 九 潮不過限 十 普受大雨 無有盈溢 菩薩行亦復如是 以十相故 名菩薩行 不可
移奪 何等爲十 所謂歡喜地 出生大願漸次深故 離垢地 不受一切破戒屍故 發光地
捨離世間假名字故 焰慧地 與佛功德同一味故 難勝地 出生無量方便神通 世間所作
衆珍寶故 現前地 觀察緣生甚深理故 遠行地 廣大覺慧善觀察故 不動地 示現廣大莊
嚴事故 善慧地 得深解脫行於世間 如實而知不過限故 法雲地 能受一切諸佛如來大
法明雨無厭足故 佛子 譬如大摩尼珠有十種性出過衆寶 何等爲十 一者從大海出 二
者巧匠治理 三者圓滿無缺 四者淸淨離垢 五者內外明徹 六者善巧鑽芽 七者貫以寶
縷 八者置在琉璃高幢之上 九者普放一切種種光明 十者能隨王意雨衆寶物 如衆生
心充滿其願 佛子 當知菩薩亦復如是 有十種事出過衆聖 何等爲十 一者發一切智心
二者持戒頭陀 正行明淨 三者諸禪三昧 圓滿無缺 四者道行淸白 離諸垢穢 五者方便
神通 內外明徹 六者緣起智慧 善能鑽芽 七者貫以種種方便智縷 八者置於自在高幢
之上 九者觀衆生行 放聞持光 十者受佛智職 墮在佛數 能爲衆生廣作佛事

"불자여! 이 일체 종과 일체 지혜의 공덕을 모으는 보살행의 법문 품이란, 그와 같은 모든 중생이 선근을 심지 않으면 얻어들을 수 있는 것이 아니다."
佛子 此集一切種 一切智功德菩薩行法門品 若諸衆生不種善根不可得聞

해탈월 보살이 말했다.
"이 법문을 들으면 얼만큼의 복을 얻습니까?"
解脫月菩薩言 聞此法門 得幾所福

금강장 보살이 말했다.
"일체 지혜로 모으는 공덕과 같이 이 법문을 듣는 공덕도 이와 같으니, 어찌 된 까닭인가 하면, 이 공덕 법문을 듣지 않고서는 믿고 이해하고 받아 지녀서 읽거나 따지지 못한다. 하물며 어찌 꾸준히 노력해서 정진하고 말한 대로 수행할 수 있겠는가. 이러한 까닭으로 마땅히 알아야만 한다. 중요한 점은 이 일체 지혜를 모으는 공덕 법문의 들음을 얻어야만, 능히 믿고 이해하고 받아 지니고 닦아 익힐 수 있으니, 그런 후에야 일체 지혜의 자리에 이를 수 있다."

金剛藏菩薩言 如一切智所集福德 聞此法門福德如是 何以故 非不聞此功德法門而能信解 受持 讀誦 何況精進 如說修行 是故當知 要得聞此集一切智功德法門 乃能信解 受持 修習 然後至於一切智地

이때 부처님의 신력과 법이 이와 같은 까닭으로 시방 각각 십억 부처 세계의 티끌 수와 같은 세계가 여섯 종류, 열여덟의 모양이나 상태로 진동하니, 이른바 움직임, 두루 움직임, 모두 두루 움직임, 들썩들썩, 두루 들썩들썩, 모두 두루 들썩들썩, 울쑥불쑥 솟아남, 두루 울쑥불쑥 솟아남, 모두 두루 울쑥불쑥 솟아남, 우르릉, 두루 으르릉, 모두 두루 으르릉, 와르릉, 두루 와르릉, 모두 두루 와르릉, 와지끈, 두루 와지끈, 모두 두루 와지끈하는 것이다.

많은 하늘의 꽃과 하늘의 꽃 화관과 하늘의 옷과 하늘의 보배 장엄 기물과 당기와 번기와 비단 덮개를 내리고 하늘의 악기로 연주하고 그 소리가 화평하게 다 함께 동시에 소리를 일으켜서 일체 지혜의 자리에 있는 공덕을 찬탄하였다.

이 세계에서처럼 타화자재천왕 궁전에서도 이 법을 널리 펴서 설하고 시방의 모든 세계에서도 모두 역시 이와 같았다.

이때 차례를 좇아(復) 부처님의 신력으로 시방에 각각 십억 부처 세계의 티끌 수와 같은 세계 밖에 있는 십억 부처 세계의 티끌 수와 같은 보살이 이 모임에 와서 이와 같은 말을 했다.

"선근이시다. 선근이시다. 금강장이시여! 시원하게 이 법을 설하시니, 우리는 또한 이름이 모두 '금강장'이며, 머무는 세계를 각각 차별하지만, 이름이 모두 '금강덕'이며, 부처님 호도 '금강당'이다. 우리 등도 본래의 세계 가운데 머물러 있기에 다 여래의 위신력을 받들어 이 법을 설하니, 모인 대중이 남김없이 평등하고 문자와 글귀와 뜻도 이 설함과 더불어 늘거나 줄어드는 것이 없다. 모두 부처님의 신력으로 이 모임에 와서 그대들을 위해 증명하는 것이니, 우리 등이 지금 이 세계에 들어온 것과 같이, 이와 같은 시방 일체 세계도 모두 역시 이와 같음에 가서 증명하는 것이다."

爾時 佛神力故 法如是故 十方各有十億佛刹微塵數世界六種十八相同 所謂 動 徧動 等徧動 起 徧起 等徧起 涌 徧涌 等徧涌 震 徧震 等徧震 吼 徧吼 等徧吼 擊 徧擊 等徧擊 雨衆天華 天鬘 天衣 及諸天寶莊嚴之具 幢幡 繒蓋 奏天妓樂 其音和雅 同時發聲 讚一切智地所有功德 如此世界他化自在天王宮演說此法 十方所有一切世界悉亦如是 爾時 復以佛神力故 十方各有十億佛刹微塵數世界外 有十億佛刹微塵數菩薩而來此會 作如是言 善哉善哉 金剛藏 快說此法 我等悉亦同名 金剛藏 疏住世界各各差別 悉名 金剛德 佛號 金剛幢 我等住在本世界中 皆承如來威神之力而說此法 衆會悉等 文字句義與此所說無有增減 悉以佛神力而來此會 爲汝作證 如我等今者入此世界 如是十方一切世界悉亦如是而往作證

이때 금강장 보살이 시방에 모인 모든 대중이 법계에 두루 한 것을 자세히 살펴서 들여다보고는 일체 지혜의 지혜를 얻으려는 마음을 칭찬하며, 보살의 경계를 나타내 보이고자 하며, 보살행의 힘을 청정하게 다스리고자 하며, 일체 종, 이 지혜의 도를 설하여 거두어 취하게 하고자 하며, 일체 세간의 허물이나 잘못을 없애 주고자 하며, 일체 지혜를 베풀어 주고자 하며, 헤아릴 수 없는 지혜의 장엄을 나타내어 보이고자 하며, 일체 보살의 모든 공덕을 나타내 보이고자 하며, 이와 같은 자리의 뜻을 더욱더 열어 나타내고자 하여, 부처님의 신력을 받들어 게송으로 말했다.

爾時 金剛藏菩薩觀察十方一切衆會 普周法界 欲讚歎發一切智智心 欲示現菩薩境界 欲淨治菩薩行力 欲說攝取一切種智道 欲除滅一切世間垢 欲施與一切智 欲示現不思議智莊嚴 欲顯示一切菩薩諸功德 欲令如是地義轉更開顯 承佛神力而說頌言

其心寂滅恒調順 그 마음이 적멸하기에 항상 거스르지 않고 화합하며
平等無礙如虛空 평등하고 막힘이나 걸림이 없기에 허공과 같으며,
離諸垢濁住於道 모든 허물과 더러움을 벗어나 도에 머무르니
此殊勝行汝應聽 이러한 뛰어난 행을 그대는 마땅히 들어야 한다네.

百千億劫修諸善 백천 억겁 동안 모든 선근의 행을 닦아
供養無量無邊佛 헤아릴 수 없고 끝없는 부처님을 공양하고

聲聞獨覺亦復然 성문과 독각도 역시 차례를 좇아 그러하니
爲利衆生發大心 중생에게 이익이 되기 위해 큰마음을 일으킨다네.

精勤持戒常柔忍 게으름 피우지 않고 부지런히 계를 지키고 유지하며 항상 참고 부드러우며
慚愧福智皆具足 부끄러워함과 복과 지혜를 빠짐없이 온전하게 갖추고
志求佛智修廣慧 부처님의 지혜를 구하고자 널리 불쌍히 여김을 닦아서
願得十力發大心 원으로 십력을 얻어 큰마음을 일으킨다네.

三世諸佛咸供養 삼세의 부처님을 모두 공양하고
一切國土悉嚴淨 일체 국토를 남김없이 장엄하여 청정하게 하며
了知諸法皆平等 모든 법이 빠짐없이 다 평등함을 분명하게 깨달아 알아서
爲利衆生發大心 중생의 이익을 위해 큰마음을 일으킨다네.

住於初地生是心 초지에 머무르면서 이 마음을 생하여
永離衆惡常歡喜 많은 악으로부터 영원히 벗어나 항상 환희하며
願力廣修諸善法 원력으로 광대한 모든 선근의 법을 닦아서
以悲愍故入後位 가엾이 여기고 불쌍히 여기는 까닭으로 이구지(離垢地)에 든다네.

戒聞具足念衆生 계를 듣고 온전하게 갖추어 중생을 생각하며
滌除垢穢心明潔 허물과 더러움을 씻어내니 마음이 밝고 깨끗해지고
觀察世間三毒火 세간의 독한 세 가지 불을 자세히 살펴서 들여다보고
廣大解者趣三地 광대하게 이해하는 자가 3지, 발광지(發光地)에 나아간다네.

三有一切皆無常 삼유의 모든 것이 다 항상 함이 없고
如箭入身苦熾然 화살에 맞은 듯 고통이 성하니
厭離有爲求佛法 유위를 싫어하고 벗어나 부처님 법을 구하는
廣大智人趣焰地 광대한 지혜의 사람이 염혜지(焰慧地)로 나아간다네.

念慧具足得道智 가엾이 여기는 생각을 온전하게 갖추고 도지(道智.菩提)를 얻어서

供養百千無量佛 헤아릴 수 없는 백천의 부처님을 공양하고
常觀最勝諸功德 항상 최고로 뛰어난 모든 공덕을 자세히 보니
斯人趣入難勝地 이 사람이 난승지(難勝地)에 들어간다네.

智慧方便善觀察 지혜와 방편을 선근으로 자세히 살펴서 들여다보고
種種示現救衆生 가지가지로 나타내 보여서 중생을 구하며
復供十力無上尊 차례를 좇아 위 없는 십력의 세존을 이바지하면
趣入無生現前地 생이 없는 현전지(現前地)에 들어간다네.

世所難知而能知 세간에서 알기 어려운 것을 능히 알고
不受於我離有無 나를 받아들이지 않으면서 있음과 없음으로부터 벗어나며
法性本寂隨緣轉 법의 성품은 본래 고요하지만, 연분을 따라 전하니
得此微妙向七地 이 작고 빼어남을 얻어 7지, 원행지(遠行地)로 향한다네.

智慧方便心廣大 지혜와 방편으로 마음이 광대해서
難行難伏難了知 행하기 어렵고 조복하기 어렵고 분명하게 깨우쳐 알기 어렵기에
雖證寂滅勤修習 비록 적멸을 증득했지만, 부지런히 닦고 익혀서
能趣如空不動地 능히 허공과 같은 부동지(不動地)로 나아간다네.

佛勸令從寂滅起 부처님이 말씀으로 권하여 적멸을 좇아 일어나
廣修種種諸智業 가지가지의 모든 지혜의 업을 광대하게 닦아서
具十自在觀世間 열 가지 자재를 갖추고 세간을 자세히 살펴
以此而昇善慧地 이렇듯 선혜지(善慧地)에 오른다네.

以微妙智觀衆生 섬세하고 빼어난 지혜로 중생의
心行業惑等稠林 마음으로 행하는 업과 혹하는 등등의 빽빽한 숲을 자세히 살펴보고
爲欲化其令趣道 그들을 가르쳐 이끌어서 도에 나아가게 하고자
演說諸佛勝義藏 모든 부처님의 뛰어난 이치의 장을 널리 펴서 설한다네.

次第修行具衆善 차례를 따라 수행해서 많은 선근을 갖추고
乃至九地集福慧 9지에 이르기까지 복과 지혜를 모으며
常求諸佛最上法 항상 모든 부처님의 최상의 법을 구하여
得佛智水灌其頂 부처님 지혜의 물을 얻어 그 정수리에 붓는다네.

獲得無數諸三昧 수 없는 모든 삼매를 손에 넣고
亦善了知其作業 또한 선근으로 그 업을 지어감을 분명하게 깨우쳐 알기에
最後三昧名受職 최후 삼매의 이름으로 직책을 받아들이지만
住廣大境恒不動 광대한 경계에 머물기에 항상 움직이지 않는다네.

菩薩得此三昧時 보살이 이 삼매를 얻을 때
大寶蓮華忽然現 큰 보배 연꽃이 홀연히 나타나
身量稱彼於中坐 몸의 양이 저(彼岸)와 맞기에 가운데 앉으니
佛子圍遶同觀察 불자가 둘러싸고 함께 자세히 들여다본다네.

放大光明百千億 백천 억의 큰 광명을 놓아
滅除一切衆生苦 모든 중생의 고통을 없애버리고
復於頂上放光明 차례를 좇아 정수리 위에 광명을 놓아
普入十方諸佛會 시방 모든 부처님의 모임에 두루 들어간다네.

悉住空中作光網 모두 허공 가운데 머물며 빛의 그물을 만들어
供養佛已從足入 부처님에게 공양하고 좇아 들어감을
卽時諸佛悉了知 바로 그때 모든 부처님이 남김없이 아시니
今此佛子登職位 이 불자들이 직위에 오르는 것이라네.

十方菩薩來觀察 시방의 보살들이 와서 자세히 살펴서 들여다보니
受職大士舒光照 대사들이 받은 직위로 광명을 놓아 비추고
諸佛眉間亦放光 모든 부처님도 미간으로부터 역시 광명을 놓아
普照而來從頂入 널리 비추고는 와서 정수리를 좇아 들어간다네.

十方世界咸震動 시방세계가 다 진동하고
一切地獄苦消滅 모든 지옥의 고통이 사라져 없어지며
是時諸佛與其職 이때 모든 부처님이 그 직위를 주시니
如轉輪王第一子 전륜왕의 첫째 아들과 같다네.

若蒙諸佛與灌頂 그와 같은 모든 부처님이 정수리에 물을 부어주면
是則名登法雲地 곧바로 법운지에 올랐다 이름하니
智慧增長無有邊 지혜가 거듭 더해지고 늘어나 끝이 없기에
開悟一切諸世間 일체 모든 세간을 지혜로 열어 깨우침을 깨닫게 한다네.

欲界色界無色界 욕계와 색계와 무색계와
法界世界衆生界 법계와 세계와 중생계와
有數無數及虛空 수가 있음과 수 없음과 또 허공에 이르기까지
如是一切咸通達 이와 같은 일체를 모두 통달한다네.

一切化用大威力 일체를 생육하는 위엄과 덕망의 큰 힘과
諸佛加持微細智 모든 부처님이 깨우침까지 함께해 주시는 미세한 지혜와
秘密劫數毛道等 비밀스러운 겁의 수와 깃털과 같은 도 등등을
皆能如實而觀察 빠짐없이 실상의 본바탕대로 자세히 살펴서 들여다본다네.

受生捨俗成正道 생을 받아들이고 세속을 버리고 바른 도를 이루고
轉妙法輪入涅槃 빼어난 법의 바퀴를 굴리고 열반에 들고
乃至寂滅解脫法 뿐만 아니라 적멸과 해탈의 법에 이르기까지
及所未說皆能了 또 설하지 않는 것까지 빠짐없이 분명하게 깨우쳐 마친다네.

菩薩住此法雲地 보살이 법운지에 머문 후에는
具足念力持佛法 생각하는 힘을 온전하게 갖추고 부처님 법을 가지니
譬如大海受龍雨 비유하면 큰 바다가 용의 비를 받아들이듯
此地受法亦復然 이 자리에서 받은 법 역시 차례를 좇아 그러하다네.

十方無量諸衆生 시방의 헤아릴 수 없는 모든 중생이
悉得聞持持佛法 남김없이 모두 들음을 지니고 부처님 법을 가지더라도
於一佛所所聞法 한 분의 부처님 처소에서 들은 법은
過於彼數無有量 그 수를 초월해서 헤아릴 수가 없다네.

以昔智願威神力 이전의 지혜와 원과 위신력으로
一念普徧十方土 한 생각, 한순간에 시방 국토에 널리 두루 하고
霪甘露雨滅煩惱 감로의 비를 내려서 번뇌를 없애며
是故佛說名法雲 이러한 까닭으로 부처님이 설하시기를 법운지라 이름한다네.

神通示現徧十方 신통을 나타내 보여 시방에 두루 하고
超出人天世間境 인간과 천상과 세간의 경계를 뛰어넘지만
復過是數無量億 차례를 좇아 이 수를 초월해서 헤아릴 수 없는 억이니
世智思惟必迷悶 세상의 지혜로 사유하면 반드시 깨우치지 못하고 헤맬 것이라네.

一擧足量智功德 발을 한 번 드는 양의 지혜와 공덕과
乃至九地不能知 뿐만 아니라 9 지에 이르기까지 알지 못하거늘
何況一切諸衆生 하물며 어찌 일체 모든 중생
及以聲聞辟支佛 및 성문과 벽지불이 알겠는가.

此地菩薩供養佛 이 자리의 보살이 부처님을 공양하고
十方國土悉周徧 시방 국토에 빠짐없이 두루두루 하며
亦供現前諸聖衆 또한 눈앞의 모든 성인의 대중을 공양해서
具足莊嚴佛功德 이를 온전하게 갖추고 부처님의 공덕을 장엄한다네.

住於此地復爲說 이 자리에 머문 후에는 차례를 좇아
三世法界無礙智 삼세 법계의 막힘이나 걸림이 없는 지혜를 설하고
衆生國土悉亦然 중생과 국토 또한 남김없이 그러하며
乃至一切佛功德 뿐만 아니라 부처님의 모든 공덕에 이르기까지 설한다네.

此地菩薩智光明 이 자리의 보살이 지혜의 광명으로
能示衆生正法路 중생에게 바른 법의 길을 보여주니
自在天光除世暗 자재천의 광명이 세간의 어둠을 없애는 것과 같이
此光滅暗亦如是 이 광명이 어둠을 없앰도 또한 이와 같다네.

住此多作三界王 이 자리에 머물고는 많은 삼계의 왕이 되고
善能演說三乘法 선근으로 삼승의 법을 널리 펴서 설하며
無量三昧一念得 헤아릴 수 없는 삼매를 한 생각에 얻으며
所見諸佛亦如是 모든 부처님을 보는 일 또한 이와 같다네.

此地我今已略說 이 자리의 공덕을 내가 지금 간략하게 설했지만
若欲廣說不可盡 그와 같이 넓게 설하고자 한다면 다 할 수 없으며
如是諸地佛智中 이 자리는 부처님의 지혜 가운데
如十山王嶷然住 열 분의 산 왕과 같이 우뚝 솟아 머문다네.

初地藝業不可盡 초지, 환희지(歡喜地)에 따른 궁극의 업은 다할 수 없음이
譬如雪山集衆藥 비유하면 설산에 많은 약초가 모여있는 것과 같고
二地戒聞如香山 2지, 이구지(離垢地)의 계를 들음은 향 산과 같고
三如鞞陀發妙華 3지, 발광지(發光地)는 바다가 빼어난 꽃을 피운 것과 같고
焰慧道寶無有盡 4지 염혜지(焰慧地)의 보배 도는 다할 수 없음이
譬如仙山仁善住 비유하면 신선 산에 어진 선근이 머무는 것과 같으며
五地神通如由乾 5지, 난승지(難勝地)의 신통은 하늘을 통하는 것과 같고
六如馬耳具衆果 6지, 현전지(現前地)는 큰 귀에 많은 결과를 갖춘 것과 같고
七地大慧如尼民 7지, 원행지(遠行地)의 크게 가엾이 여기는 마음은 니민과 같고
八地自在如輪圍 8지, 부동지(不動地)의 자재함은 윤위산과 같고
九地計都集無礙 9지, 선혜지(善慧地)는 계도가 막힘이나 걸림이 없음을 모은 것과 같고
十如須彌具衆德 10지, 법운지(法雲地)는 많은 덕을 갖춘 수미와 같다네.

初地願首二持戒 초지는 원이 으뜸이며, 2 지는 계를 지니고 유지하며

三地功德四專一 3 지는 공덕이며, 4 지는 마음과 힘을 오로지 한 곳에만 쓰는 것이며
五地微妙六甚深 5 지는 섬세하고 빼어남이며, 6 지는 깊고 깊은 것이며
七廣大慧八莊嚴 7 지는 광대하게 가엾이 여기는 마음이며 8 지는 장엄이며
九地思量微妙義 9 지는 사량하는 섬세하고 빼어난 뜻이
出過一切世間道 일체 세간의 도를 초월해서 나아감이며
十地受持諸佛法 10 지는 모든 부처님 법을 받아 지녀서 유지하는 것이니
如是行海無盡竭 이와 같은 행의 바다가 다함이 없고 마르지 않는다네.

十行超世發心初 열 가지의 행은 세상을 초월하니 초지는 마음을 일으킴이며
持戒第二禪第三 계를 지녀 유지함은 제2 지이며, 선정은 제3 지이며
行淨第四成就五 행이 청정함은 제4 지이며, 성취는 제5 지이며
緣生第六貫穿七 인을 따라 결과를 내는 연은 제6 지이며, 실로 꿰는 것은 제7 지이며
第八置在金剛幢 제8 지는 금강 당기에 두는 것이며
第九觀察衆稠林 제9 지는 빽빽한 많은 숲을 자세히 살펴서 들여다보는 것이며
第十灌頂隨王意 제10 지는 정수리에 물을 붓은 의식으로 왕의 뜻을 따르는 것이니
如是德寶漸清淨 이와 같은 공덕의 보배가 점점 청정해지는 것이라네.

十方國土碎爲塵 시방의 국토를 잘게 부수어 티끌로 만들더라도
可於一念知其數 한 생각, 한순간에 그 수를 알고
毫末度空可知量 가는 털끝으로 허공을 재서 양을 안다 하더라도
億劫說此不可盡 이 공덕은 억겁을 두고 말해도 다할 수 없는 것이라네.

대방광불화엄경 제40권

27. 십정품(1)
　　十定品第二十七之一

　이때 세존이 마갈제국 아란야 법 보리도량에서 비로소 바른 깨우침을 이루시고 보광명전에서 모든 부처님의 찰나 경계 삼매에 드셨다. 일체 지혜에 자재한 신통력으로 여래의 몸을 나타내니, 청정해서 막힘이나 걸림이 없고 의지할 것이 없고 속된 인연에 끌림이 없고 사마타에 머물기에 최고로 지극히 적정하고 큰 위엄과 덕을 갖추고 물들고 집착하는 일이 없고 보는 이들을 남김없이 깨우침을 깨달아 얻게 하고 마땅함을 따라 때를 놓치지 않고 항상 한 가지 모양이나 상태에 머무니, 이른바 모양이나 상태가 없다(無相).

　열 부처 세계의 티끌 수와 같은 보살마하살이 함께 하셨으니, 모두 정수리에 물을 붓은 지위, 곧 관정지위(灌頂之位)에 들어가 보살행을 갖추고 법계와 평등하며, 헤아릴 수 없고 끝없는 모든 보살의 두루 보는 삼매(普見三昧)를 얻고 가엾이 여기는 큰마음으로 모든 중생을 편안하게 하고 신통의 자재함이 여래와 같고 지혜가 깊은 곳까지 들어가 진실한 이치를 널리 펴고 일체 지혜를 갖추어 많은 마를 항복 받고 비록 세간에 들어가지만, 마음은 항상 적정하며, 보살의 머무는 바 없는 해탈에 머무는 이들이다.

　그 이름을 말하면, 금강혜 보살, 무등혜 보살, 의어혜 보살, 최승혜 보살, 상사혜 보살, 나가혜 보살, 성취혜 보살, 조순혜 보살, 대력혜 보살, 난사혜 보살, 무애혜 보살, 증상혜보살, 보공혜 보살, 여리혜 보살, 선교혜 보살, 법자재혜 보살, 법혜 보살, 적정혜 보살, 허공혜 보살, 일상혜 보살, 선혜 보살, 여환혜 보살, 광대혜 보살, 세력혜 보살, 세간혜 보살, 불지혜 보살, 진실혜 보살, 존승혜 보살, 지광혜 보살, 무변혜 보살과 염장엄 보살, 달공제 보살, 성장엄 보살, 심심경 보살, 선해처비처 보살, 대광명 보살, 상광명 보살, 요불종 보살, 심왕 보살, 일행 보살, 상현신통 보살, 지혜아 보살, 공덕처 보살, 법등 보살, 조세 보살, 지세 보살, 최안은 보살, 최상 보살, 무상 보살, 무비 보살, 초륜 보살, 무애행 보살, 광명염 보살, 월광 보살, 일진 보살, 견고행 보살, 주법우 보살, 최승당 보살, 보장엄 보살, 지안 보살, 법안 보살, 혜운 보살, 총지왕 보살, 무주원 보살, 지장 보살, 심왕 보살, 내각혜 보살,

주불지 보살, 다라니용건력 보살, 지지력 보살, 묘월 보살, 수미정 보살, 보정 보살, 보광조 보살, 위덕왕 보살, 지혜륜 보살, 대위덕 보살, 대용상 보살, 질직행 보살, 불퇴전 보살, 지법당 보살, 무망실 보살, 섭제취 보살, 부사의결정혜 보살, 유희무변지 보살, 무진묘법장 보살, 지일 보살, 법일 보살, 지장보살, 지택 보살, 보견 보살, 불공견 보살, 금강용 보살, 금강지 보살, 금강염 보살, 금강혜 보살, 보안 보살, 불일 보살, 지불금강비밀의 보살, 보안경계지장엄 보살이다.

이와 같은 등등의 보살마하살이 십 부처 세계의 티끌 수와 같이 있으니, 옛적에 비로자나 여래와 함께 보살의 모든 선근으로 행을 닦은 이들이었다.

爾時 世尊在摩竭提國阿蘭若法菩提場中始成正覺 於普光明殿入刹那際諸佛三昧 以一切智自神通力現如來身 淸淨無礙 無所依止 無有攀緣 住奢摩他最極寂靜 見大威德無所染著 能令見者悉得開悟 隨宜出興不失於時 恒住一相所謂無相 與十佛刹微塵數菩薩摩訶薩俱 靡不皆入灌頂之位 具菩薩行 等于法界無量無邊 獲諸菩薩普見三昧 大悲安隱一切衆生 神通自在 同於如來智慧深入 演眞實義 具一切智 降伏衆魔 雖入世間心恒寂靜 住於菩薩無住解脫 其名曰 金剛慧菩薩 無等慧菩薩 義語慧菩薩 最勝慧菩薩 常捨慧菩薩 那伽慧菩薩 成就慧菩薩 調順慧菩薩 大力慧菩薩 難思慧菩薩 無礙慧菩薩 增上慧菩薩 普供慧菩薩 如理慧菩薩 善巧慧菩薩 法自在慧菩薩 法慧菩薩 寂靜慧菩薩 虛空慧菩薩 一相慧菩薩 善慧菩薩 如幻慧菩薩 廣大慧菩薩 勢力慧菩薩 世間慧菩薩 佛地慧菩薩 眞實慧菩薩 尊勝慧菩薩 智光慧菩薩 無邊慧菩薩 念莊嚴菩薩 達空際菩薩 性莊嚴菩薩 甚深境菩薩 善解處非處菩薩 大光明菩薩 常光明菩薩 了佛種菩薩 心王菩薩 一行菩薩 常現神通菩薩 智慧芽菩薩 功德處菩薩 法燈菩薩 照世菩薩 持世菩薩 最安隱菩薩 最上菩薩 無上菩薩 無比菩薩 超倫菩薩 無礙行菩薩 光明焰菩薩 月光菩薩 一塵菩薩 堅固行菩薩 霪法雨菩薩 最勝幢菩薩 普莊嚴菩薩 智眼菩薩 法眼菩薩 慧雲菩薩 摠持王菩薩 無住願菩薩 智藏菩薩 心王菩薩 內覺慧菩薩 住佛智菩薩 陀羅尼勇健力菩薩 持地力菩薩 妙月菩薩 須彌頂菩薩 寶頂菩薩 普光照菩薩 威德王菩薩 智慧輪菩薩 大威德菩薩 大龍相菩薩 質直行菩薩 不退轉菩薩 持法幢菩薩 無忘失菩薩 攝諸趣菩薩 不思議決定慧菩薩 遊戲無邊智菩薩 無盡妙法藏菩薩 智日菩薩 法日菩薩 智藏菩薩 智澤菩薩 普見菩薩 不空見菩薩 金剛通菩薩 金剛智菩薩 金剛焰菩薩 金剛慧菩薩 普眼菩薩 佛日菩薩 持佛金剛秘密義菩薩 普眼境界智莊嚴菩薩 如是等菩薩摩訶薩十佛刹微塵數 往昔皆與毘盧遮那如

來同修菩薩諸善根行

이때 보안 보살마하살이 부처님의 신력을 받들고 자리에서 일어나 오른쪽 어깨를 드러내고 오른쪽 무릎을 땅에 대고 합장하면서 부처님께 여쭈었다.
爾時 普眼菩薩摩訶薩承佛神力從座而起 偏袒右肩 右膝著地 合掌白佛言

"세존이시여! 제가 여래이시고 응공이며, 정등각이 되시는 분께 묻고자 하니, 원하건대 불쌍히 여기시고 허락해 주시길 바랍니다."
부처님이 말씀하셨다.
"보안이여! 그대는 마음껏 물어보라. 마땅히 그대를 위해 설하여 자네의 마음을 기쁘게 하리라."
보안 보살이 말했다.
"세존이시여! 보현보살과 또 보현의 행과 원에 머무는 모든 보살 대중은 얼마나 많은 삼매와 해탈을 성취하였기에 보살의 모든 큰 삼매에 들기도 하고 늘 나오기도 하며, 늘 때를 따라 편안히 머물며, 생각으로 미루어 알 수 없는 보살의 광대한 삼매 선근으로 들고 나오시니, 이러한 까닭으로 모든 삼매에 자재하고 신통한 변화에는 쉼이 없습니까?"
부처님이 말씀하셨다.
"선근이로다. 보안이여! 그대는 과거, 미래, 현재의 모든 보살 대중에게 이익을 주기 위해 이 같은 뜻을 물은 것이로구나. 보안이여! 보현보살이 현재 이곳에 있으니, 이미 생각으로는 미루어 헤아릴 수 없는 자재한 신통을 성취하여 일체 모든 보살의 자리를 초월하였기에 만나기 어렵고 헤아릴 수 없는 보살행을 좇아 생하였으며, 보살의 큰 원이 이미 모두 청정하며, 수행하는 모든 행에서 물러나지 않으며, 헤아릴 수 없는 바라밀의 문과 막힘이나 걸림이 없는 다라니 문과 다함이 없는 변재의 문을 얻어서 청정하기에 막힘이나 걸림이 없으며, 크게 가엾이 여기는 마음으로 모든 중생을 이익이 되도록 하고 본래의 원력으로 미래의 경계가 다 하도록 싫어하거나 게으름이 없다. 자네는 그에게 마땅히 청해라. 그가 마땅히 그대를 위해서 그 삼매의 자재한 해탈을 설해줄 것이다."
世尊 我於如來 應 正等覺 欲有所問 願垂哀許 佛言 普眼 恣汝所問 當爲汝說 令汝

心喜 普眼菩薩言 世尊 普賢菩薩及住普賢所有行願諸菩薩衆 成就幾何三昧解脫 而於菩薩諸大三昧或入 或出 或時安住 以於菩薩不可思議廣大三昧善入出故 能於一切三昧自在神通變化無有休息 佛言 善哉 普眼 汝爲利益去 來 現在諸菩薩衆而問斯義 普眼 普賢菩薩今現在此 已能成就不可思議自在神通 出過一切諸菩薩上 難可值遇 從於無量菩薩行生 菩薩大願悉已淸淨 所行之行皆無退轉 無量波羅蜜門 無礙陀羅尼門 無盡辯才門皆悉已得 淸淨無礙 大悲利益一切衆生 以本願力盡未來際而無厭倦 汝應請彼 彼當爲汝說其三昧自在解脫

이때 모임 가운데 모든 보살이 보현이라는 이름을 듣고 생각으로는 미루어 알 수 없고 헤아릴 수 없는 삼매를 얻었기에 마음에 막힘이나 걸림이 없고 적정하기에 흔들리지 않으며, 지혜가 광대하기에 그 양을 헤아려 알기 어렵고 경계가 깊고 깊기에 더불어 평등할 것이 없으며, 눈앞에 수 없는 모든 부처님을 보며, 여래의 힘을 얻어 여래의 성품과 같기에 과거, 미래, 현재를 밝게 비추고 가지고 있는 복과 덕을 다하고 다할 수 없으며, 모든 신통을 빠짐없이 다 온전하게 갖추었다.

그 모든 보살이 보현보살을 존중하는 마음을 내고 목마름과 같이 우러르고 보고자 하여 모인 대중이 자세히 살펴서 두루 들여다보지만, 끝내는 뵙지 못하고 또한 그 앉은 자리마저도 볼 수가 없으니, 이는 여래의 위력을 지님으로 인한 까닭이며, 또한 이는 보현의 신통함이 자재하기에 그렇게 되는 것이다.

爾時 會中諸菩薩衆聞普賢名 卽時獲得不可思議無量三昧 其心無礙寂然不動 智慧廣大難可測量 境界甚深無能與等 現前悉見無數諸佛 得如來力 同如來性 去 來 現在靡不明照 所有福德不可窮盡 一切神通皆已具足 其諸菩薩於普賢所 心生尊重 渴仰欲見 悉於衆會周徧觀察而竟不睹 亦不見其所坐之座 此由如來威力所持 亦是普賢神通自在使其然耳

이때 보안 보살이 부처님에게 여쭈었다.
"세존이시여! 보현보살이 지금 어디에 있습니까?"
부처님이 말씀하셨다.

"보안이여! 보현보살은 지금 현재 이 도량에 모인 대중 가운데 있으면서 나와 가까이 있고 처음부터 움직이거나 옮기지 않았다."

이때 보안 및 모든 보살이 차례를 좇아(復) 도량에 모인 대중을 자세히 들여다보면서 보현보살을 두루 찾다가 부처님에게 여쭈었다.

"세존이시여! 저희 등등이 지금 보현보살의 몸과 자리를 볼 수가 없습니다."

부처님이 말씀하셨다.

"이와 같음이라. 선남자여! 그대들이 보현보살을 볼 수 없음은 이러한 까닭이다. 선남자여! 보현보살이 머무는 곳은 매우 깊고 깊어서 가히 말로는 할 수 없는 까닭이다. 보현보살은 끝이 없는 지혜의 문을 얻고 사자의 위엄을 떨치는 삼매, 곧 사자분신삼매(師子奮迅三昧)에 들었으며, 위 없는 자재한 쓰임새를 얻어서 청정하고 막힘이나 걸림이 없는 경계에 들었으며, 여래의 열 가지 힘을 내어 법계의 장(如是如是.解脫.寂滅.寂靜.禪定.三昧.二乘地.如來地.涅槃.般涅槃.眞如.善根思惟)을 몸으로 삼았고 모든 여래가 함께 보호하려는 생각으로 한 생각, 한순간에 삼세 모든 부처님의 차별이 없는 지혜를 증득하여 들어갔다. 이러한 까닭으로 그대들은 보고 듣지 못한다."

爾時 普眼菩薩白佛言 世尊 普賢菩薩今何所在 佛言 普眼 普賢菩薩今現在此道場衆會 親近我住 初無動移 是時 普眼及諸菩薩復更觀察道場衆會 周遍求覓 白佛言 世尊 我等今者猶未得見普賢菩薩其身及座 佛言 如是 善男子 汝等何故而不得見 善男子 普賢菩薩住處甚深不可說故 普賢菩薩獲無邊智慧門 入師子奮迅定 得無上自在用 入淸淨無礙際 生如來十種力 以法界藏爲身 一切如來共所護念 於一念頃悉能證入三世諸佛無差別智 是故汝等不能見耳

이때 보안 보살이 여래가 설하는 보현보살의 청정한 공덕을 들으며, 십 천 아승기 삼매를 얻고 삼매의 힘으로 차례를 좇아(復) 자세히 살펴서 두루 들여다보고 목마름에 우러르고 보현보살을 보고자 하였지만, 역시 보지 못하였고 그 나머지 일체 모든 보살 대중도 함께 보지 못하였다.

때맞춰 보안 보살이 삼매를 좇아 일어나 부처님에게 여쭈었다.

"세존이시여! 제가 십 천 아승기 삼매에 들어가 보현보살을 보려 하였으나 끝내는 보지 못하고 그의 몸 및 몸으로 지어가는 업과 말 및 말로 지어가는 업과 뜻 및 뜻으로 지어가는 업을 보지 못하였으며, 앉은 자리와 머무는 곳도 보지 못하였습니다."

부처님이 말씀하셨다.

"이와 같음이라. 이와 같음(如是如是)이라. 선남자여! 마땅히 알아야 한다네. 이는 모두 보현보살이 생각으로는 미루어 헤아릴 수 없는 해탈에 머무는 힘이다. 보안이여! 자네의 뜻은 어떠한가? 어떤 사람이 약간의 환술과 문자 가운데 가지가지 허깨비의 모양이나 상태가 머무는 곳, 처를 말할 수 있겠는가? 없겠는가?"

보안 보살이 답했다.

"말할 수 없습니다."

부처님이 말씀하셨다.

"보안이여! 허깨비 가운데 허깨비의 모양이나 상태도 말할 수 없거늘, 하물며 보현보살의 비밀스러운 몸의 경계와 비밀스러운 말의 경계와 비밀스러운 뜻의 경계, 그 가운데를 어떻게 들어갈 수 있겠으며, 볼 수가 있겠는가. 무슨 까닭인가 하면, 보현보살은 깊고 깊기에 사람의 생각으로는 미루어 헤아릴 수 없으며, 양이 없고 이미 양을 초월했으니, 요점을 들어 말하면, 보현보살은 금강 같은 지혜로 법계에 두루 들어갔으며, 모든 세계에 행할 것도 없고 머무를 곳도 없으며, 모든 중생의 몸은 다 몸이 아님을 알고 갈 것도 없으며 올 것도 없고 끊어지고 다함도 없으며, 차별이 없으며, 신통이 자재하며, 의지함도 없고 지어감도 없으며, 움직이고 전함도 없으며, 법계의 끝, 끝닿은 경계까지 이른다. 선남자여! 그와 같은 보현보살을 보거나 그와 같이 받들어 섬김을 얻거나 그와 같이 이름을 듣거나 그와 같이 사유함이 있거나 그와 같이 기억해서 생각하거나 그와 같이 믿음과 이해를 내거나 그와 같이 부지런히 살펴서 들여다보거나 그와 같이 비로소 향해 나아가거나 그와 같이 바르게 구하고 찾거나 그와 같이 서원을 일으켜서 이어받고 끊어지지 않으면, 모두 이익을 얻어 헛되게 보내는 일이 없다."

이때 보안 및 모든 보살 대중이 보현보살을 보고자 목마름에 우러르는 마음을 내고 이와 같은 말을 하였다.

"나무 일체 제불" "나무 보현보살"

이와 같음을 세 번 부르고 땅에 엎드려 정중하게 예를 올렸다.

이때 부처님이 보안 보살 및 모든 대중에게 가르침을 주기 위해 말씀하셨다.

"모든 불자여! 그대들은 마땅히 보현보살에게 다시 예를 올려 절하고 은근하게 청해서 구해야만 한다. 또 오로지 지극한 마음으로 시방을 자세히 살펴보고 보현의 몸이 앞에 있는 것처럼 생각하고 이와 같은 사유가 법계에 두루두루 해서 깊은 마음으로 믿고 이해하며, 모든 것을 벗어나고 보현보살과 더불어 행과 원을 동일하게 하여 둘이 없는 진실한 법에 들어가고 그 몸을 일체 세간에 두루 나타내어 중생의 차별된 모든 근을 남김없이 알고 일체 처에 두루두루 한 보현의 도를 두루두루 모으길 맹세하라. 그와 같이 이와 같은 큰 원을 일으켜 시작하면 곧 보현보살을 보게 될 것이다."

이때 보안 보살이 부처님의 이 말씀을 듣고 모든 보살과 더불어 한때 엎드려 예를 올리고 보현보살 보기를 청했다.

이때 보현보살이 곧 해탈 신통의 힘으로 응하는 바와 같이 이들을 위해 색신을 나타내어 저 언덕(彼岸)의 모든 보살에게 보현보살이 여래와 친근하게 일체 모든 보살 대중 가운데의 연꽃 자리에 앉아있음을 보게 하였다. 또 나머지 모든 세계와 모든 부처님의 처소에서 저 언덕(彼岸)을 좇아 차례차례 끊이지 않고 오는 것을 보게 하고 또 저 언덕(彼岸)의 일체 부처님 처소에서 차별되는 일체 모든 보살의 행을 널리 펴서 설하고 일체 지혜의 지혜인 도를 열어 보이고 모든 보살의 신통을 밝게 열어 분명하게 하고 모든 보살의 위엄과 공덕을 분별하고 삼세 모든 부처님을 나타내 보였다.

이때 보안 보살과 모든 보살 대중이 이 신통 변화를 보고 마음으로 뛸 듯이 기뻐하면서 큰 환희심을 내고 보현보살에게 머리를 숙여 예를 올리고 마음으로 존중함을 내어 시방의 일체 모든 부처님을 뵙는 듯이 하였다.

이때 부처님이 지니신 큰 위신의 힘과 또 모든 보살의 믿음과 이해하는 힘과 보현보살의 본래 원력의 힘으로 십 천 종류의 구름을 자연스럽게 내리니, 이른바 가지가지의 꽃구름과 가지가지의 화관 구름과 가지가지의 향 구름과 가지가지의 말 향 구름과 가지가지의 덮개 구름과 가지가지의 옷구름과 가지가지의 장엄 기물 구름과 가지가지의 진귀한 보배구름과 가지가지의 사르는 향 구름과 가지가지의 비단 구름 등이다.

말로 이를 수 없는 세계가 여섯 종류로 진동을 하고 하늘의 악기로 연주하니, 그 소리가 멀리까지 들리고 말로는 이를 수 없는 세계에 큰 광명을 놓으니, 그 빛이 말로 이를 수 없는 세계를 두루 비추어서 삼악취를 남김없이 없애버리고 말로 이를 수 없는 세계를 장엄하고 청정하게 하며, 말로는 이를 수 없는 보살들을 보현의 행에 들게 하고 말로는 이를 수 없는 보살들이 보현의 행을 이루게 하며, 말로 이를 수 없는 보살들이 보현의 행과 원을 원만하게 해서 아뇩다라삼먁삼보리를 이루게 하였다.

이때 보안 보살이 부처님에게 말했다.

"세존이시여! 보현보살은 큰 위엄과 덕에 머무는 이고 그 이상 더할 수 없음에 머무는 이며, 뛰어넘을 수 없음에 머무는 이며, 물러감이 없는데 머무는 이며, 평등함에 머무는 이며, 무너지지 않음에 머무는 이며, 모든 차별하는 법에 머무는 이며, 모든 차별하지 않는 법에 머무는 이며, 모든 중생의 섬세하고 능숙한 선근에 머무는 데 머무는 이며, 모든 법에 자재한 해탈 삼매에 머무는 이입니다."

부처님이 말씀하셨다.

"이와 같고 이와 같음(如是如是)이라. 보안이여! 그대가 말한 것과 같이 보현보살이 아승기의 청정한 공덕이 있으니, 이른바 그 이상 더 할 수 없는 장엄 공덕과 헤아릴 수 없는 보배 공덕과 생각으로 헤아릴 수 없는 바다와 같은 공덕과 헤아릴 수 없는 모양이나 상태의 공덕과 끝없는 구름의 공덕과 끝닿은 경계가 없고 이를 수 없고 기록할 수 없는 공덕과 다함이 없는 법의 공덕과 말로는 이를 수 없는 공덕과 모든 부처님의 공덕과 이르고 떨치고 칭찬하고 감탄해도 다할 수 없는 공덕이다."

이때 여래가 보현보살에게 가르침을 주고자 말씀하셨다.

"보현이여! 그대는 응당 보안과 이 모임 가운데 보살 대중 모두를 위해 열 가지 삼매를 설하여 선근으로 들어가 보현보살이 가지고 있는 행과 원을 원만하게 이루도록 해야만 한다."

"모든 보살마하살은 이 열 가지 큰 삼매를 설하는 까닭으로 과거 보살들이 이미 벗어나 나아감을 얻게 하였고 현재 보살들이 이제 벗어나 나아감을 얻게 하고 미래의 보살들이 앞으로 오는 세상에서 벗어나 나아감을 얻게 하니, 무엇이 열인가 하면, 1은 광명이 두루 한 큰 삼매(普光大三昧)이고 2는 빼어난 광명의 큰 삼매(妙光大三昧)이고 3은 차례를 따라 모든 부처님 국토에 두루 가는 큰 삼매(次第徧往諸佛國土大三昧)이고 4는 청정하고 깊은 마음으로 행하는 큰 삼매(淸淨深心行大三昧)이고 5는 과거를 장엄하는 장과 같은 큰 삼매(知過去莊嚴藏大三昧)이고 6은 지혜 광명의 장 큰 삼매(智光明藏大三昧)이고 7은 모든 세계가 부처님의 장엄임을 분명하게 깨우쳐 아는 큰 삼매(了知一切世界佛莊嚴大三昧)이고 8은 중생을 차별하는 몸의 큰 삼매(衆生差別身大三昧)이고 9는 법계에 자재한 큰 삼매(法界自在大三昧)이고 10은 걸림이나 막힘없는 바퀴의 큰 삼매(無礙輪大三昧)이다."

"이 열 가지 큰 삼매는 모든 대보살이 선근으로 능히 들어갔으며, 과거, 미래. 현재의 일체 모든 부처님이 이미 설하셨고 장차 설하실 것이고 지금 설하신다."

"그와 같은 모든 보살이 사랑하고 즐거워하고 존중하면서 닦아 익히는 일에 게으르지 않으면 곧 성취하게 될 것이니, 이와 같은 사람을 이름하여 '부처'라 하고 이름하여 '여래'라 하며, 또한 이름하여 '열 가지 힘을 얻은 사람'이라 하고 또한 이름이 '도사'이며, 또한 이름이 '대 도사'이며, 또한 이름이 '일체 지혜'이며, 또한 '일체를 보는 이'라 하며, 또한 이름이 '걸림이나 막힘이 없음에 머무름'이라 하며, 또한 이름이 '모든 경계를 통달함'이며, 또한 이름이 '일체 법에 자재한 이'라 한다."

"이 보살은 모든 세계에 두루두루 들어가지만, 세계에 집착하는 바가 없으며, 모든 중생계에 두루두루 들어가지만, 중생을 취하는 바가 없으며, 모든 몸에 두루두루 들어가지만, 몸으로 인하여 막힘이나 걸리는 바가 없으며, 모든 법계(如是如是.解脫.寂滅.寂靜.禪定.三昧.二乘地.如來地.涅槃.般涅槃.眞如.善根思惟)에 두루두루 들어가지만, 법계란 끝이 없음을 알고 삼세의 모든 부처님을 친근히 하고 일체 모든 부처님의 법을 분명하게 보고 섬세하고 능숙한 모든 문자를 설하고 모든 빌려 쓴 이름을 분명하게 깨우쳐 통하고 모든 보살의 청정한 도를 성취하고 모든 보살의 차별된 행에 편안히 머물고 한 생각, 한순간에 일체 삼세의 지혜를 두루 얻고 일체 삼세의 법을 두루 알고 일체 모든 부처님의 가르침을 두루 설하고 일체를 두루 전함에 물러나지 않고 과거, 미래, 현재 하나하나 세상의 모든 보리의 도를 두루 증득하고 이 하나하나의 보리 가운데 모든 부처님이 설한 바를 분명하게 깨우쳐 두루 안다."

"이는 모든 보살의 법, 이 법의 모양이나 상태의 문이며, 이는 모든 보살이 지혜를 깨우치는 문이며, 이는 일체 종지(種智)의 뛰어남을 없게 하는 뛰어난 당기의 문이며, 이는 보현보살의 모든 행과 원의 문이며, 이는 용맹스럽게 통하는 신통과 서원의 문이며, 이는 일체를 다 지니어 가지는 변재의 문이며, 이는 삼세 모든 법의 차별된 문이며, 이는 일체 모든 부처님이 나타내 보이는 문이며, 이는 살바야로 모든 중생의 문을 편안히 세우며, 부처님의 신통으로 일체 세계의 문을 장엄해서 청정하게 하는 문이다."

"그와 같은 보살이 이 삼매에 들어가 법계의 힘을 얻어 다하고도 다함이 없고 허공과 같은 행을 얻어 막힘이나 걸림이 없으며, 법왕의 자리를 얻어 헤아릴 수 없이 자재하니, 비유하면 세간에서 정수리에 물을 붓은 직책을 받음과 같고 끝이 없는 지혜를 얻어 일체를 통달하고 광대한 힘을 얻어 열 가지가 원만하고 다툼이 없는 마음을 이루어 적멸의 경계에 들어가고 크게 가엾이 여김과 두려움 없음이 마치 사자와 같고 지혜로운 장부가 되어 바른 법의 밝은 등불을 밝히고 일체 공덕을 칭찬해도 다할 수 없고 성문이나 독각은 헤아릴 수 없다."

"법계(如是如是.解脫.寂滅.寂靜.禪定.三昧.二乘地.如來地.涅槃.般涅槃.眞如.善根思惟)의 지혜를 얻어 움직임이 없는 경계에 머물지만, 세속을 따라 능히 가지가지로 열어 널리 펴고 모양이나 상태가 없는 데 머물지만, 선근으로 법의 모양이나 상태에 들어가며, 제 성품의 청정한 장(如是如是.解脫.寂滅.寂靜.禪定.三昧.二乘地.如來地.涅槃.般涅槃.眞如.善根思惟)을 얻어 여래의 청정한 가문에 태어나며, 선근으로 가지가지 차별되는 법의 문을 열지만, 지혜로 가지고 있는 것이 없음을 분명하게 깨우쳐 알며, 선근으로 때를 알아 항상 법보시를 하고 모든 깨우침을 깨달아 얻기에 이름이 '지혜로운 자'이며, 중생을 널리 거두어 주어 모두 청정하게 하며, 방편 지혜로 부처님의 도를 이룸을 보이지만, 항상 보살의 행을 수행해서 끊어지지 않고 다함이 없으며, 모든 지혜의 방편 경계에 들어가서 가지가지의 광대한 신통을 나타낸다."

"보현이여! 이러한 까닭으로 자네는 응당 모든 보살의 열 가지 큰 삼매를 분별해서 말해야만 한다. 이제 이곳에 모인 대중이 빠짐없이 모두 듣기를 원한다."

爾時 普眼菩薩聞如來說普賢菩薩淸淨功德 得十千阿僧祇三昧 以三昧力復徧觀察 渴仰欲見普賢菩薩 亦不能睹 其餘一切諸菩薩衆俱亦不見 時 普眼菩薩從三昧起 白佛言 世尊 我已入十千阿僧祇三昧 求見普賢而竟不得 不見其身及身業 語及語業 意及意業 座及住處 悉皆不見 佛言 如是如是 善男子 當知皆以普賢菩薩住不思議解脫之力 普眼 於汝意云何 頗有人能說幻術文字中種種幻相所住處不 答言 不也 佛言 普眼 幻中幻相尙不可說 何況普賢菩薩秘密身境界 秘密語境界 秘密意境界 而於其中能入能見 何以故 普賢菩薩境界甚深 不可思議 無有量 已過量 擧要言之 普賢菩薩以金剛慧普入法界 於一切世界無所行 無所住 知一切衆生身皆卽非身 無去無來 得無斷盡 無差別自在神通 無依無作 無有動轉 至於法界究竟邊際 善男子 若有得見普賢菩薩 若得承事 若得聞名 若有思惟 若有憶念 若生信解 若勤觀察 若始趣向 若正求覓 若興誓願 相續不絶 皆獲利益 無空過者 爾時 普眼及一切菩薩衆於普賢菩薩心生渴仰 願得瞻覲 作如是言 南無一切諸佛 南無普賢菩薩 如是三稱 頭頂禮敬 爾時 佛告普眼菩薩及諸衆會言 諸佛子 汝等宜更禮敬普賢 慇懃求請 又應專至觀察十方 想普賢身現在其前 如是思惟 周徧法界 深心信解 厭離一切 誓與普賢同一行願 入於不二眞實之法 其身普現一切世間 悉知衆生諸根差別 徧一切處集普賢道 若能發起如是大願 則當得見普賢菩薩 是時 普眼聞佛此語 與諸菩薩俱時頂禮 求請得見普賢大士 爾時 普賢菩薩卽以解脫神通之力 如其所應爲現色身 令彼一切諸菩薩衆

皆見普賢親近如來 於此一切菩薩衆中坐蓮華座 亦見於餘一切世界一切佛所 從彼次第相續而來 亦見在彼一切佛所 演說一切諸菩薩行 開示一切智智之道 闡明一切菩薩神通 分別一切菩薩威德 示現一切三世諸佛 是時 普眼菩薩及一切菩薩衆見此神變 其心踊躍 生大歡喜 莫不頂禮普賢菩薩 心生尊重 如見十方一切諸佛 是時 以佛大威神力及諸菩薩信解之力 普賢菩薩本願力故 自然而雨十千種雲 所謂 種種華雲 種種鬘雲 種種香雲 種種末香雲 種種蓋雲 種種衣雲 種種嚴具雲 種種珍寶雲 種種燒香雲 種種繒綵雲 不可說世界六種震動 奏天音樂 其聲遠聞不可說世界 放大光明 其光普照不可說世界 令三惡趣悉得除滅 嚴淨不可說世界 令不可說菩薩入普賢行 不可說菩薩成普賢行 不可說菩薩於普賢行願悉得圓滿 成阿耨多羅三藐三菩提 爾時 普眼菩薩白佛言 世尊 普賢菩薩是住大威德者 住無等者 住無過者 住不退者 住平等者 住不壞者 住一切差別法者 住一切無差別法者 住一切衆生善巧心所住者 住一切法自在解脫三昧者 佛言 如是如是 普眼 如汝所說 普賢菩薩有阿僧祇清淨功德 所謂 無等莊嚴功德 無量寶功德 不思議海功德 無量相功德 無邊雲功德 無邊際不可稱讚功德 無盡法功德 不可說功德 一切佛功德 稱揚讚歎不可盡功德 爾時 如來告普賢菩薩言 普賢 汝應爲普眼及此會中諸菩薩衆說十三昧 令得善入 成滿普賢所有行願 諸菩薩摩訶薩此十大三昧故 令過去菩薩已得出離 現在菩薩今得出離 未來菩薩當得出離 何者爲十 一者普光大三昧 二者妙光大三昧 三者次第徧往諸佛國土大三昧 四者清淨深心行大三昧 五者知過去莊嚴藏大三昧 六者智光明藏大三昧 七者了知一切世界佛莊嚴大三昧 八者衆生差別身大三昧 九者法界自在大三昧 十者無礙輪大三昧 此十大三昧 諸大菩薩乃能善入 去 來 現在一切諸佛已說 當說 現說 若諸菩薩愛樂尊重 修習不懈 則得成就如是之人 則名爲佛 則名如來 亦則名爲得十力人 亦名導師 亦名大導師 亦名一切智 亦名一切見 亦名住無礙 亦名達諸境 亦名一切法自在 此菩薩普入一切世界 而於世界無所著 普入一切衆生界 而於衆生無所取 普入一切身 而於身無所礙 普入一切法界 而知法界無有邊 親近三世一切佛 明見一切諸佛法 巧說一切文字 了達一切假名 成就一切菩薩清淨道 安住一切菩薩差別行 於一念中 普得一切三世智 普知一切三世法 普說一切諸佛教 普轉一切不退輪 於去 來 現在一一世 普證一切菩提道 於此一一菩提中 普了一切佛所說 此是諸菩薩法相門 是諸菩薩智覺門 是一切種智無勝幢門 是普賢菩薩諸行願門 是猛利神通誓願門 是一切總持辯才門 是三世諸法差別門 是一切諸佛示現門 是以薩婆若安立一切衆生門 是以佛神

力嚴淨一切世界門 若菩薩入此三昧 得法界力無有窮盡 得虛空行無有障礙 得法王位無量自在 譬如世間灌頂受職 得無邊智 一切通達 得廣大力 十種圓滿 成無諍心 入寂滅際 大悲無畏 猶如師子 爲智慧丈夫 然正法明燈 一切功德歎不可盡 聲聞 獨覺莫能思議 得法界智 住無動際 而能隨俗種種開演 住於無相 善入法相 得自性淸淨藏 生如來淸淨家 善開種種差別法門 而以智慧了無所有 善知於時 常行法施開悟一切 名爲智者 普攝衆生 悉令淸淨 以方便智示成佛道 而常修行菩薩之行無有斷盡 入一切智方便境界 示現種種廣大神通 是故 普賢 汝今應當分別廣說一切菩薩十大三昧 今此衆會咸皆願聞

이때 보현보살이 여래의 선근을 받들어 보안 보살 등등 모든 보살 대중에게 가르침을 주기 위해 말했다.

爾時 普賢菩薩承如來旨 觀普眼等諸菩薩衆而告之言

제1 광명이 두루 한 큰 삼매(普光大三昧)

"불자여! 어떤 것을 보살마하살의 '광명이 두루 한 큰 삼매(普光大三昧)라' 하는가."

"불자여! 이 보살마하살에게는 열 가지 다함이 없는 법이 있으니, 무엇이 열인가 하면, 이른바 모든 부처님이 출현하는 지혜가 다함이 없으며, 중생의 변화하는 지혜가 다함이 없으며, 세계란 그림자와 같음을 아는 지혜가 다함이 없으며, 법계에 깊이 들어가는 지혜가 다함이 없으며, 선근(善根)으로 보살을 거두어 주는 지혜가 다함이 없으며, 물러섬이 없는 보살의 지혜가 다함이 없으며, 선근으로 모든 법의 이치를 자세히 보는 지혜가 다함이 없으며, 선근으로 마음의 힘을 가지는 지혜가 다함이 없으며, 광대한 보리심에 머무는 지혜가 다함이 없으며, 모든 부처님의 법과 모든 지혜의 원력에 머무는 지혜가 다함이 없다."

"불자여! 이 이름을 보살마하살의 '열 가지 다함이 없는 법(無盡法)'이라고 한다."

"불자여! 이 보살마하살이 열 가지 끝없는 마음(無邊心)을 내니, 무엇이 열인가 하면, 이른바 모든 중생을 이끌어 해탈하게 하려는 끝없는 마음을 일으키고 일체 모든 부처님을 받들어 섬기려는 끝없는 마음을 일으키고 모든 부처님에게 공양하려는 끝없는 마음을 일으키고 일체 모든 부처님을 보려고 하는 끝없는 마음을 일으키고 모든 불법을 받아 지니고 이를 잃거나 잊지 않으려는 끝없는 마음을 일으키고 모든 부처님의 헤아릴 수 없는 신통 변화를 나타내 보이기 위해 끝없는 마음을 일으키고 부처님의 힘을 얻고자 하는 까닭에 일체 보리의 행을 버리지 않으려는 끝없는 마음을 일으키고 일체 지혜의 미세한 경계에 두루 들어가 모든 부처님의 법을 설하려 끝없는 마음을 일으키고 생각으로 헤아려 알 수 없는 부처님의 광대한 경계에 두루 들어가려는 끝없는 마음을 일으키고 부처님의 변재가 깊은 뜻으로 즐거움을 일으켜서 모든 부처님 법의 가장 요긴함을 거두려고 끝없는 마음을 일으키고 가지가지의 자재한 몸을 나타내 보여 모든 여래의 도량에 모인 대중 속에 들어가려는 끝없는 마음을 일으킨다. 이것이 열이 된다."

"불자여! 이 보살마하살은 열 가지 삼매에 들어가는 차별된 지혜가 있으니, 무엇이 열인가 하면, 이른바 동방에서 정에 들어가 서방에서 일어나고 서방에서 정에 들어가 동방에서 일어나고 남방에서 정에 들어가 북방에서 일어나고 북방에서 정에 들어가 남방에서 일어나고 동북방에서 정에 들어가 서남방에서 일어나고 서남방에서 정에 들어가 동북방에서 일어나고 서북방에서 정에 들어가 동남방에서 일어나고 동남방에서 정에 들어가 서북방에서 일어나고 하방에서 정에 들어가 상방에서 일어나고 상방에서 정이 들어가 하방에서 일어나니, 이것이 열이다."

"불자여! 이 보살마하살은 열 가지 큰 삼매에 들어가는 섬세하고 능숙한 선근의 지혜가 있으니, 무엇이 열인가 하면, 불자여! 보살마하살이 삼천대천세계를 하나의 연꽃으로 삼고 이 연꽃 위에 몸을 두루 나타내어 결가부좌 하면, 몸 가운데서 차례를 좇아 삼천대천세계가 나타나 그 가운데 백억 사천하가 있고 하나하나의 사천하마다 백억의 몸을 나타내고 하나하나의 몸이 백억씩 백억의 삼천대천세계에 들어가고 저 언덕(彼岸) 세계 하나하나의 사천하에 백억씩 백억의 보살이 수행을 나타내고 하나하나의 보살 수행에 백억씩 백억의 결정한 깨우침을 내고 하나하나의 결정한 깨우침에 백억씩 백억의 근성(根性)을 원만하게 하고 하나하나의 근성마다 백억씩 백억의 보살 법이 물러나지 않는 업을 이루게 한다. 그렇다고는 하지만, 나타내는 몸은 하나가 아니고 많은 것도 아니고 정에 들어가 정에서 나오더라도 어지러운 것이 없다."

"불자여! 라후아수라 왕의 본래 몸은 크기가 칠백 유순이고 변해서 바뀐 몸은 십육만 팔천 유순으로 늘어나 큰 바다 가운데서 그 몸의 반만 드러내도 수미산과 더불어 같다."

"불자여! 그 아수라왕이 비록 몸을 변화시켜 십육만 팔천 유순으로 커졌지만, 본래의 몸 모양을 무너뜨리지 않고 모든 온, 계, 처도 본래와 같기에 마음이 어수선하지 않고 변화된 몸에 대해 자기가 아니라는 생각도 하지 않고 본래의 몸에 대해서도 자기가 아니라는 생각을 내지 않는다. 본래 생함으로 받은 몸은 항상 모든 즐거움을 받고 변화한 몸(化身)도 항상 가지가지의 자재한 신통 위력을 나타낸다."

"불자여! 아수라왕은 탐냄과 성냄과 어리석음이 있기에 게으르고 거만함을 온전하게 갖추고도 오히려 이와 같은 그 몸을 변화시켜 나타낸다. 하물며 보살마하살이 마음의 법이란 허깨비와 같음을 깊이 깨우쳐 통하는 것과 모든 세간이 모두 다 꿈과 같음과 일체 모든 부처님이 세상에 나옴이 다 그림자와 같음과 모든 세계가 마치 변화하는 것 같음과 언어와 음성이 남김없이 다 메아리와 같음과 실상의 본바탕대로 법을 보고 실상의 본바탕 그대로 몸이 되는 것과 모든 법의 본래 성품이 청정함을 아는 것과 몸과 마음이란 실질적인 모양이나 상태가 없음을 깨달아 아는 것과 그 몸이 헤아릴 수 없는 경계에 두루 머무는 것 등등을 부처님 지혜의 광대한 광명으로 일체 보리의 청정한 행을 어찌 닦지 않겠는가."

佛子 云何爲菩薩摩訶薩普光明三昧 佛子 此菩薩摩訶薩有十種無盡法 何者爲十 所謂 諸佛出現智無盡 衆生變化智無盡 世界如影智無盡 深入法界智無盡 善攝菩薩智無盡 菩薩不退智無盡 善觀一切法義智無盡 善持心力智無盡 住廣大菩提心智無盡 住一切佛法一切智願力智無盡 佛子 是名菩薩摩訶薩十種無盡法 佛子 此菩薩摩訶薩發十種無邊心 何等爲十 所謂 發度脫一切衆生無邊心 發承事一切諸佛無邊心 發供養一切諸佛無邊心 發普見一切諸佛無邊心 發受持一切佛法不忘失無邊心 發示現一切佛無量神變無邊心 發爲得佛力故 不捨一切菩提行無邊心 發普入一切智微細境界 說一切佛法無邊心 發普入佛不思議廣大境界無邊心 發於佛辯才 起深志樂 領受諸佛法無邊心 發示現種種自在身 入一切如來道場衆會無邊心 是爲十 佛子 此菩薩摩訶薩有十種入三昧差別智 何者爲十 所謂 東方入定西方起 西方入定東方起 南方入定北方起 北方入定南方起 東北方入定西南方起 西南方入定東北方起 西北方入定東南方起 東南方入定西北方起 下方入定上方起 上方入定下方起 是爲十 佛子 此菩薩摩訶薩有十種入大三昧善巧智 何者爲十 佛子 菩薩摩訶薩以三千大千世界爲一蓮華 現身徧此蓮華之上結跏趺坐 身中復現三千大千世界 其中有百億四天下 一一四天下現百億身 一一身入百億百億三千大千世界 於彼世界一一四天下現

百億百億菩薩修行 ――菩薩修行生百億百億決定解 ――決定解令百億百億根性圓滿 ――根性成百億百億菩薩法不退業 然所現身非一非多 入定 出定無所錯亂 佛子 如羅睺阿修羅王 本身長七百由旬 化形長十六萬八千由旬 於大海中出其半身 與須彌山而正齊等 佛子 彼阿修羅王雖化其身長十六萬八千由旬 然亦不壞本身之相 諸蘊 界 處悉皆如本 心不錯亂 不於變化身而作他想 於其本身生非己想 本受生身恒受諸樂 化身常現種種自在神通威力 佛子 阿修羅王有貪 恚 癡 具足憍慢 尚能如是變現其身 何況菩薩摩訶薩能深了達心法如幻 一切世間皆悉如夢 一切諸佛出興於世皆如影像 一切世界猶如變化 言語音聲悉皆如響 見如實法 以如實法而爲其身 知一切法本性淸淨 了知身心無有實體 其身普住無量境界 以佛智慧廣大光明淨修一切菩提之行

"불자여! 보살마하살이 이 삼매에 머물면 세간을 초월해 지나고 세간(五蘊)으로부터 멀리 벗어나 의심하거나 어지럽지 않게 하며, 그림자마저도 뺏을 수 없다."

"불자여! 비유하면 비구가 몸 안을 자세히 들여다보고 청정하지 않다고 보는 일에 머물면 모든 몸이 청정하지 않은 것처럼 보게 된다. 보살마하살도 역시 차례를 좇아(復) 이와 같기에 이 삼매에 머물면서 법의 몸을 자세히 살펴서 들여다보며, 모든 세간에 그 몸이 두루 들어감을 보고 그 가운데 모든 세간과 또 세간의 법을 밝게 보지만, 모든 세간 및 세간의 법에 단 하나도 집착하는 바가 없다."

"불자여! 이 이름을 보살마하살의 제1 광명이 두루 한 큰 삼매(普光大三昧)의 섬세하고 능숙한 선근 지혜라 한다."

佛子 菩薩摩訶薩住此三昧 超過世間 遠離世間 無能惑亂 無能映奪 佛子 譬如比丘觀察內身 住不淨觀 審見其身皆是不淨 菩薩摩訶薩亦復如是 住此三昧 觀察法身 見諸世間普入其身 於中明見一切世間及世間法 於諸世間及世間法皆無所著 佛子 是名菩薩摩訶薩第一普光明大三昧善巧智

제2 빼어난 광명의 큰 삼매(妙光大三昧)

"불자여! 무엇을 두고 보살마하살의 '빼어난 광명의 큰 삼매(妙光大三昧)라' 하는가."

"불자여! 이 보살마하살이 삼천대천세계의 티끌 수와 같은 삼천대천세계에 능히 들어가고 하나하나의 세계마다 삼천대천세계의 티끌 수와 같은 몸을 나타내며, 하나하나의 몸마다 삼천대천세계의 티끌 수와 같은 광명을 놓으며, 하나하나의 광명마다 삼천대천세계의 티끌 수와 같은 색을 나타내며, 하나하나의 색마다 삼천대천세계의 티끌 수와 같은 세계를 비추며, 하나하나의 세계 가운데 삼천대천세계의 티끌 수와 같은 중생을 조복하여 이 모든 세계가 가지가지로 같지 않음을 보살이 남김없이 아니, 이른바 세계의 더럽고 어수선함과 세계의 청정함과 세계로 인한 바와 세계의 건립과 세계와 함께 머무름과 세계의 광색과 세계의 오고 감이다. 이와 같은 일체를 보살이 남김없이 알고 보살이 모두 들어가며, 이 모든 세계도 또한 모두 와서 보살의 몸에 들어가지만, 모든 세계가 섞이거나 어지럽지 않고 가지가지의 모든 법도 또한 없어지거나 무너지지 않는다."

"불자여! 비유하면 해가 떠올라 수미산을 돌아 칠보산을 비추면, 그 칠보산과 보배산 가운데 빠짐없이 빛의 그림자로 분명하게 나타냄이 있기에 보배산 정상이 가지고 있는 해의 그림자가 산 사이 그림자 가운데 거듭해서 나타나며, 그 칠보산 사이에 있는 해의 그림자도 또한 모든 그림자로 산 위의 그림자 사이에 나타나서 이와 같음을 거듭해서 모양이나 상태의 그림자를 겹겹이 나타내니, 이를 두고 늘 말하기를 해의 그림자가 칠보산에서 나온다 하고 늘 말하기를 해의 그림자가 칠보산 사이에서 난다 하고 늘 말하기를 해의 그림자가 칠보산에 들어간다 하고 늘 말하기를 해의 그림자가 칠보산 사이로 들어간다고 한다. 그러나 이 해의 그림자는 서로서로 비추고 나타내어 끝닿은 경계가 없으며, 그 체와 성이 있는 것도 아니며, 역시 차례를 좇아(復) 없는 것도 아니다. 산에 머물지 않고 산을 벗어나지 않았으며, 물에 머물지 않고 물을 벗어나지도 않았다."

"불자여! 보살마하살도 역시 차례를 좇아(復) 이와 같기에 이 빼어난 광명의 광대한 큰 삼매에 머물면 세간에 편안하게 세워진 모양이나 상태를 무너뜨리지 않고 세간의 모든 법, 이 법의 제 성품을 없애지 않고 세계 안에 머물지 않고 세계의 밖에 머무르지 않으며, 모든 세계를 분별함이 없으며, 또한 세계의 모양이나 상태를 무너뜨리지 않으며, 모든 법이란 하나의 모양이나 상태이기에 모양이나 상태가 없음을 자세히 살펴서 들여다보면서도 또한 모든 법의 제 성품을 무너뜨리지 않으며, 진여의 성품에 머물면서 항상 버리거나 벗어나지 않는다."

"불자여! 비유하면 마술쟁이가 마술 부리는 방법에 있어 선근을 바탕으로 많이 알고 사거리에 있으면서 모든 마술을 부릴 때 하루 가운데 잠깐 사이에 하루를 나타내기도 하고 늘 하룻밤을 나타내기도 하며, 늘 차례를 좇아 칠일 밤낮을 나타내기도 하며, 반달과 한 달과 일 년과 백 년을 지어 나타내고 그가 하고자 하는 바를 따라 성읍과 취락과 샘과 냇물과 강과 바다와 해와 달과 구름과 비와 궁전과 가옥 등을 나타내 보여서 이와 같은 일체를 온전하게 갖춘다. 그리고 세월이 지남을 나타내 보이는 까닭으로 하루나 한때를 무너뜨리지 않으며, 본래의 시간이 지극히 짧다는 까닭으로 인하여 나타내는 일, 월, 년, 세를 무너뜨리지 않으며, 마술로 만드는 모양이나 상태를 분명하게 나타내지만, 본래의 하루를 없애지 않는 것과 같다."

"보살마하살도 역시 차례를 좇아(復) 이와 같기에 빼어난 광명의 큰 삼매에 들기에 아승기 세계를 나타내어 하나의 세계에 들어가지만, 그 아승기 세계의 하나하나에는 빠짐없이 다 지, 수, 화, 풍과 바다와 모든 산과 성읍, 취락, 원림, 집들과 천궁, 용궁, 야차궁, 건달바궁, 아수라궁, 가루라궁, 긴나라궁, 마후라가궁이 있어서 가지가지로 장엄함을 온전하게 다 갖추었으며, 욕계, 색계, 무색계, 소천세계, 대천세계의 업과 행으로 받은 과보와 이곳에서 태어나고 저곳에서 죽은 일이, 일체 세간에서 가지고 있는 시절의 찰나와 낮과 밤과 반달, 한 달과 일 년, 백 년과 이루어지는 겁과 무너지는 겁과 물들고 더러운 국토와 청정한 국토와 큰 국토와 작은 국토, 그 가운데 모든 부처님이 세상에 나오시어 부처 세계가 청정하고 보살이 모인 대중이 두루두루 둘러앉았고 신통이 자재해서 중생을 가르쳐 바른길로 이끌고 그 모든 국토가 가지고 있는 시방의 곳곳에 헤아릴 수 없는 사람 대중이 모두 다 충만하고 형상이 다르고 이르는 곳에 다른 가지가지의 중생이 헤아릴 수 없고 끝이 없기에 사람의 생각으로는 헤아려 알 수가 없고 과거, 미래, 현재의 청정한 업력으로 헤아릴 수 없는 가장 빼어난 진귀한 보배를 내는, 이와 같은 등등의 일을 모두 나타내어 하나의 세계에 들어가게 한다."

"보살이 이를 빠짐없이 밝게 두루 보고 널리 들어가며, 널리 살펴보며, 두루 널리 생각하고 두루 널리 사유하고 널리 분명하게 깨우쳐 아는 다함이 없는 지혜로 실상의 본바탕 그대로 알지만, 저 언덕(彼岸)에 세계가 많다는 까닭으로 이 하나의 세계를 무너뜨리지 않으며, 이 세계가 하나라는 까닭으로 저 언덕의 많은 세계를 무너뜨리지 않는다."

"무슨 까닭인가 하면, 보살이 모든 법이란 모두 내가 없음을 아는 까닭이며, 이름을 '생명이 없는 법(無命法)과 법을 지어감이 없(無作法)는 자'라 하고 보살이 일체 세간에서 다툼이 없는 법을 부지런히 수행하는 까닭으로 '내가 없는 법(無我法)에 머무는 자'라 하며, 보살이 일체 몸으로 모두 원인과 결과를 좇은 것임을 있는 그대로 아는 까닭에 이름을 '중생이 없는 법(無衆生法)에 머무는 자'라 하며, 보살이 일체 생멸하는 법이란 모두 인연을 좇아 남을 아는 까닭에 '보특가라가 없는 법(無衆生相)에 머무는 자'라 하며, 보살이 모든 법의 성품이란 평등한 것임을 아는 까닭으로 이름을 '뜻대로 나는 것이 없고 마납바가 없는 법(無壽者相)에 머무는 자'라 한다."

"보살이 모든 법의 본래 성품이 적정함을 아는 까닭에 이름을 '적정법(寂靜法)에 머무는 자'라 하며, 보살이 일체 법이란 하나의 모양이나 상태임을 아는 까닭에 이름을 '분별이 없는 법(無分別法)에 머무는 자'라 하며, 보살이 법계란 가지가지로 차별하는 법이 없음을 아는 까닭에 이름을 '생각으로는 헤아릴 수 없는 법(不思議法)에 머무는 자'라 하며, 보살이 모든 방편을 닦아서 중생을 선근으로 조복하는 까닭에 이름을 '크게 가엾이 여기는 법(大悲法)에 머무는 자'라 한다."

佛子 云何爲菩薩摩訶薩妙光明三昧 佛子 此菩薩摩訶薩能入三千大千世界微塵數三千大千世界 於一一世界現三千大千世界微塵數身 一一身放三千大千世界微塵數光 一一光現三千大千世界微塵數色 一一色照三千大千世界微塵數世界 一一世界中調伏三千大千世界微塵數衆生 是諸世界種種不同 菩薩悉知 所謂 世界雜染 世界淸淨 世界所因 世界建立 世界同住 世界光色 世界來往 如是一切 菩薩悉知 菩薩悉入 是諸世界亦悉來入菩薩之身 然諸世界無有雜亂 種種諸法亦不壞滅 佛子 譬如日出遶須彌山 照七寶山 其七寶山及寶山間皆有光影分明顯現 其寶山上所有日影莫不顯現山間影中 其七山間所有日影亦悉顯現山上影中 如是展轉 更相影現 或說日影出七寶山 或說日影出七山間 或說日影入七寶山 或說日影入七山間 但此日影更相照現 無有邊際 體性非有 亦復非無 不住於山 不離於山 不住於水 亦不離水 佛子 菩薩摩訶薩亦復如是 住此妙光廣大三昧 不壞世界安立之相 不滅世間諸法自性 不住世界內 不住世界外 於諸世界無所分別 亦不壞於世界之相 觀一切法一相無相 亦不壞於諸法自性 住眞如性 恒不捨離 佛子 譬如幻師善知幻術 住四衢道作諸幻事 於一日中一須臾頃 或現一日 或現一夜 或復現作七日七夜 半月一月 一年百年 隨其所欲 皆能示現城邑聚落 泉流河海 日月雲雨 宮殿屋宅 如是一切靡不具足 不以示現經年歲故 壞其根本一日一時 不以本時極短促故 壞其所現日月年歲 幻相明現 本日不滅

菩薩摩訶薩亦復如是 入此妙光廣大三昧 現阿僧祇世界入一世界 기阿僧祇世界一一 皆有地 水 火 風 大海 諸山 城邑 聚落 園林 屋宅 天宮 龍宮 夜叉宮 乾闥婆宮 阿修羅宮 迦樓羅宮 緊那羅宮 摩睺羅伽宮 種種莊嚴皆悉具足 欲界 色界 無色界 小千世界 大千世界 業行果報 死此生彼 一切世間所有時節 須臾 晝夜 半月 一月 一歲 百歲 成劫 壞劫 雜染國土 淸淨國土 廣大國土 狹小國土 於中諸佛出興于世 佛刹淸淨 菩薩衆會周帀圍遶 神通自在 敎化衆生 其諸國土所在方處 無量人衆悉皆充滿 殊形異趣種種衆生無量無邊不可思議 去 來 現在淸淨業力出生無量上妙珍寶 如是等事 咸悉示現 入一世界 菩薩於此普皆明見 普入普觀 普思普了 以無盡智皆如實知 不以彼世界多故壞此一世界 不以此世界一故壞彼多世界 何以故 菩薩知一切法皆無我故 是名 入無命法 無作法者 菩薩於一切世間勤修行無諍法故 是名 住無我法者 菩薩如實見一切身皆從緣起故 是名 住無衆生法者 菩薩知一切生滅法皆從因生故 是名 住無補伽羅法者 菩薩知諸法本性平等故 是名 住無意生 無摩納婆法者 菩薩知一切法本性寂靜故 是名 住寂靜法者 菩薩知一切法一相故 是名 住無分別法者 菩薩知法界無有種種差別法故 是名 住不思議法者 菩薩勤修一切方便 善調伏衆生故 是名 住大悲法者

"불자여! 보살이 이와 같은 아승기 세계로 하나의 세계에 들어가서 수 없는 중생의 가지가지 차별을 알고 수 없는 보살이 각각 향해서 나아감을 보고 수 없는 모든 부처님이 곳곳마다 나심을 자세히 들여다보며, 저 언덕(彼岸)의 모든 여래가 널리 펴서 설한 법을 그 모든 보살이 요긴한 것을 남김없이 받으며, 또한 자신이 그 가운데서 수행하는 것을 보지만, 이곳을 버리지 않고 저기에 있음을 보며, 또한 저곳을 버리지 않고 이곳에 있음을 보니, 이는 저 몸과 이 몸이 차별 없이 법계에 들어가는 까닭이 되며, 항상 부지런히 자세히 살펴서 들여다보고 잠시라도 쉼이 없기에 지혜를 버리지 않고 물러섬이 없는 까닭이 된다."

"마술쟁이가 한 곳을 따라 모든 마술을 지어갈 때, 허깨비와 같이 처한 형편을 쓰는 까닭으로 인하여 본래의 처한 형편을 무너뜨리지 않으며, 허깨비와 같은 햇빛을 쓰는 까닭으로 인하여 본래의 햇빛을 무너뜨리지 않는 것과 같다. 보살마하살도 역시 차례를 좇아 (復) 이와 같기에 국토가 없음에 국토가 있음을 나타내고 국토가 있는 데서 국토가 없음을 나타내고 중생이 있는 데서 중생이 없음을 나타내고 중생이 없는 데서 중생이 있음을 나타내고 색이 없는 데 색을 나타내고 색을 나타냄에서 색이 없음을 나타내지만, 처음이 뒤를 어지럽지 않게 하고 뒤가 처음을 어지럽게 하지 않는다."

"보살의 일체 세간 법이란 또한 다 이와 같은 허깨비가 변화하는 것과 같음을 깨달아 알고 법이란 허깨비임을 아는 까닭으로 지혜도 허깨비임을 알고 지혜가 허깨비임을 아는 까닭으로 업도 허깨비임을 알기에 허깨비 같은 지혜를 일으켜서 일체 업을 자세히 본다."

"세상에 마술하는 자가 처소 밖에서 그 마술을 나타내지 않고 또한 마술 부리는 밖에 그 처소가 없는 것과 같이, 보살마하살도 역시 이와 같은 차례를 좇아(復) 허공 밖에서 세간에 들어가지 않고 또한 세간 밖에서 허공에 들어가지 않는다. 왜 그런가 하면, 허공과 세간이 차별이 없는 까닭이다. 그러므로 세간에 머물면서 또한 허공에 머물듯이 보살마하살이 허공 가운데서 일체 세간의 가지가지로 차별하는 것과 빼어나게 장엄하는 업을 보기도 하고 닦기도 한다."

"한 생각 사이, 한순간에 수 없이 많은 세계가 이루어지고 무너지는 것을 남김없이 깨달아 알고 또한 모든 겁이 차례를 따라 끊어지지 않고 계속 이어감을 알고 한 생각, 한순간에 수 없는 겁을 나타내지만, 그 한 생각을 광대하게 키우지 않으니, 보살마하살이 헤아릴 수 없는 해탈의 허깨비와 같은 지혜를 얻어 피안에 이르며, 허깨비의 경계에 머물러 세상의 허깨비 같은 수에 들어가서 모든 법이란 모두 허깨비와 같음을 사유하며, 허깨비의 세상을 어기지 않고 허깨비의 지혜를 다하여 삼세가 허깨비와 더불어 다름이 없음을 깨달아 알며, 결정하고 통달해서 마음이 끝닿은 경계가 없다. 모든 여래가 허깨비와 같은 지혜에 머물러 그 마음이 평등한 것과 같이 보살마하살도 또한 이와 같은 차례를 좇아(復) 모든 세간이 빠짐없이 다 허깨비와 같음을 알아서 일체 처에 다 집착함이 없고 나의 것이라는 것도 없다."

"마술쟁이가 모든 허깨비와 같은 일을 지어감에 비록 허깨비와 같은 일과 더불어 머물지는 않지만, 허깨비와 같은 일에 또한 미혹함이 없기에 보살마하살도 역시 차례를 좇아(復) 이와 같은 일체 법을 알아 피안에 이르지만, 마음으로는 내가 능히 법에 들어간다는 생각을 하지 않고 또한 법으로 인해 어지럽지 않다."

"이것이 보살마하살의 제2 빼어난 광명의 큰 삼매(妙光大三昧)로서 섬세하고 능숙한 선근 지혜이다."

佛子 菩薩如是能以阿僧祇世界入一世界 知無數衆生種種差別 見無數菩薩各各發

趣 觀無數諸佛處處出興 彼諸如來所演說法 其諸菩薩悉能領受 亦見自身於中修行 然不捨此處而見在彼 亦不捨彼處而見在此 彼身 此身無有差別 入法界故 常勤觀察 無有休息 不捨智慧無退轉故 如有幻師隨於一處作諸幻術 不以幻地故壞於本地 不以幻日故壞於本日 菩薩摩訶薩亦復如是 於無國土現有國土 於有國土現無國土 於有眾生現無眾生 於無眾生現有眾生 無色現色 色現無色 超不亂後 後不亂初 菩薩了知一切世法悉亦如是 同於幻化 知法幻故 知智幻 知智幻故 知業幻 知智幻 業幻已起於幻智 觀一切業如世幻者 不於處外而現其幻 亦不於幻外而有其處 菩薩摩訶薩亦復如是 不於虛空外入世間 亦不於世間外入虛空 何以故 虛空 世間無差別故 住於世間亦住虛空 菩薩摩訶薩於虛空中能見 能修一切世間種種差別妙莊嚴業 於一念頃悉能了知無數世界若成若壞 亦知諸劫相續次第 能於一念現無數劫 亦不令其一念廣大 菩薩摩訶薩得不思議解脫幻智 到於彼岸 住於幻際 入世幻數 思惟諸法悉皆如幻 不違幻世 盡於幻智 了知三世與幻無別 決定通達 心無邊際 如諸如來住如幻智 其心平等 菩薩摩訶薩亦復如是 知諸世間皆悉如幻 於一切處皆無所著 無有我所 如彼幻師作諸幻事 雖不與彼幻事同住 而於幻事亦無迷惑 菩薩摩訶薩亦復如是 知一切法到於彼岸 心不計我能入於法 亦不於法而有錯亂 是為菩薩摩訶薩第二妙光明大三昧善巧智